主クリシュナの物語

田原 大悟
TAHARA Daigo

文芸社

序文

インドの聖典『バガヴァット・ギーター』の解説書が多く出版されるようになりました。筆者がギーターに接したのは、師である堀田和成先生が一九九五年八月から『クリシュナ　バガヴァット・ギーター』の連載を始められたのが最初です。「え、なんでインドの神様が出てきたの？　カタカナのサンスクリット語がやたら出てきて難しい」というのが最初の感想でした。

そこで教えが伝わるということは、教えを説いた人の伝記も伝わっているはず、と主クリシュナのことを調べ始めました。当時は今のようにインターネットで注文できたり、電子書籍としてすぐに読める時代ではありません。やっと本が届いたと思ったらヒンドゥー語だったということもありました。

それでもコツコツと調べていくうちに、主クリシュナが説かれた教えは『バガヴァット・ギーター』だけでなく、ほかに『アヌ・ギーター』、『ウッダヴァ・ギーター』があることを知りました。辞書を片手に意訳を始め、堀田和成先生に提出させていただきました。

主クリシュナのことを調べ、分かりやすい日本語にするにはどう表現したらいいか考えているうちに、次第に「主クリシュナとは、このようなお方のようだ」と、お人柄、人格のようなイメージができてきて、親しみというか身近に感じるようになりました。直接、主を見たり聞いたりすることは到底できませんが、ある歴史上の人物を調べていくうちに、その人物がどのような人柄だったのかとイメージが湧いてくるようなものと思っていただければよいかと思います。

三つのギーターとも、知識、法、神理、道理、戒め、行法を詳しく説明した後、「やっぱり難しいから私（主クリシュナ）に心を向けて、日々の仕事、生活のすべてを捧げなさい。そうすれば救おう」というバクティ・ヨーガ（信愛）、献身奉仕の道を勧めています。人は愛する者のためには骨身を惜しまず、自己を犠牲にしてでも尽くすものです。主クリシュナは、そのような人がことさら愛おしく、「私は、このような純粋な献身者のために喜んで召し使いになりましょう」と述べられています。分かりやすく表現するとバクティとは、主と自分との相思相愛の関係と言えます。

『バガヴァット・ギーター』だけを切り取ってみると、どうしても哲学、「理性」中心となってしまいがちです。バクティには、この他に愛という「情」が必要です。知識と理性と情がうまく調和し深めていくことが、インド思想に限らず、あらゆる宗派を貫いて流れる信仰の神髄ではないかと思い至った次第です。

主クリシュナを信愛するには、主がどのようなお方か知る必要があります。そのため、主のお人柄が分かるようなエピソードを集めて意訳し、「主クリシュナを好きになるお話」としてまとめ、堀田和成先生に提出させていただきました。

これで自分の役割は終わったと、しばらく遠ざかっていましたが、二〇一二年頃に急に「主クリシュナの物語」を完成させなければ、という思いが湧いてきました。『マハーバーラタ』の中にも主クリシュナの人柄が分かる話が数多く出てきます。ただし「マハーバーラタ」は膨大な内容を含んでおり、その中から主クリシュナのエピソードを選んで訳し、編集していくのは無理とその部分は手をつけずにいました。

マハーバーラタの全英訳はインターネット上でも読むことができます。また本で注文してみましたが細かい英語で四千頁というボリュームでした。当時は救急を担う総合病院に勤務しており、早々に翻訳編集は諦めました。マハーバーラタの日本語訳としては山際素男氏（故人）の「マハーバーラタ一～九巻」と池田運氏の「マハバーラト一～四巻」が出版されていました。上村勝彦氏の「マハーバーラタ」も発行中でしたが、残念ながら氏の他界により途中までとなりました。山際素男氏訳はすでに絶版、池田運氏の訳は自費出版のためか書店には出回っておらず、古本屋を探して何とか手に入れました。

日本語訳も合計すると四千頁近くになります。主に最初に読んだ山際素男氏の訳の中から主クリシュナの名を探し出し、お人柄の分かるようなエピソードを選んで編集してみると、主クリシュナの生涯がつながったと感じました。本書のクルクシェートラの戦いとその前後のエピソードの多くは山際素男氏の訳を参考にさせていただいています。山際素男氏訳、池田運氏訳、上村勝彦氏訳のマハーバーラタとも現在は古本屋でしか手に入らなくなっていますが、最近、山際素男氏訳がキンドルで全訳が読めるようになっているようです。

バーガヴァタ・プラーナ、マハーバーラタ以外でも、主クリシュナのエピソードを探し追加して「主クリシュナの物語」として編集し、二〇一二年に堀田和成先生に提出させていただきました。その半年後に先生は帰天されてしまいましたが、何とか間に合ったとホッとしたことを今でも鮮明に覚えています。

私としては、堀田和成先生に読んでいただければ、それでよかったので、本として出版する気はありませんでした。ところが世の中を見るとカリ時代だけあって悪い方向に進んでいます。このような時代には幸福の価値基準を物から心に切り替える必要があります。そのため、閉塞感に満ちた今の世の中の一つの清涼剤になればと今回、発刊させていただくこととなりました。今回の発刊に当たって、マハーバーラタの部分も自分で英語から訳し、分かりやすく編集し直しました。「バガヴァット・ギーター」だけでなく「ウッタヴァ・ギーター」「アヌ・ギーター」とも、愛着を離すため、夫や妻、子供から離れること、雑踏を避け静かな所に住むこと、日々の細かな規定などが述べられています。また、主に専心する行法においては、ヤマ（禁戒：非暴力、正直、禁欲、不盗、不貪）、ニヤマ（勧戒：清浄、知足、苦行、聖典読誦、神への献身）、瞑想時に集中を妨げる肉体や感覚のコントロールのための座法、呼吸法、制感、そして集中を経て瞑想、三昧に至るヨーガの八支則が勧められています。パタンジャリのヨーガ・スートラ、ラージャ・ヨーガの解説書に詳しく述べられているので参考にしていただければと思いますが、万人が実践できるかというと難しいと思います。興味のある方、優れた師と出会えた方なら可能でしょうが、仕事をしながら一般の人々が実践するとなると敷居が高いと思います。

そのため堀田和成先生はヤマ、ニヤマを想念・言葉・行為を正すという三つの戒めにまとめられました。仏教にも身口意を正すという教えがあり、日本人には馴染みやすいのではないでしょうか。また座法、呼吸法、制感、集中、瞑想を「虚心の祈り」として、日常生活の中でいつでもどこでもできるようにしていただき、「三つの戒め」と「虚心の祈り」を柱として「正道」とし、『バガヴァット・ギーター』の神理をより実践しやすくしてくださいました。また、「心は出家、体は在家」と今の与えられた環境の中で学ぶことを勧められました。

世界にはさまざまな宗派がありますが、あらゆる宗派には一つの神理が流れていると思います。欧米では、それを黄金律と呼んでいます。黄金律は「あなたが人からしてもらいたいと思うことは何でも、他の人にしなさい」ですが、筆者はこれにマタイ伝と申命記に出てくる「心を尽くし、精神を尽くし、思いを尽くして、あなたの神である主を愛しなさい」を加えたいところです。

同じように『バガヴァット・ギーター』、「正道」ともあらゆる宗派、思想の底流を流れる神理であり、いろいろな方に読んでいただきたいと願っています。本書がそのきっかけになれば、筆者の役目は果たされたことになります。

十年以上経過して読み直してみましたが、手直しした方がよい箇所もみられます。ただ堀田和成先生に提出させていただいた内容を、そのまま掲載した方がよいと考え、誤字脱字の訂正、参考文献の追加の他、あとがきで本書を読むに当たって必要最小限の解説をつけ加えました。

堀田和成先生の説かれた教えは、参考資料の中にホームページを掲載しましたので検索していただければ幸いです。

令和六年吉日

目　次「主クリシュナの物語」

【マハーバーラタの中の主クリシュナの物語】――281

【大戦前の主クリシュナの物語】――288

はじめに

ガルーダ・プラーナの中に次のような話があります。
死の神ヤマ（閻魔大王）は、地獄に罰を受けにやってきた魂に次のように言いました。
「お前は生きている間に、どうして主クリシュナを瞑想しなかったのか？　他に何もなくても真心をもって水を捧げるだけで主は満足され、自分の信者として身に余る恵みを授けてくださる。その慈悲深き主クリシュナ・ヴィシュヌを人生において崇拝しなかったのか？

心からの信に満足される主クリシュナ・ヴィシュヌがお前のためにしてくださることを、たとえ実の両親や兄弟であっても（お前のために）してくれることはないのだ。自分のカーストの義務を誠実に行う者で、主クリシュナを満足させうるただ一つのことは、心の底から主を崇拝することしかない。純粋な信以上に主クリシュナを満足させることはない。

人は主クリシュナ・ヴィシュヌを献身奉仕や、他のあらゆるやり方で崇拝し、満足させなければならない」

またヴィシュヌ・プラーナにも同じような話があります。

黄泉の国の王ヤマは新人の地獄の獄卒に、心構えを言って聞かせました。

「よいか、主クリシュナの崇拝者には手を出さないように。私は黄泉の国の王であるが、主クリシュナ・ヴィシュヌの崇拝者だけは別だ。

私は不死族（神々）全員に崇拝されるブラフマーに、人類の繁殖を管理し、宇宙の善悪の結果を守るように命じられた。

しかし、主ハリ（クリシュナ）を己の主人として服従するものは、私の手の及ぶところではない。何故なら、主クリシュナ・ヴィシュヌの力によって私は生かされているのだから。

金はもともと金であるが、腕輪、頭飾り、イヤリングなどに多様化するだろう。同じように主ハリはお一人だが、神々、動物、人など多様な姿をとられる。水の滴は風によって大地から吹き上げられるが、風が止むと再び地上に落ちてくる。同じように神々、人類、動物など、グナの影響によって多様化していても、悪い原因が止めば、再び永遠なる存在と一つとなる。神理を学び、神々に崇められる主ハリの蓮華の御足を熱心に崇拝する者は、すべての罪の束縛から解放される。だから、そなたは油を注がれた火を避けるように、そのような主の献身者を避けなければならない」

同じくヴィシュヌ・プラーナの話です。

昔、道徳が地に落ちた時代に、最も簡単で最大の功徳を生むには何をすべきか、聖者達の間で論争が起こりました。論争に終止符を打つため、彼らは疑いを晴らしてもらおうとヴェーダ・ヴィヤーサを訪ねました。そして彼らは、ガンジスの水に半分浸かっている我が息子、光り輝くムニを見つけました。彼の沐浴が終わるのを待ちながら、彼らは木立を庇護所とし、聖なる河の岸辺に留まりました。

私の息子は、水の中に潜り、それから水の中から姿を現しました。その時、ムニ達は彼が叫ぶのを聞いたのです。「善き哉！　善き哉！　カリ時代！」。

そしてまた潜ると、再び姿を現し叫びます。「善き哉、善き哉、シュードラ。あなた方は幸せだ！」。

そしてまた潜り、もう一度出てくると、彼らは彼の声をまた聞きました。「善き哉、善き哉、女性達。彼女達は幸せだ！　彼女達以上に幸運な者がいるだろうか？」。

この後、我が息子は沐浴を終え、彼は聖者達に近づき、面会しました。ヴィヤーサは彼らに座を勧め、彼らは尊敬の念を捧げました。サティヤヴァティの息子は彼らに言いました。「どのようなわけで、私を訪ねて来られたのですか？」。

彼らは答えました。

「私達は、いくらか疑問があって、あなたに相談しようとやってきたのです。でも今は、その話は後にして、他のことを私達に説明してください。先ほど、あなたが、『善き哉、カリ時代！　善き哉、シュードラ。善き哉、女性達！』と言うのを私達は聞きました。どうしてこのようなことを言われたのか、私達に教えていただければ幸いです。差し支えなければ、その意味を教えてください。それから、私達の心を占めている疑問についてお尋ねしたいと思います」。

ムニ達にこのように言われ、ヴィヤーサは微笑んで彼らに言いました。

「優れた聖者の方々よ。私がどうして、『善き哉、善き哉』と言ったのかお聞きなさい。苦行、禁欲、沈黙の祈り、その他の実践で功徳を得るにはクリタ・ユガでは十年、トレタ・ユガでは一年、ドヴァーパラ・ユガでは一月かかりますが、カリ・ユガではわずか昼と夜（一日）だけで得ることができます。そのため、私は、『善き哉、善き哉、カリ時代！』と叫んだのです。

その功徳は、クリタ・ユガでは純粋な瞑想により、トレタ・ユガでは供犠により、ドヴァーパラ・ユガでは崇拝により得られますが、カリ・ユガでは、ただケーシャヴァ（クリシュナ）の御名を唱えるだけで受け取ることができるのです。カリ時代には、ほんのわずかな努力で、最高の徳を表すことができます。それ故、何が徳かを知る敬虔なる聖者方よ、私はカリ時代を讃えたのです。

昔は、ヴェーダは再生族が自己制御を厳しく行うことでようやく獲得することができ、規定に従って供犠を遂行することは彼らの義務でした。しかし、厳密に供犠を行っても、そのやり方に少しの間違いでもあれば、彼らの行ったことすべてが罪となりました。再生族が誤り導けば、祈りも祝祭も儀式も無駄で実りのないものとなってしまったのです。また、何を食べ、何を飲んだかなどの細かいことで、彼らの願いが達成できないこともありました。再生族は、そのすべてにおいて独立を保つことができず（規制に縛られていた）、大きな痛みを伴って、ようやくそれぞれの惑星を獲得したのでした。

一方、シュードラは、彼らよりずっと幸運です。彼らは、再生族に奉仕することで、また、ただ食べ物を供えるだけで約束された世界を獲得するのです。何を食べて何を食べたらいけないか、何を飲んで何を飲んではいけないかは何の規制もありません。最も優れた聖者方よ。ですから、私はシュードラは幸運だと言ったのです。

富は、それぞれの義務に矛盾しないやり方で蓄えられ、人は富を与えられると、常に供犠にその富を使います。しかし、富を得るには大変なトラブルがあり、維持するにも最大の注意が必要で、富が減ると大変に苦しみ、富を失うと嘆き悲しみます。

傑出したブラーフマナの方々よ。このように富やその他の不安を経験し、大変な努力と苦しみを伴いながら、人はプラジャーパティやその他の世界に到達するのです。

しかし、これは女性には当てはまりません。女性はただ、行為、想念、言葉によって夫を敬えばいいのです。そうすれば、夫の到達した世界に往くことができます。彼女は大した努力もなしに目的を達成できるのです。これが、三回目に『善き哉！』と私が叫んだ真意です。

これで、あなた方が質問されたことに答えました。

さあ、私に質問があって来られたということですが、何なりとお尋ねください。明確にお答えしましょう」

ムニ達はヴィヤーサに言いました。

「私達がお尋ねしたかった疑問は、今のあなたのお答えによって、すでに解決しました」

「カリ時代に入り、人々をどうやって導けばよいか分からず、ヴィヤーサ様の意見をうかがいに来たのですが、今のお話でよく分かりました。もう質問することはありません。カリ時代は主の御名を唱えること（虚心の祈り）、祭祀と献身奉仕、女性は夫に仕えることで救われるのですね」

バーガヴァタ・プラーナにも次のような話があります。

聖者ヴィヤーサが、サラスバティー河の畔に庵を結び、静かな生活を送っていました。ヴィヤーサは心に何か満たされないものを感じ、それが何なのか分からずもの思いに耽っています。

「私は複雑多岐にわたっていたヴェーダを、リグ、サーマ、ヤジュル、アタルヴァの四つに整理編纂した。そして、その四ヴェーダは、あまりに専門的で一般の人々には理解も実践もできないため、大叙事詩マハーバーラタを編集した。そして、その中にさまざまな教えをちりばめ、おもしろく読みながらヴェーダを理解できるように工夫した。中でもバガヴァット・ギータは珠玉の神理として人々の間に知られるようになっている。

私は、このようにできるだけのことをやってきたつもりだ。しかし、何か満たされないものが残っている。いったい何が足らないのだろうか？」

このように考えながら、ヴィヤーサは、悩みの原因を探るため瞑想に入りました。

その時、聖仙ナーラダがヴィヤーサの庵に現れました。

ナーラダ・ムニの訪れを知ったヴィヤーサは瞑想を止め、礼を尽くしてナーラダ・ムニを迎えました。

ナーラダ・ムニは尋ねます。

「ヴィヤーサ殿。あなたほどの聖者が何だか悩みを抱えておられるようですね。いったいどうされたのですか？」

ヴィヤーサは答えます。

「ナーラダ様、よくおいでくださいました。私は世の人々のためにヴェーダを編纂し、多くの人々が神理に触れられるようにマハーバーラタの中にバガヴァット・ギーターも編集しました。私はできる限りのことをしたのに何か足りないものを感じるのです。それが分からずにこうして悩んでいます」

ナーラダ・ムニは言いました。

「ヴィヤーサ殿。あなたは偉大なことをなさいました。あなたのされたことは賞賛に値します。ただ、あなたは祭式や儀式、神理はよく説かれましたが、主の栄光を讃えることが少なかったのではないですか？

主を賛美することのない教えは、ただの哲学になってしまいます。主を愛し賛美することで、初めて教えに命が通ってくるのです」

ナーラダ・ムニにこのように諭され、ヴィヤーサは自分に欠けていたものを悟りました。ナーラダ・ムニにお礼を述べるとナーラダ・ムニは、にっこり笑って去っていきました。

再び一人になったヴィヤーサは、瞑想しそれから主を賛美する主の栄光の物語『バーガヴァタ・プラーナ』を編集したのです。


このように主の御名を知り、主に信愛と献身奉仕を捧げることが救いの根本であることが述べられています。堀田和成先生も、主を想って虚心に祈ること、主に全託し献身奉仕するバクティ・ヨーガを繰り返し説いてくださっています。

ところが一つ大きな疑問が残りました。それは主のことをよく知らないということです。

イエス様、お釈迦様、モーゼ様とも生まれから死ぬまでの物語が伝わっていて、どのようなお方なのか知ることができます。そのことでこれらの代理者の方に親しみというか近親感を持ち、この主の代理者に対する個人的な想いが、その教えと相まって信仰が深まり広がっていくのではないかと考えるようになりました。

主クリシュナ様は、地上にある時、どのような生涯を送られたのか、十年くらい前からコツコツと調べ始めました。当時は、バーガヴァタ・プラーナの訳もなく、英語で大事だと思われる部分を少しずつ訳していきました。英語で読んで、これはどんな意味だろう、分かりやすく日本語にするにはどう表現すればいいのだろう、と考え考えしているうちに、クリシュナ様はこのような性質の方だと何となくですが、心の中にイメージができてきました。

何年か前にバーガヴァタ・プラーナを中心に主の生涯をまとめましたが、今回はマハーバーラタの中の主クリシュナの話を拾い集めてみました。マハーバーラタの中の主の行動は誤解されやすく、どうして主はこのような行動をとられたのか、と考えるうちにバーガヴァタ・プラーナの中の主クリシュナとは別のクリシュナ様を発見しました。

表現が適切かどうか分かりませんが、バーガヴァタ・プラーナの主は情緒的、親しみやすい、女性的とするとマハーバーラタの中の主は理性的、男性的といった感じで、二つを合わせるうちに主クリシュナ様をより身近に感じられるような気がしてきました。

今回、このお話で取り上げた主クリシュナの話は、主に親しみを持ち、主を身近に感じられるようなものを中心に取り上げました。戦争や主の子供達の話などまだまだいろいろな話が伝わっていますが、興味ある方は参考文献を参照してください。

今回は、主が直接語られた話を集めましたが、意味の分かりにくい部分は省略し、私の中の主クリシュナ様のイメージ、正道の教えに沿って書きかえた部分も多々あります。また、主を賛美する言葉、主がいろいろな場面で説いた教えもできるだけ盛り込みました。

最後に主クリシュナ・ヴィシュヌ神のことを調べて書き、それを堀田和成先生に読んでいただくという機会は、これから何回生まれ変わるか分かりませんが、二度とあるかどうか分かりません。このような恵みを与えてくださいました主クリシュナ様、堀田和成先生に心から感謝いたします。


（二〇一二年　吉日）

主クリシュナの物語（上）

【ゴパラ・タパニヤ・ウパニシャド】

アタルヴァ・ヴェーダの中に主クリシュナを賛美したゴパラ・タパニヤ・ウパニシャドと呼ばれるウパニシャドがあります。少し長くて、祝詞のような難解な文章ですが、分かりやすいところを抜き出し、主クリシュナの物語の前に紹介します。

オーム、ナモ。私は、シュリー・クリシュナに尊敬の礼を捧げます。そのお姿は永遠、知識と至福に満ち、苦しみからの救済者、ヴェーダンタによって知られ、至高なる霊師、万人のハートに住まう目撃者。そのクリシュナに尊敬の礼を捧げます。

オーム。何人かの聖者方はブラフマー神に尋ねました。誰が至上の主でしょうか？　死が恐れる者とはどなたでしょうか？　その人を知ればその他のすべてを知ることができる人とはどなたでしょうか？　この世界を創造された方はどなたでしょうか？

ブラフマー答えて曰く、

クリシュナが至上主です。死もゴーヴィンダ（クリシュナ）を恐れます。至上主クリシュナは世界を創造しました。この主クリシュナを知ることですべてを知ります。至上主クリシュナを瞑想し、賛美し、崇拝する者は解脱します。解放されます。

聖者方は言いました、

主はどんなお姿ですか？　主の栄光とは何でしょうか？　主をどのように崇拝すればいいのでしょうか？どうか私達にお教えください。

ブラフマー曰く、

主は羊飼いの少年のようです。主の肌色は雨雲のようです。主は望みの樹の下に佇んでいます。次の句が主のことを述べています。

全身全霊で主クリシュナを瞑想なさい。主の眼は蓮華のように美しく、肌は雨雲色、衣装は輝き、二本の腕を持たれ、超越的知識に満ち、森の花の花輪を首にまとい、至高の統御者、ゴパ（クリシュナ）はゴピー、スラビ牛に囲まれ、スラ・ドゥルマ樹の下で休まれ、華麗な装飾品で身を飾られ、赤蓮華の真ん中に立たれ、ヤムナ河を渡るそよ風にかしずかれていらっしゃる。

その主を瞑想する者は生と死の輪廻から救われます。心が今生、来世において何の物質的利益も望まなくなった時、主クリシュナへの献身奉仕を行うようになります。そしてこの献身奉仕によりカルマの束縛から自由になります。

多くのブラーフマナがクリシュナを崇拝します。たくさんの人が永遠のゴーヴィンダを礼拝します。クリシュナは世界を維持します。力強きクリシュナは、宇宙を動かします。

オーム、ナモ。宇宙の姿をされ、宇宙の創造者、維持者、破壊者、宇宙の主、そして宇宙そのものである主ゴーヴィンダ。私はあなたに尊敬の礼を捧げます。

智慧に満ち、最高の至福のお姿、すべてを魅了し、ゴピーの主、その主ゴーヴィンダを崇拝いたします。

蓮の眼の主を崇拝いたします。蓮の花輪を身につけられた主を崇拝いたします。臍が蓮華のような主を崇拝いたします。幸運の女神の夫である主を崇拝いたします。

主ゴーヴィンダを崇拝いたします。孔雀の羽の王冠をのせられた麗しきお顔、バララーマと一心同体であり、知性鋭く、幸運の女神が恋するマナサ湖の白鳥の如き主を崇拝いたします。

主を崇拝いたします。カンサとその同盟者を成敗し、多くの悪魔を滅ぼし、シヴァの崇拝するお方、アルジュナの戦車の御者の主を礼拝いたします。

主を崇拝いたします。フルートを吹くのが好きな牛飼いの少年、カリヤを踏みつけ、イヤリングを優雅に揺らし、ヤムナ河の岸辺を散歩する主を礼拝いたします。

シュリー・クリシュナを崇拝いたします。主にゆだねる魂の保護者、ゴピー達の蓮華のまなざしを花飾りとする最高の踊り手の主を崇拝いたします。

私は主を崇拝いたします。罪を滅ぼし、ゴヴァルダンの丘を持ち上げ、魔女プターナの命を吸い取り、トリナヴァルターの命を盗んだ主を崇拝いたします。

シュリー・クリシュナを崇拝いたします。黄金の首飾りをつけ、魅力的で純粋、不純の敵、唯一無二の最高のお方を崇拝いたします。

おお、至福のお方よ、どうか親切であれ。おお、至上の主よ、親切であれ。おお、主よ。肉体と精神の苦しみという蛇に咬まれた私をどうかお救いください。おお、クリシュナ。おお、ルクミニーの夫よ。ゴピーの魅惑者よ。おお、宇宙の主よ。生と死の輪廻の海に溺れる私をどうかお救いください。

おお、ケーシャヴァ（クリシュナ）。おお、ナーラーヤナ（クリシュナ）。おお、ゴーヴィンダ。おお、ジャナルダナ（クリシュナ）よ。おお、すべての至福の源よ。おお、献身者を苦しみから救うお方よ。おお、マーダヴァ（クリシュナ）よ、どうか私をお救いください。

【主クリシュナの誕生】

主クリシュナ降臨の背景

ドヴァーパラ・ユガの終わり、地上にはさまざまな悪魔が王の姿を装って傍若無人に振る舞い、その無数の兵力による重荷に地球の母神は耐えかね、主ブラフマーに救いを求めました。

母神は乳牛の姿をとって、眼に涙をため、非常に苦しんでいる様子です。そして主ブラフマーの前に頭を垂れ、地球の苦しみについて話しました。

　地球の母の苦しみを聞き、主ブラフマーは母神、主シヴァ、その他大勢の神々を伴って乳海の岸辺に向かいました。乳海の岸辺に到着し、神々は至上なる主、全宇宙の主人、神々の神、すべてを与え、万人の苦しみを取り除く主ヴィシュヌを礼拝しました。ヴェーダのマントラを唱え、神々は熱心に主に祈りました。

　その時、主ブラフマーは、空に響く主ヴィシュヌの言葉を聞いたのです。そしてヴィシュヌの言葉を神々に伝えました。

「おお神々よ。主ヴィシュヌの言葉を今から伝えるので、すぐに実行に移しなさい。主は、私達がお願いする前から、地球の苦しみを知っておられました。そして主自ら地球に降臨され、地球の苦しみを救ってくださるとおっしゃったのです。あなた方もヤドゥ王家の息子や孫として生まれ、主降臨の準備をなさい。至上なる主シュリー・クリシュナがヴァースデーヴァの息子として降誕されるのです。神々の奥方も主を満足させるために地上に生まれなさい。

　クリシュナの最高の化身はアナンタとして知られるサンカルシャナです。彼は地上に生まれたすべての化身の源ですが、主クリシュナが降誕される前に主サンカルシャナがバラデーヴァとして先にお生まれになり、主クリシュナの地上での活動を喜びに満ちたものにしてくださいます。主の神秘力（ヴィシュヌ・マーヤ）も主クリシュナと一緒に地上に降ります。この神秘力はすべてを魅了しますが、主の活動を助けるためさまざまな他のエネルギーとともに地上に下ります」

　このように神々に指示を与え、地球の母神を慰め、主ブラフマーは自分の住まいブラフマロカに戻っていきました。

ヴァースデーヴァとデヴァキーの結婚

　その少し前、ヴァースデーヴァはデヴァキーと結婚しました。式を終え、馬車に乗って新婦とともに新居に向かっています。ウグラセナ王の息子カンサは、妹のデヴァキーを喜ばせようと馬車の御者を務めることにしました。彼の周囲には何百という黄金の馬車が従っています。デヴァキーの父、デヴァカ王は娘を大変愛していました。そのため王は黄金の衣装をまとった四百の象、一万頭の馬、千八百の馬車、二百人の若く美しい召使いをデヴァキーにつけてやりました。

花嫁花婿の喜ばしい門出を祝って法螺貝やラッパ、太鼓が響き渡る中、いよいよ出発です。カンサが馬の手綱を操り馬車を進めています。その時です。

「愚か者のカンサよ。お前が馬車で送っている女の八番目の子供がお前を殺すだろう！」という姿なき声が聞こえてきました。

カンサは妬み深く罪深い性格でボージャ王家でも嫌われていました。そのため空から聞こえてきた予言を聞いたとたん、左手で妹の髪をつかみ、右手で剣を抜き、妹の首を切り落とそうとしたのです。

恥知らずにも自分の妹を殺そうとする残酷で妬み深いカンサを宥めようと、クリシュナの父となる偉大な魂ヴァースデーヴァは次のように語りました。

「ああ、愛するお義兄さん。お待ちください。あなたはボージャ王家の誇り、偉大な英雄もあなたを褒め讃えます。そのような優れたお方がどうして女性を、しかもあなたの妹で結婚式を挙げたばかりのめでたい時に殺そうとなさるのですか？

ああ、偉大な英雄よ。生ある者は必ず死にます。死ぬために生まれてくると言ってもよいかもしれません。今日死ぬか百年後死ぬか分かりませんが、すべての生き物に死は必然です。今の肉体も塵となり地水火風空の原素に戻っていきます。そして縛られた魂は自分のなした果報的活動によって別の肉体に宿るでしょう。別の肉体を得て今の肉体を諦めるのです。同じように夢の中では別の体、別の環境を経験し、本当の自分を忘れてしまいます。これらのことを考え、人は今の肉体に執着すべきではないと思います。本当の自分は魂で肉体ではありません。

死の時に心が何を想い、何を感じ、何を望んだか、その果報的活動によって、自分に相応しい肉体を受け取ります。別な言葉で言えば、肉体は心の活動に従うのです。肉体は心によって変化しますが、しかし魂は不変のまま残ります。

水に映る月や太陽、星の輝きが風で水が揺れると丸く見えたり長く見えたりするでしょう。同じように魂が物質的考えにとらわれると無知ゆえに、さまざまな現象を自分に関連したものと受け取ります。別な言葉で言えば、人はグナに動かされた心に当惑させられているのです。そして肉体にまつわる嫉妬深く不純な活動によって、次の人生で苦しみます。それなら何故人は不敬な活動をなすのでしょうか？　本当の幸せを考えるなら、人は誰も妬んではいけません。何故なら妬み深き人は今生、来世に限らず常に敵の迫害を恐れなければならないからです。
あなたの妹、可哀相なデヴァキーは、あなたの娘のようなものではないですか。保護してあげてください。あなたは慈悲深きお方、彼女を殺してはいけません」

ヴァースデーヴァは、このように真理道理を説き、カンサを説得しようとしました。しかし、カンサは残酷な性格であり、せっかくのヴァースデーヴァの言葉も心に響かず、今生、来世にわたる自分の罪深き行いの結果に何の関心もありませんでした。

カンサが彼の妹デヴァキーを殺す決心が固いのを見て、ヴァースデーヴァは、差し迫ったデヴァキーの死を避けようと考え、別の提案をしました。ヴァースデーヴァの心は不安で一杯でしたが、恥知らずで残酷、罪深きカンサを喜ばそうと笑いながら次のように語りました。

「おお、最高に賢きお方よ。姿なき声が言ったことで、あなたの妹デヴァキーを恐れることはありません。あなたに死をもたらすのは彼女の息子達です。それなら私は、もし彼女が息子を産んだなら、あなたの手に息子達全員をお渡しすると約束しましょう」

カンサはヴァースデーヴァの言葉に賛成し、妹を殺すのを止めました。ヴァースデーヴァはさらにカンサをなだめ、帰路につきました。

それから月日は流れ、デヴァキーは次から次と八人の息子を産むことになります。

ヴァースデーヴァは約束を破ることを非常に恐れました。そして大変な心の痛みを伴いながら最初に生まれた息子をカンサの手に渡しました。
カンサはヴァースデーヴァが正直に息子を引き渡すのを見て、喜びました。そして、笑顔で次のように話しました。
「おお、ヴァースデーヴァよ。この子は返そう。私を殺すと予言されているのは八番目の子なので、一番目の子は何の心配もない。さあ、もう連れて帰りなさい」
ヴァースデーヴァは子供を連れて帰りましたが、カンサは自分をコントロールできない性格なので、カンサの言葉は信頼できないと思いました。

それからしばらくして偉大な聖者ナーラダがカンサ

を訪れ、地球の重荷になっている悪魔のような人々がどのように殺されるか話しました。ナーラダは主の降臨を早めようと思ってそのような話をしたのです。

　カンサはそれを聞いて非常に恐れました。カンサはヤドゥ王家の人々は神々であり、デヴァキーから生まれる子はすべてヴィシュヌに違いないと思いました。死の恐れから、カンサは、ヴァースデーヴァとデヴァキーを牢獄に入れ、鉄の足枷でつなぎました。ヴィシュヌが自分を殺すという予言を恐れ、生まれてくる子はみなヴィシュヌと思い、次々と子供を殺していきました。

　前世、カンサはカーラネミという大悪魔でヴィシュヌに殺されたとナーラダから聞き、カンサはヤドゥ王家に関連した人々はみな敵と思うようになりました。ウグラセナの最も強き息子カンサは、ヤドゥ、ボージャ、アンダーカ、そしてシューラセナと知られる領土を治める父王さえ牢に入れたのです。

バララーマとクリシュナの懐妊

強大な王カンサは、他の悪魔王と同盟を結び、ヤドゥ王朝の王達を迫害しました。そのためヤータヴァ達は、自分の王国を離れ地方に身を隠しました。しかし、中にはカンサに従う者もいました。

　カンサ王がデヴァキーの六人の息子を殺害した後、クリシュナの完全拡張体が彼女の七番目の子供として宿り、デヴァキーは喜びと悲しみ半々でした。この完全拡張体は聖者達にアナンタとして祝福されました。

　ヤドゥ王家の主の献身者をカンサ王の迫害から守るため、万人のアートマンでもある至上主は次のような神秘力（ヨーガマーヤー）を行使しました。

　主はヨーガマーヤーに命じます。

「我が神秘力よ。たくさんの牛飼いやその妻達の住むヴラジャに行きなさい。多くの牛が住むその美しい村には、ヴァースデーヴァの妻ロヒニーが親友ナンダ・マハーラージャの家に住んでいる。ヴァースデーヴァの他の妃達もカンサの迫害を恐れヴラジャに住んでいる。デヴァキーの胎にはサンカルシャナまたはシェシャとして知られる私の完全拡張体が宿っている。彼をデヴァキーの胎からロヒニーの胎に移しなさい。それから私は、我が六つの富を伴いデヴァキーの息子として誕生しよう。そなた（ヨーガマーヤー）は、マハーラージャ・ナンダの妃ヤショダーの娘として生まれなさい」

デヴァキーからロヒニーに移された息子（サンカルシャナ）は、ゴクラの住民を喜ばせる性質からラーマと呼ばれることになります。また彼は強い肉体を持っているため、バラバドラとしても知られることになります。

主のお話を聞いたヨーガマーヤーは、主を礼拝しナンダ・ゴクラと呼ばれる土地（ヴラジャ）に行き、ヴエーダのマントラを唱えながら命じられたことを忠実に行いました。

デヴァキーの胎の子がロヒニーの胎に移された時、デヴァキーは流産したと思いました。こうしてカンサ王の宮殿の人々は、「ああ、デヴァキーは流産してしまった」と嘆き、カンサの耳にも入ることとなりました。

それから、すべての生物のアートマンであり、献身者のあらゆる苦しみを取り除く至上主クリシュナは、すべての富を伴いヴァースデーヴァの心の中に入りました。主が心臓の核に宿った時、ヴァースデーヴァは主の超越的光輝に満たされ、あたかも太陽のように輝くようになりました。それからクリシュナはヴァースデーヴァからデヴァキーの心に入り、デヴァキーは万人の意識の根源、原因の原因である主クリシュナを宿したため、みるみる美しくなりました。その姿は輝く月のようです。デヴァキーは、こうしてカンサの牢獄で足枷につながれたまま主クリシュナの成長を見守りました。

主クリシュナを胎に宿したデヴァキーは、光り輝き牢獄を明るく照らします。彼女の喜び、純粋さ、微笑みを見てカンサは考えました。

「デヴァキーはこれまでこのように輝くことも喜ぶこともなかった。私を殺す主ヴィシュヌが彼女に宿ったに違いない。私はどうするべきか。主は自分の意志したことは必ずやり遂げるだろう。デヴァキーは女で私の妹であり、しかも妊娠している。もし私が彼女を殺したら、私の名声、富、寿命もすべて失ってしまうに違いない。残酷な人間は、生きていても死んでいるとみなされる。そして生きていても死んだ後も人々は彼を非難しよう。そして死んだ後は間違いなく地獄に堕ちよう」

このようにカンサは考え、主への敵意は持ちながら妹を殺すことを止めました。主が生まれた後に主を殺そうと考えたのです。

神々の祈り

主ブラフマー、主シヴァがナーラダ、デヴァラ、ヴィヤーサなどの偉大な聖者達、インドラ、チャンドラ、ヴァルナを始めとした多くの神々を伴いデヴァキーの牢獄に現れました。彼らは万物に祝福を授ける主クリシュナを礼拝し祈りを捧げました。

「おお、主よ。あなたの誓いは決して破られることはなく、あなたが決められたことはすべて正しく、誰も止めることはできません。あなたは、宇宙の創造、維持、破壊の中にありながら、それを超えた絶対神理でいらっしゃいます。人は完全に神理に忠実にならなければ、あなたの好意を得ることはできません。あなたは哲学や思索によって到達できるお方ではないのです。

あなたは躍動する法、本当の真理、創造の全原素、万人に平等で、あなたの教えはいつも一部の人にではなく万人のためのものです。あなたはすべての真理の始源。

私達はあなたに尊敬の念を捧げ、あなたにすべてをゆだねます。どうか私達をお守りください。

おお、主よ。あなたはこの世界の創造者、維持者であり、帰滅の後はあなただけが存在し、万物はあなたの中に保護されます。あなたはマーヤに覆われ直接見ることはできませんが、純粋な献身者には姿を現してくださいます。

おお、主よ。あなたは常に智慧に満ち、万物に幸福をもたらします。あなたはさまざまな化身として地上に降誕され献身者を喜ばせました。しかし、献身者でない者にとっては、あなたは破壊者と見えるでしょう。

おお、蓮眼の主よ。あなたの蓮華の御足に心を集中し、あなたの蓮華の御足を無知の海を渡る船として受け入れた時、偉大な聖人、聖者、献身者の足跡を辿ることができるでしょう。この簡単な道を歩むことで、無理なく無知の大海を渡れるのです。

おお、蓮眼の主よ。献身者でない人々は、過酷な苦行に打ち込み最高の境地に達し悟りを開いたと思うかもしれません。しかし、彼らの知性は不純です。あなたの蓮華の御足を顧みないのですから、彼らはようやく手に入れた境地からすべり落ちてしまうでしょう。

おお、マーダヴァよ。幸運の女神の主よ。完全にあなたへの愛につながれた献身者も時に献身奉仕の道から外れるかもしれません。しかし、彼らはあなたが保護してくださるので、献身者でない者のように落ちることはありません。そしてまた障害を越え、献身奉仕の道に突き進むのです。

おお、主よ。これまでもあなたはさまざまな化身として地上に降臨され、ヴェーダの活動や供犠、苦行、ヨガ、あなたへの想いの中に吸収される究極のサマーディなどを説いてこられました。しかし、唯一あなたの恵みによってのみ、人は初めてグナをコントロールするあなたの性質を理解できるのです。

おお、主よ。あなたの御名、お姿は想像や思索では確かめることはできません。唯一献身奉仕によってのみ、あなたの御名、お姿、性質を知ることができるのです。

何をしている時でも、心は完全にあなたの蓮華の御足を想い、あなたのことをいつも聴き、唱え、考え、他の人にあなたのことを伝える献身者は最高の境地にいます。こうして人は至上主であるあなたを理解できるようになるのです。

おお、主よ。あなたが降臨されたなら、地球の重荷はすぐさま取り除かれるでしょう。地上にあなたの御足の蓮、法螺貝、棍棒、光輪が刻印されるのを見ることができる私達は本当に幸せです。

おお、主よ。あなたは果報的活動の結果として地上にお生まれになるのではありません。あなたの降臨はあなたのお慈悲以外の何ものでもありません。同じようにあなたの一部である魂も生老病死の苦しみにとらわれているように見えても、あなたのマーヤに幻惑されているに過ぎないのです。

ああ、どうかあなたのお慈悲により私達をお守りください。どうかこの世界の苦しみを取り除いてください。おお、クリシュナ、ヤドゥ王家最高のお方よ。私達はあなたに慎んで尊敬の念を捧げます。

おお、デヴァキーよ。幸運にもあなたの胎にはバラデーヴァのような完全拡張体を従えた至上主クリシュナ御自身が宿られている。それ故、主クリシュナが殺すと決めたカンサを恐れる必要などない。主はヤドゥ家全体を守ってくださるでしょう」

このように祈りを捧げた後、主ブラフマー、主シヴァは神々、聖者達とともにそれぞれの天界の住まいに帰っていきました。

主クリシュナの誕生

主クリシュナの誕生の時、全宇宙に善と美、平和の雰囲気が満ち溢れました。吉兆の星ロヒニーが輝き、太陽、月や星々も平和そうです。全方向が喜びに溢れ、雲のない空には星々が煌めいています。街や村、鉱山や牧草地は美しく彩られ、大地は吉兆な雰囲気に満ちています。河は清水が流れ、湖や池は百合や蓮の花が美しく咲いています。樹や植物は花や葉を茂らせ目を楽しませてくれます。カッコーのような鳥や蜜蜂は甘い声で主の御名を唱えているようです。涼やかな風が吹き、肌を優しくなで、花の香りを運んでくれます。ブラーフマナは供犠の火を灯し、火は風が吹いても揺らぐことなく燃えています。

こうして生まれることなき主ヴィシュヌが誕生する時、カンサやその仲間の悪魔に苦しめられていた聖者やブラーフマナ達は心に平安を感じました。天界からは太鼓の音が響き渡っています。

神々も吉兆な歌を歌い、楽しそうに踊り、祈りを捧げています。神々や聖者達は嬉しそうに花を降り注ぎ、雲は集まって波の音のような柔らかい雷鳴を響かせています。

万人の心臓の核に宿る至上主クリシュナがデヴァキーの心臓から夜の暗闇の中に満月が昇るように現れました。

ヴァースデーヴァが生まれた子を見ると、美しい蓮眼で四本の腕には四つの武器、シャンカ、チャクラ、ガダー、パドマを持っています。胸にはシュリーヴァッサの印、首には光り輝くカウスツバ宝玉の首飾りを下げ、黄色の衣装をまとい、肌の色は雲のように黒みがかっています。豊かな巻き毛の髪、王冠をかぶり、比類なき宝石ヴァイドゥルヤとともにイヤリングが煌めいています。その子は宝石をちりばめた輝くベルト、腕輪、足飾りを身につけ、その他さまざまな装飾品で飾られ、たとえようもないほどの美しさでした。

ヴァースデーヴァの祈り

ヴァースデーヴァは、その非凡な子を見て、驚いて目を見張りました。喜びに溢れ、とらわれの身で何の贈り物もできない代わりに、心の中で一万頭の牛をブラーフマナにお祝いとして与えました。ヴァースデーヴァは、この子は至上主ナーラーヤナに違いないと思い、何の恐れもなくなりました。平伏し手を合わせて自らの光で周囲を照らす我が子に祈りを捧げ始めました。

「我が主よ。あなたは物質を超えた至上なるお方、そしてあなたはアートマンでいらっしゃいます。私はあなたがどなたか分かりました。あなたは、この宇宙を創造したまさにその方です。三グナ（サットヴァ、ラジャス、タマス）のこの世界を創造した後、あなたはその中に入りましたが、実際はグナを超えています。あなたは万物の根源、内も外もなくすべてに遍満し、不可分のアートマンでいらっしゃいます。

おお、我が主よ。すべての創造の指揮者よ。あなたは、この世を守ろうと我が家に降臨されました。あなたは地球全土を徘徊するクシャトリヤを装った悪魔を一掃してくださると確信しました。あなたは無垢の民を守るため悪魔達を成敗してくださるに違いありません。

おお、我が主よ。神々の主よ。あなたが我が家に生まれ、野蛮人カンサを殺すという予言を聞いた後、カンサはたくさんのあなたの兄を殺しました。あなたが生まれたという知らせを聞き、カンサはすぐに武器を持ってあなたを殺しにくるでしょう」

デヴァキーの祈り

すべてに主の特徴を備えた我が子を見て、デヴァキーはカンサを恐れ主に祈りを捧げ始めました。

「我が愛する主よ。ヴェーダではあなたは、言葉でも心でも知覚できないと述べられています。あなたは全宇宙の根源、あなたはブラフマン、すべてのものの中で最も偉大で太陽のように輝いています。あなたは果報的活動のかけらもなく、変化衰退から自由で、物質的な欲望は全くありません。ヴェーダではこのようにあなたのことを述べています。

おお、主よ。あなたはヴェーダの源、あなたを理解することですべてが理解されます。あなたはブラフマンの光輝、パラマートマーと異なりますが、同時に異なりません。あなたからすべては発するのです。あなたはすべての原因の原因、主ヴィシュヌ、神理の光です。時の力により万物が帰滅した時、あなただけが残ります。あなたは無慈悲な時間の支配者として振る舞われますが、しかしあなたはあらゆる幸運の源です。私はあなたにすべてを捧げます。

この世では誰も生老病死は避けられません。他の惑星に逃れたとしても同じでしょう。しかし、今あなたが誕生してくださいました。我が主よ。死はあなたを恐れ逃げ出し、あなたの蓮華の御足を庇護所とする人々は、あなたの慈悲により平安に満たされるでしょう。

我が主よ。あなたの献身者の恐怖を取り除いてください。恐ろしいカンサから私達を救い保護してくださるようにお願いいたします。カンサに見つかると大変です。どうかその主ヴィシュヌのお姿を普通の眼で見えないようにしてください。

おお、マドゥスーダナよ。あなたが生まれたことで、カンサが何かしないかと私は不安でたまりません。どうか、私からあなたが生まれたと罪深きカンサが分からないようにお取りはからいください。あなたの手に法螺貝、光輪、棍棒、蓮を持つ四本腕の遍満するヴィシュヌとしてのお姿はこの世界では不自然です。そのお姿をお止めになって、どうか普通の赤ちゃんの姿をおとりください」

祈りを捧げた後、デヴァキーは思いました。

「ああ、帰滅の時に万物が宿る超越的お姿の主が私の胎から生まれたようだわ。こんなことってあるかしら。誰も信じてくれないし、みんな私を笑うに違いない」

主クリシュナの両親への言葉

ヴィシュヌの姿をされた主クリシュナが言いました。

「愛する母よ。貞淑なる女性の中でも最高のお方よ。前世、スヴァーヤンブヴァ・マヌの統治時代、あなたはプリシュニという名で、父ヴァースデーヴァはスタパーという名の最も敬虔なプラジャーパティでした。その時、あなた方二人は主ブラフマーから子孫を増やすように命じられましたが、最初に感覚をコントロールしようと厳しい苦行を行いました。

愛するお父さんとお母さん。お二人は、雨、風、日照り、寒暑に耐え、自然のもたらすあらゆる苦しみを経験しました。ヨガを通して体内の気息を制御し、空気と樹から落ちた枯葉だけを食べ、心の汚れを浄化しました。こうして柔和となった心で私の祝福を望み、私を崇拝しました。こうしてあなた方は、神々の時間で一万二千年の間、私に専心し苦行を行ったのです。

おお、罪無き母よ。常に大いなる信と献身、苦行をもって心臓の核に宿る私を瞑想し、神々の一万二千年が過ぎた後、私はあなたに満足しました。私は祝福を授ける者の中でも最高の者、今のこのクリシュナの姿で現れ、あなたに望みのものを授けようと言いました。その時、あなたが望んだのは私のような高貴な息子が欲しいということでした。あなたはこの物質世界からの解放よりも、私の母になることを望んだのです。私はあなたにその祝福を与えました。

私はそれから二度、あなた方を父と母として地上に生まれました。ああ、最高に貞淑なる母よ。あなた方の子として生まれるのは、これで三度目になります。

私がヴィシュヌの姿をあなたの前に現したのは、以前の私の誕生を心に留めてもらうことが一つの理由です。もう一つ、もし私が最初から普通の子として生まれたなら、私が至上主であるとは信じないでしょう。お父さんお母さん、私をあなた方の子としていつも思ってください。しかし、私が至上主であることを忘れないでください。こうして愛と好意をもって私を常に思ってくだされば、あなた方は最高の完成を得て、私の至高の住まいに戻ることができるでしょう」

このように両親に教えを伝えた後、至上主クリシュナは沈黙しました。そして普通の小さな赤ちゃんの姿となりました。

クリシュナをヴラジャに運ぶ

主クリシュナから教えを受けたヴァースデーヴァは、赤ん坊を産屋から連れ出しました。同じ頃、主の神秘力ヨーガマーヤーは、ナンダ・マハーラージャの娘として生まれていました。

主の神秘力の影響で門番達は深い眠りに落ちています。他の牢獄の住人達も同じように熟睡しています。太陽が昇ると闇は消え去ります。同じように、ヴァースデーヴァが現れると、足枷は外れ、鉄の錠前と鎖で閉ざされたドアが自然と開きました。雲は稲妻と雨を降らせていますが、主の拡張体で無数の頭部を持つアナンタ・ナーガが二人が外に出た時から、ヴァースデーヴァとクリシュナを守ろうと無数の頭部を広げ傘のように二人を守っています。

インドラが長雨を降らせ、ヤムナ河は水が溢れ渦を巻いています。しかし、ヤムナ河もヴァースデーヴァを渡すため道を開いてくれました。

ヴァースデーヴァがナンダ・マハーラージャの家に着いた時、牛飼い達は早々に眠りについていました。ヴァースデーヴァはヤショダーのベッドにクリシュナを置き、代わりにヨーガマーヤーの拡張体である生まれたばかりの女の子を抱き上げました。そうして自分の住まいであるカンサの牢獄に戻っていきました。

牢獄に戻り、彼はデヴァキーのベッドに女の子を置き、鉄の足枷をはめて、以前と同じような状態に戻しました。

お産の疲れから熟睡し、ヤショダーは自分に授かった子がどんな子かは全く分かりませんでした。

残虐なカンサ王

ヴァースデーヴァが足枷をつけ終わると、扉は以前のように閉まり何事もなかったかのようです。

それからしばらくして、静かな夜の闇に赤ん坊の産声が聞こえてきました。この産声を聞いて、監視人達はすぐにカンサ王のもとに行き、デヴァキーに新しい子供が生まれたと報告しました。カンサはこの報告を聞き恐ろしくなりました。

すぐにベッドから飛び起きると、「私を殺す子供が生まれた！」とカンサは叫び恐怖のあまり髪は逆立ちました。そしてすぐさま赤ん坊の生まれた牢獄に向かいました。

怒りの形相すさまじいカンサを見て、可哀相なデヴァキーは必死で救いを求めました。

「ああ、愛するお兄さん。あなたに幸いあれ。どうかこの女の子を殺さないでください。この子はあなたの姪になるのですよ。それに兄さんを殺すと予言されているのは男の子でしょう。女の子を殺しても何の意味もないではないですか。兄さん、運命に従い兄さんはすでにたくさんの赤ちゃんを殺してきました。でも、どうかこの子だけはお助けください。この子を私に贈り物と思ってお与えください。ああ、兄さん。私は子供をすべて奪われた哀れな女です。それに私は兄さんの妹なのです。この最後の子を私に与えたからといって兄さんに何の損もありませんわ」

哀れなデヴァキーは生まれたばかりの娘を抱きしめ、泣いて嘆願しました。しかし、残酷なカンサはデヴァキーを殴り、彼女の手から赤ん坊を奪い取りました。自分の妹の子供を根絶やしにしようと、カンサは赤ん坊の足をつかみ、石の上に叩きつけて殺そうとしました。

その赤ん坊、主ヴィシュヌの妹、ヨーガマーヤー女神は、カンサの手をすり抜けて空に浮かび、ドゥルガー女神の姿を現しました。八本の腕には弓、三叉、矢、楯、剣、法螺貝、光輪、棍棒の武器を持ち、花輪や美しい衣装と装飾品を身につけています。女神を見て、アプサラー、キンナラ、ウラガ、シッダ、チャーラナ、ガンダルヴァなどの天界の住人が現れ、女神を崇拝しています。ドゥルガー女神はカンサに言いました。

「カンサ、この愚か者よ。私を殺して何になろう。お前を殺す偉大な主はすでにどこかに生まれているぞ。もうこれ以上、無益に子供を殺すのを止めよ」

カンサの一時的改心

女神の恐ろしい姿を見て、その言葉を聞き、カンサは驚きに打たれました。急に良心が目覚めたのか、デヴァキーと義弟のヴァースデーヴァのところへ行き、足枷を外しへりくだって次のように語りました。

「ああ、我が妹よ。そして我が弟よ。私は、実の子を食べるという人食いのような残酷なことをしてしまった。あなた方の息子をたくさん殺してしまった。無慈悲に残酷に私は親族や友を見捨ててきた。そのため、最大の罪と言われるブラーフマナ殺しと同じように、生きても死んでもどのような地獄に行くのか見当もつかない。ああ、人間ばかりか神々でさえ時に嘘をつく。私は神の預言を信じ、妹の子供を殺すという大罪を犯してしまった。

ああ、偉大な魂のあなた方よ。どうか子供のことで嘆かないでほしい。すべての生物は主の支配下にあり、いつまでも一緒に生きることはできない定めなのだから。肉体が滅んでも魂は不変で決して死なないと私は聞いている。肉体と魂を区別できない者は、肉体に愛着してしまおう。そして肉体とその産物、家族や社会、民族に愛着してしまう。このような生活を続け、人は物質的生活を何度も何度も経験することになる。

ああ、我が愛する妹よ。そなたに幸いあれ。すべての人々は神の法則のもと、自らが為した活動の結果で苦しんだり楽しんだりする。そのためか、あなた方の息子達は私に殺されたが、今私が話したことをよく考えて、子供達のために嘆かないでほしい。

我が愛する妹と義弟よ。あなた方は聖者のような方々だ。私のような心の貧しい者に慈悲を与えてほしい。どうか私の残虐な行為を許してほしい」

カンサはこのように述べ、ヴァースデーヴァとデヴァキーの足もとに身を投げ出し、後悔の涙を流しました。

ドゥルガー女神の言葉を信じ、カンサはデヴァキーとヴァースデーヴァに家族愛を感じ、すぐに二人を釈放しました。

兄が本当に後悔しているのを見て、デヴァキーはすべての怒りを忘れました。同じようにヴァースデーヴァもこれまでの恨みを忘れ、次のように語りました。

「ああ、偉大なお兄さん。人は無知の影響で肉体と偽我を持つと言われています。兄さんの言われたことはまさしく真理そのものです。本当の自己を知らず、肉体を自分と思っている人は、『これは私のもの』、『あれは他人のもの』と分けてしまいます。相対的なものの見方をする人は、悲しみ、喜び、恐れ、妬み、欲、幻想、狂気といった物質的な性質に染まってしまいます。そして、悪いことが起きると原因を取り除こうと躍起になりなりますが、彼らは原因の原因である主を知らないのです」

このように純粋な気持ちで、デヴァキーとヴァースデーヴァはカンサを慰め、カンサは喜び、宮殿に帰っていきました。

カンサの迫害

次の日、カンサは大臣達にドゥルガー女神が現れ、カンサを殺す子供がすでに生まれているという言葉を伝えました。

カンサを取り巻く大臣達も妬み深い悪魔であり、カンサ王に次のように進言しました。

「おお、ボージャ王家の大王よ。もしその言葉が本当なら、すべての村、街、牧草地でこの十日間かもう少し前に生まれた赤ん坊を皆殺しにしましょう。小さな時に殺しておかないと成長してからは手に負えなくなるのではないでしょうか。神々の拠り所は主ヴィシュヌです。ヴィシュヌはブラーフマナを始めあらゆる人々に崇拝され、供犠や苦行の対象であり、牛を保護しています。おお、王よ。それならいっそ、ブラーフマナや供犠、苦行を為す者、供犠の供物となる牛乳やバターを生み出す乳牛もみんな殺してしまいましょう。

ブラーフマナや乳牛、ヴェーダの知識（真理）、苦行、正直、心と感覚のコントロール、信、慈悲、忍耐、供犠などはみなヴィシュヌに関連したもの。万人の心臓にアートマンとして宿る主ヴィシュヌは悪魔の敵です。ヴィシュヌは主シヴァや主ブラフマーにさえ保護を与える者。偉大な聖者、聖人、ヴァイシュナヴァ（主の崇拝者）もまた主ヴィシュヌを頼りとしています。それならヴィシュヌを崇拝する者どもを皆殺しにすることが、ヴィシュヌを殺す唯一の方法と思います」

悪大臣達の進言を聞き、良心のかけらもないカンサは、後悔の涙を流したことも忘れました。そして大臣達の言葉を受け入れ、兵を至るところへ派遣し、聖人達を迫害するように命じました。

ああ、人が聖者を迫害するなら、長命、美、名声、信仰、至福、意識の向上といった祝福をすべて失うのです。

［主クリシュナの幼年時代］

主クリシュナの誕生祭

ナンダ・マハーラージャは心の広い人物ですが、主シュリー・クリシュナが息子として生まれた時、喜びに我を忘れました。そして慣例に従い沐浴して身を清め、衣服を正してブラーフマナを招待しました。ブラーフマナが吉兆なヴェーダの詩句を唱えた後、ヴェーダの伝統に従い、生まれた子を祝う誕生の儀式の準備を始めました。

ナンダ・マハーラージャは、美しい布と宝石で飾られた乳牛二百万頭をブラーフマナに捧げました。彼はまた穀物の丘七つも布施しました。

生まれた赤ん坊（クリシュナ）を沐浴させ清めると土地やすべてのものが浄化されました。また赤ん坊の体をきれいにすると（物質界の）不潔なものがきれいになり、清めの儀式によりお産が清められ、苦行によって感覚が浄化され、ブラーフマナを崇拝し捧げものをすると物質的所有欲が浄化されます。満足することで心は浄化され、自己を知ること、またはクリシュナ意識で魂が浄化されます。

ブラーフマナがヴェーダの詩句を唱えるとその音響によって周囲が浄化されました。プラーナを語る人、王家の歴史を語る者、一般の人々は唱和し、歌い手がさまざまな楽器を演奏して歌います。

ナンダ・マハーラージャの住まいは、花や旗で飾られ、門はたくさんの花輪や布、マンゴの葉で飾られています。中庭や門の前の通り、部屋の中のすべてのものも掃除され水で洗われています。

乳牛や雄牛、子牛もウコンや油、さまざまなミネラルの混ざった化粧液を塗られ、牛達の頭部は孔雀の羽で彩られ、体は衣装や布、黄金の装飾品をまとっています。

牛飼いの男達はコートやターバンを身につけ、高価な装飾品で美しく装っています。そして手に贈り物を持って、ナンダ・マハーラージャの住まいに向かっていました。牛飼いの妻達もヤショダーに男の子が生まれたと聞き大喜びして、素敵な衣装、宝飾品、眼に黒い化粧をして美しく装っています。輝くイヤリング、首にはネックレスをかけ、腕輪をした彼女達の衣装はカラフルで髪は花で飾られています。彼女達の美しさは自然でたとえようもないほどです。牛飼いの妻達も手に贈り物を持ってヤショダーの家に向かいました。

牛飼いの妻や娘達は生まれたばかりの赤ん坊クリシュナを祝福し言いました。

「かわいい赤ちゃん。ヴラジャの王様になって、末永く私達を守ってね」

そして水や香油、香料を混ぜた液体を不生の至上主クリシュナにふりかけ、祈りを捧げました。

さあ、すべてに遍満し無限、宇宙顕現の主人である主クリシュナがナンダ・マハーラージャの土地に誕生したのです。さまざまな楽器が演奏され、盛大な誕生祭の始まりです。

牛飼いの男達は、大喜びで牛乳やバター、水を混ぜたものを互いに投げ合い、バターを投げたり塗りつけたりしています。広い心の持ち主ナンダは非常に多くの施し物を階級に応じて与えました。

最も幸運なバラデーヴァの母ロヒニーもナンダとヤショダーに祝福され、華麗な衣装をまとい、ネックレスや装飾品で飾っています。彼女は誕生祭に来た女性客をもてなすのに大忙しです。

ナンダ・マハーラージャの家は至上主クリシュナが住むため、自然と幸運の女神が舞い降りました。幸運の女神が住むところとなったのです。

ナンダ・マハーラージャとヴァースデーヴァの出会い

さて、盛大な誕生祭が終わると、ナンダ・マハーラージャはカンサ王に年貢を納めにマトゥラーに向かいました。

大の親友で親戚であるナンダ・マハーラージャがマトゥラに来て無事に税を納めたと聞き、ヴァースデーヴァはナンダ・マハーラージャの宿泊所を訪ねました。

ナンダ・マハーラージャはヴァースデーヴァが来ると聞き、死んだ肉体がもう一度生命を与えられたかのように愛と喜びに圧倒されました。ヴァースデーヴァが到着するとすぐに駆け寄って抱きしめました。ナンダに大歓迎され、ヴァースデーヴァは心地よく座り、二人の息子について尋ねました。

「愛するナンダ・マハーラージャよ。あなたはずっと息子に恵まれず、息子のことは諦めていたことと思います。ですから息子を授かったなんて何と幸運でしょう。あなたの喜びを見て、私も生き返ったような気がします。この物質世界で本当の友人や愛する家族を得ることは実に難しいものです。河に板と棒を浮かべると最初は一緒でも河の波によって、別れ別れに流れていきます。同じように、愛する友や家族も過去に播いた種（原因）と時の流れによって一緒に住むことはできないでしょう。

愛する友、ナンダ・マハーラージャよ。ところであなたの住む村には、動物達の住む森はありますか？　乳牛はたくさんいますか？　病や不自由はありませんか？　水や穀物、草木はたくさんありますか？

私の息子バラデーヴァは、あなたとあなたの奥さんヤショダーデヴィーに可愛がられ、実の両親のように思っているでしょうね。バラデーヴァの母ロヒニーは楽しくあなたの家庭で暮らしていますか？

友や家族が明るく過ごすなら、宗教も経済も繁栄すると聖典に述べられています。逆に友や家族が苦しむなら宗教も廃れ、何の幸せも見出せないでしょう」

ナンダ・マハーラージャはヴァースデーヴァに答えて次のように語りました。

「ああ、カンサ王は、デヴァキーとあなたの子供達をたくさん殺したと聞きました。そしてあなたの娘（ドゥルガー女神）も天の惑星に帰っていったというではありませんか。すべての人々は法に支配され、自らの為した活動の結果を受け取るといいます。言い換えれば、息子も娘も目に見えない法則によって生まれてくるのでしょうね。息子や娘がいなくなったのもきっと神の法が働いたためなのでしょう。神は究極の制御者であられます。人はこのことを心に留め、迷うべきではありません」

ヴァースデーヴァはナンダに言います。

「愛する兄弟よ。すばらしい教えをありがとう。ところで君はカンサ王に税を払い、私もあなたと会うことができた。何だか君の村のヴラジャで何か良くないことが起こるような気がするのだよ。あまり長居せず、早く帰った方がいいのではないか？」

ヴァースデーヴァの言葉を聞き、ナンダと牛飼いの男達はヴァースデーヴァに別れを告げ、牛に荷馬車をつなぎ帰途につきました。

悪魔プータナーの成敗

ナンダ・マハーラージャはヴァースデーヴァの言葉は間違いであればいいが、と心配しながら帰りを急ぎました。愛する息子クリシュナに危険が迫っていると考え、至高の主の蓮華の御足に保護を祈りました。

本当は、人々が主への献身奉仕を行い主の御名を唱えたり主の事を聴聞している場所は、何の危険も起こらないのです。まして至上主クリシュナがいるヴラジャには何の心配もありません。ナンダは父親として息子の心配をしたのでした。

その頃、恐ろしい魔女プータナーがカンサの命令を受け、村や街の赤ん坊を殺しまわっていました。プータナーは神秘力を用いて美しい女性に変身し、ナンダ・マハーラージャの住むゴクラに入りました。彼女は華麗な衣装と装飾品で身を飾り、魅力的な微笑みを浮かべています。彼女を見たヴラジャの人々は、美しい幸運の女神が自分の夫クリシュナに会いに来たに違いないと思いました。

プータナーは小さな赤ちゃんを探しながら、ナンダ・マハーラージャの家に入りました。そして誰に妨げられることもなくナンダの部屋に入り込み、そこに赤ん坊が眠っているのを見つけました。一目見て、プータナーは、その子の非凡な力を悟りました。この子はすべての悪魔を滅ぼすに違いないと確信したのです。

ベッドに横になっている主シュリー・クリシュナは、小さな赤ん坊を殺しまわっている魔女プータナーが自分を殺しに来たと分かりました。そしてわざと目をつぶったのです。プータナーは自分に破滅をもたらす主とも知らず、赤ん坊を膝の上に抱き上げました。それはちょうど無知な人が、蛇とロープを間違えて、膝の上に眠っている蛇を抱き上げるようなものです。

プータナーは獰猛で残酷な心の持ち主ですが、今は愛情深い母親のように見えます。ヤショダーとロヒニーは、プータナーがクリシュナを抱き上げているのを見て、その美しさに見とれ、止めることをせず黙って見守っていました。

プータナーは膝にクリシュナを抱き、乳首をクリシュナの口に含ませました。その乳首には吸ったらたちまち命を落とす猛毒が塗られていたのです。至上主クリシュナは怒ったように、プータナーの乳房をつかみ思いっきり吸いました。そしてクリシュナは毒と一緒にプータナーの生命まで吸ったのです。

生命を吸われ、プータナーは大声で泣き始めました。「離して、離して！　おっぱいをもう吸わないで！」。冷や汗をかき、目を見開き、手足をばたつかせ、大声で何度も何度も叫んでいます。その恐ろしい声に大地は揺れ、惑星は震えます。叫び声はあらゆる方向にこだまし、稲妻を恐れるかのように人々は地に伏しました。

こうしてクリシュナに生命を吸い取られ、プータナーは命を失いました。口を開け、手足を広げて地面に倒れ、もとの巨大な姿に戻りました。その大きさは十二マイルに及び、倒れた時に多くの木々をなぎ倒しました。倒れた姿は見るからに恐ろしげです。

ヴラジャの人々は、プータナーのすさまじい叫び声を聞き、その恐ろしい遺体を見て魂をとばさんばかりに驚きました。しかし、赤ん坊のクリシュナは楽しそうにプータナーの胸の上で遊んでいます。そのクリシュナのすばらしい行いを見たゴピー（牧女）達は、すぐに喜びに満たされクリシュナを抱き上げました。

ヤショダーとゴピー達の祈り

そしてヤショダーとロヒニーやゴピー達は、牛の尻尾の毛を振ってお払いをし、赤ん坊シュリー・クリシュナを守ってくれるように祈りました。そして、牛の尿で体を洗い、牛のまきあげた塵を体に塗りつけます。そして頭部から始めてクリシュナの体の十二箇所に牛の糞を塗りつけ子供が守られるようにと次のようなマントラを唱えます。

「主アジャがクリシュナの足を守ってくれますように。

主マニマーンがクリシュナの膝を守ってくれますように。

主ヤジュナがクリシュナの腿を守ってくれますように。

主アチュタがクリシュナの腰の上の部分を守ってくれますように。

主ハヤグリーヴァがクリシュナのお腹を守ってくれますように。

主ケーシャヴァがクリシュナの心臓を守ってくれますように。

主イーシャがクリシュナの胸を守ってくれますように。

太陽神がクリシュナの首を守ってくれますように。

主ヴィシュヌがクリシュナの腕を守ってくれますように。

主ウルクラマがクリシュナの顔を守ってくれますように。

主イーシュヴァラがクリシュナの頭を守ってくれますように。

主チャクリーがクリシュナの前方を守ってくれますように。

棍棒を持つシュリー・ハリ、ガダーダーリーがクリシュナの背後を守ってくれますように。

弓を持つマドゥの敵と剣を持つ主アジャナがクリシュナの二方向を守ってくれますように。

法螺貝を持つ主ウルガーヤがクリシュナの全角を守ってくれますように。

主ウペンドラがクリシュナの上を守ってくれますように。

主ガルダが大地の上のクリシュナを守ってくれますように。

主ハラダーラがクリシュナの全方向を守ってくれま

すように。

主フリシーケシャが、クリシュナの感覚を守ってくれますように。

主ナーラーヤナがクリシュナの生命エネルギーを守ってくれますように。

シュヴェタドヴィーパの主がクリシュナの心臓の核を守ってくれますように。

主ヨゲシュヴァラがクリシュナの心を守ってくれますように。

主プリシュニガルバがクリシュナの知性を守ってくれますように。

至上主がクリシュナの魂を守ってくれますように。

遊んでいる時、主ゴーヴィンダがクリシュナを守ってくれますように。

眠っている時、主マーダヴァがクリシュナを守ってくれますように。

歩いている時、主ヴァイクンタがクリシュナを守ってくれますように。

座っている時、幸運の女神の夫がクリシュナを守ってくれますように。

人生を楽しんでいる時、悪魔の敵、主ヤジュナブクがクリシュナを守ってくれますように」


このようにゴピー達は主ヴィシュヌのさまざまな御名を唱え、クリシュナの安全を願いました。すべてのものに保護を与える至上主クリシュナは、ゴピー達の祈りを聞かれ、楽しそうに微笑んでおられました。

母ヤショダーを始めとしたゴピー達は、人間の子としてのクリシュナを大変愛していました。マントラを唱え終わった後、ヤショダーはクリシュナを抱き上げ、クリシュナにおっぱいを飲ませ、クリシュナが眠るとそっとベッドに寝かせました。


ナンダ・マハーラージャと牛飼いの男達がマトゥラから戻ると、巨大な魔女プータナーが死んで横たわっているのを見て驚嘆しました。そうしてヴァースデーヴァの予知に感謝しました。そうしてヴラジャの住人達はプータナーの死骸を小さく刻んで火葬にしました。

プータナーは小さな子供を殺して回るという恐ろしい魔女でした。しかし、最後は主クリシュナを膝に乗せ、主クリシュナにおっぱいを飲ませたのです。主に命と一緒に乳房を吸われたことで、プータナーの恐ろしい罪は軽減されました。悪の道から大きく方向転換する機会を主によって与えられたのです。クリシュナは悪魔を滅ぼし献身者を救うために降誕されましたが、クリシュナに直接殺されることで悪魔にも救いの機会が与えられるのです。

プータナーでさえそうとすれば、愛情をもって乳房を含ませる母ヤショダーやゴピー達の恩恵はいかばかりでしょうか?

プータナーの遺体を焼く時、香ばしい匂いが漂ってきました。遠くにいた村人達は、「おや、この香ばしい匂いは村からのようだが、いったい何が起こったのだろう」と村に戻ってきました。そして、クリシュナとプータナーのすばらしい話を聴き、喜び一杯になりました。

ナンダは、親友ヴァースデーヴァを讃え、クリシュナを膝に抱き上げ、髪の匂いを嗅ぎます。するとたちまちナンダは、喜びに恍惚となってしまったのです。

クリシュナの沐浴式

ヤショダーの赤ちゃん(クリシュナ)が自分で体の向きを変えてうつ伏せになろうとするようになりました。この時、ヴェーダの慣習では沐浴式をすることになっています。この儀式はウッターナと呼ばれていま す。クリシュナが生まれて三カ月後、ヤショダーは近所の奥さん方とこのお祝いの儀式を行うことにしました。

月とロヒニー星が交わる吉兆な日が選ばれ、ブラーフマナはヴェーダの詩句を唱え、楽団が演奏しています。

式が一区切りしたところで、ヤショダーはブラーフマナ達を敬い、美味しい穀物や食べ物、衣類、立派な乳牛や花輪を贈りました。ヤショダーが見ると、クリシュナは気持ちよさそうに眠っています。ヤショダーはクリシュナが自然と目が覚めるまでベッドに寝かせることにしました。

ヤショダーは、沐浴式のお祝いに没頭し、忙しくお客さんの相手をしています。尊敬を込めて衣類や牛、花輪、穀物を振る舞っています。そのため、彼女は、母を呼ぶクリシュナの泣き声に気が付きませんでした。クリシュナはおっぱいが欲しかったのですが、母が来てくれないので怒って足をバタバタさせました。クリシュナは中庭の角の手押し車のそばで横になっていたのですが、クリシュナの足は柔らかかったにもかかわらず、クリシュナの足が当たると手押し車はバラバラに壊れてしまいました。車軸も折れ、部品があちこちに散らばっています。

お祝いに集まっていたヤショダーも奥さん達もナンダを始めとした牛飼い達も手押し車が自然と壊れてしまったので驚きました。あちこち原因を探しましたが見つかりません。

「これはきっと悪魔の仕業か悪い星の影響に違いない」と話し合いました。

その時、近くで遊んでいた小さな子供達が言いました。「僕達見たよ。赤ちゃんのクリシュナが泣いて足をバタバタさせて手押し車を蹴飛ばしたんだ。そしたら壊れてしまったんだ。嘘じゃないよ」

ヴラジャの牛飼いや牛飼いの妻達は、クリシュナが無限の存在と気が付いていなかったので、赤ん坊のクリシュナがそんな怪力の持ち主だとは信じられません。きっと夢でも見たのだろうと子供達の言葉を信じませんでした。そして悪い星の影響だろうと考え、ブラーフマナにお願いしてヴェーダの詩句を唱えてもらいました。ヤショダーはクリシュナにおっぱいを飲ませ、頑丈な男達が手押し車を修理し、ブラーフマナ達は悪い星の影響を和らげるために火の儀式を行い、それから米や穀物、クシャ草、水、ミルクなどを捧げ、至上なる主を崇拝しました。

ブラーフマナが妬み、不正直、不必要なプライド、悪意、他人の富から来る苦しみ、偽の名声から離れている時、彼らの祝福は必ず実ります。そのためナンダ・マハーラージャは正直なブラーフマナを選び、サーマ、リグ、ヤジュルヴェーダの詩句を唱えてもらい儀式を行いました。それから彼は薬草をまぜた水でクリシュナを沐浴させ、ブラーフマナ達を豪華な食べ物でもてなしました。

「まあ、本当にクリシュナはかわいいわね」

「ヤショダー、こんなかわいい子を授かってよかったわね」

と、近所の奥さん達もクリシュナをうっとりと眺めています。

ナンダは、自分の息子クリシュナの豊かさを願い、ブラーフマナに衣装や花輪、金のネックレスで美しく飾り、たくさんのミルクを出す乳牛を贈りました。ブラーフマナは牛を受け取り、すべての家族、特にクリシュナに祝福を授けました。本物のブラーフマナは神秘力を授かっており、彼らの祝福は必ず実るのです。

トリナーヴァルタの成敗

クリシュナが一歳になった頃、ヤショダーがクリシュナを膝の上に乗せてあやしていると、クリシュナが急に山のように重たくなったのを感じました。全宇宙のような重さになり、ヤショダーはクリシュナを膝に乗せることができなくなり、不安を感じました。

「これは悪魔か幽鬼の仕業だわ」

とヤショダーは考え、クリシュナを地面に置くと主ナーラーヤナを思いました。何か良くないことが起こるかもしれないと考え、ブラーフマナを呼んで災いを中和してくれるようにお願いし、家に帰って家事に没頭しました。

ヤショダーは、クリシュナが万物の根源と理解できずに、ナーラーヤナの蓮華の御足を思い出す以外、よい方法を知らなかったのです。

クリシュナが地面に座っていると、カンサの召使いでトリナーヴァルタという名の悪魔が旋風の姿で現れ、クリシュナを空に巻き上げました。悪魔の引き起こす竜巻で塵が舞い上がってゴクラを覆ってしまい、何も見えなくなり恐ろしい風の音が響き渡っています。周囲は塵の嵐で真っ暗闇となり、ヤショダーはクリシュナを置いた場所に行ってもクリシュナを見つけることができません。トリナーヴァルタの投げつける砂の破片のため、人々が相手を見分けられないほどです。

竜巻の引き起こす塵の嵐でヤショダーは我が子を見つけられず、子を失った母牛のように地面に倒れ嘆き悲しみました。嵐が止み、ヤショダーの悲しそうな泣き声を聞いて、ヤショダーの友人や奥さん達が近づいてきます。そしてクリシュナをやはり見つけることができず、悲しみに暮れてヤショダーと一緒に泣きました。

恐ろしい竜巻の姿の悪魔トリナーヴァルタは、クリシュナを空高く連れ去りましたが、クリシュナがだんだんと重くなり、山か鉄の塊のように感じました。悪魔はもうそれ以上クリシュナを持ち上げることができなくなりました。さらにクリシュナが悪魔の首をつかんでいるため息もできず、クリシュナを投げ捨てることもできません。そしてトリナーヴァルタの眼は飛び出し、手足は動かなくなり、命を失って小さな赤ん坊クリシュナと一緒にヴラジャの大地に落ちていきました。

ゴピー達が集まって泣いているところへ、悪魔が空から落ちてきて石に当たりバラバラになってしまいました。

ゴピー達はクリシュナが悪魔トリナーヴァルタの胸の上でニコニコ笑っているのを見つけて、急いで抱き上げヤショダーに渡しました。空から悪魔と一緒に落ちてきたのに、クリシュナはどこにも怪我をしていません。ゴピーやナンダを頭とする牛飼い達は大喜びです。

この悪魔は子供を連れ去り食べる大悪魔です。悪魔に連れ去られたにもかかわらず無傷でクリシュナが帰ってきたので村人達は驚きました。悪魔は妬み深く、残酷で罪深く、そのため自らの罪深い所業によって殺されたのです。

これが法則です。純粋な献身者は、至上主クリシュナに守られ、罪深き人は自らの罪深き人生によって必ず罰せられるのです。

ヤショダー、クリシュナの口の中に宇宙を見る

ある日、ヤショダーがクリシュナを膝の上に乗せておっぱいを飲ませていました。クリシュナはおっぱいを飲み終えるとヤショダーはクリシュナをなでながら、我が子の美しい笑顔を眺めています。その時、クリシュナがあくびをしました。ヤショダーがクリシュナの口の中を見ると、口の中に空、天界の惑星、地球、全方向に星が見え、太陽、月、火、空気、海、大地、山、河、森、そしてあらゆる種類の動不動の生物が見えました。ヤショダーはクリシュナの口の中に全宇宙を見たのです。彼女の心臓は高鳴り、驚いて眼を閉じました。

命名式

ヤドゥ王家の祭司ガルガ・ムニは、禁欲と苦行により高い境地に達していますが、ヴァースデーヴァに勧められ、ナンダ・マハーラージャに会いにいきました。ナンダ・マハーラージャはガルガ・ムニが到着したと聞き、諸手を挙げて歓迎しました。ガルガ・ムニは賓客に相応しくもてなされ、心地よく座っています。ナンダ・マハーラージャがガルガ・ムニに次のように謙虚に言いました。

「ガルガ・ムニ様、あなたは献身者であり、十分に満たされていることと思います。しかし、あなたにお仕えするのが私の義務です。どうか私に命令してください。私は何ができるでしょうか？」

「おお、御主人様。おお、偉大な献身者よ。あなたのようなお方がある場所から次の場所へと移るのは、御自分の好き嫌いからではなく、貧しい心の人々を救うためです。おお、偉大な聖者よ。あなたは占星学の権威であられ、過去と現在を見通されます。そして過去に何を為し、それが今の人生にどう影響しているかをご存じです。ああ、ブラーフマナの中で最高のお方よ。あなたは人類の師でいらっしゃいます。そのようなお方が親切にも私の家にお立ち寄りくださいました。どうか二人の息子のために儀式を行っていただけないでしょうか？」

　ガルガ・ムニは答えました。

「親愛なるナンダ・マハーラージャよ。私はヤドゥ王家の祭司であり、このことは広く知れ渡っています。そのためもし私が二人の息子さんのために清めの儀式を行えば、カンサ王は二人がデヴァキーの息子と分かるでしょう。ヴァースデーヴァとあなたが親友なのはカンサも知っているため、すぐに気付いて二人を殺そうとするに違いありません。そうなると大変です」

　ナンダ・マハーラージャは言いました
「ああ、聖なるお方よ。もしあなたがそのように心配してくださるなら、家畜小屋で私の親戚にも知らせず、こっそりと清めのヴェーダの詩句を唱えていただけないでしょうか？　清めの儀式の大事なところだけでもいいのです」

　ナンダ・マハーラージャに改めてこのように頼まれ、実はガルガ・ムニもそうしたいと望んでいたのです。そして、人目のつかない場所で、クリシュナとバララーマの命名式を行いました。


「このロヒニーの息子は、その優れた性質によって親族や友人すべてに幸福を与えるでしょう。そのため彼は『ラーマ』と呼ばれます。そして非常に頑強な肉体を持っているため『バラ』とも呼ばれるでしょう。この子の名前は『バララーマ』が相応しいでしょうね。さらにヴァースデーヴァの家系とナンダ・マハーラージャの家系を一つにするので、彼は『サンカルシャナ』として知られるようになるでしょう」

「あなたの息子は、各ユガ期に現れる主の化身です。過去に白、赤、黄色の肌色で降誕されましたが、今回は黒みがかった肌色で誕生しました。そのためこの子は『クリシュナ』と名付けましょう。いろいろな理由であなた方の息子は、過去に時々ヴァースデーヴァの息子として生まれました。ですから博学の徒はこの子を『ヴァースデーヴァ』と呼びます。

あなたの息子は、さまざまな姿、名前を持っています。私はそれらを理解できますが、一般の人は理解できないでしょうね。この子はゴクラの牛飼い達の幸福を増すために、いろいろな活動を為します。この子の恩寵によってのみ、あなたはすべての困難を乗り越えることができるでしょう。

おお、ナンダ・マハーラージャよ。あなたの息子は主ナーラーヤナと言ってもよいくらい優れています。この子は、その性質、富、御名、名声、影響力においてもナーラーヤナに等しい。大切に注意深く育てなさい」

このようにクリシュナとバララーマの命名式を終え、ガルガ・ムニは帰っていきました。ナンダ・マハーラージャは、ガルガ・ムニの教えを聴いてたいそう喜び自分ほど幸せな者はいないと考えました。

腕白クリシュナ

それからしばらくしてバララーマとクリシュナの兄弟は、ハイハイができるようになりました。ヴラジャの大地を手と足で力強く這ってまわり、遊びを楽しみました。

クリシュナとバララーマは牛の糞と尿でぬかるみになったヴラジャの大地を元気よく這っていきます。二人が這っていくと足につけた鈴が魅力的に鳴り響き、ヴラジャの村人達は、その鈴の音を聞いて楽しげです。クリシュナとバララーマは、母親と思って村人の後をついて行き、母ではないと分かると、がっかりしてヤショダーとロヒニーを探して向きを変えて這っていきます。

牛の糞と尿の混ざった泥を体中につけ、とても美しく見えます（インドでは、牛の糞と尿は体を浄化するものと考えられていた）。二人の赤ん坊が母のところに這っていくと、ヤショダーとロヒニーは、愛に溢れて二人を抱きしめて、お乳を飲ませます。お乳を飲みながら赤ん坊は、ニコッと笑います。するとかわいい歯が見えて、母達は幸せ一杯になります。

クリシュナの話を楽しむ

ナンダ・マハーラージャの家では、牛飼いの奥さん達がバララーマとクリシュナの遊ぶ様子を見て楽しんでいます。二人は子牛の尻尾をつかみ、子牛は二人をあちこち引き回します。このような光景を見て、奥さん達は家事を止め笑いながら楽しそうです。

ヤショダーとロヒニーは、角のある牛、火、猿や犬、猫といった爪や歯のある動物、棘や大地に落ちている剣や武器の危険から二人の赤ん坊を守ることができません。そう思うと不安になり家事も気もそぞろです。

母達の心配をよそに、バララーマとクリシュナはゴクラの大地を歩けるようになりました。主クリシュナとバララーマは牛飼いの子供達と遊び始め、牛飼いの奥さん達の喜びは増すばかりです。

魅力的で元気よく遊び回るクリシュナを見て、近所の奥さん方はヤショダーを囲んで井戸端会議をしています。

「ねえ、ヤショダー。あなたのかわいい息子が時々、我が家に遊びに来てくれるのはいいんだけど、ミルクを搾る前に子牛を逃がしてしまうものだから、子牛がミルクを飲んでしまってミルクが搾れないのよ。主人が叱るとニコッ微笑むものだから、それ以上怒れないの。それに時々やってきては、カード（凝乳）、バター、ミルクを盗んで食べようとあれこれ知恵をしぼっているみたい。猿が集まってくると、猿に分けてあげて、猿がお腹一杯になると壺を壊してしまうんだから。バターやミルクを盗めないと、怒って小さな子をつねって泣かせて逃げていくのよ。

この前なんか、手が届かないようにカードやミルクを天井から壺に入れてつるしていたら、臼の上に厚板を重ねて上って取ろうとしたのよ。壺の中がミルクと分かったら底に穴を開けて飲もうとするの。ゴピー達が家の仕事でいなくなると、暗い部屋に入り込んでしまうのよ。暗いから見えないと思うでしょう。でも身につけた宝石や装飾品が輝いて、それを頼りに盗むものを見つけるみたいよ。

腕白をしている時に主人が見つけて、わざと怒って『おやおや、クリシュナ、泥棒かい』と言ったら、『僕、泥棒じゃないよ。泥棒はおじさんだよ』と口答えしたわね。時々、クリシュナったら、きれいに磨いた家の中にウンチやオシッコをすることもあるわ。

でもねえ、ヤショダー、見てご覧なさい。泥棒名人のクリシュナったら、あなたの前で良い子ぶって座っているわね。怒られるんじゃないかと目が不安そうよ」

ゴピー達はクリシュナのかわいい顔をじーっと眺めました。その申し訳なさそうな顔を見ているうちに幸せな気持ちになりました。ヤショダーも罰を与えようという気持ちはなくなり、微笑んでクリシュナを抱っこしました。

再び口の中に宇宙を見せる

ある日、クリシュナはバララーマや友達と遊んでいました。その遊び友達がヤショダーのところへ来て言いました。

「おばちゃん、クリシュナが泥を食べた」

ヤショダーは驚いて、クリシュナが病気にならないか心配になり、口の中を見るためにクリシュナを抱き上げました。クリシュナは怒られるのではないかと不安げです。


「クリシュナったら本当に落ち着きがないのね。泥を食べたってあなたのお友達が言ってるわよ。どうしてそんなことしたの？」

クリシュナは答えました。

「お母さん、僕、泥なんか食べてないよ。お友達が嘘を言ったんだよ。疑うんだったら、僕の口の中を調べていいよ」

ヤショダーは言います。

「そうね、もしあなたが泥を食べていないって言うなら、大きく口を開けてみて」

母がこのように言った時、人間として振る舞っているクリシュナは大きく口を開きました。至上主クリシュナはすべての富をお持ちですが、母の人間としての愛情を楽しんでいたのです。

ヤショダーはクリシュナの口の中をのぞき込みました。するとそこには、動不動のすべての生物、宇宙、全方位、山、島、大洋、大地、風、陽、月、星々が見えました。さらに、惑星系、水、光、空気、空、そしてすべての創造物が見えます。また、感覚、心、感覚の認識、純質、激質、無知の三グナも見ました。生物に与えられた時間、本能やカルマの反作用、渇望と動不動さまざまな肉体を見ました。このような宇宙顕現と同時にヴァリンダーヴァン（ヴラジャ）の自分の姿さえ見たのです。

そうしてヤショダーは自分の息子はいったい何者なのか不思議に思いました。ヤショダーは自問自答します。「これは夢かしら。それともマーヤの創り出す幻想かしら。それとも私の心が映し出したのかしら。この子の神秘力なのかしら」

そうしてヤショダーは、人間の思考や想像、心、活動、言葉、議論を超えた至上なる主に祈りを捧げました。主はこの宇宙の根源、そして全宇宙を維持されています。混乱したヤショダーは、その至上主を想い、すべてをゆだねたのでした。

「ああ、私は永遠に主に従います。主は私の究極の庇護処です」

クリシュナは母の様子をご覧になり、口を閉じました。主の神秘力によって、今見たものをヤショダーは忘れ、クリシュナへの愛がさらに深まったのを感じて、クリシュナを膝の上に乗せて抱きしめました。

バター泥棒

ある日、召使い達がみんな家事に忙しいのを見て、ヤショダーは自分でヨーグルトを混ぜ始めました。攪拌しながら、ヤショダーはクリシュナの子供っぽい遊びを思い出しては、歌を作りクリシュナの活動を楽しんでいました。クリシュナのことを思いながら、ヨーグルトを攪拌するヤショダーの姿は美しく輝いています。

クリシュナがおっぱいを欲しがってヤショダーの前に現れ、ヤショダーは幸せ一杯になります。クリシュナは攪拌棒をつかみ、攪拌を止めさせました。母ヤショダーは、クリシュナを抱きしめ、膝の上に乗せて愛情に溢れてクリシュナの顔を眺めます。

クリシュナにおっぱいを含ませている時、ヤショダーは、かまどに乗せた鍋の牛乳が沸騰しているのに気が付きました。クリシュナは母の乳房からお乳を十分飲んでいなかったのに、ヤショダーはクリシュナを膝から下ろしてかまどの方へ急いで行きました。

クリシュナは怒って、小さな歯で唇を噛み、眼に涙を浮かべて、石でヨーグルトの入った容器を壊してしまいました。それから別の部屋に入って、新鮮なバターを食べ始めました。

ヤショダーがかまどから沸騰したミルクをおろし、ヨーグルトを攪拌していた場所に戻ると、ヨーグルトの容器が壊れ、クリシュナがいません。

「ははあ、ヨーグルトの容器を壊したのはクリシュナの仕業ね。近所の人達にも迷惑をかけているし、少しお仕置きしておきましょう」

とヤショダーは考え、クリシュナを探しにいきました。

その時、クリシュナはひき臼の上に座り、バターやヨーグルトのような乳製品を大好きな猿達に配っていました。盗んだものを配っているので、ヤショダーが自分を懲らしめに来ないか不安であたりをキョロキョロ見回しています。ヤショダーはクリシュナを見つけると、こっそり背後から近づきました。

主シュリー・クリシュナは、母が手に棒を持って近づいてくるのを見て、怖がっているかのように逃げ出しました。ヨギーは、パラマートマーとしての主を瞑想し主をとらえようとします。また主のブラフマンの光輝の中に入ろうと大変な苦行と修行を行いますが、失敗してしまいます。しかし、至上主クリシュナを自分の息子と考えているヤショダーは、クリシュナをつかまえようと追っかけ始めました。

すばしっこいクリシュナを追っかけるうちにヤショダーは疲れてきました。髪は乱れ、髪の花飾りは地面に落ちて、汗びっしょりですが、クリシュナをつかまえることはできません。

ようやくクリシュナをつかまえると、クリシュナはますます怖がります。ヤショダーがクリシュナを見ると、泣いています。涙と目のまわりに塗った黒い化粧が混ざり、眼をゴシゴシこするため、黒い化粧が顔全体に広がっています。ヤショダーはクリシュナを手でつかみ、軽くお仕置きを始めました。

母ヤショダーは、クリシュナがどれほど強いか知らず、いつもクリシュナへの愛に圧倒されています。人間の子としてのクリシュナを愛し、彼が何者であるかは興味がありません。そのため、クリシュナがひどく怖がっているのを見て、棒を投げ捨てました。そして、腕白をしないように少し縛っておこうと思いました。

ヤショダー、主クリシュナを縛る

至上主クリシュナは、始め無く、終わり無く、外無く、内無く、上無く、下無く、前無く、後ろ無く、すべてに遍満しています。主は時間の影響を受けないため、主にとって過去、現在、未来は関係ありません。主はいつも御自分の超越的お姿の中に存在しています。主は絶対、相対性を超え、原因と結果を区別し、なおかつすべての原因と結果でもあるのです。無限なる存在、感覚で知覚されない主が、今、人の子として、ヤショダーを母として誕生しているのです。ヤショダーはクリシュナを普通の子供と見て、主を木臼にロープでくくりつけようとしました。

ヤショダーは悪さをした子供をロープで縛ろうとしましたが、ロープが指二本分短いことに気が付きました。そのため別なロープをつなげて長くしようとしました。しかし、新しいロープをつなぐときっちり測ったように二本の指の長さだけ足りず、また新しいロープを継ぎ足すと二本の指分足りず、何度繰り返しても同じ長さだけが足りません。ヤショダーはクリシュナを縛ろうと何度も何度もロープを継ぎ足して長くしますが、クリシュナを縛ることができません。

ヤショダーの友達や近所の奥さん方は、これを見て楽しそうに笑っています。ヤショダーも一生懸命でしたがそのうち笑い出しました。みんな「どうしてこんなことが起きるのだろう」と驚きながら、何だか楽しくなったのです。

ヤショダーは一生懸命だったので、全身汗まみれになりました。そして髪の花飾りも櫛も落ちてしまいました。本来、クリシュナは誰からも縛られることはありません。しかし、クリシュナは、母が疲れてきたのを見て、可哀相に思われ縛られることにしました。

主シヴァ、主ブラフマー、主インドラなどの偉大な神々を含め、この全宇宙は至上主クリシュナによってコントロールされています。主クリシュナはすべてに超越的な性質をお持ちですが、献身者には喜んでコントロールされるのです。ヤショダーに縛られたのも、クリシュナが御自分の献身者をどれほど愛しているかの表れです。ヤショダーの息子、クリシュナは献身者の愛に満ちた奉仕を受け取られます。しかし、思索や自己を悟ろうとする厳しい修行や苦行、肉体と自己を同一視する人々はなかなか近づくことができません。

このお話から主クリシュナは、「ダモダラ（縛られる者）」と呼ばれるようになりました。

ヤマナ・アルジュナ樹の解放

クリシュナを木臼に縛った後、ヤショダーは家事に忙しく飛び回りました。クリシュナは、あたりを見回すと一対のヤマラ・アルジュナ樹が見えます。この二本の樹は過去世、クヴェラ神の息子達だったのです。

前世、この二人の息子はナラクーヴァラとマニグリーヴァと呼ばれ、豊かで幸せ一杯に暮らしていました。しかし、プライドと偽りの名声のために傲慢となり、誰に対しても注意を払わなくなりました。こうしてナーラダ・ムニに呪われ二本の樹になったのです。

クヴェラの二人の息子は、主シヴァの崇拝者であり、マンダーキニー河の畔のカイラーサ丘の庭を散歩することを許されていました。しかし、次第に高慢になり、ヴァールニーと呼ばれる酒をよく飲んでは酔っぱらっていました。ある時、女性達を伴い歌いながら美しい花の咲き乱れる庭園で戯れていましたが、眼は酔っぱらってうつろです。

クヴェラの息子達は蓮華の咲き誇るマンダーキニー河で水遊びし、雄象が雌象と水浴びを楽しむように、若い女性達と楽しんでいました。

偶然、そこに偉大な聖者デヴァルシ・ナーラダが通りかかりました。彼らが、酔っぱらっているのを見て、ナーラダはどのような状況かすぐに察しました。ナーラダを見て、若い女神達は恥ずかしくなって、急いで衣服を身につけました。しかし、クヴェラの二人の息子達は、ナーラダを気にかけず裸のままでした。

ナーラダは二人の息子が富と偽りの名声に酔い裸のままでいるのを見ました。そしてデヴァルシ・ナーラダは、二人に特別な慈悲を授けようと呪いをかけたのです。

ナーラダは言います。

「この世の楽しみに耽る者の中でも、富に愛着する者が、肉体の美しさや家柄、知識を誇る者に比べてより迷いやすいものだ。心を修めず富を手に入れると、人は酒や女性、賭け事に夢中になってしまう。感覚をコントロールできず、自分の富や家柄を誇る愚か者は、いずれは腐敗する肉体を決して老化することもなく死ぬこともないと錯覚してしまうでしょう。そして動物を無慈悲に殺し、時には楽しみだけのために動物を殺したりもする。

人が自分の肉体を誇ると、自分は偉大である、大臣である、大統領である、神であると考えるでしょう。しかし死んでしまうと、その肉体は蛆虫の餌になり、便や灰へと変わってしまいます。もし人が楽しみのために気まぐれで可哀相な動物を殺したなら、次の世でどのような苦しみを受けるか知っているのでしょうか？　このような悪人は地獄へ行き、自らの行いの結果に苦しむというのに。

生きている時、肉体は誰のものでしょうか？　皇帝のものでしょうか、自分のものでしょうか、父のものでしょうか、母のものでしょうか、祖父のものでしょうか？　自分の仕える主人のものでしょうか、火葬にする息子達のものでしょうか？　もし火葬にされないなら死体を食べる犬のものでしょうか？　多くのものがその肉体は自分のものであると主張しますが本当は誰のものなのでしょうね。この点を知らずに、罪深い活動で肉体を維持しようとするのはよくありません。

結局肉体はグナに基づき誕生し、そして死んだら物質原素の中に溶け込んでいきます。これには例外はない。マーヤに支配され、愚か者達は肉体を自分のものと錯覚し、肉体を維持するために気まぐれに動物を殺すといった罪深き活動を為していきます。愚か者でなければ、このような罪深き活動はできないものです。

愚か者や富に目のくらんだ者は、物事を正しく見ることができません。ですから、そのような人は貧乏を経験するといいでしょう。金持ちから貧しくなった人は少なくとも財に溺れる苦しみを知るでしょう。そして必要以上のものを欲しがらなくなります。

ピンで顔を刺された痛みを知る人は、他人がピンで刺されたら痛いと分かります。そしてピンを刺して他人を苦しめたいとは思いません。しかし、ピンで刺されたことのない人は、この痛みが理解できません。人は自分が経験したことでないと、他人を理解できないのです。

貧しい人は、持ち物が何もないため自然と苦行と修行を為しているのです。こうして偽りの名声は根絶されます。貧しい人は、食べる物、住む所、着る物すべてにおいて、神のお慈悲で与えてくださるものに満足しなければなりません。このような必要に迫られた苦行は、彼にとって有益で、自己を浄化し、偽我から完全に自由になります。

常に空腹で食べ物を求める貧しい人は、徐々に弱っていくでしょう。そうなると余分なエネルギーがなくなり、感覚は自然に静まってきます。そして有害な活動、妬みからくる活動ができなくなります。別な言葉で言えば、貧しい人は聖者達が辿る修行、苦行の成果を自然と得ているのです。

聖者達も貧しい人とは付き合っても、お金持ちとは交際しません。聖者達と交際する貧しい人は、すぐに物質的なものに興味がなくなり、心の中の汚れをきれいにぬぐい去るでしょう。

聖なる人々は一日二十四時間クリシュナのことを考えています。彼らは他のことに興味はありません。どうして人は、このような高貴な人々との交際を厭い、物質主義者やお金持ちとか家柄がいいというだけで主の献身者でない者に庇護を求めるのでしょうか？

この二人の息子も酒に酔い、感覚をコントロールできず、神々の富に目がくらみ、女性に愛着している。彼らを救わねばなるまい。

この二人、ナラクーヴァラとマニグリーヴァは、運良く偉大な神クヴェラの息子として生まれたが、酒と偽りの名声によって堕落し、私が通っても裸のままだった。それなら二人を樹にするのが相応しい罰だろう（樹は裸で意識がないから）。ただ、私の慈悲により意識はそのまま残しておこう。意識を持ちながら樹として解放されるまで罪を反省するとよい。神々の時間で百年後、二人は至上主クリシュナに直接会えるだろう。そして献身者として本来の姿を取り戻すことだろう」

このように語り、デルヴァシ・ナーラダは自分のアシュラムに帰っていきました。こうしてナラクーヴァラとマニグリーヴァは一対のアルジュナ樹となったのです。

至上主シュリー・クリシュナは、偉大な献身者ナーラダの言葉を成就しようと、木臼を引きずってアルジュナ樹の方へ這っていきます。

「この二人の若者はクヴェラの息子だが、私の愛する献身者デヴァルシ・ナーラダが、私に直接二人に会ってほしいと望んでいるのだ。私はナーラダの言葉に従い、二人を解放してやらねばならない」

クリシュナはこのように言いながら、アルジュナ樹の間を這っていくと木臼が樹の間に引っかかりました。腹に結ばれた木臼をクリシュナが怪力で引きずると二本の樹は根本から倒れてしまいました。

そしてアルジュナ樹が倒れた場所に火の神のように神々しい二人の人物が現れました。二人の体から出る光輝で周囲は明るく輝いています。二人は平伏しクリシュナを崇拝しました。そして手を合わせ次のように言いました。

「おお、クリシュナ様。あなたの富、神秘は想像も及びません。あなたは至高根源のお方、すべての原因の原因、近くであり遠く、この物質創造を超えていらっしゃいます。あなたはすべてであり、この宇宙、粗大、精妙なものすべてがあなた様のお姿です。

あなたは至上なる主、万物を統御するお方。生物の肉体、生命、偽我、感覚もすべてあなた御自身に違いありません。あなたはヴィシュヌであり、不滅の統御者。あなた様は時間であり、第一原因。そして純質、激質、無知からなる三グナでもあられます。あなたは、この物質顕現の根源であり、生物の心臓の核に宿るアートマン、そのため、あなたはすべてをご存じです。

おお、主よ。あなたは創造以前から存在しておられます。ですから、この物質世界で肉体にとらわれた誰が、あなたを理解できるというのでしょうか?

おお、主よ。あなたの栄光はあなたのマーヤに覆われ分かりませんが、あなた様は至上なる主に違いありません。あなたはすべてのすべて、至高ブラフマンであり、私達は全身全霊であなたを崇拝申し上げます。

ああ、主よ。私達はあなたの召使いの召使い。特にナーラダ・ムニ様の召使いでありとうございます。こうしてあなたと直接お会いできますのも、ナーラダ・ムニ様の栄光と慈悲によるものです。

ああ、主よ。私達のすべての言葉があなたの遊戯を語りますように。私達の耳がすべてあなたの栄光だけを聴きますように。私達の手や足、感覚があなたを喜ばせることだけに使われますように。私達の心がいつもあなただけを思っていられますように。頭がこの世のすべてのものに尊敬の念をもってお辞儀をしますように。何故なら万物はあなたの異なったお姿なのですから。眼があなた御自身に異ならない献身者のお姿を見ますように」

このようにクヴェラの息子達は主クリシュナに祈りを捧げました。

主クリシュナはすべての主人でしたが、木臼にロープで縛られたままクヴェラの息子達に次のように言いました。

「偉大な聖者ナーラダ・ムニは慈悲深いお方です。彼は樹になるようにあなた方を呪ったが、実はすばらしい恩恵を与えたのです。あなた方は富に目がくらみ天国から転げ落ちて樹になったが、最高に幸運でした。

私はナーラダ・ムニのような純粋な私の献身者が非常に愛しい。そのような献身者が願ったことは何としてでもかなえてやらなければならないと思います。それで、このような木臼に縛られた赤ん坊の姿でナーラダ・ムニの願いを満たしてやろうとしているのです。

太陽を見たら、もはや闇は存在しないでしょう。同じように、私にすべてをゆだねる純粋な献身者に接したなら、人はもはや物質的なものに執着を持たなくなるでしょう。これからも私と同じように私の献身者を尊敬なさい。

さあ、もうお帰りなさい。あなた方はいつも私を思い私への献身奉仕に没頭したいと願いました。その望みは私への愛を育み満たされることでしょう。そして二度と堕落することはないでしょう」

至上主クリシュナは、このような祝福を二人に送りました。二人は祈りながら木臼につながれた主の周りを回り、主を崇拝しました。それから主の許しを得て、本来の住まいに戻っていきました。

ヤマナ・アルジュナ樹が倒れるすさまじい音を聞いた牛飼い達は、雷が落ちたと思って、その場所に集まりました。彼らは、ヤマナ・アルジュナ樹が倒れているのを見て、どうしてそうなったのか当惑しました。

クリシュナは木臼につながれたままですが、しかし、小さな子供が樹を倒すことができるでしょうか？　いったい誰が倒したのだろう、と牛飼い達は考え込みました。

その時、牛飼いの少年達が口を揃えて言いました。

「やったのはクリシュナだよ。二本の樹の間を這っていって木臼が樹に引っかかって、クリシュナが引っ張ったら樹が倒れたんだ。そしたら樹の中から美しい男の人が現れてクリシュナと話していたよ。僕達見たんだから、間違いないよ」

ナンダを始めとした牛飼い達は、人間としてのクリシュナを深く愛していたので、そんなすばらしいやり方で二本の樹を倒したなんて信じられません。ですから子供達の言うことを信じませんでした。しかし、何人かの人は「ガルガ・ムニがクリシュナはナーラーヤナに等しい」と予言している。それならあり得ないことではないな、と半信半疑でした。

ナンダ・マハーラージャが見るとクリシュナはまだ木臼に縛られ、木臼を引っ張っています。彼は微笑んで、ロープをほどいて息子を自由にしてあげました。

ヴラジャのアイドル

ゴピー達が言います。

「かわいいクリシュナちゃん。踊ってくれたらお菓子をあげる」

このように言って、ゴピー達は手拍子をたたきクリシュナを励まします。そんな時、クリシュナは至上主ですが笑って、あたかもゴピー達の人形のように、踊ってゴピー達の願いをかなえてあげます。クリシュナは時にゴピー達の頼みで大きな声で歌います。このようにクリシュナはゴピー達のアイドルとして振る舞っておられました。

時々、母ヤショダーやゴピー達はクリシュナに、「これを持ってきて」、「あれを持ってきて」と頼みます。時に厚板や木靴、木製の計量器を持ってくるように頼みます。このように母に命令され、クリシュナは何とかそれらを持ってこようとします。しかし時々重くて持ち上げられないものがあると、それらに手をかけて途方に暮れて立ち尽くしています。時に自分の強さを見せようと、腕で体を叩いてみせたりします。主クリシュナは、純粋な献身者を大変愛しておられ、主の献身者や召使いに征服されるお方と呼ばれています。

このように子供時代の遊びによってヴラジャの村人達の喜びはますます大きくなりました。

果物売りとクリシュナのお話

ある時、女性の果物売りが来て、「ヴラジャブーミのみなさん、果物はいらんかねー」と大声で知らせます。クリシュナはこれを聞き、穀物と果物を交換してもらおうと思って、穀物を両手ですくい駆けていきました。

「おばちゃん、待って。これと果物を交換して」

果物売りはかわいい子供の声に振り向いて、ニッコリ笑いました。

「おや坊や、お母さんのお手伝いかい。えらいねー」

果物売りがみると、小さな手で穀物をすくい、大急ぎで駆けてきたので穀物はこぼれて、クリシュナの手にはほとんど残っていません。それでもクリシュナをかわいく思った果物売りは、

「さあ、いっぱい持っておいき」

と、手に持ちきれないほどの果物をクリシュナに与えました。

「おばちゃん、こんなにもらっていいの？」

「いいんだよ。坊や、またね」

と果物売りは楽しそうに去っていきました。

果物売りの姿をじっとご覧になっていた主は思いました。

「ああ、なんと素敵な女性だろう。わずかな穀物しか持っていなかったのにこんなに果物を持たせてくれた。私がブラーフマナや神の姿だったら誰でも多くのものを布施するかもしれない。しかし、私はほんの小さな子供の姿であったのに、純粋な好意から私に多くの果物を与えてくれた。ああ、私はこのような献身者が愛しい。何か御礼をしなければ。しかし、私は人間の子として振る舞っており、私の仕業と分かるようなことは控えよう。月並みなもので悪いがこれを受け取ってもらおう」

果物売りが家に帰ってみると、果物を入れていた籠の中は宝石や金で一杯になっており、腰をぬかさんばかりに驚きました。

遊びに夢中

ある日、ロヒニーデヴィーは友達と川縁で夢中になって遊んでいるクリシュナとラーマをお昼御飯になったので帰ってくるよう呼びに行きました。ところが友達との遊びに夢中でロヒニーが呼んでも戻ってきません。そこでロヒニーは、ヤショダーに子供達を呼んできてもらうようにお願いしました。

クリシュナとバララーマは、お昼を過ぎても遊びに熱中しています。ヤショダーは子供達にお昼御飯を食べに帰るように呼びかけましたが、そうするうちに愛情一杯になりました。

「愛するクリシュナ、こっちにおいで。こんなに長く遊んで疲れていない？　お腹が空いていない？　もう遊びは終わりましょうね」

「愛するバララーマ、最高のお兄さん。弟を連れてすぐに帰りなさい。二人とも朝御飯は食べたけど、もうお昼の時間よ。お父さんがお昼を食べるのを待っているわ。バララーマ、ヴラジャの王様があなたが帰ってから一緒に食べようと食事を前にして待っているのよ。

早く戻って私達を喜ばせてちょうだい。クリシュナとバララーマと遊んでいる他の子供達もみんな帰りなさい」

「クリシュナ、一日中遊んでばかりで、体中泥と砂だらけじゃないの。戻って体を洗ってきれいにしなさい。今日はあなたの誕生日なのよ。牛をブラーフマナに捧げなければならないのだから、きれいになさい。あなたと同じ年頃のお友達もみんなきれいに着飾ってるわよ。早く帰ってきなさい。水浴びしてお昼を食べて、きれいにして、それからまたお友達と遊びなさい」

　こうしてヤショダーは、クリシュナとバララーマの手をつなぎ、家に連れて帰りました。

ヴァリンダーヴァンへの移住

　ある日、村に次々と良くないことが起こるため、牛飼い達が集まってどうしたらいいか話し合いました。ウパーナンダという名の長老がバララーマとクリシュナのためにどうしたらいいか考え意見を述べます。

「親愛なる牛飼いの友よ。バララーマとクリシュナを殺そうと次々と悪魔が村にやってきています。幸いにも主の保護によって、これらの悪魔は退治されました。他にも何もしないのに手押し車が壊れたり二本の樹が倒れたり、良くないことばかりが起こっている。今まで事なきをえているのも主ヴィシュヌのご加護以外の何ものでもありません。これらの悪い出来事も目に見えない悪魔の仕業ではないかと思います。バララーマとクリシュナを守り、これ以上良くないことを避けるために村から引っ越した方がよいと思います。

　この近くにヴァリンダーヴァンという土地があって、牧草や植物、蔦も豊富で牛を飼うには非常に良い場所です。そこには美しい庭や山があり、私達牛飼いやその家族、動物にとっても住みやすいところです。さっそく今日にでも出かけましょう」

　ウパーナンダの言葉を聞き、牛飼い達は「それはすばらしい」とみな賛成しました。そしてさっそく荷造りを始め、ヴァリンダーヴァンに向かって旅立ちました。

　年寄り、女性、子供や家具を荷馬車に積み、牛を先頭に立てて、牛飼い達は弓と矢を携え、司祭と一緒にラッパを吹きながら進んでいきます。牛飼いの女性達は美しく装い、道々クリシュナの遊戯を楽しそうに歌い始めます。クリシュナとバララーマの遊戯を聴きながら、ヤショダーとロヒニーは喜びに溢れ、一時も二人と離れることができません。二人を荷馬車に乗せ、嬉しそうに家族で話をしながら進んでいきました。

こうしているうちにヴァリンダーヴァンに到着しましたが、そこは四季折々美しく喜びに満ちたところです。バララーマとクリシュナは、ヴァリンダーヴァン、ゴヴァルダンの丘、ヤムナ河の畔を見て大喜びでした。

こうして新しい村造りが始まったのです。村造りの間も、クリシュナとバララーマは小さな子供として振る舞い、たどたどしく話し、村人達は喜びに疲れも忘れます。

[クリシュナの少年時代]

こうして時が過ぎ、ラーマとクリシュナは、子牛を世話するほど成長しました。二人は子牛の世話をしながら、同じ年頃の牛飼いの子供達といろんな遊びをします。

時にクリシュナとバララーマはフルートを吹き、樹に実っている果物を取ろうと紐や石を投げたりします。時には石投げに興じ、時に足首につけた鈴がチリンチリンと鳴ります。時に果物の実でフットボールをし、毛布をかぶっては子牛や親牛の真似をして、モーとうなったり喧嘩の真似をしたりします。他にも動物の鳴き真似をしたり、二人は全く普通の子供のように遊び興じています。

悪魔ヴァツァースラの成敗

ある日、バララーマとクリシュナは、友達とヤムナ河の畔で子牛の世話をしていました。そこにヴァツァースラという悪魔が二人を殺そうと現れました。至上主クリシュナは、悪魔が子牛に化けて群れに紛れ込んでいるのを見つけました。

「兄さん、悪魔が来ているよ」

と、バララーマに知らせます。

二人は全く気付いていないかのように悪魔に近づきます。そしてクリシュナは悪魔が化けた子牛の後ろ足と尻尾をつかみ力一杯振り回して殺してしまいました。殺した悪魔をカピタ樹のてっぺんまで放り投げ、悪魔は落ちてきましたが、悪魔は子牛から大きな姿に戻りました。

悪魔の死骸を見て、牛飼いの子供達は「よくやった、クリシュナ。いいぞ、いいぞ。本当にありがとう」と叫びます。天界ではすべての神々が喜び、主に花を降り注ぎます。

ヴァツァースラを殺した後、クリシュナとバララーマは朝食を終え、子牛を世話しながらあちこち遊び回りました。全創造物を維持するクリシュナとバララーマは、普通の牛飼いの子供のように子牛の世話を引き受けています。

悪魔バカースラの成敗

ある日、クリシュナとバララーマは友達みんなと子牛の群れを連れ、子牛達に水を飲ませようと池に連れて行きました。その池で少年達は山のように大きな悪魔バカースラと出会いました。子供達はこんな巨大な生き物を見たことがなかったので怖がりました。悪魔は鋭い嘴を持ったアヒルの姿をしています。悪魔は子供達を襲い、クリシュナを飲み込みました。

バララーマや少年達は、巨大なアヒルにクリシュナが食べられたのを見て、肉体をなくした感覚のように気を失いました。

クリシュナはブラフマーの父でしたが、牛飼いの息子として振る舞っています。悪魔に飲み込まれた主は、火炎を発し悪魔の喉元を焼き焦がしました。苦しくなった悪魔バカースラはクリシュナを吐き出します。悪魔がクリシュナを見ると、飲み込まれたというのに全く無傷です。すぐさま悪魔はクリシュナを鋭い嘴で襲いました。

献身者を保護する主クリシュナは、カンサの友バカースラが襲ってくるのを見て、嘴を両手でつかみ、まるで子供がヴィラーナ草を裂くように悪魔を真っ二つにしました。こうして悪魔は殺され、天界の住人は大喜びです。神々は太鼓や法螺貝を鳴らし主を讃えます。この様子を見て、気が付いた牛飼いの少年達は驚きました。

悪魔に殺されたと思ったクリシュナが無事で悪魔を退治したのを見て、バララーマも少年達も生き返ったような気持ちです。彼らはクリシュナを抱きしめ無事を祝いました。そして彼らは子牛を集めて、ヴラジャブーミに戻り、クリシュナの武勇伝を大声で話しました。

牛飼いとその奥さん達は、クリシュナがバカースラを退治した話を聴き驚きました。そうして子供達の無事を祝いました。ナンダ・マハーラージャは、「年端もいかないクリシュナに次々と危険が襲ってくる。しかし、どんな悪魔もクリシュナを殺すことができず、逆に火に飛び込むハエのように殺されていく。ブラフマンの知識に満ちた人の言葉は決して嘘にはならないという。ガルガ・ムニが予言したことが、現実に起こるとすれば何とすばらしいことだろう」と思いました。

このようにナンダを始めとする牛飼い達はクリシュナとバララーマの遊戯を聴いて、幸せ一杯で物質界の苦しみを忘れてしまいます。

このようにクリシュナとバララーマは、かくれんぼをしたり、おもちゃの橋を造ったり、猿のようにあちこち飛び跳ねたり子供らしく遊びながらヴラジャブーミの少年時代を過ごしました。

森へハイキング

ある日、クリシュナは森までハイキングして朝御飯を食べようと思われました。朝早く起きて、角笛を鳴らし、その美しい音色で牛飼いの少年達や子牛を起こします。そして、クリシュナと少年達はそれぞれの子牛の群れを連れて、ヴラジャブーミから森へと向かいました。

多くの牛飼いの少年がヴラジャブーミの家を出てクリシュナと合流します。彼らの前にはこれまた数え切れないくらいの子牛の群れが歩いています。少年達はとても美しく、弁当箱、角笛、フルートを携えて、子牛の群れをじょうずに棒でまとめながら森へと向かいます。クリシュナ御自身もたくさんの子牛の世話をしながら少年達と歩いています。

森に着くと少年達は夢中で遊び始めました。少年達は真珠や黄金やその他の装飾品で美しく装っていましたが、さらに森に入って、果物や緑の葉っぱ、花や孔雀の羽、柔らかい鉱物などで身を飾ります。

少年達はよく友達の弁当を盗みました。盗まれたと分かると、少年達は盗んだ弁当を遠くの友達に投げます。その友達はまた遠くに投げ、弁当の持ち主が、がっかりすると少年達は笑い、持ち主が泣き出すと弁当を返してあげます。

時にクリシュナは森の美しい場所に向かいます。すると少年達が追いかけてきて、「僕が一番早くかけてきてクリシュナに触ったよ。僕が一番だ！」と叫びます。こうして少年達はクリシュナを何度も触っては楽しく遊びます。

少年達は森でそれぞれ好きに遊びます。ある少年はフルートを吹き、他の少年は角笛を吹きます。何人かの少年は蜜蜂のブンブンいう音を真似、他の何人かはカッコーの鳴き声を真似ます。ある少年は鳥を真似て地面に映る鳥の影を追い、他の少年は白鳥の優雅な動きと姿勢を真似ます。ある少年はアヒルと一緒に黙って座り、他の少年は孔雀の踊りを真似ます。何人かの少年は小猿が好きで、木の中を飛び跳ねては猿の真似をし、猿がよくするような顔をして、他の少年は枝から枝に飛び移ります。ある少年達は滝のところに行って河で泳ぎ、蛙の真似をして飛び跳ねたり、水に映る自分を見ては笑っています。何人かの少年はこだまを楽しんでいます。

このように少年達は、ブラフマンの根源である主クリシュナとよく遊び戯れたのでした。牛飼いの少年達は何生にもわたって善き行いを続けてきて、その恩恵としてこうして至上主クリシュナと仲良く遊ぶことができたのです。この幸運を何と説明したらいいのでしょうか？

ヨギーは何生にもわたってヤマ、ニヤマ、アーサナ、プラーナーヤーマなどを実践し厳しい苦行と修行を行います。しかし誰も簡単には成就できません。長い時間をかけてヨギーは心を制御できるかもしれませんが、まだ至上主クリシュナの蓮華の御足の塵さえ味わえません。ヴラジャブーミ（ヴァリンダーヴァン）の住民は何と幸運なことでしょう。何故なら、その至上主御自身が一緒に住み、毎日、主と直接会えるのですから。

悪魔アガースラの成敗

その頃、神々でさえその死を待ち望むアガースラという名の大悪魔が現れました。神々は不死の甘露を飲み、死ぬことはないはずなのにこの大悪魔を恐れ、死ぬのを一日千秋の思いで待っていました。

この悪魔は森で牛飼いの少年達が楽しそうにしているのが我慢できませんでした。アガースラはプータナーとバカースラの弟でカンサが送り込んできた悪魔です。そのため、ヴァリンダーヴァンにやってきて、クリシュナを見て思いました。

「このクリシュナが兄バカースラと姉プータナーを殺したのだ。二人を弔うためにも牛飼いの仲間もろともクリシュナを殺そう。ヴラジャブーミの奴らは、クリシュナと息子達が死んだら、自分達も生きてはおるまい」

このように決心し、アガースラは、太さは山のようで長さは八マイルに及ぶ大蛇に化けました。そして山の洞窟のような大きな口を開け、クリシュナと牛飼いの少年をひと飲みにしようと道に横たわりました。大きく開けた口の下唇は地面にあり、上唇は雲に達していいます。その口は山の大穴のようで中は真っ暗、舌は広い道路のようで、息は生暖かく、眼は火のように輝いていています。

この大蛇の姿をした悪魔を見て、牛飼いの少年達はヴァリンダーヴァンの格好の遊び場に違いないと思いました。怖がりもせず、大蛇が自分達と遊ぶために現れたのだと考えたのです。

「ねえ、この蛇死んでいるのかな？　僕達を飲み込もうとして口を開けて死んだふりをしているのかな？どっちだろう」

「きっと、僕達をひと飲みにしようと待っているに違いないよ。上の唇は日差しを浴びた雲みたい、下の唇は赤い雲の影に見えるね。口の左右の角は洞穴みたいだし、山のてっぺんのように見えるのが歯だね。舌は広い道路のようだし、口の中は真っ暗だよ。口から暖かい風が吹いてくるけど、肉の腐ったようなすごい臭いだね。きっと死んだ動物を食べていると思うよ」

「こいつ、僕達を食べにきたのかな。そんなら、バカースラのように、すぐにクリシュナに殺されてしまうよ」

少年達は、クリシュナの美しい顔を見て、大声で笑って、手を叩きながら楽しそうに大蛇の口の中に入っていきました。

すべての生物の心臓の核に宿る至上主シュリー・クリシュナは、少年達がアガースラの口の中に入っていくのを見て少し驚きました。

「なんとまあ、僕を信じてくれるのは嬉しいけど、悪魔が化けた大蛇の口の中に遠足にいくみたいに楽しそうに入っていってしまったよ。完全に僕が助けると信じ切っている。ああ、こんな純真な友達は本当に得難いものだ。さて、悪魔を成敗して、友達を無事に助けるにはどうしようかな」

クリシュナは少し考えて、自分もアガースラの口の中に入っていきました。

クリシュナがアガースラの口の中に入っていくのを見て、雲の影に隠れていた神々は、「ああ！　ああ！」と悲鳴を上げ、アガースラの友や悪魔達は大喜びです。

神々の悲鳴を聞き、クリシュナはすぐに少年達を救おうと悪魔の喉元で体を大きくしました。クリシュナが体を大きくすると、悪魔も体を大きくしましたがついていけず、喉を塞がれ呼吸ができなくなり、眼がぐるぐる回って弾けてしまいました。悪魔の生命エネルギーは行き場がなくなって、悪魔の頭頂部を突き破ってしまいました。

悪魔の生命エネルギーが頭頂部から出ていったのを見て、クリシュナは気を失っている子牛と少年達を一瞥すると、すぐに息を吹き返しました。そうして、人々に解放を与える主ムクンダは、友や子牛を連れて悪魔の口から出てきました。

神々が見ていると悪魔の体から明るい光が現れ、クリシュナが悪魔の口から出てくると、その光はクリシュナの中に吸収されていきました。

それからはみんな大喜びです。神々は花のシャワーを降り注ぎ、天界の踊り子達は踊り始め、歌い手として有名なガンダルヴァは祈りの歌を捧げます。楽隊は太鼓を打ち鳴らし、ブラーフマナはヴェーダの詩句を唱えます。

このように天界でも地上でも万人が本来の義務、主を讃えることを始めたのです。主ブラフマーは自分の星の近くでお祭りのすばらしい音楽や、「ジャヤ！ジャヤ！」という声を聴きすぐに見に行きました。そして主の栄光を見て肝をつぶさんばかりに驚いたのです。

クリシュナはすべての原因の原因。原因と結果の法則を支配し、高等下等すべては主から創造されました。主は根源の制御者です。クリシュナがナンダ・マハーラージャとヤショダーの子供になったのは、主の言われなき慈悲によるものです。主が示されたのは無限の富、力だけではありません。アガースラのような悪魔にも慈悲を与えられたのです。最も罪深いアガースラのような悪魔も、主クリシュナを敵として常に思い、クリシュナ御自身に成敗されたことにより、それまでの悪逆非道の人生に大きな方向転換の機会を与えられたのでした。

大蛇に化けたアガースラの死骸は干上がって大きな抜け殻のようになり、そこはヴァリンダーヴァナの住民にとってすばらしい場所となり、長い間そのまま残されました。

楽しいランチ

死の権化アガースラを成敗した後、至上主クリシュナは牛飼いの少年達や子牛達を連れて河の畔に行き、次のように言いました。

「みんな、この河の畔を見てご覧よ。楽しそうな雰囲気一杯でとっても美しいところじゃないか。蓮の花が咲き乱れて、香りに誘われて蜜蜂や鳥が集まってきているよ。蜜蜂のブンブンいう音や鳥の囀りが森の樹の間から聞こえてきて気持ちがいいね。砂もきれいで柔らかいよ。遊ぶに最高の場所じゃないか。

お昼も過ぎたしお腹も空いた。ここでお昼にしよう。子牛達には水を飲ませてのんびり草を食べさせていたらいいよ」

クリシュナの言葉に、牛飼いの少年達は河の水を子牛に飲ませ、樹につないで柔らかい牧草を食べさせました。それから少年達も弁当箱をあけて、クリシュナと一緒に喜び一杯で食べ始めました。

蓮の花弁や葉に囲まれたようにクリシュナは真ん中に座り、友達が周りを囲んで座ります。少年達はとても美しく各々クリシュナを眺め、クリシュナも友を一人一人笑いながら見ています。このようにクリシュナと少年達は森でのランチを楽しみました。

少年達はクリシュナとランチを食べながら、お互い交換し合って「君のおかず美味しいね」「君のママは、料理がじょうずだね」「これもとっても美味しいね」と笑い合っています。

クリシュナは、純粋な心で捧げられたものしか食べません。しかし、今は人間の子として友達とランチを楽しんでいます。右腰にフルートをさし、角笛と子牛を世話する棒を左にさしています。手にヨーグルトとおにぎりを持ち、指に果物をつまんでいます。主クリシュナは蓮華のように座り、友を見回しては冗談を言ってみんなを笑わせています。

牛飼いの少年達は、クリシュナが万物の心臓の核に宿っているなんて全然知りません。ただ友達のクリシュナを知っているだけです。

天界の住人達は、捧げられた物しか食べない主が森で少年達とランチを食べているのを驚いて見ていました。


みんなでランチを食べている時、何頭かの子牛が緑の牧草に誘われ森深くに入っていきました。

自分の子牛がいなくなったのを知った友が不安そうにしているのを見て、恐怖に恐怖を与える制御者クリシュナは友を心配させまいとして言いました。

「友よ、心配しないで。食事を続けていていいよ。僕が捜してきてあげるから」

そして手にヨーグルトとおにぎりを持って、すぐに友達の子牛を捜しにいきました。友達を安心させようと、クリシュナは山や洞窟、茂みの中、狭い道を捜し回りました。

ブラフマーの疑問

その頃、天界高くに住むブラフマーは、アガースラを成敗し救いの機会を与えた主クリシュナの比類ない活動を見て驚いていました。

「主は私達の願いをお聞きくださり、悪魔の征伐と献身者を助け、神理を広めるためクリシュナとして降臨された。しかし、人間の子供のようにいたずらをしては、母に叱られている。森で人間の子供達と遊びほうけているように見えるが、大悪魔を退治されたりしている。人間として生まれた主はいったいどのくらいの力をお持ちなのだろうか」

と、ブラフマーの心に疑問が湧いてきました。

ブラフマーはクリシュナを試してみたくなったのです。そして、クリシュナが子牛を捜して留守の時に、少年達と子牛達をみんな別の場所に移してしまいました。


クリシュナは子牛を見つけることができず、ランチを食べていた場所に戻ってきました。しかし、そこには牛飼いの少年達も子牛達もいません。クリシュナは探し回りましたが、やはり見つけることができません。

クリシュナはすぐに気が付きました。

「ははあ、これはブラフマーの仕業に違いない。人間の子供としての私の力を試そうとしているな。自分の力を少し過信しているようだ。少し教えてやらねばなるまい」

それから、ブラフマーと子牛や少年達の母親の喜びを増してあげようと、全宇宙の創造者クリシュナは自らを子牛と少年すべてに拡張しました。

自らはクリシュナとしての姿を保ったまま、いなくなった子牛や少年達そのままそっくりに拡張したのです。姿、手や足、四肢の形、角笛、棒、フルート、弁当箱、衣装や装飾品などすべて一つ一つ同じ姿になりました。名前、年齢や癖、性格まで一人一人全く同じです。こうしてクリシュナは、「ヴィシュヌはすべてに遍満している」ということを証明したのです。

以前と全く同じ子牛や少年に拡張したクリシュナは、みんなを連れヴラジャブーミに戻りました。クリシュナの拡張した子牛達は以前と同じ牛小屋に入り、少年達もそれぞれの家庭に戻っていきました。

子供達の吹くフルートや角笛の音を聴き、母親達はすぐに家事を止めて、「お帰りなさい」と子供達を抱きしめます。そして母親達はいつも以上に大きな喜びを感じたのです。母達は子供達に油を塗ってマッサージし、沐浴させ、白檀粉を塗り、装飾品で飾り、守護のマントラを唱え、チラカで体を飾り、食事をさせます。このように自分の息子の姿をしたクリシュナの世話をし、彼女達はいつにない至福を感じたのです。

牛舎に帰った牛達は子牛を呼んでモーと鳴きます。子牛がやってくると何度も何度も体をなめて、お乳を飲ませます。

牛飼いの女達は、以前は自分の息子よりクリシュナの方へ深い愛情を感じていました。クリシュナへの愛と自分の息子への愛を別個に考えていたのです。しかし、今はその区別がなくなっています。牛飼いの男も同じように息子よりクリシュナの方へより愛を感じていましたが、ほぼこの一年の間は、自分の息子への愛情が増していきました。何故なら、クリシュナが彼らの息子になっていたからです。クリシュナと同じくらいに自分の息子に愛を感じるのも当然のことでした。

このクリシュナが自らを少年や子牛に拡張した状態は、一年間続きました。

ある日、一年が終わる一週間ほど前、クリシュナとバララーマは森へ子牛達を連れて行きました。ゴヴァルダンの丘の頂上付近で草を食べていた牛達が、ヴァリンダーヴァンの牧草地で子牛達が草を食べているのを見つけました。それほど遠くありません。子牛を見た時、親牛達は愛に満たされ自分のことも牛飼いのことも忘れ、険しい坂を駆け下りました。乳房はミルクで張り裂けんばかりで、頭と尻尾を上げ、首を振り振り、子牛のところに行ってお乳を飲ませようと一生懸命駆けていきます。牛達は新しい子牛を産んでいて、大きくなった子牛にお乳を飲ませる必要はありません。しかし親牛達は子牛をなめ、お乳を飲ませようとします。

牛飼いの男達は最初、親牛達が子牛の方へ駆けていくのを止めることができず、恥と怒りを感じました。しかし、険しい道を下りて息子達のところにたどり着いて息子を見ると、大きな愛に圧倒されてしまいました。子供達を見て親としての愛に溶け込んでしまったのです。怒りなどどこかに吹き飛んでしまいました。彼らは息子を抱きしめ息子達の頭に鼻をつけて、最高の喜びを楽しんだのです。

しばらくして親達は仕事を思い出し、不承不承子供達を抱きしめるのを止め、森に戻っていきました。しかし、息子のことを思うと涙が止めどなく流れ落ちてきます。

親牛達も大きくなってお乳を飲まなくなった子牛にいつまでも愛着しています。バララーマは、この深い愛を見て理由が分かりませんでした。彼は考え込みました。

「私も含めてヴラジャの人達みんなが少年達や子牛達に主クリシュナを愛するように深い愛情を示している。こんなことは以前なかったことだ。この素敵なできごとはいったいどうしてだろう？

誰かの神秘力であろうか？　神か悪魔の仕業だろうか？　マーヤが現れたのだろうか？　神か悪魔の仕業だろうか？　私の主人クリシュナのマーヤエネルギー以外、私を惑わすことなどできないはずだが」

このように考えよく観てみると、これらの子牛やクリシュナの友達は、クリシュナの拡張体の姿であることが分かりました。

主バラデーヴァは言いました。

「おお、至高の統御者よ！　この少年達は私が考えていたような神々ではなかった。子牛達もナーラダのような偉大な聖者ではなかった。主よ、あなたが御自身をさまざまな姿に拡張されたのですね。主は一人でありながらたくさんの少年や子牛の姿をとられている。どうしてなのか教えてほしい」

主バラデーヴァの質問を聞き、クリシュナはすべてを話し、バラデーヴァは納得しました。

ブラフマーは神々の時間で一瞬後に戻ってきました。しかし地上では一年が過ぎていたのです。主クリシュナは、この一年何事もなかったかのように、御自身の拡張体である少年達や子牛達と過ごしていました。

ブラフマーは考えました。

「ゴクラの少年や子牛はどうしているのだろう。彼らは私の神秘力で眠っており、今も目が覚めていないはずだ。丸一年の間、少年達や子牛達はクリシュナと遊んでいたのだろうか？　私が眠らせている少年や牛とは別なのだろうか？　彼らは誰だろう？　どこから来たのだろう？」

ブラフマーは長い間、考え込み、ついに考えることに疲れました。どちらが本物でどちらが偽物か見分けがつきません。

主ブラフマーは、誰からも惑わされることなく、逆に宇宙すべてを惑わす遍満する主クリシュナを試してみようとしたのです。自分の力に頼り反対に幻惑されたのでした。

闇夜の黒い雪、太陽の前の蛍の光は何の価値がないように、劣った者の神秘力は超越者の前では無意味です。

主ブラフマーがじっと見ていると、子牛や少年達みんなが雲のように黒みがかった肌色で黄色い絹の衣装を着たヴィシュヌに姿を変えました。一人一人のヴィシュヌは四本の腕を持ち、法螺貝、光輪、棍棒、蓮華を手にしています。王冠をかぶり、耳にはイヤリング、首からは花輪をかけています。胸の右上は幸運の女神の象徴、さらに腕には美しい腕輪をつけ、法螺貝のような三本の線が印されたカウスツバの宝石を首に下げています。手首には腕輪、足首には足飾り、腰には聖なるベルトを身につけています。みんな美しい姿です。そして、一人一人のヴィシュヌは月の光にも似た微笑みを浮かべています。

動不動、ブラフマーから取るに足らない生き物に至るすべての生物は、それぞれの能力に応じ、歌ったり踊ったり礼拝したりして、そのヴィシュヌを崇拝します。

一人一人のヴィシュヌは永遠無限、知識と祝福に満ち、時間の影響を超えています。彼らの偉大な栄光は哲学の道を歩み献身奉仕を忘れた知識人達には理解できません。

こうして主ブラフマーは全宇宙をエネルギーで満たし、動不動すべてを包含する至高ブラフマンを見たのです。ブラフマーは、すべての子牛や少年達が主クリシュナの拡張体であることを悟ったのでした。そしてヴィシュヌの光輝に満たされ超越的祝福を受けて呆然として、泥の人形のように言葉を失いました。

至高ブラフマンは、思索を超え、自ら顕現し、御自身の至福の中に住まわれ、物質エネルギーを超越しています。主はヴェーダの至宝、その至高ブラフマン、栄光に満ちた至上主が今、四本腕のヴィシュヌとしてブラフマーの前に子牛と少年達の数だけ現れたのでした。ブラフマーは幻惑され、「これはいったいどうしたことだろう」と考え込みましたが、答えを見つけることができませんでした。

主クリシュナは、ブラフマーの様子をご覧になり、すぐにヨーガマーヤーを取り去りました。

すると、ブラフマーの意識ははっきりしてきて、あたかも死んだ人間が息を吹き返すように立ち上がりました。目を開き、彼とともにある宇宙を眺めました。それから四方を見回し、自分が今、豊かな自然に満ちたヴァリンダーヴァンにいることを悟りました。ヴァリンダーヴァンは主クリシュナの超越的住居です。そこには飢えも怒りも渇きもありません。普通なら敵対する人間と獰猛な動物達が仲良く暮らしているすばらしいところです。

やがてブラフマーは唯一無二の絶対神理、知識に満ち無限永遠の主クリシュナが、手におにぎりやヨーグルトを持って立っているのに気が付きました。

あわててブラフマーは、自分の乗り物である白鳥から降り、あたかも赤い棒が主クリシュナの蓮華の御足に触れるように身を投げ出しました。尊敬の念を捧げ、喜びの涙でクリシュナの御足を濡らします。長い時間、主の蓮華の御足に何度も何度もおじぎをして、ブラフマーは今見たばかりの主クリシュナの偉大さを思い返しました。

それから、ゆっくりと立ち上がり眼をぬぐって、ブラフマーは主ムクンダを見上げます。そして頭を垂れ、心を集中し、体を震わせながら、どもりどもり次のような祈りの言葉を主クリシュナに捧げました。

ブラフマーの祈り

ブラフマーは祈ります。

「我が愛する主よ。あなたは唯一崇拝されるべき至上なる主、それ故私はあなたに謙虚に尊敬の念と心からの祈りを捧げます。

おお、牛飼いの王の息子よ、あなたの肌色は雲のように黒みがかった青、衣装は光輝き、美しいお顔は、イヤリングや髪にさした孔雀の羽で彩られています。さまざまな森の花や葉でできた花輪をかけられ、子牛を誘導する棒、角笛、フルートを携え、手にはなにがしかの食べ物を持たれて私の前に立っておられます。

我が主よ。私でさえあなたの力を見誤ったのですから、他の誰が私にこのような慈悲をくださり、また献身者の願いを満たすあなたの真のお力を評価することができるでしょうか？　私の心は物質的観念にとらわれ、あなたの真のお姿を理解できませんでした。

人はそれぞれの環境にあっても、あれこれ考えることを止め、肉体への執着を捨て、言葉と心をあなたに捧げ、献身者の語るあなたのことを常に聴き、自分の命をあなたに捧げるなら、そのような純粋な献身者は（三界にあなたを征服するものはありませんが）、あなたを容易に征服できます。何故なら、あなたはそのような献身者が愛しく、何でもしてあげようと労を厭わないからです。

我が主よ。あなたへの献身奉仕は、自己を悟る最も優れた道です。もし人がこの献身奉仕の道から逸れ、哲学や思索に耽るなら非常に苦労し、望む結果は得られないでしょう。空の小麦の殻を打っても穀物は得られないように、思索や知識を深めるだけでは自己を悟ることはできません。ただトラブルを得るだけです。

おお全能の主よ。多くのヨギーが、努力のすべてをあなたに捧げ、自己の与えられた義務を誠実に果たすことで献身奉仕の境地に達しました。献身奉仕を通し、あなたの御名を聴いたり唱えたりし、あなたを理解できるようになり、そして迷うことなくあなたにすべてゆだね、あなたの至高のお住まいに達したのです。

ハートに宿るアートマンとしてのあなたを瞑想し、あなたの一端を知覚できるヨギーがいるかもしれません。しかし、そうなるには肉体と魂を区別しすべての感覚の執着を捨て去らなければならず、多くの時間と大変な困難が待ち受けています。

博学な哲学者、科学者は雪や地球の原子の数、太陽や星々から放出される光の粒子の数を数えられるかもしれません。しかし、万物の幸福のため地上に降誕された至上なる主、あなたの無限超越的性質を数えることは不可能です。

我が主よ。あなたの言われなき慈悲を謙虚に待ち、心と言葉と体であなたを崇拝する者は、過去の悪行をすべて消し去り、解放の資格を間違いなく得ることでしょう。

ああ、我が主よ。私は何と生意気だったことでしょう！　私の神秘力を用いてマーヤの支配者であるあなたを試そうとしたのです。私を何にたとえればいいのでしょうか？　私は太陽の前の小さな火花に過ぎません。ですから、おお、誤ることなき主よ。私の罪をどうかお許しください。私は激質の性質を持ち、そのため愚かです。あなたの力に依存しなくても、私は自分を制御者であると思い込んだのです。私の眼は無知の闇に曇り、自分を不生の宇宙の創造者と思い込みました。どうか、私があなたの召使いであることを思い出していただき、この大いなる罪をお許しください。

おお、主よ。母親は胎児が子宮の中で足を動かして子宮を蹴ったからといって罰するでしょうか？　三界は帰滅の時、原因海の中に溶け込み、水の上には、あなたの完全拡張体であるナーラーヤナだけが横たわっていると言われています。そのナーラーヤナの臍から蓮華が芽生え、私ブラフマーがその蓮華から生まれました。この点に偽りはありません。こうして私はあなたから生まれたのではないですか？　ですからどうかお慈悲を賜りますようお願いいたします。

我が主よ。今回、あなたは子牛と少年に拡張され、またヴィシュヌの姿を私に見せてくださり、あなたがマーヤの主人であると私は改めて気付かせていただきました。あなたが母ヤショダーの口の中に全宇宙を見せたように、全宇宙はあなたの体内に存在するのです。私の知性では想像もできないことでございます。

無知な者には、あなたは物質世界の一部である普通の子供としか見えません。その物質世界もあなたの想像も及ばないエネルギーのほんの一部に過ぎないのです。そうして、あなたは宇宙創造のため私ブラフマーの姿をとられ、維持のためにヴィシュヌの姿となり、破壊のためシヴァとして現れます。あなたのお力は無限で私を含めた誰にもとらえようがありません。

おお、主よ。至高の創造者で万物の主人よ。あなたは人間として生まれましたが、それは物質的誕生ではありません。そして悪魔を滅ぼし、献身者に慈悲をくださるために降臨されたのです。

おお、偉大なお方よ。至上なる主よ！　神秘力の主、至高ブラフマンよ！　あなたの活動は、どこでどのようにどのようなエネルギーを使って為されるのか誰も理解できません。あなたの力がどのように働くのか神秘です。

この全宇宙は夢のように実在ではありません。しかし、あなたに献身奉仕を捧げた時、実在となるのです。この点を理解できないため人は何度も苦しみを繰り返します。この宇宙はマーヤの虜になっていますが、そのマーヤも至福と知識に満ちたあなたから放出されているのです。ですからマーヤを超え、あなたを知った時、この世は実在となるのです。

あなたは唯一無二、太古の至上なる主、絶対神理、自足円満で無始無終。あなたは永遠で誤ることなく、完全完璧、競争者もなく、無執着。あなたの至福は遮られることなく、物質的汚染のかけらもありません。あなたは不死の不滅の甘露です。

太陽のような師から神理を学び正しくものを観る眼を養った人々は、すべての魂の魂、人々の心臓に宿るアートマンとしての主を悟ります。そうして万物の根源であるあなたを理解し、人は物質世界の幻想の海を渡れるのです。

ロープを蛇と見誤る人は恐怖を覚えます。しかし、蛇ではなくロープと分かると恐怖は消え去るでしょう。同じように主であるあなたのことを知らない人は、マーヤにとらわれます。しかし、あなたを知ることによりたちまち幻想は消え去ります。

我が主よ。もし人があなたの慈悲のわずかな足跡にさえ喜びを見出すなら、彼はあなたの偉大さを理解することができるでしょう。しかし、思索を通してあなたを理解しようとするなら、仮に多くの年月ヴェーダの学習を続けたとしてもあなたを知ることはできません。

我が主よ。私は、今生ブラフマーとして生まれた幸運に感謝します。そして次の人生、どこに生まれたとしてもあなたの献身者の一人に数えられますように。私がたとえ動物に生まれたとしても、あなたの蓮華の御足への献身奉仕に没頭できますように。

おお、全能の主よ。ヴァリンダーヴァンの牛や女性達の何と幸運なことか！　彼らは子牛や子供達の姿をしたあなたに、心ゆくまでお乳を飲ませたのですから。遠い昔から伝わるヴェーダの儀式をすべて行ったとしても、これほどあなたを満足させることはできないでしょう。

ナンダ・マハーラージャや牛飼い達、ヴァリンダーヴァンの住民達のなんと幸運なことか！　絶対神理、超越的至福の源、永遠至高のブラフマンが彼らの友になったのですから。

まことにヴァリンダーヴァンの住民達の幸運の大きさは想像も及ばないほどです。彼ら献身者の感覚を司る神々も、主の蓮華の御足という甘露を繰り返し飲み、喜びに満たされてしまいました。

ゴクラの森に住む生き物達の何と幸運なことでしょう！　主の蓮華の御足から落ちた塵に満たされたのですから。彼らの全生涯と魂は主ムクンダ（クリシュナ）に捧げられたのです。主の蓮華の御足の塵は誰もが探し求めてなかなか得られないものなのです。

我が主よ。人は献身者にならない限り、物質に対する愛着や欲望は泥棒であり、家庭は監獄、家族に対する執着は足枷です。

我が愛するご主人様、あなたはこの物質界で為すべきことは何もありません。しかし、あなたはあなたに身をゆだねる献身者の喜びのために地上に降誕され人間としての人生を過ごされています。

ある人々は、『私はクリシュナのことは何でも知っている』と言うかもしれません。しかし私の見解は、そのようなことを論じるのは無意味です。あなたの富、あなたの力は私達の心、言葉、体をはるかに超えたものだからです。

我が愛する主よ。そろそろお暇してもよろしいでしょうか？　本当にあなたは観る者、すべてを目撃するお方です。あなたは、すべての宇宙の主であり、私はあなたに私とこの宇宙を捧げます」

ブラフマーの祈りを聞かれ満足された主クリシュナは、ニッコリ笑って次のように話されました。

「ブラフマーよ。そなたは、私が小さな人間の子として振る舞っているので、私の力を試してみたくなったのであろう。誰がみても主であるという姿や身分、言動、力を期待していたのだろうね。

確かに私が偉大な聖者や聖王として振る舞えば、人々は私を主として尊敬するだろう。しかし、私を知り私への純粋な献身奉仕に至る者は万人に一人に過ぎない。

ドヴァーパラ・ユガまで続いたヴァルナアシュラマ制度を通して私に至るには、偉大な努力と長い時間が必要だ。これからカリ・ユガに入るが、ヴァルナアシュラマ制度は崩れ、人々の寿命は短くなり、悪徳がはびこる厳しい時代となろう。そのような時代には私へのバクティこそ最適の道である。

私へのバクティに至るには、偉大な師から道理神理を学び、生活の中で実践しながら一つ一つ体得していくのが確実な道であろう。しかし、複雑多岐な生活環境、快楽を満たす誘惑に囲まれた生活、便利さを求めてやまない科学や物質主義の蔓延した世の中で、いったいどれだけの人が私へのバクティに至るだろうか？多くの人が途中で足踏みしてしまうのではなかろうか。

人は自分の好きなもの、愛するものに一番熱中するものだ。そのため短くなった人生の中で私へのバクティに至るには、私を好きになる、愛するということが必要になってくると私は思う。

では、人が純粋に相手を好きになるとはどんな場合であろうか。親の子に対する愛、信頼する友に対する友情、恋人を思う恋愛、英雄を慕う気持ち、尊敬する主人に対する愛と忠誠心、子が親を慕う思いなどではなかろうか。

神理道理を学んで体験を通して信を深めていくこと と、私に対する愛が一つになった時、愛は純粋となり信は深まり、バクティに至るのである。

『鳥は二枚の羽をつかって空を飛ぶ　人は感情と理性の二つを調和して自由を得る』という聖者の言葉があることに相当し、『理性』が神理道理を学び体験を通して信を深めることに相当し、『感情』が愛することに当たろう。

私が都を離れてヴァリンダーヴァンで子供時代を過ごし、人間の子として過ごしているのも実はこのためなのだ。愛らしいいたずら好きな子、仲の良い遊び友達、悪魔や怪物をやっつけるヒーロー、女の子を魅了する素敵な少年など、さまざまな遊戯を行い、多くの人が私を愛する、好きになるように振る舞っているというわけだ。そうして大好きな私への愛に没頭し他のことを忘れてしまうだけで、すでにバクティの神髄に達したことになろう。

私が今回、この地上に生まれたのは、悪魔を滅ぼし、献身者を守り、神理を広めるためであるが、もう一つ人間の子としてさまざまな遊戯を行い、多くの人が私を愛するようになってバクティに至る機会を与えるためでもあるのだよ」

このような主の言葉を聞き、ブラフナーは感激しました。

「ああ、あなたの御言葉をお聞きし、私の疑いがきれいに消え去りました。そのようなご慈悲に満ちた深いお考えがあるとも知らず、本当に恥じ入るばかりでございます」

それからブラフマーは、無限の至上なる主の周りを三回礼拝しながら回り、主の蓮華の御足に頭を垂れて、主クリシュナの許しを得て自分の国に帰っていきました。


ブラフマーが去った後、主は子牛達と少年達を戻し、彼らを川縁に連れて行って、以前と同じように一緒にランチを食べているようにアレンジされました。

気が付いた少年達は丸一年経っているとも知らず、主のマーヤによってわずか一瞬しか経っていないように感じたのです。

牛飼いの少年達はクリシュナに言います。

「おや、クリシュナ、もう戻ったのかい。迷子の子牛をすぐに見つけてくれたんだね。まだ僕達ランチを食べ終わっていないよ。でもよかった、さあ一緒にまた食べようよ」

主クリシュナは微笑んで、友達と楽しくランチを食べました。そして、森からヴラジャの家に帰ることになりました。主クリシュナの体は、孔雀の羽や花々、森の染料で飾られ、竹笛を嬉しそうに鳴らします。主は子牛の名を呼んで集め、牛飼いの少年達は主の栄光を唱えて三界を浄化しています。主クリシュナが、ナンダ・マハーラージャの牧草地に入ると、その美しい姿を見た牛飼いの女性達は喜びに満たされました。

牛飼いの少年達はヴラジャの村に入ると大声で、「今日、クリシュナは大蛇から僕達を助けてくれたんだ！」と、叫びます。何人かの友達はクリシュナをヤショダーの息子と呼び、他の何人かはナンダ・マハーラージャの息子と呼びました。


このできごとはクリシュナが五歳の時と言われています。この不思議なできごととブラフマーの祈りを聴くものはすぐに救いの道に入ると伝えられています。
＊この話は大変な意味を含んでいると思います。ま

ず主クリシュナはヴィシュヌ神となり、ヴィシュヌ神は牛飼いの少年達、子牛達にそれぞれ別々に拡張します。これはそれぞれの個性、役割を認めていますが元は同じです。また魂だけでなく肉体もすべて神に属すること、一にして多、不変異を意味しています。見た目は前と同じ少年のようでも、主が拡張したためカルマがなくアートマンをそのまま表しているため、いつもより両親、親牛達は愛しく感じています。ヤージュニャヴァルキアの有名な、「ああ、実に夫を愛するが故に夫が愛しきに非ず。アートマンを愛するが故に夫が愛しきなり。ああ、妻を愛するが故に愛しきに非ず、アートマンを愛するが故に妻が愛しきなり…」を連想します。この何気ない説話の中に、主クリシュナとヴィシュヌ神の関係、主と個の魂の関係、主とアートマンの関係、この世の成り立ちなどが述べられているように感じました。

ブラフマ・サンヒター

中世の南インドで発見されたブラフマ・サンヒターという文典があります。もとは長かったようですが現在残っているのは第五章のみで後は散逸したと言われています。ブラフマ・サンヒターは、主クリシュナを賛美する文典として、クリシュナ信奉者には大事にされています。ここでその一部を紹介します。

ゴーヴィンダとして知られるクリシュナは、至上なる主です。主は永遠に祝福された霊体をお持ちです。主はすべての根源。主は御自身以外に始源なく、あらゆる原因の第一原因です。

私はゴーヴィンダ、太古の主、牛を世話し、あらゆる望みをもたらし、霊的宝石で造られた住居に住まい、無数の宝樹（望みをかなえてくれる樹）に囲まれ、常に無数の幸運の女神ラクシュミーやゴピー達に最高の尊敬と愛によって仕えられている主を崇拝いたします。

私はゴーヴィンダ、太古の主を崇拝いたします。主は熟練したフルート奏者、蓮華のような眼、頭は孔雀の羽に飾られ、美しい薄青の衣装を身にまとい、その比類なき愛らしさは無数のキューピッドを魅了します。

私はゴーヴィンダ、太古の主を崇拝いたします。首には花輪が揺れ、月のようなロケットを美しく首から下げ、両手はフルートと宝石をちりばめた装飾品を持たれ、常に愛の遊戯を楽しまれ、栄光に満ちた永遠の表われである三重のシャーマスンダラを持たれる主に礼拝いたします。

私はゴーヴィンダ、太古の主を崇拝いたします。主は至福、真実、実在に満ちたお姿をされ、眼をくらますような光輝に満ちています。超越的四肢を持たれ、すべての器官は円満に機能し、霊的、物質的両方の数え切れないほどの宇宙を永遠に観照し、維持し、表わされます。

私はゴーヴィンダ、太古の主を崇拝いたします。主はヴェーダでは近づき難く、しかし魂の純粋で混じりけのない献身奉仕によって獲得することができます。唯一無二、衰えることなく、始めなく、終わりなく、始まりであり、そして永遠のプルシャ、また主は永遠に咲き誇る若さの美を持ったお方です。

私はゴーヴィンダ、太古の主を崇拝いたします。主は呼吸を整えプラーナーヤーマに没頭し超越的段階に達したヨギが熱望しても、何億年もの間、物質的要素を排除し不滅のブラフマンを見出そうと努力するジュナーナニー（ジュニャーナ・ヨーガの信奉者）でさえ、ただその蓮華の御足の指の先端に達するだけの偉大なお方です。

主は不異の存在で、偉力（エネルギー）とその所有者の間には何の相違もありません。何百万の世界を創造しても、主の偉力は分かれることなく留まります。全宇宙は主の中に存在し、宇宙に散らばった原子である各人の中に存在し、同時に一つです。このような太古の主を私は崇めます。

私はゴーヴィンダ、太古の主を崇拝いたします。主への献身奉仕に満たされ、ヴェーダに述べられているマントラ・スークタを歌い、それぞれに相応しい美、偉大さ、乗り物、装飾品を手にした賞賛すべき人々が主を崇めています。

私はゴーヴィンダ、太古の主を崇拝いたします。主は主の王国ゴロカに、主御自身の六十四の美的活動を持つ喜びのエネルギーの具人化ラーダ、彼女自身が拡張した彼女の親友達、永遠の至福に満ちた精神的ラサによって喜びと生命を溢れさせたラーダと一緒に住んでいます。

私はゴーヴィンダ、太古の主を崇拝します。主はクリシュナ御自身である想像も及ばないほど多くの属性を持つシャーマスンダラで、純粋なる献身者が愛という膏薬でうっすら染まった献身奉仕の眼で心の深奥の中に観ることができるお方です。

私はゴーヴィンダ、太古の主を崇拝いたします。主はクリシュナとして御自身を顕現され、そしてこの世にラーマ、ヌリシンハ、ヴァーマナなどの姿で化身（アヴァターラ）として降誕されました。

私はゴーヴィンダ、太古の主を崇拝いたします。主の光輝はウパニシャッドで述べられている不可分のブラフマンの源で、顕現宇宙の無限の栄光と異ならず、不分割、無限、広大、真実を表わしています。

私はゴーヴィンダ、太古の主を崇拝します。主はサットヴァ、ラジャス、タマスの三つの物質的性質を具体化する外的エネルギーを持つ万物を維持する根本的存在であり、絶対的実在原理です。そして物質世界のためヴェーダの知識を広められます。

私はゴーヴィンダ、太古の主を崇拝します。主御自身の遊戯により、その栄光は常に物質世界を傘下とします。永久の至福に満ちた精神的ラサの超越的存在として、主の遊戯を思い起こす魂は心の中に主を思い描くことにより物質世界を越えるのです。

主の偉力の影の性質である外的エネルギー（マーヤ）は、すべての人々にドゥルガーとして崇拝され、この物質世界を創造、維持、破壊します。私はドゥルガーに気ままに振る舞うことを許される太古の主ゴーヴィンダを崇拝します。

牛乳が酸の作用でカードに変化しますが、そのカードも元の牛乳と同じではなく、また牛乳と異なりません。そのように私は、破壊の仕事を遂行するシャンブ（シヴァ）に姿を変えた太古の主ゴーヴィンダを崇拝します。

蠟燭の火は他の蠟燭に火を灯します。蠟燭の火は別に燃えているようでもその性質は同じです。私は主のさまざまな様相の中に平等公平にそれぞれに適した様式で御自身を表される太古の主ゴーヴィンダを崇拝します。

マハー・ヴィシュヌの毛穴から生まれたブラフマーや他の物質宇宙の主は、マハー・ヴィシュヌの呼息の間だけ生きます。私は、そのマハー・ヴィシュヌさえ部分の部分である太古の主ゴーヴィンダを崇拝いたします。

主の一部であるブラフマーは物質世界を統御する力を主から受け取り、それはちょうど太陽がその一部の光で宝石を光輝かせるかのようです。私はその太古の主ゴーヴィンダを崇拝いたします。

この三界は、地水火風空、方角、時間、魂、心の九つの要素より成ります。主はその根源で、それらをあらしめ、宇宙的大変動（創造）の時にそれらに入り込みました。私はその太古の主ゴーヴィンダを崇拝いたします。

太陽は惑星の王で無限の輝きに満ち、善き魂の象徴でこの世界の眼です。太陽が時間とともに運行するように命じられた太古の主ゴーヴィンダを私は崇拝いたします。

主はエネルギーを与えられ、それはすべての善、すべての悪、ヴェーダ、苦行、ブラフマーから最もみすぼらしい昆虫に至る個別魂をあらしめています。私はその太古の主ゴーヴィンダを崇拝いたします。

主は献身奉仕に染められた人々のすべての果報的活動の根を燃やされ、活動の果実（結果）の楽しみをそれぞれに応じて公平に定められ、小さな昆虫から神々の王インドラに至るまで過去の行いの連鎖に従い、すべての生物に行為の道を公平に歩ませます。私はその太古の主ゴーヴィンダを崇拝いたします。

怒りに揺れ動いて主を瞑想する者、恋愛感情で瞑想する者、友情で、恐れから、親の愛情から、迷妄から、献身奉仕から主を瞑想する者、それぞれの瞑想の性質に応じて肉体を手に入れるでしょう。私はその太古の主ゴーヴィンダを崇拝いたします。

私はヴァイクンタ（クリシュナロカ、ゴロカ）として知られる主の住居を崇拝します。そこでは、主の愛する伴侶ラクシュミー達が、彼女達の唯一の愛する人として至上主クリシュナに献身奉仕を捧げています。すべての樹は望みをかなえる宝樹、土壌は望みをかなえる宝石、すべての水は甘露、すべての言葉は賛歌、すべての歩みは舞踊、フルートは主の大好きなお供、光は超越的至福に満ち、霊的に最高の方々は喜びと魅力に溢れ、無数の乳牛は常に超越的ミルクを噴出し、過去未来のない永遠に今という超越的時間が存在し、そのため、わずかな間さえ過ぎ去るものに服従することはありません。その王国はゴロカとして知られ、この世のごくわずかの自己を悟った聖者が知るのみです。

正しい知識と奉仕（バクティ）を通して純粋な霊的体験が呼び起こされた時、主への愛による最高で純粋な献身奉仕が、万物に愛されるクリシュナへ向けて目覚めてきます。

この最高の献身奉仕は、聖典の記載や神を信じる行為、実践における忍耐などの助けを借りて自己を知る不断の努力によって、ゆっくりと段階的に得られます。

これらの予備的な献身奉仕の実践（サーダナ・バク

ティ）は、献愛奉仕の悟りへの助けとなります。献愛奉仕、これ以上に優れたものはありません。彼らは手に手をとって唯一の最高の至福の境地に到達し、主に至ることができます。

賞賛に値する行為（この世的に）を捨て、信をもって主に奉仕しなさい。悟りはそれぞれの信の性質に相応しいものとなるでしょう。この世で人々は理想を追って絶え間なく活動します。それらの行為を通して主を瞑想することにより、人は最高の奉仕と（主が）愛される献身奉仕を手にするでしょう。

ヴァリンダーヴァンの森で遊ぶ

主バララーマと主クリシュナはパウガンダ（六歳～十歳）の年齢になり、牛飼い達は牛を世話する仕事を任せることにしました。友人達と一緒に牛の世話をしながら、二人の少年はヴァリンダーヴァンの土地に蓮華の御足の足跡を刻印することで、ヴァリンダーヴァンを最も吉兆な聖地としたのです。

主マーダヴァ（クリシュナ）は、フルートを吹き、主の栄光を唱える少年達に囲まれ、兄バララーマと連れだって花と動物達の豊富な食べ物に満ちたヴァリンダーヴァンの森に入っていきます。

至上主クリシュナが森を見渡すと、蜜蜂や動物、鳥のチャーミングな響き、湖の水は偉大な魂の心のように澄み切っています。そしてそよ風が無数の蓮華の香りを運んできます。クリシュナはこの吉兆な雰囲気を楽しまれました。

太古の主は美しい赤い新芽を出し、花や多くの果物を実らせた樹が、枝をたわませ枝の先を主の御足に触れようとしているのをご覧になりました。そして主クリシュナは微笑み、優しそうに兄バララーマに言いました。

「ねえ、兄さん。木々が不死の神々も崇拝する兄さんの蓮華の御足におじぎをしているよ。樹は兄さんに花と果物を捧げて、樹として生まれることになった無知の闇を根こそぎにしようとしているみたいだね。蜜蜂達も偉大な聖者か高い境地に達した兄さんの献身者に違いないと思うよ。何故なら、兄さんの栄光を歌っているみたいじゃないか。兄さんはこの森で普通の人間の子として振る舞っているけど、樹や蜜蜂は兄さんが尊敬すべき主と分かっているんだね。

孔雀も兄さんの前で楽しそうに踊っているよ。雌鹿達も親しげな眼差しで兄さんを喜ばそうとしているみたい。カッコーもヴェーダの祈りで兄さんを讃えているね。この森の生き物達はなんて幸せなんだろう。

大地は最高に幸せだね。兄さんが草や茂みを歩くことで聖なる御足に触れることができるんだから。樹や蔦も兄さんの指が触れる喜びを味わっているよ。兄さんが河や山、鳥や動物達を眺めるだけでみんな美しくなるようだね」

このようにヴァリンダーヴァンの美しい森や生き物達に満足されて、主クリシュナはゴヴァルダン丘の麓のヤムナ河の畔で牛や動物達、友人達と楽しまれました。


時に蜜蜂達は恍惚となって目を閉じ主の栄光を歌います。主クリシュナは森の道を牛飼いの友達やバラデーヴァと歩きながら、蜜蜂達のうなり声を真似て応えます。友人達は主の遊戯を歌います。時々、主クリシュナがオウムの真似をして甘い声でしゃべり、カッコーの呼び声や白鳥のクーという鳴き声の真似をしたりします。時に孔雀を真似て元気よく踊り、牛飼い達は大笑い。ある時は、雲がゴロゴロなる音を低音で真似、時に主が世話する牛の名前を愛情を込めて呼ばれます。時々、さまざまな鳥の鳴き声を真似し、時にライオンや虎に追われた小さな動物のように逃げ回ります。このようにクリシュナは牛や牛飼いの少年達を魅了します。

兄バララーマが遊び疲れ、牛飼いの友の足を枕に横になると、主クリシュナは兄の足をマッサージして奉仕されます。少年達が踊り、歌い、駆け回り、ふざけて取っ組み合いをすると、クリシュナとバララーマは手を叩いて囃したて、友の栄光を讃え大笑いします。時にクリシュナは遊び疲れて、樹の根元で小枝や葉でベッドを作り、友の膝を枕に休まれます。偉大な魂である少年達は主の蓮華の御足をマッサージし、すべての罪から自由になった他の少年達は、主をじょうずに団扇で扇ぎます。少年達は魅惑的な歌を歌い、彼らのハートは主への愛に溶けてしまったことでしょう。

このように、幸運の女神が仕える柔らかい蓮華の御足の主クリシュナは、御自分の富を神秘力で隠し、普通の牛飼いの息子のように振る舞いました。このように村の少年として毎日を楽しんでおられましたが、時々クリシュナは神でなければできないような偉業を為しました。

ロバの悪魔デヌカの成敗

ある時、最も仲の良い友シュリーダーマー、スバラ、ストカクリシュナが他の友達と一緒に、バララーマとクリシュナに言いました。

「ねえ、バララーマ、クリシュナ。君達とっても強いよね。ここからそう遠くないところに椰子の木が一杯の大きな森があるんだ。その森、ターラヴァナっていうんだけど、椰子の木からたくさんの実が落ちているんだって。でも椰子の実はデヌカっていう悪魔が守っているんだ。デヌカってロバの姿をしてとっても強いんだ。デヌカの仲間も同じ姿でみんなデヌカと同じくらい強いんだって。

デヌカって人間を食べるんだよ。だから人間も動物もその森には恐ろしくて近づけないんだ。鳥だってその森の上は飛ばないそうだよ。だからターラの森にはおいしい果物が一杯なのに誰も味わったことがないんだ。いい香りがしているっていうのにね。

ねえ、クリシュナ。そこの果物を僕達に取ってきてよ。美味しそうな匂いがしてもう我慢できないよ。ねえ、バララーマ、僕達ターラの森の果物が食べたくてたまらないんだよ。賛成してくれるなら、さっそくターラヴァナの森へ行こうよ」

友の話を聞いたバララーマとクリシュナは笑って友達の願いをかなえてやろうと思いました。そして牛飼いの友達と一緒にターラヴァナの森へ出発しました。

最初に主バララーマがターラヴァナの森に入りました。そしてバララーマは椰子の木を両手でつかむと狂った象のような力で揺さぶり始めたので、椰子の実が地面に落ちてきました。

果物が落ちる音を聞き、ロバの姿をした悪魔デヌカが大地と木々を震わせ駆けてきます。力強き悪魔は、主バララーマの胸を後ろ足の蹄で蹴ろうとさかんに攻撃してきます。それからデヌカはぐるぐる回り、喧しくいななきます。怒り狂ったロバは再びバララーマを攻撃しようと後ろを向いて、激怒でいななきながら蹄で主を何度も蹴り上げようとします。

しかし、主バララーマは攻撃をかわし、ロバの蹄をつかむと片手でブンブン振り回し、椰子の木のてっぺんに放り投げました。力一杯振り回したため、悪魔は振り回している間に死んでいました。椰子の木のてっぺんに悪魔が引っかかり、木は揺れ始めます。そして大きな椰子の木が悪魔の重みでつぶれてしまいました。そしてつぶれた木の近くの木が次から次へと揺れ始め、多くの木が倒れてしまいました。

主バララーマが悪魔を放り投げて成敗したことは、それほどすばらしいことではありません。何故なら全宇宙は主バララーマが支えているからです。

デヌカの親友の他の悪魔達は、友の死を見て怒り狂い、すぐにバララーマとクリシュナに襲いかかりました。しかし、二人はいとも簡単に蹄をつかむとぐるぐる振り回して椰子の木のてっぺんに放り投げしまいました。

二人の兄弟の偉業を、神々は花を降らせ音楽を演奏し祈りを捧げて主の栄光を讃えました。

少年達は悪魔のいなくなった森に入り、心ゆくまで椰子の実を食べました。そして牛達もそこに美味しそうな牧草を見つけました。

栄光に満ちた蓮眼の主シュリー・クリシュナと兄バララーマはヴラジャの家に戻りますが、帰り道、主の敬虔なる従者である牛飼いの少年達は主の栄光を唱えながら帰ります。主クリシュナは牛のたてる埃にまみれ、孔雀の羽や森の花々で飾られていましたが、少年達が主の栄光を讃えている間、美しい微笑みを浮かべ、魅惑的な眼差しでフルートを吹いています。

村に入るとゴピー達は主を出迎え、熱心に主を見つめています。主ムクンダの美しい顔を見つめ、昼間、主が牛の世話でいなくなった苦しみが嘘のように消え去りました。年頃のヴァリンダーヴァンの少女達は、はにかみと微笑みと従順に満ちた流し目を主に送ります。そして主クリシュナは、少女達の眼差しを尊敬の念と受け止め、家に入っていきました。

ヤショダーとロヒニーは愛情一杯で二人の息子の世話をします。最高のものを二人のために準備して、二人の望みに応じて与えます。

沐浴し母にマッサージをしてもらって、二人の若い主は一日歩き回った疲れから解放されました。二人は魅力的なローブを着せられ、花輪と香で装われます。美味しい夕食を食べ、母にかいがいしく世話をしてもらって二人の兄弟はベッドに横になり、ヴラジャの村で心地よい眠りにつきました。

このように主クリシュナはヴァリンダーヴァンで楽

しい日々を過ごしていました。

大蛇カーリヤの懲罰

ある時、クリシュナはバララーマがいない時、友人達とヤムナ河に出かけました。その時、牛と少年達は夏のギラギラする太陽に照らされ、喉の渇きを覚えてヤムナ河の水を飲みました。しかし、その水は毒に汚染されていたのです。

水に触れた牛や少年達はたちまち意識を失い、岸辺に倒れてしまいます。牛や少年達の様子を見て、神秘力の主であるクリシュナはクリシュナ以外に主を知らないこれらの献身者に憐れみを感じました。すぐに主は彼らを一瞥され、その甘露の眼差しのシャワーで少年達も牛もたちまち息を吹き返しました。

意識を取り戻した少年達は立ち上がり、驚いたように互いを見つめ合っています。少年達は、自分は毒を飲んで死んだはずだが、ただゴーヴィンダの慈悲の眼差しだけで再び生き返り自分の足で立っているのだと考えました。

至上主クリシュナは、ヤムナ河が黒蛇カーリヤの毒に汚染されているのをご覧になり、カーリヤを追放し水をきれいにしようと決心されました。

ヤムナ河の湖に住む大蛇カーリヤは、常に恐ろしい毒で河の水を熱し沸騰させています。その毒を含んだ蒸気のため、飛ぶ鳥さえも落ちてしまいます。死の湖を吹き抜ける風は、毒を含んだ水滴を運び、周辺の野菜や植物をすべて枯らしていました。

主クリシュナは、カーリヤがどのようにしてヤムナ河をその猛毒で汚染しているかご覧になりました。主クリシュナは妬み深い悪魔を退治し献身者を守るために降誕されたのです。すぐさま主は高いカダンバ樹の頂に登り戦いの準備をしました。ベルトをきつく締め、腕を鳴らして毒水の中に飛び降りたのです。

クリシュナが毒蛇の住む湖に飛び降りると、蛇は怒り狂い息を荒らげて大量の毒を噴出します。主が飛び降りた勢いで湖の水は溢れ、恐ろしい毒水の波が周辺を襲いました。

クリシュナは象のように水遊びを始めました。腕をぐるぐる回したり、さまざまな方法で喧しい水音をたてます。その音を聞いて、毒蛇カーリヤは、誰かが自分の湖に侵入したことを悟りました。蛇はうるさい音に耐えられず、すぐに音のする方に向かいます。

カーリヤは、主シュリー・クリシュナが黒みがかった輝く肌に黄色い絹の衣装を着て優雅に泳いでいるのを見つけました。胸にはシュリーヴァッサの印、美しい微笑み、そして足は蓮華の花のようです。主は、恐れをしらないかのように楽しそうに水遊びをしています。主のすばらしい様相にもかかわらず、妬み深いカーリヤは荒れ狂いクリシュナの胸を噛み、とぐろを巻いて完全に主を締めつけてしまいました。

牛飼いの少年達は、クリシュナを最愛の友として受け入れています。その愛するクリシュナが毒蛇に巻かれ動かないのを見て動転しました。彼らはクリシュナに自分も、自分の家族も、富も、喜びさえもすべて捧げていたのです。そのクリシュナが毒蛇カーリヤに捕らえられているのを見て、彼らの知性は深い悲しみ、苦しみ、恐れに混乱し、気を失って地面に倒れてしまいました。

乳牛や雄牛、雌の子牛達も苦しみを感じ、悲しげにクリシュナを呼びます。眼は主を見つめ、恐れに足はこわばり、ショックを受けて涙を流しています。

ヴァリンダーヴァンでは、大地、空、生物の体の三つに、差し迫った危険を知らせる恐ろしい予兆が現れました。

この不吉な予兆を見て、ナンダ・マハーラージャや牛飼い達は恐れました。その日、クリシュナが兄バララーマを連れずに牛の世話に出かけたのを知っていたからです。彼らはクリシュナを自分の命と思い、主の偉大な力と富に気付かなくても、心を主クリシュナに捧げていました。

こうして彼らは、不吉な予兆はクリシュナが死の危険にさらされているに違いないと考え、悲しみ、苦しみ、恐れに圧倒されました。ヴァリンダーヴァンの住民は子供も女性も大人も、牛が救いようのない子牛を思うようにクリシュナのことを心配し、クリシュナを捜そうと駆け出しました。

ヴァリンダーヴァンの住民が苦しんでいる時、主バララーマは微笑んで何も言いませんでした。彼は弟の比類ない力を理解していたからです。

ヴァリンダーヴァンの人々は、特徴的な主クリシュナの足跡を捜しに、ヤムナ河の畔に急いで行きました。

牛飼いの主クリシュナの足には、蓮華、大麦、象の突き棒、稲妻、旗の印が刻まれていてすぐに分かります。主の足跡を牛の足跡の中に見つけ、ヴァリンダーヴァンの人々は、急いで辿っていきました。

ヤムナ河の畔にたどり着いた人々は、湖の中でクリシュナが黒蛇のとぐろに巻かれ身動きが取れないでいるのを見つけました。牛飼いの少年達は気を失って倒れ、牛や動物達は恐れに突っ立ったままで、クリシュナを呼んで泣いています。この光景を見て、ヴァリンダーヴァンの住民は苦悩と混乱に圧倒されました。

年頃の少女達は常に無限の至上主クリシュナを慕っていましたが、そのクリシュナが蛇につかまっているのを見て、主の愛情、微笑みと眼差し、彼女達に話したことなどを思い出しました。非常な悲しみに焼かれ、全宇宙が喪失したかのようでした。

年配の女性達は大変な苦しみを感じ、悲しみの涙を流して、母ヤショダーを強く抱きしめます。死体のように立ったまま眼は主の顔を見つめ、年配の女性達はヴラジャでの主クリシュナの遊戯を思い出しました。

主バララーマはナンダ・マハーラージャや牛飼い達がクリシュナを救おうと身の危険も顧みず、湖に入っていこうとするのを見ました。そして、主バララーマは主クリシュナの無限の力をご存じだったので、「みんな、ちょっと待って。クリシュナは大丈夫だよ。今から反撃するから見ていてご覧」と止めました。

主クリシュナは普通の人間のように蛇のとぐろに巻かれるふりをしていました。しかし、ヴァリンダーヴァンの村人達が来て悲しんでいるのをご覧になり、「ああ、村人達の喜びを増すために、最初にやられているふりをしていたが、彼らの苦しみ悲しみは私の予想以上だ。すぐに反撃してみんなを喜ばせてあげよう」とお考えになりました。そして主はすぐに毒蛇のとぐろから抜け出すことにしたのです。

まず主は御自身の体を大きくすると、蛇は苦しくなってとぐろを解き、クリシュナを放ちました。怒りにかられた大蛇は無数の鎌首をもたげ、荒い息をします。鼻孔からは毒をしみ出させる血管が見え、眼は松明のようにメラメラ光っています。大蛇はクリシュナを睨みつけました。何度も何度も二股に分かれた舌で唇をなめ、恐ろしい毒の燃えるような眼でクリシュナを睨んでいます。

しかし、ガルダが蛇と遊ぶようにクリシュナは楽しそうに毒蛇の周りを回りました。それに合わせてカーリヤも動き、主を噛む機会をうかがいます。

　万物の根源クリシュナがぐるぐる回るため、カーリヤは次第に疲れてきました。それを見てクリシュナは、カーリヤの肩を蹴って、頭部に飛び乗りました。そしてすばらしい根源の主であるシュリー・クリシュナは頭の上で踊り始めたのです。主の蓮華の御足は、蛇の頭の無数の宝石に触れて赤く輝いています。

　主のダンスを見て、ガンダルヴァ、シッダ、聖者、チャーナラや神々達の奥方など天界の住人達が急いで駆けつけました。そして大喜びで主のダンスに合わせて、太鼓やさまざまな楽器を奏でます。そして花や歌、祈りを捧げました。

　大蛇カーリヤは大きな頭だけでも百一持っています。そのうち一つでも鎌首をもたげると、主はこの残酷な悪党に罰を与えようと蓮華の御足を打ち下ろします。こうしてカーリヤは死の苦しみを味わい、苦しそうに頭を振って、口と鼻から恐ろしい血を吐き出しました。大蛇が経験したことのない痛みと苦しみを味わっています。

　眼からは毒の混じった涙を流し、荒い息を吐き、怒りを交えて無理に鎌首をもたげようとします。すると主クリシュナが踊るようにその頭を踏みつけます。神々は喜んで花を降り注ぎました。

　主クリシュナは、力強くすばらしいダンスでカーリヤの頭部を踏み続けました。カーリヤは口からおびただしい血を吐き、ようやく自分の相手シュリー・クリシュナが、永遠不滅、動不動すべての至高の主人シュリー・ナーラーヤナであると気が付きました。そして、カーリヤは心の中で主に庇護を求めたのです。

カーリヤの奥方達の祈り

　カーリヤの奥方達は、カーリヤがお腹に全宇宙を包含するクリシュナの重みに耐えかね、傘のような頭部がクリシュナに踏みつけられて粉砕されているのを見て、非常に苦しみました。そして、永遠なる至上主クリシュナに近づきます。

　彼女達は子供を連れて万物の主人、クリシュナの前に棒のように身を投げ出しました。カーリヤの妻達は、罪深きカーリヤを救い、最高の庇護所を与える至上主クリシュナの庇護を求め、手を合わせて嘆願しました。

「この罪人を罰するのはまことに正しいことでござい

ます。あなたは、妬み深く残酷な悪党を懲らしめるために地上に降誕されました。しかし、あなたは自分の敵と自分の息子を同じとみる公平なお方、あなたの与える罰は最終的には大きな幸いをもたらすのです。

あなたが為さったことは私達に対する大いなる慈悲に他なりません。何故なら、邪悪な悪党にあなたが罰を与えたことで、彼の罪が間違いなく取り払われるからです。本当に縛られた魂である私達の夫は、蛇の姿にならなければならないほど罪深いのでございます。ですからあなたが彼に向けた怒りは、あなたの慈悲であると思います。

ああ、主よ。あなたの蓮華の御足に何度も蹴られるなんて、なんという幸運でしょう。あなたの蓮華の御足の塵は、天界の神々でさえ得難きものであるのですから。

おお、主よ。この蛇の王は無知のグナに生まれ、怒りによってコントロールされています。このような縛られた魂は、ただあなたの蓮華の御足の塵によってのみ恩恵が与えられるのです。

私達は至上なる主であるあなたに尊敬の念を捧げます。あなたは万物の心臓に宿るアートマンですが、すべてに遍満しています。被創造物の根源の庇護所であられます。万物の第一原因でありながら、あなたは原因と結果の法則を超えておられます。

絶対神理であるあなたに尊敬の念を捧げます。あなたは、すべての意識、力、無限エネルギーの貯蔵庫であり、グナや物質的姿態を完全に超越し、かつその観察者であられます。あなたは創造者であり、すべての原因の源です。

私達はあなたに尊敬の念を捧げます。あなたは生物の究極の魂、認識や感覚の基礎、生命エネルギーであり、心、知性、意識の基底です。あなたのマーヤによって、個別の魂は三グナと自己を誤って同一視し、真実の自己を覆い隠してしまうのです。

私達はあなたに尊敬の念を捧げます。あなたは無限の主、最高に精妙なお方、全知の最高神、常に不変の超越的存在、反対の見解を述べる哲学者さえ大目にみられ、思いや言葉もみなあなたのエネルギーに依存しています。

私達は繰り返しあなたに尊敬の念を捧げます。あなたは、ヴェーダの聖典などすべての権威の源です。

おお、クリシュナとバララーマよ。ヴァースデーヴァの息子よ。ヴィシュヌの献身者の主人であるお二人に尊敬の念を捧げます。あなた方は、さまざまな物質的精神的性質を表されます。人間の子としてグナの中にあるように装われても、グナの目撃者として超越しておられます。そんなあなたを理解できるのはただ献身者のみでしょう。

おお、主フリーシケシャよ。感覚の主人よ。どうか私達に尊敬の念を捧げさせてください。あなたの遊戯は想像もできないほど栄光に満ちています。あなたは高等下等すべての生き物の最終目的地、万物の至高の統括者であられます。あなたは物質から離れておられますが、マーヤの元でありマーヤの目撃者です。まことにあなたは、全宇宙の根源であられます。

おお、主よ。あなたは物質的活動を為す何の理由もありません。しかし、それでも私達のために宇宙の創造、維持、破壊を通してその神秘力を振るわれています。あなたは休眠状態であったグナを覚醒させ、それぞれを作用させて宇宙の森羅万象の基礎とされます。あなたの一瞥だけで、これらすべてのことが完全に行われるのです。純質は平和、激質は動性、無知は愚か、この三グナはすべてあなたが創造されたのです。この中でも純質が最もあなたに親しく、あなたは純質の献身者達を保護し神理を広めるために降誕されたのです。

改めてお願いいたします。親は子供の犯した罪を我慢するものと存じます。おお、至高、柔和なるお方よ。ですから、どうか私達の愚かな夫をお許しください。あなたがどなたか知らなかったのです。

おお、至上なる主よ。どうかお慈悲をお与えください。夫の命ばかりはお助けください。夫の命と魂をどうか私達にお返しください。

どうかあなたの召使いである私達に、何を為すべきかお教えください。あなたの命を忠実に果たす者は誰でも自然とすべての恐れから自由となることができるのですから」

カーリヤの祈り

カーリヤの妃達の祈りを聞き、至上主クリシュナは頭を打ち砕かれ、意識を失っている毒蛇カーリヤを放してやりました。カーリヤは次第に生命力と感覚が戻ってきます。そして痛みに顔をしかめながら大きく息をして、至高主クリシュナに謙虚に服従して語りました。

「蛇として生まれた者は、妬み深く、無知で怒りっぽくなるものです。おお、我が主よ。生物が自分の性質（グナ）を変えることは至難の業です。何故ならその非実在のもの（グナ）と自己を同一視しているのですから。

おお、至高の創造者よ。グナをさまざまに配合しこの宇宙を創造されたのはあなたに他なりません。その過程の中でいろいろな種族、感覚、肉体の強弱、さまざまな性質と姿態を持つ父と母を創造されました。

おお、主よ。そのあなたの創造された生物の中でも、我々蛇は常に怒りっぽい性質と言えるでしょう。あなたのマーヤエネルギーに惑わされ、その性質を捨てることは困難です。どうしたら怒りっぽい性質を捨てることができるのでしょうか？

おお、主よ。あなたは全知全能の主。マーヤの束縛から逃れる根源のお方。慈悲であろうと罰であろうと、あなたが適当と思われることをどうか私達に為してください」

カーリヤの言葉を聞き、人として振る舞っておられる主クリシュナは言いました。

「カーリヤよ。いつまでもここに留まってはいけない。子供や奥方達、親戚や友達、従者を連れてすぐに海に戻りなさい。この河を牛や人間が楽しむところにするのです。

ガルダを恐れて、そなたはラマナカ島からこの湖に逃げてきたのであろう。しかし、そなたの頭には私の足跡が刻印されたので、ガルダはもはやそなたを食べようとはしないだろう」

至上主クリシュナに許され、カーリヤは主への尊敬と喜びの中、奥方達を連れて旅立ちました。

カーリヤは宇宙の主を崇拝し、豪華な衣装、ネックレス、宝石やその他の高価な貴金属、すばらしい香水や塗料、蓮華で作られた大きな花輪を主に捧げました。こうして主に喜んでいただき、主の許しを得て、主の周りを回り、尊敬の念を捧げてから海にある自分の島に旅立ったのです。

カーリヤが離れたとたん、ヤムナ河の水はもとの状態に戻り、毒の消えた甘露の水で溢れました。

クリシュナは、神聖な花輪、香水や衣装、たくさんの宝石や金で身を飾り、湖から上がってきました。牛飼いの少年達はクリシュナを見て、まるで死んだ人が生き返るようにすぐに立ち上がり、喜びに溢れてクリシュナを抱きしめました。

ヤショダー、ロヒニー、ナンダや他の牛飼いの男や女も、息を吹き返したようにクリシュナのもとに駆けていきます。それはまるで枯れた木が生き返ったようでした。

主バララーマは、誤ることなき弟を抱きしめ笑います。大きな愛を感じて、バララーマは主を抱き上げ何度も主を見つめます。乳牛や雄牛、若い雌牛も最高に喜んでいるようです。

尊敬すべきブラーフマナ達はナンダに挨拶し、「あなたの息子はカーリヤにつかまったが、神のご加護で救われた。これ以上、息子さんに危険が及ばないように、ブラーフマナに施しをしてはどうだろう」と言いました。ナンダは喜んで、牛や金をブラーフマナに贈りました。

失ったと思った息子が帰ってきて、幸せ一杯のヤショダーは、クリシュナを膝の上に抱き上げます。そして涙を滝のように流し、何度もクリシュナを抱きしめました。

村人を山火事から救う

ヴァリンダーヴァンの住民達は、疲れと喉の渇き、飢えを感じましたが、宵闇が迫っていたため牛達とヤムナ河の畔で一晩明かすことにして横になりました。

夜中、ヴァリンダーヴァンの住民が熟睡していると、乾いた夏の森に火が起こり大火事となりました。ヴラジャの住民は四方を大火に囲まれ、焼け焦げそうです。

ヴァリンダーヴァンの人々は目が覚めて、恐ろしい大火事に気が付き逃げ道がないことを悟りました。そして、彼らはみかけは普通の子供ですが、比類なき力を持つ至上主クリシュナに庇護を求めました。

「クリシュナ、クリシュナ。おお、すべての宝を持つお方よ。おお、バララーマ。無限の力を持つお方よ。この恐ろしい火が今にもあなたがたの献身者である私達を焼き尽くそうとしています!

おお、主よ。私達はあなたの真の友であり献身者です。このどうしようもない大火から私達をお守りください。私達はすべての恐れを取り除く、あなた方の蓮華の御足から決して離れることはできません」

主クリシュナは、献身者が苦しんでいるのをご覧になって思われました。

「ああ、この素朴なヴラジャの人々は完全に私に身をゆだねている。私はこのような献身者が大好きだ。すぐに助けてあげよう」

そして、宇宙の主、無限の力をお持ちの主クリシュナは、恐ろしい山火事を飲み込んでしまったのです。

ヴァリンダーヴァンの夏

いつも主の栄光を唱えている祝福された友達に囲まれ、シュリー・クリシュナはたくさんの牛が暮らす輝くようなヴラジャの村に戻りました。

クリシュナとバララーマがこのように人間の子としてヴァリンダーヴァンの生活を楽しんでいるうちに夏がやってきました。肉体を持った魂にとって、この季節は嬉しくありません。しかし、至上主クリシュナがバララーマとともにヴァリンダーヴァンに滞在しているため、夏は春のように過ごしやすくなりました。

ヴァリンダーヴァンでは、滝の音にコオロギの鳴き声が交ざり、木々は滝の水滴で適度に湿り美しい風景を描いています。風は湖の上を漂い、静かな波をたて、河の流れは蓮や百合やたくさんの花々の花粉を運び、ヴァリンダーヴァン全体を涼しくします。このように村人達は焼け付く太陽に苦しむことはありません。それにヴァリンダーヴァンには牧草が豊富です。

河の波が岸辺を洗い、岸を湿らせます。このように恐ろしい毒にも似た真夏の太陽光線も、ヴァリンダーヴァンの大地の生気を蒸発させたり、牧草を焦がすことはありません。

ヴァリンダーヴァンの森を花が美しく彩り、たくさんの動物や鳥は森を鳴き声で満たします。蜜蜂がブンブンと歌い、孔雀やカッコーが鳴き、鶴もクーッという鳴き声をたてています。

主クリシュナはバララーマや牛飼いの少年達と遊ぼうと、牛の世話をしながらフルートを吹き、ヴァリンダーヴァンの森に入りました。新しい葉や孔雀の羽、花輪、花房、色鮮やかな鉱物で身を飾り、バララーマとクリシュナは、牛飼いの友達と踊ったり、レスリングをしたり、歌ったりします。

クリシュナが踊ると、ある少年達は歌い、他の少年はフルートを吹き、手を叩き、角笛を吹き、残った友達は主のダンスを褒め讃えます。

クリシュナとバララーマは、牛飼いの少年達と、ぐるぐる回ったり、跳んだり、投げたり、打ったり、取っ組み合ったりして遊びました。他の少年達が踊ると、クリシュナやバララーマはみんなと歌を歌ったり、楽器を演奏したり、時に二人の主は少年達を褒め、「ブラボー、ブラボー」と叫びます。

少年達は、いろいろな果物を使って遊びます。また、かくれんぼをしたり、動物や鳥を真似て遊びます。時々、蛙を真似して跳ねたり、いろんな冗談を言ったり、王様ごっこをしたりします。

このようにクリシュナは、河や丘、谷、茂み、森や湖を歩き回りながら、いろんなゲームをして遊びました。

主バララーマ、悪魔プララランバを成敗する

バララーマとクリシュナ、牛飼いの少年達がヴァリンダーヴァンの森で牛の世話をしている時、悪魔プラランバが紛れ込みました。牛飼いの少年を装い、クリシュナとバララーマを誘拐しようという魂胆です。

しかし、主クリシュナはすべてをお見通し。悪魔が紛れ込んでいることにすぐに気が付きました。主は知らないふりをして、悪魔を友として受け入れ、「さて、友達に危険を及ぼさずに、どのようにしてこの悪魔を退治しようかな」とお考えになりました。

クリシュナはみんなを呼び集め、

「ねえ、みんな。今から二つのチームに分かれてゲームをしよう。負けたチームが勝ったチームの友達をおんぶすることにするんだ」

牛飼いの少年達はクリシュナとバララーマを大将にして二手に分かれました。少年達は、馬車と乗客ごっこなどいろんなゲームをしました。そして負けた方が勝った方をおんぶして運ばなければなりません。

こうして牛の世話をしながら、お互いおんぶしたり、おんぶされたりしていました。仲の良いシュリーダーマー、ヴリサバがいるバララーマの組が勝ち、負けたクリシュナのチームがおんぶすることになりました。クリシュナはシュリーダーマーをおんぶし、バドラセナはヴリサバをおんぶし、少年に化けたプラランバはロヒニーの息子バララーマをおんぶしました。

「クリシュナにはかないそうにない」と考えたプララ

ンバは、バララーマをおんぶするとあっという間にバララーマを背負って逃げ去りました。

首尾良くバララーマをさらった悪魔がバララーマを運んでいると、主はメール山と同じくらい重くなり、プララムバはスピードをゆるめなければならなくなりました。悪魔は、黄金の装飾品に飾られ、雲から月の光がさすように輝く本来の姿を現しました。

鋤を武器とする主バララーマは、空をすばやく飛び回り、燃えるような眼、恐ろしい髪と眉に届かんばかりの牙の悪魔を見つめました。悪魔の腕輪や王冠、イヤリングから放たれる輝きは驚くほどです。主は少し驚かれたようでした。

恐れを知らない主バララーマは、すぐに悪魔が自分をさらい、友達から引き離したことを理解しました。主は怒って悪魔の頭を主の鉄拳で殴りつけました。それはちょうど神々の王インドラが、山を稲妻で打ったようです。

バララーマの鉄拳に打ち砕かれ、プララムバの頭はつぶれてしまいました。悪魔は口から血を吐き、命を失い、すさまじい音を立てて地上に落ちてきました。

少年達は悪魔プララムバを主バララーマが鉄拳一発でしとめたのを見て驚きました。少年達は、「すごい！すごい！」と叫びました。そして主バララーマに最高の祝福を捧げ、主の栄光を讃えます。彼らの心は愛に溢れ、死人が生き返ったかのように喜んで、バララーマを抱きしめました。

罪深きプララムバが成敗され、神々は大喜びで、主バララーマに花や花輪を降り注ぎ、主の優れた遊戯を讃えました。

森の火事を飲み込む

牛飼いの少年達が遊びに夢中になっている時、牛達は遠くへ行ってしまいました。牛達はもっと牧草が欲しかったのですが見つけることができず、森の奥深くまで入っていきました。

大きな森を幾つか過ぎ、ヤギや牛、雄牛達はサトウキビの生い茂っているようなところにたどり着きました。そこは大変蒸し暑く喉が渇いて、牛達は泣き出しました。

牛達がいなくなったのに気が付いて、クリシュナ、バララーマや牛飼いの友達は、遊びに夢中で牛達をほったらかしにしていたことを後悔しました。少年達はあちこち捜し回りましたが、見つけることができません。牛の足跡を捜しましたが、足跡も草を食べた跡もありません。牛飼いの少年達は、生活の糧を失いとても不安になりました。

ようやく少年達はムンジャーの森で迷子になって泣いている大事な牛達を見つけました。少年達も喉が渇き、疲れていましたが、牛を集めて帰路につきました。主クリシュナは、穏やかな雷鳴のような声音で牛達を呼び、自分達の名前が呼ばれるのを聞いて嬉しくなった牛達は、モーッと鳴いて主に応えます。

突然、四方から火が迫り、その大火事は森の生き物達を焼き尽くしそうな勢いです。風が火を煽り、火の粉をあちこち飛ばしています。炎の舌先が動不動すべての生物に迫っています。

牛と牛飼いの少年達は火が四方から迫ってくるのを見て、恐ろしくなりました。少年達は死の間際の人々が主に祈るように、クリシュナとバララーマに近づき保護を求めました。少年達は二人の主に言います。

「ああ、クリシュナ、クリシュナ！　最高に力強き友よ。おお、ラーマ！　武勇限りなき友よ。火が今にも僕達を焼き殺しそうだ。主に保護を求める僕達献身者をどうか助けて！

クリシュナ！　君の友達は不幸に死ぬことはないよね。ああ、すべてを知る友よ。僕達は君を僕達の主と受け入れます。そして僕達の魂を君に捧げます！」

このような友達の言葉を聞き、主クリシュナは思われました。

「ああ、何と愛しき友達だろう。死の恐怖に襲われた時、人は何とかそこから逃れようとあれこれ考えるものだ。また、家族や普段執着しているものに心はとらわれ、見かけだけの信仰など吹き飛んでしまうだろう。この友達は、普段から僕のことを愛し頼りにしてくれているから、このような危険が迫った時、真っ先に僕を思い出し救いを求めてくれる。彼らこそ本当の献身者だ」

そうして主は少年達に言われます。

「怖がらないで、少し眼を閉じていてね」

「分かった」と、少年達はすぐに目を閉じました。

それから、すべての神秘力の主、至上主クリシュナは口を開けて、主の友を危険から救おうと恐ろしい火を飲み込んでしまったのです。そしてクリシュナは、「もう目を開けていいよ」と言いました。

牛飼いの少年達が目を開けると驚いたことに、大火事は消えて危険から救われただけではなく、全員がバーンディーラ樹のところに戻っていたのです。少年達は主クリシュナの力に驚嘆しました。

昼も過ぎていたため、主クリシュナはバララーマと仲間と牛達を連れて家に帰ることにしました。主はフルートを美しく吹きながら、主の栄光を讃える牛飼いの友達と村に戻りました。

牛飼いの少女達はクリシュナが帰ってくるのを見て喜びに満たされました。主が少しの間いないだけでも少女達には百年にも思えるからです。

牛飼いの少年達は、ヴァリンダーヴァンの村人達に、森の大火から彼らを救い出し、悪魔プラランバを退治したクリシュナとバララーマのすばらしい活動を詳しく話しました。

年配の牛飼いの男や女は、その話を聞いて驚き、クリシュナとバララーマはヴァリンダーヴァンに現れた偉大な神に違いないと思いました。

ヴァリンダーヴァンの雨期

それからしばらくして、万物に命と食べ物をもたらす雨期が到来しました。空には雷鳴が轟き、地平線に稲妻が煌めきます。

空には雷鳴を伴った濃い青色の雲が現れました。そうして空と空の本来の輝きが雨雲に覆われ、それは魂が三グナに覆われるのに似ています。

太陽は、八カ月の間、大地の富を水蒸気の姿で吸い上げます。そして時期が来たら、太陽はその集めた富を手放します。

光ったり輝いたりしながら、空を覆う雨雲は揺れ動き、強い風に運び去られてしまいます。それは慈悲深い人が、世の中の幸せのために自分の命を捧げるかのようです。

夏の暑さにやせ衰えた大地は、雨の恵みによって息を吹き返します。それは、苦行によってやせ衰えた人が、苦行の成果が得られ、息を吹き返したかのようです。

雨期の宵闇時、闇は蛍が光るのは許しますが、星が光るのは許しません。それはカリ時代、罪深き活動が無神論を許しても神理を影で覆ってしまうのに似ています。

じっとしていた蛙達が、雨雲の雷鳴を聞いたとたんに鳴き始めます。それは黙って朝の儀式を行っていたブラーフマナの学生が、師に呼ばれ聖典の朗唱を始めるのに似ています。

雨期の到来とともに、干上がっていた小川は水かさが増し本来の流れから逸れたりします。それは、感覚に駆られ、人が肉体や富、お金に執着し本来の道から逸れるのに似ています。

新しい牧草がエメラルドグリーンに大地を彩り、テントウ虫のような昆虫が赤い色合いを添え、白いキノコが白色と丸い形を添えます。このように大地は急にお金持ちになった人のようです。

豊かに穀物を実らせ、大地は農夫に喜びを与えます。しかし、大地は農夫がすべて主の恵みによるものであることを忘れ高慢にならなければよいが、と豊かに実らせたことを少し後悔します。

大地や水の中の生き物も、新鮮な雨の水の恵みで生き返り、彼らの姿は魅力的で喜ばしいものに変わります。それは献身者が主への奉仕に没頭することで美しくなるのに似ています。

河が海に注ぐ河口では、風で波がざわめきます。それは心の未熟なヨギーが、まだ欲と感覚満足に汚染されているため心をざわつかせるのに似ています。

主への奉仕に専心している献身者が、どのような危険に襲われても平安であるように、雨期の山は雨雲に何度打たれても動じることはありません。

雨期に道は草や石ころに覆われ、きれいではありません。これらの道はブラーフマナが聖典の学習をせず、堕落し、時の流れに覆われているのに似ています。

雲はすべての生き物の良き友ですが、ある雲の群れから別の雲の群れに移り歩き、高潔な人にさえ敬意を払わない好色な女性のようです。

雷鳴を伴う弓形の虹が空を彩りますが、その虹は弓の弦をゆるめていないため普通の虹とは異なります。同じように、至上主がこの世に現れる時は、普通の人間の姿をしていても、三グナを超え、すべての物質的束縛から離れているため普通ではありません。

雲は月の光で照らされているのですが、雨期には月は雲に覆われ姿を見せません。同じように肉体の中の魂は、アートマンに照らされているのですが、偽我に覆われ直接見ることはできません。

孔雀は雲を見ると浮き浮きして、楽しそうに鳴きます。同じように家庭生活で悩む人々は、主の純粋な献身者が訪れた時、喜びを感じます。

木々は夏の暑さでやせ衰えますが、新鮮な雨が降って根から水を吸うと、生き生きとして花を咲かせます。それは、苦行により肉体はやせ衰えますが、苦行の成果を楽しむと肉体は甦るのに似ています。

雨期に湖の岸辺がかき乱されても、鶴は岸辺に住み続けます。同じように、心が汚染された物質的人々は、多くの苦しみがあると分かっていても家庭に住み続けます。

インドラが大雨を降らせる時、洪水が農地の堤防を崩します。同じようにカリ時代は、無神論者の説く間違った考えが、真理の防波堤を壊します。

風に流される雲が、すべての生き物の幸せのために甘露の雨を降らせます。同じように、ブラーフマナの教えを受けた王は、国民に慈善を施します。

このようにヴァリンダーヴァンの森は、よく実った椰子や果物に満ち、主クリシュナは牛や牛飼いの少年達、兄バララーマとともにヴァリンダーヴァンの森に楽しそうに入っていきます。

乳牛達は、ミルクで一杯の乳房が重たくてゆっくり歩かなければなりませんが、主クリシュナが呼ぶと急いで駆けてきます。主への愛情から、乳房はミルクで湿っています。

主クリシュナは楽しそうに森を見回します。木々は甘い樹液を滴らせ、滝はゴーゴーと水音を響かせ近くに洞窟があることを知らせます。

雨が降ると主は時々、洞窟や木の空洞に雨宿りされ、みんなと遊んだり果物を食べたりなさいます。主クリシュナは、焼きめしやヨーグルトを持ってきていま す。主サンカルシャナや牛飼いの少年達は主を囲んで一緒に食事をします。彼らは水辺の大きな石に座って食事をするのが大好きです。

主クリシュナは満足そうに牧草地に座って目を閉じて草を食べている雄牛や仔牛、乳牛をご覧になります。主は乳牛達が乳房の重みで疲れているのを優しく見つめています。

ヴァリンダーヴァンの雨期の美しさ、豊かさを、そして四季折々の幸せをご覧になり、主クリシュナは、御自身の神秘力の拡張である四季に祝福を授けられました。

ヴァリンダーヴァンの秋

主バララーマと主ケーシャヴァ（クリシュナ）がこのようにヴァリンダーヴァンで過ごされていると、秋がやってきました。空は雲一つなく、水は澄み、風は優しく吹いています。

秋には蓮の花が咲き、水も澄んでその純粋さを取り戻します。それは、堕落したヨギーが献身奉仕によって心を浄化するのに似ています。

秋は空の雲をきれいにし、動物達を混雑した状態から救いだし、泥にまみれた大地を美しくし、汚染された水を浄化します。それは、主クリシュナに身をゆだねる献身奉仕が、四階級それぞれの苦しみから人々を自由するのに似ています。

雲は自己主張を止め、純粋な光輝を地上に伝えます。それは、柔和な聖者がすべての物質的欲望を捨て、罪深い活動から自由になるのに似ています。

秋には、山々はきれいな水を流したり流さなかったりします。それは、神理を体得した聖者がその甘露を必要に応じて与えたり与えなかったりするのに似ています。

次第に浅くなってくる川で泳ぐ魚は、川の水が減っていると少しも分かりません。それは、愚かな人が、日々自分の命が減っているのに気が付かないのに似ています。

家庭生活に埋没した貧乏な人が、感覚をコントロールできずに苦しむように、浅瀬で泳ぐ魚は秋の太陽の日差しに苦しみます。

次第にさまざまな大地が泥にまみれた状態を捨て、食物は実りの秋を迎えます。それは目覚めた聖者が、偽我と所有感を捨てるのに似ています。この二つは真実の自己とは異なり、肉体とその産物と呼ばれます。

秋の訪れとともに、海も湖も静寂となり、水も静まります。それは聖者がすべての物質的活動を捨て心が静まるのに似ています。

農夫は田圃から水が流れ出ないように土手を造ります。それは、ヨガの実修者が感覚をコントロールし、心が感覚に動かされないか監視するのに似ています。

秋の月は、太陽の熱で苦しんだすべての生き物に憩いを与えます。それは智慧が肉体と自己を同一視して苦しむ人々を救うのに、また主ムクンダ（クリシュナ）が主と分かれることで苦しむヴァリンダーヴァンの少女達を救うのに似ています。

雲一つない空に星が光り、秋の空は輝いています。それは人が神理を経験し自らのものとして光り輝くのに似ています。

秋の空に星々に囲まれた満月が輝いています。それは、シュリー・クリシュナが献身者に囲まれて地上で輝いているのに似ています。

秋の季節、クリシュナに心を奪われた牛飼いの少女達を除いては、森の花の香りを乗せた心地よい風に抱きしめられヴァリンダーヴァンの村人達は苦しさを忘れます。

このように秋を迎えたヴァリンダーヴァンの大地は収穫期を迎え、主クリシュナと主バララーマの美しさに輝いています。

すべてを魅了するクリシュナのフルートの音色

このようにヴァリンダーヴァンの森は、透明な秋の水に満ち、澄んだ湖に咲く蓮華の香りをのせたそよ風に冷やされます。誤ることなき主は、牛や牛飼いの少年達とヴァリンダーヴァンの森に入っていきます。

ヴァリンダーヴァンの湖、河、丘は狂ったような蜜蜂の音や満開の木々の間を飛び交う鳥の群れで一杯です。マドゥパティ（クリシュナ）は、バララーマ、牛飼いの少年達を連れて森に入り、牛が草を食べている間、フルートを響かせます。

ヴラジャの牛飼いの少女達は、クリシュナのフルートの音色を聴き、キューピッドに胸を射られたように、親友にクリシュナのことを話し始めます。しかし、愛の神の影響でしょうか、少女達の心は一杯になり、それ以上話をすることができません。

孔雀の羽の飾りをつけ、耳の上には青い花、黄金のように輝く黄色い衣装、そしてヴラジャの花で作られた花輪を飾り、主クリシュナはすばらしいダンサーのような装いで、ヴァリンダーヴァンの森に入り、森に聖なる足跡を残します。フルートの穴を主の唇の甘露で満たしフルートの音が響くと、牛飼いの少年達は主の栄光を歌います。

ヴラジャの年頃の少女達は、万物の心を魅了するクリシュナのフルートの音色を聴き、互いに抱き合って話し始めました。

「ねえ、ナンダ・マハーラージャの息子クリシュナとバララーマの美しいお顔を見られるなんて、この眼は何て幸せなのでしょう。ああ、二人が仲間達と牛を連れて森に入っていくわ。口にフルートを添えて、ヴァリンダーヴァンの人達に愛らしい眼差しを投げかけている。この私の眼にとって、これ以上見るべきものは何もないと思わない？

チャーミングな衣装に花輪を首から下げて、孔雀の羽、蓮や百合の花、マンゴの新芽や花の蕾で装って、バララーマとクリシュナは仲間の中でも目立って素敵ね。二人は舞台の最高のダンサーみたい。時々歌も歌ってらっしゃるわ。

クリシュナの唇の甘露を味わえるなんて、フルートは最高に幸せね。本当に羨ましいわ。フルートの先祖の竹も大喜びしているみたいよ。竹の生えている河の岸辺はフルートのお母さんよね。そのお母さんも蓮の花を咲かせて嬉しそう。

ヴァリンダーヴァンの大地もクリシュナの足跡が刻まれて幸せ一杯ね。孔雀がクリシュナのフルートに合わせて狂ったみたいに踊っているわ。愚かな鹿さん達も美しく着飾ってフルートを吹いているクリシュナに近づいて、クリシュナに親愛の情を捧げているみたい」

クリシュナの美しさと性格は、すべての女性達を魅了します。神々の妃達も夫と一緒に飛行船に乗って、クリシュナのフルートの音色を聴きに来るくらいです。そしてそのあまりの美しさに狼狽えてしまうのです。

牛達は耳をそばだてて、クリシュナの口から響くフルートの音色の甘露を飲もうとしています。子牛達は、母のミルクを一杯のんで口のまわりにミルクをつけ、涙をためた眼でゴーヴィンダを見つめ、心の中で主を抱きしめます。

森のすべての鳥達は、枝に止まってクリシュナを見つめ、フルートの甘い音色を聴く時は目を閉じてじっと耳を澄ましています。鳥達はクリシュナのフルート以外、何の音にも興味がありません。この鳥達は偉大な聖者達と同じ境地にあるといえるでしょう。

河はクリシュナのフルートの音色を聴き、心は主を求めて流れは乱れ渦巻きをつくります。手のように波をのばし、主クリシュナの蓮華の御足を抱きしめ、蓮華の花を捧げます。

真夏の炎天下でも、主クリシュナはバララーマや牛飼いの少年達を連れて牛の世話をしながら、いつもフルートの音色を響かせます。これを見た雲は、自分の体を広げ日傘のように日陰をつくり、主のために小雨を降らせます。

ヴァリンダーヴァンの年頃のゴピー達は、牧草にクンクムの粉がついているのを見て心を揺らします。

「まあ、これはクリシュナの御足についたクンクムの粉に違いないわ。きっとお母さんがクリシュナを抱きしめた時についたものよ」

そして少女達はクンクムの粉を顔や胸に塗っては満足し不安がなくなります。

「すべての献身者の中でもゴヴァルダンの丘が最高だわ！　だってクリシュナやバララーマ、その仲間達に、飲み水、柔らかい草、洞窟や果物、花や野菜など必要なものを何でも捧げることができるのですもの。こうして、丘は主を崇拝しているのね。クリシュナやバララーマの御足に直接触れられて、ゴヴァルダンの丘はきっと大喜びだわ。

クリシュナやバララーマは、牛のお乳を搾る時、牛の後ろ足を紐で優しく縛るのよ。クリシュナがフルートを吹くと、その甘い音色に動ける動物達は止まってうっとりと聞き惚れ、動けない樹も恍惚となって身を震わせるんですって。素敵ね」

このような会話を遠くに聴きながら、主クリシュナはヴァリンダーヴァンの森を歩き回り、年頃のゴピー達は、主への想いに浸ります。

クリシュナ、未婚のゴピーの衣装を盗む

冬の最初の月、ゴクラの未婚の少女達は、女神カーチャーヤニーを崇拝し誓いを立てます。一月の間、少女達は味のついていないキチュリーしか食べません。

日の出の時間、少女達はヤムナ河で沐浴し、河の岸辺でドゥルガー女神の土の神像を作りました。そして少女達は、神像に白檀のような香料、灯火、果物、キンマの実、新しい葉、香や香りのよい花輪などを捧げました。

少女達は神像を崇拝し、次のようなマントラを捧げます。

「おお、女神カーチャーヤニーよ！　おお、主の偉大な力よ！　おお、神秘力の持ち主ですべての所有者

よ！　どうかナンダ・マハーラージャの息子クリシュナが私の夫になりますように。慎んで尊敬の念を捧げます」

一月の間、少女達はバドラカーリーを礼拝し、誓いを実践しました。心はクリシュナのことで一杯で、「ナンダ王の息子クリシュナのお嫁さんになれますように！」という思いに集中しています。

沐浴に行く時、少女達は互いの名前を呼び合い、手をつないで大きな声でクリシュナの栄光を歌いながら行きます。


ある日、少女達は川縁に行き、いつものように衣装を脱いでそこらへんに置き、クリシュナの栄光を歌いながら楽しそうに水遊びをしています。

すべての神秘力の主人である主クリシュナは、ゴピー達の誓いに気が付いていました。そして少女達の誓いを成就させてやろうと、仲間を連れて、沐浴している岸辺に行きました。

そしてクリシュナはゴピー達の服を盗むとカダンバ樹のてっぺんに登り、仲間達と一緒に大声で笑いました。そして少女達に冗談っぽく言いました。

「親愛なるみなさん。服を返してもらいたかったら、ここまで取りにおいでよ。僕、冗談じゃなく本気だよ。みんな苦行で疲れてるだろうから早くおいでよ。僕は嘘を言ったことはないんだ。このことはここにいる僕の友達が知っているよ。一人ずつでもみんな一緒でもいいから服を取りにおいで」

クリシュナが冗談を言っていると思って、ゴピー達は嬉しそうにクリシュナを見返します。そして笑ってお互い見つめ合い冗談を言い合いました。でも水の中から上がろうとはしません。


シュリー・ゴーヴィンダは、ゴピー達にこのような冗談を言って、少女達の心を奪います。しかし、冷たい水に長く浸かっていたため、ゴピー達は寒さに震え始め、クリシュナに言いました。

「愛するクリシュナ、ずるいわよ！　あなたはナンダ・マハーラージャの尊敬すべき息子で、ヴラジャの誰もがあなたを誇りに思っているわ。それにあなたは私達の憧れよ。どうか服を返して。寒くて震えてきたじゃない。

愛するクリシュナ、私達はあなたの召使い、あなたの言うことだったら何だってするわ。でも、どうか服を返して。あなた、ヴェーダがなんて教えているか知ってるでしょう。あなたのやってることは良くないわ。もし服を返してくれないなら、お父さんに言うわよ。でもそんなことしたくないから、早く返して！」

主クリシュナは、ゴピー達の言葉を聞いて言いました。

「もし君達が僕の召使いで、僕の言うことなら何でも聞くって言うなら、無邪気に笑いながら、ここに服を取りにおいでよ。もし僕の言う通りにしないと服を返してあげないよ。お父さんに言ったって平気だよ。僕、いたずらばかりしているから、今度も子供のいたずらと思ってあまり怒らないと思うよ」

刺すような冷たさに震えながら、少女達は前を手で隠しながら、水から上がってきました。

主クリシュナは、ゴピー達が困っているのを見て、彼女達の純真さと自分に対する愛に満足されました。服を肩にかけると樹から降りてきて笑いながら、愛に溢れて言いました。

「君達、裸で沐浴していたよね。それはヤムナ河の女神に対して罪を犯したことになるよ。さあ、服を受け取って」

と服を少女達に返しました。

少女達は、主アチュタ（クリシュナ）が言ったことを考え、裸で沐浴したので自分達の誓いが無効になったと思いました。そして、「クリシュナのお嫁さんになれますように」という願いが無駄にならないように、すべての善き活動の結果を授ける主クリシュナに、自分達の罪を清めてくれるようにお願いしました。

少女達が自分にお辞儀をするのをご覧になり、主クリシュナは哀れみを感じ、彼女達の純真な行為に大変満足されました。

少女達はクリシュナに人形のようにまんまと騙され、からかわれたのです。さらに服まで盗まれたのですが、誰もクリシュナを悪く思いませんでした。むしろ、少女達は愛するクリシュナと話ができる機会を単純に喜んだのです。

主クリシュナは、ゴピー達がどうしてこのような苦行をしていたかご存じでした。少女達は主クリシュナの蓮華の御足に触れたいと願っていたのです。そのため、主ダモダラ（クリシュナ）は次のように言いました。

「ああ、純真なる少女達よ。どうして君達がこんな苦行をして僕を崇拝するか知っているよ。君達の願いは僕に届いたので、きっとそうなるだろう。心を僕に固定した人達の願いは感覚の満足に陥ることはない。ちょうど太陽や調理で焼かれた大麦がもはや新芽を出さないのと同じにね。君達の願いは聞き届けられました。さあ、みんなもうヴラジャにお帰りなさい」

クリシュナの言うことを聴いて、「望みが届いた」と少女達は喜びましたが、主クリシュナと離れなければならないと思うと、ヴラジャに帰るのに一苦労でした。

＊このお話は、よくクリシュナの精密画に描かれています。いくら子供の姿とはいえ、主クリシュナはどうしてこのようないたずらをしたのでしょうか。これぱかりは主でないと分かりません。想像を許していただけるなら次のように考えます。

主クリシュナとの精神的霊的一体感（ゴピー達は結婚という言葉で表現している）を味わう上で、最も障害となるものは何でしょうか？

これは人によって違うと思います。欲、名誉、プライドなどなど。ゴピー達の場合は羞恥心ではなかったかと思います。羞恥心のためなかなか人は一歩を踏み出せないものです。主クリシュナは、服を盗んで取りに来させることで、ゴピー達の最後の壁、羞恥心をじょうずに取り除いたのではないかと考えられます。

クリシュナ、木々を賛美する

それからしばらくして、デヴァキーの息子クリシュナは兄バララーマや仲間達と牛を連れてヴァリンダーヴァンからほどよいところで牛の世話をしていました。

日差しが強くなり、主クリシュナが見ると、木々が主を日差しから守ろうと、日傘のように枝を広げているのをご覧になりました。そして主は、仲間達に次のように話しました。

「ねえ、ストカ・クリシュナ、アンシュ、シュリーダーマ、スバラ、アルジュナ、ヴリシャバ、オジャスヴィー、デヴァプラスタ、ヴァルータパ。他の生き物の役に立とうと身を捧げているこの幸運な木々をご覧。自分は風や雨、熱さや雪に耐えながら、これらの苦しみから私達を守ろうとしているね。

この木々は、すべての生き物を守ろうとしているのだよ！　彼らの今生は大成功だね。彼らの行いは聖者の行いに等しいと思うよ。この木から何かを学ぶ者は、決して失望することはない。これらの木は人々の願いを、葉っぱや花、果物、日陰、根、樹皮、木材、香り、樹液、胚、パルプ、若枝など持てるものすべてを使ってかなえてあげようとしている。この木を見習いたいものだね。生物にとって、自分の命、富、知性や言葉を使って、他の幸せのために良き活動をすることは義務なのだよ」

　このように小枝や果物、花や葉っぱを一杯つけて枝をたわませ、主に挨拶しようとしている木々周りを回り、主クリシュナはヤムナ河にやってきました。

祝福されたブラーフマナの妻達

　牛飼いの少年達と牛達は、澄んで冷たく滋養豊富なヤムナ河の甘い水を飲み満足しました。そして、ヤムナ河の畔の牧草地でゆっくり牛達に草を食べさせました。すると急にお腹が空いてきて、クリシュナとバララーマに近づくと次のように言いました。

「ねえ、バララーマ、クリシュナ。僕達お腹が空いた。何とかしてよ」

　牛飼いの友達にこのように嘆願され、デヴァキーの息子、主クリシュナは、主の純粋な献身者であるブラーフマナの妻達を喜ばせようと思って次のように言いました。

「ブラーフマナ達が天国に昇ろうとして供犠を行っているところに行ってみたら。そこへ行ったら素直に食べ物を恵んでくださいって言うんだよ。そして兄バララーマと僕の名前を出して、僕達二人が君達を使いに出したということも言ってごらん」

　このようにクリシュナに言われて、牛飼いの少年達は、供犠場に行き、手を合わせ地面に平伏して尊敬の念を捧げ次のように言いました。

「ああ、地球の神よ。どうか僕達の願いをお聞きください。これからクリシュナの伝言を伝えます。僕達はクリシュナとバララーマの使いとしてやってきました。どうかみなさんに幸いあれ。

　主バララーマと主アチュタ（クリシュナ）は、牛を世話してこの近くにいます。二人ともお腹を空かせていて、ブラーフマナの方々が食べ物を恵んでくださるのを期待しています。ですから、宗教のすべてを知る最高の方々よ。もし信をお持ちでしたら、なにがしかの食べ物を恵んでください」

　ブラーフマナは、至上主クリシュナからの願いを聞きましたが、注意を払いませんでした。彼らは取るに足らない望みで心が一杯で、供犠に熱中していたからです。ヴェーダの知識は学んでいましたが、実は未熟な愚か者でした。

　ブラーフマナ達は、主クリシュナを普通の人間の子とみていたのです。彼らはクリシュナを絶対神理、感覚ではとらえられない至高の存在と認めることができませんでした。そのため主クリシュナに敬意を払わなかったのです。ブラーフマナ達は牛飼いの少年達に「イエス」とも「ノー」とも言わず無視しました。


　牛飼いの少年達はがっかりしてクリシュナとバララーマのもとに戻り、一部始終を報告しました。

　少年達の報告を聞いて、主クリシュナは笑って、

「まあ、そんなものだろうね」

とおっしゃいました。そして、クリシュナは、こう続けました。

「じゃ、ブラーフマナの奥さん達に僕と主サンカルシャナ（バララーマ）が、ここに来ていると言ってごらん。奥さん達は、きっと食べ物を一杯くれると思うよ。何故なら、彼女達は僕が大好きだからね。本当に彼女達は僕のことだけを思っているんだよ」

　牛飼いの少年達は、ブラーフマナの奥さん達のところへ行きました。貞淑な奥方達はゆったりと座って、立派な装飾品できれいに飾っています。少年達はブラーフマナの婦人達にお辞儀をして謙虚に言いました。

「みなさまに尊敬の念を捧げます。どうか私達の言葉をお聞きください。僕達、ここからそう遠くないところにいる主クリシュナから遣わされてきました。クリシュナは僕達や主バララーマと牛を世話しながら遠くから来ました。とってもお腹が空いています。何か食べ物を主と主の仲間達にお恵みください」

　ブラーフマナの奥方達はいつも主クリシュナに会いたいと願っていました。何故なら、クリシュナのことを聞くと、心がうっとりしてしまうからです。クリシュナと仲間達が来たと聞いたとたん、心が浮き浮きしてきました。

「まあ、クリシュナ達が来ているんですって。そして、お腹を空かせているの？　大変、すぐに行かなく

っちゃ」

　美味しそうな香りと味のたくさんの食べ物を大きな容器に満たして、ブラーフマナの奥方達はみんな愛するクリシュナに会いに行きました。それは、河が海に合流するかのようです。

　ブラーフマナの夫、兄弟、息子や他の親戚達は、「おいおい、供犠の途中に食べ物を持っていったら供犠ができないぞ。それに子供とはいえ、男の子に会いに行くなんてはしたない」と何とか止めようとします。

　しかし、クリシュナのすばらしさを何度も聞いていて、クリシュナに会いたいという想いの方が勝りました。

　アショカ樹の新芽に彩られたヤムナ河を辿り、ブラーフマナの奥方達は、クリシュナが兄バララーマや仲間達と散歩しているのを見つけました。

　主の肌色は黒みがかった青、衣装は黄金のようです。孔雀の羽を飾り、色鮮やかな鉱物を塗り、花の蕾のついた小枝、森の花で作った花輪で身を飾っています。その姿は舞台のダンサーのようです。一方の手を友の肩に乗せ、もう一方の手で蓮華をくるくる回していま す。百合の花が耳を飾り、髪は頬にかかり、蓮のような顔は微笑んでいます。


　ブラーフマナの奥方達は長い間、クリシュナのことを耳にしていました。そうしてまだ見ぬ主に憧れていたのです。彼女達の心はいつも主のことを想っていたのです。

　そして主クリシュナの姿を一目見て、主が眼から心の中に入り込みました。そして、彼女達は主クリシュナを長い間、心の中で抱きしめました。こうして彼女達は主との別離の苦しみから解放されたのでした。それはあたかも聖者が最奥のアートマンを抱きしめ、偽我からくる不安を捨て去ったかのようです。

　万物の心の目撃者である主クリシュナは、この婦人達がどのようにして物質的望みをすべて捨て、主に会いたい一心でここに来たかご存じでした。そして微笑みを浮かべ次のように言いました。

「ようこそおいでくださいました。おお、最も幸運な婦人方よ。どうか座って楽にしてください。私はあなた方に何をすればいいでしょうか？　あなた方が私に会いにここに来られたのは、本当にすばらしいことです。

　人生の目的を知る人々は、結果を求めず倦むことなく私への献身奉仕に身を捧げます。何故なら私が魂にとって、最も親しいからです。人の生命の息、知性、心、友、肉体、妻、子供達、富やその他のものが愛しいのは、ただアートマンである私と接触するからです。本当の自己よりも愛しいものが他にあるでしょうか？

さあ、もう供犠の場に戻ってください。来てくださったただけで私は十分満足しました。あなた方の助けがないと、家長であるブラーフマナの夫達が供犠を終えることができませんから」

ブラーフマナの奥さん達は言います。

「ああ、全能のお方よ。そのようなことを言わないでください。あなたは献身者に親切に報いてくださると聞いています。私達はようやくあなたの蓮華の御足にたどり着きました。私達はここにもう少しいたいのです。私達はすでにこの世的関係はすべて捨てています。

私達は、夫や父、息子、兄弟や他の親戚の止めるのも聞かずここに来ました。ですから、彼らは私達が戻ってくるのを待っていないでしょう。それにあなた以外の誰が私達に庇護所を与えてくれると言うのでしょうか？　私達はあなたの蓮華の御足の前に自分を投げ出します。他に目的地はありません。おお、敵を罰するお方よ。どうか私達の望みをお聞きください」

クリシュナは答えて言います。

「あなた方の夫は、あなた達を責めていないと思います。お父さんや兄弟、息子さん、他の親戚達、世間の人達も同様です。何故なら万人のハートに宿る私が、そのように計らうからです。神々も私の言うことに従うでしょう。

あなた方は体を持った私のそばにいたいと思っていますが、その考えは世間の人々に受け入れられませんし、あなた方のためにもよくありません。一番よい方法は私への愛を深めることです。心を私に固定し、家庭で義務を果たしなさい。そうすればすぐに私に到達するでしょう。

私のことを聞き、私の神像を見て、私を瞑想し、私の御名と栄光を唱え、私への愛を育てるのです。体をもった私のそばにいる必要はありません。ですから早く家にお戻りなさい」

このように諭され、ブラーフマナの奥方達は供犠の場に戻りました。ブラーフマナ達は主の計らいにより、何事もなかったかのように、「やあ、お帰り。さあ、供犠を続けよう」と言います。こうして協力して供犠を終えました。

ブラーフマナの奥方で一人だけが、夫に無理矢理止められ、クリシュナに会えませんでした。しかし、彼女は他の奥さん達から、至上主クリシュナのことを聞き、心の中で主を抱きしめ、物質的活動への束縛の大本である肉体に執着しなくなりました。

こうして至上なる主ゴーヴィンダは、牛飼いの仲間達と美味しい食べ物をお腹一杯食べることができました。至上主クリシュナは、人間の子として振る舞います。そして、主は、その美しさ、言葉や活動で、牛や友達、ガールフレンドや献身者を喜ばせては、御自分も喜ばれるのです。

ブラーフマナ達は正気に戻り、後悔を始めました。

「私達は罪を犯した。子供のふりをした二人の宇宙の主の頼みを断ってしまったのだから」

自分達の妻の至上主クリシュナへの純粋な献身奉仕と、献身奉仕を行う幸せそうな様子を見て、悲しんで自分達を責め始めます。

「私達は三度の転生で禁欲を誓いヴェーダを学んだがそんなものは地獄にいってしまえ！　私達は誇り高きブラーフマナとして生まれ供犠や儀式を学んだが、そんなものは地獄にいってしまえ！　至上主クリシュナを否定したのだから、そんなものは非難されるべきだ。主のマーヤは偉大な神秘家さえ惑わせるという。ブラーフマナの私達は四階級の人々の精神の師と考えられているが、私達は惑わされ人生の目的さえ忘れてしまった。

妻達の全宇宙の主、シュリー・クリシュナへの無条件の愛を見てご覧なさい。この愛は死への束縛の元である家族への愛着さえ破壊してしまった。

妻達は浄化の儀式も知らないし、苦行や修行をしたわけでもなく、アートマンを追求したこともない。それなのに、ヴェーダの詩歌で讃えられ、すべての神秘力の主人である主クリシュナへの揺るぎない信を持っている。見事だ。一方、私達は苦行や供犠はやってきたが、主への献身奉仕は全くやっていない。

実際、家長の仕事に夢中になって、人生の目的から完全に逸れていた。しかし、今、牛飼いの少年や妻達の言葉から主を知り、すべてのヴェーダの最終目的地を知った。

供犠の場所、時間、祭具、ヴェーダの詩歌、儀式、司祭や供犠の火、神々、供犠の主催者、供え物、供犠の成果、これらはすべて主のものだ。その主は、人間の子として振る舞うシュリー・クリシュナ以外の何者でもない。

ああ、私達は主クリシュナに尊敬の念を捧げます。私達は主のマーヤに惑わされ、主が誰か分かりませんでした。どうかお許しください」


このようにブラーフマナ達は、主クリシュナを否定した罪を詫び、主に会いたいと思いました。しかし、主に会うとカンサ王に殺されるのではないかと心配し、結局、主に会えるのに主に会いに行きませんでした。

ゴヴァルダンの丘の崇拝

主クリシュナがヴァリンダーヴァンで兄バララーマと楽しく過ごしていると、牛飼い達が、インドラへの供犠の準備に忙しく働いているのを見ました。

全能の主は、すべてをご存じでしたが、主の父ナンダ・マハーラージャを始めとした年配の人々に謙虚に尋ねました。

「お父さん、一生懸命何をやっているの？　これには何の意味があるの？　もしこの儀式が行われたら誰が満足するの？　僕、とても知りたいと思うし、まじめに聞くからどうか教えて。聖者は秘密を持たない、すべてを自分自身と同じに観る、『私のもの』とか『他人のもの』とか分け隔てしない、誰が友で誰が敵で誰が中立か考えない、って言うでしょう。だから秘密にせずに教えて。

人がこの世で活動する時、自分が何をしているか分かっている時と分からないのにやっている時があるでしょう。分かってやっている人はきっとうまくいくし、無知な人はうまくいかないと思うよ。お父さん達はどうなの？　一生懸命準備しているけどどうしてなの？　ヴェーダに定められた儀式なの？　それとも社会的慣習なの？」

ナンダ・マハーラージャは答えます。

「おや、クリシュナ、来てたのかい。私達はインドラへの供犠の準備をしているのだよ。偉大な主インドラは雨を管理している。雲は彼の代理人と言えるだろうね。そして、すべての生物に幸福と食べ物を与える雨を降らせてくれるのだ。

愛する息子よ。私だけではなく大勢の人達が、雨を降らす雲の主人インドラを崇拝している。雨がもたらしてくれる供物を供えてインドラ神を礼拝するというわけだ。インドラ神に捧げた供犠の残り物をいただいて私達は命を養い、宗教、経済発展、感覚の満足という社会の目的を果たせるのだよ。

主インドラは勤勉に働く人々に果報を与えてくれる尊敬すべき神様なのさ。欲や敵意、恐れ、貪欲からこの儀式を怠ると、幸せにはなれないだろうね」

主は、父や年配の牛飼い達の言葉を聞いて思われました。

「インドラは人々にこのように崇拝され、少し高慢になっているようだ。自分が最高の神と過信しているな。その高慢の鼻をへし折り、すべての供犠の享受者は私であると教えてやる必要がある」

そして、インドラを怒らせようと次のように父に言いました。

「お父さん、聞いてください。生物が生まれるのも、死ぬのもただカルマの力によるものです。幸福、苦しみ、恐れ、感覚の満足もすべてカルマのなせる業です。もし、人々に原因と結果の法則を気付かせる偉大な人物がいたとしても、その人がそのように偉大になったのも過去の活動の結果に他なりません。結局、果報的活動が為されなければ、何事も起こらないのです。

この世の生物は、過去世に為した活動の結果に縛られています。ですから、主インドラもその人が生まれながらに持っている運命を変えることはできません。運命を変えることができない神をどうして人は崇拝するのでしょうか?

各人は縛られた状態(グナ)に支配され、グナに従っていきます。この全宇宙、すべての神々、悪魔、人間もグナを基礎としているのです。

生物に縛られた状態を受け入れさせ、高等下等さまざまな肉体に生まれ変わるのもカルマの仕業です。カルマによって敵、友、中立な傍観者の三つの関係が生まれます。

ですから、人は活動それ自身に真剣に取り組まなければなりません。人は与えられた状態に留まり、自分の義務を果たすべきです。健やかに生きることこそ、私達の尊敬すべき神なのです。

もしあるもので生活を支え、別のものに庇護を求めるとしたら、浮気っぽい女性と付き合うのと同じで何の益もありません。ブラーフマナはヴェーダの学修と教授で生計を立て、王族は地球を保護し、ヴァイシャは交易、シュードラはより高い階級、再生族に仕えて生計を立てると定められています。そして、ヴァイシャの義務は農耕、商業、牛の保護、金貸しの四つと考えられています。このことから、ヴァリンダーヴァンに住む私達は牛の保護に専心すべきと思います。

創造、維持、破壊の原因は、純質、激質、無知（翳質）のグナにあると言われています。激質によってこの宇宙は創造され、性の組み合わせで無数の種族が誕生します。激質のグナに駆り立てられ、雲は雨をいたるところに降らせ、この雨によってすべての生物は食べ物を得ます。インドラは、この一連の流れの中で何を為すというのでしょうか？

愛するお父さん、僕達の家は都会でも街でも村でもありません。僕達は森人です。僕達は森や丘に住んでいるのではないですか？　ですから、牛やブラーフマナ、ゴヴァルダン丘を喜ばせるために供犠を行いましょうよ！　インドラを崇拝するために集めた祭具、供物をこの供犠のために使いましょう。

お米から野菜までたくさんの食べ物を調理しませんか？　焼いたり揚げたりした極上のお菓子を準備して！　そして、いろんな乳製品を供犠に供えましょう。

ブラーフマナ達には供犠の火に祈りを捧げてもらいましょう。そして司祭に美味しい食事を出して、牛やその他の贈り物を捧げましょう。その後、犬や犬喰いみたいな堕落した魂も含めみんなに食べ物を施し、牛には牧草を、ゴヴァルダン丘には供犠の火を捧げよう。

みんなが食べ終わったら、きれいに着飾って、体に白檀の粉を塗り、牛やブラーフマナ、ゴヴァルダン丘に捧げた供犠の火を巡回しよう。

お父さん、今言ったことは僕の考えですが、賛成してくれたらさっそく始めましょう。このような供犠は、牛やブラーフマナ、ゴヴァルダン丘、そして僕にとっても親しみ深いものになると思います」

クリシュナはインドラへの崇拝を止めさせようと、わざと神を否定し運命論者のようなことを言いました。時間を支配する至上なる存在、主シュリー・クリシュナはインドラの誤った自尊心を正そうと思われたからです。

ナンダや牛飼いの男達は、クリシュナの提案を聞いて賛成しました。

牛飼いの人々は、マドゥスーダナ（クリシュナ）が提案したことをすべて行いました。ブラーフマナ達は吉兆なヴェーダのマントラを唱え、村人達はインドラの供犠に用いる予定だった祭具を用いて、ゴヴァルダン丘やブラーフマナを恭しく礼拝しました。牛には牧

はブラーフマナの唱名と重なり合っていました。

に乗って続き、主クリシュナの栄光を歌い、その歌声

美しい装飾品で装った女性達が雄牛に引かれた馬車

を巡回しました。

草を与え、乳牛、雄牛、子牛を先頭にゴヴァルダン丘

クリシュナは牛飼いの人々の信を深めるため、見たこともないような巨大な姿の化身を現しました。そして、「私はゴヴァルダン山である！」と宣言させ、豊富な供物を食べさせました。

ヴラジャの村人達は驚いて、「本当にゴヴァルダン山の神が現れた！」と平伏しました。クリシュナ御自身も村人達と一緒に巨大な自分の化身に頭を下げて礼拝しています。村人達も主御自身も本当は、クリシュナに礼拝を捧げていたのです。

そして主クリシュナは言われました。

「見てご覧なさい。ゴヴァルダン丘が私達の前に姿を現して、私達に慈悲を授けてくださった！

このゴヴァルダン丘はどんな姿にもなれるし、彼を否定する森の住民を罰することができるよ。だから、僕達や牛達の安全のためにゴヴァルダン丘に祈りを捧げよう」

主ヴァースデーヴァ（クリシュナ）にこのように励まされ、牛飼いの人々はゴヴァルダン丘への供犠を続けました。そして供犠が終わり、みんなでヴラジャへ帰っていきました。

主クリシュナ、ゴヴァルダンの丘を持ち上げる

インドラは、自分への供犠が無視されたと知ると、クリシュナを主と受け入れたナンダ・マハーラージャや牛飼い達に怒り狂いました。

怒ったインドラは、宇宙破壊の時に大洪水を起こす雲サーンヴァルタカを呼び出しました。そして自分が至高の統御者であるかのように言いました。

「ヴァリンダーヴァンの森に住む牛飼い達は、自分達の繁栄に酔っている。人間の子クリシュナに仕え、神に対して罪を犯した。クリシュナに庇護を求めるとは、アートマンの知識を捨て、果報を求める泥船に乗って物質存在の海を渡るに等しい愚かな行為だ。ヴァリンダーヴァンのやつらは普通の人間の子クリシュナに庇護を求め、私に敵対した。やつは自分を賢いと思って

いるかもしれないが愚かで、横柄で、おしゃべりな子供に過ぎないのに。

繁栄がやつらを傲慢にさせ、クリシュナがそれをそそのかしたのだ。さあ、行ってやつらの自尊心を踏みにじり、やつらの家畜達を皆殺しにしてこい。私も象アイラーヴァタに乗って後を追う。ナンダ・マハーラージャの村を破壊する強力な風の神達も連れて行こう」

インドラの命により、時ならず宇宙破壊の雲が放たれ、ナンダ・マハーラージャの牧草地に向かいました。雲達は、滝のような大雨を降らせ村人達を苦しめます。強風が吹き荒れ、稲妻が光り、雷鳴が轟き、雹が降り注ぎます。太い柱のような大雨を降らせ、洪水に浸かって地表の高いところも低いところも区別がつかなくなりました。

牛や他の動物は豪雨と強風に震え、牛飼いの男と女も寒さに震えて保護を求め、みんな主ゴーヴィンダに近づきました。牛達も主の蓮華の御足に集まってきます。

「クリシュナ、クリシュナ。おお、最も幸運なる者よ。インドラの復讐からどうか牛達を守っておくれ。おお、主よ。あなたは献身者に深い愛情を示されます。どうか牛と私達を助けてください」

豪雨と強風、雹の襲来に苦しめられているゴクラの住民達を見て、至上主ハリ（クリシュナ）は、これは怒ったインドラの仕業に違いないと思いました。

「インドラへの供犠を止めたので、彼がこんな恐ろしい季節外れの大雨や豪風、雹を引き起こしたに違いない。私の神秘力でインドラの襲撃から村人を守ってやらなければ。インドラのような神々は自分の富に誇りを持ち、愚かさから自分達を宇宙の主と思い込んでしまう。私は、このような無知を破壊しなければならない。

神々にはグナの中でも純質を授けている。しかし、自分を主と思い込む誤ったプライドは良くない。私はこのプライドを打ち砕き、彼らを救ってやらなければなるまい。

それに私は村人の庇護所、主人であり、彼らは私の家族だ。私の力で村人達を守ってやらなければ。私は私の献身者を保護すると誓いを立てたのだから」

このように思い、主は子供がキノコを持ち上げるように、ゴヴァルダンの丘を片手でひょいと高く持ち上げました。

主は、村人達に言います。

「お父さん、お母さん、ヴラジャのみんな。牛を連れてこの丘の下に来てください。ゴヴァルダンの丘が落ちてこないか心配する必要はありません。颪や雨も心配ありません。私がすでに手を打っています」

クリシュナの言葉に心は平安となり、村人達は丘の下に入りました。そこは、村人達、牛や荷馬車、召使いや司祭、そのほか村のメンバー全員がゆっくりできるほどの広さがありました。

「みんな、何の心配もないからね。ゆっくりしていてね」とクリシュナは村人達に声をかけました。

そして、主クリシュナは飢えや渇き、個人的な楽しみはすべて脇に置き、丘を持ち上げて七日間立ち続け、ヴラジャの村人達は、驚きをもって主クリシュナを見つめていました。

インドラは主クリシュナの神秘力を見て驚嘆しました。プライドは打ち砕かれ、彼の意志は木っ端微塵となり、インドラは雲に雨を降らすのを止めるように命じました。

恐ろしい雨と颪が止み、雨雲が去って空はきれいに晴れ上がり、太陽が輝きます。ゴヴァルダンの丘を持ち上げていた主クリシュナは、村人達に言いました。

「みんな、もう出ても大丈夫だよ」

牛飼いの男達は、奥さんや家族、お年寄りや動物達を連れてゆっくり出てきました。するとあらゆる生物が見守る中、至上主クリシュナは丘を元の場所に置き、以前と全く同じ状態に戻しました。

ヴァリンダーヴァンの村人達はみんな歓喜に圧倒され、クリシュナのところにやってきてそれぞれの主との関係に応じて主にお礼を言いました。ある人達は主を抱きしめ、他の人達は主にお辞儀をします。牛飼いの女達は水とヨーグルトとつぶした大麦を混ぜて、尊敬のしるしとして主に捧げます。そして彼らは全員、主に感謝の祈りを捧げました。

ヤショダー、ロヒニー、ナンダ・マハーラージャ、バララーマはクリシュナを抱きしめ、愛に圧倒され、主に祝福を捧げました。

天界では神々、シッダ、サードヤ、ガンダルヴァ、チャーラナ達が主を褒め讃える歌を歌い始めました。

それからしばらくして、牛飼いの少年や主バララーマに囲まれ、主は牛の世話をしながら出発しました。牛飼いの少女達も、クリシュナがゴヴァルダンの丘を持ち上げたことや深く心に触れる栄光に満ちた行いを嬉しそうに歌いながら家に帰っていきました。

牛飼いの男達は、ゴヴァルダンの丘を持ち上げるというクリシュナの離れ業を見て、驚きました。主クリシュナの超越的力を理解できず、ナンダ・マハーラージャに尋ねました。

「ナンダ様、あなたの息子クリシュナは途方もないことをやりました。今回、ゴヴァルダンの丘を持ち上げただけではなく、プータナーやトリナーヴァルタ、カーリヤを始め数多くの悪魔を成敗してきました。しかもまだ七歳に過ぎないのにです。

そして何よりも私達ヴラジャのみんなが、あなたの息子が愛しくて仕方がないのです。私達は、あなたの息子クリシュナはいったい何者だろうという疑問がどうしても湧いてきてしまうのです」

ナンダは答えました。

「ああ、我が友達よ。あなた方の疑問に対して私が知っていることをお話しましょう。実は、ヤドゥ王家の祭司であるガルガ・ムニに来ていただいて命名式を行ったことがあります。ガルガ・ムニはカンサ王に知られては危害が及ぶと考え、こっそり牛舎で行ったのでみんな知らないでしょう。

その時、ガルガ・ムニは、この子は各ユガ期に化身として生まれており、今回は黒い肌色で現れたのでクリシュナと名付けようとおっしゃいました。またいろいろな理由から、過去何回かヴァースデーヴァの子として生まれており、そのためヴァースデーヴァという名でも呼ばれようと言われたのです。そして、この子はその性質、富、御名、名声、影響力、どれをとっても主ナーラーヤナと寸分の違いもないことも教えてくださいました。それから私は、いろいろな問題から私達が救われるのもクリシュナが主ナーラーヤナだからだと思い始めたのです」

ナンダ・マハーラージャからガルガ・ムニの話を聞き、牛飼いの男達は納得し、急に元気になりました。当惑は去り、彼らはナンダと主クリシュナに大いなる尊敬の念を捧げ帰っていきました。

インドラ、祈りを捧げる

主クリシュナがゴヴァルダンの丘を持ち上げ、ヴラジャの人々を恐ろしい豪雨から救った後、インドラが主の前に現れました。

インドラは、主に対して犯した罪を大変恥じていました。他の人がいない所で、主に近づき身を投げ出しました。インドラの輝く王冠が、主クリシュナの蓮華の御足に触れています。

インドラは全能の主クリシュナの途方もない力を見て、自分は三界の主であるという傲慢さを完全に打ち砕かれました。そしてインドラは、合掌して次のように嘆願したのです。

「あなたの超越的お姿は、永遠不滅、知識とともに輝き、純質、激質、無知（翳質）の三グナを超えています。無知と幻想の元であるグナの源でありながら、グナに全く汚染されていません。貪欲、欲、怒り、妬みといった無知の性質はあなたには存在し得ないのです。そして至上なる主として、神理道理を守るため時に罰を与え、悪者を成敗なさいます。

あなたは全宇宙の父であり、精神の師であり、至高の制御者であられます。あなたは打ち勝ち難い時間であり、その人の利益のために罪深き人に罰を与えるのです。あなたは御自分の意志で自由に化身され、『我はこの世の主』と錯覚した高慢な輩の自尊心を打ち砕きます。

自分を宇宙の主と考える傲慢な私のような愚か者は、すぐに自尊心を挫かれます。そして時間さえ恐れることのない主であるあなたへの道を進むようになります。このようにあなたは、腕白な子供に教えるように罰を与えられるのです。

私は自分の力に夢中になり、主であるあなたの主権を忘れ、あなたに罪を犯しました。おお、主よ。どうか私をお許しください。私の知性は混乱していました。どうか私の意識が再び不純になることがありませんように！

あなたは地球の重荷である将軍達を滅ぼし、あなたの蓮華の御足に奉仕する献身者の幸せのために降臨されました。

献身者を喜ばせるその超越的お姿に、それ自身純粋意識である主に、万物の主に、あらゆる事象の源で万物のアートマンであるお姿に、私は謹んで尊敬の念を捧げます。

ああ、主よ。私はプライド故に、私への供犠が中止されたと知り怒り狂いました。そして雨風で牛飼いの社会を崩壊させようとしたのです。

おお、主よ。それなのにあなたは、私に慈悲をかけてくださり、私のプライドを粉々にされました。至上なる主、アートマン、霊的師であるあなたに私は庇護を求め崇拝いたします」

インドラに讃えられ、主クリシュナはよく響く声でインドラに次のように言いました。

「愛するインドラよ。あなたへの供犠を止めたのは私の慈悲とよく気が付きました。あなたは天国の王として、その富、力に溺れていました。

敬虔な活動をなし、ある段階まで意識が上がっても、人に褒められたり崇拝されると知らぬ間にプライドが忍び込んできます。プライドこそ神理道理を学び、私への献身奉仕を目指す人々にとって、最大の敵と言えるでしょう。私へのバクティもプライドがあったら夢のまた夢です。

すべての供犠の享受者は私であると改めて認識なさい。そして私はあなたにいつも私を思い出してほしいのです。自分の富や力に酔っている盲目の人は、私が手に懲罰棒を持って近くに立っているとは知りません。もし私が本気で彼に本当の幸せに気付いてほしいと思うなら、私は彼の物質的に非常に幸運な立場を取り上げることもあります。

さあ、インドラよ。もう行きなさい。天国の王として留まり、私の命令を果たしなさい。誠実でありなさい。誤ったプライドを持たないようにしなさい」

このように主クリシュナは、インドラを諭されました。そしてインドラは涙を流して主を崇拝し、自分の住まいに帰っていきました。

クリシュナ、ナンダ・マハーラージャをヴァルナの住居から救出す

あるエカーダシーの日、ナンダ・マハーラージャは主を崇拝しようと、カーリンディー河で沐浴しました。しかし、ナンダ・マハーラージャは、まだ夜の明けきらない不吉な時間帯に沐浴してしまったので、ヴァルナの愚かな召使いが、ナンダをひっつかみ、自分の主人のもとに連れて行きました。

ナンダ・マハーラージャがいなくなって、牛飼いの

男達は泣き叫びます。「バララーマ、クリシュナ！」と呼ぶ声を聞き、主クリシュナは、父ナンダがヴァルナに連れ去られたことを知りました。献身者の恐れを取り除く全能の主は、すぐにヴァルナデーヴァの大邸宅に向かいました。

主フリシーケシャがおいでになったと知り、ヴァルナ神は丁重に出迎え、尊敬の念を捧げます。ヴァルナは、主に会えて大喜びで次のように言いました。

「今、私の人生の最終ゴールであるあなたにお会いできて、私の体は喜びで満ち溢れています。ああ、主よ。至上なるお方よ。あなたの蓮華の御足を受け入れる者は、物質的存在の道を越えることができます。

至上主クリシュナ様、どうか私の畏敬の念をお受けください。おお、絶対神理、万人の心に宿るアートマンよ。あなたにはこの宇宙創造の元となったマーヤの痕跡すら見あたりません。

ここに座っておられるあなたのお父様は、私の愚かで無知な召使いが連れてきてしまいました。ですから、どうか私達をお許しください。この者は自分の為すべき義務が分かっていなかったのです。

おお、クリシュナ様、万物を観るお方よ。どうか私に慈悲をお与えください。おお、ゴーヴィンダよ。あなたはお父様を深く愛しておいでです。どうかお父様をお連れください」

主の中の主、シュリー・クリシュナはヴァルナの言葉に満足されました。主は父ナンダを家に連れて帰ると、親戚達は大喜びで二人を迎えました。

ナンダ・マハーラージャは、海神ヴァルナの富と大邸宅を見て驚いたこと、そのヴァルナと召使いがどのようにクリシュナに尊敬の念を捧げたかを牛飼いの男達に話しました。

そして、その話を聞いて、男達は、クリシュナは至上主に違いない、と考えました。そして、フッとある願いが湧いてきたのです。彼らは、「至上主クリシュナは、私達を主の超越的住居に連れて行ってくださるだろうか？」と思ったのです。

主は万人の心に宿りすべてを観るお方です。クリシュナは牛飼いの男達が何を考えているか分かりました。主は彼らの願いを満たし、彼らに対する慈悲を示したいと思われ、次のように考えました。

「この世の人々は、高級低級の目的地の間でさまよい、十分な知識もなく、各自の願いにそって活動し、その目的地に到達しようと願っている。これらの人々は本当の目的地を知らない」

そして熟慮し、主クリシュナは牛飼いの男達に、物質的存在の闇を越えた御自分の住居を示されたのです。

そして、主クリシュナは、不滅、無限、永遠で意識を持つ精神的光輝（ブラフマン）をも示されたのです。それは聖者達が、物質的性質（グナ）から自由となり、歓喜の中で観ることができる霊的光輝です。

牛飼いの男達は、主クリシュナに主の住まわれる絶対神理の惑星に連れて行ってもらいました。ナンダ・マハーラージャと牛飼いの男達は、主の超越的住居を観て、大いなる喜びに浸りました。そして、彼らは特に主に祈りを捧げるヴェーダの権化達に囲まれて、クリシュナ御自身がそこにいらっしゃるのを観て驚嘆したのでした。

ヴラジャの牛飼いの少年達は大聖者

ヴラジャの牛飼いの少年達が偉大な聖者で、その敬虔な信仰のご褒美として、クリシュナと無邪気に遊ぶ恩恵を得たとバーガヴァタ・プラーナには書かれています。実は、このことを裏付ける美しい話が、『The Eternal Companion』という本の中に出ています。

堀田先生の『クリシュナ』にも出てくるラーマクリシュナの弟子にブラフマナンダという優れた聖者がいました。

そのブラフマナンダ（幼少時はラーカールという名前）が、子供の時ラーマクリシュナに会いに来る前、ラーマクリシュナは一つの不思議なビジョンを観ます。

突然、彼はガンジス河の川縁に咲く、多くの花弁を持つ蓮花を観ました。一枚一枚の花弁は比類なき愛らしさに輝いています。その蓮花の上で、二人の少年が足輪を鳴らしながら踊っています。少年の一人は、シュリー・クリシュナ御自身でした。そしてもう一人の少年は、以前のビジョンで観た少年でした。二人のダンスはたとえようもなく美しく、一つ一つの動きで甘美の海の泡が飛び散るかのようです。

シュリー・ラーマクリシュナは恍惚となりました。ちょうどその時、ラーカールが訪ねてきました。ラーカールを見てシュリー・ラーマクリシュナは驚きます。

「これはどういうことだろう。目の前の少年は、バニヤン樹の下に立ち、女神の膝に座っていた少年だ。そして、たった今、蓮華の上でシュリー・クリシュナと踊っていたばかりの少年ではないか」

ラーマクリシュナはしばらく沈黙し、微笑みながら「名は何というのか？」と問うと、少年は「ラーカール・チャンドラ・ゴーシュ」と答えました。

これを聞くとラーマクリシュナは感動し、「ラーカール！　ヴァリンダーヴァンの羊飼いの少年、シュリー・クリシュナの遊び相手だ！」とつぶやいたのです。

そして、ラーカールの正体を話すと彼は、この世に未練がなくなって肉体を捨てるかもしれないと心配し、この話は秘密にされました。

長じて彼は偉大な聖者となります。ラーマクリシュナの弟子では、西洋にヴェーダとラーマクリシュナを伝えたヴィヴェーカナンダが有名ですが、ブラフマナンダは初代ラーマクリシュナ僧院の総長となりラーマクリシュナ門下の双璧と仰がれました。そのブラフマナンダの教えが残っています。以下、『The Eternal Companion』の中から抜粋してみます。日本ヴェーダーンタ協会から『永遠の伴侶』として日本語訳されており、こちらが名文です。

君が心を支配できるようになれば、多くのことが成し遂げられるだろう。心がさまよいそうになったら心を鞭打て。すぐに主の蓮華の御足につなぎ止めるのだ。常に主を想いなさい。世俗的な考えにこれ以上時間を浪費してはならない。努力せよ、さまよいだそうとする心を制御するよう努力するのだ。そして心を神にしっかり固定しなさい。これができた時、君は精神的生活とは何と嬉しく、楽しいことか理解するだろう。無知を、まさに今生の人生で克服するのだ。堅い信と熱意、これが必要である。

神を悟るまで疑いは出てくるものだ。そのため、神にしっかり自分をつなぎ止め、祈らなければならない。

自分の義務は執着なく、誠実に果たしなさい。いつも自分は神の手の中の道具であり、行為者は神だけであると思い出すのだ。しかし、仕事の間中、心を神に固定するのは容易ではない。偽我が入り込んでくるのだ。しかし、失敗しても決して挫けるな。最初に、繰り返し失敗することは避けられないのだ。神への信を保ち、倍、努力するのだ。理想とする精神的生活に向かって奮闘しなさい。

「まさにこの人生で神を悟りたい！」と心に銘記せよ。神を悟るために役立たないのであれば、この肉体と心に何の意味があるというのだ。為せ、しからずんば死ね！　たとえ努力の途中で息絶えたとしても、何の問題があるというのか！

次のことを知っておきなさい。君達の内なる主以上のグル（師）はいない。心が祈りと瞑想によって純粋になれば、内なる師が直接導いてくれるだろう。たとえ仕事をしている時でも、内なる師が君を導き、今生の目的を達するまで導き続けてくれる。熱烈に神を愛しなさい。そうすれば心は常に平穏で純粋であるだろう。

すべての苦難と試練を素直に受け入れなさい。歓迎するのだ。それらの苦しみを通して、君は信仰を深め、平安を見出せるのだから。

悟りを得る最も簡単な道は、常に神を想うことである。友を食べ物や飲み物、会話で歓迎するだろう。それと同じだ。想いの中で神を歓迎するのだ。自由に神と語りなさい。彼を自分の身内と想うのだ。そして彼の内に平和を見出しなさい。

人として生まれた唯一の恩恵は、人だけが神を悟ることができると言うことだ。それ故、肉体とそれにまつわる快楽を捨てなさい。生と死の惑わしから離れなさい。マーヤの偽りの平和を捨て、本当の平和、神の永遠の平和を見出だすのだ。

我々は人を、その行為によって判断する。しかし、神は人の心の奥を観られる。次のことを覚えておきなさい。真摯な心で祈る時、神は駆け寄ってくださる。それ故、心を純粋にし、常に想いと言葉は一つになるようにしなさい。

神をお金で買うことはできない。神の恩寵なくして神を悟ることは不可能だ。このことは、霊的修行をしなくてもいいということではない。もちろん、修行はしなければならない。そうでなければ欲情が君をむちゃくちゃにしてしまうだろう。

決して打算的であってはいけない。自己放棄は一日でできるものではない。それを為し得た時は、すべてが達成できるだろう。自己を放棄できるよう一生懸命努力すること。実在は永遠であるが、人の人生はせいぜい百年だ。もし君が永遠の生命、そして永遠の至福を楽しみたいと願うなら、この百年の人生の楽しみなど捨ててしまいなさい。

私達一人一人の内には二つの川が流れている。一つは私達を神へと運び、もう一つは物質的生活へと運ぶ。一つは、放棄という道を通って神に至り、もう一つは、私達を世俗的楽しみへと引っ張って行く。私達は二つの内一つを選ばなければならない。この選択の結果、私達は神に至るか、獣になるかが決まる。

君の心は今、ラジャスとタマスに覆われている。心を純粋、精妙とし、サットヴァの段階まで高めなければならない。そうすれば、修行に喜びを見出し、修行にもっともっと時間を費やしたくなるだろう。修行が進み、心が完全に浄化されると、いつも瞑想していたいという思いしか持たなくなってくる。心が粗大だから粗大なものを追いかけるのだ。心が純粋、精妙になれば、純粋意識である神を追い求めるようになる。心が精妙になれば、心は力を増し、求道者はすぐにでも神理を手にするだろう。

心は肉体や感覚、感覚の対象への愛着により縛られている。そして心のエネルギーは、さまざまな経路を通って浪費されていく。この愛着の絆を断ち切りなさい！　心の力を集め、唯一の実在、神に集中しなさい。これが精神的求道者の大いなる修行である。

神を悟るまで、すべての心を集中し、神を求めるのだ。今が霊的修行をする時だ。君は今は若い。しかし、年をとれば心の活力は失われていく。さあ、立ち上がって為せ。今この時から霊的修行を始めるのだ。ジャパでも瞑想でも、識別を通してでもよい、心を神に向けよ。どの修行も同じように効果がある。どれか一つを選び、懸命に行じて至福の海に溺れなさい。もう質問はするな。まず、何か行為せよ。それから質問するのだ。

仕事と神への礼拝は手に手を取り合っていかなければならない。ギータも「行為からの解放は、決して無行為からは得られない」と述べている。働かずに生きられる者は一人もいない。シュリー・クリシュナも「汝の生まれついての性質が、汝を行為へと駆り立てるだろう」と言っている。

自分のために働くのではなく、主のために働くことを学びなさい。この気持ちで働けば、どんな時も仕事は君を縛らないだろう。それどころか、君は、肉体的、精神的、知的、道徳的、霊的、さまざまな面で進歩するだろう。肉体、魂、すべてを主に捧げなさい。主にすべてゆだねるのだ。主に言いなさい、「おお、主よ。肉体も魂も私のすべてをあなたに捧げます。あなたの望まれることに私をお使いください。私はあなたの僕、最善を尽くしてあなたに奉仕する準備はできています」

しかし、この自己放棄のためには、正しい心と主への全幅の信がなければならない。決して疑いの心を持ってはならない。

主のために仕事をしようと自分自身を変える努力をしなさい。仕事を始める前に主を思い出し挨拶をしなさい。仕事中も仕事が終わった時も主を思い出して礼拝しなさい。自分のする仕事は、主のためであると心に銘記しなさい。

少しの時間でも一人で神と向きあうか、聖者と交わるようにしなければ、君は自分の心を理解することはできないだろう。世間の喧噪と混乱の中にいては霊的成長は難しいのだよ。

神を君の人生のすべて最終目的としなさい。神を知るために自己を捧げなさい。そうすれば、すべての悲しみや苦しみから自由となるだろう。君は永遠の至福を受け継ぐだろう。

消え去っていくこの世の喜びから離れ、心を主に捧げ、彼に献身奉仕しなさい。そして本当の幸福を手にするのだ。喜びの後には苦があり、すべての活動にはその結果を伴う。神の中の本当の喜び以外に永続するものはない。

神を自分の身内だと思いなさい。そして「主よ。どうか私にあなたをお示しください」と祈るのだ。主は、このような献身者の願いに動かされないことは決してない。主は、駆け寄って両手で抱きしめてくれるだろう。ああ、この喜びは言葉で言い表せない。その至福の何と限りないことか！　経験しないと分からないだろう。それに比べて世俗的喜びの何と陳腐で価値のないものか。

修行者は優しくなければならない。誰に対しても決して荒い言葉を吐いてはならない。

片方の手で主の御足をしっかりとつかみ、もう一方の手で主の仕事を為せ。

すべてのものを神で覆いなさい。主がどこにでもいらっしゃることを学ぶにつれ、君は〝草の葉よりも謙虚〟になるだろう。万物の中に神を観なさい。神のみを聞き、神のみを語りなさい。墓場を避けるように、主の御名が唱えられない場所は避けなさい。

主の御名を繰り返し唱え、主に呼びかけなさい。主はすぐ近くにいらっしゃり、すべてのものに近しいお方である。

光り輝くグル（師）の恩寵を受けた者の幸いなるかな。グルは彼岸への道を示し、障害物を取り除いてくださる。グルの言葉を深く信じ、彼の教えに誠実に従いなさい。そうすれば心の不純物は洗い浄められ、神の啓示が訪れるだろう。グルを信じる者は速やかに悟ることができる。求道者はグルの中に神を観ることを学ばなければならない。グルを決して人間とみてはならない。グルを神として敬い、グルに奉仕することで身も心も清められるだろう。グルの助けによって、まず神が示され、次にグルと神は一つになる。心が純粋でなければ、神のビジョンはやってこないものだ。


ブラフマナンダ師は一九二二年に亡くなりますが、亡くなる少し前にウトウト眠っている時のことです。突然、沈黙の中から、ブラフマナンダ師の声が聞こえた。

「ああ、たとえようもない光！　ラーマクリシュナ、私のラーマクリシュナのクリシュナ…私は羊飼いの少年だ。足に鈴輪をつけてくれ、私は私のクリシュナと一緒に踊りたいのだ。私は彼の手をとりたいのだ…童子の姿のクリシュナ…ああ、クリシュナ、私のクリシュナ、あなたがやってこられた！　クリシュナ…クリシュナ…、君達には彼が見えないのか？　彼を観る目を持たないのか？　おお、何と美しい！　私のクリシュナ…蓮華の上に…永遠の…甘美なるお方よ。

私の遊戯はもう終わった。見よ！　少年のクリシュナが私を抱きしめてくれている。一緒に行こうと呼んでいる。私は行く…」

ブラフマナンダは死の間際に、自分がヴァリンダーヴァンの牧童でクリシュナの遊び友達だったことを思い出したようです。このような聖者と言われる方々が、クリシュナの遊戯を助けるため牛飼いの少年となっていたのでした。

[恋人のように主を想う]

ゴピーを誘うクリシュナのフルート

すべての富を持つお方、至上主シュリー・クリシュナは、ジャスミンの香りに満ちた秋の夜をご覧になり、このような夜は愛する献身者達と愛に満ちた交際を楽しみたいと思われました。

月が東の地平線に昇り、心地よい月の光が周囲を赤く照らし、すべての人々の苦痛を取り去ってくれるかのようです。月は久しぶりに我が家に帰った愛する夫と美しく化粧した愛する妻の邂逅のような雰囲気を漂わせています。

主クリシュナは幸運の女神の美貌のような赤みを帯びた月光を冷たく放つ満月をご覧になりました。主はまた、月の光で蓮華の花が開き、森が優しく輝いているのを静かに眺めました。そして、主は、美しい眼をしたゴピー達を魅了するかのように、フルートの甘い調べを響かせました。

ヴァリンダーヴァンの若い女性達がクリシュナのフルートの音色を耳にすると、恋心が芽生え、心は主に奪われてしまいました。彼女達は、それぞれ別々に愛するクリシュナのもとへ行き、あまりに急いだためイヤリングが揺れています。

何人かのゴピーは、クリシュナのフルートを聴いた時、牛の乳搾りをしていました。彼女達は乳搾りを止め、クリシュナのもとへ急ぎました。放置されたストーブの近くの牛乳は固まり、また他のゴピー達はかまどで焼いていたケーキをほったらかして出かけました。

あるゴピー達は着替えの最中だったり、赤ん坊にお乳を飲ませていたり、夫に仕えていたりしていましたが、これらの義務を投げ出し、クリシュナのもとへ駆けていきます。他のゴピーは夕食を食べていたり、体を洗っていたり、眼に化粧をしていました。しかし、ゴピー達はクリシュナのフルートが聴こえるやいなや、クリシュナのもとへ出かけました。そのため、彼女達の衣装や化粧は乱れていましたが、かまわずクリシュナのところへ駆けていきます。

彼女達の夫、父親、兄弟や親戚達は彼女達を引き留めようとしました。

「おいおい、クリシュナのところへ行こうというのかね。私達もクリシュナは大好きだが、もう夜ではないか。それに自分の立場をわきまえなさい」

しかし、すでにクリシュナにハートを盗まれ、フルートの音色に勇気づけられて、ゴピー達はクリシュナのもとへ出かけました。

何人かのゴピーは家を出られませんでした。その代わり、彼女達は目を閉じ、純粋な愛でクリシュナを瞑想したのです。

クリシュナに会えなかったゴピー達は、愛する人との絶えられない別離の想いに苦しみ、その主と会えない苦しみが、すべての不純なカルマを焼き尽くしてしまったのです。彼女達はクリシュナを強く想い、物質的欲望を灰にしてしまいました。

主クリシュナは、至上主でしたが、ゴピー達は主を愛する人間の男性と考えていました。そうして心の中で主と非常に親しくなったのです。このことによって、彼女達のカルマの束縛は無となり、肉体に対する執着を捨てたのでした。

ヴラジャの乙女達が来たのをご覧になり、主クリシュナは魅力的な言葉で挨拶し、彼女達の心を惑わします。

「おお、最高に幸運なる乙女達よ。ようこそおいでくださいました。あなた方のために私はいったい何をすればいいのでしょうか？　あなた方はどうしてここに来られたのか、どうか私に教えてくださいませんか。

夜は危険に満ち、恐ろしい動物が潜んでいます。どうかヴラジャにお戻りください。ここは女性が来るに相応しい場所ではありません。あなた方がいなくなって、お母さん、お父さん、息子さん達、兄弟や夫達が捜しているに違いありません。家族を心配させてはいけません。

このヴァリンダーヴァンの森を見てご覧なさい。花は咲き誇り、満月の光に輝いていますね。木々の美しさ、ヤムナ河を渡ってくるそよ風に葉が揺れていますね。さあ、森の美しさを見たのですから、もう牛飼いの村にお帰りなさい。遅くなってはいけません。おお、貞淑なる女性達よ、夫に仕え、泣いているあなた方の赤ん坊にお乳を飲ませ、牛の乳を搾りなさい。

ところで、あなた方は私への深い愛からここまでやってきたのですね。すべての生物は私に対する愛を持っているので、あなた方の行いは賞賛に値します。

しかし、女性にとって最も大事な義務は、誠実に夫や夫の家族に仕え、子供達をよく世話することです。来世をよくしようと思えば、宗教的義務を守る夫を捨ててはいけません。仮に夫が不快で、不幸、老人、愚かだったり、病気、貧乏であったとしてもです。

立派な家庭の女性はわずかな不義を働いても咎められます。そのような女性は、天国から閉め出され、評判は地に落ち、苦しみと恐れの生涯を送ることになるでしょう。

私への愛は、私のことを聴き、私の神像を眺め、私を瞑想し、私の栄光を唱える献身奉仕の過程で深まってくるのです。肉体的な距離が近いというだけでこのような結果は得られません。ですから、どうか家に戻ってください」

ゴーヴィンダの説教じみた言葉を聞いて、ゴピー達はむっつりしました。彼女達の希望は挫かれ、不安で一杯になりました。うなだれ、重い吐息が赤い唇を渇かします。ゴピー達は爪先で地面をひっかいています。眼から涙が流れ、胸の赤い化粧を洗い流していきます。彼女達は立ち尽くして、不幸の重荷に耐えていることを静かに伝えています。

彼女達は、クリシュナを愛し、他のすべてを捨ててやってきたのに、クリシュナがつれないことを言ったからでした。それでも彼女達は、ひるまずクリシュナを愛していました。泣くのを止め、涙を拭いて、どもりながら話し始めました。

「クリシュナ、そんなひどいことを言わないで。すべてのこの世の楽しみを捨て、あなたの蓮華の御足に身をゆだねる私達をどうか拒まないで。頑固なクリシュナさん、太古の主ナーラーヤナは献身者の努力には必ず報いるというわ。あなたもどうか、こうしてやってきた私達に報いてちょうだい。

愛するクリシュナ。あなた、女性にとって最高の宗教的義務は、誠実に夫や子供、親戚に仕えることだって言ったけど、私達もそれは正しいと思っています。

でも本当の奉仕は主に仕えることではないかしら。ねえ、クリシュナ。あなたは万人の心臓に宿る最も親しい友ではないの？　あなたは最も近い親戚ではないの？　本当は至上主そのものではないの？　そうならあなたに仕えることが夫や子供達に仕えることにならないかしら。

聖者達は愛のすべてをあなたに捧げています。何故ならあなたを本当の自分、永遠に愛する者と受け入れているのですから。その主であるあなたに仕えることと、夫や子供、親戚達に仕えることとどっちが価値があるかしら。

ですから、ねえ、クリシュナ。どうか私達に慈悲を授けてちょうだい。ああ、蓮の眼をしたクリシュナ、長い間あなたと親しくなりたいと思っていた私達の希望を壊さないで！

今日まで私達の心は家事につながれていたけど、あなたはいとも簡単に私達の心を盗んでしまった。私達の足はあなたの蓮華の御足から一歩も動こうとしないのよ。どうしてヴラジャに戻れって言うの。家に帰って何をすればいいというの？

あなたの微笑み、優しい眼差し、甘いフルートの調べが私達の心に火をつけてしまったわ。その火にどうかあなたの甘露を注いでちょうだい。もしそうしてくれないなら、別離の苦しみの火にこの身をゆだねるしかないでしょう。

愛するクリシュナ、幸運の女神様だって、あなたの蓮華の御足にちょっと触れれば幸せだと思っているわ。私達だって一緒よ。あなたの蓮華の御足に触れたいのよ。あなたの蓮華の御足の埃に触れ、庇護所としたいのよ。

だからねえ、クリシュナ。私達に慈悲を授けてください。あなたの蓮華の御足に近づくために私達、家族や家庭を捨ててきたのよ。あなたに仕える以外何の望みもないの。私達をあなたの召使いと思ってくれないかしら。

愛するクリシュナ。あなたのフルートの調べを聴いて、同じ想いを持たない女性はいないと思うわ。牛や鳥、鹿、木々だって、あなたのフルートを聴いてうっとりしているみたい。

ああ、愛するクリシュナ。どうか私達の願いをかなえてください」

ゴピー達の言葉を笑いながら聞いていた至上主クリシュナは、自ら満ち足りたお方ですが、ゴピー達に満足されました。

誤ることなき主は、ゴピー達に囲まれ、星々に囲まれた満月のようです。愛に満ちた眼差しでゴピー達を見つめ、主が微笑むとジャスミンの芽のような歯が輝きます。


シュリー・クリシュナとゴピー達は、ヤムナ河の畔に向かいました。そこは柔らかく冷たい砂とそよ風、河の波音、そして蓮の香りに満ちています。そこで主クリシュナは、ゴピー達を優しく抱きしめられ、冗談を言ったり、見つめ合ったり、笑ったりされます。こうして主は、ゴピー達との遊戯を楽しまれました。

このような至上主クリシュナの特別な恩寵を受け、ゴピー達に「私はこの世で最高の女性だ」というプライドが芽生えました。

主ケーシャヴァは、ゴピー達の自分の幸運に対するプライドをご覧になり、このプライドを捨てさせ、さらなる恵みを授けようとお考えました。そして、すぐさま主はゴピー達の前から姿を消されたのです。

ゴピー、クリシュナを捜す

突然、クリシュナが目の前から消えてしまい、ゴピー達は大変悲しみました。牛飼いの女性達は、クリシュナの動作、愛らしい微笑み、いたずらっぽい微笑み、魅惑的は語り、そして彼女達と楽しんだ多くの遊戯を思い出しては心は恋慕の思いに圧倒されてしまいます。

主クリシュナへの想いに溶け込んでしまい、ゴピー達は主の遊戯の真似を始めました。あるゴピーが、主の特徴的な動作や微笑み、話しぶり、そして彼女達を見つめるクリシュナの真似を始めます。主クリシュナへの深い想いに浸り、主クリシュナの栄光の歌を歌いながら、ヴァリンダーヴァンの森を狂ったように捜し始めました。

「もしもし、木さん。私達の愛するクリシュナがここを通らなかったかしら？」

「ねえ、草さん。私達のクリシュナを見なかった？クリシュナたら私達の心を盗んで逃げてしまったの」

「アショカ樹さん。ナンダの息子、バララーマの弟、クリシュナを知らない？　クリシュナったら、その微笑みで女性のプライドを取り去ってしまうのよ」

「親愛なるツラシー草さん。あなたクリシュナの蓮華の御足によく触れているわね。そのクリシュナがここを歩いていかなかったかしら？」

「マーラティ樹さん、私達のマーダヴァの手があなたに触れて、喜びを感じなかったかしら？」

「母なる大地よ。クリシュナがあなたに吉兆な足跡を残して通っていかなかった？」

「ねえ、虫さん。クリシュナがどこにいるか知らない？」

　このように話しかけながら、クリシュナを捜しましたが見つかりません。疲れて一休みしながら、主の遊戯を演じては主を思い出しています。

　あるゴピーはプータナーの真似をしてクリシュナにお乳を飲ませようとします。

　また、あるゴピーはトリナーヴァルタの真似をして、別のクリシュナの役のゴピーを連れ去ろうとします。

　あるゴピーは、足で踏みつける真似をして、「まいったか、カーリヤ」と叫びます。

　あるゴピーは、「風や雨を怖がらなくてもいい。僕が君達を救う」と言って、ショールを頭の上に持ち上げたりします。

　あるゴピーはバターを盗んで母に怒られ、怖そうな顔をするクリシュナを演じます。

　うまく演技ができると、「じょうずよ、じょうずよ」と拍手を送ります。


　このようにクリシュナを見失ったゴピー達は、クリシュナへの深い想いから、主を演じたり、木々や虫にクリシュナの行方を尋ねるうちに、偶然クリシュナの足跡を見つけました。

「この足跡を見て！　旗と蓮華、稲妻、象の突き棒、大麦の刻印があるわ。クリシュナね」

　ゴピー達は、クリシュナの足跡を辿り始めました。すると途中から別の足跡が混じりました。ゴピー達は動揺して次のように言いました。

「ゴピーの足跡がここにあるわ。彼女、ナンダ・マハーラージャの息子クリシュナとお忍びでここを歩いたのね。この恵まれたゴピーはクリシュナを崇拝しているに違いないわ。それでクリシュナが彼女を喜ばせようと、残りの私達を捨てて、彼女と秘密の場所に行ったのよ。

ねえ、みんな。クリシュナの蓮華の御足の塵は、ブラフマーやシヴァにとっても神聖で、罪深い活動を浄化すると言われているわ。その神聖な足跡を見つけて嬉しいんだけど、このもう一つの足跡が悩ましいわね。彼女だけが秘密の場所に行って、クリシュナと楽しく遊んでいるんだわ。

ここを見て。ここだけ爪先の足跡になっている。ここできっと爪先立ちになって、彼女のために花を摘んであげたのよ。そして、クリシュナは摘んだ花を彼女の髪にさしてやったに違いないわ。

クリシュナは、自ら満足していると言われているけど、きっとそのゴピーと楽しくやっているに違いない。そのゴピーは、『クリシュナは、他のゴピーを捨て、私だけを選んでくれた』と思ってるわ。そして、『私、疲れて歩けない』とか『私をどこへでも連れてって』とか言っているに違いない。そしたら、クリシュナは『僕の肩につかまって』とか言いながら、きっとすぐに消えていなくなっちゃうと思う。そして、そのゴピーは可哀相に悲嘆にくれるのよ。そして彼女は、『ああ、ご主人様。愛する人よ。どこへ行ってしまったの？　私の前に姿を現して！　私はあなたの可哀相な召使いよ！』って叫ぶのよ」

ゴピー達はクリシュナを想って、クリシュナの足跡を辿りながら、あれこれ空想に耽っています。

すると驚いたことに、全く空想の通りの不幸なゴピー、ラーダを見つけたのです。ラーダは愛するクリシュナを見失い、途方に暮れています。

ラーダは彼女達に、いかにクリシュナが自分に愛情を示してくれたかを話しました。しかし、『私だけがクリシュナに愛されている』という間違った考えを持ってしまったために、主がいなくなってしまったことも悲しそうに話しました。

ゴピー達は、その話を聞いてとても驚きました。ゴピー達はさらにクリシュナを捜し回り、深い森に入りました。月の光も届かず、闇が包み込むのを見て、ゴピー達は引き返しました。心はクリシュナに埋没し、クリシュナのことを話したり、演技をしたりして、主の存在を感じたのでした。そして、家庭のことはきれいに忘れ、主クリシュナの栄光を歌いました。

ゴピー達は再びカーリンディー河（ヤムナ河）の畔に戻り、クリシュナのことを想い、早く戻ってくれることを願って、座って主クリシュナのことを歌いました。

ゴピーの別離の歌

ああ、愛する人よ。あなたがヴラジャに生まれたのは本当にすばらしいことよ。そして、あなたと一緒に幸運の女神様がここに住むことになったのね。あなたの献身的召使いの命を守ることがあなたの生まれた目的でしょう。それならどうか姿を見せて。私達こんなに一生懸命捜しているんだから。

ああ、愛の主よ。あなたの美しい眼差しは、秋の池に華麗に咲き誇る蓮華に勝ります。おお、祝福を授けるお方よ。あなたは身を隠され、あなたに身を捧げる召使いを悲しみの中に殺そうとされるのですか？

ああ、偉大なお方。あなたは私達をあらゆる危険から何度も救ってくださいました。毒水、恐ろしい人食い悪魔、大雨、竜巻の悪魔、インドラの雷撃、雄牛の悪魔、数え上げたら切がありません。

あなたは本当はヤショダーの子供じゃないんでしょう？　あらゆる生物のハートに宿る目撃者じゃないの？　だって、主ブラフマーが来て、あなたに宇宙の保護を祈ったのですもの。

ああ、ヴリシュニ族最高のお方。どうか物質的恐れを感じて、あなたの蓮華の御足を求める者達に平安をお与えください。幸運の女神様の手を取るあなたの蓮のような御手、その御手をどうか私の頭に置いてください。

ああ、ヴラジャの人々の苦しみを破壊するお方。女性達のヒーロー。あなたの微笑みは、あなたの献身者の驕りを取り除きます。愛する友よ。どうか、私達をあなたの召使いとして受け入れてください。あなたの美しい蓮のようなお顔を見せてください。

あなたの蓮華の御足は、あなたの献身者の過去の罪を破壊します。あなたの御足は、牧草地では牛達がいつも慕い、幸運の女神の永遠の住居。あなたはその蓮華の御足で大蛇カーリヤの頭を踏みつけたでしょう。それならどうかその御足を私達に触れて、心の中の欲望を洗い流してください。

ああ、蓮眼のあなた。知性ある者の心さえ魅了するあなたの甘い声と魅力的な言葉は、私達をさらにさらに困惑させます。私達の愛するヒーロー、どうかあなたの甘露の言葉で私達を生き返らせて。

あなたの言葉や、あなたの活動は、この物質界で苦しむ者の生命であり魂です。聖者が語るあなたの言葉や活動は、罪深い活動を根こそぎにし、それを聞く者は誰でも幸運を手にすることができます。あなたの言葉、活動は霊的力に満ちており、それを世に伝える者は最高に気前のいい人です。

あなたの微笑み、甘さ、愛する眼差し、内密な遊戯、私達との秘密のおしゃべりは、すべて吉兆で瞑想に最適です。それは私達の心に触れます。しかし、同時に、ああ、嘘つきさん。それは私達の心をとても揺り動かすのです。

ああ、愛する御主人様。ああ、親愛なるお方よ。あなたが牛の世話で村を離れる時、私達の心は蓮よりも美しいあなたの蓮華の御足が、穀物の殻、とがった草や植物で傷つかないかと乱れます。

一日の終わりに、あなたは埃にまみれ、巻き毛のかかった蓮のようなお顔を私達に見せてくれます。おお、ヒーローよ。あなたは私達の心に恋心を起こさせるのです。

主ブラフマーさえ崇拝するあなたの蓮華の御足は、額ずく者すべての望みを満たします。あなたの御足は大地の宝石、最高の満足を与え、危ない時は最高の庇護所。ああ、愛する人よ。恐れの破壊者よ。どうかその御足を私達の上に置いて。

ああ、クリシュナ。喜びを与え、悲しみを取り除くあなたの甘露をどうか分け与えてください。その甘露はあなたのフルートの音色を通して味わえ、他のどんな執着も忘れさせるわ。

あなたが昼間森に入っている時、たった一瞬でも私達には長い時間に感じるのよ。だってあなたが見えないんだもの。あなたの巻き毛のかかった美しいお顔を眺める時、瞬きして一瞬あなたが見えなくなるの。愚かな創造主よ。どうして瞼なんか造ったの？

愛するアチュタ。どうして私達がここに来たかご存じでしょう。あなたのフルートの音色に励まされて、真夜中に訪ねてきた乙女達を、どんなペテン師が捨てるというのかしら？　私達は夫や子供、先祖や兄弟、親戚、みんなを後にしてここへ来たのよ。どうか姿を見せて！

あなたとの秘密のおしゃべりを思い出しては私達の

心は乱されます。心に恋慕の想いが募り、あなたの微笑み、愛する眼差し、幸運の女神様が憩う広い胸を思い出すわ。私達は本当にあなたに恋焦がれているのよ。

ああ、愛する人。あなたの誕生は、ヴラジャの森の生き物の苦しみを根絶やしにします。そして私達の心はあなたとの交際を求めています。あなたの献身者の病を癒やす一服の薬をくださいな。

ああ、愛するお方。あなたの柔らかな御足が傷つかないか心配よ。どうかその御足を私達の上に置いて。私達の命はただあなたのもの。私達の心は、あなたの優しい御足が森の小道を歩く時、小石に傷つかないか不安で一杯なのよ。

再会

このように自分の心をさまざまな魅力的な言葉で話したり歌ったりしながら、ゴピー達は大声で泣き始めました。彼女達は、クリシュナと会いたくてたまらなかったのです。

するると、突然、主クリシュナが蓮のようなお顔に笑みを浮かべ、ゴピー達の前に現れました。黄色い衣装と花輪をさげて、恋慕の情に心を乱されたゴピー達の前に帰ってきたのです。

クリシュナが戻ってきたのを見て、ゴピー達はすぐに立ち上がり、クリシュナを見て眼を見開いています。それはあたかも肉体に生命が戻ったかのようでした。

あるゴピーは、クリシュナの手を握り、別のゴピーはクリシュナの肩に手を置きます。また他のゴピーは主の蓮華の御足に触れています。あるゴピーは、怒ったように唇を噛み、眉間にしわを寄せるようにクリシュナを見ています。別のゴピーは、再会の喜びを味わうかのように主の蓮顔を瞬きもせず見つめています。

またあるゴピーは瞳を通して主を心の内に取り込もうとしています。そして目を閉じ、髪の毛は逆立ち、心の内でクリシュナを抱きしめます。歓喜に浸り、そのゴピーは主を瞑想するヨギーに似ています。

すべてのゴピーが、愛するケーシャヴァ（クリシュナ）が戻ってきたので大喜びです。彼女達は、聖者に縁を持った人々が己の苦しみを忘れるかのように、別離の苦しみから解放されました。すべての苦しみから救われたゴピー達に囲まれ、主アチュタ、至上なる主がほんのり輝いています。

やがて全知全能の主は、ゴピー達をカーリンディー（ヤムナ）河の畔に連れて行きました。そこは河の波が柔らかい砂を岸に積み重ね、咲き誇るクンダとマンダーラの花の香りをそよ風が運んできてくれます。花に魅了されたたくさんの蜜蜂が群れ、秋の月の光が森の中を明るく輝かせています。

クリシュナに会えた喜びで心の痛みを取り除かれたゴピー達は、完全に望みを満たされました。彼女達は香水の香りのするショールで、クリシュナのために座をしつらえます。

万人の心に自らの座を持つ至上主クリシュナは、ゴピー達の準備してくれた座に座りました。クリシュナの美と富の住まいである超越的肉体は、ゴピー達が礼拝している時、光り輝きます。

シュリー・クリシュナは、ゴピー達の恋慕の情をご存じでした。彼女達は、その微笑み、眼差し、そして主の手や足を膝に乗せてマッサージしながら想いを伝えます。しかし、主を崇拝する間も何かに怒っているように感じ、次のように主に言いました。

「ある人達は、自分を愛してくれる人にだけ報い、他の人は自分と考え方が違ったり敵意を持つ人に対しても愛を示します。また別の人達は、誰に対しても愛を示しません。ねえ、クリシュナ。私達の場合はどうなのかしら？」

クリシュナ答えます。

「自分に徳か損かで、友を選ぶ人達は実に自己中心的だね。彼らは友情を知らず、神理道理にも従っていません。そしてもし何の利益も相手に期待できない時は、彼らは返礼することはありません。

愛するゴピー達よ。まるで両親のように純粋に慈悲深く愛に溢れた人達がいます。これらの人々は、自分に感謝をしない人達に対しても献身奉仕を怠りません。彼らは、神理、信仰に間違いなく従っており、本当に善い人達です。

それから、自己中心的で物質的欲望に満ち、恩知らずで目上の者に対して妬みを持つ人々がいます。このような人々は自分を愛してくれる人達さえも愛しません。そして語る言葉は敵意に満ちています。

私の場合は、私を崇拝する人々の愛にすぐに報いないこともあります。おお、ゴピーよ。それは何故かと言うと、私はその人達の私への信を深め、私への献身奉仕の想いを強めたいと思うからです。貧しい人が幾ばくかの財を得て、またそれを失うと、不安になり、その失った財産のことばかり思うようになるでしょう。それと同じです。

愛する乙女達よ。あなた方は、ただ私だけを想い、世の中に流布する権威もヴェーダさえも、そして家族さえ忘れてここに来ました。私は、そのあなた方の私への愛を強めようと思って姿を消したのです。あなた方の前から姿を消しても、私は決してあなた方を愛さなくなったわけではないのです。それ故、愛するゴピー達よ、もし姿を消した私に対して怒りを持っているとしたら、どうか許してほしい。たとえ、ブラフマーの一生という長い時間を費やしても、あなた方の非の打ち所のない私への献愛奉仕に対して私は報いることはできないでしょう。しかし、あなた方の私との交際は、すべての悲しみ、苦しみを超えるのです。それ故、あなた方の栄光に満ちた行為を私からあなた方への贈り物と考えてほしい」

ラーサダンス

牛飼いの乙女達は、主クリシュナの最高に魅力的な言葉を聞き、別離の苦しさを忘れました。彼女達の望みは満たされたのです。

それから、ヤムナ河の畔で、主ゴーヴィンダは、女性の中の宝石、敬虔なゴピー達と遊戯を始められました。彼らは楽しそうに手と手をつなぎ、円陣をつくります。ラーサダンスの始まりです。

神秘力の主人、主クリシュナは、自らをゴピーの数だけ拡張し、それぞれ一人一人のゴピーのパートナーとなり円陣に入りました。そして腕をゴピー達の首にまわし、踊り開始のポーズを決めます。

神々とその奥方達は、ラーサダンスを見ようと急ぎ駆けつけ、彼らの乗った飛行船で空は一杯になりました。空に太鼓の音が響き、花の雨が降り注ぎ、天界の楽神ガンダルヴァと奥方達が、主クリシュナの非の打ち所のない栄光を歌います。

その音楽に合わせてクリシュナとゴピー達のラーサ

ダンスが始まり、ゴピーの腕輪、足鈴が鳴り、彼女達は愛するクリシュナと円陣の中でラーサダンスを踊ります。踊るゴピー達の中心の主クリシュナは最高に輝き、まるで黄金の中のこの上もなくすばらしいサファイヤのようです。

ゴピー達はクリシュナの栄光を歌い、足は踊り、手は優雅華麗に舞い、眉も楽しそうな微笑みとともに踊ります。腰のベルトは締まり、腰を優雅にくねらせ、顔には汗が光っています。胸の装飾品はあちこちと舞い、イヤリングは頬の上を揺れ、クリシュナのパートナーは雲の隙間に煌めく稲妻のように光り輝いています。

恋人同士の恋慕の情に浸り、ゴピー達は大きな声で歌い踊ります。クリシュナの腕や脚が触れると彼女達は喜び、宇宙全体を喜びに満たします。

一人のゴピー、ラーダが主ムクンダの栄光を美しい曲にして歌うと、クリシュナは喜び彼女に、「最高！最高！」と最大の讃辞を贈ります。他のゴピーが同じ歌を違う調べで歌うと、クリシュナは彼女も同じように賞賛します。

あるゴピーがラーサダンスに疲れ、クリシュナの腕につかまって肩で息をして休みます。するとクリシュナの腕から青い蓮華の香りが漂い、歓喜に満たされ疲れを忘れます。

ゴピー達の美しい容貌は耳、髪にさした蓮華、頬、汗で彩られ、さらに美しく輝きます。腕輪や足鈴の音色は調べとなり、首飾りは解けて宝石をばらまいています。華麗な花輪に群がる蜜蜂達がブンブン羽音で歌の伴奏をしています。

このように一人一人のゴピーは、幸運の女神の主人クリシュナを独り占めしたのでした。

主クリシュナも、愛らしい微笑み、眼差しを贈りゴピー達とのラーサダンスを楽しまれます。それはちょうど子供が自らの影と遊んでいるかのようです。

飛行船からクリシュナの遊戯を見ていた神々の奥方も、喜びに圧倒されています。月も星々も驚いています。主は自らを拡張し一人一人のゴピーの相手をされ、自ら満足しておられるクリシュナが楽しそうにゴピー達と戯れておられるからです。

ゴピー達が疲れたのを見て、優しい眼差しで見つめ、手でゴピー達を支えて慰められます。ゴピー達も微笑みや美しい頬、顔、黄金のイヤリング、美しい髪などで主の栄光を讃えます。クリシュナの指が触れると歓喜に満たされ主の栄光を讃えます。

主はゴピー達の疲れを癒やそうとヤムナ河に入られます。蜜蜂達が最高のガンダルヴァのように主に付き添い、象の王様が伴侶を伴い水浴びをしているかのようです。水に浸かったクリシュナにゴピー達が四方から水をかけ大喜びです。神々は飛行船から花々を降り注ぎ、自足円満の主は喜び満足されます。

水浴びを終えた後、主はゴピー達とヤムナ河の畔の森を散策されます。水や岸辺に咲き誇るすべての花々の芳香をそよ風が運んできます。月光に照らされた森で主はゴピー達と語らい満足されました。主はゴピー達に、

「今日は本当に楽しかった。そろそろ家にお帰りなさい」と言われました。

ゴピー達は、帰りたくはありませんでしたが、愛する主クリシュナの命に素直に従いました。

主クリシュナは悪魔を滅ぼし、献身者を保護し、地上に神理と道徳を復興されるために降誕されました。その主が、どうして夜中に既婚の女性も含めた若い女性達とラーサダンスを楽しむという道徳に反したことを行ったのでしょうか？

ゴピー達は、過去世は主に献身奉仕を続けた聖者達でした。その恩寵に何を望むかと主が尋ねた時、今度主が降臨された時は、恋人同士の恋愛感情を主と楽しみたいと望んだのでした。こうして、主は約束を果たされたのです。

また、この時主は七歳であったと言われています。さらに主はその神秘力により、ゴピー達の肉体は家に残し、精神体としてのゴピー達とラーサダンスを楽しまれたのでした。そのため、ゴピー達の家庭ではゴピー達がいなくなっていたとは思っていなかったのです。

ラーサダンスをピークとするゴピー達との交際は純粋に精神的なものであり、ゴピー達は主の喜びのエネルギーの化身であり、ラーサダンスは主との精神的一体感の歓喜を表現したものと考えられています。そのため、バカヴァット・ギーターを始め、神理道理を学んだ後に主とゴピーの関係を聴く者は喜びを手にし、官能的に聴く者は地獄に落ちると言われています。

このゴピー達のクリシュナに対する恋慕の情は、純粋に主を愛するという点では最高のものとされ、難しい哲学や教理を知らなくても、ただ純粋に主を想い愛するだけで解脱が得られる典型的な例とされ、クリシ

ュナ御自身もゴピー達を賞賛されています。

後世のヴァーガヴァタ派もゴピー達の愛を主を想う最高のものとして賞賛し、ゴピーの中でも最も優れた女性であるラーダラーニーも一緒に崇拝しています。クリシュナとラーダの並んだ像や精密画を見られた方も多いと思われます。

しかし、家庭もすべて投げ出し主への純粋な愛という点では最高ですが、どこか盲目的との印象も受けます。

主クリシュナもこの点を少し心配され、ヴァリンダーヴァンを主が離れ、主との別離の悲しみに暮れるゴピー達を慰めに理性的献身者のウッダヴァ（ウッダヴァ・ギーターのウッダヴァ）をヴァリンダーヴァンに派遣されます。主クリシュナはウッダヴァにはゴピー達の主への純粋な愛を、ゴピー達にはウッダヴァの理性的な面を互いに学んでもらおうと考えられたように思います。

また、その後、クリシュナとゴピー達が再会し、クリシュナは肉体は離れていてもハートの中にクリシュナが常におられること、その主を想い日々の勤めを果たすことを説かれます。

いずれにしろ、理性を磨き、神理道理を学び体験を通して主への信を深め主に全託していく道、理屈抜きの主への愛の道は、一つになっていくものと思われます。

ミラバイについて

話は少し逸れますが、主クリシュナを恋人のように愛するという点では十五世紀にメラタ国の王女として生まれたミラバイが有名です。かつて、堀田先生はクリシュナを想う見本としてミラバイの名前を挙げられたことがあります。

このミラバイは、インドではクリシュナと仲の良かったゴピーの生まれ変わりと信じられています。ミラバイの生涯やクリシュナを讃えた歌を読むとなるほどと思います。邦訳としては美莉亜氏の『ミラバイ訳詩集』があります。

ミラバイは西暦一四九八年、メラタ国の王女として生まれました。ミラバイの一族はヴァイシュナヴァ（ヴィシュヌ派信者、主の崇拝者）でした。

ある時、結婚式の行列を見た時、ミラバイは母親に「私の夫は誰なの？」と無邪気に尋ねました。すると母親はしばらく考えてから、「あなたの夫は…ほら、いつも手に持っているギリダラ（クリシュナ）があなたの夫よ」と答えました。それからミラバイは、クリシュナを自分の恋人と考えて暮らすようになったと言われています。

メラタ国の隣国に、メワーラ国という大国がありました。そこの長子とミラバイは十八歳で結婚しますが、夫の王家の信仰はヴィシュヌ信仰ではなく、シヴァ神の女神ドゥルガー信仰でした。子供も生まれなかったようで、婚家の家族とはうまくいかなかったようです。さらに結婚六年目に夫が戦死し、何かと気にかけてくれた義父も亡くなるとミラバイの立場はいよいよ苦しいものになりました。ミラバイはヴィシュヌ神を信仰するさまざまなカーストの人々とも親交を結んでいたようで、このことも婚家はよく思わなかったようです。ミラバイに毒を飲ませたり、コブラの入った花籠を送ったり、また夜中にギリダラの神像と話をしているのを、男と逢い引きしていると噂を広めたりさまざまな迫害をしました。

ミラバイはついに実家のメラタ国に帰り、一時静かな生活を送りますが、メラタ国も戦争に敗れ、ミラバイは一五三八年頃に放浪の旅に出ます。

まず、クリシュナが幼少時に過ごした聖地ヴァリンダーヴァンに移り住みました。この時、主クリシュナの化身とも言われるチャイタンニャの高弟である聖者ジーヴァ・ゴースワミがヴァリンダーヴァンにやってきました。ミラバイは面会を求めたところ、聖者は、自分は女性を見ないという誓いを立てていると断られました。それに対してミラバイは次のような手紙を書いたと伝わっています。

『私は今までヴァリンダーヴァンには一人の男性しかおらず（クリシュナのこと）、それ以外はみなゴピーだと思っていました。今日初めて、主とは別に自分も男性だと考えている人がいると知りました』

主以外はみな主に仕える者で男も女も関係ないと示唆したわけです。ジーヴァ・ゴースワミはミラバイの言葉に打たれ、急いで会いに来たということです。

そして一五四二年頃にクリシュナが築いた都（水没し宮殿だけが残っていた）に行き、そこで生涯を過ごしたと言われています。

ミラバイはクリシュナを讃えた賛美歌を数多く作詩し、歌って踊って主を讃えていたと言います。代表的な歌を「ミラバイ訳詩集」から美莉亜氏の許可を得て抜き出してみます。

主の御名なる　歓びを
　人よ　主の御名なる　歓びを
離れて　悪しきを　良き友と座り
　ハリ（クリシュナ）のお話しを　お聞きして
色、欲、怒り、狂気も　無知も
　心の外に　投げ出して
ミーラ（ミラバイ）の神様　ギリダラナーガル（クリシュナ）
　ハリの色にて　心を満たさん

ハリ　我が命　息吹よ　礎よ
あなたのほか　よるべきはなき
　この三界の　ただなかで
他のものに　心動かさぬ
　見渡したゆえ　世のすべてを
ミーラは歌う　しもべよ　あなたの
　どうか　どうか　忘れないで

こんなに愛に　満たされて
　もうミーラは　溺れそうに
道から道を　さすらいて

　神様の御名を　歌い続け
王の家で　育てられ
　すべてを捨てて　ヨギとなり
ミーラは　王家の女性へと
　どうして　いまさら戻られよう

身を捧げたく　その御足に
しもべになりたく　それだけで
ほかの神など　私は知らぬ
　ハリのほかには　私は要らぬ
行くまい　ガンガー　ヤムナには
　行くまい　プラヤグ　カーシにも
ミーラは歌う　神さま　ギリダラナーガル
はちすの御足に　恋い焦がれ

ハリのほか　誰に私は頼ろうぞ
あなたは　私の守護者であられ
　私は　あなたのしもべゆえ
一から十まで　あなたの御名を
　心の中で　くりかえす
幾度も呼びかけ　どこででも
　神を崇めて　主のあなたに

この世は　身を切る荒海のよう
　この只中に　閉ざされて
小舟は壊れる　主よ　守られよ
　沈んでしまう　遅れれば
嘆き続けて　来られるを待つ
　どうか　私をおそばにおいて
しもべなるミーラ　ラルギリダラに
　すすみゆかんよ　御許へと

崇めつづけて　主を　忘れずに
短く終わる　楽しき日々は
　まるでザクロの花のよう
生きてきた　ずっと　欲に負け
　道を誤り　忘れ去り
ミーラの神さま　ギリダラナーガル
崇めつづけて　主を　いつまでも

同じヴァリンダーヴァン時代の牛飼いの少年だったと言われる先のブラフマナンダ師とは同じバクティでも一見違っているように思われます。

これは男性と女性の違いでしょうか。「理性」と「感情」、「信」と「愛」の違いでしょうか。しかし、この二つはいずれ調和しバクティが深まっていくように思います。

クリシュナ、ゴピーを試す

インドでは、よく主クリシュナと若い女性が一緒に描かれている絵を目にします。その女性は、ゴピーの中でも最も愛されたラーダという女性です。

ある時、他のゴピー達が、ラーダに嫉妬したことがありました。それを見られたクリシュナは、少し教訓を与えようと思われました。

ある日、ラーダが留守で、他のゴピー達が、みなクリシュナを囲んでいました。

その時、クリシュナが突然、うめきながら大声で叫びました。

「ああ、ああ、ひどく頭が痛い。誰か、僕のために頼まれ事をしてくれる者はいないか？」

ゴピー達は叫びます。

「おお、主よ。私達は何をすればいいのですか？　何でもいたします！」

クリシュナは答えます。

「君達の一人でもいいから、僕の頭を足で踏んでくれ。そうすれば頭痛は良くなると思う」

ゴピー達は狼狽えました。インドでは、目上の者の頭に足を置くことは罪と考えられていたからです。師の頭の上に足を置くことは冒瀆以外の何ものでもありません。ショックを受けて、ゴピー達は目を逸らしてしまいました。誰もクリシュナの頼みを、行おうとしませんでした。その間に、クリシュナの頭痛はますますひどくなりました。

しばらくして、ラーダが現れました。彼女はクリシュナの苦しみを見て、「何かできることはありませんか、主よ」と、他のゴピー達と同様に、不安にかられ叫びました。

クリシュナは叫びます。

「どうか、あなたの足を私の頭に置いてくれ！　それ以外に良くなる方法はない」

ラーダは答えます。

「もちろん、今すぐに！　主よ」

他のゴピー達は叫びます。

「ラーダ、そんなことをしてはいけません」

ラーダは答えます。

「どうしていけないの？」

他のゴピー達は答えます。

「そんなことをしたら、地獄に落ちますよ」

ラーダは言いました。

「そんな心配をしていたのですか？　もし主の頭に私の足を乗せて、それで少しでも主の頭痛が良くなるのなら、私は喜んで地獄に落ちますよ」

ラーダが主に頼まれたことをしようとした時、クリシュナは笑いながら立ち上がりました。頭痛はどこかに行ってしまったのです。

他のゴピー達は理解しました。自分達は、クリシュナが良くなることより、自分達の安全を考えていたのです。そして、ラーダの私心ない愛の前に頭を垂れたのでした。

＊この話はバーガヴァタ・プラーナには出てきません。『The Essence of Self-Realization』の中に出てくる話です。主のためになら、自分に不利になることでも迷わず行う。見習いたいものです。

ゴピーとヴィヤーサとクリシュナ

ゴピー達は、毎日、新鮮なチーズをクリシュナに運んでいました。

ある日、ヤムナ河が氾濫し、ゴピー達は、向こう岸にいるクリシュナのもとに行けなくなりました。

ゴピー達は泣き叫びます。

「どうしたらいいの？」

その時、クリシュナの偉大な献身者であるヴィヤーサが、こちら岸にいるのを思い出しました。

「そうだ、ヴィヤーサは大聖者よ。きっと奇跡を起こして、私達を向こう岸まで渡れるようにしてくれるわ」

彼女達は、ヴィヤーサを訪ね、自分達をクリシュナのところに行けるようにしてほしいと頼みました。

ヴィヤーサは不機嫌そうに言いました。

「クリシュナ！　クリシュナ！　耳にするのはクリシュナの名前ばかり。私はいったいどうなっているのだ」

ゴピー達は、とても困りました。チーズはクリシュナのために持ってきたのです。しかし、ヴィヤーサに助けてほしいと頼んだ手前、チーズを食べたいという彼の頼みを断るわけにはいきません。彼女達は、ほんの少しチーズをヴィヤーサに提供しました。しかし、ヴィヤーサは美味しそうに、次々と食べていきます。

満腹になるほど食べた後、ヴィヤーサは岸辺に行き、叫びました。

「おーい、ヤムナ河。私が何も食べていないと思うなら、河を二つに割って道を作ってくれ」

「まあ、なんてひどい！」

ゴピー達はお互いささやきます。

「あんなに、食べていたのに。食べていないなら、河を割れって命令して！」

その瞬間、河が割れたのです。ゴピー達は、この奇跡をゆっくり考える暇もなく、向こう岸まで急いで渡りました。そして、クリシュナの小屋に近づくと、クリシュナは眠っています。

「いったい、どうしたのかしら？」いつもは、クリシュナは彼女達のチーズの到着を今か今かと小屋の外で待っているのです。

「主よ、今日はお腹が空いていないのですか？」

ゴピー達は尋ねます。

「あー」

クリシュナは眠そうに答えます。

「チーズを持ってまいりました、主よ」

クリシュナは答えます。

「ああ、ありがとう。でも、もうお腹一杯なんだ」

ゴピー達が尋ねます。

「でも何故？　誰か食べ物を運んだのですか？」

クリシュナは答えます。

「そう、その通り。向こう岸のヴィヤーサが、たくさん食べさせてくれたんだ」

「君達も見た通り、ヴィヤーサは、まず食べ物を私に捧げ、食べている間もいつも私のことを想っていた。彼は、自分のために食べているとは想わず、自分を通して私が食べていると想って食べていたのだよ」

＊この話も『The Essence of Self-Realization』の中に出てくる話です。主を念じて行為すれば主は受け取ってくださるのです。
堀田和成先生も、まず食べ物を主に捧げ、その残りものをいただくことを勧めています。

[ヴァリンダーヴァンからマトゥラーへ]

ナンダ・マハーラージャの救出

ある日、牛飼いの男達は主シヴァの礼拝に牛車に乗ってアンビカーの森へ旅立ちました。

目的地に到着後、彼らはサラスヴァティー河で沐浴し、主パシュパティ（シヴァ）とその伴侶、女神アンビカーにさまざまなお供え物をして礼拝しました。そして、ブラーフマナ達に牛、金、衣類や蜂蜜を混ぜた穀物料理を捧げました。そして牛飼い達は、「主がどうか喜んでくださいますように」と祈りました。

ナンダ、スナンダや他の幸運な牛飼い達は、断食し水だけ飲んで厳格に誓いを守り、その夜をサラスヴァティー河の岸辺で過ごすことにしました。

夜中、巨大でお腹をひどく空かした蛇が藪の中から現れ、這って眠っているナンダ・マハーラージャのところへ行き、ナンダを飲み込み始めました。

蛇に半分飲まれ、ナンダは大声で助けを求めました。

「クリシュナ、クリシュナ、愛する息子よ！　大蛇が私を飲み込もうとしている。どうかあなたに身を捧げる私を助けてくれ！」

ナンダの叫び声を聞いた牛飼い達は目を覚まし、彼が蛇に飲まれようとしているのを見つけました。動転し、松明で蛇を殴りつけます。

しかし、松明で身を焦がしても蛇はナンダ・マハーラージャを放そうとしません。

そこへ、突然、献身者の主人、主クリシュナが現れ、蛇を主の御足で触れられました。

この主の蓮華の御足の一触れで、蛇はすべての罪深きカルマから解放されたのでした。そして蛇の体を捨て、尊敬すべき神の姿に変わりました。

主クリシュナはすべてをご存じでしたが、父ナンダ・マハーラージャや牛飼い達に聞いてもらおうと、目の前に深々とお辞儀をして立っている黄金のネックレスで身を飾った神々しい人物に尋ねます。

「愛する人よ。あなたは非常に美しく立派なお姿をされていますね。あなたはどなたですか？　恐ろしい蛇の姿をしていたのはどうしてですか？」

蛇は答えます。

「私はスダルシャナというよく知られた神でした。私は豊かで美しく、飛行船に乗って至るところ自由に旅したものでした。ある時、アンギラ・ムニの仲間のみずぼらしい聖者方を見て、美しさに驕っていた私は彼らをあざ笑ったのです。その罪故に彼らは私を蛇に変えたのでした。

しかし、聖者方は私のためを思って、慈悲の想いからそのような呪いをかけてくれたのです。何故なら、私は今、全世界の主である蓮華の御足に触れることができたのですから。そしてすべてのカルマを破壊していただいたのです。

我が主よ。あなたはこの世界で恐れを持ち、あなたの庇護を求める者のすべての恐怖を破壊します。あなたの御足が少し触れただけで私は聖者方の呪いから解放されました。

おお、神秘力の主よ。おお、偉大なお方よ。献身者の主よ。私はあなたにこの身をゆだねます。何なりとご命じください。おお、至高の神よ。主の中の主よ。おお、誤ることなきお方よ。私はあなたにお会いしただけで、ブラーフマナの罰からすぐさま解放されました。あなたの御名を唱える人は誰でも、そしてその唱名を聴く人達さえも浄化されます。まして、あなたの蓮華の御足に触れた者の祝福はいかばかりでしょうか?」

神スダルシャナは主の許しを得て、主を巡回し、平伏して敬意を表し、主の天国の住居に帰っていきました。ナンダ・マハーラージャはこうして危険から救われたのです。

ヴラジャの住民達はシュリー・クリシュナの比類なき力を見てびっくりしました。彼らは主シヴァの崇拝を終え、クリシュナの御業を讃えながらヴラジャに戻りました。

シャンクハチューダの成敗

ある日、主ゴーヴィンダと主バララーマは、森でヴラジャの乙女達と遊んでいました。クリシュナとバララーマは花輪や非の打ち所のない衣装をまとい、四肢も美しく飾られています。乙女達は二人の栄光を魅力的に歌っています。

二人の主は、月が昇り星々が輝き始め、蓮の香りを運ぶそよ風、ジャスミンの花の香りに誘われブンブンうなる蜜蜂のいる森の黄昏時を愛でています。クリシュナとバララーマが美しい調べで歌を歌い、すべての生物の心に幸福を運びます。

ゴピー達は、その歌を聞き、恍惚となって我を忘れてしまいます。

このようにクリシュナとバララーマ達が楽しんでいる時、クヴェラの召使いでシャンクチューダという悪魔がこっそり近づいてきました。そして、あつかましくもゴピーをさらって一目散に逃げていきました。クリシュナとバララーマを自分達の主と受け入れている乙女達は、「クリシュナ! バララーマ! 助けて!」と叫び声を上げます。

献身者の助けを求める声を聞き、彼女達がさらわれたのを知ったクリシュナとバララーマはすぐに悪魔を追いかけました。

二人の主は「心配ない!」と、ゴピー達を安心させます。そしてシャラ樹の丸太を手に取り、韋駄天の如く逃げる悪魔を追いかけました。シャンクハチューダは二人の主が、あたかも時間と死の権化のように追いかけてくるのを見ました。彼は不安になり、混乱し、乙女達を捨てて逃げ出しました。

バララーマは乙女達を守るために残り、主ゴーヴィンダが、悪魔の鶏冠の宝石を取ろうとどこまでも追いかけます。そして全能の主が、遠い距離からまるで近くにでもいるかのように、シャンクハチューダを捕まえました。そして鉄拳一撃で邪悪な悪魔の首を鶏冠の宝石もろとも吹き飛ばしました。

こうして悪魔シャンクハチューダを成敗した後、輝く宝石を取り、ゴピーの見ている前で兄バララーマに捧げました。

クリシュナが森に出かけた時のゴピーの歌

クリシュナが森に牛の世話で出かける時、ヴラジャの村に残るゴピー達はクリシュナを見ることができず悲しみます。しかし、心は主の後を追い、若き乙女達は主の栄光を歌っては寂しそうにクリシュナの帰りを待ちます。

ゴピー達は歌います。

「ムクンダがフルートの音色を響かせる時、唇をフルートにつけ、指はフルートの穴を押さえ、左の頰を左腕に乗せ、眉は踊りを踊るように動くわ。それを見た、神々の奥方達は驚き、クリシュナのフルートの音色に聞き惚れ、恋慕の情に心は乱れてしまう。

彼がフルートを吹くと、ヴラジャの雄牛も鹿も乳牛も、遠くにいる群れもみんな心を奪われ、草を食べるのも忘れて、耳を立てて音色に聞き惚れるのよ。恍惚となって絵の中にいるか、眠っているみたいね」

「時々、ムクンダったら葉っぱや孔雀の羽、色とりどりの鉱物で身を飾ってレスラーみたいなふりをするの。それから、バララーマや牛飼いの仲間とフルートを吹いて牛を呼ぶのね。その時、河は流れを止め、河の水は恍惚となって気を失い、主の蓮華の御足の埃を運んでくれるそよ風を待ちわびているわ。でも河って私達と同じであまり信仰深くないわね。だって、主の腕で水をかき回してくれるのを待っているだけだもの」

「牛達が山をさまよおうとすると、クリシュナはフルートを吹き、その音色に森の木々や蔦は喜び、たくさんの果実を実らせ、きれいな花を咲かせてくれる。枝は実の重みでたわみ、まるで主クリシュナを礼拝しているみたい。そして、主を讃えて、木々も蔦も甘い樹液を滴らせてくれるのね」

「クリシュナの花輪のツラシーの神聖で蜂蜜のような香りに蜜蜂達は喜んで歌い、最高に美しいクリシュナは蜜蜂達に喜んで、フルートのお返しをするの。フルートの美しい調べは鶴や白鳥、他の湖に住む鳥達の心さえ奪ってしまう。鳥達はクリシュナに近づいて目を閉じ、じっと黙って聞き惚れ、まるで深い瞑想で主を崇拝しているみたい」

「ああ、ヴラジャの女神達よ。クリシュナがバララーマと山の斜面で遊ばれ、ふざけて頭に花輪をかむり、フルートを吹くと世界中が大喜び。その時、雲は主の邪魔にならないように雷鳴を優しく響かせ伴奏するみたい。雲は愛するクリシュナに花を降り注ぎ、日傘のように主に日陰を捧げます」

「おお、敬虔なる母ヤショダーよ。あなたの息子は、牛を世話する練達者。そして、フルートの新しい曲の作曲家。主がさまざまな調べや音色でフルートを奏でる時、ブラフマー、シヴァ、インドラが来て、フルートの音色に困惑します。そして主の音楽のエッセンスが分からず、深々と主を礼拝します」

「主クリシュナがヴラジャを散歩すると、聖なる御足が、旗、稲妻、蓮、象突き棒などの印章を大地に刻印し、牛の蹄に苦しんでいた大地を癒やしてあげるみたい」

「今、クリシュナはどこかで数珠をくっては牛の数を数えているのじゃないかしら。ツラシーの花輪で身を飾り、牛飼いの仲間の肩に手を乗せて楽しそうに話してないかしら。クリシュナがフルートを吹いて歌うと、黒鹿の奥さん達が魅了され、慈悲の海のクリシュナに近づいて彼のそばに座らないかしら。私達、牛飼いの乙女みたいに、家庭の幸せを忘れてしまってないかしら」

「おお、罪無きヤショダーよ。あなたとナンダ・マハーラージャの最愛の息子は、今頃、ジャスミンの花輪で飾って、牛や仲間達とヤムナ河で遊び、仲間を驚かせてないかしら。優しいそよ風が白檀の香りを運んでは主を喜ばせ、神々がクリシュナの崇拝者としてあちこちに立ち、音楽を奏で、歌を歌って主クリシュナを讃えているんだわ」

「ヴラジャの牛達への愛から、クリシュナはゴヴァルダンの丘を持ち上げた。そして一日の終わり、牛を集めてフルートを吹きながら帰ってくるわ。高貴な神々が道に立っては主の蓮華の御足を崇拝し、牛飼いの少年達は主の栄光を讃えながら帰ってくるのね。花輪は牛の立てる埃で覆われ、その美しさとちょっと疲れたような顔を見せては、見る人を喜びに満たすのよ。友の願いを満たそうと、クリシュナはヤショダーの息子になったに違いないわ」

「クリシュナったら、尊敬をこめて友人に挨拶するのね。彼、花輪をつけて、柔らかい頬は輝く黄金のイヤリングに彩られ、その喜ばしい顔は夜の王様の月みたい」

このようにヴラジャの乙女達は、クリシュナのいない昼の間、クリシュナの遊戯をいつも歌い、乙女達の心はクリシュナに吸収されているのでした。

雄牛の悪魔アリシュタの成敗

アリシュタという名の悪魔が牛飼いの村にやってきました。巨大な瘤を持つ雄牛の姿をして、蹄で大地を蹴ると大地が揺れ動きます。

アリシュタは荒々しく吠え、大地を前足でひっかきます。尻尾を上げ、眼は燃えるようで、角の先で堤防を壊し、あちこちに便や小便をまき散らします。雲もアリシュタの瘤を山と見間違い、村人がこの悪魔を見た時、恐怖に震えました。その吠え声に驚いた妊娠中の牛や女性達が流産してしまいました。

家畜達は牧草地から逃げだし、すべての村人は主ゴーヴィンダに保護を求めて駆け寄り、「クリシュナ！クリシュナ！」と叫びます。

至上主クリシュナは牛飼いの村が恐怖で混乱しているのをご覧になり、「心配しないで」と安心させ、それから雄牛の悪魔に呼びかけます。

「おい、愚か者よ！　お前は何をしている。牛飼いの村人や家畜達を怖がらせてこの邪悪な悪党め。私がここにいるのは、お前のような堕落したならず者を懲らしめるためだ！」

このように言った後、誤ることなき主は手の平で両腕をピシャリと叩いて気合いを入れ、悪魔をさらに怒らせました。そうして悪魔と対峙します。

怒ったアリシュタは蹄で大地をかき、たなびく雲を引き連れ、尻尾を上げて、猛然と主に突進しました。角先で主に狙いをつけ、血走った眼でクリシュナを睨みながら、インドラの放つ稲妻のようなフルスピードで主に襲いかかります。

しかし主クリシュナはアリシュタの角をいとも簡単につかむと、後ろに投げ捨てました。

主の反撃を受けた雄牛の悪魔は立ち上がり、荒く息をして全身に大汗をかいています。そして再び、激怒に我を忘れて主に突進していきます。

クリシュナは角をつかむと足で悪魔を地面に叩きつけました。そして主は濡れた布を叩くように悪魔を殴りつけます。一本の角をぐいっと引き抜き、屈服するまで悪魔を殴りました。

血へどを吐き、おびただしい便と小便をもらし、足をバタバタさせ、眼を回して、アリシュタは苦しみながら、死の国へと旅立っていきました。

こうして悪魔アリシュタを成敗した主クリシュナは、ゴピー達が見守る中、バララーマと一緒に意気軒昂に牛飼いの村に入りました。

カンサの計画

アリシュタがクリシュナに征伐された後、ナーラダ・ムニがカンサ王を訪れます。神の如く強き聖者は王に次のように言いました。

「カンサ王よ。ヤショダーの本当の子は女で、クリシュナはデヴァキーの息子だ。また、バララーマもロヒニーの息子である。そなたを恐れ、ヴァースデーヴァがクリシュナとバララーマを親友ナンダ・マハーラージャに預けたのだ。この二人があなたの手下の悪魔達を殺したのだ」

これを聞き、ボージャの王は激怒し感覚の制御を忘れ、ヴァースデーヴァを殺すため鋭い剣を取りました。ナーラダはこれを見て、カンサ王を止めます。

「おお、カンサよ。そなたを殺すのはこのヴァースデーヴァではない。その息子達だ。ヴァースデーヴァを殺すと二人の恨みをさらにかうことになるし、そなたの名声も地に落ちよう」

ナーラダの言葉に、カンサ王はヴァースデーヴァを殺すのを止めましたが、彼とその妻デヴァキーに手錠をかけて鉄の鎖でつなぎました。

ナーラダが去った後、カンサ王は悪魔ケシーを呼び出し、「バララーマとクリシュナを殺しに行け」と命じました。

それからボージャの王は、ムシュチカを筆頭として、チャーヌーラ、シャラ、トシャラなどの大臣、象使いを呼びました。王は彼らに次のように言いました。

「親愛なるチャーヌーラ、ムシュチカよ。聞いてほしい。ヴァースデーヴァの息子バララーマとクリシュナがナンダの牛飼いの村で生きている。私を殺すと予言された少年達だ。どうすればいいか考えたが、レスリングの試合を催し、二人を見学に来るように呼びつけて殺してしまおうと思う。観客席に囲まれた競技場に、街や地方の住民達を集めて競技を開こう。

象使いよ。レスリング会場の入り口に巨象クヴァラヤーピーダを待機させるのだ。あいつなら二人の敵を殺せるだろう。

ヴェーダの規定に従い、カツルダシーの日に弓供犠を催そう。寛大な主シヴァに捧げる生け贄の動物を準備しておけ。供犠祭の日に競技を行うこととしよう」

大臣にこのように命じた後、カンサは次にヤドゥ家で最も高名なアクルーラを呼びました。カンサはこのような優れた人物を遇するやり方を知っており、アクルーラの手を取ると次のように話しました。

「愛するアクルーラ。最も慈悲深き人よ。私の尊敬と好意を受け取ってほしい。ボージャやヴリシュニ家の中にも、あなたほど私達に親切な者はいない。

優しきアクルーラよ。あなたはいつも誠実に自分の義務を果たしている。それだから私は、インドラが目的のために主ヴィシュヌの保護を求めるようにあなたにお願いしよう。

どうかヴァースデーヴァの息子達のいるナンダの村に行って、この馬車で二人をここに連れてきてほしい。ヴィシュヌの保護下にある神々が、この二人の子供を私を殺すために送ってきたのだ。二人とナンダや牛飼いの男達も貢ぎ物と一緒に連れてきてほしい。

クリシュナとバララーマが来たら、私は死の権化のような巨象を使って二人を殺すつもりだ。もし二人が幸運にも象から逃れたら、私は稲妻のように強い私のレスラーに二人を殺させようと思う。

二人を殺したら、私はヴァースデーヴァと悲しみに沈むヴリシュニ、ボージャ、ダシャールハ家のやつらの親族全員を殺そうと思っている。

そして、私の王国に未練を持つ父ウグラセナ、弟デヴァカもまた殺すつもりだ。そして私の敵を皆殺しにしようと思っている。そうすれば、友よ。この地球は刺さった棘から自由になるというものだ。

私の親族ジャーラサンダ、私の親友ドヴィダ、シャンバラ、ナラカ、バーナは頼りになる男達だ。私は彼らを使わして神々と同盟する王達を殺し、この地上を統治しようと思っている。

親愛なるアクルーラよ。私の考えが分かっただろう。どうかすぐに立って弓供犠とヤドゥ家の都の富を見に来るように言って、クリシュナとバララーマを連れてきてほしい」

アクルーラは答えて言いました。

「おお、王よ。あなたは不幸から逃れる道をよくお考えになりましたね。人は成功と失敗に公平でなければなりません。何故ならそれは、自らの活動の結果が織りなす運命なのですから。

しかし、人は、運命だと分かっていても、己の欲望に従い運命を自分で決めようとします。そのため、幸福と不幸の両方に出会っていくのです。

さて、私はあなたの命に従い、すぐにここを立つことにします」

アクルーラは、このように遠回しにカンサを諌めましたが、カンサの心には響きませんでした。

カンサ王は大臣達を退席させ、自分の宮殿に戻りました。そしてアクルーラも家に戻り旅立ちの準備を始めました。

悪魔ケシーの成敗

カンサ王に遣わされた悪魔ケシーが巨大な馬の姿でヴラジャの村に現れました。心の早さで走り、蹄で大地を蹴り上げます。たてがみは、雲や神々の飛行船を蹴散らし、いななき、人々を恐怖に陥れました。

至上主クリシュナは悪魔がゴクラの村人を怖がらせ、尻尾で雲を蹴散らせているのをご覧になり、悪魔と対峙しました。

ケシーはクリシュナと戦おうと捜していたので、主が目の前に立つとライオンのように吠えました。そして、怒りにかられて、空を飲み込むかのように口を開け、ケシーはクリシュナに走り寄りました。恐ろしい早さで駆け寄り、無敵の馬の悪魔は蓮眼の主を前足で踏みつぶそうとします。

しかし、主クリシュナは悪魔の攻撃をひらりとかわすと、悪魔の足をつかみ、ぐるぐると振り回すと、やすやすと遠くまで投げ飛ばしてしまいました。それはまるでガルダが蛇を投げ捨てるかのようです。

投げ飛ばされて気を失っていた悪魔ケシーは、気が付くと怒って飛び起き、口を大きく開いて主クリシュナに走り寄り攻撃を仕掛けます。しかし、クリシュナは微笑むといとも簡単に左腕を馬の口に押し込みました。それはちょうど蛇が穴に入り込むようなものでした。

ケシーの歯は至上主の腕に触れると抜け落ちました。そして悪魔は主の腕を焼けた鉄の棒のように感じたのです。そして主は、ケシーの体内の自分の腕を巨大化させました。

クリシュナの大きくなった腕はケシーの呼吸を完全に塞ぎ、悪魔は足を痙攣したように蹴り、体は汗びっしょりとなり、眼はぐるぐる回ります。そして、悪魔は便と小便を垂れ流し、地面に倒れて息絶えました。強き腕の主クリシュナは、ケシーの口から腕を抜き、神々が花の雨を降らして主を讃えました。

ナーラダ・ムニ、主を讃える

その後、主クリシュナは、神々の中の偉大な聖者ナーラダ・ムニと人目につかない場所で会いました。この最も高貴な献身者は、主を礼拝し次のように語りかけました。

「おお、クリシュナ、クリシュナ。無限の主よ。すべての神秘力の源よ。全宇宙の主よ。おお、ヴァースデーヴァ、万物の庇護所でありヤドゥ家最高のお方。あなたは薪の中に眠る火のように心臓の秘密の洞窟に座っておられるすべての生物のアートマンであられます。あなたは万人の中の目撃者、至上なる主であり、究極の統治神でいらっしゃいます。

あなたはすべての魂の避難所、至高の統御者、あなたは望むだけで簡単に望みをかなえます。あなたの創造エネルギーによって、グナの原初を現し、代理人を通して宇宙を創造、維持、破壊されます。あなたはその創造者であられますが、今は悪魔を滅ぼし、献身者を保護するために地上に降臨されています。

この馬の悪魔のいななきは神々でさえ恐れ天界に逃げ込むほどでした。しかし、幸運にもあなたは、スポーツを楽しむかのようにこの悪魔を成敗されました。

おお、全能の主よ。私には二日後に、悪大臣やレスラー、象のクヴァラヤーピーダ、カンサが滅びるのが見えます。その後にあなたは、新都ドヴァーラカーを造り、数多くの悪魔や悪王を滅ぼし、呪われた者を解放するでしょう。そしてこれらのあなたの活動は超越的賛歌として地球全土で讃えられます。

そしてあなたはアルジュナの御者として大戦に参加され、地球の重荷になっていた全兵士を滅ぼすでしょう。あなたの意志は必ず実現するため、あなたはすでに望みを成し遂げておられると言えるでしょう。そして、なおかつあなたはマーヤの流れから永遠に超然としておられるのです。

私は至高の制御者、御自身にのみ依存される至上なるお方に平伏いたします。あなたはその偉力で、この宇宙を創造され、今はヤドゥ、ヴリシュニ、シャートヴァタ家最高の英雄として降誕され、人類の幸のために働いておられます」

　このようにナーラダは語り、頭を垂れ主に尊敬の念を捧げました。そして、偉大な聖者で卓越した献身者であるナーラダ・ムニは直接主にお会いできた喜びを胸に、主の許しを得て旅立ちました。

悪魔ヴョマの成敗

　悪魔ケシーを倒した後、主クリシュナは牛飼いの仲間達と牛やさまざまな動物の世話をして楽しんでいました。このようにして、主はヴァリンダーヴァンにすべての人々に幸せを運んでいたのです。

　ある日、牛飼いの少年達は、山の傾斜の牧草地で牛に草を食べさせながら、泥棒と羊飼いに分かれて泥棒ごっこをして遊びました。そのゲームは、泥棒、羊飼いに分かれ、残りの少年達が羊の役をします。彼らは何の危険もないそのゲームを楽しんでいました。

　その時、悪魔マヤの息子で強力な魔術師ヴョマが現れ、牛飼いの少年に化けて紛れ込みました。そして泥棒の役をしながら、羊役の少年達を大勢誘拐しました。

　悪魔は少しずつ牛飼いの少年達を誘拐し、山の洞窟に投げ込み丸石で蓋をして分からないようにしていきます。ついに羊役の少年は四人か五人を残すばかりとなりました。

　献身者を保護する主クリシュナは、ブヨマースラが何をしているかよくご存じです。そして悪魔が少年達を洞窟に連れて行こうとした時、ライオンが狼を捕まえるように、悪魔をつかみました。

　悪魔は山のように巨大で力強い元の姿に戻ります。そして、主から逃れようとしますが、主が放しません。悪魔は主に力一杯つかまれ、強さを失いました。そして主アチュタはブヨマースラを両手で地面に投げ捨てます。そして天界の神々が見守る中、クリシュナは生け贄の動物を殺すように悪魔を成敗したのです。

　それからクリシュナは、洞窟の入り口を塞いでいた丸石を打ち壊し、捕らわれた少年達を助け出しました。

　その後、神々と牛飼いの少年達が主の栄光を讃え、主は牛飼いの村ゴクラに戻っていきました。

アクルーラのヴァリンダーヴァン到着

一晩マトゥラーで過ごし、高い意識のアクルーラは馬車に乗り、ナンダ・マハーラージャの牛飼いの村に向かいました。

旅の途中、偉大な魂であるアクルーラは、蓮眼の主への献身の思いに身が震えます。そして次のように考え始めました。

「今日、主ケーシャヴァに会えるなんて、私は過去に何か信仰深いことや苦行、主の崇拝や施しを為したのだろうか？　私のように感覚の満足に埋没している物質的人間にとって、主ウッタマシュロカ（クリシュナ）に会える機会を持つなんて、めったにないことだ。シュードラに生まれた人間が、ヴェーダのマントラを唱えることを許されるようなものだろう。

しかし、まあ、こんな考えなんかどうでもいい！　とにかく私のような堕落した魂が、至上主に会うチャンスを与えてもらったのだ。それはちょうど縛られた魂が時間の河に流され、時々、向こう岸にたどり着くようなものだろう。

今日、私の罪深いカルマは根こそぎにされ、私はこの世に生まれてきたかいがあったというものだ。何故なら、神秘的ヨギーが一心集中して瞑想する主の蓮華の御足を今日、礼拝し、尊敬の念を捧げることができるのだから。

この世に降誕した主ハリの蓮華の御足のもとに私を送ってくれるなんて、カンサ王は本当に慈悲深いお方だ。ただ主の足爪の輝きに接しただけで、多くの魂が打ち勝ち難い物質的存在の闇を超え、解放に至ったのだから。

主の蓮華の御足は、ブラフマー、シヴァや他のすべての神々、幸運の女神、また偉大な聖者やヴァイシュナヴァ（主の献身者）達に崇拝されている。その蓮華の御足の主が、牛飼いの仲間達と牛の世話をしながら、森を歩き回られたのだ。

今、鹿が私の右側を歩いていったぞ！　これはいい兆しだ。私は間違いなく主ムクンダ（クリシュナ）に会えるだろう。主のお顔は美しく、巻き毛や魅力的な頬、鼻、笑顔、眼差し、赤い蓮のような眼も魅力的に違いない。

私は、あらゆる美の源である主ヴィシュヌに会いに行っているのだ。主が地球の重荷を取り除くため人として降臨くださったからそれができるようになったのだ。もしそうでなかったら、とても主に会えることはあるまい。この二つの眼も主を見ることで、その存在価値を完成できるというものだ。

主は、原因と結果の法則の目撃者であり、しかも法則を超えている。主はその偉力によって、分離と混和の闇を駆逐される。この世の個別魂は、主が創造エネルギーを一瞥することで現れてきたものであり、その個別魂も生命エネルギーや、感覚、知性を通して間接的に主を認識できるに過ぎない。だから、今回、直接主にお会いできるなんて、千載一遇のチャンスだ。

至上主クリシュナの性質、活動、顕現によって、すべての罪は破壊され、すべての幸運が生まれてくる。これら主の性質、活動、顕現を語る言葉は、世界を浄化し美しくするだろう。逆に、主の栄光を述べない言葉は、死体に化粧をさせるようなものだ。

その同じ至上主が、神々を喜ばせ、主御自身が説かれた神理を保護するためサートヴァタ王家に降臨されている。ヴァリンダーヴァンに住み、神々が賛美し、すべてに幸福をもたらす主の栄光を広めておられる。

今日、私は、人生のゴール、偉大な魂の師である主クリシュナにお会いできるのだ。主は本当の美であり、眼を持つ生き物に喜びを授けるお方。実際、主のお姿は、幸運の女神が憧れる庇護所に他ならない。ああ、私は人生の夜明けを迎え、すべてが吉兆だ。

私は、すぐに馬車から降り、至上なる主クリシュナとバララーマの蓮華の御足に頭を垂れよう。その御足は解脱を求めるヨギーが、一心に瞑想する御足に他ならない。そして、私は主の仲間である牛飼いの少年達やヴァリンダーヴァンすべての住民に敬意を表そう。

そして、私が主の蓮華に御足に跪くと、全能の主は、その蓮のような手を私の頭に置かれるだろう。時間という強き蛇に苦しむ者は主に庇護所を求めよう。そして、主の手はすべての恐怖を取り除いてくださる。甘い花の香りがする主の御手で汗をぬぐわれ、ゴピー達はラーサダンスの疲れが癒やされたというではないか。

誤ることなき主は、私がカンサ王から派遣されたからと言って、私を敵とは思われないだろう。全知の主は、この肉体のことは何でもご存じだ。主は内も外も完全に観る目撃者であり、縛られた魂の心の葛藤もすべてご存じに違いあるまい。

主は、私が手を合わせ、主の御足に平伏して尊敬の念を捧げる時、微笑みと愛に満ちた眼差しを投げかけてくださるだろう。そして私の物質的汚染はすべて取り除かれ、すべての疑いを捨て、最高の至福を感じることだろう。

私を親しい友、親戚と認めて、クリシュナは逞しい腕で私を抱きしめてくれるに違いない。するとたちまち私の罪は清められ、果報的活動からなる物質的束縛は小さくなっていくことだろう。

主に抱きしめられ、私は主の前に謙虚に立ち、頭を垂れ合掌している。その私に主は言われる。『私の愛するアクルーラ』と。その時、私の人生の目的は満たされる。実際、主を認めない人の人生は誰であれ、哀れなものだ。

主は特別親しい友はおらず、誰も望ましい者、卑しむべき者、否定する者という区別はされない。主はまことに公平なお方だ。

しかし、同時に主は、主を崇拝する献身者には愛情深く報いてくださるのだ。公平平等な主が、御自分の純粋な献身者に対しては、大変な愛情を示してくださる。

そして主クリシュナの兄バララーマが、私が頭を垂れ立って合掌しているのをご覧になり、私を抱きしめて、御自分の家に案内してくださるだろう。そして、そこで私を讃え、さまざまなもてなしをしてくださり、『カンサは、私達の家族をどのように扱っていますか？』とお尋ねになるだろう」

このように、アクルーラは、主クリシュナを深く瞑想しながら旅しましたが、日没前にゴクラに到着しました。

そして牧草地で、アクルーラは主クリシュナの足跡を見つけたのです。主の足跡は蓮華、大麦、象突き棒などが刻印されており、一目瞭然で、その足跡が大地を美しく輝かせています。

主の足跡を見て主への愛に感極まり、体毛は逆立ち、眼に涙を浮かべてアクルーラは馬車から飛び降りました。そして主の足跡の間を転がり回り、「ああ、これは私の主人の御足の塵だ！」と叫びます。

肉体を持った魂のゴールとは、アクルーラが経験したように、すべてのプライド、恐怖、悲しみを脇に置き、主クリシュナを見たり、聴いたり、読んだりして主への思いに没頭することです。

アクルーラはヴラジャの村で、クリシュナとバララーマが牛のミルクを搾りに行くのを見つけました。クリシュナは黄色の衣装、バララーマは青い衣装を着て、彼らの目は秋の蓮の花に似ています。逞しき腕の若者の一人は幸運の女神の庇護者で黒みがかった青の肌色、もう一人は白い肌色をしています。そして麗しきお顔は、見たこともないほどの美しさです。

二人は子象と一緒に歩いており、愛に満ちた微笑みと眼差しを投げかけています。二人の高貴な若者は、旗、稲妻、象突き棒、蓮の刻印された御足で歩き回り、牧草地を美しくしています。二人の主は、宝石で輝くネックレス、花輪、吉兆で香りのよいもので身を飾り、沐浴したばかりで非の打ち所のない衣装を着ています。

彼らは太古の主、全宇宙の主人であり第一原因者、その主が地球の幸福のため、ケーシャヴァとバララーマの姿で降臨されているのです。彼らの光輝によって空の闇は全方位に渡って駆逐されます。

アクルーラは愛に圧倒され、すぐに馬車から飛び降り、クリシュナとバララーマの御足の前に棒のように平伏しました。

至上主を見た喜びに、アクルーラの眼は涙に溢れ、四肢は歓喜に震えています。彼は喜びのあまり自己紹介を忘れてしまいました。

アクルーラを認めた主クリシュナは、聖なる御手で彼を引き寄せ抱きしめます。クリシュナは御自分の純粋な献身者を見ると喜びを感じられ、いつも親切に歓迎してくださるのです。

アクルーラが頭を垂れて立っていると、主サンカルシャナ（バララーマ）が彼の手を取り、主クリシュナの家族のいる家に連れて行きます。

主クリシュナはアクルーラに、「旅は快適でしたか？」とお尋ねになります。そしてバララーマは最上の座を捧げ、聖典の規定に従ってアクルーラの足を丁寧に洗い、蜂蜜を混ぜたミルクを捧げました。そして、全能の主バララーマはアクルーラに牛を贈り、彼の足をマッサージして疲れを癒やします。そして信頼と敬意を込めて、彼をさまざまなご馳走でもてなしました。

アクルーラが食べ終わって満足すると、宗教的義務を知る最高の人、主バララーマは香りのよいハーブを、香や花輪とともに捧げます。こうしてアクルーラは再び、最高の喜びを感じたのでした。

ナンダ・マハーラージャがアクルーラに尋ねます。

「おお、ダシャールハの末裔よ。無慈悲なカンサのもとで、あなた方はどのように過ごしておられるのですか？　私にはあなたが肉食獣の中にいる羊のように思えます。

残酷で、自分のことしか考えないカンサは、妹が泣き悲しんでも、妹の前で妹の子供を惨殺したというではありませんか。そのような状況で、あなた方の幸せを願うにはいったいどうすればいいのでしょう？」

ナンダ・マハーラージャの真実に満ちた温かい言葉を聴き、アクルーラは旅の疲れが癒やされました。

クリシュナ、バララーマ、アクルーラを歓迎する

主バララーマや主クリシュナに歓待され、アクルーラは椅子にゆったりと座り、道の途中で瞑想していた望みがすべて満たされたのを感じました。

ああ、幸運の女神の保護者である主を満足させた者が達成できないことなど何かあるでしょうか？　しかし、主に献身奉仕を捧げる人は、主から何かの報いを求めることは決してありません。


夕食の後、デヴァキーの息子、主クリシュナはアクルーラに、カンサは愛する家族や友をどのように扱かっているか、またカンサは何をしようとしているかを尋ねました。

「愛するアクルーラ叔父さん。旅は快適でしたか？叔父さんに幸運あれ！　私達の善き友、親戚達はみんな元気ですか？　幸せですか？

しかし、優しき叔父さん。私の一族の悩みの種、母方の叔父のカンサ王がまだ繁栄していますね。ああ、私が原因で罪無き両親がいかに苦しんでいることか！私のせいで生まれてくる子が次々に殺された上、自分達も牢獄に入れられているのですから。

今日、幸運にもあなたにお会いしたいという私達の望みはかないました。私達の愛する親族である心優しき叔父さん、どうかどうしてここに来られたのか私達にお話しください」

至上主の質問に答え、マドゥの末裔アクルーラは、カンサ王のヤドゥ家に対する敵意、ヴァースデーヴァを殺そうとしていることを含め、すべての状況を話しました。

まず、アクルーラはカンサの伝言を伝えました。そ

して彼はまたカンサの真の企みと、どのように聖仙ナーラダが、クリシュナがヴァースデーヴァの息子であることをカンサに告げたか、などを述べました。

主クリシュナと主バララーマは、アクルーラの言葉を聞くと笑われ、父ナンダ・マハーラージャにカンサの命令を伝えました。

それを聞いたナンダ・マハーラージャは、牛飼いの男達に通達しました。

「すべての乳製品を集めよ。貴重な貢ぎ物を運ぶ馬車の準備をしよう。明日、マトゥラーに立ち、乳製品をカンサ王に捧げ、盛大なお祭りを見学しようではないか。遠方の地域の住民達もみんな参加するらしい」

別離の悲しみ

若いゴピー達は、アクルーラが、クリシュナとバララーマを都に連れて行くためにやってきたと聞いてとても不安になりました。

あるゴピーは心の痛みを感じて顔面蒼白となり、重い溜息をつきます。他のゴピーも苦悩し、衣装や装飾品が輝きを失います。

あるゴピーは、感覚を止め、クリシュナを瞑想します。彼女達は外界の意識を失い、自己を悟った境地にいる人のようです。

そして他の若いゴピーは、ただ主シャウリ（クリシュナ）の言葉を思い出しては、気を失っているかのようです。微笑みながら語られた主の言葉はすばらしい表現と愛情に溢れ、若い少女の心に深く触れたのでした。

ゴピー達は、主ムクンダとのちょっとした別れを考えるだけで、ぞっとしてしまいます。そして、今、彼女達は、苦しみから救ってくれるクリシュナの優雅な歩み、主の遊戯、主の愛、微笑んだ眼差し、英雄的行為、冗談を思い出し、やがてやってくるだろう長き別れを思い不安に陥っていました。ゴピー達は集まって、互いに言葉をかけ、顔は涙に濡れ、心は主アチュタ（クリシュナ）のことで一杯です。

ゴピーは言います。

「おお、神よ。なんて無慈悲なの！　愛する人を私達の前に連れてきてくれたけど、私達の望みが満たされないのに、もう連れ去ろうとしている。あなたの気まぐれは、まるで子供のお遊びみたい。

黒い巻き毛と美しい頬、秀でた鼻と優しい微笑みのムクンダの顔を見て、私達の苦しみは根こそぎにされました。でも、あなたはその主の顔を隠そうとするのですか？　あなたの振る舞いは、良くありません。

おお、神よ。あなたはアクルーラという名でここに来られました。あなたは、本当に冷酷なお方。一度私達にくれたものを、また取り返そうとするのですか？

ああ、ナンダの息子は、私達の前から去ろうとしている。私達は、彼に仕えるために、家庭も親戚も、子供も夫も捨てたというのに、彼はいつも新しい愛人を探しているのね。

今夜が明けると、マトゥラーの女性達にはきっと幸せが待っているわ。彼女達の願いは満たされるでしょう。だって、ヴラジャの主が都に入るのですもの。クリシュナの顔や瞳から溢れ出る微笑みの甘露を飲むことができるでしょう。

ムクンダ（クリシュナ）は頭が良くて、ご両親には従順だけど、マトゥラーの女性達の甘い言葉に騙され、恥ずかしそうな笑みや誘惑に負け、彼はきっと私達のようなうぶな田舎者の女のところには戻らないいんじゃないかしら。

ダシャールハ、ボージャ、アンダカ、ヴリシュニ、サートヴァタ家の人達がマトゥラーでデヴァキーの息子を見たら、きっと大喜びするでしょう。彼らの眼は生まれてきたかいがあったというものね。都への旅の途中でクリシュナを見た人々も本当に幸せに違いないわ。

アクルーラは、ほんとに無慈悲な人ね。悲しむヴラジャの住人達を慰めようともせず、ほんとに冷酷だわ。自分の命より大切に思っているクリシュナを連れて行こうとしているんだから。

見て、朴念仁のクリシュナは、もう馬車に乗ってるわ。馬鹿な牛飼い達も荷馬車に乗って彼について行こうとしている。年寄り達もクリシュナを止めようともしない。悲運が私達に働きかけているようだわ。

私達が直接マーダヴァのところに行って、行くのを止めさせましょうよ。親戚や家族、年寄りが私達に何をしてくれるっていうの？　ああ、運命がムクンダと私達を引き裂こうとしている。私達の心は、今にも張り裂けそう。だって、一瞬たりともクリシュナと離れることに耐えられないのですもの。

彼がいなくて、どうして私達は打ち勝ちがたい闇を渡れるというの？

彼がフルートを吹き、微笑みながら流し目を送ると、私達の心は奪われてしまったわ。

いつも夕方になったら牛の立てる埃にまみれて、仲間と村に帰ってきていたクリシュナがいなくなるなんて、私達はどうして生きていけばいいの？」


このように話し合いながら、クリシュナを愛するヴラジャの若い女性達は、差し迫ったクリシュナとの別れに動揺しています。彼女達は、恥じらいも忘れ、「ああ、ゴーヴィンダ！　ああ、ダモダラ！　ああ、マーダヴァ！」と大声で叫びました。


しかし、ゴピー達がこのように泣き叫んでも、アクルーラは日の出の儀式や朝の仕事をいつものように行い、馬車に乗り込み始めました。

ナンダ・マハーラージャや牛飼いの男達は、自分達の荷馬車でクリシュナに続きます。男達は壺に入れたギーや他の乳製品などカンサ王への貢ぎ物を馬車に積み込みました。

クリシュナが、ゴピー達を慰める間、彼らもしばらく待ちます。クリシュナがゴピー達に何か教えを授けるのではないかと期待して、アクルーラやヴラジャの牛飼い達は立ったままです。


クリシュナがゴピー達の悲しみを見て、ただ一言慰めの言葉を残しました。

「きっと、戻ってくるよ」


心をクリシュナに捧げ、ゴピー達は絵の中のようにじっと立っています。馬車の旗の先が見える間は、彼女達は立って見送っています。そして、馬車のたてる埃が見えなくなってもまだ立っていました。

それからゴピー達は家に戻りました。ゴーヴィンダが戻ってくるという期待はありませんでした。悲しみに打ちひしがれ、愛するクリシュナの遊戯を唱えながら、昼と夜を過ごし始めたのです。

アクルーラのビジョン

至上主クリシュナは、主バララーマ、アクルーラとともに風のように旅を急ぎ、すべての罪を破壊すると言われるカーリンディー河に到着しました。

河の甘い水は宝石よりも美しく輝いています。主クリシュナがまず水に手をつけて水を浄化し、手ですくって飲みました。それから主は馬車を木立の近くに移動させ、バララーマと馬車に乗り込みました。

アクルーラは二人の主に馬車でお待ちくださいとお願いしました。そして二人の許しを得て、ヤムナ河に入り、聖典の定める沐浴を始めました。

水に浸かり、ヴェーダのマントラを唱えていると、アクルーラは目の前に突然、バララーマとクリシュナがいるのを見つけました。アクルーラは疑問に思いました。

「馬車に座っているはずのお二人がどうして水の中に立っているのだろう？　馬車を離れたのだろうか？」

そして水から上がり、馬車のところに行ってみると、二人は前と同じように馬車の中に座っています。アクルーラはまた考えます。

「お二人が水の中にいるこの光景は幻だろうか？」

アクルーラは、また水の中に入ってみました。するとそこには、蛇の王アナンタ・シェシャ（サンカルシャナ、バララーマ）がシッダや神々、悪魔に崇拝されているのを見ました。アクルーラの見た主は、千の頭、千の鎌首、千の王冠を持っています。そして青い衣装を着て、主の肌色は蓮の茎の線維のように白く、まるで多くの頂を持つカイラーサ山のようです。

アクルーラは次にアナンタ・シェシャの膝の上に平和そうに横たわる至上主を見ました。主の肌色は黒みがかった青です。主は黄色い衣装と四本の腕、赤い蓮の花弁のような眼をされています。

主のお顔は楽しげに微笑まれ、慕わしい眼差し、愛らしい眉、秀でた鼻、立派な耳、美しい頰と赤い唇は魅惑的です。主の広い肩と胸は美しく、腕は長く逞しそうです。首は法螺貝に似て、臍は深く、お腹はバニアン樹の葉のようです。

大きな腰とお尻、大腿は象の体のようです。膝と脛は形良く、花弁のような足の指の爪から発する眩い光輝に照らされた足首を少し上げ、美しい蓮華の御足を見せています。

たくさんの値段もつけられないような宝石でできた王冠、腕輪、ベルト、ネックレス、足鈴、イヤリングで身を飾り、主はキラキラと輝いています。四本の腕には蓮華、法螺貝、光輪、棍棒をお持ちで、優美な胸にはシュリーヴァッサの印、輝くカウスツバ宝玉、花輪はさらに主の美しさを引き立たせています。

主を囲んで、主の従者や神々、聖者、ブラーフマナなど大勢が主を崇拝しています。これらの偉大な聖者、神々はそれぞれ祈りを捧げて主を賛美しています。そして主の周りには内エネルギー、外エネルギー、喜びのエネルギーが取り囲んでいます。

偉大な献身者アクルーラは、このすべてを見て、歓喜し強烈な献身奉仕の思いを感じました。恍惚となって体毛は逆立ち、眼から涙が流れ落ち体全体を濡らします。何とか立ち上がり、アクルーラは地面に頭をつけて、合掌し、感激にむせびながら、ゆっくりと祈りの言葉を唱え始めました。

アクルーラの祈り

私はあなたに平伏いたします。何故なら、あなたはすべての原因の原因、根源、不滅の至上なる主、ナーラーヤナでいらっしゃるのですから。あなたの臍から芽生えた蓮華からブラフマーが現れ、彼の活動により、この宇宙が誕生しました。

地水火風空そしてその源、偽我、マハ・タットヴァ、三グナとその源、そして至上プルシャの拡張である心、感覚、感覚の対象、感覚を司る神々、宇宙顕現のこれらすべての原因は、あなたの超越体から生まれてきたのです。

三グナと創造原素は、あるがままのあなたを知ることはできません。何故なら、それらは粗大な領域（物質的存在）の中に顕現したからです。あなたはグナを超えており、グナに縛られたブラフマーでさえ、あなたの本質を知りません。

ヨギーは、生命体（魂）、肉体を形作る物質原素、原素を支配する神々の三つの姿の中のあなたを想像し崇拝します。

三つの神聖な火に関する規定に従うブラーフマナは、三ヴェーダのマントラを唱え、多くの名前と姿を持つさまざまな神々に火供犠を捧げ、あなたを崇拝します。

霊的知識の探求の中で、ある人々はすべての果報的活動を捨て平安となり、すべての知識の源であるあなたを崇拝します。

そして純粋な知性を持つ他の人々は、あなた自身によって示されたヴァイシュナヴァ聖典の規定に従います。心をあなたへの想いに吸収させ、あなたをさまざまな姿を持つ唯一の至上主として崇拝します。

またあなたを主シヴァの姿の至上主として崇拝する人々もいます。彼らは、シヴァによって説かれた道に従い、たくさんの師がさまざまな方法、解釈を説いています。

しかし、我が主よ。これらすべての人々、あなたから逸れ、他の神々を崇拝する者でさえ、実はあなただけを崇拝しているのです。おお、すべての神々の源よ。雨が降って山から河が流れ出しますが、あらゆる河が最終的に海に注ぎます。同じようにこれらの道すべてが最後はあなたにたどり着くのです。おお、ご主人様。

純質、激質、無知のグナは、ブラフマーから不動の創造物に至るまで縛られた魂を絡め取ります。グナの流れは強く、グナに従い魂は神々、人間、動物の姿をとっていきます。そのグナは果報的活動の結果として、公平に魂に与えられます。それ故、今の姿、環境は自分自身の果報的活動の結果なのです。

おお、公平な視点から万人の意識を観照するアートマンであるあなたに尊敬の念を捧げます。あらゆる世界は神々、住民を含めすべてあなたから誕生したのです。これらの世界は、あなたの中を行き来し、心と感覚は海の中を泳ぐ水性動物のようなものです。

あなたは遊戯を楽しむため、さまざまな姿でこの世に降臨され、その化身達はあなたの栄光を楽しそうに唱える人々の不幸を取り去りました。

おお、至上なる主よ。この世の生物は、あなたの幻力マーヤに困惑されます。「私」と「私の」という間違った概念にとらわれ、彼らは、結果を求める活動の中をさまよいます。

私もまた同じように惑わされました。おお、全能の主よ。私は愚かにも私の肉体、子供、家庭、妻、お金などを本物と思っていたのです。それらは夢のように儚いものなのに。

こうして一時的を永遠と、肉体を私自身と、苦しみの原因を幸福の原因と見間違い、私は物質的相対の中に幸福を求めていたのです。このように無知に覆われ、私はあなたを愛する対象として認識できませんでした。水に映る影や蜃気楼を追い求めて、あなたから逸れていたのです。

私の知性は未熟であり、物質的欲望や活動に苦しみ、常に強情な感覚にあちこち引きずられる心をコントロールできませんでした。

このように堕落し、庇護を求めて私はあなたの蓮華の御足に近づきました。おお、主よ。未熟な人間は決してあなたの御足に到達できませんが、それにもかかわらず、あなたの慈悲によってそれが可能となるのです。この世を去る時、あなたの純粋な献身者に奉仕することによって、人はあなたへの意識を培うことができるのです。

絶対神理、無限のエネルギーの所有者であるあなたに尊敬の念を捧げます。主は純粋、超越的知識、すべての覚醒の源、生物を支配する法則の支配者であられます。

おお、ヴァースデーヴァの息子よ。万物に宿るあなたに尊敬の念を捧げます。心と感覚の主よ。繰り返しあなたに尊敬の念を捧げます。

おお、御主人様。あなたに身をゆだねる私をどうかお守りください。

クリシュナとバララーマ、マトゥラーに入る

アクルーラがまだ祈っている時、主クリシュナは俳優が演じるのを止めるように、水の中の御自身の影を引き上げました。

映像が消え、アクルーラは水から上がり、急いで儀式を終えました。そして驚きに打たれながら馬車に戻りました。

主クリシュナはアクルーラに尋ねます。


「アクルーラ叔父さん。地や空、水の中に何かすばらしいものでも見たのですか？　叔父さんの様子を見るとそんな気がするのですが」

アクルーラは答えます。

「大地や空、水の中で起こるすばらしいことは何であれ、あなたの内に存在するのです。あなたはすべてを包含されているのですから、私があなたを見ている時、私が見ていないものが何かあるでしょうか？　この世でどんな驚くべきことがあったとしても、それはすべてあなたの中にあるものです」

このように答えて、ガーンヂニーの息子アクルーラは馬車を出発させました。そして、日没前に主バララーマ、主クリシュナとともにマトゥラーに到着したのです。

どのような道を通ろうとも、村人達はヴァースデーヴァの二人の息子を喜んで眺めています。実際、村人達は、二人から目を離せないのです。

ナンダ・マハーラージャと他のヴァリンダーヴァンの住民達は、アクルーラの馬車より先にマトゥラーに着くと、郊外の庭でクリシュナとバララーマを待ちました。

ナンダや他の村人達と合流した後、宇宙の主シュリー・クリシュナは自ら謙虚にアクルーラの手を取り、微笑んで次のように言いました。

「馬車に乗って、私達より先に街に入ってください。そしてお家でおくつろぎください。私達は、ここでしばらく休んだ後、街を見に行きます」

アクルーラは言います。

「おお、御主人様。お二人と一緒でなければ、私はマトゥラーには入りません。おお、主よ。私はあなたの献身者。あなたは献身者をいつも愛しておられます。そのあなたが、私をお見捨てになるなんてよくありません。

どうか、兄バララーマ様、牛飼いの人々や従者と一緒に私の家においでください。おお、最高の友よ。超越的主よ。どうか、お越しいただき、私と私の家に栄誉をお授けください。

私は単に、宗教的儀式が好きな普通の家長に過ぎません。ですから、私の家をあなたの蓮華の御足の塵で浄化してほしいのです。主の来訪によって我が家が浄化され、先祖や供犠の火、神々もみんな満足するようになるでしょう。

あなたの御足を洗うことで、バリ・マハーラージャは名声と無類の力を得ただけでなく純粋な献身者の最終目的地にも達しました。三界を浄化するガンジス河の水もあなたの御足を洗うことで超越的となると言います。主シヴァはその水を頭で受け、その水の栄光によってサガラ王の息子は天国を得ました。

おお、主の中の主よ、宇宙の御主人よ。栄光に満ちた詩の中で繰り返し歌われています。あなたの名声は優れ聴聞、唱名するに最高のお方よ。おお、至高の主、ナーラーヤナよ。私はあなたに尊敬の念を捧げます」

至上主曰く、

「私は兄と一緒にあなたのお家を必ず訪ねます。しかし、まず最初に私はヤドゥ一族の敵を滅ぼし、私の友や良き人達を満足させねばなりません」

このようにクリシュナに言われ、アクルーラは重い心で街に入りました。彼はカンサ王に使命を果たしたことを報告し、家に帰りました。

マトゥラーの風景と女性達の歓び

主クリシュナはマトゥラーの街を見たいと思われ、夕暮れ前に主バララーマ、牛飼いの少年達と連れだって街に入っていきました。

主はマトゥラーの街を歩いて見て回りました。高い正門も家の門もクリスタルでできており、正門の下の道は広大で、正門の大きな扉は金で造られています。穀物庫や銅、真鍮の貯蔵庫があり、難攻不落の壕が街を囲んでいます。街には公園や庭園がたくさんあって美しく彩られ、大きな交差点は金の装飾が施され、立派な庭園を持つ大邸宅、市役所やたくさんの高い建築物が見られます。

孔雀やキジバトが、格子窓、宝石をちりばめた床、柱の林立するバルコニー、家の正面の凝った垂木の上などに群れ、鳴き声が響き渡っています。そしてバルコニーや垂木は、貴重な石、ダイヤモンド、石英、サファイヤ、珊瑚、真珠、エメラルドなどで飾られています。

幹線道路と商いの道は水が撒かれ、道路の端やコーナーには花輪、新芽、あぶった穀物や米が撒かれています。家の出入り口は、水を満たした壺、マンゴの葉、ヨーグルトや白檀、花弁やリボンなどで念入りに飾られています。壺の近くには旗、外灯の列、花束が置かれ、バナナやキンマの樹などが植えられています。

マトゥラーの女性達は、ヴァースデーヴァの二人の息子が牛飼いの少年達に囲まれ、王道から街に入るのを一目見ようと集まり、急いで駆けていきます。何人かの女性は家の屋根に登って二人の主を見ようとしています。

ある女性達は衣装や装飾品で飾るのを後回しにし、他の女性は片方のイヤリングや足鈴を忘れ、アイシャドウも片一方だけというありさまで急いでいきます。

騒ぎを聞いた女性達は食事をしていたのを止め、沐浴やマッサージを中断し、眠っていたら直ちに飛び起き、赤ん坊にお乳を飲ませていたら、赤ん坊を脇に置いて駆けていきます。

主クリシュナは、微笑みながら魅惑的な眼差しで女性達の心を奪っていきます。主は象の王様のように歩き、幸運の女神の歓びの源である、その超越的姿で女性達の眼に歓びを与えます。

マトゥラーの女性達はクリシュナのことを何度も聞いていました。そして主を見るやいなや心は溶けてしまいました。主がその魅力的な眼差しや微笑みの甘露を振りまいているのをみて、自分達はなんて恵まれているのだろうと感じました。じっと見つめて眼から主を心に取り込み、すべての歓喜の源である主クリシュナを心で抱きしめ、歓喜のあまり体毛は逆立ちます。マトゥラーの女性達は、主のいなかったことで引き起こされた無限の苦しみを忘れました。

彼女達の顔は蓮の花のように開き、屋根に上った女性達は主クリシュナと主バララーマの上に花を降り注ぎます。

ブラーフマナ達は、クリシュナとバララーマの通る道に立ち並び、二人を賛美します。そして、ヨーグルト、大麦、水を満たした壺、花輪、白檀のような香、その他の供え物を捧げています。

マトゥラーの女性達は叫びます。

「ああ、ゴピー達は、すべての人々の歓びの源であるクリシュナとバララーマにいつも会えるなんて、過去世ですごい苦行をしてきたに違いないわ！」

無礼を働いた洗濯屋と祝福された衣装屋

クリシュナは洗濯屋が色染めした衣装を持って近づいてくるのを見ました。そして主は彼に立派なその衣装について尋ねました。

「その素敵な衣服を僕達二人にくれないかな。僕達はその衣装を着るに相応しいと思うよ。もしこの申し出を承知してくれたら、きっとすごくいいことがあるよ」

すべての尊敬を受けるに値する至上主クリシュナに頼まれたにもかかわらず、そのカンサの横柄な召使いである洗濯屋は、怒って侮辱の言葉を吐きました。

「このあつかましいガキどもが！　お前らは山や森を歩き回っているのがお似合いだ。それでもこんな高級な衣装を着ようというのか！　身のほど知らずめ！　お前が欲しいと言ったのはカンサ様のものだ！

愚か者が。とっととここを出て行け！　もし生きてここにいたかったらこんな物乞いはするな。不遜な輩がいたら王の手先がそいつを捕らえて、殺したり、財産を奪ったりするのだぞ」

洗濯屋はこのような罵声を浴びせ、それを聞いたデヴァキーの息子は怒り、指先を少し動かしただけで、主は洗濯屋の首を切り落としてしまいました。

洗濯屋の助手は、気を失って道に倒れ、包みから衣装が四方に散らばりました。主クリシュナはその衣装を手に取られます。

クリシュナとバララーマは気に入ったペアの衣装を

選ばれ、それからクリシュナは残りの衣装を牛飼いの少年達に与えました。

するとむこうから織り手がやってきて、二人の主を見て愛に満たされ、二人の衣装をさまざまな色の布を使ってすばらしく飾り立てました。

クリシュナとバララーマはそれぞれすばらしい出で立ちとなり光り輝いています。二人は、一頭は白、もう一頭は黒のペアの若い象のようです。

織り手に満足して、至上主クリシュナは、彼を、死後、主と同じ姿を得て解放を達成すること、生きている間は、最高の富、頑強な肉体、信望、記憶や感覚の鋭さなどの祝福を授けました。

花輪屋のスダーマーの祝福

それから二人の主は、花輪屋のスダーマーの店に入りました。スダーマーは二人を見ると立ち上がって、地面に頭をつけてお辞儀をしました。

主に座を捧げ、足を洗って、スダーマーは二人の主とその仲間達にパイナップル、花輪、白檀や他の贈り物を捧げました。

スダーマーは言いました。

「おお、主よ。私の人生は神聖となり、私の家族は物質の汚染から自由となりました。今、お二人の主にここに来ていただいたのですから。私の先祖、神々、偉大な聖者方もみんな私に満足されていると思います。

あなた方お二人は、全宇宙の究極の原因でいらっしゃいます。この王国に食べ物と繁栄を授けるために、降誕されたのです。

あなたは万物の良き友であり、全宇宙の至高アートマン。そのためすべてを公平にみられ差別されません。しかし、あなたはあなたの献身者の愛と奉仕には特別報いてくださるのです。

私はあなたの召使い。何でも望まれることを命じてください。あなたの命で何らかの奉仕をすることは、誰に対しても大いなる祝福に違いありません」

このように語った後、スダーマーは、クリシュナとバララーマが花輪を求められていると分かりました。そして大いに喜んで、新鮮で香りのよい花を使った素敵な花輪を二人に贈りました。

スダーマーの捧げた花輪を身につけ美しく装ったクリシュナとバララーマ、そしてその仲間達も大変喜びました。そして二人は、御前に平伏している献身者スダーマーに言われました。

「スダーマーよ。素敵な花輪をありがとう。何か望みはないかい。何でもかなえてあげよう」

スダーマーは答えました。

「ああ、主よ。そのようなお言葉をいただき喜びにたえません。どこに生まれてもよいですから、万物の至高アートマンであるクリシュナ様を思い出し、クリシュナ様への献身奉仕から逸れることがありませんように。クリシュナ様の献身者と交際ができますように。万物に慈しみの心が持てますように。これが私の望みでございます」

主クリシュナは、スダーマーの言葉を聞き大変喜びました。そして、スダーマーにこれらの祝福を約束したばかりでなく、強さ、長命、名声、美、そして彼の家族には繁栄をも授けられました。

それから主クリシュナと兄バララーマは、そこを立たれました。

トリヴァクラーの祝福

主マーダヴァ（クリシュナ）が王の道を歩いていると、向こうから愛らしい顔の若いせむしの娘が、白檀膏を持って一人で歩いてくるのに出会いました。

愛の喜びを授ける主は、微笑んで次のように尋ねました。

「もしもしお嬢さん。あなたはどなたですか？　おや、白檀膏だ！　それはどなたのものでしょうか？　もしその白檀膏を私達にくださるなら、すぐにでも恵みが与えられますよ」

女の召使いは答えます。

「おお、麗しきお方。私はカンサ王の召使いです。王は私のつくる白檀膏がお気に入りなのです。私の名前はトリヴァクラーよ。あなた方、お二人以外に私の白檀膏が似合いそうな男性はいないようね」

彼女の心は、クリシュナの美しさ、魅力、甘さ、微笑み、言葉や眼差しに引きつけられ、トリヴァクラーは気前よく、クリシュナとバララーマに白檀膏を与えてしまいました。

最高の白檀膏を塗って、お二人の肌色と化粧品が相まって、二人の主は限りない美しさです。

クリシュナはトリヴァクラーに、「ありがとう。何かお礼がしたいな。」とおっしゃり、愛らしい顔立ちのせむし娘の背をまっすぐにしてやろうと思われました。

　そして、「じっとしていてね」と言うと、主の足で彼女の足を踏み、両手の指先を上向きにして彼女の顎にかけ、上に引っ張ると彼女の背中はまっすぐになりました。類いまれな美しさとなったトリヴァクラーが、お礼をしたいので家にお立ち寄りください、と頼むと主は、「やるべきことが終わったら、必ず訪ねることにします」と答え去っていきました。


　クリシュナは道をさらに歩いていきます。すると商人達が道に出てきて、主クリシュナと兄バララーマを崇拝し、花輪や食べ物、香りの良いものなどさまざまな贈り物を捧げます。

　クリシュナを見て、街の女性達に恋慕の思いが湧き上がります。気もそぞろとなり自分のことなど忘れてしまい、絵の中のようにじっと立っています。

供犠弓を壊す

主クリシュナは、道行く人に「弓供犠の行われる競技場はどこですか?」とお尋ねになります。そして主が競技場に行くと、インドラの弓にも似た、驚くべき弓が安置されていました。

　豪華な弓は弓を崇拝する兵士達によって守られています。しかし、クリシュナはかまわず前に進むと、守備隊が止めるのもきかず弓を取り上げました。簡単に左手で弓を持ち上げ、守備隊の見ている前で一瞬で弦を張りました。そして力強く弦を引くと、象がサトウキビの茎を折るように、弓はポキンと半分に折れてしまいました。

　弓の折れる音は大地と空、全方位に響き渡りました。その音を聞いてカンサは恐怖に打たれます。


　怒った守備隊は武器を手に取り、クリシュナとその仲間をつかまえようと取り囲み、「やつをひっとらえろ!　やつを殺せ!」と叫びます。

　守備隊が殺意をもってやってくるのを見て、バララーマとクリシュナは折れた弓を半分ずつ手にすると、守備隊を打ち叩き始めました。

　カンサの派遣した守備隊を壊滅させた後、クリシュナとバララーマは競技場の正門を持ち上げてしまいました。クリシュナとバララーマの驚くべき行いを目撃し、二人の強さ、大胆さ、美しさを見た人々は、彼らは有名な神に違いないと思いました。

その後も街の散歩を続け、豊かな街並みを楽しそうに見学しました。そうこうするうちに日は暮れ、彼らは牛飼いの少年達と街を出て、牛飼い達の宿営地に戻りました。


主ムクンダ（クリシュナ）がヴァリンダーヴァンを立つ時、ゴピー達はマトゥラーの住民達は多くの祝福を楽しむでしょう、と予告しました。今、そのゴピー達の予言が現実となり、住民達は人の中の至玉、クリシュナの美しさを驚きをもって見つめています。実際、幸運の女神は多くの男達が崇拝しているのに、その男達には見向きもせず、美しきクリシュナの保護を熱望しているのです。

クリシュナとバララーマは足浴の後、御飯とミルクの食事をとりました。それからカンサが何を企んでいるかご存じでしたが、気にもとめずぐっすりとお休みになりました。

カンサの恐怖

一方、邪悪なカンサ王は、クリシュナとバララーマが遊びを楽しむように供犠の弓を破壊し、守備隊を全滅させたことを聞き、恐れおののきました。彼は床についても長いこと眠れず、目が覚めてもウトウトしても死の使いである多くの不吉な前兆を見ました。

彼が鏡に映った自分の姿を見ると首がありません。理由もなく月と星々が二重に見えます。また自分の影に穴があいています。また自分の呼吸音を聞くことができません。木々は黄金色に覆われ、また彼は自分の足跡を見ることができません。またロバに乗った幽霊に抱きしめられ、毒を飲み、油を塗った裸の男がナラダの花の花輪を下げて通り過ぎる夢をみました。

寝ても覚めてもこのような不吉な前兆を見て、カンサは死の予感に怯え、不安で眠れませんでした。

夜が明け、太陽が水平線から昇り、カンサは盛大なレスリング大会の準備を始めました。

王の配下の者がレスリング競技場を清める儀式を行

い、太鼓や他の楽器の音が響き、観客席は花輪、旗、アーチで飾られます。

街の住人や地方の人々が、ブラーフマナやクシャトリアに促されて、観客席にゆったりと座ります。王族の客人は特別な席が設けられています。

大臣達に囲まれ、カンサが王の玉座に座りました。地方の統治者の真ん中に座りましたが、彼の心は震えています。

レスリングの試合に相応しいリズミカルな音楽が鳴り響き、きらびやかに着飾ったレスラーが誇らしげに入場し、椅子に座りました。音楽を楽しそうに聴きながら、チャーヌーラ、ムシュチカ、クータ、シャラ、トシャラなどの有名なレスラーが、レスリングマットに座ります。

ボージャの王に招かれ、たくさんの貢ぎ物を贈ったナンダ・マハーラージャと牛飼いの男達も、観客席に座りました。


クリシュナ、巨象クヴァラヤーピーダを成敗する

敵の懲罰者、クリシュナとバララーマが朝の清めの儀式を終えると、レスリング競技場から太鼓の音が響いてきました。二人は何事だろうと見に行きます。

クリシュナが競技場の正門に着くと、巨像クヴァラヤーピーダが象使いに操られ、道を塞いでいるのを見ました。

服がゆるまないように結び、巻き毛を後ろで束ねて、主クリシュナは象使いに死を予感させる雷鳴のような声で言いました。

「おい、象使い。すぐに象をどけて私達を通しなさい！もし言う通りにしないと、今日この日、お前とお前の象ともヤマラージャの国に送ってやるぞ！」

このように脅され象使いは怒りました。

「この、こわっぱめが！」

そして死の権化のような怒り狂う巨象を棒で突き、主クリシュナを攻撃させます。

象の主がクリシュナを襲い、足で踏みつぶそうとします。しかし、クリシュナはするりと逃れ、肘で象を打つと足の下に潜り視界から消えました。主ケーシャヴァを見失って怒った象は、臭覚で主を捜しました。再びクヴァラヤーピーダは主をつぶそうとしますが、主はすぐに身をかわします。

主クリシュナはクヴァラヤーピーダの尻尾をつかむ

す。

牛飼いの少年が子牛の尻尾をつかんで遊ぶかのようでらせますが、主は反対に回り隙を与えません。それはユタが象の尻尾を引っ張ると、象は右に左に身をくねダが蛇をやすやすと引きずるかのようでした。主アチと、遊ぶかのように象を引きずりました。それはガル

それから主は象と向かい合うとぴしゃりと叩いて、すぐに走り去ります。クヴァラヤーピーダは何度も何度も主を捕まえようとしますが、クリシュナは策略で勝り、象を右往左往させます。

クリシュナはひらりと身をかわすと、遊ぶかのように地面に横たわりすぐに飛び起きます。怒った象はクリシュナが下にいると思って牙を突き刺しますが、地面を突き刺すだけでした。

武勇を挫かれ、象王クヴァラヤーピーダは激怒し凶暴となりました。しかし、何とか象使いは象を突き棒で操り、再びクリシュナを攻撃させます。

悪魔マドゥの殺戮者、主クリシュナは象が襲ってきた時、象と真正面から対峙し、片手で牙をつかむと地面に投げ飛ばしました。そして倒れた象に猛きライオンのようにやすやすと上り、牙を引き抜き、その牙で象を成敗しました。

闘技場への入場

倒した象をそのままにして、主クリシュナは牙を持ってレスリング競技場に入りました。肩に象の巨大な牙をかつぎ、象の血と主の汗が滴り、主の全身を濡らしています。主の蓮華のお顔は滴る汗で覆われ、主の美しさは比類がありません。

主バララーマと主ジャナールダナ（クリシュナ）がそれぞれ一本ずつ牙を武器として肩にかつぎ、何人かの牛飼いの少年達と競技場に入ってきます。

主クリシュナと兄バララーマが競技場に入場してきた時、観覧席の人々はそれぞれの見方で主クリシュナを見つめました。

レスラー達は、輝く稲妻として、マトゥラーの男達は最高の男性として、女性は愛の化身として、牛飼いの男達は親戚として、不純な統治者は懲罰者として、主の両親は息子として、ボージャの王は死として、知性に乏しい人は主の宇宙体として、ヨギーは絶対神理として、ヴリシュニ族は崇拝すべき最高の神としてクリシュナを見たのです。

カンサはクヴァラヤーピーダが死に、二人の兄弟が無敵と分かり、不安に圧倒されました。

さまざまな装飾品、花輪、衣装で身を飾り、最高の衣装で身を包んだペアの俳優のように、二人の逞しき腕の主は競技場で輝いています。実際、彼らはその光輝ですべての観客の心を圧倒したのです。

街の人々や地方の人々は観客席から二人の主を驚きをもって見つめています。喜びに目を見開き、顔は花開いたようです。彼らは飽かずに主を眺めていました。

人々は眼でバララーマとクリシュナを飲み、舌でなめ、鼻孔で匂いをかぎ、腕で抱きしめます。主の美しさ、性質、魅力、勇気を思い出しては、観客達は、それぞれ見たり聞いたりしたことをお互いに話し合いました。

「この二人の少年は、ヴァースデーヴァの家に降臨した至上主ナーラーヤナの拡張体に違いない」

「一人（クリシュナ）は、デヴァキーから生まれ、ゴクラに運ばれてナンダ王の家で育てられ、今日まで隠れて暮らしていたそうだ」

「彼はプータナーや竜巻の悪魔を成敗し、一対のアルジュナ樹を倒し、サンカチューダ、ケシー、デヌカやいろいろな悪魔を殺したと聞く」

「クリシュナは牛や牛飼い達を森の大火から救い、大蛇カーリヤを罰したそうだ。また一週間片手で山を持ち上げて、大雨、大風、雹からゴクラの住民を守り、インドラのプライドを取り除いたとも言うぞ」

「ゴピー達は、いつも朗らかで微笑んだ眼差し、疲れを知らないクリシュナの顔を見ることで、あらゆる苦しみは取り除かれ、至福を経験したという」

「また彼の保護の下で、ヤドゥ王家は名声、富、栄光、力を手にすることになるとも言われている」

「この蓮の眼をした兄バララーマも、すべての富の所有者と言われている。彼は悪魔プラランバ、ヴァッァカ、バカや他の悪魔を成敗したそうな」

人々がこのように話している時、楽器の音が鳴り響き、レスラー、チャーヌーラが、クリシュナとバララーマに次のように言いました。

「おお、ナンダの息子よ。おお、ラーマよ。お前達は勇敢な男達から尊敬され、レスリングの技に優れていると聞く。お前達の武勇を聞き、王様は会ってみたいと思われ、お前達をここに呼んだのだ。

王を思いと行為、言葉で喜ばせようとする王の臣民は、間違いなく幸運を手にし、そうしないものは不運に苦しむだろう。牛飼い少年達は子牛の世話をする時いつも喜び、牛を放牧しながらレスリングで遊ぶことはみんな知っている。

それなら王の望むことをやろうではないか。みんな喜ぶだろう」

これを聞き、レスリング好きの主クリシュナは挑戦を歓迎し、次のように時と場所をわきまえた答えをしました。

「僕達は森に住んでいるけど、ボージャの王の臣民に違いない。僕達は王の望みを満足させなければならない。そうすることが、僕達に大きな利益をもたらすことだろう。

しかし僕達はまだ少年で同じくらいの強さの子供達と遊んだだけだよ。おじさん達はプロのレスラーで本当に強そうだ。レスリングは不公平ではいけないし、信念を持たないと観客に失礼だと思うよ」

チャーヌーラは言います。

「お前もバララーマも本当は子供でも少年でもあるまい。わしの眼はごまかせないぞ。お前達は、強い男の中でも最高の強者だ。たった今、千頭の象に匹敵する巨象を遊ぶように殺したではないか。

だからお前達は、強いレスラーと闘わなければならない。不公平でも何でもない。おお、ヴリシュニの末裔よ。お前の武勇をわしに見せてみよ。そしてバララーマはムシュチカが相応しい相手だ」

レスラーとの闘い

このように言われ、主クリシュナは挑戦を受けて立つ決意をなさいました。クリシュナはチャーヌーラ、バララーマはムシュチカが相手です。

互いの手をつかみ、足を組み、勝利を得ようと力の限り相手と組み討ちします。互いに拳骨と拳骨、膝と膝、頭と頭、胸と胸で打ち合います。レスラーは相手を引き回したり、押したり、押しつぶしたり、投げたり、走り回ったりして闘います。互いに力一杯持ち上げたり、押し合ったり、つかんで投げたり、自分の肉体を痛めながらも勝利のために夢中で闘っています。

闘いを見ている女性達は、強者と弱者の試合は不公平と思い、クリシュナ達に同情してひどく不安を感じました。競技場の中で集まって、次のように話し合います。

「ああ、この王家の人達は不敬なことを行っているわ。王は強い者と弱い者が闘うのを見物し、強い者が弱い者を殺すのを見たいと望んでいるようね。

このプロの格闘家達の稲妻のように強そうな手足、山のような頑強な体を見て！　それに比べてまだあどけない少年達の優しそうな体。誰が見ても不公平よ。

公平慈愛の宗教原理が、この競技場では踏みにじられているわ。このような不敬が行われる場所には一刻たりとも留まるべきではないと思う。

賢い人は、参加者が不正を行うような集まりは避けると言うわ。そしてもし彼がそのような集まりに参加したら、彼は真実を話せないし、嘘を話したり、無知を弁護したりしなければならなくなって、きっと罪を負うことになるでしょう。

敵を投げ飛ばす時のクリシュナの蓮のような顔を見て！　激しい闘いで汗まみれの顔は露に覆われた蓮のようね。

銅のような赤い眼をしたバララーマの顔も見て！　闘いに熱中して笑みを浮かべながら怒ってムシュチカに向かっている顔がなんて美しいのかしら」

「太古の至上主が、人の姿をして歩き回り、たくさんの遊戯をするなんてヴラジャの土地はどんな敬虔なことをしたのかしら。森の美しい花で作った花輪を飾り、主シヴァや幸運の女神にも崇拝されるその御足で大地を浄化し、牛を世話する時、バララーマ達とフルートを奏でていたというわ。

ゴピー達はどんな苦行を行ったのかしら！　彼女達の眼は、比較するものさえない愛らしさの精髄である主クリシュナの姿という甘露を飲んだのね。クリシュナの愛らしさは美、名声、富の住まい、自ら完全、永遠に新鮮でめったに出会えないものよ。

ヴラジャの女性達以上に幸運な女性はいないわ。だって彼女達の心はクリシュナに魅了され、喉はいつも涙にむせび、牛の乳を搾る時、脱穀をする時、バターを攪拌する時、燃料の牛の糞を集める時、ブランコに乗る時、泣いている赤ん坊をあやす時、地面に水を撒く時、家を掃除をする時、いつもクリシュナのことを歌っていたのですもの。

ゴピー達はいつもクリシュナを想って仕事をしていたので、自然とすべての願いを手にすることができたのね。

ゴピー達は、牛の世話をしにヴラジャをクリシュナが立つ時、そして日没に村に帰ってくる時、クリシュナの吹くフルートの音色を聴くと、すぐに彼を見に飛び出して来たっていうわ。彼女達は、主が道を歩くのを見て、慈悲深い眼差しと微笑みを注いでもらえるなんて、きっと数多くの敬虔な活動をしてきたに違いないと思う」

女性達の会話を耳にし、二人への愛から、彼らの両親デヴァキーとヴァースデーヴァは、悲しみに圧倒されました。彼らは息子達の力を知らず、強そうなレスラーと一進一退の攻防を繰り返す息子達を見て深く悲しみます。

両親や観客の心を観ていたバラタ族の英雄、すべての神秘力の主人、主クリシュナは、「もうそろそろいいだろう」と敵を成敗する決心をされました。

至上主の手足から稲妻のような強打が繰り出され、チャーヌーラの体のあちこちを破壊し、チャーヌーラは苦痛と疲労が増してきました。しかし、それでも怒り狂ったチャーヌーラは、鷹のようなスピードで主ヴァースデーヴァの胸を拳骨で打ちつけます。

しかし、主はチャーヌーラの打撃を花輪で象を打つようにしか感じません。主クリシュナはチャーヌーラの腕をつかむと何度も振り回し、力一杯地面に放り投げました。チャーヌーラの衣装、髪、花輪は散らばり、大きな柱がつぶれるように地面に突っ伏してチャーヌーラは息絶えました。

同じようにムシュチカは主バララーマを拳で殴りつけますが、逆に殴り返されます。強力な主の乱打を浴び、悪魔は苦痛に震え血を吐いて、大風で樹が倒れるように命を失い倒れました。

次にレスラー、クータが最高の格闘家バララーマに立ち向かいましたが、バララーマは遊ぶかのように、左の拳骨一撃で敵を葬りました。

クリシュナは次にレスラー、シャラの頭を蹴り上げ、二つに引き裂きます。同じように主は、トシャラに打撃を与え、二人のレスラーをいとも簡単に倒します。

チャーヌーラ、ムシュチカ、クータ、シャラ、トシャラが倒され、残ったレスラーは命を惜しんで逃げ出しました。

レスラー達が一掃されたのを見て、クリシュナとバララーマは牛飼いの少年達を呼び、一緒に踊り遊び始めました。音楽が演奏され、足の鈴の音が響き渡ります。

カンサを除くすべての観客はクリシュナとバララー

マの偉業を喜びました。高貴なブラーフマナや偉大な聖者は、「最高！　最高！」と叫びます。

カンサの死（バーガヴァタ・プラーナの場合）

ボージャの王カンサは、最高のレスラー達がすべて殺されるか逃げ出したのを見て、自分の喜びのために演奏していた音楽を止めさせ、次のように叫びました。

「このヴァースデーヴァの邪悪な二人の息子を街から放り出せ！　牛飼い達の財産は没収し、愚か者のナンダを捕らえろ！　稀代の悪党ヴァースデーヴァを殺せ！　それから父ウグラセナと敵と内通する父の従者どもも一緒に殺せ！」

カンサが大声でわめくのを聞き、誤ることなき主クリシュナは大変立腹し、いとも簡単に王座までジャンプしました。

死の権化のようにクリシュナが近づくのを見て、機敏なカンサはすぐに座を立ち、剣と楯を手に取ります。剣を手に持ち、カンサは空を舞う鷹のようにあちこちすばやく動き回ります。しかし、恐ろしき力の持ち主クリシュナは、ガルダが蛇をつかまえるように悪魔をつかまえます。髪をつかみ王冠を蹴飛ばし、蓮の臍の主は高い王座から闘技場までカンサを投げ飛ばしました。それから、誰にも依存せず、全宇宙の保護者であるクリシュナは、王の上に飛び乗りとどめを刺しました。

そして、死んだ象をライオンが引きずるように、主はカンサの遺体をみんなが見えるところまで引きずります。競技場のすべての観客は騒然となって、「ああ！ああ！」と叫んでいます。

カンサはいつも自分を殺しに来る至上主のことを思っていました。そのため、飲み、食べ、動き回り、眠ったり、ただ息を吸う時も、王はいつも自分の前に手に光輪の武器を持った主を思っていたのです。この誤ったクリシュナ意識であっても、常に主を思っていたことにより、カンサは主と同じ姿を得るというめったにない恩恵を受けたのでした。

カンカ、ニャグロダーカなどのカンサの八人の弟達は、カンサの復讐をしようと怒ってクリシュナに攻めかかります。

彼らはすばやく二人の主に駆け寄りましたが、ロヒニーの息子バララーマが待ちかまえており、ライオンが他の動物を簡単にやっつけるように、棍棒を打ち振って彼らを全滅させてしまいました。

空にはブラフマー、シヴァや他の神々が太鼓の音を響かせ、喜んで花の雨を降らせます。そして主の栄光を歌い、彼らの奥方達はダンスを始めました。

カンサとその弟達の妃が、夫の死を悲しみ、目に涙をため髪を振り乱してやってきました。横たわる夫達を抱きしめ、大声で嘆き悲しみます。

「ああ、御主人様。愛する人よ。拠り所のない私達の親切で慈悲深き保護者よ。あなたは成敗され、私もまた一族、子孫もろとも成敗されるでしょう。

ああ、愛しき人よ。あなたは無垢の生き物に恐ろしい暴力を振るったため、このような結果を招いたのです。他人を害する者がどうして幸福を得られるでしょうか？　この世の生物の生死はすべて主クリシュナが握っています。そしてまた主はすべての維持者でいらっしゃるのです。主を軽視する者が決して栄えることはありません」

主クリシュナは夫を亡くした妃達を慰められます。

「あなた方は、夫によく尽くされました。どうしてそのような方々を罰することがありましょう。あなた方には何の罪もありません。これから亡くなった方々の葬儀を行います。どうか供養してあげてください」

そして主はヴェーダに規定された葬式を執り行いました。

それからクリシュナとバララーマは、父と母を解放し、彼らの足に頭を垂れ尊敬の念を捧げました。

しかし、クリシュナとバララーマが宇宙の主と知ったデヴァキーとヴァースデーヴァは、ただ手を合わせて立っています。畏敬の念に打たれ、二人は息子達を抱きしめることができません。

＊さて、このカンサの死の部分ですが、堀田先生の『クリシュナⅠ』の前書き『ギーターの舞台』では、万策尽きたカンサは自ら命を絶ち、復讐のためカウラヴァ家のドゥルヨーダナ等に取り憑いてクリシュナの味方するパーンドゥ家をクルクシェートラの大戦で滅ぼそうと企てると書かれています。

バーガヴァタ・プラーナではクリシュナに殺され

たカンサは敵としていつも主を想っていたため死後は主と同じ姿になるという恩恵を得たと書かれていますが、この点少し疑問がありました。クリシュナに直接殺されることで、それまでの悪の道から償いの道に戻る大きな機会を与えられることになるのは大いにうなずけます。しかし、今までの罪がすべて帳消しにされるとは思えません。やはり、罪の償いの人生をこれから何生もかけてしなければならないのではないかと思います。

ただカンサはクリシュナに成敗された他の悪魔達と違い、自ら命を絶ったため救いの大きな機会を逃してしまいました。罪をそのまま上乗せしただけになったのでした。

ドゥルヨーダナがクリシュナ始め、多くの聖者、親類、師達からいくら説得されてもパーンドゥとの和平を頑なに拒否したのも復讐の想いにかられたカンサに背後から操られていたと考えると納得ができます。

【マトゥラー初期の遊戯】

ヴァースデーヴァとデヴァキーへの挨拶

主の両親がクリシュナの本性に気が付きつつあると分かり、主クリシュナはそのような事態を望まれませんでした。そして、主はヨーガマーヤーを働かせ、両親を含めた主の献身者達を幻惑させました。こうしてデヴァキーとヴァースデーヴァは、クリシュナが普通の男の子とまた思うようになったのです。

主クリシュナは、兄バララーマとともに両親に近寄りました。謙虚に頭を垂れ、尊敬をこめて、「愛するお父さん」「愛するお母さん」と呼びかけ、両親を喜ばせ、次のように語りました。

「愛するお父さん。私達二人の息子のために、お父さんとお母さんはいつも心配し、私達の子供時代、少年時代を一緒に楽しむことができませんでした。

運命に阻まれ、僕達もお父さんお母さんと一緒に暮らすことができず、多くの子供達が経験する両親の家庭で過ごすという喜びを味わえませんでした。

肉体を持つことで、人はすべての人生の目的を達成できるのです。そして、その肉体を与え育ててくれるのは両親です。そのため、人は、仮に百年の人生のすべてを両親への奉仕に費やしたとしても親の恩に報いることはできません。

息子が、やろうと思えばできるのに、自分の体力と富を両親に捧げないなら、彼は死後、自分の肉を食べなければならないでしょう。

また人が、やろうと思えばできるのに、年老いた自分の両親、貞淑な妻、幼い子供、師を助けることをせず、ブラーフマナや保護を求めてくる人を拒否するならば、彼は息をしていても死んでいると見なされます。

私達はこのように、お父さんお母さんを讃えることができず、多くの日々を浪費してきました。愛するお父さんお母さん、これまで何のお礼もしてこなかった私達をどうかお許しください」

このように宇宙の至高アートマン、主ハリの言葉に慰められ、主のヨーガマーヤーによって、二人を人間の子と思っているデヴァキーとヴァースデーヴァは喜んで、二人を抱きしめました。

主の上に涙の雨を降らせ、デヴァキーとヴァースデーヴァは愛にむせび、話をすることができません。彼らは涙で喉をつまらせ息子達を抱きしめていました。

祖父ウグラセナを王位につかせる

このように父と母を慰め、デヴァキーの息子、至上主クリシュナは母方の祖父ウグラセナをヤドゥ家の王として玉座につかせました。

主はウグラセナ王に言います。

「おお、強き王よ。私達はあなたの臣下でございます。どうか何なりと命じてください。私はあなたの従者として、あなたの仲間とともにあなたにお仕えいたします。あなたの栄光により王家は栄え、民も平和を楽しむことでしょう。神々も高貴な人々もあなたに敬礼し、貢ぎ物を持ってくることでしょう」

それから主は、カンサを恐れさまざまな地方で息を潜めていた主の家族や親戚達を呼び戻されました。主は、ヤドゥ、ヴリシュニ、アンダーカ、マドゥ、ダーシャールハ、ククラや他の一族をそれぞれの栄光に応じて受け入れられ、外国暮らしに疲れた彼らを慰められました。そして、宇宙の創造者、主クリシュナは彼らを家に戻し、たくさんの贈り物をして喜ばせました。

これらの一族の人々は、主クリシュナと主サンカルシャナの腕に守られ、すべての望みが満たされたと感じました。こうして彼らは家族と生活することができ、大いなる幸せを楽しんだのです。クリシュナとバララーマの臨在により、彼らはもはや物質的存在の熱に苦しむことはありません。毎日、これらの献身者は、永久に朗らかな主の蓮のようなお顔、美しく慈悲深い微笑みと眼差しの主ムクンダに会えるのですから。

街の年寄り達も主ムクンダの蓮のようなお顔という万能薬をいつも眼から心に飲み、強さと活力を取り戻して若返ったようです。

ナンダ・マハーラージャへの挨拶

それからしばらくして、デヴァキーの息子、至上主クリシュナは主バララーマとナンダ・マハーラージャを訪ねました。二人の主は、ナンダを抱きしめ、次のように言いました。

「ああ、お父さん。お父さんはヤショダーお母さんと僕達を愛情深く育ててくださいました。実際、親というのは、自分の命よりも子供達を愛するものです。お父さんとお母さんがその良い例です。

両親が何らかの理由で自分の息子や子供達を育てられない時、その子供達を育ててくださる養い親は、実の親よりも本当の親と思います。私達はお父さん、お母さんを本当の両親と今でも思っていますし、今後も変わることはありません。何と言って感謝したらいいのか言葉が思い浮かびません。

愛するお父さん。どうか牛飼いの仲間とヴラジャにお戻りください。私達はお父さんの良き友でもある父ヴァースデーヴァ達に少しばかりの幸せを捧げたら、私達との別れに苦しむヴラジャの親戚や仲間達にきっと会いにいきます」

このようにナンダ・マハーラージャとヴラジャの男達を慰め、誤ることなき主は彼らを讃え、尊敬の念を込めて衣装、宝石、家庭用品その他いろいろな物を贈りました。

ナンダ・マハーラージャは、クリシュナの言葉を聞き、愛に圧倒され、涙を一杯ためて、二人の主を抱きしめました。そして、ナンダは牛飼いの仲間達とヴラジャに戻っていきました。

それからしばらくして、ヴァースデーヴァは司祭や他のブラーフマナを招いて、二人の息子の入門式を行うことにしました。

ヴァースデーヴァは、これらのブラーフマナを礼拝し立派な装飾品とすばらしく装った乳牛を子牛と一緒に捧げました。これらの牛達は黄金のネックレスと麻の花輪で飾られています。

主クリシュナとバララーマ、師のもとで学ぶ

入門式の後、二人の主は誓願を誠実に守り、さらにヤドゥ家の導師であるガルガ・ムニから禁欲の誓いも授かりました。

二人の主は生まれつき完全な知識をお持ちでしたが、人々にヴェーダの教えに従う模範となるため、師についてさまざまな教えを授かる決心をしました。すべての知識の源、全知全能の主は、師のアシュラムに住み込み、ヴェーダを学修することを望まれたのです。

こうして二人は、アヴァンティーの街に住むサーンディーパニ・ムニに弟子入りしました。

サーンディーパニ・ムニは、思いがけず弟子となった自己制御したお二人を高く評価しました。師をあたかも至上主であるかのように献身的に奉仕し、クリシュナとバララーマは、他の人に弟子はどのように師を崇拝すべきか、申し分のない模範を示されました。

最高のブラーフマナである師サーンディーパニは、二人の従順な振る舞いに満足され、すべてのヴェーダ、ウパニシャッド、補遺文典などを教授しました。

彼はまた最も内密な教え、法律、理論的に思索する方法、哲学的議論の仕方、政治学などさまざまな分野の知識も授けました。

クリシュナとバララーマは、すべての知識の源であり、学んだことはすぐに我がものとしてしまいます。こうして一心集中し、二人は短期間の間にすべてを学び取ってしまわれたのです。

クリシュナ、師の息子を生き返らせる

教えを授かったお礼に、二人はグル・ダクシナーを

捧げ師を満足させました。そして、「何なりと命じてください」と師に伝えます。

博学のブラーフマナであるサーンディーパニは、クリシュナとバララーマの栄光と驚くべき性質、超人的知性を考え、妻と相談して、プラブハーサの海で溺れ死んだ息子を返してくれるように二人に頼みました。

「仰せの通りに」と二人は答えると、すぐさま馬車に乗り、プラブハーサに向かいました。海に到着すると、海岸まで歩いて行き座ります。

すぐに二人を主であると確認した海の神が現れ供物を捧げ崇拝します。

至上主クリシュナは、海の神に言います。

「海神よ。ご苦労さま。実は、すぐに私の師の息子を返してほしいのだ。そなたが波でさらっていったのであろう」

海の神は答えます。

「おお、クリシュナ様。私が誘拐したのではありません。パンチャジャナという巻き貝の姿で海を旅する悪魔の末裔が彼を殺したのでございます。間違いなく、その悪魔がその方を連れ去りました」

これを聞き、主クリシュナは海に入り、パンチャジャナを見つけ成敗しました。しかし、主は悪魔の腹の中にその少年を見出すことができませんでした。

主ジャナールダナ（クリシュナ）は馬車に戻り、次に死の神ヤマラージャの愛する城サンヤマニーに向かいました。そこに到着すると、主バララーマが法螺貝を高らかと吹き鳴らします。その音を聴いて、縛られた魂を取り調べていたヤマラージャがすぐにやってきて、恭しく二人の主を崇拝し、万人の心に住む主クリシュナに尋ねました。

「おお、至上の主ヴィシュヌよ。普通の子供として遊戯をされているあなたと主バララーマのために私は何をすればいいのでしょうか？」

至上主クリシュナは言います。

「自ら為したカルマの束縛により、私の師の息子がここにやってきたと思う。おお、偉大な王よ。私の命に従い、この少年をすぐに返してほしい」

ヤマラージャ曰く、

「仰せの通りにいたします」

そして、師の息子を連れてきました。

ヤドゥ家最高の二人は、少年を師に返し、また師に言いました。

「他に何をお望みでしょうか？」

師は言います。

「愛する少年達よ。あなた方は弟子が師に対する義務を完全に満たしてくれました。実際、あなた方のような弟子に対して、師は何を望むというのでしょうか？

さあ、英雄達よ。もう家にお帰りなさい。あなた方の名声は世界の罪を清めるでしょう。あなた方の心に今生も来世もヴェーダの賛歌がいつも新鮮でありますように」

師の許しを得て、風のように早く、雷雲のように勇壮に二人の主は馬車で街に戻りました。

何日も二人に会っていなかったすべての市民は、クリシュナとバララーマが戻ったのを見て大喜びです。人々はなくした財産が戻ってきたように感じたのでした。

クリシュナの心配

最高の知性の持ち主ウッダヴァは、ヴリシュニ王家の良き相談役であり、主シュリー・クリシュナの愛する友、そしてブリハスパティの直弟子でした。

至上主ハリは、主にすべてを捧げる献身者達を苦しみから救った後、ヴァリンダーヴァンの両親やゴピー達のことが心配になりました。どうしたらよいか主はお考えになります。

「私が村を出てゴピー達は悲しんで、何も手につかないに違いない。彼女達の私に対する一途な愛情は他に比較するものがない。ただ、一途なだけに私がいなくなって生きる望みを失っていないだろうか。それに私への愛も盲目的と言えないことはない。もう少し客観的に理性を働かせて神理を学んでくれるといいのだが。

そうだ、私の親友ウッダヴァにヴァリンダーヴァンに行ってもらおう。ウッダヴァは知性にすぐれ理性的な私の献身者だが、それだけに私に対する一途な愛という面で今一歩踏み込んでいない。ウッダヴァにはゴピーや私の両親達の私に対する一途な愛を学んでもらい、ゴピー達にはウッダヴァの理性的な面を学んでもらえば最高だ」

そう思われると主クリシュナは、ウッダヴァを呼び、愛する友の手を取って次のように言いました。

「愛するウッダヴァよ。あなたは心優しき人だ。ヴラジャに行って私の両親を喜ばせてやってくれないか？

それに私との別れに苦しむゴピー達を救ってほしい。私は彼女達にメッセージを書くのでそれを渡してほしいのだ。

ゴピー達の心はいつも私に吸収されている。そして彼女達の生活はすべて私への献身奉仕に捧げられている。私のために彼女達は自分達の肉体も、今生での普通の幸せも、来世の幸福に必要な宗教的儀式もすべて捨ててしまったのだよ。私だけが彼女達の愛する人であり、自分自身そのものなのだ。

愛するウッダヴァよ。私が去って、私のことを思い出すと、彼女達は不安でどうしようもなくなってしまっている。私が『戻ってくる』と言ったため、愛する献身者の彼女達は何とかして生きていようと苦しんでいる。

私以外の者で、彼女達を慰めてくれるのは心優しき君しかいない。ぜひお願いしたい」

ウッダヴァのヴァリンダーヴァン訪問

このように頼まれ、ウッダヴァは恭しく主クリシュナのメッセージを受け取り、馬車に乗るとナンダ・ゴクラに向かいました。

幸運なるウッダヴァは日没前にナンダ・マハーラージャの牧草地に到着しましたが、牛や他の動物達がちょうど戻ってくる時だったため、蹄の立てる埃で彼の馬車は気付かれずに通り過ぎました。

ゴクラでは、雌牛を求めて闘う雄牛の立てる音、乳牛のモーという鳴き声、乳房を一杯にして子牛を追う乳牛の音、乳搾りの音、子牛があちこち跳ね回る音、フルートの音、美しい装いで村を彩る牛飼いの男や女達が、クリシュナとバララーマのすべてに吉兆な行いを歌う歌声などが四方から聞こえてきます。

ゴクラの牛飼いの家庭は、供犠の火、太陽、予期せぬ客、乳牛、ブラーフマナ、先祖、神々を崇拝するための祭具も豊富で、どれも魅力的です。四方を花咲く森に囲まれ、鳥の群れの鳴き声がこだまし、蜜蜂のブンブンいう音が聞こえ、湖は白鳥、アヒルがたくさんいて、蓮の花が咲き乱れています。

ウッダヴァとナンダの会話

ウッダヴァがナンダ・マハーラージャの家に到着すると、すぐにナンダが出迎えました。牛飼いの王は大喜びでウッダヴァを抱きしめ、主ヴァースデーヴァと同じくらい彼を崇拝しました。

ウッダヴァは最上の食事をご馳走になった後、心地よく座り、足をマッサージしてもらって疲れを癒やしました。ウッダヴァがゆったりしたのを見て、ナンダは次のように尋ねました。

「愛するウッダヴァさん。シューラの息子（ヴァースデーヴァ）は元気に暮らしていますか？ 彼は今、自由で子供達や親戚達と一緒にいるのでしょう？

幸いなことに、自らの罪によってカンサは兄弟もろとも成敗されました。彼はいつも聖者や義を重んじるヤドゥ家を憎んでいましたからね。

クリシュナは私達のことを覚えていますか？ 母や友達やクリシュナの幸せを願っている人達のことを覚えていますか？ 彼は自分が主人だった牛飼いやヴラジャの村を覚えているでしょうか？ 牛やヴァリンダーヴァンの森、ゴヴァルダンの丘を覚えていますか？ ゴーヴィンダは家族に会いに一度くらい戻るでしょうか？ もし戻ってくれたら、私達は彼の美しい顔や眼、鼻、微笑みを見ることができるのですが。

私達は森の大火事、風や雨、雄牛や蛇の悪魔、その他すべての恐ろしい危険から、偉大な魂クリシュナによって救われたのです。

私達はクリシュナの為した行い、遊ぶような横目、微笑みや彼の言葉を思い出す時、おお、ウッダヴァよ、すべての物質的束縛を忘れてしまいます。

私達はムクンダが遊んだ河、丘、森、彼が足跡を残した場所を見ては、私達の心は彼に吸収されてしまうのです。

私の考えでは、クリシュナとバララーマは二人の優れた神で、何か神々の使命を果たしにこの惑星にやってきたと思うのです。これはガルガ・リシに聞きました。

クリシュナとバララーマは一万頭の象に匹敵する強さのカンサ、チャーヌーラやムシュチカなどのレスラー、巨像クヴァラヤーピーダを成敗しました。二人は彼らをスポーツでもするように簡単に成敗したのです。

象の王が杖を折るように、いとも簡単に巨大な弓を折りました。また彼は七日間片手で山を高く持ち上げたのです。

ここヴァリンダーヴァンでは、クリシュナとバララーマはプララ ンバ、デヌカ、アリスタ、トリナーヴァルタ、バカなどの神々さえ手向かえないような悪魔を簡単に成敗しました」

このようにクリシュナを何度も何度も思い出し、ナンダ・マハーラージャの心は主に愛着し、強い不安を感じ、強い愛に圧倒されて黙ってしまいました。

母ヤショダーは、クリシュナの話を聞いて、涙を流しています。


ナンダとヤショダーが至上主クリシュナへの至高の愛に浸っているのを目の前にして、ウッダヴァは明るく言いました。

「ああ、尊敬すべきナンダよ。あなたと母ヤショダーは全宇宙で最も誉れ高き方々です。何故なら、万物の主、ナーラーヤナにこのような愛を育てたのですから。

ムクンダとバララーマのお二人の主は、宇宙の種子と胎、創造者と創造エネルギーが人として降臨されたのです。生物の心臓に入り、縛られた魂をコントロールされます。お二人は太古の主であられます。


たとえ不純な者であっても、死の前の少しの間だけでも主に心を溶け込ませたならば、彼は罪深き活動の痕跡を灰にし、純粋、太陽のように光り輝く最高の目的地にすぐに到達できるでしょう。あなた方お二人は、万物のアートマン、すべての存在の根本原因、一切の第一原因でありながら人の姿でお生まれになった偉大な魂、主ナーラーヤナに格別の献身奉仕を捧げてきました。

あなた方に、これ以上どんな純粋な行いを為せというのでしょうか?


誤ることなきクリシュナ、献身者の主は、ご両親を満足させるため間もなくヴラジャに戻ることでしょう。ヤドゥ家の敵カンサが死に、後始末が済んだら、約束を守って戻ってきます。

ああ、最高に幸運なお二人よ。もう悲しまないでください。クリシュナにもうじき会えるのですから。それに肉体はここにいなくても、薪の中に眠っている火のように、彼は万物の心臓に宿っているのです。

主クリシュナにとって、愛する者と卑しむべき者、優れた者と劣った者はおらず、彼は誰でも差別したりしません。彼は公平でとらわれがなく、すべての人に敬意を払っています。彼には母も父も、妻も子供も親戚もいません。誰も彼の親戚ではありませんが、誰もクリシュナと他人ではありません。しかし、クリシュナは御自分の純粋な献身者に対してだけは、深い愛情を注がれます。

彼は地上にいても霊体であり、肉体を持つことなく生まれることもありません。

この世は人に純粋、不純、二つの混合という立場を強いますが、すべてを超えた主クリシュナは、この世で為すべきことなど本当は一つもないのです。それでもなお、主の純粋な献身者を救うため、この世に降誕されたのです。純質、激質、無知の三グナを超えていながら、主はそのグナを用いて宇宙の創造、維持、破壊を行われます。

人がぐるぐる回ると、目が回って、地球が回っているように感じます。それと同じように、人は偽我を行為者だと考えてしまいます。しかし、本当は彼の魂が心を通して活動しているのです。

至上主ハリは、あなたの息子というだけではありません。クリシュナは主であり、あなたの息子、アートマン、万物の父であり母でもあります。

主アチュタなしでは、何も存在しません。見るもの聞くもの、過去、現在、未来、動不動、大きなもの小さなもの、すべてがクリシュナなしでは存在し得ないのです。彼はアートマンでありすべてです」

クリシュナの召使いウッダヴァは、ナンダと語り続け、いつしか夜が明けました。牛飼いの女性達は、起き出して、ランプに火を灯し、神々を礼拝します。それからヨーグルトからバターを作ろうと攪乳を始めました。

彼女達が攪乳の紐を引くと、ランプの光に反射して腕輪の宝石が輝きます。女性らしい体が攪乳とともに動き、頬ではイヤリングが光沢を放っています。

ヴラジャの女性達が蓮眼のクリシュナの栄光を声高く歌うと、彼女達の歌は攪拌の音と交じり、空に昇って、四方の不純な空気を追い払います。

黄金の太陽が昇り、ヴラジャの人々はナンダ・マハーラージャの門の前に止まった黄金の馬車に気が付きました。

「これは誰のものかしら？」とみな話し合います。

「カンサの望みを満たそうと、私達のクリシュナをマトゥラーに連れ去ったアクルーラが戻ってきたんじゃない？」

「あの人ったら、今度は私達をカンサの葬式の供物にしようとしてるんじゃないのかしら？」

女性達がこのように話している時、朝の儀式を終えたウッダヴァが現れました。

蜜蜂の歌（ビー・ギーター）

ヴラジャの若い女性達は、長い腕、眼は芽生えたばかりの蓮華に似て、黄色い衣装、蓮の花輪、輝くイヤリングが煌めく蓮の花のような顔の主クリシュナの召使いウッダヴァを見て驚きました。

「この素敵な方はどなた？」

「どこから来たのかしら？　誰に仕えているのかしら？」

「彼、クリシュナの衣装や装飾品をつけているみたいよ」

このように言いながら、ゴピー達は主ウッタマシュロカ（クリシュナ）の蓮華の御足を庇護所とするウッダヴァを囲みました。

謙虚にお辞儀をして、ゴピー達は、はにかみ、微笑み、眼差し、喜ばしい言葉などでウッダヴァを讃えました。彼女達はウッダヴァを静かな場所に案内し、ゆっくり座ってもらうと、彼を幸運の女神の主人クリシュナからのメッセンジャーと認めて、質問を始めました。

「ウッダヴァさん。あなた、ヤドゥ家の頭のクリシュナの個人的召使いじゃなくって？　そして両親を喜ばそうと願うあなたの良き御主人の命でここに来たのでしょう？

私達、彼がヴラジャの牧草地を思い出す価値があると考えているかどうかという以外、関心がないのよ。実際、家族との愛の絆を断ち切るのは、たとえ聖者であっても難しいっていうから、クリシュナもきっとそうならいいんですけど。

でも、家族以外の人への友情は、個人の興味によりけりで、目的を果たすまでの見せかけだけって私達だって知ってるわ。女性や蜜蜂、花に対する愛情も同じ、飽きたらお終いよね。売春婦は無一文の男を捨てるし、臣民は無能な王を、学生は教育が終わったら先生を捨て、司祭は供犠の報酬を払わない男を捨てるわ。

鳥は食べ物の実がなくなったら樹を捨てるし、客は食べ終わったら家を離れるし、動物は森が焼けたら森を捨てるし、愛人も女性を楽しんだら、彼女がまだ彼を愛していても捨てるわ」

このように話し、言葉と体と心を主ゴーヴィンダに捧げるゴピー達は、日々の仕事を脇に置き、クリシュナのメッセンジャー、シュリー・ウッダヴァと熱心に語り始めました。愛するクリシュナが子供時代、少年時代に行った活動をいつも思い出し歌っては、恥もなく泣き出します。

クリシュナのことを深く想っていた一人のゴピー（ラーダ）は、彼女の前の蜜蜂を見て、愛する人が送ったメッセンジャーと思い、次のように蜜蜂に語り始めました。

「ああ、蜜蜂さん。詐欺師のお友達。他の女性にうつつを抜かすクリシュナの花輪の花の蜜を集めていたのでしょう。その口髭で私の足に触れるのは止めて！　クリシュナはマトゥラーの女性達を満足させればいいのよ。蜜蜂さんをメッセンジャーに選んだ人は、きっとご満悦なんでしょうね。

私達をたっぷり魅了した後、クリシュナは花を捨てるように私達を捨ててしまった。幸運の女神様は、どうしてそんな浮気者の蓮華の御足に仕えるのかしら？　ああ、きっと彼の嘘の言葉で心を盗まれてしまったからね。

ねえ、蜜蜂さん。あなたどうして私達のような宿無しの前で、ヤドゥ家の主のことをそんなに歌うの。あなたの歌はもう古くなったのよ。新しいガールフレンドの歌を歌った方がいいんじゃないの。彼女達ならきっと、あなたの欲しいものをくれるわよ。

天国、地上、地下の世界でクリシュナになびかない女性がいるかしら？　ちょっと眉を動かしたり、嘘の微笑みを投げかけると女性達はみんな彼のものになる。幸運の女神様さえ、彼の蓮華の御足の塵を崇拝するのですもの、私達なんかどうしようもないと思わない？　でもそんな惨めな私達だって、彼の名ウッタマシュロカを少なくとも唱えることができるのよ。

蜜蜂さん、私の足から離れなさい。何をしているか知ってるわよ。ムクンダから駆け引きを習ってきたのでしょう。あなたをメッセンジャーにして私達をおだててくるように言われたの？　彼のために子供も夫も親戚達もみんな捨てた人達を彼は捨てたのよ。彼はただの恩知らず。諦めきれないけど、あの黒い肌の少年との恋は捨てましょう。

クリシュナの遊戯を聞くことは耳にとっては甘露に

違いない。その甘露をただ一度、一滴味わうだけで、物質的相対性への執着は消えてしまうと言うわ。ヴァリンダーヴァンに巡礼すると、家庭生活、家族、その他人生を悲惨に導くものへの愛着が突然なくなるとも言うわ。でもほんとかしら。彼の嘘の言葉を本当と信じて、私達は狩り人の嘘の鳴き声に騙されて狩られる愚かな雌の黒鹿になったのね。

ああ、メッセンジャーの蜜蜂さん。クリシュナについて何か話して」

我に返ったゴピーはウッダヴァに話しかけます。

「ああ、ウッダヴァさん。クリシュナがマトゥラーに住んでいることは本当に悲しいわ。彼は父の牛飼いの仕事や、友達の牛飼いの少年達を思い出すことはあるの？　彼は私達のことをいつも話してる？」

主クリシュナのゴピー達へのメッセージ

これを聞き、ウッダヴァは一途にクリシュナに会いたがっているゴピー達を慰めようとしました。そして、彼女達の愛するクリシュナのメッセージについて話し始めました。

「ヴラジャの乙女のみなさん。あなた方は宇宙で最も尊敬されるべき人達です。何故ならこれほど、至上主ヴァースデーヴァに心を捧げているのですから。

主クリシュナへの献身奉仕は、慈善、厳しい誓い、苦行や火の供犠、ジャパ、ヴェーダの学習、規定原則を守ること、その他のさまざまな良い行いにより手にすることができます。

しかしながら、あなた方は聖者でさえ到達できないような、主ウッタマシュロカへの最高純粋な献身奉仕を成し遂げているのです。

あなた方は、クリシュナという名の至上主を想い、息子や夫、肉体の快楽、親戚や家庭への執着を捨てたのです。

ああ、最も栄光に満ちたゴピー達よ。あなた方は主クリシュナへの純粋な愛を私に教えてくれました。クリシュナへの愛、主との別離のつらさを大いなる慈悲によって、私に見せてくれたのです。

すばらしき乙女達よ。どうかあなた方の愛するクリシュナのメッセージをお聴きください。私は主の内々の召使いで、主のメッセージを携えてここに来たのです。今から主のメッセージを読み上げます」

『愛するみなさん。あなた方は、決して私と別れているのではありません。何故なら、私は万物の中に宿るアートマンだからです。地水火風空の五大原素がすべての創造物の中に存在するのと同じように、私は万人の心の中、気息の中、感覚や肉体の中、三グナの中に存在しています。

純粋な意識、知識からなるアートマンは、本来は物質的なものとは別で三グナのもつれから離れています。私達は、覚醒、睡眠、熟睡というグナの三つの機能を通してアートマンを知覚できます。目が覚めたばかりでぼんやりしていると、感覚が戻ってきて、やがてはっきりしてきます。それから意識は清明となり心をコントロール下に置けるようになるでしょう。この眠っていた、ぼんやりしている、目が覚めたということを自覚するのは誰でしょう。

権威者達によれば、これがすべてのヴェーダの最終的結論だといいます。ヨガの実修、サーンキャ哲学、放棄、苦行、感覚のコントロール、正直なども、すべての河が海に流れ込むように、アートマンを知ることこそ最終目的地だと言います。

あなた方の愛する私が、あなた方の前から姿を消した本当の理由は、あなた方の私に対する想い（瞑想）を強めるため、心をより私に近づけるためです。女性は、愛する人が遠くに行ったら、目の前にいる時よりもっと彼のことを想うものです。

あなた方の心は私に吸収され、他のものが入り込む余地もありません。あなた方は常に私を思い出しているので、あなた方の内に存在するアートマンとしての私をすぐにでもまた手にすることができるでしょう。

肉体は離れていても、私はあなた方のハートの中にいるのです。いつも一緒にいるのです。それが分かれば、夫や息子、親戚ばかりでなくすべてのものの中に私を見るようになるでしょう。他人に奉仕することは私に奉仕していることになるのです。どうか、そうして日々の勤めを果たしてほしい』

喜ぶゴピーと村人達

ヴラジャの乙女達は最愛のクリシュナのメッセージを聴いて喜びました。そしてウッダヴァに次のように言いました。

「ウッダヴァさん、ありがとう。ヤドゥ家を迫害していたカンサが弟達と一緒に成敗されて本当によかった。

それだけでも私達、安心しているのよ。そして主アチュタ（クリシュナ）が、別れていた実のお父さんお母さん、あなたのような良き友や親戚達と一緒に幸せに暮らしていて嬉しいわ。

心優しきウッダヴァさん。兄のバララーマはどうしているの。街の女性達に喜びを授けているかしら？　彼女達は恥ずかしそうな微笑み、愛に満ちた眼差しで彼を崇拝しているのでしょうね？

シュリー・クリシュナは、恋の手練手管をよく知ってるし、街の女性達の憧れでしょうね。魅惑的な言葉や仕草でいつも彼は愛されているのでしょう。大勢の女性に好かれてよく揉め事を起こさないわね。どうやっているのかしら？

ああ、ウッダヴァさん。ゴーヴィンダは街の女性達との話の中で私達のことを思い出しているかしら。話の中で私達村娘のことが出てくるのかしら？

ヴァリンダーヴァンの森でのラーサ・ダンスの夜を思い出すかしら。蓮やジャスミン、月の光がきれいだったわ。彼も私達と輪になって踊って楽しかったと思う。音楽や足の鈴の音がいつも耳に残っているのよ。

クリシュナはここに戻ってくる気はあるのかしら？　クリシュナは敵を成敗し、王国を取り戻したし、どこかの王の娘と結婚して、友達や良き人達に囲まれてそこで満足するんじゃないかと思うわ。

幸運の女神様の主人クリシュナは、望むものは何でも手にするわ。自分自身の内ですでに満足しているんですもの、私達森の住人や他の女性が彼の目的をどうやって満たすことができるっていうの？

最高の幸せはすべての欲望を捨てることって言うけど、私達はクリシュナと会うという望みを捨てられない。主ウッタマシュロカ（クリシュナ）との秘密のおしゃべりを捨てることに誰が耐えられるって言うの？　幸運の女神様だって彼が関心がなくても、彼の胸から決して動こうとしないんですもの。私達だって同じよ。

愛するウッダヴァさん。クリシュナがサンカルシャナ達とここにいた時、彼はこの河や森、丘、牛やフルートの音色みんなを楽しんだのよ。この風景は私達にナンダの息子クリシュナをいつも思い出させるの。ここには聖印の特徴的なクリシュナの足跡が残っているから、決して彼を忘れることはないわ。

ねえ、ウッダヴァさん。魅力的な歩き方、絶やさない笑顔、遊ぶような眼差し、蜜のような言葉で私達の心を盗んだクリシュナを、どうやったら忘れられるのかしら？

ああ、御主人様、幸運の女神の御主人様、ヴラジャの主よ！　すべての苦しみの破壊者、ゴーヴィンダよ！　苦しみの海に溺れる私達をすくい上げて！」

主クリシュナからのメッセージは別離の苦しみからゴピー達を救いました。そしてゴピー達はウッダヴァを主クリシュナと同じと認め、ウッダヴァを崇拝しました。

ウッダヴァのゴピー達への賛歌

ウッダヴァは数カ月間ヴラジャに滞在し、主クリシュナの遊戯を唱えることにより、ゴピー達の悲しみを癒やし心の隙間を埋めました。彼は、ゴクラのすべての人々に喜びを与えたのです。

ナンダの牛飼いの村に住んでいた間、いつもクリシュナのことを話し合っていたので、ウッダヴァには一瞬のこととしか思えませんでした。

主ハリの召使いウッダヴァは、ヴラジャの河や森、山々、谷、花を一杯咲かせた木々を見ては、ヴァリンダーヴァンの村人達にクリシュナを思い出させ、元気づけました。

ゴピー達は、主クリシュナによく似たウッダヴァと数カ月間、クリシュナのことを話し合うことで、主への愛はそのままで、少し冷静に主を想えるようになりました。

またウッダヴァはゴピー達が、いかにクリシュナへの想いに浸っているかを見てとても喜びました。彼女達を尊敬し、次のような歌を歌いました。

「地上のすべての人々の中で、この牛飼いの女性達だけが、本当の人生の完成を成し遂げた。何故なら彼女達は、主ゴーヴィンダへの純粋な愛にいつも溶け込んでいるのだから。彼女達の混じりけのない愛は、物質的存在を恐れる者だけでなく偉大な聖者達からさえ憧れられるものです。主の物語を味わう者にとって、ブラーフマナ階級や主ブラフマー自身にさえ生まれる必要があるでしょうか？

この森をさすらい、不道徳にみえる素朴な女性達が至上主クリシュナへの純粋な愛を完成させたとはなんという驚きだろう！　良薬はその成分を知らない者にもよく効くというが、至上主は無知な崇拝者にも祝福を与えるというのは本当だったのだ。

ヴァリンダーヴァンのゴピー達は、捨てがたい夫や息子、他の家族への執着を捨て、ムクンダ、クリシュナの蓮華の御足を庇護所とするために貞節の道さえ捨てたのだ。

おお、ヴァリンダーヴァンの茂み、蔓草、ハーブのなんと幸運なことか。何故なら、ゴピー達が踏みつけ、彼女達の足の埃で祝福されるのだから。

幸運の女神や主ブラフマー、その他の神々もクリシュナの蓮華の御足を心で瞑想することはできる。しかし、ゴピー達はラーサ・ダンスで主クリシュナと踊り、主クリシュナの蓮華の御足に直接触れ、すべての苦しみを捨てることができたのだ。

私はナンダ・マハーラージャの村の女性達の足の埃に何度も尊敬の念を捧げよう。ゴピー達は大声でシュリー・クリシュナの栄光を唱えると、その声は三界を浄化するだろう」

ウッダヴァは、母ヤショダー、ナンダ・マハーラージャ、ゴピー達の許しを得て、すべての村人達に別れの挨拶をして馬車に乗り込みました。

ウッダヴァが立とうとする時、ナンダや他の村人が近づいて来て、さまざまな贈り物をしました。そして目に涙をため次のように言いました。


「私達の心はいつもクリシュナの蓮華の御足を庇護所としています。私達の言葉はいつも主の御名を唱えています。私達の体はいつも主に平伏し、主に奉仕しています。

私達が、主の御意志により、自分の過去のカルマに従い、この世界のどこをさまよおうと、主クリシュナへの愛を求め、善い行いと奉仕を為せますように」

このように牛飼いの人々は主クリシュナへの献身奉仕を讃え、ウッダヴァは深く感銘しました。そしてウッダヴァは、クリシュナの保護下にあるマトゥラーに戻りました。

クリシュナの御前に平伏して敬意を表し、ウッダヴァはヴラジャの住民達のすばらしい献身奉仕についてクリシュナに報告しました。ウッダヴァはまたそれをヴァースデーヴァ、主バララーマ、ウグラセナ王にも報告し、ヴラジャから贈られた貢ぎ物を彼らにプレゼントしました。

クリシュナ、献身者を喜ばす

ウッダヴァの報告を聞き、ヴァリンダーヴァンの様子に喜んだクリシュナは、次にマトゥラー入城の時の約束を果たそうと思われました。

最初に白檀膏をもらい、せむしを治してやったトリヴァクラーの家を訪ねるとそこは娼婦の館でした。普通、ブラーフマナや信仰の道を辿る者は、娼婦の館など絶対寄りつかないものです。

しかし、至上主クリシュナは、そんなことはお構いなしです。親友ウッダヴァを連れて娼婦の館に入りました。

トリヴァクラーは、クリシュナが来たのを見ると、すぐに出迎えにいきました。他の娼婦達もみんな寄ってきて、街で噂のヤドゥ家の王子様が来たと大騒ぎです。

トリヴァクラーは、主に心地よい座を勧めました。ウッダヴァにも座を勧めましたが、彼は、主クリシュナの従者という立場をわきまえ、床に座りました。トリヴァクラーは、主の足を丁寧に洗い、足をマッサージしながら考えました。

「この尊いお方は、白檀膏を捧げただけなのに、約束を守りこのような娼婦の館まで来てくださった。さて、どのようにおもてなししたらいいのでしょう？」


クリシュナは、トリヴァクラーの心を読み言いました。

「トリヴァクラー、娼婦としての奉仕は無用だよ。あなたは若くて美しいね。世の男達はきっと夢中になるだろう。でも感覚の満足にとらわれては駄目だよ。こんな仕事をしているから自分に救いはないと思ってもいけない。

昔、ブラーフマナの真向かいに娼婦が住んでいた。その娼婦は客が来ると、入り口に石を積むことにしていたので、客がいるのかいないのかブラーフマナにもすぐに分かった。石が積んであるとブラーフマナは、『また売女が客を取っている』といつも心で責めていたのだ。

一方、娼婦の方は、どうしようもない理由で娼婦になっていたが、心は申し訳ないという思いで、いつも主を想い詫びていた。そして客となった男性に奉仕し、自分にできる善き行いを隠れて行っていたのだ。

さて、時期が来てこの二人は亡くなったのだが、死後どのような世界に行ったと思うかい？

ブラーフマナは、いつも心で責めていたため暗い世界に往き、娼婦の方は明るい世界へと旅立っていったと言われているよ。大事なことは、職業や身分の貴賤ではない。その人の心をアートマンである主は観ているのです」

＊バーガヴァタ・プラーナではクリシュナはトリヴァクラーの頼みで数日、娼婦の館に滞在したとあります。そして彼女は精神的喜びより愛欲を求めたと戒められたり、主に対する想いはゴピーと同じと評価されたりしています。いずれにしろ、主クリシュナが娼婦の館に滞在するなんて誤解を招くと思い、最初は上記のように教えを説いて早々に引き上げるように書き直しました。

しかし、主クリシュナは物質的欲望であろうと求めれば与えてくれる方です（その結果は自分で償わなければなりませんが）。主に白檀を布施した娼婦の頼みを聞いて娼婦の館にさえ滞在された、の方が主の偉大さ、分け隔てしない公平さを表しているように考えを改めています。主は御自分への献身奉仕に対して自分自身さえ与えられると言われますが、その通りだと思います。

アクルーラを訪問

次にクリシュナは、アクルーラとの約束を果たそうと、バララーマとウッダヴァと一緒に、アクルーラの家を訪ねました。

アクルーラは、クリシュナ達の訪問を知ると、大喜びで立ち上がり、彼らを抱きしめ挨拶をします。アクルーラはクリシュナとバララーマの前に平伏し、訪問のお礼を述べました。そして、彼らに座を勧め、聖典の定めに従い、三人を崇拝しました。

アクルーラは主クリシュナと主バララーマの御足を洗い、その洗った水を自らの頭に降り注ぎます。そして彼は、クリシュナ達に衣装や香りのよい白檀膏、花輪や最高の宝石を贈りました。このように二人の主を崇拝した後、床に頭をつけて礼拝し、クリシュナの御足を膝に乗せて、マッサージを始めました。そして、謙虚にクリシュナとバララーマに話しかけました。

「お二人が悪魔カンサとその従者を滅ぼされて本当に良かった。あなた方の王家は、際限のない苦しみを彼らから受けていたので、今後は大いに栄えることでしょう。

あなた方お二人は、根源の主。宇宙の原因であり、まさにその本質です。もっとも精妙な原因だけでなく被造物すべてはあなた方から分かれたのです。

おお、絶対神理よ。あなたは御自分のエネルギーでこの宇宙を創造され、それからその中に入られました。こうして人は、権威者から聞いたり直接体験したりして、さまざまな姿の中に主であるあなたを知覚できるようになりました。

地水火風空の原素が、動不動さまざまなものに入り込むように、何ものにも依存しない主であるあなたは、あなたの創造物の中にアートマンとして宿られます。

あなたは純質、激質、無知（翳質）の三グナを用いてこの宇宙を創造、維持、破壊されますが、三グナやグナの産物のしがらみに巻き込まれることは決してありません。何故ならあなたは全知識の源であり、マーヤに束縛されることはないからです。

あなたは物質や姿態に覆われることは決してないため、感覚や二元相対の中に誕生することはありません。あなたは、ただ御自分の御意志によってのみ、この世に降臨されるのです。

あなたは古の昔、全宇宙の幸のために、ヴェーダの教えを説かれた源初のお方。その教えが邪悪な無神論者に閉ざされる時はいつでも、化身を遣わし正道を復興されるのです。

あなたはまさにその至上主に他なりません。そして、今はヴァースデーヴァの家庭に完全拡張体（バララーマ）と一緒に降誕されたのです。あなたは無数の王の姿をした悪魔を滅ぼして地球の重荷を軽くし、献身者を保護し、私達の王家の名声を広めるためにお生まれになったのです。

おお、主よ。あなたにおいでいただいたので、私の家は最も恵まれた家となりました。あなたの御足を洗った水は三界を浄化すると言われています。私はその水を頭からかけさせていただきました。これ以上の恩恵はありません。

おお、すべてを超越したお方。あなたは宇宙の師でいらっしゃいます。あなたが、献身者を愛し、感謝し献身者の幸福を願ってくださるというのに、他の者に保護を求める愚か者がいるでしょうか？　誠実な愛であなたを崇拝する献身者に、あなたは望むものすべて、あなた御自身さえも与えます。それでもあなたは決して増えも減りもしないのです。

主ジャナールダナ（クリシュナ）よ。あなたがこうして私達の目に見えるということは何という幸運でしょう。何故なら、ヨガの師も優れた神々も大変な苦労をして、あなたの姿を求め、あなたの姿を最終ゴールとしているのですから。

どうか、すぐに子供、妻、富、友、家庭、肉体への愛着を断ち切ってください。このような愛着は、あなたのマーヤ・エネルギーの影響に過ぎないのですから」

御自分の献身者にこのように賛美され、至上主ハリ（クリシュナ）は微笑みながら、魅力的にアクルーラに話しかけました。

「あなたは私達の師であり、父方の叔父で尊敬すべき友です。私達はあなたの息子のようなもの、あなたの保護や哀れみをいつも頼りにしています。

あなたのような優れた魂は、真に奉仕されるべき人であり、人生をよりよいものにしようと望む者は誰でも崇拝すべき最高の人です。神々は自分の興味あることを大事にしますが、聖なる献身者はそうではありません。聖地や聖なる河があることは何人も否定はできません。しかし、聖地が魂を浄化するとしても長い時間がかかります。しかし、聖者は、聖者を見たというだけでその人を浄化します。あなたは私の友の中でも最高の友です」

このようにアクルーラを讃えた後、至上主クリシュナは、主サンカルシャナとウッダヴァを連れて御自分の住居に戻っていきました。

主クリシュナの物語（中）

【マトゥラー後のクリシュナの遊戯（概略）】

　クリシュナの生涯の中でも最も美しいとされるヴァリンダーヴァンの幼少、少年時代からカンサを倒し、マトゥラーに移住するまでのお話はここで一通り終わりになります。

　クリシュナの物語の中で、「ハリヴァンシャ」はクリシュナの幼少から少年時代までを扱っており、「ヴィシュヌ・プラーナ」もこの時代の話がほとんどです。最もまとまっているバーガヴァタ・プラーナもマトゥラー到着までが半分以上を占めており、この時代の遊戯がクリシュナを知り、愛する上でいかに重要かが分かります。

　クリシュナがマトゥラーに住むようになったのは、十歳頃とされそれ以後の約百十五年は記述が少ないのですが、結婚や悪魔退治、敵対する王達との戦いが多くなってきます。その中でも折りに触れ、神理道理を説かれ、中でもバガヴァット・ギーターは九十歳の頃、ウッダヴァ・ギーターは帰天直前の百二十五歳頃に説かれています。

クリシュナのマトゥラー後の生涯を簡単にみてみましょう。

・パーンダヴァ兄弟との親交

アクルーラ叔父を訪問した後、クリシュナはアクルーラにハスティナープラに行って、愛する献身者のパーンダヴァ兄弟の様子を見てきてくれるように頼みます。アクルーラは、ハスティナープラを訪問し、数カ月滞在してドリタラーシュトラの息子達が邪悪で野望を捨てておらず、いずれパーンダヴァ達を迫害するだろうとクリシュナに報告します。

またカンサ王の死後もカンサの同盟者でクリシュナをよく思わない王達はたくさんいました。カンサの妃の父でビハール王国の支配者ジャーラサンダはその代表です。ジャーラサンダはヤドゥ家殲滅を決意し、実に十七回も大軍団を率いてマトゥラーを攻撃します。クリシュナとバララーマは、その都度撃退するのですが、何故か殺さずに撤退させていました。

・ドヴァーラカーへの遷都

ジャーラサンダが十八回目の攻撃を計画している時、マトゥラーの南のヤヴァナ国の王カーラヴァナが攻めてきました。両軍を相手にしてはマトゥラーの都では防ぎきれるかどうか分かりません。そのためクリシュナは都をドヴァーラカーに移し、強固な城塞都市を造ることにしました。

ドヴァーラカーは海の上に造られた都ですが、その建造には天界の匠ヴィシュヴァカルマーがクリシュナの命であたったと言われています。ドヴァーラカーは城塞都市というばかりでなく、街は道路や小道が計画的に造られ、建物、公園、庭園などすべてが美しく、主クリシュナの住む都に相応しいものでした。

・ムチュクンダの解放

カーラヴァナが攻めてきた時、クリシュナは一人都を抜け出し、それを見つけたカーラヴァナが追いかけますが追いつけません。クリシュナはある山の洞窟にカーラヴァナを誘い、そこに眠っていたムチュクンダにカーラヴァナを退治させ、ムチュクンダを解放します。

その頃、マトゥラーにジャーラサンダが十八回目の戦いを挑んできました。今度は今まで以上の大軍です。マトゥラー市民を何度も戦いに巻き込むのを心配したクリシュナとバララーマは二人で歩いて、マトゥラーを離れました。ジャーラサンダは大軍を率いて二人を追跡します。二人は山の頂上へ向かい、ジャーラサンダは山に火を放ちます。二人が焼け死んだと思ったジャーラサンダは軍を引き上げますが、この時、クリシュナとバララーマは百四十キロメートルも山を飛び降り、難なく都に帰ったと言われています。

・主の妃達

ルクミニーとの結婚

ヴィダルバの王ビーシュマカは、主の献身者で五人の息子と娘ルクミニーがいました。ルクミニーは、幸運の女神ラクシュミーの拡張体と言われ、知性と寛大な心、比類ない美しさを備えた女性でした。ルクミニーは主クリシュナのことをいつも聴き、自分の夫になるのはクリシュナしかいないと心に決めていました。

ところが長兄ルクミーはクリシュナのことをよく思っていません。父や親族がクリシュナとの結婚を勧めても反対し、やはりクリシュナに敵意を持つシシュパーラとの結婚を決めてしまいました。

困ったルクミニーは、クリシュナに手紙を書き、ブラーフマナに託します。

ブラーフマナを手厚く崇拝し、手紙を受け取り読んでみると率直にルクミニーの気持ちが書かれてありました。

「あなたのことをいつも聴くうちにあなたに魅せられてしまいました。想いを直接打ち明けるなんて恥知らずな女かもしれませんが、あなたの永遠の召使いになりたいと思います。愛しい主よ。私の魂と命をあなたにゆだねます。どうか私をあなたの妃にしてください」

そして、シシュパーラとの結婚式の前に誘拐してほしいこと、女神ドゥルガーの寺院に礼拝に行った帰りが警戒が薄く誘拐しやすいことなどが書かれていました。

クリシュナは、さっそくヴィダルバ国に出かけていきました。多くの王が結婚式に参加するため都に来ていましたが、クリシュナはルクミニーが寺院に礼拝に行った帰り、いとも簡単にルクミニーを自分の馬車に乗せ、そのまま誘拐しました。その場に居合わせてルクミニーを見ようと思っていた王子達は、クリシュナを追いかけ攻撃します。それを、クリシュナ、バララーマ、ヤドゥ軍はことごとく撃退し、無事にドヴァーラカーの都にルクミニーを連れて帰りました。

そしてクリシュナとルクミニーの結婚式が盛大に行われましたが、多くの王や王子達が参加し、中にはパーンダヴァ兄弟やルクミニーの父ビーシュマカも喜んで参加したと言われています。

主クリシュナの他の二人の妃

クリシュナにはルクミニーの他に主な七人の妃がいたと伝わっています。

ドヴァーラカーの近くにサトラージットという太陽神を崇拝している王がいました。太陽神は彼の献身奉仕を愛でてシャマンタカという宝石を与えました。この宝石は目がくらむほどの輝きだけでなく、一日六・四トンの黄金を産出するという宝石です。

ある時、サトラージット王がシャマンタカの宝石を首飾りにしてドヴァーラカーを訪れました。街の人々は、その輝きでサトラージット王の顔も見えず、クリシュナに「クリシュナ様、太陽神が来られました」と報告します。クリシュナはすべてをご存じで笑って、「それは太陽神ではない。シャマンタカの宝石を見せびらかしに来たサトラージット王だよ」

と、答えました。そしてサトラージットにその宝石をウグラセナ王に捧げるようにお願いしました。しかし、物欲にかられたサトラージット王は宝石を渡しませんでした。

それからしばらくして、サトラージットの弟がシャマンタカの宝石を持ち出してあちこちで見せびらかしていると、森で突然大きなライオンに襲われ殺されました。ライオンはシャマンタカの宝石を自分の洞窟に運びました。それを聞いたゴリラ王ジャーンバヴァーンは洞窟に出かけてライオンを殺し、宝石を奪い取りました。そして自分の洞窟に持ち帰ると玩具として息子に与えました。

さて、サトラージットは弟とシャマンタカの宝石が戻りません。そして、クリシュナが宝石を欲しがっていたため、「クリシュナが弟を殺して宝石を奪った」と噂を広めました。

クリシュナはその噂を喜ばず、自ら宝石を探しに出かけました。そして殺されているサトラージットの弟とライオンを見つけました。そこを辿ってゴリラ王ジャーンバヴァーンの洞窟に到着するとクリシュナは一人で洞窟に入っていきました。そこで宝石を見つけたクリシュナはゴリラ王と戦いを始めました。実はゴリラ王ジャーンバヴァーンは、主ラーマチャンドラの献身者でした。そのことをご存じだった主クリシュナがわざと互角の戦いを昼夜の区別なく二十八日間にわたってくりひろげました。全身ボロボロになったゴリラ王は、ようやく相手がかつて献身奉仕していた主そのものと分かりました。

ジャーンバヴァーンは主に非礼を詫び、シャマンタカの宝石を返したばかりでなく、娘のジャーンバヴァティーも主クリシュナに捧げたのでした。

クリシュナは何事もなかったかのように、サトラージットに宝石を返しました。しかし、自分の欲のために主クリシュナを侮辱したことを恥じたサトラージット王は、シャマンタカの宝石を捧げ、同時に美しい自分の娘サッチャバーマーを妃にされましたが、宝石はサトラージット王に返し、寺院に置いておくようにすすめました。主はサッチャバーマーも主に捧げました。

クリシュナの他の五人の妃

ドリタラーシュトラの陰謀で樹脂の家でパーンダヴァ兄弟と母クンティーが焼死したとの噂が流れました。実はヴィドゥラの助けで生きていて、彼らがハスティナープラの都に戻ったと聞いたクリシュナは大変心配して、自らハスティナープラにパーンダヴァ兄弟を訪ねることにしました。

そして、純粋な献身者であるパーンダヴァ兄弟やクンティー達と親交を深め、雨期の四カ月をハスティナープラで過ごしました。

ある時、クリシュナとアルジュナは狩りに行き、喉が渇いてヤムナ河で水を飲んで喉を潤していると、年頃の美しい娘がヤムナ河の岸辺を通りかかります。クリシュナはアルジュナに娘の名前を聞いてくるように頼みました。アルジュナが娘に尋ねると、娘は答えます。

「私は太陽神の娘でカーリンディと申します。ヤムナ河の水の中に住み、主の妃になるために苦行をしております。あなたは主の友人のアルジュナ様ですね。そこにいらっしゃるのは主クリシュナ様とお見受けいたします。クリシュナ様こそが私の夫にと願っている方です。どうかアルジュナ様から取り次いでくださいませ」

アルジュナが主にカーリンディのことを話すと、主は迷うことなくカーリンディを妃にされました。

またアヴァンティープル国を治めていたアヌヴィンダとヴィンダという二人の王にミトラヴィンダーという妹がいて、この妹はクリシュナのいとこに当たり、すばらしい女性でした。このミトラヴィンダーはクリシュナこそ自分の夫と決めていましたが、機会がなくいつの間にか婿選びの儀式を迎えることとなりました。この婿選びの儀式に参加したたくさんの王子の中にクリシュナも交じっていました。クリシュナはミトラヴィンダーの気持ちを知ると、強引に誘拐し連れ去って、彼女の願い通りに妃としました。

次に、コーシャラ国のナグナジット王にはサッチャーという美しい娘がいました。ナグナジット王は、七頭の強健な雄牛を飼っており、この七頭の牛と闘って勝った者に娘を与えると決めていました。しかし、この七頭の猛牛に勝てる者はいません。

クリシュナはこの話を聞き、コーシャラ国を訪ねました。かねてからクリシュナに好意を寄せていた王と娘はクリシュナを歓迎しましたが、やはり公平に行うためクリシュナに七頭の雄牛と闘ってもらうことにしました。

クリシュナは闘いにあたって、御自分を七人に拡張し、一人一頭ずつ牛と闘い難なく勝利をおさめ、サッチャーを妃にしました。

クリシュナにはもう一人叔母がいて、シュルタキールティという名で彼女にはバドラーという娘がいました。このバドラーもすばらしい女性で、クリシュナの妃になることを夢見ていました。バドラーの兄が妹をクリシュナに捧げるとクリシュナは喜んでバドラーを妃にしました。

最後に、クリシュナはマドラス国のラクシュマナーとも結婚しました。ラクシュマナーも良い性格のすばらしい女性でしたが、婿選びのスワヤンヴァラ（多くの王子の中から婿を選ぶ儀式）の時、クリシュナが誘拐し自分の妃としました。

このようにクリシュナには、ルクミニーの他に七人の妃がいたのですが、後にボウマースラという悪魔を倒した時に、幽閉されていた一万六千百人の女性を妃にしたと伝えられています。

・悪魔ボウマースラ退治と一万六千百人の妃

強大な悪魔ボウマースラはメール山の一角を占拠し、インドラはクリシュナを訪ね助けを乞いました。主クリシュナはガルーダの背に乗りボウマースラの治める難攻不落の城塞都市プラーグジョーティシャプールに到着します。クリシュナは棍棒で城塞を粉砕し、矢の雨を降らせました。ボウマースラの用心棒のような五つの頭を持つ悪魔ムラが三叉をもって、猛烈に反撃しますがクリシュナはスダルシャン・チャクラで五つの首を切り落とします。ムラには七人の息子がいて、総攻撃をかけてきましたが、木っ端微塵にクリシュナに打ち倒されてしまいました。残るボウマースラとクリシュナの一騎打ちになりましたが、やはりクリシュナの放ったスダルシャン・チャクラにボウマースラの頭は切り落とされました。

クリシュナは、ボウマースラの息子を許し、ボウマースラの宮殿にとらわれていた一万六千百人の女性を解放しました。女性達はみな王女で、ボウマースラに誘拐されていたのです。

王女達は命の恩人の美しく勇敢なクリシュナの虜となり、懇願します。

「ああ、命の恩人のクリシュナ様。私達は国に帰っても幸せな結婚ができるかどうか分かりません。どうか私達を、あなたの召使いにしてください」

クリシュナは、王女達の願いを聞き入れ、全員を御自分の妃としたのです。

さて、合計するとクリシュナには一万六千百八人の妃がいたことになります。さらに各妃との間に十人の息子がいて、計算すると十六万千八十人の息子がいたといいます。ところで、これだけ多くの妃達といったいどうやって生活していたのでしょうか。同じように不思議に思った聖仙ナーラダが、ドヴァーラカーの主を訪ね、その驚嘆すべき生活をつぶさに見てくる話があり後述します。

・悪魔バーナースラとの戦い

ある時、クリシュナの孫アニルッダが千の腕を持つ大悪魔バーナースラの娘ウシャーと恋仲になり怒ったバーナースラにとらわれたことがありました。クリシュナはヤドゥ王家を率いて、アニルッダを取り返しに行きます。バーナースラは主シヴァの偉大な献身者でしたので、バーナースラが不利と知ると、シヴァがバーナースラの味方につき、クリシュナの陣と激しい闘いを始めました。

しかしクリシュナは、シヴァの繰り出す必殺の武器をことごとく破ります。バーナースラは千の腕に武器を持って、クリシュナに襲いかかりますが、主はスダルシャン・チャクラで千の腕を切り落としていきます。自分の献身者バーナースラの危機を悟ったシヴァは、クリシュナにバーナースラの命乞いをして、クリシュナは快く許されます。そうしてめでたく、アニルッダとウシャーを連れてドヴァーラカーに凱旋しました。

・ヌリガ王の救済

またある時は、ドヴァーラカーの近くの森の井戸の底でトカゲになっていたヌリガ王を救済します。ヌリガ王は信仰篤い人で、ブラーフマナに多くの乳牛や豪華な装飾品、食べ物などを布施していましたが、あるブラーフマナに捧げた乳牛が戻ってきて、それを知らずに別のブラーフマナに捧げたことがありました。二人のブラーフマナが自分の乳牛だと主張し、ヌリガ王はその罪で死後、トカゲに生まれ変わったのでした。クリシュナはそのヌリガ王を救済し天界に送りました。

・ジャーラサンダの成敗

ある時、マトゥラーの都の主クリシュナを十八回も攻撃したジャーラサンダ王にとらわれた三千人の王の使いがドヴァーラカーを訪ね、会議堂にいたクリシュナに王達が主に救いを求めていることを伝えました。ちょうどその場に聖仙ナーラダが現れ、主クリシュナにハスティナープラに行って、パーンダヴァの長男ユディシュティラの大ラージャスーヤ祭に参加してくれるようにお願いしました。ラージャスーヤ祭は、世界の皇帝になる王が行う供犠祭です。

会議堂では、ジャーラサンダにとらわれた王達を救出にいくか、ラージャスーヤ祭に参加するか意見が分かれ、クリシュナは親友のウッダヴァの意見を聞きました。

ウッダヴァは明快に答えます。

「まずナーラダ様の頼みを第一にすべきです。しかし、ラージャスーヤ祭は全世界を制覇した王にしか許されない大供犠祭です。ジャーラサンダ王がユディシュティラに服従しない限り、ラージャスーヤ祭は行えません。またジャーラサンダ王は勇猛で一万頭の象に匹敵する力を持っています。彼に勝てる者はパーンダヴァの次兄のビーマしかおりません。ビーマにジャーラサンダ王を倒してもらいましょう。そうしてラージャスーヤ祭を行えば一石二鳥です」

クリシュナを含め、みんなウッダヴァの意見に大賛成しました。クリシュナは一族を連れて、ハスティナープラに出かけ、街の人々やパーンダヴァ家に大歓迎され親交を深められました。そして、ラージャスーヤ祭を行うにはすべての王を服従させる必要があること。敵対する王を選別するため、ユディシュティラに貢ぎ物をするように使者を出してはどうかと提案しました。

ユディシュティラはさっそく四人の弟を四方に送り

ました。ほとんどの王は十分な貢ぎ物を贈りましたが、唯一ジャーラサンダ王は服従を拒否してきました。クリシュナは、ウッダヴァの提案をユディシュティラに伝え、ビーマとアルジュナ、クリシュナの三人でブラーフマナに変装してビハール王国にジャーラサンダ王を訪ねました。

ジャーラサンダはブラーフマナには大変敬意を払う人物でした。三人が面会を求めるとジャーラサンダは快く会い、「望みのものを授けよう」と言いました。そこで三人は身分をあかし、決闘を申し込みます。こうしてジャーラサンダとビーマの一騎打ちが始まりました。この闘いは激しく二十八日間続きましたが、クリシュナのアドバイスによりビーマが勝利をおさめました。クリシュナは王国をジャーラサンダの息子サハデーヴァに継がせ、とらわれていた三千人の王達を解放し、ハスティナープラに戻りました。

・ユディシュティラのラージャスーヤ祭

こうしてジャーラサンダを倒し、ユディシュティラ王はラージャスーヤ大供犠祭を行うこととなりました。供犠祭には王族、聖者、神々、主ブラフマー、主シヴァ、主インドラなどが参列しています。

そこで誰が第一に崇拝を受けるべきか参加者の間で議論がありました。パーンダヴァは、「ヤドゥ家最高の人物で、献身者を保護する主クリシュナこそが第一に崇拝されるに相応しい」とクリシュナを推選しました。大供犠祭に集まった人々は拍手喝采して賛成しましたが、シシュパーラだけは反対しました。ルクミニーをクリシュナに奪われ恨んでいたからです。シシュパーラは立ち上がるとクリシュナを罵倒し始めました。クリシュナは黙って聞いておられましたが、チャクラを取り出すとシシュパーラの首を切り落とされました。

こうしてユディシュティラのラージャスーヤ供犠祭は大成功をおさめましたが、参列者の中でドゥルヨーダナだけは内心快く思いませんでした。

・シャールヴァ、ダンタヴァクラ、ヴィドゥーラタの成敗

シシュパーラの友人でシャールヴァという名の悪魔がいました。シャールヴァはクリシュナとヤドゥ族を滅ぼしたいと主シヴァを崇拝し激しい苦行しました。シヴァは満足し「望みのものを与えよう」と言うと、シャールヴァは、どんな神々、悪魔、人間であっても破壊できずどこにでも飛んでいける飛行船を望みまし

た。そうして飛行船に武器を積み込んで、クリシュナの都ドヴァーラカーを襲いました。ヤドゥ軍は空からの攻撃に被害を受けましたがすぐに反撃し、両軍の間で激しい戦闘が行われました。この時、クリシュナはハスティナープラに出かけて留守をしていましたが、ドヴァーラカーに戻るとすぐにシャールヴァに向かいました。そして棍棒を打ちつけると飛行船は木っ端微塵になって海へ落ちていきました。シャールヴァはクリシュナに向かって突撃しましたが、主に腕を切り落とされ、チャクラで首を刎ねられてしまいました。

次にシシュパーラの仲間のダンタヴァクラが復讐しようとクリシュナの前に立ちはだかりました。剛力に自信のあるダンタヴァクラは一人で棍棒一つだけ持ってクリシュナに対しました。それを見てクリシュナも棍棒一つだけで相手をします。クリシュナは棍棒の一撃でダンタヴァクラを倒してしまいました。

ダンタヴァクラには、ヴィドゥーラタという兄弟がいました。彼は兄弟の復讐のため楯と剣でクリシュナに向かいましたが、首を切り落とされてしまいました。

このようにクリシュナは向かいくる悪魔を成敗しドヴァーラカーに戻ると、街の人々はみんな大喜びで主を讃えました。

・親友スーダマへの祝福

しばらく主はドヴァーラカーで静かに暮らしていましたが、この頃、主の学友スーダマが訪ねてきました。スーダマは主の献身者でしたが大変な貧乏で、奥さんにクリシュナに何か恵んでもらうようにお願いしてきてほしいと頼まれ主を訪ねてきたのでした。しかし、スーダマは主に会える喜びだけでやってきたのです。主はスーダマを大歓迎します。そして、スーダマの奥さんが贈った干飯に大変満足し、神々も羨むばかりの富を与えました。

・ヴラジャの村人との再会と
亡くなった六人の息子の救済

ある日食の日、多くの人々が聖地サマンタ・パンチャラに信仰を深めようとやってきました。多くの人が聖地に集まりましたが、そこでクリシュナとバララーマは、パーンダヴァなどのクル族の他、懐かしいヴラジャの村人達に再会し、涙を流して喜びます。クリシュナは久しぶりにゴピー達にも会い、自分はアートマンでありいつも一緒にいることを説き慰めます。

また聖地にはクリシュナとバララーマを見たいと多

くの聖者達も集まってきていました。二人の父ヴァースデーヴァは、聖者達に司祭になってもらって供犠を行い満足します。そして聖者達にクリシュナが至上主であることを聞きますが、クリシュナは人間の立場で、父としていてほしいと願いました。そして、母デヴァキーの頼みで先にカンサに殺された六人の息子を生き返らせ母と面会させます。六人の息子はクリシュナに会ったことですぐに天界に帰り、母ヤショダーも悲しみを忘れることができました。

・二人の献身者への祝福

次に主クリシュナはヴィデーハ国の都ミティラーに住む純粋な献身者であるブラーフマナのシュルタデーヴァと国王バフラーシュワを訪ねました。二人の献身者を喜ばそうと、ナーラダ、ヴィヤーサなどの聖者達も一緒に連れて行きました。この時、クリシュナは御自分を二人に拡張し、それぞれ別に訪問したのです。そして「偉大な聖者方が直接、おいでくださったのだから、これほどあなた方にとってありがたいことはない。聖者方を敬うように」と謙虚に語られました。

・主クリシュナ、アルジュナと宇宙の殻を破りヴィシュヌと面会

ドヴァーラカーに、あるブラーフマナが住んでいました。そのブラーフマナの子供は生まれ落ちるとどうしてかすぐに死んでしまいました。次々と同じように死んでいくため、ブラーフマナはウグラセナ王のもとへ行き、王を非難しました。この時代は王の責任は重く、幼い子が両親の目の前で夭折すれば王が非難されたようです。

ウグラセナ王がブラーフマナに非難されているところにアルジュナとクリシュナが居合わせました。アルジュナはブラーフマナの非難を聞いて、ウグラセナが気の毒になり、自分が生まれてくる子を守ると言ってしまいます。さていよいよブラーフマナに子が生まれようとする時、アルジュナは華々しく武装して子供を守ろうとしましたが、生まれた子はあっけなく死んでしまいました。ブラーフマナはアルジュナを非難し、アルジュナは責任をとって死のうとします。

その時、クリシュナが止め、一緒にブラーフマナの子供を捜すことになりました。クリシュナの馬車に乗り、二人は宇宙を旅し、ついに宇宙の殻に到達しまし

た。クリシュナはスダルシャン・チャクラで殻を破り、ブラフマンの光輝を過ぎ、精神の海に入っていきました。海の中には大宮殿があり、そこでアルジュナはアナンタ・シェーシャの上に横たわるマハー・ヴィシュヌを見ました。マハー・ヴィシュヌはクリシュナとアルジュナに丁寧に挨拶し、二人に会いたくて、何とかしてこの宮殿に来てもらうためにブラーフマナの子供を夭折させ、この宮殿に連れてきたことを話しました。そうして、クリシュナとアルジュナはブラーフマナの息子達を返してもらい、ブラーフマナを喜ばせました。

・クルクシェートラの大戦

さて、このようにクリシュナは、マトゥラー、ドヴァーラカー時代にも多くの悪魔や悪王達を成敗し、献身者を守り、神理を説かれました。しかし、カンサが自ら命を絶ち、あの世から悪王達を操り、地球の重荷はなかなか減りません。

そのため、クリシュナはクルクシェートラで大戦を行い、悪王や悪魔達を一度に滅ぼそうと考えました。こうしてクル族（カウラヴァ）とパーンダヴァとの間で戦争が起こり、ほとんどの王がどちらかの軍につきました。この大戦についてはマハーバーラタの中で詳しく述べられています。

その戦争がまさに始まらんとする時、「バガヴァット・ギーター」が説かれます。

さて大戦が終わりパーンダヴァ兄弟の勝利に終わりますが、多くの親戚、友人達が倒れていきました。ユディシュティラは、勝利しても喜びはなく悲しみに暮れていました。敵方についたパーンダヴァの愛する大叔父ビーシュマがまだ死にきれずに戦場にいるのを知り、クリシュナはパーンダヴァ達を連れて会いに行きます。そして、主はビーシュマに力を与え、クリシュナが見守る中、ユディシュティラのさまざまな質問にビーシュマが答えるという形式で教えを説いていきます。このビーシュマの教えはマハーバーラタの実に四分の一、二万四千節に及ぶと言われ、インドの哲学、神理を知る上で貴重で第二の聖典とも言われています。

大戦が終わり、いよいよクリシュナがドヴァーラカーに戻ろうとする時、アルジュナへの第二の教え「アヌ・ギーター」が説かれます。

・主バララーマのその後

さて、もう一人の主バララーマは成人後はクリシュナと一緒に、また別行動で悪王や悪魔退治をします。バララーマの武器は棍棒と鋤で、ある時は自分の言うことに従わないヤムナ河を鋤を大地に打ちつけ引き寄せようとし、ヤムナ河の女神があわてて謝りにきます。また、ある時はヤドゥ王家を低くみたクル族を怒り、大地に鋤を打つとクル族の都を河の方へ引きずってき（今日では地震）ます。あわてたクル族の王や長老達が謝りにくると都を河に水没させることを止めます。

また、バララーマはクルクシェートラの大戦には参加せず聖地巡礼をします。主が巡礼した聖地はさらに浄化されることから、主クリシュナが大戦に参加している間、全土に影響が及ばないようにインド中を浄化して回っていたように思います。

バララーマはアナンタ・シェーシャの化身であり、アナンタがくしゃみをしたら大地が揺れる（地震）と言われるように、宇宙と大地を支える役割を担っているように考えられます。

・クリシュナの帰天とウッダヴァ・ギーター

クルクシェートラの大戦の時は、クリシュナは九十歳でその後の三十五年間は目立った話は伝わっていません。

地上での役割を終えたクリシュナは、そろそろ地上を離れる決心をされますが、御自身のヤドゥ王家があまりに強大になり、いずれ傲慢になって地球の重荷となることを心配したクリシュナは、ヤドゥ家を滅ぼす決心をします。しかし、ヤドゥ家は、主クリシュナを主と仰ぎ軍事力も強大で多くの英雄達がいます。とても外敵によって滅ぼされることはありません。そこで主クリシュナは、ブラーフマナの呪いと内輪もめという形で滅ぼすことにしました。

ヤドゥ家の少年達が、女装をした少年を連れてきて、聖者達にお腹の子が男の子か女の子か当てさせようとします。怒ったブラーフマナ達は、ヤドゥ一族を呪いました。このヤドゥ家滅亡の直前に「ウッダヴァ・ギーター」が説かれます。

この呪いと主クリシュナ御自身がヨーガマーヤーを使ってヤドゥ家の人々を幻惑し、酒に酔わせてお互いに闘わせます。こうして、さしもの強大なヤドゥ一族も内輪もめによって全滅してしまいました。一族の滅亡を見たバララーマはヨガの技法を用いて肉体を捨てます。また、クリシュナはバニヤン樹の下で座っているところを鹿と間違われて矢を射られ、主の永遠の住居ヴァイクンタに神々が見守る中帰っていきます。

主クリシュナはあくまで、人間として降誕され、最後も人間として去って行かれたのでした。

これらのクリシュナの生涯の中から、主のお人柄を偲ばせるエピソードをひろいあげてみていくことにします。

ムチュクンダの解放

カーラヤヴァナは主クリシュナが、マトゥラーから昇る月のように出てくるのを見ました。主は、黒みがかった青い肌色に黄色い絹の衣装を身につけ最高の美しさです。胸にはシュリーヴァッサの聖印、そして首にはカウスツバ宝玉を下げています。四本の腕は長く逞しく、喜ばしい蓮のようなお顔、蓮華のようなピンクの眼、美しく輝く頬、輝く鮫の形をしたイヤリングと新鮮な微笑みを浮かべています。

野蛮人は思いました。

「こいつがヴァースデーヴァに違いない。ナーラダがいったような姿形をしているから。シュリーヴァッサの印、四本の腕、眼は蓮のようで、森の花の花輪を身につけ、それにとってもハンサムだ。やつは誰も供を連れていない。裸足で武器も持っていないようだ。わしも素手でやつと闘おう」

このように決め、カーラヤヴァナは背を向けて去っていく主の後を追いました。カーラヤヴァナは、偉大なヨギーでさえつかまえることのできない主クリシュナをつかまえようと思ったのです。

すぐにでもカーラヤヴァナの手が届きそうになるのですが、つかまえることができず、主ハリは、ヤヴァナの王を山の洞窟まで連れてきました。

主を追いかけながら、ヤヴァナの王は主を侮辱します。

「おい、お前は誇り高きヤドゥ王家に生まれたのだろう。逃げるのは卑怯だ！」

しかし、どうしてもカーラヤヴァナは主クリシュナに追いつけません。何故なら彼の罪深きカルマが精算されていないからです。

このように侮辱されてもクリシュナは気にもとめず、山の洞窟に入っていきました。カーラヤヴァナも洞窟に入ると、そこには眠っている別の男がいました。

「長い間、私を引き回したあげく、奴はここで聖者のように寝ている！　何ともふざけたやつだ！」

　このように眠っている男を主クリシュナと考え、幻惑された愚か者は、力一杯彼を蹴りつけました。

　その男は長い眠りから覚め、ゆっくりと眼を開きました。あたりを見回し、彼のそばにカーラヤヴァナが立っているのを見ました。目が覚めた男は怒り、カーラヤヴァナを睨むと彼の肉体は一瞬で炎に包まれ、カーラヤヴァナは灰になってしまいました。


　その男はムチュクンダという名の偉大な魂で、イクシュヴァーク王家のマーンダーターの息子として生まれました。ブラーフマナ社会へ奉仕し、いつも戦場で闘っていました。

　悪魔達に苦しめられていたインドラや他の神々が彼に助力を頼み、ムチュクンダは神々を長い間守ってきたのです。

　神々がカートチケヤを将軍とした時、神々はムチュクンダに言いました。

「おお、王よ。あなたは私達を守るというやっかいな義務から今、解放されました。おお、勇敢な方よ。世界にまたがる王国を捨て、私達を守るためにあなたは個人的な望みをすべて顧みませんでした。あまりに長い間闘ってきたため、あなたの子供達、王妃、親戚、大臣、相談役を含め、同世代のものはすべて滅びています。彼らはみんな時の流れに連れて行かれてしまいました。

　無限の時間、強者よりさらに強い者、それは至上なる主しかいません。牧童が家畜を動かすように、主は死ぬべき創造物を動かしているのです。

　ああ、あなたにすべての幸あれ！　私達からお礼に祝福を授けましょう。解放以外の祝福を選んでください。解放だけは誤ることなき至上主ヴィシュヌしか授けることができません」

　このように言われ、ムチュクンダは長い闘いで眠ることができなかったので、熟睡できる祝福を望み、敬意を表して神々のもとを辞し、洞窟にやってきて今まで眠っていたのです。


　カーラヤヴァナが燃えて灰になった後、至上主クリシュナが賢きムチュクンダの前に姿を現しました。

　ムチュクンダ王が見ると、主は雲のように黒みがかった青色の肌で四本の腕を持たれ、黄色い絹の衣装を身につけています。主の胸にはシュリーヴァッサの印、首には煌めくカウスツバ宝玉を下げています。そしてヴァイジャヤンティーの花輪で身を飾っています。非常に端麗で柔和な顔、鮫の形のイヤリングをして、微笑みをたたえた眼差しをされ、すべての人の眼を魅了します。

若々しい姿とその美しさは並ぶ者なく、主はライオンのように威厳に満ちて動かれます。


高い知性の王は、主の無敵の輝きに圧倒されました。そして、躊躇しながら主クリシュナに語りかけました。

「石ころだらけの森の洞窟の地面を、蓮の花弁のように柔らかい足で歩いておられるあなたはどなたですか？

あなたは、すべての強きものの力そのもののように思えます？　おそらく火の神か太陽神、月神、それか天国の神か、惑星の主宰神ではないですか？

ランプの光が闇を消し去るように、あなたの光輝が洞窟の闇を追い払っています。私が思いますに、あなたは神々の中の最高の神ではないでしょうか？

おお、最高の人よ。もしよろしければ、あなたの生まれ、活動、系譜などをお話いただけないでしょうか。

おお、人中の虎の如き人よ。まず私から自己紹介しましょう。私はイクシュヴァーク王の末裔、堕落したクシャトリヤの一族の生まれです。私はヤウヴァナーシュヴァの息子で名前はムチュクンダです。私は長い間眠らずに闘い続け疲れ切って、私の感覚も睡眠を欲して狂わんばかりでした。そうして、私はこの洞窟でたった今、誰かが起こすまで気持ちよく眠っていたのです。

私を起こした男は、自らの罪によって燃えて灰になってしまいました。そして、私は栄光に満ちたお姿、敵を懲らしめる力を秘めたあなたを見つけた次第です。あなたの輝きは目がくらむばかりで、私は目を開けてあなたを見ることができません。おお、高貴なお方よ。あなたは万物から讃えられるべきお方です」


このように王から話しかけられて全創造の根源、至上主クリシュナは微笑んで、雷鳴のような深い声でムチュクンダに答えました。

「愛する友よ。私は何度も生まれ、何度も生き、無数の名を持っている。私の誕生、活動、名前は無限であり、私自身でさえ数えることはできない。

多くの生涯を費やして、誰かが地球の塵の数を数えたとしても、誰も私の性質、活動、名、誕生を数え終えることはできない。

おお、王よ。偉大な聖者が過去、現在、未来にわたる私の誕生、活動を数えたとしても、決して数え終わることはない。

おお、友よ。しかし、私はあなたに今生の誕生、活動、名について述べよう。少し前、主ブラフマーが、正道を保護し、地球の重荷になっている悪魔を滅ぼしてほしいと頼んできたのだ。そうして私はヤドゥ家にヴァースデーヴァの息子として生まれたので、ヴァースデーヴァと呼ばれている。

私は過去にカーラネミという悪魔を倒したが、それがカンサとして生まれてきていた。そして私は、カンサだけでなくプラランバや他の信仰の敵を滅ぼした。そして、今、あなたの一睨みでこの野蛮人が灰になってしまった。

過去にあなたは私に何度も祈りを捧げてきたのです。私は私の献身者を愛しているので、慈悲を授けようと思って、この洞窟にやってきたのです。

おお、聖王よ。祝福を授けよう。何でも望みのものを言うがよい。私を満足させた者は、決して悲嘆にくれることはない」

これを聞いて、ムチュクンダは主に平伏しました。彼はクリシュナを至上主と認めたのです。王は主に次のように言いました。

「おお、主よ。この世の人々は男も女もあなたのマーヤに幻惑されています。本当の恩恵に気付かず、あなたを崇拝せずに、苦しみの源である家庭生活にとらわれ、別の幸せを探しています。

人間として生まれてくるという千載一遇のチャンスを得ても、不純な心の人々はあなたの蓮華の御足を崇拝しようとしません。暗い井戸に落ちた動物のように、このような人は、物質の闇の中に落ちているのです。

私はこのように時を浪費してきました。おお、主よ。地球の王として領地や富を得ることにますます酔いしれていったのです。滅ぶべき肉体を自分と誤認し、子供、妻、財宝、土地に愛着するようになり、終わりのない不安に苦しむようになりました。

あまりの傲慢さから、私は自分は肉体であると思っていました。肉体は壺や壁と同じ物質に過ぎないのに何という無知だったことでしょう。そうして、私は自分が人の中の神であると思い、戦車、象、騎馬隊、騎兵隊や将軍達を連れて地上を駆けめぐりました。

自分が何を為すべきかと悩む人、欲深い人、感覚の満足に耽る人も、あなたに直面することになります。飢えた蛇が鼠を前に舌なめずりをするように、死という姿であなたは彼の前に現れるのです。力強き象や戦車に乗り、王という名で呼ばれた肉体も、打ち勝ちがたい時の力により、後には糞、蛆虫、灰と呼ばれるようになるのです。

四方の敵を制圧し、すばらしい玉座に座って、それまでライバルだった王達から賞賛を受けても、一旦寝屋に入ると、性の喜びを得るため、彼は女性のペットにならなければなりません。

より強い力を得ようと、王は苦行を行ったり禁欲したりします。しかし、『私は誰にも依存していない。私は主である』という思いに駆り立てられ、幸せを手にすることはできません。

さまよえる魂が物質的生活を捨てると、あなたの献身者達と交流の機会があるかもしれません。献身者との交際により、すべての原因と結果の法則の支配者であり、献身者のゴールであるあなたへの献身奉仕に目覚めます。

我が主よ。あなたは私に慈悲を与えてくださいました。何故なら、悪魔との戦いに従軍している間に私の王国への愛着は自然となくなったのですから。

おお、すべてに力強きお方よ。私は、あなたの蓮華の御足に奉仕するという恩恵以外は何も望みません。解脱を与えるあなたを崇拝する者が、どうして自分を束縛することになるような恩恵を望むでしょうか?

あなたは絶対神理、純粋知識であり、グナを超越していらっしゃいます。ですから、純質、激質、無知のグナに私を縛りつける物質的望みは脇に捨て、私はあなたの蓮華の御足に庇護を求めます。

私はこの世で長い間、トラブルにあい、悲しみに身を焦がしてきました。欲望という敵は飽きることなく、私を平和にすることはありません。ですから、おお、庇護を与えるお方よ。どうか私をお守りください。おお、主よ。私は危険の真っ只中にあって、幸運にも真実であり、人の恐れを取り去り、悲しみから自由にするあなたの蓮華の御足に触れることができたのです」

主クリシュナ曰く、

「おお、皇帝よ。偉大な統治者よ。あなたの心は純粋で不動ですね。私は何でも望むものを与えると言って、あなたを試しましたが、あなたの心は物質的欲望に動かされませんでした。あなたがマーヤに幻惑されていないことがよく分かりました。私の純粋な献身者は、決して物質的欲望によって道を逸れることはありません。

プラーナーヤナを実践する非献身者の心は、物質的欲望からまだ自由になっていません。おお、王よ。そのような者の心には再び、物質的欲望が芽生えてくるでしょう。

あなたは心を私に固定し、地球を好きに旅してみなさい。いつも私への献身奉仕の思いを持ち続けてください。あなたはクシャトリヤとしての義務を果たすため、戦争や狩りで生き物を殺してきました。その罪を苦行と私に身をゆだねることで償う必要があるのです。

おお、王よ。あなたは次の世では優れたブラーフマナとなるでしょう。生きとし生けるものの幸せを願い、間違いなく私のもとに帰ってきます」

このように主クリシュナは、主への献身奉仕のみを望んだムチュクンダを祝福したのでした。

ナーラダ・ムニ、ドヴァーラカーの主クリシュナの宮殿を訪問

主クリシュナがボウマースラを倒し、一人で多くの花嫁と結婚したと聞き、ナーラダ・ムニは主がどのように生活しているのか知りたいと思いました。

「一人の主クリシュナが、一万六千百八人の花嫁と別々の宮殿で同時に生活できるなんて驚きだ」

そうして、興味津々、ドヴァーラカーに向かいました。

街は公園や美しい庭園に溢れ、鳥の囀り蜜蜂の羽音が響き渡っています。湖には蓮や多くの花々が咲き誇り、白鳥や鶴の鳴き声が響きます。ドヴァーラカーには九十万の王宮があり、すべてクリスタル、銀、大きなエメラルドなどで壮麗に建てられ、宮殿の調度品も金や宝石で装飾されています。道路は広い並木街路、一般道路、交差点などきれいに整備され、市場や住宅街、神々を祭る寺院が区画されて、非常に魅力的な街です。道路、庭園、商業道路、住宅の中庭にも水が撒かれ、たなびく旗が太陽の熱を遮っています。

ドヴァーラカーの中に神々、人々から崇拝されている一画があります。この地区は天界の匠ヴィシュヴァカルマーが智慧と技術を結集して建てた、主ハリの居住地で、主クリシュナの一万六千百八人の妃の豪華な宮殿が建てられています。ナーラダ・ムニはこれらの広大な宮殿の一つに入っていきました。

宮殿は宝石をちりばめた珊瑚の柱で支えられています。壁はサファイアで飾られ、床は永久に輝いていま

す。宮殿内には珊瑚のポールに天蓋が張られ、豪華な椅子と象牙や貴重な宝石で飾られたベッドが備えられています。たくさんの着飾ったメイド達も首には首飾りを下げ、ターバンを巻きイヤリングをした立派な甲冑をつけた守衛もいます。

宝石の輝きと灯火が宮殿内の闇を追い払っています。広々とした屋根には孔雀が鳴きながら踊り、格子窓から漏れてくる香を焚く芳香が漂ってきます。

ナーラダ・ムニは、宮殿内で黄金の柄の団扇で妃から扇がれているシュリー・クリシュナを見つけました。妃は自分も若く美しい千人のメイドに仕えられていましたが、このように直接主にお仕えしています。

至上主は宗教原理を守る最高のお方です。主はナーラダに気が付くと、すぐに幸運の女神のベッドから立ち上がり、頭の王冠をナーラダの足につけるほど平伏して、合掌し、聖者を主御自身の玉座に座らせました。

主はナーラダの足を自ら洗い、その洗った水を御自身の頭にかけました。主クリシュナは宇宙の至高者で献身者の主人です。本来なら誰にも尊敬の念を捧げる必要はないのですが、主はこのようにブラーフマナを尊敬され振る舞われるのです。そのため主はブラフマンヤ・デヴァ（ブラーフマナを愛する主）と呼ばれます。こうして主はナーラダを讃えました。

ナーラダも「私は主にこのように奉仕していただける立場ではないのだが、主は人間として振る舞われ、ブラーフマナを遇する時の見本を示しておられるのだ。ここは黙って主のされるにお任せしよう」と、黙って主の奉仕を受けています。

偉大な聖者を聖典の規定に従って崇拝した後、主クリシュナは御自身根源の聖者ナーラーヤナなのですが、ナーラダに甘露のような洗練された言葉で話しかけました。主はナーラダに尋ねます。

「私達の主である、御主人様。私達はあなたのために何をすればいいのでしょうか？」

ナーラダ・ムニは答えます。

「おお、全能の主よ。全世界の統治者であるあなたが、すべての人々を妬まず、友愛を持たれるのは何の不思議もありません。あなたは、御自分の意志でこの宇宙に善を授け、維持し保護しようと降臨されました。このことはみんな知っており、あなたの栄光は広く讃えられています。

今日、私はあなたの献身者に解放を授ける蓮華の御足に触れました。その尊き御足は、主ブラフマーやその他の優れた知性を持つ方々が心臓の中に瞑想し、物質存在の井戸に落ちた人々に救いをもたらします。私が旅して回っている時も、いつもあなたを想っていられるようにお恵みください。あなたを思い出す力をお授けください」

それからナーラダは、主クリシュナの別の妃の宮殿を訪ねました。そこで主クリシュナは、神秘力の主達のそのまた主人（クリシュナ）が有する霊力を目撃していました。

別の宮殿では、主は愛する妃と親友ウッダヴァとでサイコロ遊びをしていいます。主はナーラダを見ると、立ち上がって礼拝し、座をすすめました。そして初めて会うように、

「どこからいらっしゃいましたか？　あなたのように自足円満な方々に、私達はどのように奉仕すればいいのでしょうか？　どうか、ブラーフマナよ。私の人生を祝福してください」

このように言われて、ナーラダは驚きました。彼は黙って立ったままで、別の宮殿に行きました。

ある宮殿では、主クリシュナは小さな子供を可愛がる愛情深いお父さんでした。また別の宮殿では、主クリシュナが沐浴の準備をしているのをナーラダは見ました。

別の宮殿では、火供犠を行い、他の宮殿では五大供犠を行い、ブラーフマナに食事を提供し、別の宮殿ではブラーフマナに捧げた食べ物の残りを食べています。

ある宮殿では、日没後、おしゃべりを止め、ガーヤトリ・マントラを唱えて崇拝の儀式を行い、他の宮殿では、剣と楯を持って剣の訓練をしています。

ある宮殿では主ガダーグラジャは、馬や象、馬車に乗り、別な宮殿では詩人が主の栄光を歌うのを横になって聴いています。

あるところでは、主はウッダヴァのような王家の大臣と相談し、他の宮殿ではたくさんの女性達と水遊びを楽しんでいます。

またある宮殿では、主は美しく飾り付けた乳牛を高貴なブラーフマナに贈り、別のところでは歴史やプラーナの朗唱を聴いています。

他のところでは冗談を言い合ったりして妃達と楽しみ、別のところでは妃と宗教的儀式を行い、他のところでは経済発展の仕事に熱中し、別のところでは宗教

原理に従って家庭生活を楽しんでいます。

ある宮殿では、一人座って、グナを超越した至上なる主を瞑想しており、別の宮殿では年長者に召し使いのように仕え、望みのものを捧げ、恭しく礼拝しています。

また別な宮殿を訪ねると、主クリシュナは参謀と戦争の作戦を立てており、ある宮殿では和平をとりもっています。他の宮殿では主ケーシャヴァと主バララーマが一緒に信心深い人の幸福のために熱心に話し合っています。

またナーラダは、ある宮殿では、クリシュナが息子や娘を似合いの花嫁、花婿と結婚させようとしており、結婚式が盛大に行われているのを見ました。シュリー・クリシュナは、自分の娘を送り出したり、義理の息子を迎えたりして祝典を行い、市民はこれらのお祝いを驚いて見ています。

別の宮殿は、主は供犠を行って神々を崇拝し、他のところでは大衆の幸せのために井戸掘りや公園、修道院の建設などの宗教的義務を果たしています。

別の宮殿では狩りを催し、主は馬に乗り、ヤドゥ家の英雄達を連れて供犠に捧げる動物を狩っています。

また別のところでは、神秘力を用いて大臣や市民の家を動き回り、彼らが何を考えているか探っています。

このように主のヨーガマーヤーをいろいろと見て、ナーラダは穏やかに微笑んで、人として振る舞う主フリシーケシャに言いました。

「今ようやく、あなたの神秘力のすごさを理解いたしました。おお、至高の主よ。私はただあなたの蓮華の御足に奉仕するのみです。

おお、主よ。そろそろお暇してもよろしいでしょうか？　ここで見せていただいた宇宙を浄化するあなたの御業を高らかに歌い、世界を回りとうございます」

主クリシュナ曰く、

「おお、ブラーフマナよ。私は宗教を語り、維持し、裁可する者である。私は私の説いた教えを人々に守ってもらうため、自らも神理道理に従っているのです。我が子よ。もう心配せずにお行きなさい」

このようにナーラダは別々の宮殿で、主クリシュナが同じ姿で、家庭生活を営む人々を浄化するために神理道理を実践しているのを見ました。無限の力を持つ主クリシュナの神秘を何度も見せられ、ナーラダは驚きに打たれました。

主クリシュナはナーラダを讃え、さまざまな贈り物をしました。聖者は大変満足し、いつも主のことを想いながら旅立ちました。


このように主ナーラーヤナは普通の人として、全生物のために聖なる力を振るわれているのです。このように主クリシュナは、主に奉仕する一万六千百八人の妃達と楽しまれているのでした。

主ハリは宇宙の創造、維持、破壊の究極原因です。主がこの世で為した真似することのできない非凡な活動を聴聞したり唱えるだけで、誰でも間違いなく解放を授ける主クリシュナへの献身奉仕を深めることができるでしょう。


バーガヴァタ・プラーナでは、ナーラダ・ムニが旅立って話は一区切りします。しかし、クリシュナと一万六千百八人の妃との暮らしぶりは人のあり方を示し大変おもしろいと思います。

宮殿が肉体、一人一人のクリシュナが万物のハートに宿るアートマン、妃が個別の魂、召使いの長が心、男女の召使いが五感、五行為器官（五知根、五作根）とします。本来なら妃（魂）はアートマン（クリシュナ）に仕え、召使いの長は配下の男女の召使いを使って妃と主に仕えるのが人本来のあり方と思います。このナーラダの宮殿訪問はこのことを物語っているように思います。

ところが本来は妃（魂）と主（アートマン）に仕えるべき召使いの長（心）が権力を持ち、配下の召使いを使って好き勝手にやり出したらどうでしょう。妃（魂）は召使いの長（心）を通してしか、宮殿内のことをうまくやりくりできません。妃（魂）は次第に召使いの長（心）の言いなりになっていき、召使いの長はますます好き勝手するようになります。これが縛られた魂の姿ではないでしょうか。そして不幸なことに死んだら、この召使いの長（心）も一緒についていき、召使いの長が好き勝ってやった負債を清算しなければなりません。負債の清算のために妃（魂）は輪廻転生しなければならなくなるというわけです。

そのため、心のコントロールがヴェーダでは繰り返し叫ばれているのです。召使いの長（心）に好き勝手させてはだめで、妃（魂）に忠実になるように仕付けなければなりません。魂に忠実になった心を友といい、好き勝手するようになった心を敵というのではないかと思います。

聖仙ナーラダと九人の聖者の教え

クリシュナへの崇拝に没頭するため、ナーラダ・ムニはしばらくの間、ゴーヴィンダの腕で常に保護されているドヴァーラカーに滞在しました。

ある日、聖者ナーラダが、クリシュナの父ヴァースデーヴァの家を訪ねました。適切な品を用いてナーラダを崇拝した後、心地よい座を捧げ、彼の前に額ずいて、ヴァースデーヴァは次のように語りました。

ヴァースデーヴァ曰く、

「我が師よ。父親が子供を訪ねるように、あなたの訪問は、すべての生物に有益です。あなたは、生物の中でも最も惨めな者にとりわけ目をかけて助けてくださいます。

神々の活動は生物に苦しみと喜びの両方をもたらしますが、あなたのような主を自分達の魂と受け入れている偉大な聖者方の活動は、万物に幸福だけをもたらします。

神々を崇拝する者は、捧げたものに対するものを見返りに受け取ります。神々は、人の影のようにカルマに付き添って働きます。しかし、聖者は本当に堕落した者に慈悲深いのです。

私はただあなたにお会いしただけで満足ですが、私は至上主に喜んでいただく義務についてお尋ねしたいのです。

ナーラダ様。あなたは常に誓いをお守りになります。あなたのお慈悲により、多くの危険に満ち、常に恐怖に私達を縛り付ける物質的存在から私自身を自由にしてくれるように、どうか私にお教えください」

聖者ナーラダは、ヴァースデーヴァの質問に喜ばれました。何故ならそれらの質問は、ナーラダに主を連想させたからです。こうしてナーラダはヴァースデーヴァに次のように答えました。

聖者ナーラダ曰く、

「おお、純質者の中でも最高の人よ。至上主への生命体（魂）の永遠の義務に関して、あなたは適切な質問をされました。主への献身奉仕は、実践するなら全宇宙を浄化するほど、力強いものです。

至上主へ捧げられた純粋なる献身奉仕は、ただその超越的奉仕を聴聞するだけで、その栄光を唱和し唱えるだけで、それを瞑想するだけで、敬虔に信心深く受け入れることで、他人の献身奉仕を賛美するだけで、神々や他のすべての生物を憎む人々をすぐさま浄化するほど、力強いものです。

今日、あなたは私に至福の至上主、ナーラーヤナを思い出させました。至上主は、主について聴いたり唱えたりする者が誰でも完全に信心深くなるほど吉兆なお方です。

主への献身奉仕を説明するため、偉大な魂であるヴィデハ王ニミとリシャバの九人の息子達との対話を今からお話しましょう」

主の化身とも言われるリシャバ王には、すぐれた百人の息子がおり、それぞれ偉大な王、統治者、ブラーフマナになりました。そのうちの九人は偉大な聖者となり神理を精力的に伝えていました。

ある時、ニミ王が供犠を催している時にこの九人の聖者が現れ、ニミ王は最高の礼をもって迎えました。その時、ニミ王は主への献身奉仕について尋ねたのです。

これから聖者方がニミ王に説いた教えを述べますのでよくお聞きなさい。

聖者カヴィ曰く、

「知性ある人は、この一時的な物質世界と自己を同一と誤認し常に苦しんでいると思います。その彼らも、主の蓮華の御足を崇拝することによってのみ恐れから自由になることができます。このような主への献身奉仕によってすべての恐れは完全に終わりを告げるのです。

無知な生物でさえ、至上主御自身が述べられた方法を採用するなら、容易に主を知るようになります。主が推奨する方法は、バーガヴァタ・ダルマ、または至上主への献身奉仕として知られています。

おお、王よ。至上主への献身奉仕の道を受け入れた者は、決して躓くことはないでしょう。

各人のグナに従い、人は縛られた生活を獲得しますが、体、言葉、心、感覚、知性または純粋意識で為す何であれ、人は『これは主クリシュナの喜びのため』と考え、主に捧げなければなりません。

生物が主のマーヤに幻惑され、肉体と自己を誤って同一視する時に恐れが起こります。生物がこのように至上主を顧みなくなった時、彼は主の召使いであるという本来の立場を忘れます。この幻惑された恐るべき状態は、マーヤと呼ばれる幻力によってもたらされます。それ故、知性ある人は、主を崇拝すべき神、自分の命であり魂と受け入れた優れた師の指導のもとで、主への誤ることなき献身奉仕に邁進すべきです。

物質世界の二元性（相対）は本来存在しないものですが、縛られた魂は、自己の縛られた知性の影響によりそれを真実であるかのように経験します。この主クリシュナから分離した偽のこの世的経験は、夢や希望の中の行為にたとえられます。

縛られた魂が、夜中に何か好ましいものや恐ろしいものを夢見る時、または昼間、手にしたいものや避けたいものを夢見る時、彼の想像を超えて存在しないものを真実であるかのように描き出します。心の傾向は、感覚の満足を基礎に、さまざまな活動を受け入れたり拒否したりします。そのため知性ある人は、クリシュナから離れて物事を見る幻想から心を放すことで、心をコントロールすべきです。心がこのように制御された時、人は本当の不畏を経験するでしょう。

至上主の聖なる御名を唱える（虚心の祈り）ことで、人は主への愛という境地に達します。そして献身者は主の永遠の召使いとしての自己の誓いに確固不動となり、少しずつ至上主の御姿や御名に愛着するようになります。

献身者は、至上主クリシュナから離れた存在として何も観ることはないでしょう。空（エーテル）、火、風、水、地、太陽、他の輝くもの、すべての生物、方角、樹や他の植物、河や大洋など献身者が経験するすべてのものをクリシュナの拡張したものと考えます。このように万物は、至上主ハリの体内に存在すると観て、献身者は主の体のあらゆる拡張体（万物）に深甚なる畏敬の念を捧げなければなりません。

食べることに夢中な人にとって、一口ごとに喜びと滋養、飢えが満たされることが同時に生じるでしょう。同じように、献身、至上主の直接的経験、他のものへの無執着の三つは人が至上主を庇護所とした時、同時に生じます。

我が愛する王よ。不断の努力で誤ることなき至上主の蓮華の御足を崇拝する献身者は、こうして不断の献身奉仕、無執着、主の実践的知識に到達します。このようにして向上した主の献身者は、最高の霊的平安に至ります」

聖者ハヴィル曰く、

「最も向上した献身者は、万物の中にすべての魂の魂、至上主クリシュナを観ます。その結果、至上主との関わりの中に万物を観るようになり、そして万物は主の内に永遠に存在していると理解します。

中位または第二の献身者は、マドヤマ・アドヒカーリーと呼ばれ、至上主に愛を捧げ、すべての主の献身者の誠実な友であり、罪なき無知な人々に慈悲を示し、至上主を妬む人々を無視します。

寺院の神像を熱心に崇拝しますが、他の献身者や一般大衆に対して適切な振る舞いをしない献身者は、プラークリタ・バクタ、または物質主義的献身者と呼ばれ、最も低い献身者と考えられています。

感覚が感覚の対象と接触している時でさえ、この全世界は主ヴィシュヌのエネルギーと観るものは、不快になったり高揚したりすることはありません。実に彼は献身者の中でも最も偉大な人です。

物質世界にあっては、人の肉体は常に誕生と腐敗の対象です。同じように、人は飢えと渇きに悩まされ、心は常に不安で、知性は手に入らないものに憧れ、すべての感覚はグナの中で常にもがき苦しむことでついには消耗します。

物質的存在による不可避の苦しみに困惑されない者、至上主の蓮華の御足をただ思い出すことによって、それらから離れている者は、バーガヴァタ・プラダーナ、主の第一の献身者と考えられます。

至上主クリシュナ・ヴァースデーヴァを唯一の庇護所とする者は、欲望を基礎とした果報的活動から自由になります。事実、主の蓮華の御足を庇護所とする者は、感覚の満足を楽しみたいという熱望からさえ自由となります。セックスの楽しみ、社会的名声、お金に対する想いも彼の心の中には湧いてきません。こうして彼はバーガヴァトッタマ、最高の境地にある純粋な献身者と考えられます。

高貴な生まれ、質素な生活、信心深い活動も、疑いなく人の心に自尊心をもたらします。同じように、両親がヴァルナーシュラマ社会で高い尊敬される身分であったため、もし人が自分の高い地位を楽しむとすれば、自分自身をさらに惑わせます。しかし、もしこれらの優れた物質的資格にもかかわらず、自分の内にプライドを持たないなら、彼は最愛の至上主の従者と考えられるべきです。

献身者が、『これは私のもので、あれは彼のもの』と考えることで、自己中心的な概念を捨てる時、また自分自身の肉体の喜びに無関心となり、他人の苦しみに公平となった時、彼は完全に平和で満ち足りるようになります。彼は自分自身を、至上主の一部分一断片であるすべての生物と等しく、一つの存在であると素直に考えます。このような自足円満となった主の献身者は、献身奉仕の最高の高みにあると考えられます。

至上主の蓮華の御足は、主を自分の命であり魂であると受け入れたブラフマーやシヴァを含めたすべての偉大な神々さえ、探し求めます。主の純粋な献身者は、どんな環境であってもその蓮華の御足を忘れることは決してありません。彼は、たとえ全宇宙の富を管理し楽しむ祝福と交換しようと言われても、少しの間も、いや半秒の間さえ、主の蓮華の御足の庇護所を捨てることはありません。このような主の献身者は献身者の中でも最高の人と考えられます。

どうして物質的苦しみの火が、至上主を崇拝する人の心を燃やし続けることができるでしょうか？　主の蓮華の御足は無数の英雄的行為を為し、美しい足の爪は貴重な宝石に似ています。

それらの爪から発する光輝は月の冷光に似て、太陽の燃える熱を冷たい月光が冷やすかのように、純粋な献身者の心の苦しみを直ちに冷まし救います。

至上主は縛られた魂に非常に親切で、たとえ意識しなかったり嫌々ながらでも主の聖なる御名を唱え主を呼ぶならば、主は彼らの心の罪深い無数の活動を破壊してやろうとなさいます。それ故、主の蓮華の御足を庇護所とする献身者が、本当の愛をもって主の聖なる御名を唱えるなら、至上主は決してこのような献身者を見放すことはありません。このように心に主をとらえた人は、バーガヴァタ・プラダーナ、最も高貴な主の献身者として知られます」

ニミ王曰く、

「私は、偉大な神秘家さえ幻惑される至上主シュリー・ヴィシュヌの幻力（マーヤ）について学びたいと願っています。我が師よ。どうか私にこのマーヤについてお話ください」

聖者アンタリークシャ曰く、

「おお、強き腕の王よ。物質的要素が活性化されることによって万物の太古の魂（主クリシュナ）は、すべての生物を高等、下等の種へと導きます。これら縛られた魂は、自らの望みによって、感覚の満足を求めることも最終的解放を求めることもできるのです。

アートマンは、創造物の肉体に入り、心と感覚を活性化し、こうして縛られた魂を感覚の満足のため三グナと接触させるのです。

肉体の主人である個別の生命体（個別魂）は、アートマンによって活性化された物質的感覚を使い、三グナからなる感覚の対象を楽しもうとします。こうして、彼は肉体と不生永遠の自己を誤って同一視し、マーヤに混乱するようになります。

深く根ざした物質的欲望に駆り立てられ、肉体を持った生命体（魂）は、感覚器官の喜びにとらわれます。そして彼は幸福と苦しみと呼ばれるこの世をさまよい、物質的活動の結果を経験します。

縛られた生命体（魂）は、生と死の輪廻を経験するように強制されます。自分の活動の結果に駆り立てられ、創造の始めから宇宙帰滅の時まで苦しみ、ある状態から他の状態へと救いようもなくさまよいます」

ニミ王曰く、

「おお、偉大な聖者よ。自己をコントロールできない人々には常に克服不可能な至上主のマーヤを、どうすれば簡単に超えることができるか、どうかお教えください」

聖者プラブッダ曰く、

「人社会において男か女かの役割を受け入れ、縛られた魂は性的関係において一つになろうとします。こうして彼らは常に、不幸を取り除き、際限なく自分達の喜びを増やそうと物質的努力を為します。しかし、彼らは疑いもなく全く逆の結果を受け取ると知らなければなりません。別な言葉で言えば、幸福は間違いなく消え去り、そして年を取るにつれ、苦しみは増していきます。

財産は常に苦しみの源であり魂にとっては死です。人はいったい財産から何を得るというのでしょうか？　同じように、必死で働いたお金で維持されるいわゆる家庭、子供、親戚、家畜などから究極または永遠の幸福を人は得られるでしょうか？

宗教的儀式や供犠によって次の人生で獲得できる天国においてさえ、人は永遠の幸福を見出すことはできません。物質的天国では、生命体は自分と同等の者とは競争し、自分より優れた者を妬むことによって苦しみます。そして信心深い果報的活動の報いが尽きた時、天国での滞在は終わりを迎えます。天国の住人は、いつ自分達の天国での人生が終わるか予想することによって、恐れに悩まされます。

そのため、本当の幸福をまじめに求める人は誰でも、本物の精神の師を求め、入門することで師を庇護所としなければなりません。本物の師は、聖典の真髄を悟っており、他人にもその結論を確信させることができます。至上主を庇護所とし、すべての物質的思想を無視する偉大な人格は、本物の精神の師であると理解されるべきです。

誠実なる弟子は、心を物質的なすべてのものから識別することを学び、精神の師や他の聖なる献身者と積極的に交際するように努めなさい。彼は、自分より下位の者には慈悲深く、同等の者には友情を培い、自分より意識の高い者には辛抱強く仕えなさい。このようにすべての生物に対して適切に接することを学ぶのです。

師に仕えるために、弟子は清廉、苦行、忍耐、沈黙、ヴェーダ知識の学修、簡素、禁欲、非暴力を学び、暑さ寒さ、幸福と苦しみといった物質的二面性に対して諦観を持ちなさい。

人は常に自分を永遠なる認識力を持った魂と観ることにより、そして主を絶対的万物の制御者と観ることによって、瞑想（虚心の祈り）を実践なさい。瞑想を深めるため人は、どんな事態でも満足することを学ぶのです。

人は至上主バガヴァーンの栄光を述べた聖典に従い、人生のすべての成功（精神的向上）を手にしようと固い信を持ちなさい。同時に、人は不敬な他の聖典を避けるべきです。人は心と言葉と肉体の活動をしっかりコントロールし、常に真実を語り、心と感覚を十分に制御下に置きなさい。

人は、すばらしい超越的な主の活動を聴聞し、賛美し、瞑想なさい。人は特に、至上主のお姿、活動、性質、そして聖なる御名の中に吸収されなさい。

このように精神を高め、人は日々のすべての活動を主への捧げものとして為しなさい。人は供犠、施し、苦行をもっぱら主の満足のために為すべきです。

同じように、人は至上主の栄光を讃えるマントラ（虚心の祈り）だけを唱えなさい。そして自己の宗教的活動のすべてを主への捧げものとして為すのです。喜ばしいもの楽しいものは何であれ、すぐに主に捧げなさい。そして自分の妻、子供、家庭、まさに生命素（自分の命）でさえ、至上主の蓮華の御足に捧げなければなりません。

究極の自足円満を望む者は、自分の『生命の主』とクリシュナを受け入れている人々との友情を育てなさい。

人はさらにすべての生物に対する奉仕の姿勢を培うべきです。人は特に人類、そして人の中でも宗教的行いの原則を受け入れた者を手助けするようになさい。宗教的人々の中でも、特に至上主への純粋な献身者に誠心誠意尽くすようにしなさい。

人は、主の栄光を唱えるため献身者達に集まってもらって、献身者達とどのように交際するか学びなさい。この献身者達との交際が最も人を浄化するのです（今日では正道の集会）。献身者達がこのように愛情友情を高めた時、彼らは互いに幸福と満足を覚えるでしょう。このように励まし合うことで、彼らは互いにすべての苦しみの原因である物質的感覚の満足を捨てることができます。

主の献身者達は、自分達の間で至上主の栄光について常に語り合います。こうして献身者達は常に主を思い出し、互いに主の性質や遊戯を心に留めます。このように、バクティ・ヨーガの原則に基づいた献身によって、献身者は、彼らからすべての不吉なものを取り除いてくださる至上主を喜ばせることができます。すべての障害を浄化し、献身者は主への純粋な愛に目覚め、この世にいても、超越的至福を味わいます。

このように献身奉仕を学び、主への献身奉仕に没頭することで、献身者は主の愛の境地に至ります。そして、至上主ナーラーヤナ（クリシュナ）への完全なる献身によって、献身者は渡ることが非常に困難な幻力、マーヤを簡単に渡りきることができます」

ニミ王曰く、

「どうか御自身が絶対神理であり、また万人のアートマンである至上主ナーラーヤナ（クリシュナ）の超越的立場について私に説明ください」

聖者ピッパラーヤナ曰く、

「至上主はこの宇宙の創造、維持、破壊の原因であり、主より先の原因はありません。主は、覚醒、夢を見ている状態、夢を見ない深い眠りのさまざまな状態に浸透し、そしてまたそれらの意識状態を超えて存在します。すべての生物の体にアートマンとして入ることによって、主は肉体、感覚、生命素（プラーナ、気流）、精神活動を活性化し、こうして粗大、精妙な肉体器官は機能し始めます。愛する王よ。至上主は至高の存在であると知りなさい。

ちょうど、小さな炎が自分達が生まれた根源の火に影響を与えることができないように、心も話したり見る能力も、知性も、プラーナも、どの感覚も至上主を見抜くことはできません。ヴェーダの権威ある言葉も神理（主クリシュナ）を完全に述べることはできません。何故ならヴェーダ、それ自身、神理を言葉で表現できないと諦めているからです。

もともと一つですが絶対的ブラフマンは、純質、激質、翳質の三グナに自身を表し、三重として知られるようになりました。しかし精妙、粗大顕現の源であるブラフマンは、同時にそれらを超越し、絶対です。

永遠の魂であるブラフマンは、生まれることなく、死ぬことなく、成長することも衰えることもありません。霊魂は実際、若さと壮年と肉体の死を知るものです（肉体そのものではない）。こうして魂は純粋意識であり、いつでもどこにでも存在し、決して破壊されることはないと理解されます。ちょうど肉体の中の気流が、もとは一つなのに、いろいろな物質的感覚との接触でさまざまに表れるように、一つの魂も肉体との接触でさまざまな物質的名称を持つように見えます。

霊魂は物質世界の内で、多くの異なった生命種の中に生まれます。ある種は卵から、他の種は胎から、他は植物の種から、他は汗から生まれてきます。しかし、すべての生命種の中のプラーナ、生命素は不変で、霊魂に従い一つの体から他の体へと従っていきます。同じように、霊魂も肉体が代わっても永遠に変わりません。

私達が夢を見ない深い眠りの状態にある時、物質的感覚は不活発となり、心と偽我でさえ眠りの状態に溶け込んでいます。しかし、感覚や心、偽我が不活発であっても、人は目が覚めた時、自分、魂はよく眠っていたと覚えています。このことをよく考えると霊魂は不変と推察できるでしょう。

人が誠心誠意、至上主への献身奉仕に没頭し、主の蓮華の御足が人生のただ一つのゴールと心に定めた時、三グナの範囲で行った過去の果報的活動の結果として心に宿った無数の不純な願い（カルマ）を破壊することができます。心がこのように浄化された時、人は至上主と自己（真我、アートマン）を超越的存在として知覚します。

こうして、あたかも人が普通の健康な視力を通して日光を直接経験できるように、直接体験を通して霊的覚醒は完成に至ります」

ニミ王曰く、

「おお、偉大な聖者の方々よ。自分の仕事を至上主に捧げることによって浄化され、人は今生の人生において、速やかにすべての物質的活動から自由となり、超越的境地で純粋な人生を楽しめると言われています。どうか、カルマ・ヨーガの道についてお教えください」

聖者アーヴィラホトラ曰く、

「定められた義務、このような義務の不履行、禁じられた活動は、権威あるヴェーダ聖典を通して人は理解できます。

ヴェーダ聖典は、至上主御自身の音の化身であり、このヴェーダの知識は完全です。

子供っぽく愚かな人は、人生の目的が物質的、果報的活動から自由になることであるにもかかわらず、そのような活動に愛着します。そのためヴェーダの規定は、あたかも父親が子供に、薬を飲んだらキャンディをあげると約束するように、最初は定められた宗教的活動によって果報を授け、それから次第に最終解脱への道へと導きます。

もし物質的感覚を征服していない無知な人が、ヴェーダの規定を守らなければ、彼は間違いなく罪深く、非宗教的活動に耽るようになるでしょう。そうして彼の見返りは、繰り返す生と死の輪廻です。

もし執着なく法に従った活動を為し、仕事の結果を至上主に捧げるなら、人は物質的活動の束縛から完全に自由になります。

霊魂を縛る偽我の結び目をすぐにでも切り離したいと望む者は、ヴェーダ文典に述べられている規定に従い、至上主ケーシャヴァ（クリシュナ）を仕事の結果を捧げることで崇拝しなければなりません。

ヴェーダ聖典の規定を弟子に教える師の慈悲を得て、献身者は自分が最も心引かれる主のお姿を通して至上主を崇拝すべきです。

崇拝者は、自分は主の永遠なる召使いと深く瞑想し、その神は自分の心の中にもいらっしゃると心に銘記し、そうして己の義務ばかりでなく、行為のすべてを主に捧げ完全に主を崇拝しなければなりません。これが万人に主が示された救いの道です。

至上主の崇拝者は、主は万物に遍満していると認識し、火や太陽、水や他の原素、自宅に招いた客人の心の中、そしてまた自分自身の心臓の中の主の存在を通して主を崇拝し奉仕しなさい。主の表れである目の前の環境、人の中に主を観て仕え、結果を主に捧げることがカルマ・ヨーガの秘訣です。このようにして崇拝者は、すぐさま解脱を手にするでしょう」

ニミ王曰く、

「主ハリは、さまざまな化身として過去にどのような遊戯をされたのか、また今何を為されているのか、未来の世で何をなさるのか、どうかお教えください」

聖者ドルミラ曰く、

「無限の至上主の性質をすべて数えようとしたり言葉にしようとする者は誰でも、愚かな子供の知性しか持ちません。偉大な天才が、時間を浪費する努力の末、地上の塵の破片をすべて数えたとしても、すべての力の貯蔵庫である至上主の魅力的な性質を数えることはできません。

太古の主ナーラーヤナが、御自身の宇宙体を御自身から生まれた五大原素から創造された時、御自身は宇宙体の中に入られました。こうして主はプルシャとして知られるようになりました。

始まりの時、根源の至上主は、激質のグナを通しブラフマーの姿で、この宇宙を創造するために顕現されました。主は、供犠の主、再生族のブラーフマナとその宗教的義務の保護者としてヴィシュヌの姿で、宇宙を維持するために顕現されました。そして帰滅の時、同じ至上主は無知のグナを用い、ルドラの姿で顕現します。このように被創造物は常に、創造、維持、破壊の力の対象です。

完全に静穏で最高の聖者であるナラ・ナーラーヤナ・リシは、ダクシャの娘ムールティとダルマの息子として生まれました。ナラ・ナーラーヤナ・リシは果報的活動を終えること、そして主への献身奉仕を説き、彼自身この知識を完全に実践しました。彼は今でも生きており、その蓮華の御足は最も偉大な聖者方に奉仕されています。

誤ることなき至上主ヴィシュヌは、主ハンサ（白鳥）、ダッタートレヤ、四人のクマーラ、そして私達の父、強きリシャバデヴァなどさまざまな部分化身として、この世に降誕しています。このような化身によって、全宇宙の利益のため主は自己を知る科学を教えているのです。

ハヤグリーヴァとして降臨した時、主は悪魔マドゥを殺戮し、地獄の惑星パーターラロカからヴェーダを取り戻しました。

魚として降臨した時、主はサチャヴラタ・マヌ、地球と貴重な薬草を保護しました。主は帰滅の洪水から彼らを守ったのです。

猪の化身の時、主はディティの息子ヒラニャークシャを誅《ころ》し、宇宙海から地球をすくい上げました。

亀の化身の時、主は海から甘露が攪乳されるためにマンダラ山を甲羅に背負いました。

また主は主にすべてを捧げる象王ガジェンドラが、鰐に噛まれて非常に苦しんでいるのを救いました。

主はまたヴァーラキヤと呼ばれるちっぽけな苦行中の聖者達が牛の足跡の中の水たまりに落ち、インドラが彼らを笑っているのを助け出しました。

それから主はインドラがヴリトラースラを殺した罪深い報いによって闇に覆われているのを助けました。

神々の奥方達が何の庇護所もなく悪魔にとらわれていた時、主は彼らを救い出しました。

ヌリシンハとして化身した時、主は悪魔の王ヒラニヤカシィプを誅し、主の聖なる献身者達を恐怖から救いました。

至上主は、悪魔の指導者を成敗するため、神々と悪魔の戦いで常に神々に味方しました。このように主は各マヌの統治期間、さまざまな化身を通して宇宙を保護し神々を励ましました。

主はまたヴァーマナとして化身した時、三歩の土地を与えるように嘆願しバリ・マハーラージャから地球を取り上げました。それから主はアディティの息子に全世界を返したのです。

主パラシュラーマは、ハイハヤ王朝を燃やし灰にする火として、ブリグの家族に降誕しました。こうしてパラシュラーマは地球のクシャトリヤを二十一回にわたって、一掃したのです。

同じ主がシーターの夫、ラーマチャンドラとして降臨し、ランカーのすべての兵士とともに十の頭を持つラーバナを誅しました。その栄光が地上の汚染を破壊するシュリー・ラーマは常に勝利するのです。

地球の重荷を減らすため、不生の主は、ヤドゥ王朝に主クリシュナとして降臨し、神々でさえ不可能な偉業を為しました。

思索的哲学を興すため、主は仏陀として降誕し、ヴェーダ供犠の無価値な実践者を惑わせるでしょう。

そしてカルキとして、主はカリ時代の末期に統治者を気取る低階級（意識の低い）の人すべてを成敗するでしょう。

おお、強き腕の王よ。私がすでに述べた化身と同じように、宇宙の至上主には無数のお姿と活動がありま す。本当に至上主の栄光は無限です」


ニミ王はさらに質問しました。

「我が愛する聖者の方々よ。あなた方はみな自己を知る科学の知識において最も完璧です。至上主ハリ（クリシュナ）を崇拝せず、物質的欲望に耽る人達、自分自身をコントロールできない人々の行き先を私に説明してください」

聖者カマサ曰く、

「ブラーフマナを頂点とする四つの階級の各々は、三グナの異なった組み合わせによって至上主の宇宙体の顔、腕、腿、そして足から生まれてきます。こうして四住期もまた生まれてきました。

四住期、四姓制度のどのメンバーであろうと、自分達の創造主である至上主を崇拝せず、故意に無視したなら、彼らは今の地位から地獄のような人生へと転落するでしょう。


至上主ハリについて語る機会のない多くの人々がいて、彼らは主の栄光を唱えることは困難でしょう。

一方、ブラーフマナ、クシャトリヤ、ヴァイシャは再生儀式を受けることによって至上主の蓮華の御足に近づくことを許されますが、幻惑され、さまざまな物質主義的哲学を採用します。

カルマ・ヨーガについて無知で、尊大傲慢、ヴェーダの甘い言葉に魅了され鼓舞された愚か者は、博学の権威者のように振る舞い、神々に願い事を捧げるでしょう。

激質のグナに影響され、ヴェーダの物質主義的信奉者は、暴力的欲望に支配され、過度に元気です。彼の怒りは蛇の怒りのようです。彼らの行いには虚偽、過度の自尊心、罪深さがみられ、主アチュタ（クリシュナ）の親愛なる献身者を馬鹿にします。

物質主義者達は、主を崇拝することを捨て、代わりに自分の妻達を崇拝し、こうして家庭はセックス生活に捧げられるようになります。このような物質主義的家長は、自分達の気まぐれな振る舞いを互いに励まし合います。彼らは供犠を肉体維持に必要なこととみなして、ブラーフマナやその他の尊敬すべき人々に食べ物や施しをしない我流のヴェーダ儀式を行います。その代わり、自分達の行いが暗い結果を招くとも知らないで、山羊のような動物を無慈悲に屠殺します。

残酷な心を持った人々の知性は、多くの財産、富、名誉ある家系、教育、放棄、個人的美しさ、肉体的強さ、ヴェーダ儀式をうまく行うことなどを基礎とした偽のプライドによって目が見えなくなっています。この偽りのプライドに酔い、このような残酷な人々は至上主と主の献身者を冒瀆します。

至上主は肉体を持った生物のハートの中に永遠に宿っており、さらに主は、空がすべてに浸透していてもどのような物質的対象とも混じらないように、すべてに遍在しています。こうように主は究極の崇拝すべき対象であり、万物の絶対的制御者です。

主はヴェーダ聖典の中で入念に賛美されていますが、知性を奪われた人々は主について聞くのを好みません。彼らは必ずセックスライフや肉食といった感覚的満足に関することをあれこれ話し合い、時間を浪費することを好みます。

この物質世界では、縛られた魂は、常にセックス、肉食、飲酒などを好みます。聖典は、このような活動を決して奨励しません。

手に入れた富の唯一相応しいあり方は、信仰のためです。その信仰を基礎にして人は、人生の目的を理解し、それからついには、絶対神理を直接認識しすべての苦しみから解放されるようになるのです。しかしながら物質主義者達は、自分達の富をただ家族の生活の向上のためだけに使います。

不幸にして知性の低い物質主義者は、精神的境地から純粋になされるべき自分達の生活の義務を理解しません。

本当の宗教原理に無知な罪深き人々は、良心の呵責もなく自分達は信心深いと考え、自分達を信頼してくれている無垢な動物達に対して暴力を振るうのです。次の世の人生は、これらの罪深き人々は、この世で自分達が屠殺した動物達に食べられるでしょう。

縛られた魂は、死体のような物質的肉体と親族や付属品に完全に愛着するようになります。このような高慢で愚かな心で、縛られた魂はすべての生物のハートに宿る至上主ハリ（クリシュナ）と他の生命体を妬みます。このように妬み、他に罪を犯しながら、縛られた魂は徐々に地獄へと落ちていきます。

絶対神理の知識に達せず、まだ完全な無知の闇を渡っていない人々は、たいてい、いわゆる宗教、経済発展、感覚の満足の三つの物質的信仰の道を辿ります。

何であれ、より高い目的を反映する時間を持つことなく、彼らは自分自身の魂の殺戮者となります。

魂の殺戮者は、人の知性は物質生活を進歩させる手段に過ぎないと考えるため、決して平安になることはありません。こうして、自分達の本当の霊的義務を否定し、彼らは常に苦しみの中にいます。彼らは大きな希望と夢で一杯ですが、不幸にしてその夢や希望は常に避けられない時間の進行によって破壊されます。

主のマーヤに支配され、至上主クリシュナ・ヴァースデーヴァを顧みない人々は、結局は、すべて主のマーヤの産物である家庭や子供、友人、妻、愛人を諦めるよう強いられます（時間によって）。そして自らの意志で宇宙の最も暗い地域（地獄）に入ってしまうのです」


ニミ王はさらに尋ねます。

「各ユガ期に顕現された至上主の色とお姿はどのようなものだったのでしょうか？　そして主の御名と人間社会でどのように主は崇拝されたのでしょうか」

聖者カラバージャナ曰く、

「四つの各ユガ期、すなわちクリタ、トレター、ドヴァーパラ、カリ時代、主ケーシャヴァはさまざまな肌色、御名、お姿で降臨され、そしてさまざまなやり方で崇拝されました。

クリタ・ユガでは主は、白い肌で四本の腕をされ、ちぢれた巻き毛と樹皮の衣服を着ておられました。主は黒い鹿皮と聖紐、祈りの数珠、杖とブラフマチャーリの水壺を携えていました。

クリタ・ユガの人々は、柔和で妬みを持たず、すべての創造物に友愛を保ち、それぞれの環境で自足円満（与えらたもので満足していた）でした。彼らは、内的外的な感覚をコントロールし、厳しい瞑想によって至上主を崇拝していました。

クリタ・ユガでは、主はハンサ、スパルナ、ヴァイクンタ、ダルマ、ヨゲシュヴァラ、アマラ、イーシュヴァラ、プルシャ、アヴヤクタ、パラマートマーなどの御名で賛美されました。

トレータ・ユガでは主は赤い肌色で顕現されました。主は四本の腕、黄金の髪と三ヴェーダの始まりを表す三本のベルトを身につけていました。リグ、サーマ、ヤジュルヴェーダを含む、供犠によって崇拝される知識の具現化したお姿で、主のシンボルは、杓、匙（スプーン）、そしてその他の供犠の祭具でした。

トレータ・ユガでは、不動の宗教心を持ち、絶対神理を熱心に探求する人々は、すべての神々を内に包含される主ハリを崇拝しました。主は、三ヴェーダで述べられる供犠の儀式によって崇拝されました。

トレータ・ユガでは、主はヴィシュヌ、ヤジュナ、プリシュニガルバ、サルヴァデヴァ、ウルクカマ、ヴィリシャーカピ、ジャヤンタ、そしてウルガーヤなどの御名で賛美されました。

ドヴァーパラ・ユガでは至上主は、黒青の肌色と黄色い衣装を着て顕現されました。主の超越的お体は、シュリーヴァッサの印とその他の特徴的な装飾品で飾られていました。

愛する王よ。ドヴァーパラ・ユガでは、至高の享受者である至上主を知りたいと熱望する人々は、偉大な王を讃えるような心で主を崇拝しました。

『あなたに尊敬の念を捧げます、おお、至上主クリシュナ・ヴァースデーヴァよ。そしてサンカルシャナ、プラドゥムナ、アニルッダのお姿の主よ。おお、至上なる主よ、すべての畏敬の念をあなたに捧げます。おお、主ナーラーヤナ・リシよ。おお、宇宙の創造者よ、人々の中で最高のお方よ、この宇宙のマスターであり、宇宙の根源のお姿のお方よ、おお、全創造物のアートマンよ。すべての尊敬の念をあなたに捧げます』

おお、王よ。このようにしてドヴァーパラ・ユガの人々は宇宙の主を崇拝したのです。

カリ・ユガの時代もまた、人々は啓示教典に述べられているさまざまな規定に従って、至上主を崇拝します。

『我が愛する主よ。あなたはマハー・プルシャ、至上主であり、私は瞑想の唯一永遠の対象である主の蓮華の御足を崇拝します。その蓮華の御足は、物質的生活の幻惑された状態を破壊し、魂の偉大な願いを自由に与え、主への純粋な愛を達成させます。我が愛する主よ。あなたの蓮華の御足はすべての聖地、献身奉仕の系譜にあるすべての聖なる権威の庇護所であり、主シヴァや主ブラフマーのような強き神々に賛美されます。

我が主よ。あなたは畏敬の念を持ってあなたにただ額ずくすべての人々を喜んで保護されるほど親切なお方です。そしてあなたの召使いのすべての苦しみを慈悲深くも取り除いてくださるのです。

我が主よ、あなたの蓮華の御足は、生と死の大海を渡るに相応しいボートであり、それ故主ブラフマーや主シヴァでさえ、あなたの蓮華の御足を庇護所として探し求めるのです』

おお王よ。至上主ハリは、人生の望ましく有益なものすべてを与えるお方です。知性ある者は、さまざまな時代に顕現された主の特別なお姿と御名を崇拝します。

真に知性の発達した人々は、このカリ時代の本質的価値を正しく認識できます。このような目覚めた人々はカリ時代を礼拝します。何故なら、この堕落した時代、人生のすべての完成は、主の御名を繰り返し唱えることによって簡単に到達できるからです。

物質世界をさまよう肉体を持った魂にとって、究極の平和と生と死の輪廻からの解放をもたらすことのできる至上主の御名の唱名（主を想い虚心に祈る）以上に高い到達可能な果実はないのです。

我が愛する王よ。クリタ・ユガや他の時代の住人達は、このカリ時代に生まれることを熱望します。何故なら、至上主ナーラーヤナ（クリシュナ）の多くの献身者がこの時代に生まれるからです。

他のすべての用務を捨て、至上主ハリの蓮華の御足を完全に庇護所とする者は、主にとって非常に愛しい人です。実際、このような主にすべてを捧げた魂が、はからずもなにがしかの罪を犯したなら、万人のハートに宿る主は、すぐさまこのような罪の反作用を取り除いてくれます」

ナーラダ・ムニ曰く、

「このように献身奉仕の道を聞き、ミチラーの王ニミは、最高の満足を感じ、供犠祭司とともに、九人の聡明な聖者達を尊敬の念をもって崇拝しました。

それから完全な聖者方はみなの目の前から消えました。ニミ王は、彼らから学んだ霊的生活のあり方を忠実に実践し、彼は人生の究極のゴールに到達したのでした。

おお、最高に幸運なヴァースデーヴァよ。あなたが今聞いた献身奉仕の道を深い信をもって実践するなら、物質的しがらみから自由となり、あなたは至福を手にするでしょう。

本当に、この世界全土は、あなたとあなたの善き妻の栄光によって満たされています。何故なら、至上なるお方、主ハリが、あなたの息子として誕生されたのですから。

我が愛するヴァースデーヴァよ。あなたとあなたの善き妻は、主をあなたの息子として受け入れ、大いなる超越的愛を主クリシュナに注ぎました。あなた方は、常に主を見て、主を抱きしめ、主と話し、主と一緒に休み、主とともに座り、主と一緒に食事をしているのです。このような愛情深き親密な主との交際によって、あなた方の心は疑いもなく完全に浄化されています。別な言葉で言えば、あなた方はすでに完成しているのです。

シシュパーラ、パウンドラカ、シャールヴァなどのクリシュナに敵対した王達は、常に主クリシュナのことを考えていました。彼らは眠る時も、座る時も、他の活動に従事している時も、彼らは主の動作、主の遊戯、主の献身者に向ける愛情に溢れた眼差し、そして主が示された他の魅惑的なお姿を常に妬ましく瞑想していたのです。このように常に主への想いに没頭していたため、彼らは主に成敗された時、これまでの悪に満ちた生活から償いの人生を歩む機会を与えられたのです。

ましてや、好ましく愛に満ちた心で、常に主クリシュナを心から離さない人々への恩寵はいかばかりというのでしょうか？

主クリシュナを普通の子供と思ってはいけません。何故なら、主は至上なるお方であり、無限で万物に宿る魂なのですから。主は御自身の想像を絶する富を隠され、外見は普通の人のように振る舞っておいでです。至上主は、地球の重荷になっていた悪魔の王を滅ぼし、聖なる献身者を守るために降臨されました。しかしながら、悪魔にも献身者にも主のご慈悲によって救いが与えられたのです。こうして主の名声は全宇宙に広がりました」

この話を聞いて、偉大で幸いなるヴァースデーヴァは、完全に驚きに打たれました。こうして彼と彼の最も祝福された妻デヴァキーは、心に入り込んでいたすべての幻想と不安を一掃したのです。

主クリシュナの一日

日の出が近づくと、主マーダヴァの妃達は、夜明けを告げる雄鳥の鳴き声を呪います。主と別れ苦しまなければならないからです。

庭園からは花の香りを運ぶそよ風が吹き、蜜蜂の羽音が聞こえ始め、鳥達も眠りから目を覚まします。鳥達が、宮廷詩人が主の栄光を朗唱するように、主を起こそうと囀り始めます。しかし、妃達はこの吉兆な時間が好きではありません。

主マーダヴァは、ブラフマ・ムフールタの時間に起き、水で手足や顔を洗います。そして、きれいな心で、唯一無二、自ら輝き、並ぶもの無く、誤ること無き絶対神理である自分自身を瞑想します。その主はブラフマンとして知られ、すべての汚染を追い払い、自らのエネルギーでこの宇宙の創造、維持、破壊を行い、純粋、至福の御自身を顕現されるのです。

主は神聖な水で沐浴し、豪華な衣装をまとい、日の出の崇拝から始まる一連の儀式を行います。供犠火に尊敬の念を捧げた後、主クリシュナは黙ってガーヤトリ・マントラを唱えます。

毎日、主は日の出を拝み、自らの拡張体である神々、聖者、祖霊を礼拝します。すべてを所有する主は、次に年長者やブラーフマナを崇拝します。立派な装いのブラーフマナに、角を金で飾り、真珠のネックレスを下げた従順で柔和な乳牛の群れを捧げます。これらの乳牛は素敵な衣装をまとい、蹄は銀で飾られています。ミルクを豊富に供給し、一度子牛を産んだだけで、その子牛も一緒に捧げられます。毎日、主は一万三千八十四頭の乳牛を麻布や鹿革、ゴマの種と一緒にブラーフマナに布施します。

主クリシュナは、自分の拡張体である乳牛、ブラーフマナ、神々、年長者、師やすべての生物に崇敬の念を捧げます。それから主は吉兆なものに触れます。

主は化粧品、特殊な衣装、宝石、聖なる花輪、塗料などで体を飾ります。それから主は、乳牛、雄牛、ブラーフマナ、神々、そして宮殿の四カーストの人々、街の人々などが十分満たされているか調べます。この後、大臣達に挨拶し、彼らのすべての望みを満たして喜ばせます。

最初に、花輪、パン、白檀膏をブラーフマナに配り、次に大臣、妃達に施し、最後に自分自身に使用します。

次に主の御者が、最高に美しい馬車に主の馬をつなぎ迎えに来ます。主の御者は主にお辞儀をし、それから主の前に立ちます。

御者の手にエスコートされ、主はサーティヤキとウッダヴァと一緒に馬車に乗り込みます。それは太陽が東端の山から昇るようです。

宮殿の女性達は、恥ずかしそうに愛らしい眼差しで主クリシュナを見ています。主は笑顔で彼女達の心を奪い、馬車で出発します。

妃達の宮殿を去ると、妃達の数だけ拡張していた主は一人に戻り、ヴリシュニ族を伴いスダルマーホール（会堂）に入ります。そのホールに入る者は物質的人生の六つの敵から守られると言われています。

全能の主は、会堂に入ると御自分の玉座に座ります。主は御自分の光輝で周囲を照らしています。ヤドゥ王家の人々に囲まれ、主は人の中の獅子、多くの星を従えた月のように見えます。

そこで主はさまざまな報告を受け、大臣達と協議を行います。さまざまな人が訪れ主に謁見し、問題がある時はみなで話し合います。

政務の後、時に、道化師達が楽しそうな雰囲気を盛り上げます。芸人が主のために技を披露し、女性の踊り子が活気に満ちて踊ります。ムリダンガ、ヴィーナー、フルート、シンバル、法螺貝などが演奏され、歌い、詩人や歴史家、賞賛者が主の栄光を朗唱します。

その会堂に参加していたブラーフマナはヴェーダのマントラを唱え、他のブラーフマナは敬虔な過去の王の話を物語ります。

こうして一日の仕事が終わると、主は再び御自身を妃の数だけ拡張し、馬車に乗って各妃の宮殿に戻っていきます。

主の友人スーダマへの祝福

本当の言葉とは主の性質を語ること、本当の手は主のために働くこと、本当の心とは動不動、万物の内に宿る主を思い出すこと、本当の耳とは主の美しい話を聞くこと。

本当の頭とは動不動、万物の中に宿る主にお辞儀をすること、本当の眼とは主だけを観ること、本当の手足とは主や主の献身者の蓮華の御足を洗った水を讃えること。

主クリシュナにはスーダマという名のブラーフマナの友人がいました。彼は、ヴェーダの知識に精通し、感覚の楽しみから離れ、心はいつも平和で感覚をコントロールしていました。

家住期を送り、彼は自然に入ってくるもので身を養っていました。その貧乏で粗末な身なりのブラーフマナの妻は彼と一緒に苦労し、飢えでやせ衰えています。

赤貧洗うが如しのブラーフマナの貞淑な妻は苦労で顔は乾燥していましたが、彼に近づき、恐れに震えながら次のように言いました。

「旦那様、幸運の女神の夫（クリシュナ）が、あなたの友達だと聞きましたが、それは本当でしょうか？　ヤドゥ家最高の人、主クリシュナはブラーフマナに憐れみ深く、ブラーフマナを保護したいと願っていると言われています。

ああ、旦那様。すべての聖者の本当の庇護所、主クリシュナ様に会いに行ってください。主はあなたのように苦しんでいる家長にたくさんの施しをしてくれるでしょう。

主クリシュナは、今、ボージャ、ヴリシュニとアンダーカの統治者としてドヴァーラカーに住んでいます。主は、主の蓮華の御足をただ思い出すだけで、その人に自分自身さえ与えると言われています。それなら、宇宙の主は、望ましいことではありませんが、主の誠実な崇拝者に富や物質的楽しみを授けることに何の疑問があるでしょうか？」

スーダマは答えます。

「愛する妻よ。苦労をかけてすまない。確かにクリシュナ様とは同じ師のもとで学んだが、クリシュナ様は至上なる主に他ならない。その方を崇拝しお仕えするのが私の人生だ。その主に貧乏なので何か恵んでくれ、なんてとても言えない相談だよ」

しかし、ブラーフマナの妻は、手を替え品を替え懇願してきます。それでブラーフマナは考えました。

「主クリシュナに会えることは、最高の人生の完成だ。布施を望むのではなく、主にただ会いに行こう」

彼は行くことに決め、妻に言いました。

「良き妻よ。私は主クリシュナのもとに行こうと思う。ただ手ぶらで行くわけにはいかない。家の中に何か主への贈り物にするものはないかい？　あったら準備してほしい」

ところが家の中には贈り物にするものがありません。それでスーダマの妻は隣近所のブラーフマナから手の平四杯分の干飯をもらってきて、服の破れたところに縛りつけ、主クリシュナへの贈り物として夫に渡しました。

干飯を持って、聖なるブラーフマナはドヴァーラカーに向かいましたが、「どうやったら主クリシュナに会えるだろうか？」と道々、考えながら歩きました。

ドヴァーラカーに到着し、スーダマは何人かのブラーフマナと一緒に三つの番所を通り、三つの入り口を過ぎ、主クリシュナの献身者の屋敷のそばを歩き、主クリシュナの一万六千百八人の妃の宮殿の一つに入りました。宮殿に入っただけで、スーダマは解放の祝福を受けたように感じました。

その時、主クリシュナは妃のベッドに座っていましたが、スーダマを見つけると、「おや、スーダマじゃないか！」と、すぐに立ち上がり、急いでやってくると大喜びでスーダマを抱きしめました。

蓮眼の主は、喜びに溢れ、賢きブラーフマナで親友の体に触れ、愛の涙を流します。

主クリシュナは、親友スーダマを自分のベッドの上に座らせました。そして宇宙を浄化する主は、ブラーフマナのスーダマにさまざまな尊敬の礼を捧げ、彼の足を主自ら洗います。そしてその足を洗った水を頭の上からかぶります。主はスーダマを白檀膏、アググ、クンクマなどのペーストの芳香で清め、香や灯火を捧げ崇拝しました。そして主は牛乳やキンマの実を供えた後、喜ばしい言葉で彼を歓迎しました。

「ルクミニー、私の親友のスーダマがわざわざ遠くから会いに来てくれたよ」

「まあ、さようでございますか。旦那様のご友人は私にとっても大事なお方でございます」

と、幸運の女神自らが団扇で、服は破れ、汚れて、やせて、血管が見える貧しいスーダマを扇いで奉仕します。

宮殿の人々は、栄光に満ちた主クリシュナが、ボロボロの服を着たブラーフマナを親しく讃えているのを見て驚きました。

「このボロを着た、貧乏そうなブラーフマナはどんな敬虔なことをしたのだろう？　人々は彼を卑しむように低く見るけれど、三界の師、幸運の女神シュリーの住まいである主クリシュナが恭しく彼に仕えている。幸運の女神が自分のベッドをそのブラーフマナに捧げ、主はそのブラーフマナをあたかも兄のように抱きしめている」

お互いの手を握り、クリシュナとスーダマは彼らのグルのアシュラマで学んだことを熱心に話し合っています。

クリシュナは言います。

「愛するブラーフマナのスーダマよ。あなたはダルマ（法）をよく知っているよね。あなたはブラフマチャーリが終わり、グルにお礼を捧げた後、家庭に戻ったのだね。君に相応しい奥さんはもらったのかい？

あなたは家長としての仕事をしなければなりませんが、あなたの心は物質的欲望に執着していませんね。おお、博学なる人よ。あなたは物質的富の追求に喜びを感じていないようですね。

主のマーヤから生まれるすべての物質的性質を放棄し、ある人々は物質的欲望に心を動かされることなく、この世の義務を果たします。彼らは一般大衆に教えるために、私が為すように自分も行為し、模範を示すのです。

愛する友よ。師のアシュラマで一緒に学んだ頃を覚えているかい？　再生族の学生はグルから学ぶべきことを学ぶ時、無知を超えた精神生活の歓びを知ることができると思うよ。

友よ。人として生まれることを許してくれた人が最初の師、再生族のブラーフマナとして入門式を許可し、宗教的義務を教えてくれる人が、もっと直接的な師と言えるね。しかし、カーストに関係なくすべての人に神理を授ける人が究極の師と思う。私達の師は、まさに主のような師でした。

おお、友よ。世界に利益をもたらすヴァルナーシュラマ制度に従う人々は、師を主と思い献身奉仕すべきです。そうすれば、物質的存在の海を簡単に渡り、本当の幸福を手にするでしょう。万物のアートマンである私は、儀式による崇拝、ブラーフマナの入門式、苦行や自己鍛錬では満足しませんが、師を信じて奉仕を捧げる者を見ると満足するのです。

ところで、師のアシュラマでのできごとを覚えているかい？　師の奥さんが薪を集めてくるように僕らに命じ、僕達は広い森に薪を探しに行ったよね。その時、急に季節外れの嵐になって、恐ろしい風と雨、稲妻が襲ってきたことがあったろう？

それから日が沈み、森は真っ暗闇になって、洪水で高いところも低いところも分からなかったよね。風と雨がすごくて、僕達道に迷って洪水の中に立ち往生し、心配で互いに手を取り合って森をあちこちさまよったじゃないか。

僕達の師サーンディーパニは、僕達の状態を知って、日が昇ると弟子達を探しに出し、僕達が苦しんでいるところをようやく見つけてくれた。そして師は言ったよね。

おお、我が子達よ。私のためにこんなに苦しんだとは！　肉体というものはすべての生物にとって最も愛するものだ。しかし、君達は自分の都合を無視して、その肉体を私に捧げてくれたのだ。

本当の弟子の義務というものは、純粋な心で、自分の富、自分の命さえも捧げて師の恩に報いることなのだ。君達二人は最高のブラーフマナだ。私は君達に満足したよ。君達の願いがすべて満たされますように。そして学んだヴェーダのマントラが今生も来世も決して失われることがないように私は君達のために祈ろう」

クリシュナ曰く、

「僕達が師のアシュラマにいる時、同じような経験を他にもしたよね。ただ師の恩寵によってのみ人は人生の目的を満たし、永遠の平和を手にすることができるのだ」

スーダマ曰く、

「おお、主の中の主。宇宙のグルよ。私は師のアシュラマで、すべての望みをかなえてくださる主であるあなたと一緒に生活できたのです。これ以上求めるものはありません。

おお、全能の主よ。あなたは絶対神理であり、人生のすべての善き目的の根源です。ですから、師のアシュラマで一緒に学んだ私をこのように大事にしてくださるのは、人として役割を果たすあなたの遊戯の一つに過ぎません。私はただあなたの召使いに過ぎないのですから」

主ハリ、クリシュナは万物の心を完全にご存じで、特にブラーフマナには深い愛情をお持ちです。聖なる人々のゴールである至上主クリシュナは、このように再生族最高の人物スーダマと話しながら、笑って親友に次のように語りかけました。

「我が友スーダマよ。私に何か贈り物を持ってきてくれなかったのかい？　私の献身者が純粋な愛で私に捧げたものは、どんなちっぽけなものでも私にとっては偉大なものなのだよ。逆に、献身者じゃない人が、私にどんなすごいものを供えたとしても、私は嬉しくないのさ。

もし人が、愛と献身とともに葉っぱや、花、果物、水を捧げたとしても、私はそれを喜んで受け取るよ」

このように主クリシュナに言われても、スーダマは、わずかばかりの干飯を幸運の女神の夫に捧げることを躊躇しました。彼はただ恥ずかしそうにうつむいています。


万物の心の目撃者である主クリシュナは、スーダマがどうして自分に会いにきたかよくご存じでした。そしてこのようにクリシュナは考えました。

「昔から我が友は、物質的富への欲望から私を崇拝したことは一度もなかった。しかし、今、彼は貞淑で献身的な妻を満足させようとここに来たのだ。私は、私の純粋な献身者で友でもあるスーダマに、不死の神々さえ得られないような富を与えよう」

このように主は考えられると、スーダマに言いました。

「おや、その服の裂け目にあるのは何だい？」

そして、スーダマの服の裂け目から干飯をひったくりました。

「これは何？　干飯じゃないか！　ああ、友よ。君はこの干飯を私に持ってきてくれたのかい？　こんな嬉しいことはない。この干飯は私ばかりでなく、宇宙全部を満足させると思うよ」

このように言った後、至上主クリシュナは、一握りの干飯を食べ、次も食べようとすると、幸運の女神ルクミニーが主の手をとって、

「まあ、御自分だけ食べようなんてずるいですわ。私にも食べさせてくださいまし。ねえ、クリシュナ様。この捧げ物はスーダマ様を今生も来世も豊かにするに十分ではございませんか？　人の繁栄は、結局、クリシュナ様がどれだけ満足するかにかかっているのですから。

そろそろ食事の準備ができたようでございます。さあ、食事にいたしましょう」


スーダマは、その夜を主アチュタの宮殿で食べたり飲んだりして主と楽しく過ごし大変満足しました。彼はまるで精神界にいるように感じました。


次の日、スーダマは自足円満の宇宙の主クリシュナに温かく見送られ、宮殿を後にしました。

スーダマの心は喜びに満たされ、道を歩いていきます。

スーダマは主クリシュナから何の富も受け取りませんでしたが、自分のために富を乞おうとしたことを大変恥じました。彼は家に戻りながら、主クリシュナが温かく迎えてくれたことに完全に満足していました。スーダマは思いました。

「主クリシュナは献身者のために尽くされると聞いていたが、まさしくその通りだった。幸運の女神の夫、主クリシュナが、この貧乏の極みの物乞いを抱きしめてくださった。

私は誰であろう？　一人の罪深く貧乏なブラーフマナではないか。一方、クリシュナは誰であろう。六つの富を持たれる至上なる主だ。それにもかかわらず、彼は私を二本の腕で抱きしめてくれた。

主は私を兄弟の一人のように歓迎し、愛する伴侶のベッドに私を座らせてくれた。そして私が疲れているだろうと、主のお妃様が私を豪華な団扇で扇いでくれたのだ。

彼は神々の主であり、すべてのブラーフマナが崇拝するお方。その彼が、私が神であるかの如く私の足をマッサージしてくださり、謙虚に私にさまざまな奉仕をしてくださった。

主の蓮華の御足への献身奉仕は、天国や地下、地球の人々、そして解放された人達にとっても完成へと導く源に違いない。

憐れみ深き主は、『もし、貧乏で哀れな人が突然、お金持ちになったら、幸福に酔って主である私を忘れるに違いない』とお考えになり、私に何の富も与えなかったのだろう」

このように考えながら、スーダマは自分の家が建っていた場所に着きました。しかし、そこは太陽、火、月を合わせた輝きに匹敵するような高くそびえる天国の宮殿が建ち並んでいました。そこには、壮麗な中庭、庭園があり、鳥の鳴き声や蓮の花などの花々が咲き誇る美しい池があります。美しく装った男性や雌鹿の眼をした女性の召使いが入り口に並んでいます。

スーダマは驚きました。

「これはいったい何だろう？　誰のものだろうか？　どこから来たのだろうか？」

彼がこのように考えていると、美しい男性や女性の召使いが偉大で幸運な主人のもとに、楽器を演奏したり歌を歌ったりしながらやってきました。

夫の帰りを知ったブラーフマナの妻は、すぐに疾風のように宮殿から飛び出してきました。彼女は聖なる宮殿から出てきた幸運の女神その人のようです。

貞淑なる妻が夫を見ると、眼に愛と喜びの涙が溢れてきます。彼女は夫に恭しくお辞儀をして、心の中で夫を抱きしめました。

スーダマは自分の妻を見て驚きました。美しい首飾りなどで装ったメイド達の真ん中で光り輝き、天国の女神様のように見えます。

「旦那様、お帰りなさい。クリシュナ様は本当に気前のよい方ですね。あなたがクリシュナ様のもとに着いた頃、突然、このような宮殿が建ち並び、たくさんの召使いが現れてこのように美しく装ってくれましたのよ」

大喜びで妻は夫を宮殿の中に連れて行きます。そこには何百という宝石をちりばめた柱が並び、神の宮殿のようです。

スーダマの部屋のベッドは柔らかく牛乳の泡のような白で、ベッド枠は象牙と金で装飾されています。黄金の脚の長椅子、王家のような団扇、黄金の玉座、柔らかいクッション、真珠をつないだ紐でつるされた輝く天蓋もあります。壁は煌めくクリスタルと貴重なエメラルドがちりばめられ、黄金のランプが輝き、宮殿の女性達はみな貴重な宝石で身を飾っています。

さまざまな最高の富を見て、スーダマは冷静に、この予想外の繁栄のわけを考えました。

「私はいつも貧しかった。私のような貧乏人がこのように突然大金持ちになる理由は一つしかない。すべての富を持つ主クリシュナが、私を祝福してくださったに違いない。

あらゆる富の享受者である私の友クリシュナは、私が彼にお願いしたいことをご存じだったに違いない。私が彼の前にいる時は、主は何も言われなかったが、彼が私にこの信じられないような富を授けてくださったのだ。このように主は慈悲深い雨雲のように恵みの雨を降らせてくださった。主は、御自分の愛する献身者が、わずかばかりの奉仕を捧げることを大きく評価してくださり、最高の祝福を授けてくださるのだろう。私が持っていったわずかばかりの干飯を主はお受け取りくださり、喜んでくださったのだ。

主は最高に憐れみ深いお方だ。何度生まれ変わっても、愛と友情と信で主に献身奉仕できますように。主の献身者と交際し、主への愛を不動とすることができますように。

知性を欠く献身者に、主は権力や物質的財産などのこの世の富を与えないだろう。無限の智慧を持つ不生の主は、プライドに酔う者がどのように落ちていくかよくご存じなのだから」

このように考え、スーダマは大金持ちになっても、万物の庇護所である主クリシュナに全託し献身奉仕を続けました。豊かであっても欲望を捨て、すべての感覚的満足を放棄し、彼は妻とともに人生を楽しみました。

主ハリは神の中の神、すべての供犠の主、最高の統治者です。しかし、主は純粋な献身者である聖なるブラーフマナを自分の主と受け入れます。純粋な献身者以上に、主が愛しい者はいないのです。

このように主クリシュナが自分の献身者をどれほど愛し、恵みを授けてくださるかを知ったスーダマは、常に主クリシュナを瞑想し、物質的執着の結び目を切り裂いたのでした。そして短期間の間に、偉大な聖者の目的地、主の至高の住居に到達したのです。

ヴァリンダーヴァンの村人達との再会

バララーマとクリシュナがドヴァーラカーに住んでいる時、主ブラフマーの一日が終わる時のような大きな日食が起こりました。

あらかじめ、日食を知っていた多くの人々は、信仰を深めるためサマンタ・パンチャラの聖地に巡礼に行きました。

地球の重荷を軽くするため、クシャトリヤを二十一回にわたって征伐した後、最高の戦士、主パラシュラーマは、王や戦士達の血をためる大きな湖を造りました。クシャトリヤを殲滅したといっても、地球を苦しめていた悪魔や悪王を滅ぼすためで、主パラシュラーマには何のカルマもありませんが、一般の大衆に模範を示すため、彼は盛大な供犠をそこで行ったのです。

このように彼は、一般の人が罪の償いをして、罪から解放されるように供犠を行い、そこがサマンタ・パンチャラの聖地となっています。

今、地球全土から日食の日に聖地に巡礼して、罪の禊ぎをしようと王達が集まってきています。ヴリシュニ家、ヤドゥ家からもバララーマ、クリシュナを含め多くの人が巡礼に参加しました。

ヤーダヴァ家も威風堂々と道を進んできます。彼らは戦車隊、騎兵隊、歩兵隊など多くの兵士を伴い秩序正しく行進し、時々、象が雷鳴のように吠えています。ヤーダヴァ家は黄金のネックレス、花輪、甲冑で美しく装い、奥方達を伴い、空を飛ぶ神々のように見えます。

サマンタ・パンチャラで、ヤーダヴァ家は沐浴し、断食をします。そしてブラーフマナに美しい衣装、花輪、ネックレスで飾った乳牛を贈りました。聖典の規定に従い、パラシュラーマの湖で沐浴した後、ブラーフマナ達に豪華な食事を捧げます。その間、いつも「主クリシュナへの献身奉仕を私達にお授けください」と祈っていました。

それから、崇拝する唯一のお方である主クリシュナの許しを得て、朝食を取り、涼しい木陰に腰を下ろして休憩しました。

ヤーダヴァ族が見ると、たくさんの王達が聖地に巡礼してきています。同盟している王達、敵対している王達、何百何千という王達が集まってきていました。その中に、長い不安に苦しむ親友ナンダ・マハーラージャと牛飼いの男と女達がいるのを見つけました。

お互い駆け寄ると満面の笑みを浮かべて抱き合い、再会を喜び合いました。眼から涙が溢れ、体毛は逆立ち、声はむせび、みんな大いなる歓喜を感じています。

女性達は笑いながら見つめ合い、抱き合っています。眼からは愛の涙が流れています。そして年長者を敬い、若い親族達の尊敬の念を受けます。互いに旅は快適だったかどうか、元気であったかどうかを尋ね、彼らはすぐにクリシュナについて話し合いました。

クンティー妃は、彼女の兄弟姉妹、子供達、両親、兄弟の妻達、そして主ムクンダに会いました。彼らと話しをしながら、彼女は悲しみを忘れました。

クンティーは兄ヴァースデーヴァに言います。

「ああ、愛する兄さん。私、とっても苦しんでいたのよ。何故なら、兄さん達はみんな聖者だけど、私が災難に遭っている時、私のことを忘れていたのじゃないかと思って」

ヴァースデーヴァは答えます。

「愛する妹よ。どうか私達を責めないでおくれ。私達は運命に翻弄される普通の人間に過ぎない。本当に、人は自分の意志で活動しても、人に強制されて活動しても、彼はいつも主のコントロール下にあるものなのだよ。カンサに迫害され、私達はいろんなところに逃れて暮らしていた。しかし、主の恩寵によってようやく家庭に戻ることができたところだ」

ヴァースデーヴァ、ウグラセナや他のヤドゥ家の人々は、主アチュタ（クリシュナ）を見て喜び満足している王達を讃えます。世界中の王が、すべての富と美の源、主クリシュナが妃達を連れて自分の眼の前に立っているのを見て、その言葉で表現することができない超越的お姿に驚きました。

主クリシュナと主バララーマは、喜んでこれらの王達を分け隔てなく祝福しました。これらの王達は、シュリー・クリシュナの交際者であるヴリシュニ家の人々を讃えます。

「おお、ボージャ家の方々よ。あなた方ほど恵まれた人々はいない。何故なら、偉大なヨギーでさえ、めったに見られない主クリシュナをいつも見ることができるのだから。ヴェーダの説く主の名声、主の蓮華の御足を洗った聖なる水、主が聖典の中で語った言葉、これらはこの宇宙を浄化します。

地球は時の流れに荒廃していましたが、主の蓮華の御足が触れたために息を吹き返し、大地は私達に再び恵みを授けてくれるようになりました。その主が、あなた方と同じ血を持つ一族として降誕されたのです。この主と親族であること、主を直接見て、主のそばを歩き、主と話ができること、主とともに憩い、座り、一緒に食事ができるなんて、これ以上の恩寵がありましょうか？」

ナンダ・マハーラージャはヤドゥ家がクリシュナに率いられて到着したと聞き、すぐさま会いに行きました。牛飼いの人々も荷馬車一杯に贈り物を積んでナンダと一緒に急ぎます。

ナンダを見て、ヴリシュニ家の人々は、死んだ肉体に生命が戻ったように立ち上がって大喜びしました。長いこと主に会えずに苦しんでいたヴァリンダーヴァンの人々は、彼らとしっかり抱き合いました。

ヴァースデーヴァはナンダ・マハーラージャと喜びにむせびながら抱き合っています。歓喜に満たされ、ヴァースデーヴァはカンサのもたらした苦難、自分の息子を安全のためにゴクラに連れて行ったことを思い出しました。

クル族の偉大な英雄、クリシュナとバララーマは育ての親を抱きしめ、両親に深くお辞儀をします。しかし、涙にむせび、二人の主は何も話すことができません。

二人の息子を膝に抱き上げ、ナンダとヤショダーは、それまでの苦しみを忘れました。

ロヒニーとデヴァキーは、ヴラジャの女王（ヤショダー）を抱きしめ、それまで彼女が二人に捧げた友情を思い出しました。彼女達の喉は涙でむせび、次のように話しかけました。

「あなたとナンダが私達に与えてくれた愛情は、何人であろうと忘れられません。インドラの富をもってしても、この世でこのご恩に報いることはできないでしょう。

二人の息子が生みの親に会う前に、あなた方は親として深い愛情と、お世話、訓練、食べ物、保護を二人に与えてくださいました。おお、すばらしき女性よ。二人はあなた方が、瞼が眼を保護するように保護してくれたので、何の心配もなく成長しました。本当にあなた方のような聖なる人々は、自分の親族とよそ者を全く区別しないのですね」

最愛のクリシュナを眺める間、若いゴピー達は瞼を創造した神を非難しました。

「神様、どうして瞼なんか造ったの。瞬きをする間、愛するクリシュナを見ることができないじゃないの」

長い別離の後、クリシュナに再会できて、ゴピー達は眼でクリシュナを心に取り込み、心で主をしっかり抱きしめ満足しました。このようにして、彼女達は主を瞑想し歓喜の中に溶け込みました。このような境地は常に神秘的ヨガの実践を行う優れたヨギーでさえも到達できないほどのものです。

主クリシュナはゴピー達に近づき、人気《ひとけ》のない場所に連れて行きました。お互いに抱き合って再会を楽しんだ後、ゴピー達は喜びのあまり立ったままです。お互いに抱き合って再会を楽しんだ後、クリシュナは次のように言いました。

「ああ、愛する君達。まだ僕のことを覚えているかい？敵を滅ぼし親族を救うため長い間、会えなかった。おそらく僕を恩知らずだと思っているだろうね。軽蔑していないかい？

結局、生物を一緒にしたり別れさせたりするのは、至上なる主の御意志なのだよ。風が吹いて、雲や草の葉、綿、埃をまとめることがあるけど、また散らしてしまうだろう。創造者も自分が創造したものを同じように扱うのさ。

私へ献身奉仕を捧げる者は、私の国に帰り永遠の生命を得る資格が与えられるのだよ。しかし、あなた方は幸運にも私に特別な愛情を育み、私を手にすることができた。

愛する君達。地水火風空はすべての物質の始めであり終わりであり、内にも外にも存在することは知っているね。同じように私は全創造の始め、中間、終わりであり、内にも外にも存在しているのだよ。

このように私は物質の中にも、また万物の心の中にもアートマンとして存在している。だから体は別のところにいても、私はいつもあなた方と一緒にいる。どうか、私のことをいつも想って日々の仕事を私のために果たしてほしい。私は万物の中に宿っているため、人や動物に親切にし、人が喜ぶことをすれば、それは私を喜ばすことになります。

私に対するあなた方の深い愛情は、他に比較するものがないほどです。ですから、私に対するように万物に愛情を持ち奉仕を続ければ、あなた方は間違いなく私のもとに帰ってきます」


このように主クリシュナに諭され、彼女達はもともと常に主を瞑想していたため、すべての偽我から自由となりました。そして、クリシュナへの愛を深め、主がどのようなお方か理解したのでした。

ゴピー達は言いました。

「愛するクリシュナ。あなたの蓮華の御足は、物質的存在の深く暗い井戸に落ちた者達のただ一つの庇護所。また偉大な聖者もヨギーもあなたの蓮華の御足を求め瞑想します。あなたは普通の人として仕事をされていますが、私達の心の中に、いつもあなたの蓮華の御足が目覚めていますように」


主クリシュナはそこで、ユディシュティラを始めとした主の親族全員と会い、幸せかどうかを尋ねました。

主の親族曰く、

「おお、御主人様。あなたの蓮華の御足の甘露を一度でも飲んだ者が、どうして不幸になることがありましょうか？　あなたの偉大な献身者があなたのことを物語る時、その甘露の水は至福をもたらします。そして私達を創造してくださった方のことを忘れてしまうという愚かさを破壊してくれます。

あなたのお姿は、悩み苦しみを駆逐し、あなたの栄光によって永久の幸福に浸ることができるのです。あなたの知識は不可分、無限であり、あなたは時の流れの中に失われていたヴェーダを保護するために、ヨーガマーヤーを用い、人として降誕されました。

私達は、偉大な聖者方の最終目的地であるあなたに平伏いたします」

パーンダヴァの妃ドラウパディーは、クリシュナの妃達と会いおしゃべりをしています。

彼女は、クリシュナの妃達がどのようにしてクリシュナの妃になったのか尋ね、妃達はその経過を楽しそうに話しています。

そして彼女達はドラウパディーに言います。

「ああ、聖なる女性よ。私達は地上の王国も天国も、この世の楽しみも、神秘力も主ブラフマーの地位も、不死も神の王国も望んではいません。私達は主の蓮華の御足にお仕えすることだけが望みです。

私達はヴラジャの乙女達や牛飼いの少年のように、また主が牛の世話をする時に踏んだ牧草や植物のように主の蓮華の御足に触れたいだけなのです」

クルクシェートラでの聖者達の教え

プリター、ガーンダーリー、ドラウパディー、スバドラーや他の王の妃達、ゴピー達は王妃達の主クリシュナへの愛の深さを聞き、驚いて涙を流しています。

男や女達がこのように互いに話し合っている時、偉大な聖者達が主クリシュナと主バララーマに会おうと集まってきました。ドヴァイパーヤナ、ナーラダ、チャヴァナ、デヴァラ、アシタ、ヴィシュヴァーミトラ、シャターナンダ、バラドヴァージャ、ガウタマ、主パラシュラーマとその弟子達、ヴァシシュタ、ガーラヴァ、ブリグ、プラスチャ、カシャパ、アトリ、マールカンデヤ、ブリハスパティ、ドヴィタ、トリタ、エカタ、四人のクマーラ、そしてアンギラ、アガスティヤ、ヤージュナヴァルキヤ、ヴァーマデヴァなど錚々たるメンバーです。

聖者達が近づいてくるのを見て、パーンダヴァ兄弟、クリシュナ、バララーマを含めその場にいた全員がすぐに立ち上がりました。そして、宇宙全域で尊敬される聖者方を礼拝しました。

主クリシュナ、主バララーマや他の王達、指導者達は、挨拶の言葉を述べ、座る場所、足を洗う水、飲み水、花輪、香、白檀膏を聖者方に捧げます。


聖者方が心地よく座につくと、神理道理を保護する至上主クリシュナが、聖者方に言葉をかけました。みんな心を傾け主の言葉を聞きました。

「今、私達の人生は完成しました。何故なら偉大な聖者方に会うことができたのですから。苦行もせず、寺院の神像を礼拝しているばかりの者にとって、あなた方のような偉大な聖者を見て、触れて、質問して、礼拝して、その御足を崇拝する以上に価値あることがあるでしょうか？

人は粘液、汁などからなる肉体を自分と思い込み、妻や家族を永遠に自分のものと思い、自分の生まれた土地を崇拝したり、聖水をただの水と考えたりしますが、決して自分を魂と考えることはありません。このような人は牛や灰以上の者ではありません。

滝や大地、石を神として祭ることもありますがあまり意味がありません。また、聖地であっても人を浄化するには長い時間がかかります。ところが聖者方は、ただ見ただけで人をたちまち浄化してしまうのです。神々、太陽、月であっても二元相対にとらわれた崇拝者の心から罪を除くことはできません。ところが聖者は、人がほんの少し奉仕しただけで、その人の罪を取り除くことができるのです」


主の言葉を聞いて、聖者方は沈黙し、どうして主がそのようなことを言われたのか考えました。

しばらくして、聖者方は、『主は人間の立場から語ったのだ。一般の人々に教えるためにこのように話したに違いない』と結論しました。そして、微笑みながら、宇宙の師である主クリシュナに語りかけました。

「真実を知るお方、宇宙の指導者であられるあなたのマーヤの力に私達はとまどいました。ああ、主であるあなたの振る舞いは本当に驚きです。主は人としての活動で自分を隠され、至高者の支配下にあるようなふりをしているのです。

本当に全能の主の人としての活動は、ただの演技に過ぎません。主のみが創造、維持、破壊の中に入れられ、しかも巻き込まれることはありません。それにもかかわらず、適切な時に降誕され献身者を保護され、悪を懲らしめられるのです。このようにして主であるあなたは、神理道理（正道）を保護されるのです。

正道はあなたの汚れなき心。正道の教えを学び、苦行、自己制御、生活の中での実践を通して人は、主であるあなたを認識できるのです。そのため至高ブラフマンであるあなたは、ブラーフマナを讃えます。何故なら、彼らは正道の教えと実践を通してあなたを知る者達だからです。

今日、私達の誕生、教育、苦行、思索は完成しました。何故なら、すべての聖者のゴールであるあなたとお会いできたのですから。本当にあなたは、究極の、最高の祝福そのものです。

私達は、あなたに尊敬の念を捧げます。神秘的ヨーガマーヤーによって御自身の偉大さを隠しておられる至上主クリシュナ様。あなたと親しく交際しているヴリシュニの王達も、万物に宿るアートマン、時の力、至高の制御者としてのあなたを知らないでしょう。彼らのために、あなたはマーヤで御自分を覆っているのですから。夢見る人が夢の中のできごとを本当と思うように、人の感覚はものの姿や名前に過ぎないものに惑わされています。こうして人は記憶を失い、主であるあなたを知ることができません。

今日、私達は、罪を洗い流す聖なるガンジス河の源であるあなたの蓮華の御足を直接見ることができました。偉大なヨギーは、心の中にあなたの蓮華の御足を瞑想しますが、あなたに全身全霊で献身奉仕を行う人は、魂を覆う物質的心を清め、最終ゴールであるあなたに到達することができるでしょう。ですから、どうかあなたの献身者である私達にお慈悲をおかけくださ い」

このように語り聖者方は、自分のアシュラマに旅立とうとされました。

聖者方が去ろうとしているのを見て、ヴァースデーヴァは近づいて、彼らの御足に触れ、言葉を選びながら次のように言いました。

「神々の崇拝する方々よ。あなた方に尊敬の念を捧げます。おお、聖者方よ。人の罪深き活動の結果は、どのようにすれば中和されるのでしょうか？　この点についてどうかお教えください」

シュリー・ナーラダ・ムニ曰く、

「おお、ブラーフマナの方々よ。ヴァースデーヴァの質問には驚いた。彼は自分の息子クリシュナをただの普通の子供と思っているのだろうか？　この世では、あまりに親しいと、侮辱を生むこともある。たとえばガンジス河の岸辺に住む者が、自分を浄化してくれる河をどこか別のところに探しにいくようなものだ。

至上主は、時の流れにも、創造、維持、破壊にも、グナの変転にも、内にも外にも何にも煩わされることはない。唯一無二の至上主の意識は、物質的存在、原因と結果、グナの流れにも決して苦しむことはない。それなのに普通の人々は、主が御自分の創造である生命エネルギー、物質の五大原素などに覆われていると考えてしまう。それは、太陽が雲や雪、日食に覆われているると考えるようなものなのに」

聖者がこのように語るのを、主アチュタ、主バララーマやすべての王達が耳を傾けて聞いていています。

「罪深き活動の結果は、誠実な信仰心をもって主ヴィシュヌを崇拝するといった、ヴェーダの儀式を行うなどの善い行いによって中和することができると言われています。聖典を学んだ権威者は、それが揺れ動く心を征服し解放を得る最も簡単な道と説いています。そのような祭祀はあなたの心に喜びをもたらしてくれるでしょう。

家長期にある人が、無理なく手にできる富で、至上主を崇拝することは最も吉兆な道です。

しかし、賢き人は主に対する祭祀を行うことによって、富を得たいという欲望を捨て布施を行わなければなりません。家庭生活を経験することで、妻や子供に対する愛着を捨てなさい。また時間の影響を学び、死んだら天国に行きたいという欲望も捨てなさい。徳が尽きたら天国に昇っても、また落ちてこなければならないのだから。自己制御した聖者は、こうして家庭生活の愛着を捨て、森へ行って苦行を為すものです。

しかし、もっとも優れた道は、主をいつも心に想い、妻や子供への愛着を一旦捨てて主にすべてをゆだねることです。妻や子供、すべての生物を愛着の対象として見るのではなく、主を内に宿した友と観て愛し奉仕していくことです。日々の義務を主に捧げていくことこそ肝要です。それが、そのまま主への献身奉仕につながるのです。真の放棄とは妻や子供を捨てて、森へ入ることではありません。

愛するヴァースデーヴァよ。再生族には三つの負債があると言われています。すなわち、神々、聖者、先祖の三つに対する負債です。もし人が祭祀を行わなかったり、聖典を学修しなかったり、子供をもうけなかったりして、この三つの負債を清算しなかったら彼は地獄に落ちるでしょう。

おお、ヴァースデーヴァよ。あなたは、このうち聖者と先祖に対する負債はすでに清算していると言えるだろう。もう一つ神々に対する負債が残っている。供犠を行って神々を満足させ、すべての負債を返済してはどうでしょうか。

しかし、ヴァースデーヴァよ。疑いもなく、あなたは宇宙の主ハリを崇拝してきたのです。あなたもあなたの妻も最高の献身奉仕を主に捧げてきているのですよ。何故なら、主があなたの息子として生まれることを受け入れられたのですから。すべての神々は主の僕であり、主を崇拝すれば、それはすべての神々を崇拝したことになります。本当は、あなた方は神々への祭祀は必要ないのだが、あなたの心は主のマーヤによって覆われている。そのため、神々への供犠を行うことは決して無駄ではないでしょう」

聖者の言葉を聞き、ヴァースデーヴァは地面に頭をつけて礼拝し、聖者方を讃え、供犠の祭司になってくれるようにお願いしました。

このように敬虔なヴァースデーヴァに頼まれ、聖者方はクルクシェートラの聖地で、ヴェーダの規定に従い、最高の準備をして火の供犠を行うことになりました。

ヴァースデーヴァが供犠の準備をしていると、ヴリシュニ族が沐浴をして美しく着飾って参加します。他の王達も凝った衣装で嬉しそうなお妃達を伴い参列しています。王の妃達は宝石をちりばめたネックレス、素敵な衣装、白檀のペーストで身を飾り、供犠のための供え物や祭具を携えています。

さまざまな楽器が演奏され、女性の踊り子が踊り、聖典が朗唱されています。天界のガンダルヴァの女性達が甘い歌声で夫達とともに歌っています。

美しく装ったヴァースデーヴァが十八人の妃とともに聖典に従い、聖水を降りかけられています。妻達に囲まれ、彼は星を従えた月のようです。

ヴァースデーヴァは、絹のサリーを着て、腕輪、ネックレス、足鈴、イヤリングなどで身を飾った妃達と入門式を受けました。彼は鹿革をまとい、光り輝いています。

ヴァースデーヴァの祭祀と供犠を執り行うメンバー達も、絹のドーティーを着て、装飾品で身を飾り供犠場で輝いています。

その時、万物の主であるバララーマとクリシュナは、御自分の拡張体である息子達、妻、他の家族達とともに威厳に満ちて父ヴァースデーヴァの催す供犠祭に参加していました。

規定に従ってさまざまな供犠が執り行われ、ヴァースデーヴァは、すべての祭具、マントラ、儀式を通して主を崇拝しました。

そして聖典に従い、ヴァースデーヴァは祭司達に貴重な装飾品、牛や土地、召使い達などをお礼として捧げます。

供犠の後、祭司を務めた偉大な聖者方は、パラシュラーマの湖でヴァースデーヴァと一緒に沐浴しました。その後、ヴァースデーヴァは、奥方達とともに自分の着ていた衣装を朗唱者達に施しました。それからヴァースデーヴァは新しい衣装を着て、食べ物を犬も含め全階級にわたり、すべての人々に捧げました。

盛大な供犠が終わり、多くの参列者達は主クリシュナの許しを得て、ヴァースデーヴァの供犠を讃えながら帰路につきました。

ヤドゥ王家の人々は、彼らの友人、家族や他の親戚達と抱き合って別れを惜しみます。それぞれ王国に帰っていきますが、別れのつらさから旅立ちに時間がかかりました。ナーラダ、ヴィヤーサなどの聖者も別れを告げて去っていきました。

ナンダ・マハーラージャは、ヤドゥ家の彼の親戚と別れを惜しみ、牛飼い達と一緒に少し長く留まりました。彼らの滞在中、クリシュナ、バララーマ、ウグラセナや他の人々は、ナンダ達を讃え、手厚くもてなします。

供犠を終え、願いを満たされたヴァースデーヴァは、多くの良き人々に囲まれ、親友ナンダに次のように言いました。

「愛する弟よ。神が愛という名で人々を互いにつないでいる。私は偉大な英雄であれ神秘家であれ、この愛情を断ち切ることは難しいと思う。あなたに対して何のお返しもしていない私のような恩知らずに、あなたは変わらぬ無類の友情を与えてくれている。

かつて私はカンサに捕らえられ、あなたのためになることを何もできなかった。しかし、今は私達の目の前にあなたがいるというのに、自分の幸せに酔って、あなたを無視している。人生の完成を望む者は、決して王のような富を得てはいけないと反省している。何故なら富は人を盲目にして大事な家族や友人を忘れさせてしまうからです。

偉大な友よ、どうか許してほしい。あなたの恩に対して、どうやってお返しをしたらいいのか分からないのだよ」

ヴァースデーヴァは、深い愛に満たされ、眼に涙をためて、ナンダが彼に示してくれた友情の数々を思い出しました。

ナンダも親友ヴァースデーヴァのことを思うと胸が一杯になりました。ナンダは、「明日は帰る、明日は帰る」と言いながら、クリシュナとバララーマに対する愛から、そこに三カ月間も滞在しました。

しかし、ついに別れの時がきました。ヴァースデーヴァ、ウグラセナ、クリシュナ、バララーマ、ウッダヴァや他の人々は、貴重な装飾品、衣類、布、さまざまな家具、家庭用品を贈り、ナンダはありがたく受け取って、ゴーヴィンダの栄光を讃えながら家族や村人達とヴラジャに戻っていきました。


こうして親族がすべて旅立ち、雨期が近づいてきているのを見て、クリシュナのみを主と崇拝するヴリシュニ族はドヴァーラカーに戻りました。

彼らは、ドヴァーラカーの市民にヴァースデーヴァの行った盛大な供犠のこと、巡礼の間に起こったすべてのこと、特に愛する人達みんなと出会ったことを楽しそうに話しました。

主クリシュナ、献身者を祝福する

ヴィデハ王国の都ミチラーに二人の主クリシュナの献身者がいました。

一人はシュルタデヴァという優れたブラーフマナです。主クリシュナへの絶えることのない献身奉仕を貫き、柔和で博学、感覚の満足から離れていました。家長としての生活を送り、自然に入ってくるもので生計を立てています。神の御意志によって手に入る肉体と生活の維持に必要なもの以上は受け取らず、それに満足しています。そして宗教的義務、与えられた義務を熱心に果たしていました。

もう一人はヴィデハ王国の王バフラーシュヴァです。彼は偽我を離れ、主クリシュナを熱心に崇拝していました。

この二人の献身者を喜ばそうと、至上主クリシュナはダールカが御者を務める馬車に、多くの聖者を乗せてヴィデハに向かいました。この聖者の方々は、ナーラダ、ヴァーマデヴァ、アトリ、クリシュナ・ドヴァイパーヤナ・ヴィヤーサ、パラシュラーマ、アシタ、アルニ、シュカデヴァ、ブリハスパティ、カンヴァ、マイトレヤ、チャヴァナなど偉大な聖者ばかりです。

多くの街や村を通りましたが、住民達は水を捧げたりして主を崇拝します。男も女も優しい微笑み、愛情深い眼差し、そして主の蓮の花のように美しい主のお顔を見て心に焼き付けます。主クリシュナは軽く一瞥するだけで、その人々を物質主義の闇から救い出します。そして無畏と正しい信仰への想いを授けます。こうして主一行はヴィデハに到着しました。

主アチユタ（クリシュナ）が到着したと聞き、ヴィデハの街の人々は嬉しそうにやってきて、主を合掌します。主ウッタマシュロカを見た人々はたちまち、顔も心も主への愛に満たされ花が咲いたようになります。そして、手を合わせ、頭を垂れ、噂で聞いていただけの主と偉大な聖者方を礼拝しました。

ミチラーの王もシュルタデヴァも地面に平伏して主の御足に頭をつけ、二人とも宇宙の主は慈悲をお示しになるため、ここにおいでになったのだ、と考えました。ほとんど同時に、ミチラー王バフラーシュヴァとシュルタデヴァは合掌し、主と聖者方に「どうか自宅においでいただきたい」とお願いしました。

招待を受けた主は、二人とも喜ばせたいとお考えになり、御自分と聖者達を二人に拡張しそれぞれの家を訪問しました。このため、二人とも主は自分のところだけに来てくださったと思いました。

バフラーシュヴァ王は約束通り主クリシュナと聖者方が旅に少し疲れた様子で訪ねて来たのを遠くから見て、すぐに座り心地のよい椅子を準備しました。主と聖者方が座ってくつろがれるのを見て、王は喜びに圧倒され、眼は涙で曇り、主と聖者達の御足を愛の想いに満たされて洗いました。その主と聖者方の御足を洗った水は宇宙を浄化します。王はまずその水を自分の頭にかけ、次に家族の頭に降りかけました。そして白檀膏、花輪、立派な衣装、装飾品、香、灯火、乳牛や雄牛を捧げます。

そして豪華な食事でもてなし、主クリシュナや聖者方が満足した後、王は膝の上に彼らの御足を乗せ、マッサージして疲れをほぐしながら次のように言いました。

「おお、全能の主よ。あなたは万物のアートマン、自ら輝く目撃者、そして今、あなたの御足を瞑想する私達の前にそのお姿をお見せくださいました。あなたは、『アナンタ、幸運の女神シュリー、ブラフマーより私の純粋なる献身者が愛しい』とおっしゃいます。その言葉を証明するために、私達の目の前にそのお姿をお示しいただいたのです。このような主の慈悲深さを知りながら、主の蓮華の御足を捨てる愚か者がおりましょうか?

あなたは、ヤドゥ王家に降臨され、三界のすべての罪を取り除くことができるあなたの栄光を広められました。そして、生と死の輪廻にとらえられた人々を救わんとされています。

おお、至上なる主クリシュナ様。あなたに心から尊敬の念を捧げます。どうかブラーフマナの方々とご一緒にしばらくお泊まりください。そして、おお、すべてに遍満するお方よ。どうかあなたの蓮華の御足の塵でこのニミ王家を清めてください」

王にこのように請われ、世界を支える主クリシュナは、ミチラーの人々に幸運を授けるためしばらく滞在することを承知しました。

シュルタデヴァもバフラーシュヴァ王と同じように主アチュタが、訪問されると歓喜にむせびました。主と聖者方を礼拝し、嬉しさのあまり肩掛けを振って踊り出しました。

草や麦の座布団を捧げて歓迎の挨拶をします。そして彼と彼の妻は喜びに浸りながら、主と聖者方の御足を洗います。そしてその御足を洗った水を自分と家と家族に降りかけました。彼は自分の望みがすべてかなえられたことを感じました。

シュルタデヴァは王のように豪華なものではありませんが、果物、ウシーラの根、澄んだ甘露の水、香りの良い土、ツラシーの葉、クシャ草、蓮の花などを捧げ主と聖者方を崇拝しました。そして、貧しいながらも心を癒やすような食事も捧げました。彼は驚いています。

「家庭生活の真っ暗な井戸に落ちている私が、主クリシュナにお会いできるなんてどうしたことだろうか?そして心の内にいつも主を運んでいる偉大な聖者方にも会うことを許された。これも不思議なことだ。実際、彼らの御足の埃で聖地が浄化されると言われているほどの方々なのに」

客人達が歓迎を受けてくつろいでいるのを見て、シュルタデヴァは、妻、子供達と一緒に彼らの近くに座りました。そして主の御足をマッサージしながら、主と聖者方に話しかけました。

「今日、主クリシュナ様始め聖者の方々とお会いできましたが、本当は主がこの宇宙を創造された時からのお付き合いではないかと思います。私達はあなたの永遠の召使いです。あなたは、いつもあなたのことを聴き、唱え、崇拝し、あなたについて互いに話し合う純粋な献身者の心の中にあなた自身を表されます。

しかし、あなたは万人の心に住まわれていますが、物質的活動にとらわれた人々には非常に遠い存在です。物質的力ではあなたを知ることはできないのです。

あなたに尊敬の念を捧げることをお許しください。絶対神理を知る者はあなたを至上の魂と悟りますが、縛られた魂は、死を運んでくる時間としかあなたをとらえることができません。あなたは目を開いた献身者には姿をお見せになりますが、非献身者はあなたを見ることができません。

おお、主よ。あなたは至高アートマン、そして私達はあなたの召使いです。私達はあなたにどのように奉仕すればいいのでしょうか？　我が主よ。あなたを見るだけで、苦しみ多き生と死の輪廻を超えることができるのです」

シュルタデヴァの話を聞き、主に身も心も捧げる献身者を苦しみから救うクリシュナは、シュルタデヴァの手を取り、微笑んで次のように答えました。

「愛するシュルタデヴァよ。偉大な聖者方がここに来て、あなたに祝福を授けたことをよく覚えておきなさい。彼らは世界中を私と旅し、彼らの御足の塵で世界を浄化しているのだよ。

人は寺院の神像、聖地、聖なる河を見たり、触れたり、礼拝したりしながら少しずつ浄化されていく。しかし、聖なる人々がただ一瞥しただけで、すぐさまその者は浄化されてしまうのだ。聖者とはそれほど尊い存在であることを知りなさい。

この世ではブラーフマナに生まれることは最高に恵まれていると言えます。そして、苦行、聴聞、自ら満足することでさらに意識を高めていくことができるでしょう。それなら、私に献身奉仕を捧げたなら、どれほどの恩寵があるでしょうか？　私は四本腕のヴィシユヌの姿より、そのような純粋な献身者であるブラーフマナが愛しい。私が私の内にすべての神々を含んでいるように、そのようなブラーフマナは全ヴェーダを内に含んでいると言えます。

この真実に無知なるが故に、愚かな人々は主である私と異なることのない、導師であり真我でもあるブラーフマナに対して罪を犯してしまいます。愚かな人は、このようなブラーフマナを尊敬することなく偶像崇拝に夢中になってしまう。嘆かわしいことです。

私を悟っているブラーフマナはこの宇宙の動不動、創造原素も含めすべてのものは、私の拡張した姿であるとしっかりと心に刻んでいます。

それ故、あなたはこれらの偉大なブラーフマナの聖者方を主である私を敬うように敬いなさい。聖者方を敬えば、直接私を崇拝することになります」

このように主クリシュナに教えを受け、純粋な献身者のシュルタデヴァは主クリシュナと聖者方を崇拝しました。バフラーシュヴァ王も同様です。こうしてシュルタデヴァと王は人生の最終目的地に到達したのでした。

こうして二人の献身者を祝福し、しばらく滞在してミチラーの人々に恵みを授け、主はドヴァーラカーに戻られました。

父ヴァースデーヴァへの教えとデヴァキーの息子達の救済

ある日、ヴァースデーヴァの二人の息子、サンカルシャナ（バララーマ）とアチュタ（クリシュナ）が父ヴァースデーヴァを訪れ、尊敬の意を表して頭を父の御足に触れ崇拝しました。ヴァースデーヴァは、愛に溢れ、二人に挨拶しました。

二人の息子の非凡な力を偉大な聖者方から聞き、彼らの勇敢な行為を見て、ヴァースデーヴァは二人を神であると確信していました。そして、彼らの名を呼び、次のように話し始めました。

「おお、クリシュナ、バララーマ。私は、あなた方お二人が宇宙創造の根源であり、またすべての創造の構成要素であると分かりました。あなた方は至上なる主ではないですか？　いかなるものもあなたの内に創造され、あなたによって、あなたから、あなたのために存在し、あなたから離れたものは何一つありません。

おお、超越的主よ。あなたは御自分のエネルギーを用いて、さまざまな宇宙を創造され、その中に入り、全生物のアートマンとして宿られました。おお、このようにしてあなたは万物の生命エネルギー、意識として宇宙を維持しているのです。

月の光、火の輝き、太陽の光、星の煌めき、光の発光、山の不動、芳香、大地を支える力、これらすべてはあなたに他なりません。

我が主よ。あなたは水であり、味、渇きを癒やす力であり命を支えています。あなたはあなたの力を風として表します。それは、暖かさ、活力、思考力、肉体の強さ、努力、動きを与えます。あなたは方位であり、適応力、すべてに浸透する空（エーテル）であり、内に音を含みます。あなたは源初の非顕現の音、聖なるシンボル『オーム』、音によって聞かれる会話であり言葉。

あなたは感覚の対象を知覚する力、感覚の主宰神、これらの神々が感覚活動を行うことを許可するお方。あなたは決断をくだす知性の力、そして生物が物事を記憶する力です。

あなたは無知の偽我、激質の偽我、純質の偽我。そしてすべてを支える非顕現の全物質エネルギーです。またあなたは可滅のものの中の不滅の存在。それは土から土器や陶器ができて姿形は変わっても土は土として不変であることと同じです。

純質、激質、無知（翳質）の三つのグナは相互に作用しますが、すべてあなたの手の内にあります。おお、絶対神理よ。これらの創造物、グナの変転もあなたなしには存在しません。すべてあなたの内にあるのです。そして、帰滅の時すべてはあなたの内に吸収され、あなただけが一人存在されるのです。

全生物の中にアートマンとして存在し、究極崇高な目的地であるあなたを知らないことが本当の無知です。この無知故に、人は果報的活動の中に埋没し、生と死の輪廻をさまようのです。

人として生まれたことは幸運です。人として生まれる機会はまことに得難いものです。しかし、それでもなお、人は自分にとって何が最も必要なことなのか理解できないのです。おお、主よ。あなたのマーヤが人生を浪費するように仕向けるのです。

あなたはこの世を愛着という紐で縛りました。そして人は肉体を自分と誤認し、『この肉体が私だ』、『これは私のものだ』と考えるのです。

おお、あなた方二人は私の息子ではなく、至上なる主その方です。そして献身者を保護し、地球の重荷を軽くするために降誕されたのです。

おお、苦しむ者の友よ。私は今、あなた方の蓮華の御足を庇護所といたします。あなた方の御足は、あなたに身も心もゆだねる献身者のすべての苦しみ、恐れを取り除いてくださいます。感覚の満足を求めるのはもうたくさんです。感覚の満足が私を死すべき肉体と誤認させ、また至上主であるあなたを自分の息子と思わせてしまうのです」


父の言葉を聞き、主クリシュナは思われました。

「ああ、我が父は、ヨーガマーヤーの幻想を破り、真実に気が付いてしまったようだ。喜ばしいことだが、もう少し人間の父でいてほしい。父として私達に愛情を注いでほしい」

そして父にお辞儀をして優しい言葉で微笑みを浮かべながら答えました。

「愛するお父さん。お父さんは今、物質創造の過程などを私達と関連させてお話くださいました。お父さんの話されたことは本当のことです。でも今は私達のお父さんであり、私達はお父さんの子供です。これもまた真実と言えましょう。私もお父さんも兄バララーマもこの事実を受け入れましょう。


至高魂、パラマートマーは本当は一つです。彼は自ら輝き、永遠、超越的でグナを超えています。しかし、グナを通してさまざまな創造を行います。地水火風空の五大元素は、可視不可視、長短大小、さまざまなものの中に存在します。同じようにパラマートマーは、一つだけれど多様となるのです。

ですからお父さん、私達もお父さんも同じなのです。違うとすれば役割であり、どうかお父さんはいつまでも私達のお父さんでいてほしいと思います」

このように至上主クリシュナから教えられ、ヴァースデーヴァはすべての二元相対の観念から自由となりました。心は満たされ、彼は沈黙しました。


その時、デヴァキーはこの機会を利用して二人の息子クリシュナとバララーマに話しかけました。以前、彼女は二人が死んだ師の息子を連れて帰ったと聞いて、驚いていたからです。彼女はカンサに殺された六人の息子達のことを考え悲しくなりました。そして目に涙を浮かべて、クリシュナとバララーマに懇願しました。

「ああ、クリシュナ、ラーマ。私はあなた達が、宇宙の創造者で、源初の至上主と知っています。私から生まれたけれど、あなた方は、この世の善を滅ぼし聖人達を迫害する悪魔、地球の重荷になっていた悪王達を成敗するために降誕されたのです。

おお、すべてのものの魂よ。宇宙の創造、維持、破壊さえあなたの命を受けた代理者が行っているに過ぎないのです。今日から私はあなた方の蓮華の御足を庇護所としましょう。

ところで、あなた方の師が、死んでかなり経つ息子を取り戻してほしいと命じた時、あなた方は師の恩に報いるため祖霊の世界から息子さんを取り戻したと聞いています。同じように私の願いをきいてください。私の兄カンサに殺された六人の息子を返してほしいのです。もう一度息子達に会いたいのです」

母にこのように頼まれ、バララーマとクリシュナは、神秘力ヨーガマーヤーを用い、スタラ惑星に入りました。

そこの王バリ・マハーラージャは、二人の主が来られたことに気が付き、喜びに圧倒されました。何故なら、彼は二人が主であり、崇拝すべき神と知っていたからです。バリ・マハーラージャはすぐに立ち上がって、側近の者達すべてと一緒に二人を礼拝し恭しく尊敬の念を捧げました。

バリは二人に玉座を捧げ、二人が座るとその御足を洗います。そして彼は、その全世界を浄化する主の御足を洗った水を手に持つと自らと従者達に降り注ぎました。彼は、自分の持っている最高の衣装や装飾品、香りの良い白檀膏、キンマの実、ランプ、豪華な食べ物などを捧げます。このように彼は自分の富ばかりでなく自分さえも二人の主に捧げました。

主の御足を何度も何度も押しいただき、彼の心は愛に溶けています。眼は涙に溢れ、彼はどもりながら話し始めました。

「主にお会いすることは、偉大な聖者や神々でもめったにないことです。まして、私のように激質や無知に生きる者にとって、あなたが自分の御意志で現れていただかなければとてもお会いすることはできなかったでしょう。

これまで私を含めた多くの悪魔達が、主であるあなたに敵対しました。彼らはいつも敵としてあなたを想い、あなたに直接成敗されたため、それまでの邪悪な生き方を改め、償いの人生を歩む機会が与えられました。神々や純質に至った人々でも、彼らほどあなたのことを想うことはなかったでしょう。主をいつも想う大切さを痛感させられます。

ああ、家庭生活の暗い井戸から私を救い出し、自我なき聖者達がいつも探し求めるあなたの蓮華の御足に庇護を求められますように。どうかお慈悲をおかけください。

おお、すべての創造物の主よ。私は何をすればいいのでしょうか？　どうか何でもご命じください。あなたの命令を忠実に果たす者は、すべての罪から解放され、ヴェーダの通常の儀式を行わなくてもよいとまで言われているのですから」

主クリシュナ曰く、

「最初のマヌの時代、マリーチと妃ウールルナーとの間に六人の子供が生まれた。彼らは優れた神であったが、一度、ブラフマーの失敗を笑ったため、悪魔の姿に身を変えてしまったのです。そして彼らは、大悪魔ヒラニヤカシプの息子として誕生したこともあります。女神ヨーガマーヤーが、彼らをヒラニヤカシプから取り去りましたが、次に母デヴァキーの胎に宿ることとなったのです。そうして、カンサが生まれたばかりの彼らを殺すこととなりました。

自らの行為の結果として、このような運命を辿ることとなったのだが、母デヴァキーは、まだこの六人の息子のことで悲しんでいます。このマリーチの六人の息子達はあなたとともに、ここに住んでいるはずです。母の悲しみを取り除くために、六人の息子を返してほしい。それから、私は、彼らにかかった呪いを取り除き、すべての苦しみから解放して、もとの天国の住まいに帰してやろうと思っているのです。

私の祝福により、スマラ、ウドギータ、パリシュヴァンガ、パタンガ、クリュドラブルト、グルニーの六人の息子は純粋な聖者の住まいに戻ることができるでしょう」


このように語った後、主クリシュナと主バララーマは、バリ・マハーラージャの崇拝を受け、六人の息子を連れてドヴァーラカーに戻りました。そうして、六人の息子を母デヴァキーに会わせたのです。

六人の息子を見た母デヴァキーは、深い愛に満たされ、彼らを抱きしめ、膝の上に乗せてほおずりしたり、何度も何度も頭の匂いをかいだりしています。歓喜の中でデヴァキーは思いました。

「ああ、カンサに殺されどんなつらい思いをしているかと思えば、みんな元気そうにしている。本当に安心したわ」

六人の息子は、クリシュナの母デヴァキーに抱かれ、クリシュナの祝福を得て、自分が誰であるか気が付きました。そうして、主ゴーヴィンダ、デヴァキー、父ヴァースデーヴァ、バララーマに深くお辞儀をすると、みんなが見守る中、神々の世界に戻っていきました。

死んだ息子達が戻って、再び去っていくのを見たデヴァキーは驚きに打たれました。彼女は、これはきっとすべてクリシュナのマーヤに違いないと思いました。

[マハーバーラタの中の主クリシュナの物語]

マハーバーラタのあらすじ

バーラタ国の偉大な王シャーンタヌ王は、人の姿をとって現れたガンガー女神に一目惚れし妃に迎えます。二人の間に八人の男児が生まれますが、七人はわけあって生まれてすぐに亡くなり、八番目に生まれたデーヴァヴラタ（後のビーシュマ）が、王国の継承者として育ちます。

シャーンタヌ王は、その後、サティヤヴァティーを見初め求婚します。サティヤヴァティーの父は、娘との間に生まれてくる子を王位継承者にするならと条件をつけますが、王はさすがにデーヴァヴラタという立派な王子がいるのに、それはできないと断ります。

しかし、王の悶々とした様子を見た親思いのデーヴァヴラタは事情を知り、サティヤヴァティーの父を訪ねます。そして自分の王位継承権を放棄し、さらに一族の内紛を防ぐため自分は生涯結婚せず、禁欲を守ることを誓い、サティヤヴァティーを父王のもとにつれてきます。

シャーンタヌとサティヤヴァティーの間にチットラーンガタとヴィチットラヴィーリヤという二人の王子が生まれますが、前者は子供を残さず戦死します。弟のヴィチットラヴィーリヤが王国を継ぎますが、まだ幼かったためビーシュマが後見人になり王国を治めました。

ヴィチットラーヴィーリヤが若者となり、ビーシュマは彼のために花嫁探しをします。カーシー国での婿選びの催しに参加し、なみいる競争相手を打ち負かし、アンバー姫、アンビカー姫、アンバーリカ姫の三人をハスティナープラの都に連れ帰ります。

このうち、アンバー姫はシャルヴァ王を夫とすることに決めていることをビーシュマに打ちあけ、ビーシュマはアンバー姫をシャルヴァ王のもとに送りますが、シャルヴァ王は戦いに敗れたのだから妃には迎えられないと断ります。ヴィチットラヴィーリヤ王も他の男に思いを寄せるアンバー姫を妃にすることはできないと断り、宙に浮いた形になったアンバー姫はビーシュマを恨むようになり、ビーシュマを倒してくれる男性を探します。この時、パラシュラーマとビーシュマが争いますが互角で勝負はつかず、かえってビーシュマの武勇が知れ渡りました。

誰もビーシュマを倒すことができないと知ったアンバー姫はシヴァ神に祈願すると、シヴァ神は彼女の願いを聞き届け、今度生まれ変わった時に彼女はビーシュマを倒すであろうと告げます。

アンバー姫は自ら命を断ち、ドルパダ王の姫として生まれますが、苦行を積み、やがて男子に変身して、シカンディンというクシャトリヤとして知られるようになります。このシカンディンが、クルクシェートラの戦いでビーシュマを倒すことになります。

一方、アンビカー姫、アンバーリカ姫と結婚したヴィチットラヴィーリヤ王も子供が生まれないまま死んでしまいます。一族の断絶を恐れたサティヤヴァティーは、自分とパラーシャラの子ヴィヤーサを呼び出します。

サティヤヴァティーは、シャーンタヌ王との結婚前、聖仙パラーシャラに見初められ、出産後に処女を回復するという聖仙の約束で子供（ヴィヤーサ）を産みます。その子は「中州で生まれた」ためドヴァイパーヤナ（後のヴィヤーサ）と名付けられました。大聖者となったヴィヤーサは『困ったことがあればすぐに呼んでください』と母に告げていたため、サティヤヴァティーが呼ぶとすぐに現れました。ヴィヤーサは母の望み通り子孫を残そうとしますが、彼は大聖者でしたが顔は真っ黒で醜く、悪臭を発していたのでアンビカーは目を閉じてしまいました。そうして生まれたのが盲目のドリタラーシュトラです。一方、アンバーリカはヴィヤーサが近づくと真っ青になったので生まれた男児はパーンドゥ（青いもの）と名付けられました。ヴィヤーサはさらにアンビカーの侍女との間に賢者ヴィドラをもうけています。

ドリタラーシュトラは盲目であったため弟のパーンドゥが王位を継ぐことになり善政をしきました。

パーンドゥは、ある時、二頭の鹿が森で遊んでいるのを見て、そのうちの一頭を矢で射たところその鹿は聖者が姿を変えたものでした。聖者は死を前にして、『妻に触れると命を落とす』と呪いをかけます。

パーンドゥにはプリター(クンティー)とマドリーという二人の妻がいましたが、聖者の呪いで妻に触れることができず子供ができませんでした。しかし、クンティーは娘時代、宮殿に滞在したドゥルヴァーサという聖者によく仕えたので、聖者は子供が欲しい時に唱えれば必ず望みがかなうマントラを授け、一生の間に五回まで唱えることを許しました。

クンティーはまだ少女時代に、おもしろ半分に太陽神を呼び出したことがあります。太陽神が目の前に現れ、クンティーは当惑しますが太陽神は子供を産んでも処女は失わないことを約束し、クンティーは男の子を産みます。輝くような男児が生まれ、困ったクンティーは子供を箱に入れて、河に流します。この子が長じてアルジュナの宿敵カルナになります。

クンティーはこの後、パーンドゥと結婚しますが、妻に触れずに子供を授かると知ったパーンドゥはクンティーにマントラを唱えて子供を産んでくれるように頼みます。

クンティーが、ダルマ神を念じて産んだ子がユディシュティラ、風神を念じて産んだ子がビーマ、インドラ神を念じて産んだ子がアルジュナとなります。クンティーはマドリーにマントラを教え、彼女からナクラとサハデーヴァの双子が生まれました。

パーンドゥはこの後、春うららかな日、呪いを忘れてマドリーと交わろうとしますが聖者の呪いで命を落としてしまいます。マドリーは夫の後を追い、クンティーは残ってパーンドゥ五兄弟の面倒をみることになりました。

パーンドゥの死後、ドリタラーシュトラが王位を継ぎますが、彼はパーンドゥ五兄弟をハスティナープラに引き取り宮殿で育て、ユディシュティラを王位継承者に定めます。まだ幼かった五兄弟は長老ビーシュマが面倒をみ、クリパ、ドローナなどについて学問や武術を身につけます。

一方、ドリタラーシュトラと妃ガンダリーの間にはドゥルヨーダナを長男とする百人の王子がいました。ドゥルヨーダナは、ユディシュティラが王位を継承することに不満を持ち、剛力のビーマに毒を盛り河で溺れさせようと企てます。これが失敗に終わると弟のドゥフシャーサナ、叔父シャクニと相談してパーンドゥ親子を追放して漆などの燃えやすい材料を使った屋敷を造り、パーンドゥ親子を住まわせて焼き殺そうと計画します。この計画はヴィドラがユディシュティラに知らせ、親子は何とか難を逃れることができました。

その後、しばらく五兄弟は身を隠しますがこの時期に、パンチャアーラ王ドルパダの娘ドラウパディーの婿選びの儀式でアルジュナが弓で的を射抜き、ドラウパディーはパーンドゥ五兄弟の共通の妻となります。この婿選びの儀式でクリシュナが、マハーバーラタの中で初めて登場します。

親族間の争いを心配したクル族の長老ビーシュマはドリタラーシュトラに進言し、国を二部してパーンドゥ兄弟に王国の半分を与えることになります。パーンドゥは都インドラプラスタを建設し公平な政治を行ったため大いに栄え、やがて皇帝即位式を行うに至ります。

パーンドゥの隆盛に危機感を持ったドゥルヨーダナは叔父シャクニと相談し、さいころ賭博にユディシュティラを誘います。シャクニはいかさま賭博を行い、負け続けるユディシュティラは黄金、領土、王国を賭け、ついには兄弟、自分を賭けて負けます。最後は共通の妻であるドラウパディーまで賭けて負けてしまいます。

この時、勝ちに奢ったドゥルヨーダナ、ドゥフシャーサナはドラウパディーを『お前は賭けに負け、俺達の召使いになった』と髪をつかんでみなの前に引きずってきます。ドゥフシャーサナは生理中で薄着であったドラウパディーの衣服をみなの面前で剝ぎ取ろうとクシャトリヤにあるまじき行為を行いますが、ドラウパディーがクリシュナに救いを求めると、衣服はいつまでもなくならず、ドゥフシャーサナが疲れた隙に難を逃れます。

この卑劣な行為はヴィドラ、ビーシュマなどの非難を浴び、ドリタラーシュトラ王は賭けをなかったことにしてユディシュティラに王国を返します。

しかし、ユディシュティラは再びさいころ賭博で負け、十二年間は森で生活し、十三年目は人知れず暮らし、十四年目に帰還が許されるという追放生活を送ることになりました。十三年目に人目につけば、さらに十二年間の森の生活に戻るという約束です。パーンドゥ兄弟は、この追放生活を受け入れ、この時期にさまざまな経験をします。

追放の十三年が無事に終わり、パーンドゥはカウラヴァ（ドゥルヨーダナ側の呼び名）と和平交渉を行います。クリシュナがこの和平交渉の使者となり、王国半分ではなく、クシャトリヤの義務を果たすに必要最小限のせめて五箇村でもよいから返すように交渉をしますが、欲にかられたドゥルヨーダナはこの要求さえ退け、いよいよ両陣営で戦争が始まることになります。これが有名なクルクシェートラの戦いで十八日間続きます。

この戦争の開始前、両陣営の間に戦車を進め、クリシュナがアルジュナに説いたのが、『バガヴァット・ギーター』です。

この戦争の描写は非常に長く、カルラヴァの司令官によってビーシュマパルヴァン、ドローナパルヴァン、カルナパルヴァン、シャリヤパルヴァンと分けられています。

ビーシュマは敵味方に尊敬されている高潔の士で、内心はパーンドゥに同情していますが、義理でカウラヴァに味方しています。戦いにおいては無敵でビーシュマがいる限り、パーンドゥの勝利はありません。困ったパーンドゥとクリシュナが、夜間ビーシュマの陣営を訪れると、彼はシカンディンの過去を語り、今は男でも前は女性であり、自分は女性とは戦わない。シカンディンを自分に向かわせれば自分を倒すことができるだろうと教えます。パーンドゥはシカンディンを表にたてビーシュマを倒します。

続いてドローナがカウラヴァの総司令官になりますが、ドローナもパーンドゥの武術の師でもありどうしても倒すことができません。そこでクリシュナが策略を用い、ドローナの息子アシュヴァッターマンが戦死したとデマを流させます。落胆したドローナは戦争を放棄し、倒されることになります。

アルジュナとクリシュナは、獅子奮迅の働きをしてカウラヴァを大いに悩ませます。カウラヴァは、アルジュナとスバトラー（クリシュナの妹）の子でまだ少年アビマニユ一人を取り囲み、みなで寄ってたかって倒します。最愛の息子を失ったアルジュナは、復讐を誓い次の日の日の入りまでにアビマニユを倒した首謀者の（ジャヤドラタ）の首を取ると誓い、カウラヴァに守られたジャヤドラタを探してカウラヴァの大軍の中に討ち入ります。クリシュナは、これに御者として協力し、ついにアルジュナは敵を討ちます。

続いてカルナがカウラヴァの総司令官になりますが、彼も無敵の強さを誇ります。アルジュナとの一騎打ちになりますが、カルナの戦車が土にめり込んだ時に、クリシュナはアルジュナにカルナを討つように命じ、カルナは倒されます。

主クリシュナはアルジュナの御者となって、自らは戦わないことで戦争に参加しますが、要所でさまざまな活動を行っています。この『主クリシュナの物語』では、マハーバーラタの中の主クリシュナの言動を中心にまとめてみることにしました。

続いてカルラヴァの総司令官になったシャリア王をユディシュティラが倒し大戦は、パーンドゥの勝利に終わりますが、パーンドゥは逃げて隠れたドゥルヨーダナを見つけ出します。ここで人の好いユディシュティラはパーンドゥ兄弟と一騎打ちし一人にでも勝ったら王国をそのまま与えると約束をしてしまいます。

ビーマとドゥルヨーダナの棍棒を用いた一騎打ちが始まりますが、決着がつかず、クリシュナはビーマに太腿を打つように示唆します。ビーマはこれで勝利を得ますが、この棍棒の戦いで臍から下を打つことは禁じられており、クリシュナの策略は騎士道精神に反していると非難されます。

ドゥルヨーダナが倒れた後、司令官になったドローナの息子アシュヴァッターマンは、こともあろうに夜眠っている時にパーンドゥ五兄弟を除くパーンドゥ陣営を皆殺しにしてしまいます。

アシュヴァッターマンは捕まりますが、パーンドゥの子孫を根絶しにしようと、戦死したアルジュナの息子アビマニユの妻ウッタラーの子宮にブラフマシラスという兵器を投げつけますが、お腹の子（後のパリークシッド）はクリシュナによって救われます。

戦いが終わってみれば両陣営とも生存者はほんの一握りという悲惨な結末を迎えます。

クリシュナは、大戦後の後始末にも重要な役割を演じ、バーガヴァタ・プラーナとはまた異なる主クリシュナの一面を知ることができました。

マハーバーラタはその後、全身矢を浴びても生きているビーシュマのもとに聖仙やパーンドゥ、クリシュナ御自身が集まり、遺言のような形でビーシュマの口からさまざまな教えや規範、心構えがパーンドゥに伝えられます。これも死に瀕したビーシュマにクリシュナが力を与え、ビーシュマの口を通して語らせたことで第二の聖典、法典ともいうべき内容です。ところが、この話は膨大でさまざまな内容を含んでおり、中には後世に書き加えられたものと分かる話もあるようです。

クリシュナは戦後の後始末と傷ついた人々の心を癒やすため、数カ月、ハスティナープラでパーンドゥと生活をともにしますが、いよいよドヴァーラカーに戻る前に、アルジュナに『アヌ・ギーター』を伝えます。

その後、パーンドゥは善政をしきます。しかし、クリシュナのヴリシュニ族が同士討ちで全滅し、クリシュナとバララーマも地上を去ったことに落胆し、クリシュナに命を助けられたウッタラーの子パリークシットに王位を譲ります。そしてパーンドゥ五兄弟とドラウパディーはヒマラヤに向かって一人ずつこの世を旅立っていきます。

マハーバーラタの中では、『バガヴァット・ギーター』が不滅の神理として燦然と輝いていますが、マハーバーラタの中の主クリシュナは、勝つためには手段を選ばない策略家というイメージがつきまとっています。

ヴィヤーサは、マハーバーラタの中で主クリシュナのことをもっと説けばよかったと後悔したのか、その後にマハーバーラタの補遺文典『ハリヴァンシャ（ハリの系譜）』を残しますが、日本語にはなっていません。

またマハーバーラタ自体は、前述の如くいろいろな話を後から付け加えられているようです。

もともと膨大なマハーバーラタも驚くことに口伝で伝えられており、その過程でさまざまな話が盛り込まれていったのではないかと考えられています。主に南方に伝わった南方写本、北に伝わった北方写本があり、それぞれ長さや内容に違いがあるようです。

そこで、もともとのマハーバーラタはどうだったのかと考察され編集されたものが、プーナの批判校訂版と呼ばれるもので従来のマハーバーラタより少し短くなっています。

日本語訳では、上村勝彦氏のマハーバーラタはサンスクリット原典からの訳でしたが氏の急逝により未完に終わりました。批判校訂版の訳とのことです。

山際素男氏のマハーバーラタは北方写本の訳になります。池田運氏が自費出版で訳したマハーバラトはギータプレス社の訳と書かれていました。いずれも現在、手に入りにくくなっています。

この山際氏と池田氏の訳が幸い手に入り両者を参考にして、クリシュナ様はマハーバーラタの中でどうしてこのようなことをしたのだろうと考察しながらまとめていくのは主クリシュナの側面を知ることになり楽しい作業でした。

バーガヴァタ・プラーナの主クリシュナは、情の深い、親しみやすい方という印象でしたが、マハーバーラタの中の主クリシュナは、男らしくて現実的対応をされる方という印象を受けました。どちらも主クリシュナの性質の側面を表しており、両聖典で出てくる主を知ることにより、少しは主がどのようなお方であるか感じ取れたように思います。

なお、今回の自費出版に当たり、クルクシェートラの戦いを、『バガヴァット・ギーター』の実践編、応用編としてとらえ、英語版のマハーバーラタを日本語訳し編集してみました。

［大戦前の主クリシュナの物語］

ドラウパディー、パーンドゥ五兄弟の妻となる

漆の館の火事から難を逃れ、パーンドゥ五兄弟とクンティーが身を隠していた時のことです。パーンチャラ国の王ドゥルパダが娘のドラウパディーのためにスヴァヤンヴァラ（花婿選びの儀式）を催しました。パーンドゥ兄弟はバラモンを装い、毎日托鉢に出て様子を探っています。

ドゥルパダ王は密かにアルジュナに娘を嫁がせたいと思っており、アルジュナ以外は引くことのできないと思われる強弓を造らせました。そして空中高く浮かぶ的を射止めた者にドラウパディーを嫁がせると公開しました。

ドラウパディーの美しさに魅せられ、ドゥルヨーダナ、ドゥフシャーサナ、ヴィカルナなどのクル族、カルナ、マガタ国王ジャーラサンダ、マドラ国王シャリアなど錚々たる勇士が参加しています。しかし、誰

も弓を引くことができません。カルナは弓を引きましたが、ドラウパディーが「カルナを夫にするのは嫌です」と告げたため的を射らず退場しました。

挑戦者が次々と脱落していくのを見て、アルジュナは立ち上がり、落ち着き払って広場の中央に進み出ました。そしてあれほど武将達を悩ませた強弓を軽々と引きしぼり、目にもとまらぬ早さで的を射落としました。

それを見たユディシュティラは兄弟とドラウパディーを従えて退場し、バラモン達は兄弟に敬意を表します。

バラモンをアルジュナと察したドゥルパダ王はドラウパディーをアルジュナに嫁がせようと思いましたが、集まった勇士、王族が承知しません。王族は武器を手に取り、ドゥルパダに襲いかかりました。

王の危機を知ったパーンドゥは引き返し、王の前に立ちはだかり向かいくる王族と対峙しました。ビーマは大木を引き抜き棍棒代わりとし、アルジュナは弓を構えます。

その様子を見たクリシュナはバララーマに耳打ちしました。

「兄さん、あの弓の使い手はアルジュナに間違いない。またあの大木を軽々と手にした大男はビーマだろう。みんな無事で何よりです」

すぐにアルジュナはカルナと戦い、カルナは相手のバラモンの技量に驚嘆します。またビーマはサリヤ王と戦い、空中高く放り投げ、サリヤ王は地響きをたてて地上に落下しました。

それを見た王族は戦う気力をなくし、クリシュナはすかさず王達をなだめるように言いました。

「ドラウパディー姫は、このバラモンが見事に射止めたのだ。潔くそれを認めてあげましょう。それに姫も若いバラモンを気に入っているようですよ。ここは二人を祝福し、無益な争いは止めようではありませんか」

王達もクリシュナの取りなしに従い、嘆きながら帰途につきました。

ドラウパディーはパーンドゥ兄弟の後を追い、クンティーの住む家に着きました。

パーンドゥは元気よく、「母上、ただいま戻りました。素敵なお土産がありますよ」と入り口から声をかけました。

息子達のことを心配していたクンティーは、ほっとして迎え出もせず、

「それはよかったわね。私はいいからお前達でお分けなさい」と答えました。

もともとはアルジュナの嫁と思っていたユディシュティラは、自分も含め、五兄弟がみんなドラウパディーの美しさに見とれているのを見ました。そして母親の『みんなでお分けなさい』という言葉を聞いて次のように提案しました。

「みんなどうだろう。母上もあのように言っているし、ドラウパディー姫を五人の共通の妻にしては？」

ユディシュティラの提案にみんな賛成し、クンティーも含めて仲良く語り合っていると、バララーマとクリシュナがこっそりと訪れました。

「ああ、やっぱりアルジュナとビーマだ。ユディシュティラ、サハーデヴァ、ナクラも揃っているな。叔母上、お久しぶりです。ずいぶんご苦労されたと聞いていますが、ご機嫌いかがですか？　こんなに美しい姫を嫁にできて本当によかった」

パーンドゥ兄弟も思わぬ従兄弟の出現に大喜びです。しばらく四方山話をした後、クリシュナが言いました。

「話は尽きないが、ドゥルヨーダナが感づくと面倒だ。なごり惜しいがこれでお暇することにしよう。みんなの無事と繁栄を願っている。困ったことがあったらいつでも呼んでほしい」

クリシュナとバララーマは別れを惜しみつつ、その場を離れていきました。

＊クンティーは、クリシュナの父ヴァースデーヴァの妹でパーンドゥの妻になりました。クリシュナとパーンドゥ兄弟は従兄弟になります。

アルジュナとスバトラーの結婚

ある日、ライヴァタカ山で、ヴリシュニ族、アンダカ族、ボージャ族が一同に会する盛大なお祭りが催されました。大勢の豪華な馬車に乗ったクシャトリヤ、何千というブラーフマナが集まっています。ミュージシャンが演奏を始め、踊り子が華麗に舞い、歌い手が歌っています。

バララーマは酒に酔い、クリシュナとパルタ（アルジュナ）は、お祭りの中をそぞろ歩きしています。その時、クリシュナの妹（異母妹）が美しく装い、侍女に付き添われて歩いているのを見かけました。アルジュナは彼女をひと目見て恋に落ちました。

クリシュナは、アルジュナが一心に娘を見つめているのを見て、微笑みながら言いました。

「おや、パルタ、どうしたんだい。カーマ神（愛欲の神）に心を揺さぶられているようじゃないか。ああ、あの娘かい？　あの娘は何を隠そう私の妹だよ。名前をスバトラーという。父ヴァースデーヴァの最も愛する娘さ。もし、君が彼女にご執心なら父に話してみようか」

アルジュナは答えました。

「そうでしたか。ヴァースデーヴァ様の娘で、あなたの妹ですか。私は、これほど美しい方に会ったことがない。彼女を見て魅了されない者がおりましょうか？　何としても私の妻にしたい。ジャナルダナ（クリシュナ）、いったいどうしたら彼女を妻にできるでしょうか。どんなことでもする覚悟です」

クリシュナは答えました。

「クシャトリヤの結婚にはスヴァヤンヴァラがあるが、花嫁が花婿を選ぶ権利がある。ところがパルタ、私はスバトラーがどんな男性が好みなのかよく知らないのだよ。もし君が勝ち残ってもスバトラーが君を選ばない心配がある。もう一つ賢者達は、結婚を目的とした誘拐（略奪婚）も認めている。そこでどうだろう、パルタ。私の美しい妹を連れ去ってみたら」

クリシュナとアルジュナは、誘拐の手筈を相談し、アルジュナはユディシュティラに早馬を送りました。仔細を聞いたユディシュティラは、

「クリシュナ様が承知されているなら異存はない。万が一の時のために戦闘準備をしておこう」

と返事を出しました。

ユディシュティラの返事をもらうと、アルジュナはスバトラーの父ヴァースデーヴァを尋ね、同じく承諾を得ることができました。

クリシュナは、アルジュナに御自身の華麗で武器を満載した黄金の馬車を貸すことにしました。

スバトラーは、ライヴァタカ山の神々を礼拝し、彼女を祝福してくれたブラーフマナ達に言葉をかけ、供とともにドワラバティに戻ろうとしていました。そこに黄金の馬車に乗ったアルジュナが駆け寄り、甘い微笑みを浮かべたスバトラーを馬車に乗せると、一目散にインドラプラスタに走り去って行きました。

スバトラーの従者達は、主人が誘拐されるのを呆然と見ていましたが、すぐに泣きながら裁判所に駆け込

み一部始終を話しました。一族の姫を誘拐することは、宣戦布告にも等しいのです。裁判官はすぐさまラッパを吹き鳴らすと、大勢のクシャトリヤが集まってきました。

裁判官から話を聞いたクシャトリヤ達は、ある者は「馬車を持ってこい」、ある者は「武器を持て」、ある者は「弓と鎧を持ってこい」と叫びます。その時、カイラサ山のように背が高く、青い礼服を身にまとい、酔いのまわったバララーマが呼びかけました。

「愚かな者達よ。クリシュナが黙って座っているというのに何をそんなに騒いでいるんだい。ここは一つ、クリシュナがどう考えているか聞こうじゃないか？」

クシャトリヤ達はすぐに賛成しました。

「そうだ、そうだ。すばらしい。まずクリシュナの言葉を聞こう！」と全員が沈黙しました。

バララーマはクリシュナに話しかけます。

「クリシュナ、何故黙って座っているんだい。おお、アチュタ（クリシュナ）、みながクンティーの息子を歓迎したのは、あなたのためと言える。それなのにご馳走を食べた後に、皿を割ってしまうような礼儀知らずは、尊敬に値するだろうか。仮にアルジュナがスバトラーと結婚したいと思っても、我々が彼をどのように歓迎したか思い出す必要がある。彼は私の王冠の上に足を置いたようなものだ。それ相応の報いを受けてもらわなければなるまい」

その場にいた、ボージャ、ヴリシュニ、アンダカ族は、みなバララーマの言葉に拍手喝采しました。

これに対してクリシュナは次のように答えました。

「アルジュナは、私達一族を侮辱しても辱めてもいません。むしろ我々の栄光を高めてくれたと思います。パルタ（アルジュナ）は、我々が決して損得では動かないことを知っています。またスワヤンヴァラ（婿選びの儀式）でも確実にスバトラーと結婚できるとは限りません。

私達一族がスバトラーをパーンタヴァに差し出すような政略的結婚も良しとしません。これらのことを考えて、アルジュナはクシャトリヤの慣わしとして、スバトラーをさらったのだと思います。この世にアルジュナと同盟を結びたくないと思う者がいるでしょうか。またアルジュナに勝てるとすればマハデーヴァ（シヴァ神）以外にはいない。彼が我々と縁戚関係になれば、これ以上のことはない。アルジュナはまだ帰途の途中だろう。追いかけて連れ戻してきなさい」

クリシュナの言葉を聞き、クシャトリヤ達はアルジユナとスバトラーを追いかけ、ドヴァーラカーに戻ってもらいました。そして盛大な結婚式をあげ、アルジュナはドヴァーラカーに一年滞在したのです。

後日談ですが、アルジュナがスバトラーを連れて、カンダヴァプラスタに戻りました。そこにはドラウパディーがいます。五人兄弟の中でもアルジュナに最も心を寄せていたので、やはりおもしろくありません。

そこでスバトラーは豪華な花嫁衣装ではなく、召使いの服を着て、ドラウパティーの部屋を訪ね「あなたの召使いがご挨拶にうかがいました」と挨拶をすると、たちまちドラウパディーの機嫌はなおり、それからは仲睦まじく過ごしたといいます。

＊こうして、クリシュナとアルジュナは義兄弟となりました。二人は従兄弟であり義兄弟という関係になります。

ジャーラサンダの成敗

パーンドゥ兄弟はビーシュマの取りなしで王国をカウラヴァと二分し、インドラプラスタに都を置き善政と武勇で治めたため大いに栄えます。

ある時、ユディシュティラのもとに聖仙ナーラダが訪れ、いろいろと王としての心構えを説きます。そして最後に亡くなった父パーンドゥがユディシュティラにラジャスーヤ（皇帝即位式）を受けるように望んでいたと告げます。

ユディシュティラは、いろいろ考えたあげく、ラジャスーヤを催す決心を固めます。そして、主クリシュナに協力してもらおうと急遽使いを出し、インドラプラスタに来てほしいと頼みました。

この時のことはバーガヴァタ・プラーナに詳しく説かれています。

ちょうどユディシュティラの使いが来る前に、マガタ国の暴君ジャーラサンダにとらわれていた大勢の王達から救いを求める使者がクリシュナのもとに来ていたのです。

ユディシュティラのラジャスーヤも大事、かといってとらわれた王達の救いも無視できない、どちらをとるべきか会堂でクリシュナも交えて話し合いましたが結論はでません。その時、みなに意見を求められてウッダヴァ（ウッダヴァ・ギーターのウッダヴァ）が答えました。

「ラジャスーヤを行うには、諸国の王の承認を得て参加してもらう必要があります。これからインドラプラスタに行き、ユディシュティラに勧めて諸国の王に使いを出しましょう。多くの王は賛成の返事と貢ぎ物を送ってくるでしょう。参加の返事と貢ぎ物を送ってこない王はユディシュティラに敵対する意志を持っていることになります。ジャーラサンダはユディシュティラのラジャスーヤに反対するでしょう。そうすれば、堂々とジャーラサンダに兵を送る理由ができ、とらわれた王達、ユディシュティラの頼みを両方聞くことができます」

ウッダヴァの智慧ある言葉に、みな大賛成しました。

こうしてクリシュナは、インドラプラスタに行き、ユディシュティラに諸王に使いを出すように勧めました。

クリシュナの予想通り、ジャーラサンダを除く王達はユディシュティラを祝福し、多くの貢ぎ物を送ってきましたがジャーラサンダは無視しました。

ちなみにカンサの妃の一人がジャーラサンダの娘で父のジャーラサンダに仇をうつように頼みました。そのためジャーラサンダはクリシュナに兵を向け、十八度戦い十八度敗れます。しかし不思議なことにクリシュナはジャーラサンダにとどめを刺すことなく逃がしてやります。


ジャーラサンダがユディシュティラのラジャスーヤを無視したことを知り、クリシュナは言いました。

「ユディシュティラ王、予想通りジャーラサンダは無視しています。それどころか兵力を増強しているとも聞きます。諸王がみんな、あなたのラジャスーヤに賛同しなければ本当の皇帝ということはできません。ここはジャーラサンダを攻めましょう。しかし、彼は自身も最強であるばかりか、屈強の大軍を擁しています。私とて彼と十八回戦い一進一退の攻防を繰り返していますが、いまだに彼を倒すことができません。

正面きって戦うと敗北するか敗北しないまでも味方の被害も甚大になるでしょう」

クリシュナの言葉にユディシュティラは答えます。

「おお、クリシュナ様。私はいったいどうすればいいのでしょう。私はもともと皇帝など望んでいないのです。私が皇帝になるとドリタラーシュトラ王達も快く思わないでしょう。ナーラダ様が、父パーンドゥが望んでいるとおっしゃったのでラジャスーヤを思い立ったのです。そのために臣民が苦しむなら、止めてもよいのです」

　クリシュナ曰く、

「ユディシュティラ王、弱気になってはいけません。自分の領地だけでなくより広く善政をしき、徳と法で治めるのがクシャトリヤの義務です。そのための苦労を避けてはいけません。かと言って被害は最小限にしなければラジャスーヤにも支障がでます。

　それでどうでしょう。ビーマとアルジュナを私に預けていただけませんか。彼ら二人と私がジャーラサンダのもとを訪れ、彼とビーマを一騎打ちさせます。私の知略とビーマの剛勇、そしてアルジュナに援護してもらえばジャーラサンダとて倒せるでしょう」

　ユディシュティラは驚いて言いました。

「クリシュナ様、アルジュナとビーマはともかく、あなたをそのような危険な目に遭わせるわけにはいきません」

　クリシュナ曰く、

「ユディシュティラ王よ、どうか私を信じてください」

　アルジュナもユディシュティラに言います。

「兄上、私の武勇はよくご存じのはず。クリシュナ様とビーマを必ずお守りします。たとえ幾万の敵の真っ只中であろうと必ずジャーラサンダを倒して戻ってきます」

　ビーマも言います。

「ジャーラサンダと一騎打ちできるなんて楽しみだ。兄上、そのような楽しみを奪わないでください」

　二人の言葉に元気を取り戻したユディシュティラは次のように言いました。

「クリシュナ様、あなたは常に私達パーンドゥの指導者であり庇護所です。これまでもあなたの智慧と助言に従い、すべてその通りになってきました。これで決心がつきました。これからもあなたを師と仰ぎ、あなたに従ってまいります」


　こうして、主クリシュナとアルジュナ、ビーマはスナタカ・ブラーフマナの衣装をまとい多くの山や丘、河を渡りマガタ国に到着しました。マガタ国は豊富な水と無数の木々、豪華な宮殿や街並みに輝いています。

　ヴァースデーヴァは美しい街並みを見ながらいいました。

「おお、パルタよ。このマガタ国の偉大な首都は、家畜の群れ、水の貯蔵庫で満たされ、美しい邸宅が見事に並んで、あらゆる種類の災難から守られています。ここは昔、ゴータマという聖者が住み、彼のもとに多くの優れた人が集まりました。このマガダ国は旱魃にあうこともなく難攻不落です。ただジャーラサンダは、これまでの君主と異なり、自分の野望を実現することに熱心です。彼のためにも国民のためにもジャーラサンダを倒しましょう」

一行がマガタ国の首都に着くと、不吉な前兆が現われ、ブラーフマナ達は、そのことをジャーラサンダ王に報告しました。それを聞いたジャーラサンダ王は断食をして身を清めることにしました。

主クリシュナ、アルジュナ、ビーマはブラーフマナの装いで王の宮殿を訪れました。ジャーラサンダは、足を洗う水、蜂蜜や他の贈り物をして敬意を表して彼らを迎えました。アルジュナとビーマは沈黙し、主クリシュナが王に語りかけました。

「王の中の王よ。適切な歓迎を感謝します。ただこの二人は今、沈黙の行に入っています。夜になると沈黙の行が終わり、話をすることができます」

これを聞き、ジャーラサンダ王は三人に部屋を与え、沈黙の行が終わるまで待つことにしました。ジャーラサンダは、スナタカ・ブラーフマナが自分を訪ねてきたなら、真夜中でも謁見すると宣言していたからです。

夜になり、主クリシュナ、アルジュナ、ビーマの三人はジャーラサンダ王を訪ねました。

主クリシュナは言います。

「偉大な王よ。このような時間に謁見を許していただきありがとうございます。あなたに幸いあれ」

ジャーラサンダは答えました。

「スナタカの誓いを守るブラーフマナは、花輪や芳香で身を飾ることはありません。それに、あなた方の手には弓ダコが見られ、筋骨隆々としてまるでクシャトリヤのようです。

どういう理由で私を訪ねたのか、理由を聞かせてください。私には、いくら考えてもあなた方に不当なことをしたという覚えがないのです」

弁舌に長けた主クリシュナが答えました。

「おお、偉大な武力を持つ王よ。私達はある王の使いでここに来ました。あなたは多くの高潔な王を捕虜として、残酷に扱い、シヴァ神への生け贄にしようとしています。人間を生け贄とすることは決して認められません。それに私達はマガタ国だけでなく多くの国々の幸福を願っています。そのためには、あなたを倒さなければなりません。

あなたは自分こそ最強のクシャトリヤと思っているでしょうが、果たしてそうでしょうか？　私はクリシュナ、ここに控えているのはパーンドゥのビーマとアルジュナです。戦いで命を落とすのはクシャトリヤにとって、最高の栄誉です。さあ、この二人のうち誰と戦うか選びなさい」

ジャーラサンダが答えます。

「おお、クリシュナよ。私は戦って勝って、敗れた王達を捕虜にしている。非法な手段は用いていない。それに敗れた者が勝った者に従うのはクシャトリヤの義務ではないか。よろしい。私は剛勇の誉れ高いビーマと戦うこととしよう」

そう言うとジャーラサンダ王は、息子のサハーデヴァに王位を譲り、戦いの準備を始めました。

こうしてジャーラサンダ王とビーマの一騎打ちが始まったのです。

二人は武器を持たず、素手で戦うことになりました。互いの腕をつかみ、引き寄せ、互いの足を絡め合い、脇の下に抱え、首をつかみ、拳で殴り合います。頭と頭をぶつけると稲妻のような火花が飛び散ります。相撲やレスリングの技を競い合い、投げ飛ばします。

二人の英雄達の戦いは、昼も夜も休憩も食事もなしに十三日間続きました。十四日目にマガダ国の君主ジャーラサンダに疲れが見えてきました。

ビーマはその隙を逃さず、ジャーラサンダ王を空中に掲げ、百回回転させた後、膝に乗せて真っ二つにしました。こうして十四日に及ぶ死闘は終わりを告げたのです。

ビーマの勝利の咆哮に、マガダ国の人々が天地が裂けたのかと驚いているうちに、主クリシュナはアルジュナとビーマを馬車に乗せ牢獄に向かうと、とらわれていた王達を解放したのです。

王位を継承したジャーラサンダの高潔な息子サハーデヴァが、ブラーフマナや親族、大臣、ブラーフマナを連れてゴーヴィンダの前にやってきました。王子は身をかがめ、宝石や装飾品を大量に送り、神の中の神を崇拝しました。

今後のことを不安に思っている王子に、マガダ国の主権を正式に認め、あらゆる保証を認め、贈り物を受け取りました。

ゴーヴィンダは、勇敢なサハーデヴァ、解放した多くの王達に言いました。

「私達を遣わしたユディシュティラ王は、ラジャスーヤ（皇帝即位式）の儀式を執り行いたいと願っています。それには、みなさんの承認が必要です。ユディシュティラ王は、自分の国だけでなく、多くの国と友好関係を結び、争いのない平和で繁栄した世界を築きたいという夢を持っています。決して野心からではありません。私もダルマの息子、正義のユディシュティラ王なら適任だと考えています。どうか、みなさんご協力ください」

ケーシャヴァの言葉に、すべての王達は「喜んで！」と賛同したことは申すまでもありません。

こうして主クリシュナは、戦争になれば大損害を受けたであろう強国マガダの王ジャーラサンダを一兵も失うことなく下し、その英邁な息子サハーデヴァを味方につけたのです。また、ここでジャーラサンダを倒したのは、パーンドゥとドゥルヨーダナが戦った場合、必ずドゥルヨーダナ側につき、パーンドゥは苦戦することを見越したことも理由であったと明かしています。

＊主クリシュナは、教えを説くだけでなく、優れた戦略家、実務者でもあったのです。また主クリシュナは、ビーマとジャーラサンダの戦いを見て、殺すには惜しい、ともらしています。主クリシュナの前で、クシャトリヤとして正々堂々と戦い敗れることは、罪を償い明るい世界を目指す救いでもあるのです。

主クリシュナ、解放された王達を祝福する

ジャーラサンダは、闘いで二万八百人の王を負かし、牢獄に入れていました。これらの王達は牢獄から解放されましたが、彼らは汚れ、ボロボロの服を着て、飢えでやせ衰え、顔は乾燥し、長い幽閉生活で弱り切っていました。

王達は、自分達の前に主クリシュナがいるのを見ました。主の肌色は黒みがかった青雲色をしており、黄色い絹の衣装を着ています。主は、胸のシュリーヴァッサの聖印ですぐに主と分かり、四本の逞しい腕、蓮の花に似たピンク色の眼、愛らしい楽しそうなお顔、

煌めくイヤリング、そして蓮、棍棒、法螺貝、光輪を手に持たれています。王冠、宝石をちりばめたネックレス、黄金のベルト、黄金の腕輪やアームレットが主の体を飾り、輝く貴重なカウスツバ宝玉、森の花の花輪を首にかけています。

王達は主の美しい姿を眼で飲み干し、舌でなめ、鼻で芳香をかぎ、腕で主を抱きしめるかのように熱心に見つめました。王達の過去の罪は根こそぎにされ、主ハリの御足に頭をつけて平伏しました。

主クリシュナを見る歓喜によって、幽閉で弱っていた王達も元気を取り戻し、立ち上がって合掌し、感覚の至高の主人クリシュナを賛美する言葉を捧げます。

「おお、神々の主よ。あなたに尊敬の念を捧げます。おお、献身者の苦しみの破壊者よ。おお、無限のお方、クリシュナ様。私達はあなたにこの身も心もゆだねます。どうか私達をこの恐ろしい物質的生活からお救いください。私達はもう物質的生活に失望しているのです。

おお、マドゥスーダナよ。御主人様。私達はマガダの王ジャーラサンダを非難することはできません。何故なら、私達が王座から転げ落ち、幽閉されたのはあなたの慈悲だからです。

おお、全能の主よ。私達は、富と権力に夢中になり、自己制御を怠り、本当の幸せを得ることができませんでした。あなたのマーヤに幻惑され、一時的で儚いものを永遠であると錯覚していたのです。

子供のような知性の者は、砂漠の蜃気楼を本物の海や池と考えます。同じように神理を知らない人々は、マーヤの産物で仮相のものを実相と思ってしまうのです。

かつて私達は、富に酔い盲目となって、この地球を征服しようと互いに闘い、無慈悲にも臣民達を苦しめました。傲慢にも、死という姿で私達の前に立つあなたを無視してしまったのです。

しかし、おお、クリシュナ様。神秘的で打ち勝ちがたい時間と呼ばれるあなたの姿が、私達の富を奪ってしまいました。あなたは私達のプライドを打ち砕いてくださったのです。私達は、ただあなたの蓮華の御足を思い出すことを願うのみです。

私達は二度と蜃気楼のような王国を求めないでしょう。病気と苦しみの原因で、日々衰えていく肉体を王国のために使うのはもうこりごりです。そればかりか、おお全能の主よ。私達は敬虔な活動を行って死んだら天国の果実を楽しもうとも思いません。善いことをしたら天国に行けるという報酬は耳に心地よいですが、やはり原因と結果の法則の内にあり、私達に本当の平安を与えてくれません。

私達は生と死の輪廻にとらえられていますが、どうすればあなたの蓮華の御足をいつも思い出すことができるのでしょうか？　どうか教えてください。

何度も何度も、私達は主クリシュナ、ハリ、ヴァースデーヴァの息子に尊敬の念を捧げます。至高アートマン、ゴーヴィンダ、すべての献身者の苦しみを取り除くお方よ！」


今は束縛から自由となった王達は、このように至上主クリシュナを讃えました。そして、慈悲深く庇護所を授ける主は、優しい声で王達に語りました。

「親愛なる王達よ。あなた方は今この時から、至高ブラフマン、すべての主である私に不動の献身奉仕の心を持つことでしょう。あなた方の『いつも主を想っていたい』という望みは、間違いなくそうなります。

愛する王達よ。あなた方は、すばらしい結論に至りました。あなた方の語ったことはすべて真実です。人々は自己制御を怠り、富や権力に酔って、ただ狂気に陥ります。ハイハヤ、ナフシャ、ヴェナ、ラーヴァナ、ナラカそして神々、人、悪魔の指導者達が、物質的富に夢中になって、せっかく意識を上げたのに転げ落ちていきました。

この肉体と肉体にまつわるすべてのものは始めと終わりがあります。あなた方の人生で、子孫をもうける時も、幸福や不幸、生と死に出会う時も、心はいつも主である私を想っていなさい。

肉体と肉体にまつわるすべてのものに執着してはなりません。自己をコントロールし、心を私に集中し、誓戒を守ることに不動でありなさい。

このような正しい知性で主である私を崇拝すれば、あなた方は臣民を守ることができるでしょう。

そうして、あなた方は、最終的に絶対神理である私に至ることができるでしょう」


このように王達に教えを説き、主クリシュナは男や女の召使いに命じ、王達を沐浴させ、身繕いさせました。そして、衣装、宝石、花輪、白檀膏、その他、王に相応しいものをすべて与えました。

主クリシュナは、王達が沐浴し身繕いしたのをご覧になり、豪華な食事を振る舞い、王達が喜びそうないろいろなものをプレゼントします。主ムクンダに祝福され、大きな苦しみから自由となり、王達は雨期が終わった空に輝く星々のように輝いています。

それから主は、宝石や金で装飾された四頭立ての馬車に王達を乗せ、祝福の言葉で彼らを喜ばせ、それぞれの国に送りました。


こうして最高神、クリシュナに救い出され、王達は自分の王国に出発しましたが、道の途中でも宇宙の主と主のすばらしい御業を想っていました。

そして王達は自分の王国に帰ると、大臣や関係者に主クリシュナが何を為したかを語り、主が彼らに授けた教えを熱心に実践しました。

＊この話はバーガヴァタ・プラーナに出てきます。

わずかな食べ物の残りかすで満足される主クリシュナ

パーンドゥ兄弟とドラウパディーが森で生活している時の話です。

気まぐれですぐに怒ることで有名な聖者ドルヴァーサが一万人の弟子を連れて、ドゥルヨーダナの屋敷を訪れました。ドルヴァーサは「お腹が空いたので早く食事をください」と言ったり、食事の準備をしていると「今日は食べない」と言ったりしてドゥルヨーダナを困らせます。ドゥルヨーダナと彼の兄弟達は、少しも怒らず、謙虚に聖者に仕えました。

その対応に満足したドルヴァーサは、「さあ、何でも望みを言いなさい。真理と道徳に反するものでなければ、私はその願いをかなえましょう」と答えました。

ドゥルヨーダナやカルナ、兄弟達は聖者が恩恵を授けることになった場合、何を望むかあらかじめ話し合っていました。

「それでは一つお願いがあります。私達一族の年長者でユディシュティラ王とその兄弟達が、故あって森で過ごしています。王宮から森の生活になり、どのような生活をしているか心配です。みな様方には、ユディシュティラ王達が元気に過ごしているか訪ねていただきたいのです。訪問の時間はパーンドゥ兄弟が食事を終え、クンティーも食べ終わった時刻が適切かと存じます」

ドゥルヴァーサは、「せっかくの恩恵なのにそんなことでよいのか。お安いご用だ」と言って立ち去っていきました。

実はこれにはわけがあります。ドラウパディーは、太陽神からとめどなく食べ物が出てくる壺をもらっていたのです。でもその壺はドラウパディーが食事を終えると、次の朝まで食べ物は出てきません。ドゥルヴァーサと一万人の弟子達が訪ねても、食事が出せないとなると短期な聖者は呪いを発するに違いありません。ドゥルヨーダナ達は労せずパーンタヴァを滅ぼすことができるとほくそ笑みました。


ドゥルヴァーサと弟子達が訪れたことを知ったユディシュティラ王は丁重に歓迎し、次のように勧めました。

「ドゥルヴァーサ様とそのお弟子様方、食事の準備をしますので、その前に川で沐浴してきてください」

聖者一行は、王はどんなご馳走をしてくれるのだろうと思いながら、近くの川へ沐浴に行きました。

さて、ドラウパディーは途方に暮れています。

「ああ、私が食事を済ませたので、壺からは何も出てこない。いったいどうすればいいの」

いくら考えても、一万人分の食事を出せる方法はありません。困ったドラウパディーは、主クリシュナを心に想い、一心に祈りました。

「ああ、ヴァースデーヴァ様。宇宙の主であり、その創造者であり破壊者。無尽蔵の力を持たれ、永遠であり、苦しみからの救済者。あなたは宇宙とその創造物の保護者、高きものの中で最も高きお方、想うことの源泉であり、あらゆる善を与えるお方、望みなき者の避難所であり、不死なる統御者であり、万物の主であられます。そのあなたに保護を求めます。あなた様は保護を求める者に親切なお方、どうかお助けください」

主クリシュナは、ドラウパディーの祈りを聞くと、すぐに彼女の前に現れました。ドラウパディーは大いなる喜びにむせびながら、頭を垂れ、ドゥルヴァーサの訪問と今の窮状を伝えました。

クリシュナは、彼女に答えて言いました。

「ドラウパディー、話は分かったよ。ところで私は急いで来たので、とれもお腹が空いているんだ。何か食べるものはないかい?」

ドラウパディーは、答えました。

「太陽神にもらった壺は、私が食べ終わるまでいつも食べ物で溢れています。でも今日は私も食事をしてしまったのです。壺には何も残っていません」

クリシュナは言います。

「そうかな？　ではその壺を持ってきてくれ。おや、底に米と野菜の残りかすがあるよ。どれどれ」

クリシュナは指で底の残りかすをすくうとパクリと食べました。

ドラウパディーは驚きました。

「まあ、クリシュナ様。私の食べ残りの残りかすを食べるなんて。本当に申し訳ない」

クリシュナは言います。

「ああ、美味しかった。私は満足したよ。もうお腹一杯だ」

主クリシュナは、宇宙の魂、あらゆる供犠の享受者です。その主が満腹になったため宇宙のすべての生物が満腹を感じたのです。

クリシュナは、そばにいたビーマにドゥルヴァーサ一行に食事の準備ができたのでおいでくださいと伝えるように言いました。

一方、沐浴中のドゥルヴァーサ一行は全員、満腹を覚えました。「さあ、困った、急にお腹が一杯になって何も食べられそうにない。ユディシュティラ王がせっかく食事を準備してくれたのに、全く手をつけないでは礼儀に反する。ユディシュティラ王は、その苦行の力で私達を呪うかもしれない。そうなると終わりだ。どうしよう。そうだ、ここはもう逃げるしかない」と一目散に逃げて行きました。

一方、ユディシュティラ王は、聖者一行が逃げ出した理由が分かりません。また遅い時間になったら食事を要求してくるのではないかと気が気ではありません。それを見たクリシュナは一部始終を話し、ドゥルヴァーサ達は戻ってこないこと、そろそろ帰りたいので許可をいただきたいことを告げました。

パーンドゥ兄弟とドラウパディーは、答えます。

「広い海で溺れている人が舟に救われるように、主ゴーヴィンダよ、私達はあなたに救われました。本当に感謝してもしきれません。どうか、安らかに旅立ちください」

＊主クリシュナは、一心に救いを求める者の前に、すぐに現れてくださいます。また食べ物を主に捧げてから残りものをいただくことの重要さが分かります。

アルジュナの選択

パーンドゥ兄弟は、十二年間の森での生活と最後の一年間は人目にふれないという期間を無事に終えることができました。

クル族の集まりで、クリシュナとバララーマは、約束通り王国の半分をパーンドゥ兄弟に返すように提案しました。ところが、ドゥルヨーダナがしぶり、すんなり返還してくれそうにありません。クリシュナとバラデーヴァは一旦、ドヴァーラカーに帰ることにしました。

カウラヴァとパーンドゥは、戦争になった場合、一人でも多く味方になってもらおうと各方面に偵察や使いを出しています。クリシュナのもとにはドゥルヨーダナとアルジュナが直接、交渉に向かいました。

最初にドゥルヨーダナが到着し、クリシュナが休んでいるのをみると枕元の椅子に腰を下ろしました。続いてアルジュナが到着し、クリシュナを礼拝し足元に控えました。

クリシュナが目を覚ました時、最初に目にしたのはアルジュナでした。枕元のドゥルヨーダナが先に柔やかに笑いながら、クリシュナに話しかけました。

「おお、マドゥの殺戮者よ。もしかしたらカウラヴァとパーンドゥの間に戦争が始まるかもしれません。私もアルジュナもあなたを友と思っています。あなたも同じく二人を平等にみてくださっていると思います。もし戦争になった場合、あなたの力をぜひお貸しいただきたいのです。おお、ケーシャヴァ、あなたは正しい心を持ち、常に尊敬されています。慣習では、最初に到着した者を優先することになっています。どうか公平な判断をお願いいたします」

クリシュナは答えて言いました。

「おお、ドゥルヨーダナよ。あなたが先に来たことを少しも疑っていません。ただ私はクンティーの息子、ダナンジャヤ（アルジュナ）を最初に目にしました。慣例も若い者を先にすることになっています。また私にとって、どちらも大切な一族です。どちらにも味方をしたい。そこでどうでしょう。私には一人一人が私に匹敵する何万という軍隊がいます。私自身は武器を持たず、戦場では戦わないことにします。私の最強の軍隊か、戦わない私自身かどちらかを選んでもらいましょう。まず、アルジュナから選んでくれ」

アルジュナは、迷わずクリシュナを選びました。ドゥルヨーダナは必然的に軍隊を選ぶことになりましたが内心は大喜びです。

ドゥルヨーダナは、続いてバララーマのもとを訪れ、自分に味方してくれるように頼みました。バラデーヴァは、クリシュナと争うわけにはいかないので、自分はどちらにも味方せず中立を守ることを告げました。

強大な軍隊を手に入れ、加えてバララーマは戦争に参加せず、クリシュナは戦争に参加しても戦わないとなり、ドゥルヨーダナは、勝利は我が物と意気軒昂に帰りの途につきました。

ドゥルヨーダナが去った後、クリシュナはアルジュナに尋ねました。

「アルジュナ、どうしてあなたは戦わない私を選んだんだい？」

アルジュナは、答えました。

「あなたのいない戦いなど考えられません。あなたが武器を持たず敵と戦わないのなら、どうか私の御者になってください。そして戦車を操るだけでなく、いろいろ指示していただきたいのです」

クリシュナはニッコリと笑い言いました。

「喜んで御者になろう。アルジュナ、あなたの願いがかなえられますように」
＊この説話はマハーバーラタの中でも最も重要な箇所だと思います。戦わないクリシュナ一人をとるか、勇猛な戦士のそろった大軍をとるか。戦争に勝つためには普通は軍隊をとるでしょう。クリシュナは、自分に対するアルジュナの信と愛を試したのです。
しかもドゥルヨーダナも納得するように顔をたて、まずアルジュナに選択させました。ドゥルヨーダナが軍隊を選び、残ったクリシュナ一人がアルジュナにまわったのでは、アルジュナが自ら選択したことにはなりません。

アルジュナが目先の勝敗にとらわれずにクリシュナ一人を選んだことから、バガヴァット・ギーターが説かれたとすると、この話は大きな意味を含んでいると思います。日常生活でも、損得を取るか、信を選ぶか。この説話を思い出したいものです。

主クリシュナは、正しいことでも強制することなく、自分で選択させる方であること、アルジュナばかりか悪であるドゥルヨーダナに対しても配慮されていることが分かります。

使者サンジャヤへのクリシュナの返答

カウラヴァとパーンドゥの争いを避けようと両軍は

連日話し合いが行われていました。ドリタラーシュトラ王は和平を望み、賢者サンジャヤをパーンドゥへの使者として派遣しました。

サンジャヤは、ユディシュティラにドリタラーシュトラの気持ちを伝え、戦争という手段によって領土を奪い返すことだけは思い止まってほしいと訴えました。

「ユディシュティラ様、どうかお聞きください。ドリタラーシュトラ王は和議を望んでいます。王はそのために私を使者として遣わしたのです。

高邁な人格者ばかりのあなた方パーンドゥ一族が野心旺盛な人間と同様に、真理に外れ人間の幸せを破壊する戦争という悪事にどうして手を染められましょう？

平和を守るためにはまず和議を結ぶことが先決です。和議が平和のための最良の方法です」

それに対してユディシュティラは、「国や財産を不当に奪われ無一文になったクシャトリヤがいかにして己の本来の義務を遂行できよう。我ら両家に常に公平であり、正しい生き方を誰よりも深く認識しているクリシュナ様の意見を聞き、それに従うことにしよう」と答えました。

それに対してクリシュナは、

「賢者サンジャヤよ。あなたの言うことは、戦いに巻き込まれ心を乱すより、隠棲して心の平安を大事にしてほしいということだ。しかし、すべての被造物は与えられた義務、役割を果たすことによってこそ存在価値があるものだ。

ユディシュティラのように王家と国を守るクシャトリヤが、その務めを果たすことは何にもまして大事なことだ。王国と国民、家庭を捨てて隠者になるという考えは、ブラーフマナにとっては許されている。だが、そのような隠者であっても飲み食いをせずに生きていくことはできないだろう。すべての人々が隠者になるとどうなろう。やはり隠者が隠者たりえる社会を維持するのがクシャトリヤの務めであろう。

サンジャヤよ、あなたは世界のあらゆる戒律に通じている、そのような知者でありながら、カウラヴァ一族の無法な行為を擁護し、パーンドゥに隠棲するよう説得するのはどうしたわけだ？

パーンドゥは約束の十三年間を耐えてきたのだ。ユディシュティラとて戦によって何が何でも領土を奪い返そうとしているのではない。あくまで平和に正当な要求を実現させようとしているに過ぎない。

不正な手段で他人の財産を盗む者がいれば、それを罰し正義を守るのはクシャトリヤの務めである。その努めを放棄して森に入り、人から施しを受けて心の平安を求めても、平安は得られないものだ。己に与えられた役割を、私欲のためではなく、神のため、人々のために捧げることによってしか心の安らぎ、喜びは得られない。

もし不正を見逃すなら、そのような王は王たる資格を失うであろう。不正を正すために戦い、死んだならば、賞賛されこそすれ非難されることはない。パーンドゥ達は和戦両様の構えでそちらの出方を待っている。そのことをクルの王達に伝えてほしい」

と答えました。

＊主クリシュナは、ここで私心なく己の義務を果たすことが重要であると述べています。ギーターの教えをいろいろな場面で説いています。

不滅の存在者

サンジャヤは、ハスティナープラに戻りクリシュナの返事をドリタラーシュトラ始めカウラヴァ一族に伝えました。

カウラヴァ一族には、和平を勧めるが者が大勢いましたが、ドゥルヨーダナは頑として譲りません。

その時、パーンドゥとドリタラーシュトラの本当の父、聖仙クリシュナ・ドゥヴィーパーヤナ・ヴィヤーサが、ヴィドゥラとガンダリーとともに広間に入ってきました。そしてサンジャヤに「サンジャヤよ。ドリタラーシュトラにクリシュナについて知っていることを話してやりなさい」と言いました。

サンジャヤは言います。

「クリシュナは最も高貴で、すべての魂であるパラマートマーです。全宇宙を秤の片方に、もう一方にクリシュナを置くと、クリシュナの方が重いのです。クリシュナはたやすく宇宙を灰にすることができますが、全宇宙のすべての力を集めてもクリシュナを灰にすることはできません。真実、正義、謙遜、哀れみのあるところ、クリシュナがいます。彼のいるところには常に勝利があります。

ジャナルダナ（クリシュナ）は、万物の魂であり、至高の霊。戯れるかのように地・空・天を動かします。

聖なるケーシャヴァは、時間の車輪、宇宙の車輪、宇宙紀（ユガ）の車輪を常に回しています。この栄光に満ちた彼は、時間と死、動不動のすべての主です。このマハヨギであるハリ（クリシュナ）は、宇宙の主であるにもかかわらず、慎ましい耕作者が畑を耕すように、御自身が定めた聖法に従って行為されます。クリシュナはご自身のマーヤにより世界を幻惑されますが、ただ主の献身者だけが惑わされることはありません」

＊サンジャヤは、ヴィヤーサから霊眼を与えられ、クルクシェートラの戦いを逐一、盲目のドリタラーシュトラに報告します。バガヴァッド・ギーターもサンジャヤによって、世に知られることとなりました。

パーンドゥ陣営の会合、クリシュナが和平の使者になる

サンジャヤが帰って後、パーンドゥ陣営でもさまざまな議論が行われました。

ユディシュティラは言います。

「サンジャヤは信頼すべき友人です。ただ使者である限り、ドリタラーシュトラ王の意思を伝えたものと思う。つまり、王国を返さずに和解しようということです。私達は約束を守ってくれると信じて、森の中で十二年過ごし、さらに一年を隠れて過ごしました。私達が約束を守ったことは、ブラーフマナの方々もご存じです。

ところがドリタラーシュトラ王は育ててくれた恩人ですが、貪欲な息子達への愛情から、邪悪な者達の意見に耳をかそうとしています。クシャトリヤは家族や友人達を養い、ブラーフマナを保護し布施をし、秩序と平和を守る義務があります。約束の王国の半分とは言いません。せめてクシャトリヤの義務を果たすのに必要な五箇村でもよいと譲歩したにもかかわらず、欲深きドゥルヨーダナは拒否しています。クリシュナ様がサンジャヤに言ったように戦争を避けるため森に入って隠遁生活を送れば、クシャトリヤの義務を果たすことになりません。また悪を見逃し、正義を廃れさせては、これもまたクシャトリヤの道から外れてしまいます。

ですが、戦争となると多くのクシャトリヤが死に、残った婦女子、子供は塗炭の苦しみに陥ります。また恨みは恨みを呼び、争いの絶えない世の中になってし

まいます。

ああ、クリシュナ様、私達はどうすればいいのでしょう。あなたは常に私達だけでなくカウラヴァの平和と繁栄をも願われています。また公平平等で、すべてを熟知し神理に精通しています。相談できる方はあなた以外にいません。どうか我々の取るべき道をお示しください」

クリシュナ曰く、

「ユディシュティラ、あなたの苦しみはよく分かります。私とて戦争はできるだけ避けたい。私はこれからカウラヴァ族のもとに使者として行ってきましょう。もしあなた方の立場を犠牲にすることなく和議が結ばれればこれ以上のことはありません」

ユディシュティラ曰く、

「クリシュナ様にそんな危ない真似はさせられません。ドリタラーシュトラ王の息子達の罪深さはよく知っています。また、そこにはドゥルヨーダナに忠実なクシャトリヤ達が大勢います。あなたがそのど真ん中に行って、もし危害を加えられるようなことがあれば、たとえ王国をすべて手に入れたとしても少しも嬉しくありません」

バララーマもクリシュナの意見に賛成し、次のように発言しました。

「何よりも両家の和睦を旨とした話し合いを持つべきだと私は思う。ユディシュティラとて全く非がないとは言えない。周りの反対を押しのけ博打に手を出し、まんまと彼らの奸計に陥ったのは、自ら墓穴を掘ったとしか言えまい。それがたとえ卑劣な手段によってであってもだ。

この際、ドゥルヨーダナに和解を求め、戦にならぬ方法でお互い納得のゆく解決策を探るべきだと思う。戦争という手段によって得るものはなにもなく、互いに傷つけるのみなのだ」

バララーマの言葉を聞き、クリシュナは言います。

「兄の言う通りだ。和平の交渉に行くのは、あなたの徳を高め、あなたがいかに両家と万人のことを思っているかを知らしめるためでもある。なに、私の心配など無用だ。私が本気になれば、敵が誰であれ、何万人であれ私を傷つけることはできない。それに敵の軍備がどの程度か偵察する意味もあるし、味方になりそうな者がいれば密かに交渉してみよう。

私とて戦は避けられないと思っている。私がいない間も戦の準備を整えておくようにしてほしい」

「私もクリシュナ様の意見に賛成します。話し合いで双方が納得できる結果がでるなら、これ以上のことはありません。もし決裂して戦になればクシャトリヤの義務を全うするのみです。すべてあなたにお任せします」とアルジュナ、ナクラも和平案に賛成しました。

クリシュナ、和平を説く

主クリシュナは、大勢の勇者を引き連れてハスティナープラに急ぎました。その時、雲一つない空に稲妻と雷鳴が聞こえ、河は逆流し、至るところで火が燃え上がり、大地は震えました。井戸は枯渇し、全宇宙が暗闇に包まれ地平線の区別もつかなくなりました。大きな咆哮が空に聞こえ、何千本もの木々が根こそぎ倒れ、ハスティナープラの街を押しつぶしました。

しかしクリシュナ一行の通ったところは、爽やかな風が吹き、すべてが吉兆となりました。ブラーフマナ達は主を讃え、着飾った女性達が主をひと目見ようと沿道を埋め尽くし、素晴らしい香りの花々を撒き散らします。

主は歓迎の人々の中に馬車を進め、ドリタラーシュトラ王の宮殿に入りました。

ドリタラーシュトラの息子達、ビーシュマやドローナ、クリパやソーマダッタ、ヴァーリカ王、その他、錚々たるメンバーが集まって主を迎えます。主クリシュナはドリタラーシュトラ王とビーシュマを崇拝し、続いて慣習に従って、年功序列に他の王達に挨拶をしました。そして勧められた豪華な椅子に座り、しばらく歓談しました。

それから、その日は休息し、クンティーやヴィドラなど主の献身者と夜遅くまで楽しく歓談しました。

翌日、大会議場で軍議が開かれました。ドリタラーシュトラ始め、ビーシュマ、ドローナ、その周囲の王達も立ち上がり主クリシュナを迎えました。そしてナーラダを筆頭に多くの聖仙達も天空から舞い降りました。

ゴーヴィンダ（クリシュナ）が黄金で装飾された椅子に座ると、しばらく沈黙が続きました。やがてケーシャヴァ（クリシュナ）は、雨季の雲のような深い声で話し始めました。

「おお、バラタの子孫のみなさん、私は英雄達を殺戮することなく、カウラヴァ一族とパーンドゥ一族の和平がなるようにここにやってきました。おお、ドリタラーシュトラ王よ、あなたの一族は、その学識と振舞い、あらゆる功績で飾られ、すべての王朝の中でも傑出しています。他人の幸福を喜び、他人の不幸を見ては我がことのように悲しみます。慈悲の心、誠実さ、寛容、真実、すべての徳をお持ちです。ですから一族の中で欲にかられ、道徳を無視し、名声を貶める者がいたら正さなければなりません。

あなたの長男ドゥルヨーダナとその兄弟達は、王国をすべて自分のものにしようといかさま賭博で王国を奪い、パーンドゥ一族を十三年間、森へ追いやりました。彼らは十三年間耐え忍び、約束通り王国の半分を返してほしいと願っているに過ぎません。しかも、ユディシュティラは王国の半分ではなく、クシャトリヤとして義務を果たすに必要な五箇村だけでもよいと譲歩しているのです。このことからパーンドゥが何とか戦争を回避したいと願っていることがお分かりになると思います。パーンドゥもあなたの一族ではないですか。

私の気持ちもユディシュティラと一緒です。どうかドゥルヨーダナの過ちを正し、同じクル一族の繁栄を築いていきましょう。それができるのは、ドリタラーシュトラ王、あなたしかいません」

その場にいた王達はみな、心の中でケーシャヴァ（クリシュナ）の言葉に賛同しましたが、ドゥルヨーダナの前では何も言いません。

その場に参加していたパラシュラーマ、聖仙カンヴァ、聖仙ナーラダは、さまざまな話を引き合いに出してドゥルヨーダナを説得します。ところがドゥルヨーダナはこれらの聖仙の説得を一笑に付してしまいます。

主クリシュナも直接ドゥルヨーダナに語りかけます。

「おお、ドゥルヨーダナよ。クル族最高の者よ。あなたは高貴な家系に生まれ、学問に秀で、優れた資質に恵まれています。一時的な欲や怒りのために道を誤ってはいけません。父や母、師や賢者方の意見に従うのです。パーンドゥに王国の半分、いや五箇村を返し、ともに助け合って生きるのです」

クリシュナの言葉を聞き、ビーシュマも言いました。

「クリシュナ様は親族の間に平和を望んで、あなたに話したのです。欲と怒りに負けてはいけません。高貴なるケーシャヴァは美徳と利益にかなうことをあなたに告げました。どうか、クリシュナの言葉を受け入れ、一族や王国の人々を悲嘆に陥れることだけは避けてほしい」

続いてドローナも諫めます。

「ドゥルヨーダナ、クリシュナ様とビーシュア様の言うことに従ってください。二人とも聡明で豊かな学識を持ち、自己を統御された偉大な方たちです。お二方ともあなたのためを思って忠告しているのです。親族や友人達の命を粗末にして、後悔するのはあなた自身です。デヴァーキーの息子を相手にしては神々でも勝つことはできません。どうか思い直してください」

ドリタラーシュトラ王も、

「ドゥルヨーダナ、どうかクリシュナ様やビーシュマ、ドローナ、そして聖者方の言うことを聞いてくれ。ユディシュティラと和議を結ぶのだ。今が最後の好機なのだぞ」

これに対し、ドゥルヨーダナは、自分ばかり責められ、パーンドゥが褒められることを怒り、さいころ賭博はユディシュティラ自らの意志で応じ、負けたのだから自分には罪がないこと、自分達の軍も強力で負けるとは思えないこと、クシャトリヤとして戦場で死ねば本望であることを主張し、王国を分ける意思は全くないと憤然と席を蹴って広間を立ち去ってしまいました。

次に母のガンダリーが説得に当たりますが、やはりドゥルヨーダナは自分の非ばかり聞かされたと被害者意識に揺れ、和平を拒否しました。

そして、カルナやシャクニ、弟達と「クリシュナを捕らえよう。クリシュナはパーンダヴァの避難所、心の支えである。彼を捕らえれば戦意を喪失してしまうに違いない」と相談しました。

これを察知したクリシュナの友サーティヤキーは、クリタヴァルマンに戦の準備をさせ、急いでケーシャヴァに知らせました。広間にはドリタラーシュトラ、ヴィドラもいます。

ヴィドラは笑いながら言います。

「ドゥルヨーダナの無知にもあきれたものだ。燃えさかる火の中に飛び込む虫のようなものなのに。ジャナルダナ（クリシュナ）が望めば、たとえ彼らが全員で戦ったとしても、一瞬でヤマの国に送られるだろう」


クリシュナはドリタラーシュトラに告げました。

「王よ、彼らが私を捕らえようとするなら、私が彼らを懲らしめることをお許しください。私は彼らを捕らえ、プリターの息子達に引き渡します。そうすればユディシュティラの目的は大きな被害を出すこともなく容易に達成されるでしょう。どうか止めないでください」


あわてたドリタラーシュトラ王は、もう一度、ドゥルヨーダナとその兄弟達を宮殿に呼び戻しました。ヴィドラが再度、説得しますが聞く耳を持ちません。

クリシュナはドゥルヨーダナに告げました。

「おお、そなたは私が一人っきりでいると思うから、私を捕らえようと思っているのだろう。だが、見よ、愚かな王子よ。私のそばには、すべてのパーンダヴァ、ヴリシュニ、アンダカ族がいるのだ。またすべてのアディティア神群、ルドラ神群、神々、すべての聖仙も一緒だ」。クリシュナは後ろを振り向き、高らかに笑いました。

聖なるお方が笑うと、その体から光り輝く親指大の無数の神々が現れました。眉間からはブラフマーが、胸からはルドラが、腕からは世界の守護神達が、口からはアグニが、そしてアディティア神群、サディヤ神群、ヴァース神群、アシュヴァン神群、マルト神群、インドラ神、ヴィシュワン神群、主立ったヤクシャ、ガンダルヴァ、ラクシャーサが現れました。

主の両腕からバララーマとアルジュナが現れました。アルジュナは手に弓を持ち、バラデーヴァは鋤を持っています。主の背後にはビーマ、ユディシュティラ、そしてマドリーの二人の息子、前にはプラデュムナとともにアンダカ族、ヴリシュニ族、その他の族長達が強力な武器を持ち控えています。そして主の無数の腕からは閃光、法螺貝、円盤、鎚矛、シャランガと呼ばれる弓、鋤、槍、その他あらゆる光り輝く武器が現れ、いつでも出撃できる準備が整っています。主の目、鼻、耳、そして体のあらゆる部分から火や煙のように閃光がほとばしり、毛穴からは太陽の光線のような火が燃え上がっています。

クリシュナのこの壮麗な姿を見て、ドローナ、ビーシュマ、ヴィドラ、サンジャヤ、聖仙達を除き、すべての王達は恐ろしさのあまり目を閉じてしまいました。

この間、天界の太鼓が空に響き渡り、クリシュナに美しい花々が降り注ぎ、大地は震え、海は攪拌しています。おお、そして地上のあらゆる生物は不思議な驚きに満たされたのでした。

クリシュナは、この神聖な姿を引き上げ、聖仙達に許しを乞い、サーティヤキーやクリタヴァルマンを伴い、クル族の宮殿を後にしました。


こうしてクリシュナの和平交渉は決裂に終わり大戦は避けられない事態となりました。もともと、クルクシェートラの大戦は、地球の重荷となっていた悪魔や悪王達を滅ぼすため、避けられなかったとは言え、クリシュナは最後まで平和的解決に腐心したのでした。

クリシュナ、カルナを説得する

ドリタラーシュトラの宮殿を後にしたクリシュナは、クンティーの屋敷を訪ね、軍議での顚末と戦争が避けられないことを伝えました。

それから、クリシュナはカルナを馬車に乗せ、郊外に出ると、カルナに話しかけました。

「おお、ラーダの息子よ。あなたはブラーフマナを敬い、真摯に道を求めました。そして教典の深い意味合いをよく理解しています。あなたはプリター（クンティー）の長子として生まれ、ユディシュティラ達兄弟の兄に当たります。彼らがこのことを知れば、喜んであなたを兄として受け入れるでしょう。またパーンドゥに味方する多くの王達も、あなたを敬うことでしょう。ユディシュティラは、あなたを王として迎え、あなたは王国を統治するでしょう。邪悪な者達に味方し道を外れてはいけません」

カルナは答えました。

「おお、ケーシャヴァ殿。あなたは私への愛と友情から忠告してくださったと理解しています。私の母は乙女の時、マントラの効果を試すために太陽神スーリヤを呼び出し、私を産むと狼狽して私を捨てました。捨てられた私をアディラタとその妻ラーダは拾って育ててくれました。

そして経典に定められた幼児期のすべての儀式を私のために行ってくれました。私も育ての親の彼らを本当の親と思っています。おお、ゴーヴィンダ、私はたとえ地球全土、黄金の山をもってきても、彼らとの愛と絆を断ち切ることはできません。

それにドゥルヨーダナは王族でもない私に目をかけてくれました。友として扱ってくれアンガ国の王に任命してくれました。たとえ彼が邪悪で道に外れているとしても彼を見捨てることはできません。ドゥルヨーダナへの友情から、パーンドゥやドラウパディーにひどい言葉を吐き道徳から外れた行いをしたことは、今でも後悔しています。

クリシュナ様、それにアルジュナと私が一騎打ちをすることは、私の運命のような気がします。私は自分のクシャトリヤの使命を全うするのみです。その代わり、アルジュナ以外のパーンドゥ兄弟と私が戦い、私が勝利した時は彼らの命は奪わないことにします。あなたが味方をする限り、ユディシュティラ達が勝利することでしょう。彼らはきっと国をよく治めてくれると思います。

クリシュナ殿、今日のこの話はどうかユディシュティラやアルジュナ、他のパーンドゥ兄弟には秘密に願います」

このように話をすると、カルナはマータヴァを礼拝し、自分の馬車に乗るとドゥルヨーダナの元に戻っていきました。

＊カルナはここで、アルジュナ以外のパーンドゥ兄弟を自分がとらえても殺さず、放してやることを約束し、戦場では忠実に約束を守ります。カルナはマハーバーラタでは悪役として登場しますが、私心はなくドゥルヨーダナのために己の役目を果たしたと言えます。

［大戦の中の主クリシュナの物語］

こうしてクリシュナの和平への尽力も実を結ばず、パーンドゥとカウラヴァの戦いは避けられないことになりました。両軍ともそれぞれ同盟軍を募り、両軍合わせると百万とも言われる大戦争です。日本でいうと関ヶ原の戦いのようなものでしょうか。戦いの場となった聖地にちなんでクルクシェートラの戦いと呼ばれています。

両軍、対峙し、いよいよ戦闘開始という時、アルジュナは御者のクリシュナに頼んで両軍の中間地点まで馬車を進めます。そしてカウラヴァ軍を見渡し、多くの親族、友人、恩師の顔を見て戦うことをためらいます。弓を置き、自分は死んでもいいから戦いを中止したいとまで思い悩みます。

その時、クリシュナはアルジュナに神理、道理、人の生きるべき道を説きます。これが『バガヴァット・ギーター』です。堀田和成先生の『クリシュナ　バガヴァット・ギーター』を始め、さまざまな解説書が出ているのでご参照ください。本書では割愛させていただきます。

『バガヴァット・ギーター』の中で主クリシュナは、主と人間の関係、魂と肉体の別、肉体は滅んでも魂は永遠であること、ブラフマンとアートマン、心と三グナの関係、私心を捨てて主にすべてを捧げ義務を果たすこと、主への専心とその行法などを述べ、そして最後は、それらの行法や儀式などはすべて捨て、主に専心、全託、没我的献身奉仕を行うことを説いています。

『バガヴァット・ギーター』を説き終え、クリシュナはアルジュナに「無知より生ずる迷いを消し去ることができたか」と尋ねます（バガヴァット・ギーター第十八章七十二節）。これに対してアルジュナは、「迷いは消えた　不滅の主よ　あなたの慈悲と恩寵により私は自己の記憶を取り戻した　疑惑は去り主の教えに従う」と答えます（十八章七十三節）。

『バガヴァット・ギーター』を見るとここで終わります。ところが、一度ありがたい教えを聞いても、すぐに実践できるかというとそう簡単ではありません。

堀田和成先生も、「山に籠もり、自己を反省して涙を流しても、家に帰るとすぐに夫婦ゲンカが始まる」と述べられています。

『バガヴァット・ギーター』の後の、クルクシェートラの戦いの中では、さまざまな人間関係、心の葛藤が述べられ、それに対してどう対応、実践していくか。主クリシュナご自身が御者となって道を示してくれます。言わば、『バガヴァット・ギーター』の応用編、実践篇がクルクシェートラの戦いと考えると、また見方も変わってきます。

その視点から主クリシュナが登場するクルクシェートラの戦いのハイライトをまとめてみました。

クリシュナ、自らビーシュマを倒そうとする

クシャトリヤとしての義務を果たすことを決意したアルジュナですが、カウラヴァ軍も錚々たる勇者を揃え、一進一退の攻防を繰り返し戦いは十八日間にも及

びます。

カウラヴァ軍の総司令官はビーシュマです。ビーシュマは高潔な上に、文武両道、無敵の戦術家です。倒せるとすれば全力を出したアルジュナしかいません。ところがパーンドゥは、ビーシュマに育てられたこともあって本気で彼を倒そうという気持ちがどうしても湧きません。そのためか味方はビーシュマ一人にさんざんやられ何度も敗北の危機に瀕します。

ビーシュマ一人の奮闘によりパーンダヴァ軍が敗走するのを見て、主クリシュナは戦車の手綱を引きながら、プリターの息子ヴィーバッツ（アルジュナ）に言いました。

「おお、パルタ（アルジュナ）よ。君はカウラヴァ族の王達の前で、〝私は邪悪なドリタラーシュトラの息子達と、彼らに味方するビーシュマ、ドローナを含め、パーンドゥに弓する者達を滅ぼす〟と誓ったではないか。今がその時だ。クシャトリヤの義務を思い出し、全力で戦うのだ」

ヴィーバッツ（アルジュナ）は答えました。

「どうしても恩ある祖父を倒さなければなりませんか？分かりました。私はあなたの命に従います。おお、フリーシケシャよ。戦車をビーシュマ殿の方へ向けてください」

アルジュナが自分の方へ向かってくるのを見たビーシュマは獅子吼し、アルジュナの戦車が見えなくなるほど矢の雨を浴びせます。クリシュナは巧みに戦車を操り、矢によって壊れた車輪を直し、アルジュナをビーシュマへと近づけます。アルジュナは神弓ガーンディーヴァを引き絞り、ビーシュマの弓の弦を切り裂きます。すばやくビーシュマが替わりの弦を張ると目にもとまらぬ速さで、その弦を切り裂きます。

ビーシュマは、「見事だ、見事だぞ。クンティーの息子よ」と賞賛します。しかし、すぐさま反撃しアルジュナは後手にまわってしまいます。その剛勇ぶりにはクリシュナも舌を巻きますが、一方アルジュナは、祖父との戦いにためらいが見られ、本気で倒そうとしません。

クリシュナは思案しました。

「このままではビーシュマ一人によってパーンドゥ軍は壊滅する。ビーシュマへの敬意のためアルジュナは本気で戦おうとしない。かくなる上は、私自ら円盤をもってパーンドゥのためにビーシュマ殿を血祭りに上げるしかあるまい。私が不戦の誓いを破ってまでビーシュマを討とうとすれば、アルジュナもクシャトリヤとしての義務を本気で果たそうとするだろう」

ビーシュマの働きに鼓舞され怒濤の如く彼らの方に殺到してくるカウラヴァの大軍を横目に、クリシュナは自問自答しました。

そして、アルジュナの戦車を飛び降りると獅子吼し、溶けた銅のように赤い目を怒らし、御者用の鞭を手にしてビーシュマを倒そうと駆け寄りました。ビーシュマは、不戦の誓いをした主クリシュナが、自分を倒そうと向かってくるのを見て、喜びます。

「おお、来たれ、来たれ、蓮眼の主よ。神の中の神よ。私はあなたに礼拝いたします。おお、主よ。おお、ゴーヴィンダよ。あなたに殺されるのはクシャトリヤの誉れです」

その時、パルタ（アルジュナ）は、不戦の誓いのクリシュナがビーシュマを倒そうとするのを見て、すぐに追いかけ背後から主を抱きしめ止めようとします。クリシュナはアルジュナにつかまえられたまま、ビーシュマの方へ進みます。アルジュナはクリシュナの足をつかみ何とかクリシュナを止めることができました。

アルジュナは悲しみに満ち、溜息をつきながらクリシュナに語りかけました。

「おお、ケーシャヴァ。あなたは武器を持たず、戦いに直接参加しないという誓いを忘れたのですか。おお、マータヴァよ。誓いを破っては、あなたは嘘つきになってしまいます。祖父ビーシュマを倒すのは私の役割です。どうか元の御者に戻ってください」

アルジュナの言葉を聞くと、クリシュナは戦車の御者の席に戻っていきました。

＊バガヴァット・ギーターを聴き、私心なき義務の遂行を説かれても、いざとなるとためらうものです。主クリシュナは、その人間の弱さをよくご存じで、自らの行為で教えようとされています。

ビーシュマ、自分の弱点を教える

パーンダヴァ、カウラヴァの戦闘も夜になり、それぞれ陣営に戻りました。休息と軍議の時間です。

パーンドゥ陣営では、ユディシュティラが長い時間、考え込み、主クリシュナに言いました。

「ああ、ヴァースデーヴァ様。祖父ビーシュマは情け容赦もなく、我が軍を責め立てます。高邁で偉大なクシャトリヤであるビーシュマを相手にしては、インドラやヴァルナ御自身、夜叉の王であっても太刀打ちできません。私の甘い考えから、ビーシュマ様を敵としたことを後悔しています。このままでは味方の戦死者が増えるばかり、降伏して私は森に隠棲したい。おお、クリシュナ、私はいったいどうすればいいのでしょう。どうか教えてください」

クリシュナはユディシュティラを励まします。

「おお、ダルマの息子よ。そのように嘆くものではありません。アルジュナ、ビーマを始め、みなビーシュマ様の猛攻に耐えています。戦いはまだまだこれからです。ですが、どうもあなたも、アルジュナもビーシュマ様を倒すことにためらいがあるようです。

一方、ビーシュマ様は戦いの前は、何とか戦争を回避しようと努力し、私達の立場を擁護してくれました。ところが一旦、戦争と決まれば迷うことなくクシャトリヤの義務を果たすため、全力で戦っています。今日の戦況の差はこの違いだと思います。

アルジュナがビーシュマ様を倒すのを躊躇するなら、私が彼を倒しましょう。私は不戦の誓いをしましたが、アルジュナは私の友人であり親戚であり、弟子でもあります。私はアルジュナのためなら、自分の肉を切り取り捧げます。アルジュナも同じ気持ちでしょう。あなた方の敵は私の敵。アルジュナのためなら、私は〝誓いを破った嘘つき〟の汚名をきましょう」

ユディシュティラはクリシュナの言葉に答えました。

「おお、マドゥの殺戮者よ。あなたの言葉に偽りはありません。あなたを敵にしては、立ち向かえる者はおりません。ですが、あなたの誓いを反故にしてまで勝利を得たいとは思いません。

ビーシュマ様は私に〝私は心の中ではお前達の味方だ。ただドリタラーシュトラ王やカウラヴァ一族には恩義があり、お前達に味方するわけにはいかない。困った時は、いつでも相談に来なさい〟とおっしゃりました。ここは素直に、どうしたらビーシュマ様を倒せるか直接お聞きしたいと思います」

ユディシュティラの言葉にクリシュナは賛成しました。

「なんと、あのガンガーの息子に〝どうしたら、あなたを倒すことができるのか〟尋ねようというのか。ユディシュティラ、あなたが尋ねれば、きっとビーシュマ様が御自身の弱点を教えてくれるかもしれない。私も同行しよう」

その夜、パーンドゥ五兄弟とクリシュナは、こっそり敵陣のビーシュマ様の天幕に向かいました。

ビーシュマ様を訪ねると、ビーシュマ様は歓迎します。

「おお、ヴリシュニ族のみなさん。ようこそ、おいでなされた。おお、ダナンジャヤ（アルジュナ）、正義の王ユディシュティラ、剛勇のビーマに双子の兄弟もいるな。それにヴァースデーヴァ様まで。あなた方の喜びのために私に何かできることがありますか。クシャトリヤの義務にもとることでなければ、私は喜んで協力しましょう」

ユディシュティラは努めて明るく話しかけました。

「ビーシュマ様。率直にお尋ね申し上げます。あなたのために我が軍は壊滅的打撃を受けています。あなたがいらっしゃる限り、私達の勝利はないでしょう。いったいどうすればあなたを打ち負かすことができるのか教えていただきたいのです」

ビーシュマは答えました。

「確かに私を倒さない限り、あなた方の勝利はないでしょう。逆に私を倒せば、あなた方は残りの戦いに勝利します。おお、ユディシュティラよ。私が弓や武器を持ち、冷静沈着に戦う時、神々やインドラ、アスラ達も私を倒すことはできない。だが、私が武器を置いた時は別だ。私は、武器を捨てた者、鎧を脱ぎ捨てた者、戦う意思を失った者、逃げる者、女性や女性を名乗る者、もはや自分で自分の面倒をみることができない者、一人息子、下品な者、これらの者と戦うのを好みません。

あなた方の陣営で、シカンディンと呼ばれる勇敢なドルパダの息子は、以前は女性だったのです。私は以前女性だったシカンディンには矢を向けません。ですが、私を倒せる者は、ここにいるアルジュナとクリシュナ様以外にはいません。シカンディンを先頭に立て、その後ろでアルジュナに私を狙わせるのです。そうすれば私を倒すことができ、あなた方の勝利は確実となるでしょう」

パーンドゥ兄弟とヴァースデーヴァはビーシュマ様に深々とお辞儀をすると、しょんぼりと自軍の天幕に戻りました。

アルジュナはクリシュナに言います。

「父パーンドゥが亡くなった時、私達は孤児になりました。その私達を育ててくれたのがビーシュマ様で、私達がビーシュマ様を『お父さん、お父さん』と呼ぶと、ビーシュマ様は『私は父ではない。お前達の父はパーンドゥ殿だ。そうだな、では私はお前達の祖父ということにしよう』と笑っておっしゃいました。私達は、祖父の膝の上で愛情一杯に育ったのです。私はどうしても祖父と戦いたくありません」

クリシュナはアルジュナを諭します。

「おお、パルタ（アルジュナ）よ。ビーシュマ様を見習いなさい。あのガンガーの息子は、あなた方兄弟に深い愛情を持たれている。尋ねれば、自分を倒す手段さえ教えてくれる。だが、クシャトリヤの義務を果たすためには戦闘では、一切手を抜くことはしない。ビーシュマ様はすでに死を覚悟しておられる。自分の死をもって、私心を捨てて与えられた義務を果たすこと、人の道を教えておられるのだ。ビーシュマ様の覚悟を無駄にするではない」

アルジュナは、ビーシュマ様と主クリシュナの教えに従い、シカンディンを先頭に立て、その後ろからビーシュマに矢を雨あられと射かけます。ビーシュマ様を貫いた無数の矢は地面に突き刺さり、ビーシュマ様は地面から浮いた状態となり戦闘から離脱します。

クルクシェートラの戦いが終わり、主クリシュナはパーンドゥ兄弟や多くの聖仙、聖者を引き連れ、矢の寝床に横たわるビーシュマ様を訪ねます。そして、主クリシュナの立ち会いのもと、ユディシュティラにさまざまな質問をさせ、それにビーシュマ様が答えます。その質疑応答は多岐にわたり、第二の法典、聖典ともいうべきものです。

息子のアビマニユの戦死を嘆くアルジュナを慰める

ビーシュマ様が戦線離脱した後、カウラヴァ軍の総司令官になったのはドローナです。

ビーシュマ様が育ての親とすると、ドローナは武術の師です。パーンドゥ、カウラヴァ一族ともみなドローナの弟子です。ドローナもまた、内心ではパーンドゥに味方しますが、クシャトリヤの義務を果たすため獅子奮迅の働きをして、パーンドゥ陣営を苦しめます。

パーンドゥ陣営の中でアルジュナとスバトラーの息子、アビマニユは若いながら、アルジュナに劣らぬ勇士で、カウラヴァ陣営をさんざん苦しめます。手を焼いたカウラヴァ陣営はジャヤドラタ王の提案を受け入れ、アビマニユ一人を幾重もの円陣で囲み大勢で攻め続けます。アビマニユは勇敢に戦いますが、ついに力尽き倒されます。

　アルジュナとクリシュナは別の戦場で勝利し、天幕に戻る時、不安を感じました。アルジュナはクリシュナに尋ねます。

「おお、ケーシャヴァ。何だか胸騒ぎがします。不吉な前兆が至るところで見られ、私の力も弱ってくるようです。もしかしたら兄や友人達に何か良くないことが起こったのではないですか？」

　主クリシュナは答えました。

「あなたの兄弟や友人達は、すべてうまくいっているようです。別なところで良くないことが起こっているのかもしれません」


　ヴァースデーヴァとアルジュナが自軍に戻ると、縁起の良いラッパも歌も聞こえず、憂鬱そうな雰囲気です。陣営に戻るとパーンダヴァ一族が、元気なく、ひどく悲しみに沈んでいるのを見ました。

　アルジュナは不安になり、「私とスバトラーの息子の顔が見えないが、どうかしたのですか？」と尋ねました。

「スバトラーの息子、ドラウパディーとケーシャヴァ、クンティーが愛する息子はどこにいったのだろう。武勇と学識に優れ、笑顔で甘い話し方、静か、上司の命令には従順で、虚栄心なく、勇気とエネルギーに満ち、献身する者に優しく、自制と感謝の気持ちを持ったあの息子はどこだろう？」

　ユディシュティラは沈痛な面持ちで事の顛末を話しました。

　アルジュナは嘆きます。

「ああ、数え切れない敵の勇士達に囲まれ、一人で戦っている時、彼の心は私に救いを求めていたに違いない。きっと私が助けに来ると信じていたのだろう。それなのに私は愛する息子の危機を知りもしなかった。毎日、私を祝福してくれた息子が、今は血に染まって大地に横たわっている。退却しない息子の戦死を聞いて、スバトラーがいかに悲しむことか。私はスバトラーに何と言えばいいのか」

　ヴァースデーヴァ（クリシュナ）はアルジュナに言いました。

「おお、パルタよ。悲しみに屈してはならない。戦いにおいて勇敢に戦い退却しないのはクシャトリヤの道です。己の義務を全うしたアビマニユは賞賛され、最高の栄誉を勝ち得たのです。人の一生は長生きすることが目的ではありません。主を信じて己の義務を全うすることこそ人としての道です。アビマニユは肉体を離れましたが、彼は、その行いに相応しい天界へと昇ったのです。あなたが、あまり悲しむので兄弟、親族ばかりでなく友人達も、アビマニユを助けられなかったことに落胆し元気がありません。どうか悲しみを和らげ、彼らを慰めてやってくれ」

アルジュナは、歯をくいしばるようにして宣言しました。

「おお、ケーシャヴァ様、そしてパーンドゥのみなさん聞いてくれ。年端のいかないアビマニユ一人を大勢で取り囲み倒すと計画したのはジャヤドラタだと聞いている。私は明日の日没までにジャヤドラタを殺すと誓う。彼を守るために私に戦いを挑む者は、たとえドローナやクリパであろうとも、私は矢で射貫き倒します。もし私が明日の日没までにジャヤドラタを倒せなければ、私は燃えさかる火の中に自ら入り命を絶つと誓う」

一方のカウラヴァの陣営では、ドリタラーシュトラと奴隷の間に生まれたユユツが、

「我が軍の戦士達よ。ヴィーバッツを打ち負かすことができず、一人の子供を大勢で殺しただけなのに何を喜んでいるのか。この報いはいずれあなた方の上に降りかかることでしょう」

と言い、弓を置いて戦場から立ち去りました。

しかし、残りの者達は、密偵から「アルジュナが明日の日没までにジャヤドラタを倒さなければ、自ら命を絶つ」と誓ったことを聞き、〝ジャヤドラタを最後尾に配置し、アルジュナの猛攻を日没まで防ぎきれば、アルジュナは自殺してくれる〟とほくそ笑みました。

クリシュナ、スバトラーを慰める

クリシュナとアルジュナは、その夜は一睡もできませんでした。

アルジュナはクリシュナに頼みます。

「クリシュナ様、愛する息子を亡くしたスバトラーを何と言って慰めたらよいか私には分かりません。このようなことを頼めるのはスバトラーの兄であるあなたしかいません。どうかあなたの妹スバトラーやアビマニユの妻ウッタラーを神理の言葉で慰めてやってくださいませんか」

このように依頼され、ヴァースデーヴァは重い心で

アルジュナの住居に向かい、スバトラーと面会しました。

クリシュナは言います。

「おお、ヴリシュニ族の婦人よ。あなたの息子のために、あまり嘆かないでください。すべての被造物の目的は一つ。主に献身し、己の義務を誠実に果たすことです。あなたの息子が迎えた最後は、まさに人生の目的を全うするものです。あなたの息子は天において大歓声で迎えられています。ですから嘆きすぎないようにしてください。明日、あなたはアビマニユ殺害の主犯であるジャヤドラタの死を耳にすることでしょう。アルジュナが誓い、私が全力で手助けをします」

兄クリシュナの言葉を聞いても悲嘆にくれるスバトラーの心には届きません。

「ああ、父に匹敵する武勇を持ち、青い蓮の花に似たあなたの顔が今や戦場の塵に覆われているように見えます。白く高価なシーツのベッドで休んでいたあなたが、今は血まみれの大地に横たわり体は矢で貫かれているようです。死体をあさるジャッカルが近づこうとしているのではないですか。

多くの勇者がいたのに、あなたを守れなかったのでしょうか。あなたは兄クリシュナの甥、最高の勇士アルジュナの子です。それなのに誰もあなたを守れなかったのでしょうか。まだ少年の息子一人守れず、何が最強の弓取りですか。何が至上主ですか。最高神ですか。私の心はアビマニユを見ない限り、慰められることはありません」

その時、ドラウパディーが、アビマニユの妻ウッタラーを連れてきました。みな悲しみに泣き、胸が張り裂けんばかりに悲嘆にくれました。そして悲しみに理性を失ったように彼女達は気を失い倒れてしまいました。

クリシュナも深く悲しみながら水を用意し、彼女達に水を振りかけ慰めました。

「悲しまないでくれ、スバトラーよ。そしてドラウパディー、ウッタラーを慰めてやってくれ。

アビマニユは、この世の使命を果たし終え、義務を果たし、クシャトリヤなら誰もが羨むような最後を迎え、天界へと旅立ったのだ。どうか悲しまず、アビマニユを祝福してやってほしい」

主クリシュナは、その晩遅くまで、彼女達の嘆きを聞き、慰め続けたのでした。

＊バガヴァット・ギーターでは、私心なき義務の遂

行の他、魂と肉体の違い、肉体は滅んでも魂は永遠であることを説いています。しかし、愛する者が亡くなった場合、嘆き悲しまない者はいないでしょう。主クリシュナもよくご存じで、神理・道理を説きながら、悲しむ者に寄り添い慰めています。

クリシュナと御者ダルーカの会話

遅くに天幕に戻った主クリシュナは少しまどろみ眼を覚ましました。そして忠実な御者のダルーカに語りかけました。

「なあ、ダルーカよ。パルタ（アルジュナ）は、愛する息子を失い、今日の日没までにジャヤドラタの首を落とさなければ自ら命を絶つと宣言してしまった。アルジュナも激情から愚かな誓いをしたものだ。

邪悪なドゥルヨーダナは、ジャヤドラタを最後尾に置いて保護し、その前列にドローナを始め多くの勇者、強大な軍を配置しアルジュナの猛攻を防ぐだろう。もし日没までにジャヤドラタを倒せなければ、誇り高いアルジュナは猛火の中に入り命を絶つに違いない。アルジュナを失えば、パーンドゥの勝利は無に帰してしまうというのに。

私は私の親族、友人すべてを含めてもアルジュナ以上に大切な者はいない。アルジュナのいない地上は、本当につまらない。だから私は、何としてでもアルジュナの誓いを成就してやりたいと思っている。どんな手を使ってでもヴィーバッツにジャヤドラタの首を取らせてやりたいのだ」

ダルーカは、「私はあなたの命に従います」と、戦車や武具の手入れ、準備を入念に行うのでした。

＊このクリシュナの御者ダルーカは、クリシュナの信認あつく、クリシュナの最後にも立ち会います。そしてクリシュナに託され、クリシュナが帰天された後の伝言をアルジュナに伝えます。

クリシュナ、みなを勇気づける

いよいよアルジュナがジャヤドラタを日没までに倒すと宣言した日の朝になりました。

ユディシュティラ王は、デヴァーキーの息子ジャナルダナ（クリシュナ）に話しかけました。

「おお、マドゥの殺戮者よ、昨夜はよく休まれましたか？　調子はいかがですか？」

クリシュナもまた同じ挨拶をユディシュティラ王に返しました。

そこに従者がやってきて、みなが王と主クリシュナに挨拶したいと揃っていると告げました。ヴィーラタ、ビーマセナ、ドリシュタデュムナ、サーティヤキー、チェディの支配者ドゥリシタケトゥ、強大なドルパダ、シカンディン、ナクラとサハーデヴァの双子兄弟、チェキタナ、クル族のユユツ、パーンチャラのウッタマウジャなど多くの英雄達が控えています。

その席で、ユディシュティラは蓮眼のマドゥの殺戮者に話しかけました。

「私達は、あなただけを頼りにしています。あなたはカウラヴァ族の奸計と我らの追放、苦悩をすべてご存じです。

おお、万物の主よ、献身者を憐れむお方よ。我々の幸福のすべてがあなたにかかっています。この悲しみと怒りの海からどうか私達を救い出してください。どうか海を渡る舟となってください。どうかアルジュナの誓いを成就してやってください。

聖仙ナーラダは、あなたをナーラーヤナ、その人だと教えてくれました。おお、マータヴァよ、我々をこの苦難から救いたまえ」

これに答えてケーシャヴァは、雨雲のような深い声で答えました。

「天界を含め、すべての世界で、プリターの息子ダナンジャヤほどの弓取りはいない。力に満ち、太い首と長い腕、武器の扱いに熟練し、偉大な武勇と高貴な精神を持つ彼に匹敵する者はいない。彼は、今日、ドリタラーシュトラの軍勢を燃えさかる大火のように焼き尽くすだろう。卑劣なジャヤドラタの首を落とし、ハゲワシやジャッカルのエサとしてくれるだろう。

そしてジシュヌ（アルジュナ）は、今日の夕方、戦勝の報告にあなたのもとに来るでしょう。私は直接戦わなくても、アルジュナとユディシュティラ王の願いがかなうよう、あらゆる手を尽くすつもりだ。王よ、お心を安んじください」

主クリシュナは、このように力強く宣言し、みなを鼓舞しました。

＊主クリシュナは、戦場で士気を高めることが、いかに重要かよくご存じです。苦しい時も弱々しい言葉、後ろ向きな言葉は控えなければなりません。力

強い言葉、勇気ある言葉はみなを励ましてくれます。

何が大事か冷静に判断するクリシュナ

アルジュナは誓いを果たそうとカウラヴァ軍に攻め入りますが、カウラヴァもジャヤドラタを大軍の最後尾に置いて守り、アルジュナを近づけまいとドローナ始め勇士が迎え撃ちます。

アルジュナは、武術の師であるドローナと向かい合うと礼拝し言葉をかけました。

「おお、人の中で最高の人よ。あなたは私にとって父であり、師でもあります。私の誓いが成就するように、どうか祝福してください」

ドローナは微笑みながら答えました。

「おお、ヴィーバッツよ。私を打ち負かさなければ、ジャヤドラタのもとにはたどり着けないぞ。さあ、遠慮なくかかってきなさい」

そう言うと、ドローナはアルジュナとクリシュナに向かい矢の雨を降らせます。アルジュナも負けじと応戦し、ユガの終わりに昇る太陽が大量の水を干上がらせていくように多くのドローナ軍を倒していきます。

ドローナも太陽を矢の雲で隠すようにダナンジャヤとヴァースデーヴァに向かって矢を放ちます。矢はアルジュナを貫き、力を奪い、手足を震わせます。すぐに不屈の精神を取り戻したヴィーバッツは多くの矢でドローナに応戦します。

アルジュナとドローナの一進一退の攻防を見ていたヴァースデーヴァは、進言します。

「おお、パルタよ。我々にはもっと重大な為すべきことがある。時間を無駄にしてはならない。ドローナとの戦いは避けて、先に進もう」

アルジュナは答えます。

「そうでした、クリシュナ様。師に背を向けることは非礼と思い戦いましたが、あなたの言葉の通りです。さあ、行きましょう」

ドローナに背を向け先に進もうとするアルジュナを見て、「おお、ヴィーバッツよ。私に背を向け、お前はどこへ行くのか。敵を打ち負かすまで戦うことを止めないのがクシャトリヤの道ではないか」

アルジュナはドローナに答えます。

「あなたは私の師であって、敵ではありません。私はあなたの弟子であり、子供のような者です。それに戦いであなたを打ち負かす者はいません」

アルジュナとヴァースデーヴァがドローナとの戦いを避け、ジャヤドラタに向かって進軍すると大勢のパーンドゥ軍が従いました。

＊人は目の前のことについついとらわれてしまい目的を忘れ、時間を無駄にしてしまいます。目的を果たすために、何が最良の道か。主クリシュナはご自分が矢傷を負っても御者に徹し、冷静にアルジュナを導いていかれます。

クリシュナとアルジュナは、ジャヤドラタ王を求めて突き進み、カウラヴァ軍はそれを防ごうと、さまざまな場所で戦闘が行われます。

その中に勇敢なスルターユダ王がいました。彼はアルジュナとクリシュナの前に立ち塞がり、パルタを三本、ジャナルダナを七十本の矢で貫きます。パルタも何百本、何千本という矢を射かけ、スルターユダ王を苦しめます。戦車を失ったスルターユダ王は、槌矛を手にパルタとジャナルダナに迫りました。

実は英雄スルターユダ王は水神ヴァルナの息子で、母はパルナサと呼ばれる大河の女神です。母はヴァルナ神に「この息子が地上で殺されないように恩寵をください」と願いました。

ヴァルナ神は、

「おお、大河の女神よ。生まれた者に死は必定。不死を授けることができるのは、至上主クリシュナ様のみだ。だが、戦いで決して敗れることのない武器を授けましょう。それで満足してください。ただしこの槌矛は戦わない者に投げつけてはならない。もし投げたら戻ってきて、投げた者自身を滅ぼすでしょう」

と女神に告げ、槌矛とマントラをスルターユダ王に授けました。こうしてスルターユダ王は地上では無敵となったのです。

今、怒りに我を忘れたスルターユダ王はジャナルダナ（クリシュナ）に槌矛を投げつけました。クリシュナはその槌矛を肩で受け、びくともしません。そして槌矛は、スルターユダ王に戻り、彼を傷つけ滅ぼしました。

無敵のスルターユダ王が地面に横たわるのを見たカウラヴァ軍は、蜘蛛の子を散らすように逃げ出しました。

＊主は、御自身の大切な献身者のためなら、身代わりになってくださいます。

クリシュナ、アルジュナを褒める

アビマニユの仇であるジャヤドラタの首を日没までに刎ねると誓うアルジュナとそれに協力する主クリシュナ。またジャヤドラタを何としても守ろうとカウラヴァ軍の間で激烈な戦闘が朝から開始されます。

海のような大軍の中をクリシュナとアルジュナは単身攻め込み、獅子奮迅の働きをします。いよいよ日没で時間がないという時に、主クリシュナは幻力を用い、あたりを暗くします。日没になりアルジュナが誓いを守れなかったと安心したジャヤドラタが立ち上がった瞬間、彼はアルジュナの矢に首を刎ねられます。

やがて幻力による暗がりが晴れ、アルジュナが日没前にジャヤドラタの首を刎ね、誓いを守ったことが知れ渡ります。

フリーシケーシャ（クリシュナ）は、アルジュナを抱きしめ次のように言いました。

「おお、ジシュヌよ。よくやり遂げた。あなたの誓いは成就しました。あなた以外に、このドゥルヨーダナの命で団結した大軍と戦い、目的を達成できる者はいません。あなたの武勇はシヴァ神にも匹敵します」

これにアルジュナは答えます。

「ああ、マータヴァよ。あなたの恩寵によって、神々でさえ困難な私の誓いが成就しました。我らの勝利は、おお、ケーシャヴァよ、すべてあなたのおかげです。主よ。この勝利はあなたのものです。あなたの恩寵により、ユディシュティラ王は全土を手にすることでしょう。我らの繁栄はあなたのお慈悲であり、私達は、あなたの僕に過ぎません」

クリシュナとアルジュナは陣営に戻り、改めてユディシュティラ王に報告しました。

クリシュナは告げます。

「王の中の王よ。アルジュナの誓いは成就し、あなたの敵は葬り去られました。あなたの繁栄はますます増すことでしょう」

ユディシュティラは、クリシュナの言葉を聞くと満面の笑みを浮かべ、ヴァースデーヴァとダナンジャヤに言いました。

「おお、ゴーヴィンダ、マドゥの殺戮者よ。宇宙の始め、暗闇に包まれたこの宇宙は広大な水域でした。そして、あなたのご意志によりこの宇宙は顕現しました。至高の主よ。あなたこそ全宇宙の創造者であり、至高、不変の最高神であられます。おお、フリーシケーシャよ。あなたは、あなたに庇護を求める者、すべてをあなたに委ね献身奉仕する者をことのほか愛されます。今日、アルジュナの誓いが成就したのもあなたの恩寵以外の何ものでもありません。私はあなたを崇拝し、最高の礼を捧げます」

クリシュナはユディシュティラに答えました。

「ジャヤドラタはあなたの怒りの炎に焼かれたのです。邪悪なドゥルヨーダナやその兄弟達も同じ運命を辿ることでしょう。まだドローナやカルナ、アシュヴァッターマン、クリパなど偉大な勇者が残っています。油断は禁物です。今晩や体を休め明日に備えましょう」

＊主は褒めるべき時に褒め、勇気を鼓舞しています。

クリシュナ、アルジュナの楯になる

ビーシュマ様は戦線離脱、ジャヤドラタ王は打ち取られましたが、カウラヴァ軍には、まだドローナ、カルナ、アシュヴァッターマン、クリパ、シャリア王など一人一人がアルジュナに匹敵する勇者が健在で、その中の一人に巨象スプラティーカに乗って暴れ回るバガダッタ王がいます。

バガダッタ王は巨象の上からクリシュナとアルジュナに矢を立て続けに射かけます。アルジュナは冷静に矢や槍を射落とし、逆に王に無数の矢を射かけます。怒った王は、長槍を投げてアルジュナの王冠を叩き落としますが、アルジュナは悠々と王冠をかぶり直します。そして雨あられと無数の矢を浴びせました。アルジュナの矢に射貫かれ苦しんだ王は、鉄鉤にマントラを吹き込みアルジュナに投げつけました。

ケーシャヴァがアルジュナを庇い、その必殺の鉄鉤を胸に受けるとその鉄鉤は花輪に変わりました。

アルジュナはケーシャヴァに尋ねました。

「おお、ケーシャヴァ様。あなたは、不戦を誓いながらなぜバガダッタ王の鉄鉤を胸に受けられたのですか？私の技量はご存じのはず。私ならあの鉄鉤を容易に打ち落とせたと思います」

ヴァースデーヴァはアルジュナに答えて言いました。

「おお、パルタよ。この武器に関しては言い伝えがある。よくお聞きなさい。昔、大地（地球）の女神（プリティヴィー）が私のところにやってきて、大地の息子ナラカに祝福を与えてくれるように求めたことがある。神々にもアスラにも殺されないヴィシュヌ神の武器を与えてほしいという願いだった。私はナラカに武器を与え、女神に〝あなたの息子はこの武器を手にする限り、無敵となり、すべての敵を打ち砕くであろう〟と告げた。

おお、パルタよ。その武器をナラカからバガダッタ王が譲り受け、あなたに投げたのです。この武器は私が授けたものであり、インドラやルドラでさえ防ぐことはできません。そのため元の持ち主である私が胸に受けた途端に花輪に変わったのです。

私は武器を胸に受けただけで、誓いを破って戦ったわけではありません。さあ、バガダッタの必殺の武器は無効になりました。全力をあげて不屈のバガダッタ王を倒しなさい」

このようにケーシャヴァに促され、巨象の眉間に長く太い矢を打ち込みました。巨象は手足が麻痺したように地響きを上げて倒れ、牙を大地に打ちつけました。大地に投げ出されたバガダッタ王に、三日月形の鏃の矢を放ち、矢は王の胸を貫き王の魂は天に帰っていきました。

インドラの息子アルジュナは、インドラの友人であったバガダッタ王に敬意を表し、新たな敵を求めて戦車を駆りました。

＊主クリシュナは、御自分の愛する献身者のためなら、喜んで盾になってくださるのです。また敵を倒す最強の武器でさえ、主クリシュナから出ていること、その武器も役割を終え、本来の持ち主に戻ると美しい花輪となって主クリシュナの胸を飾っています。このことは、万物は主から出ており、主のもとに返った時に喜びと平安に満たされることを表しているように思います。

クリシュナ、劣勢の味方を励ます

戦闘が一進一退、時に味方が不利になるのを見て、ドゥルヨーダナはドローナとカルナを呼び彼らの戦いぶりを非難します。高潔なドローナは、カルナを遠ざけ、おもしろくないカルナは本気で戦闘に参加していなかったのです。またドゥルヨーダナは、ドローナに自分の愛弟子であるパーンドゥを相手に手を抜いているのではないかと責めました。

ドゥルヨーダナの言葉に傷ついた二人は、鬼神となってパーンドゥ陣営に切り込み暴れ回ります。敗走する自軍をみて、クリシュナは、

「恐れることはない。ドリシュタデュムナとサーティヤキーがすぐに援軍に来る。我々二人もこれからドローナとカルマを倒しにいく。みな、踏みとどまれ」と大声で味方を鼓舞しました。

＊一旦、敗走し出すと雪崩を打って敗走が敗走を呼び、勝てる戦いも負けてしまうことがあります。主クリシュナは、戦況をみてすばやく必要なことをなさいます。

ガトートカチャの死を慰めるクリシュナ

カルナはアルジュナとの戦いのために恐るべきインドラの槍を温存していました。この槍を投げつけられるとアルジュナとて倒されてしまいます。この槍は一回しか使用できません。

何とかその槍をアルジュナに使わせまいとクリシュナはアルジュナに比肩する勇士ガトートカチャ（ビーマとヒディンバーの息子）をカルナに向かわせます。ガトートカチャは幻術を用い、カルナの馬と御者を殺すとすぐに消え去るなど変幻自在の戦いをします。カルナ軍はさんざん悩まされ、カルナはやむなく必殺のインドラの槍をガトートカチャに投げつけ倒します。

ガトートカチャが倒され、パーンドゥ陣営が悲しみに暮れ、ユディシュティラ王は嘆きながら言いました。

「ああ、私達が森に住んでいた時、ヒディンバーの息子は、まだほんの子供でしたが私達のために多くの奉仕をしてくれました。アルジュナが修行のために旅立った時、ガトートカチャは私達のところにやってきて、アルジュナが戻ってくるまで一緒に住んでくれたのです。険しい道を上る時、ドラウパディーを背負ってくれたのです。

おお、ヴァースデーヴァ様、私があのラクシャーサの王子に対する愛情は、ナクラ、サハデーヴァへの愛情に倍します。ああ、私やアルジュナは生きているのに、あのヒディンバーの息子は殺されてしまった。私は彼を倒したカルナを許さない」

と激情にかられ、カルナに向かって出陣しました。

そこへ祖父ヴィヤーサが卒然と現れ、

「ユディシュティラ王よ。ガトートカチャが殺されたのは、あなたのためなのです。怒りに屈せず、心を悲しみに曇らせてはならない。今は落ち着いて、パーンドゥの兄弟達、同盟する王たちとともに一致団結して敵に当たるのです。おお、パーンドゥの息子よ。常に明るい心で、親切、苦行、慈善、許し、そして真実を実践しなさい。正義のあるところに勝利があります」

と告げると姿を消しました。

このようにみなが悲嘆に暮れる中、ヴァースデーヴァ一人が嬉しそうにしています。見かねてアルジュナが尋ねました。

「おお、マドゥの殺戮者よ。我々のために全身全霊で戦ってくれたヒディンバーの息子が殺され、私を始めユディシュティラ王、ビーマ、パーンドゥ陣営のすべての者が嘆き悲しんでいます。そのような時に、あなた一人が嬉しそうにしている。何か深いわけがおありでしょう。どうか私にお話いただけないでしょうか」

ヴァースデーヴァはアルジュナの問いに答えました。

「おお、ダナンジャヤよ。カルナがあなたを倒すためだけに温存していたインドラの槍は実に恐るべき武器でした。カルナがあの武器を、あなたに投げたなら破滅的な結果をもたらしたでしょう。

そのため、私はパルタよ、あなたに比肩する勇士であるガトートカチャをカルナに向かわせたのです。さしものカルナもヒディンバーの息子に手を焼き、ついにインドラの槍を使ってしまいました。あの武器は一回しか使えません。これで、あなたはカルナを倒せるでしょう。

もう一つ理由があります。あのパーンドゥに献身的なヒディンバーの息子を私は救いたかったのです。魔族であるヒディンバーの息子は、長ずればブラーフマナを敵視し、ブラーフマナの儀式の邪魔をしたでしょう。その時は、常にブラーフマナを崇拝し保護する立場である私自身が、ガトートカチャを成敗しなければならないところでした。その罪を犯すことなく、パーンドゥとパーンドゥの友である私に献身奉仕し、あなたの身代わりとなったのです。これでガトートカチャの魂は救われ、私の恩寵により高い世界に行くことができました。こんなに嬉しいことはありません」

クリシュナの策略

パーンドゥは自分達の師であるドローナをどうしても倒せません。彼の強さもビーシュマ同様に無敵であり、パーンドゥ軍は彼一人のために窮地に追いやられます。

クリシュナはここで策略を用います。

ドローナにはアシュヴァッターマンという武術に優れた息子がいて、父と一緒に戦っています。クリシュナは、アシュヴァッターマンが死んだと噂を流せば、ドローナは戦意を喪失するに違いないとユディシュティラ王に進言します。

ユディシュティラはまずビーマに、「アシュヴァッターマンが戦死した！」と叫ばせます。

これを耳にしたドローナは、

「あの声はビーマだな。デマを流して私や敵を混乱させ戦意を喪失させるのは戦略の一つだ。アシュヴァッターマンがそう簡単にやられるはずがない」

と無視して戦いの手を休めませんでした。

絶対に嘘は言わないと正直で知られたユディシュティラは困り果てて、アシュヴァッターマンという名の象がいるのを思い出し、その象をビーマに殺させました。

そして「象の」を小さな声で「アジュヴァッターマンが死んだ」を大きな声で叫びました。

ドローナは今度は、「正直者のユディシュティラが言うなら間違いない」と信じました。そして急に戦いが嫌になり、戦場で瞑想を始めました。彼の瞑想中にパーンドゥ軍のドリシュタデュムナがドローナを倒し、戦意のない者を殺したと非難されます。

ドローナは心をヴィシュヌ神に固定し、聖音オームを唱え、神の中の神を念想し、天界へと昇っていきました。

このことが原因でそれまで嘘を言わないユディシュティラの馬車は常に数センチ地面から浮いていたそうですが、地面に着くようになったと言われています。

堀田和成先生の『クリシュナ第一巻』の「ギーターの舞台」の中に、

『クリシュナの権謀術策がパーンダヴァを勝利に導いたとも伝えている。目的のために手段を選ばなかったクリシュナは、百王子軍の勇将カルナが、動かなくなった戦車を修理中にアルジュナをそそのかして殺させたと言われる。また棒術に長じたパーンドゥの第二王子ビーマに敵将ドゥルヨーダナの股間を狙わせ殺させたのもクリシュナの進言と言われる。およそギーターの教説にもとる反武士道的行為とカウラヴァに同情する言い伝えがあるが、クリシュナの意図については誰も知らない』とあります。

確かにクルクシェートラの戦いでクリシュナは、パーンドゥを勝利に導くために、さまざまな策略を用います。どうしてだろうと考えてしまう箇所が幾つかあり、このユディシュティラに嘘を言わせたこともその一つです。

私見を述べさせてもらえば、これはユディシュティラのカルマの修正と自分（クリシュナ）への信を試されたのではないかと思います。

マハーバーラタを読むとユディシュティラは、断ればいいものをいかさま賭博に参加して、財産、王国、兄弟、自分、果ては奥さんまで賭けてしまいます。ビーシュマの調停で王国を取り戻しますが、もう一度、賭博に誘われて断れず、今度はせっかく戻った王国を失い十三年間の追放生活を送ることになります。

どうも意志が弱く、挑戦されたら逃げない、嘘は言わない、という自分の誓いを守ることにこだわっていたようです。その自分なりの誓いが自分を縛っているのをみたクリシュナは、あえて嘘を言わせ、自縛していたユディシュティラを解放しようとされたと思います。

また自分の誓いを選ぶか、自分の信条に反しても主と信じるクリシュナの言葉に従うか信を問うたのだと考えます。

ナーラーヤナ神器への対策、無抵抗

父ドローナの死を知ったアシュヴァッターマンは激怒し、大声で宣戦布告しました。

「おのれ、卑劣な手段で父を倒したユディシュティラ、パーンドゥ一族。そして奸計をめぐらしたジャナルダナよ。戦意を喪失した父を殺戮したドリシュタデュムナめ。決して生かしてはおかない」

その怒りのエネルギーに後押しされ、カウラヴァ軍は一斉にパーンドゥ軍に襲いかかります。

一方、恥ずべき手段で師であるドローナを欺き、なおかつ武器を捨て瞑想をしているドローナを殺害したパーンドゥ軍は、ドリシュタデュムナを責め、内輪もめが起こります。パーンドゥ軍は次第に劣勢となり、アシュヴァッターマン率いるカウラヴァ軍は殺戮を始めました。

ドローナの息子は、「ユディシュティラは、美徳の仮面をかぶった偽善者だ。一族、全軍皆殺しにしてやる」と、最終兵器、ナーラーヤナと呼ばれる神器をパーンタヴァ軍に向かって放ちました。空は太陽の炎のように燃え、無数の鉄球や棍棒、槍、槌矛などが炎に包まれ現れ、パーンドゥ軍を大火に襲われた枯れ草のように燃やし尽くさんばかりでした。

この様子を見たユディシュティラ王は叫びます。

「おお、アルジュナ、ビーマ、ドリシュタデュムナ、サーティヤキーよ。急いでみなを連れて逃げなさい。ヴァースデーヴァ様は自分で自分の身を守るだろう。私は、いつも私達のことを気遣ってくれた師ドローナを殺してしまった。これはその報いだ。私はここで最後を迎える」

主クリシュナは、すぐさま大声で告げました。

「ユディシュティラ王よ。諦めるのは早い。みな、急いで馬や戦車から降りなさい。そして武器を捨て、心の中の怒りや闘争心を捨て立っていなさい。この武器は、武器を持った者、敵対心を持った者を焼き尽くすが無抵抗の者には何の危害も加えない」

クリシュナの言葉に戦士達は戦車を降り、武器を捨てました。その時、ビーマセナ一人が、「誰も武器を置いてはならない。私は、この必殺の武器に、ヒマラヤ山を引きずり落とすことのできる剛力無双のこの両腕に棍棒を持って対抗してみせよう。おお、ヴィーバッツよ、お前もガーンディヴァを置いてはならない」

このように言うと、ビーマはアシュヴァッターマンに突進しました。

ビーマを見てドローナの息子は、にやりと笑いながら火を吐く大蛇の口のようなナーラーヤナ神器をビーマに放ちました。ビーマの体に無数の火が入り込み燃え上がらせようとしているのを見て、ダナンジャヤ（アルジュナ）は、水神ヴァルナの武器を放ちました。

周囲は水蒸気が立ちこめ何も見えなくなります。すぐにアルジュナとヴァースデーヴァはビーマのもとに駆け寄り、ビーマの武器を取り上げました。それでもビーマは大声を上げてなおも戦おうとします。するとビーマの体内の恐るべき火が再び燃え上がってきました。

ヴァースデーヴァはビーマに呼びかけます。

「おお、クンティーの息子よ。武器を捨て怒りを静めよ。この武器は、怒りが怒りを呼び込み、身を滅ぼすのだ。早く戦車から降りて武器を捨て心を静めよ」

ビーマが戦車から引きずり降ろされ武器を取り上げられると、敵を焦がすナーラーヤナ神器もようやく鎮静化しました。

ナーラーヤナ神器が鎮まると、そよ風が吹き始め、鳥や動物、馬や象も戦士達も元気を取り戻しました。

敵が無抵抗となり、ナーラーヤナ神器が無効となったのを見て、ドゥルヨーダナはアシュヴァッターマンに命じます。「おお、ドローナの息子よ。もう一度、神器を放ち敵を焼き尽くしてしまえ」

アシュヴァッターマンは、それに答えました。

「ああ、ドリタラーシュトラ王の息子よ。あの武器は一度しか使えないのです。二回使うと今度は放った者に向かってきて身を滅ぼすのです」

＊怒りが怒りを呼び、身を破滅させます。身を守る最良の方法は、怒りを捨て、主クリシュナの言葉に従い、受け入れること。無抵抗、非暴力です。ナーラーヤナ神器の話は、このことを教えているように思います。

カルナを倒すとアルジュナ誓う

アルジュナとクリシュナは、カルナに向かって戦車を進めます。アルジュナは、カルナをどうやって倒そうかと思案しているうちに、不安になってきました。

アルジュナを見て、クリシュナは話しかけます。

「おお、ガーンディヴァの使い手よ。あなたを打ち負かすことができるのは、あなたしかいない。あなたは天の武器、優れた技量を持ち、戦いに引くことを知らない。知性に満ち、謙虚さも兼ね備えている。あなたは、神々や動不動すべての生き物を滅ぼす力がある。戦いにおいて、あなたは無敵であり、あなたに匹敵する戦士はいない。しかも、あなたの神弓ガーンディヴァはブラフマー神自らが創造したものだ。ガーンディヴァを持つあなたに勝るものはいない。

しかし、カルナを侮ってはいけない。彼は、あなた以上ではないが、あなた以下でもない。彼は力に満ち、誇り高く武器に精通しており、背丈も大きく、長く太い腕と分厚い胸を持っている。俊敏で風のように動く。神々でさえ彼を倒すことはできない。あのスータの息子（カルナ）は、ドゥルヨーダナの盟友でパーンドゥ一族を根絶やしにしようと全力で向かってくるだろう。彼を殺さない限り、ユディシュティラ王の勝利はない。そして彼を倒すことができるのはダナンジャヤよ、あなたしかいない。持てる力をすべて出し切って戦うのだ」

クリシュナの言葉を聞き、ヴィーバッツ（アルジュナ）はすぐに不安を捨て答えました。

「おお、ゴーヴィンダ。あなたは私の守護者、そのあなたが味方する限り勝利は私のものです。あなたの助けがあれば、三界であっても滅ぼすことが可能でしょう。今日こそ、カルナを倒します。彼が倒れればドゥルヨーダナも落胆し戦意をなくすでしょう。いかさま賭博に加担し、ドラウパディーを侮辱し、アビマニユを非法な手段で殺害した邪悪なカルナの首を必殺の矢で切り落としてやります」

そう宣言すると、ビーマを救い出し、カルナを倒すために戦いに向かいました。

＊不安の心が芽生えると、ますます不安になり疑心暗鬼に陥ります。主クリシュナはすぐに、勇気づけ励まします。

アルジュナ、ユディシュティラを責める、クリシュナの仲裁

ドローナの後にカウラヴァ軍の総司令官になったのはカルナです。カルナはドゥルヨーダナのためにさまざまな悪巧みをし、高潔なビーシュマ、ドローナに疎まれます。ビーシュマが総司令官の時は戦いから離れていました。

ビーシュマ、ドローナが倒れた後、後を継いだカルナは獅子奮迅の働きでパーンドゥ軍を悩ませます。

カルナとの戦いで重症を負ったユディシュティラ王が、御者の必死の働きで天幕に戻ったと聞き、アルジュナは心配になりました。カルナとの戦闘をビーマに任せ、クリシュナに命じて、ユディシュティラ王の様子を見に行きました。

ユディシュティラは、アルジュナとクリシュナが来たのを見て、辛辣な言葉を投げかけました。

「おお、ダナンジャヤよ。お前は戦場でカルナと出会ったはずだ。カルナは首を打ち落とされたのか？　地上に冷たく横たわっているのか？　〝パルタ（アルジュナ）を倒さない限り足を洗わない〟と誓ったラーダーの息子（カルナ）は、矢が突き刺さり野原で冷たくなっているのか？　私はやつの死の報告を待ちわびているのだ」

ジシュヌ（アルジュナ）は答えました。

「王よ、私とクリシュナ様が敵のサムサプタカ軍と戦っている時、ドローナの息子（アシュヴァッターマン）が突然目の前に現れ、毒蛇のような無数の矢を射かけてきました。そして、私の戦車を見つけると敵の全軍が取り囲んできたのです。

苦戦しながらも何とか撃退したところドローナの息子は、スータの息子（カルナ）の軍に逃げ込みました。私はカルナの軍隊を全滅させましたが、カルナを倒す前に、あなたの負傷を聞き、心配になって様子を見に来たのです」

ユディシュティラは答えました。

「おお、ヴィーバッツ。お前はカルナと遭遇しながら、戦わずに逃げてきたのか。カルナを倒すことができないので、ビーマを見捨ててここへ来たのか？　おお、パルタよ。お前はドワイタの森で〝私一人でカルナを殺す〟と私に誓った。それなのにお前はカルナを恐れ、戦いを避け、ビーマを見捨てた。森で〝私はカルナを倒すことができません〟と言っていれば、別の手段を考えた。お前はカルナを倒すと約束したのに約束を守れなかった。

お前が生まれて七日目に、クンティーに天から次のような声が聞こえた。

〝おお、生まれたこの子は、ヴァーサヴァ神（インドラ）自身の力を持つだろう。ガーンディヴァを手に多くの敵を討ち滅ぼすでしょう。彼より優れた弓取りはいないし、彼を倒せる者はいない。おお、クンティーよ。汝の息子は神々の力を持ち、敵を滅ぼし、味方を喜ばし、偉大な種族の創始者になるでしょう〟

この声はクンティーだけでなく、多くの聖者や修行者が聞いた言葉だ。しかし、この言葉は実現していない。おお、パルタよ。お前が御者になり、ケーシャヴァにカルナを倒してもらえばよかったのだ。

お前の神弓ガーンディヴァは、お前より優れた他の王に与えてしまえ。戦いから逃げるようなら、お前なぞ流産してしまえばよかったのだ。お前のガーンディヴァ、お前の腕、お前の無尽蔵の矢、ハヌマーンが描かれた軍旗、アグニ神が与えた戦車、すべて無用の長物だ」

ユディシュティラ王に罵倒され、怒ったアルジュナはユディシュティラを殺そうと剣を抜きました。

すかさずクリシュナが言いました。

「おお、パルタよ。何故剣を抜くのだ。お前が戦う相手はここにはいない。お前はユディシュティラが大怪我をしたと聞き、心配になってここへ来た。しかしユディシュティラは元気ではないか。喜ぶべき時にどうして剣を抜くのか?」

アルジュナはユディシュティラを睨み、怒った蛇のような息をしながら、ゴーヴィンダに言いました。

「私は〝あなたのガーンディヴァを、他の人に与えなさい〟と侮辱する者を切ると誓いを立てているのです。兄は私を臆病者と罵り〝ガーンディヴァを他の王に与えよ〟と侮辱しました。私は誓いを守って兄を殺します。兄殺しの私も生きているわけにはいきません。すぐに私も自害します。

おお、ジャナルダナよ。私はいったいどうすればいいのでしょう。あなたは過去と未来のすべてを知り尽くしています。あなたの意見をお聞きしたい。私はあなたに従います」

クリシュナは答えます。

「おお、パルタよ。怒りに屈してはならない。ユディシュティラ王を殺し、あなたが自殺すれば敵が喜ぶだけではないか。あなたは年長者である兄を敬っていない。自分本位の誓いに縛られ、為すべきことと為すべきでないことの区別さえついていない。あなたは道徳に精通していると思っているようだが、何も分かっていない。クシャトリヤが戦場で敵を倒すのは義務で罪にはならないが、戦いに参加していない者、逃げた者、庇護を求めた者、降伏した者を殺すのは罪だ。道徳にもいろいろあるが、私は生き物を傷つけないことが最高の道徳だと考えている。

あなたは、その道徳の機微を理解せず、尊敬すべき兄を殺そうとしている。ヴァラカが、（道徳的に避けるべき）目の見えない獣を殺し功徳を得たように、また川岸に住むカウシカが大きな罪を犯したように、何が正しく何が正しくないか、時と場合で違ってくるのだ。迷った時は、たとえ嘘を言っても、生き物を傷つけない方を選ぶべきというのが私の見解だ」

アルジュナは答えました。

「おお、ヴァースデーヴァ様。私は、ヴァラカとカウシカの話は知りません。どうか理解できるように教えてください」

クリシュナは答えました。

「よろしい、よくお聞きなさい。昔、ヴァラカという猟師がいました。彼は教えを守り、真実を語り、悪意を持つことなく家族の生計のために狩りをしていた。ある日、忍耐強く獲物を探しても、一匹も見つかりませんでした。やっと岸辺で目が見えず臭覚を頼りにしている獣を見つけたのです。普通はそのような獣は見逃すのですが、ヴァラカはその盲目の獣を殺しました。すると空から花が降り注ぎ、天女が歌と楽器を奏でています。実はその獣は、生き物をすべて殺すと誓い、苦行を重ねたため罰として盲目にさせられたのでした。獣は殺されることで罪を償い、ヴァラカは天国に昇ることができました。

ある多くの川が流れる森に、カウシカという修行者が住んでいました。彼は『私は常に真実を語る』という誓いを立てていました。ある時、強盗に襲われた旅人達がカウシカの前を逃げていきました。続いて強盗達が追ってきて、旅人がいないかあちこち探し回っています。修行者がいることに気付き、強盗は『おお、聖なるお方よ。旅人達がここを通りませんでしたか。私達は用があって彼らを追っているのです。見かけたなら教えてください』と言いました。

そこで〝常に真実を語る〟という誓いを立てたカウシカは、『その人達なら、この道を通ってあっちの方へ行った』と正直に話しました。強盗達は旅人を追いかけ皆殺しにしたと言います。自分の誓いに固執し、多くの人を死に至らしめたカウシカは地獄に落ちたのです。

このように地上や人間の正しさの規準は、時と場合によって違ってくるのです。迷った時は、〝生き物を傷つけない〟という道徳が優先されるべきと私は考えます。

さあ、パルタよ。これを聞いて、ユディシュティラをどうするか決めなさい」

アルジュナは答えました。

「おお、クリシュナ。あなたの言葉は智慧に満ち、あなたは私達にとって避難所です。あなたが知らないことは何もなく、神理、道徳に精通しています。おお、すべての義人の最高の人よ。私の誓いが守られ、同時に私と兄ユディシュティラが救われる何かよい智慧はないでしょうか」

クリシュナは答えます。

「おお、パルタよ。〝誓いを守らなかった〟と罪悪感を持つのはプライドというものだ。王はカルナに無数の矢で切り刻まれ、疲れ果てていました。そのため、あなたに向かって悲しみと怒りから、あのようなことを言ったのです。うーん、そうだな。ユディシュティラのように高貴で誇り高く、常に尊敬されている人物にとって、蔑まれるということは死にも等しいことだろう。下の者から〝お前〟呼ばわりされるのは、生きながら死を宣告されたようなものだ。そこでアルジュナ、ユディシュティラ王を〝お前〟と呼んで、言いたいことを言ってみてはどうだろう」

クリシュナの助言を聞き、アルジュナはユディシュティラに語りかけました。

「〝お前〟は、そのように私に怒りを向けるべきではない。戦っているビーマが言うなら我慢できる。しかし、〝お前〟は戦場から遠く離れた天幕の中で私を非難している。もとはと言えば、弟のサハデーヴァが賭博癖を改めるようにさんざん忠告したのに、賭博に誘われるとすぐに受けてしまった。お金を賭けている間はよかったが、だんだん私達兄弟、共通の妻ドラウパディーを賭け、最後は王国まで賭けて負けた。いかさまだったと非難しても、〝お前〟が賭博の誘いにのって、見境もなく賭けてしまったのが原因だ。その時は、ビーシュマ様やドリタラーシュトラ王、ヴィドラ叔父達の取りなしで、賭けは無しになったが、二度目の賭博の誘いにものって負けてしまい、ついに森に追放され、つらい十三年を過ごすことになった。すべて〝お前〟の〝挑戦を受けたら逃げない〟というくだらない誓いと意志の弱さ、賭博癖が原因だ。そのために多くのクシャトリヤを巻き込み、大勢が死んでいる。それなのに〝お前〟は、私を臆病者と罵り〝ガーンディーヴァを他の相応しい者に与えよ〟と言うのか」

このように言うと、アルジュナは急に元気がなくなり、再び剣を抜きました。すかさず、クリシュナが尋ねます。

「おお、アルジュナ。あなたは何故、鞘に収めた剣を再び抜いたのか」

アルジュナは答えました。

「ああ、ケーシャヴァ様。私は兄を侮辱した私自身を殺そうと思っているのです」

クリシュナは言います。

「おお、パルタよ。まだ分かっていない。あなた自身ではなく敵を殺しなさい。クシャトリヤの義務を放棄して自分を殺すなど義人には認められません。そのようなことをしたらユディシュティラを殺した場合よりも、あなたは恐ろしい地獄に沈むでしょう。それよりも、カルナを倒しに行こうではないか」

　アルジュナは答えます。

「おお、ケーシャヴァ様。そうします。さあ、出かけましょう」

　そしてユディシュティラ王に向かって言いました。

「王よ、非礼の言葉を吐いた私をどうか許してください。私とケーシャヴァ様はこれより、ビーマを救い出し、カルナを倒しに出かけます。そしてカルナを倒したことを必ずお知らせします。私は戦いでカルナを殺すまで、鎧を脱ぐことはありません」

　アルジュナに向かって、ユディシュティラは言います。

「おお、パルタ。私を殺してくれ。私は最悪の人間であり、一族を滅びに導く者だ。私は賭博が好きで誘いにのってお前達や妻、王国まで賭けてしまった。私は邪悪で、怠惰で臆病者でどうしようもない人間だ。そのような私に従うことで、あなたは何も得るものがありません。私は森に隠棲します。ビーマセナが私の代わりに相応しいでしょう。おお、パルタよ。私は、あなたの厳しい言葉に耐えられそうにありません」

　そう言うと、王は急に立ち上がり森に行く準備を始めました。

　その時、ヴァースデーヴァ（クリシュナ）は王の前に平伏して言いました。

「王よ。アルジュナは、私の勧めに従っただけです。アルジュナは、〝ガーンディヴァを他の者に与えよ〟と侮辱した者を殺すと誓いを立て、それがあなただったため迷い、あなたを殺して自分も死ぬところでした。それを避けるために、死にも等しい侮辱をあなたに与えたのです。おお、寛大なる王よ。どうか私とアルジュナの罪をお許しください。どうか、この原因をつくったカルナを倒しに私達を送り出してください」

　ユディシュティラ王は、平伏したフリーシケーシャを起こし、合掌して言いました。

「おお、ゴーヴィンダ様。私は今、あなたによって目が覚めました。私とアルジュナ二人は、あなたによって救われたのです。私達はあなたを主として迎えます。悲しみと苦難の海を渡る舟となって私達を導いてください。あなた以外に私達の主はいません」

　ユディシュティラの言葉を聞き、アルジュナは床に倒れ泣き崩れました。

「ああ、兄である王よ。私を許し給え」

ユディシュティラは泣いているアルジュナを抱きしめ、やはり大声で泣き出しました。

二人の兄弟は長い間、泣いていましたが、泣き終わると元気になりました。

ユディシュティラは弟アルジュナに告げます。

「おお、弟よ。あなたは私にとても有意義な忠告をしてくれました。許すも何もありません。さあ、元気を出してゴーヴィンダ様とともにカルナを倒しに行ってくれ」

＊この話には驚きました。仲の良いはずのユディシュティラとアルジュナが命をかけた喧嘩を始めたのです。
アルジュナは、さいころ賭博で兄弟や奥さんまで賭けたことで、ユディシュティラを心の底で責めていたのでしょう。また、この頃のクシャトリヤを見ると、アルジュナだけでなく、自分の個人的誓い（大部分はプライドに基づく）や騎士道精神を守ることに固執していたように思います。

またユディシュティラも意志の弱さと兄弟の年長者としてのプライドがあったのではないでしょうか。

クリシュナは、切羽詰まった事態の中で兄弟のプライド、不平不満を解消してやると同時に、プライドに基づく誓いやこの世的な善悪よりも、主に従うことが重要であることを、実地で教えているように思います。そのやり方はまさに絶妙というしかありません。

また、道徳の中で『あらゆる生物を殺さない、傷つけない＝非暴力（アヒンサー）』が最も基本であると主クリシュナが述べられたことは心に留めておくことと思います。生き物を傷つけないアヒンサーは何も肉体に対してだけではありません。「思いでも、言葉でも、行為でも生き物を傷つけない」という意味で「想念・言葉・行為」を正す三戒と同じ意味を持っています。

カルナとアルジュナの死闘

クルクシェートラの戦いが始まって第十七日目、いよいよカルナとアルジュナの死闘が始まりました。

両者の攻防は一進一退、一方が相手を追い込んだと思うと、また盛り返され、勝つか負けるか、全く先が見えない戦いが続きます。神々から授かったさまざまな神器で攻撃しますが、互いに打ち消し合い、致命傷を与えることはできません。

神々も敵味方の戦士達も二人の戦いを見て、「素晴らしい、カルナ、素晴らしい、パルタ（アルジュナ）」と賞賛を惜しみません。

カルナの矢筒の中に矢に姿を変えた大蛇が潜んでいました。この大蛇は母をアルジュナに射殺され、アルジュナを母の仇として憎み、復讐してやろうと機会をうかがっていたのです。ついにカルナは、その獰猛な蛇の口をした矢を弦につがえアルジュナに放ちました。

アルジュナ危うし、と見たマータヴァは、足で戦車の車輪を踏みつけ戦車を地面にめり込ませ、矢をやり過ごしました。矢は大蛇の姿に戻りカルナのもとに戻ると、カルナに言います。

「おお、カルナ。アルジュナは母の仇であり私は恨みを持っている。矢の姿に戻るので、もう一度矢を放て。今度こそアルジュナを倒してやる」

カルナは大蛇に答えます。

「大蛇よ。お前の恨みの力を借りてまで、パルタを倒そうとは思っていない。私は正々堂々と自分の力と技量で、彼を倒したいのだ。さあ、去って幸せになれ」

カルナに拒絶された大蛇は、屈辱を感じ大蛇の姿のまま、アルジュナとクリシュナに向かい射殺されてしまいました。

なおも攻防は続き、ついにアルジュナは無数の矢をカルナに打ち込み、スータの息子は苦悶のあまり弓と矢を落とし、よろめきながら立ち尽くしました。武器を手放したカルナを見て、高潔なアルジュナは、このような状態の敵を殺したくないと攻撃を控えました。

すかさず、クリシュナが言います。

「おお、パルタ。どうして攻撃を止めるのだ。真のクシャトリヤは相手が死ぬまで手をゆるめないものだ。時間を与えるとすぐに回復して反撃してくるぞ。さあ、早く殺すのだ」

カルナは最後の力を振り絞り、アルジュナとマータヴァに反撃します。神弓ガーンディヴァの弦を次々と矢で切断し、その都度、アルジュナは目にも止まらぬ速さで弦を張り矢を射かけます。

その時、カルナの戦車の車輪が地に沈み、戦車が傾き始めました。これには理由があります。ある時、カルナはクシャトリヤの身分を隠してパラシュラーマに弟子入りし武芸を習っていました。身分を隠したことを怒り、パラシュラーマはカルナに大事な場面で戦車の車輪が沈むように呪いをかけたのです。

戦車の車輪が沈むのを見て、ラーダーの息子は戦車から飛び降り、アルジュナに向かって呼びかけました。

「おお、パルタよ。私が車輪を持ち上げるまで、少しの間待ってくれ。正義を旨とするクシャトリヤは、戦いを放棄した者、ブラーフマナ、合掌する者、降伏する者、武器を置いた者、矢の尽きた者、鎧がずれた者、武器を落としたり、武器が壊れた者を攻撃しない。この騎士道精神はそなたも知っているはずだ。そなたは戦車に乗って武器を持ち、私は弱々しく地上に立っている。今や、そなたもヴァースデーヴァも少しも私を恐れていないだろう。少しの間、待つ余裕があるのではないか。私は徳を大事にして生きてきたつもりだ。そなたも誇り高いクシャトリヤであり、どうか徳を思い出し、しばらく待ってほしい」

すかさずヴァースデーヴァがカルナに答えます。

「ラーダーの息子よ。徳を思い出したのはよいことだ。しかし心根の悪い者は、自分が苦しい時は人や神、運命を呪い、自分を省みることをしない。窮地に陥ると徳や正義を持ち出し、その場を逃れようとする。

いかさま賭博に加担して、ユディシュティラから王国を奪った時、お前の徳はどこへいったのだ。生理中のドラウパディーを大勢の前に連れてきて衣服を剝ぎ取ろうとした時、お前の徳はどこにいったのだ。ドゥルヨーダナをそそのかし、ビーマを毒殺しようとした時、お前の徳はどこにいったのだ。漆で作った屋敷でパーンダヴァ兄弟とドラウパディーを焼き殺そうとした時、お前の言う美徳はどこへいったのだ。少年アビマニユを大勢で囲み殺害した時、お前の徳はどこへいったのだ」

このようにクリシュナに言われ、カルナは恥ずかしそうにうなだれ、何も答えられませんでした。そして弓を取り上げアルジュナに反撃を再開しました。カルナの猛攻にアルジュナがひるんだ隙に戦車を持ち上げようとしますが、どうしても持ち上がりません。

クリシュナは言います。

「おお、パルタ。カルナが戦車に戻る前にお前の必殺の矢で、カルナの首を切り落とすのだ。急げ、一刻の猶予も与えるな」

アルジュナはまずカルナの軍旗を矢で切り落としました。軍旗は名声、誇り、勝利を現す象徴です。軍旗が地に落ちる時、カウラヴァ軍の心も崩れ、「ああ、ああ」と嘆きの声が上がります。続いてアルジュナはアンジャリカと呼ばれるすべてを破壊する長大な矢を

弦につがえ放ちました。矢はインドラが雷で悪魔ヴリトラの首を落としたように、ついにカルナの首を切り落としたのです。

地面に倒れたカルナの首から、光が天に昇り太陽に吸い込まれていきました。この素晴らしい光景は多くの戦士達に目撃されました。

＊このアルジュナとカルナの最後の戦いは、戦車の車輪が沈み、それを引き起こそうとするカルナを、クリシュナはアルジュナに討つように命じます。クリシュナは勝つためには騎士道精神を踏みにじり、手段を選ばない人間だと批判されているところです。しかし、これには理由があります。

（一）車輪が沈む原因はカルナがつくっており、その結果が現れただけでした。カルナは昔、クシャトリヤの身分を隠し、パラシュラーマに弟子入りしました。嘘をついたことにパラシュラーマは怒りますが、カルナの熱心さに武芸を教えます。そして最後に嘘をついたことの罰として、大事な局面で神器のマントラを忘れ、戦車の車輪が沈むと呪いを発します。苦行を為した聖者の言葉は必ず結果を生みます。主クリシュナは原因と結果の法則を成就させたに過ぎません。

（二）カルナの懇願に、騎士道精神に富むアルジュナは、カルナが戦車を引き上げるのを待ち、勝機を逸するとみた主クリシュナは間髪を入れずにカルナのこれまでの悪事を並べ立てます。死の直前に己の間違いを主御自身が指摘し反省の機会を与えてくださるのです。考え方によってはこれほどの慈悲はないかもしれません。

（三）これまで悪事を重ねてきた者が、自分の危機の時、身を守るために騎士道、道徳を持ち出し、相手の善意にすがっても主はお認めにならないことを示しているように思います。普段の行いが大事なのです。

（四）この世的善悪（ここでは騎士道精神）を取るか、主クリシュナの命令を取るか、アルジュナの信を試しているように思います。すべてを捨てて主に従う、バガヴァット・ギーターの主題です。

（五）主の命により、主の目の前で命を絶たれることは、この世の罪を軽くしてくださる主の御慈悲であると、ギーターの解説で堀田和成先生が書かれています。

そうすると主クリシュナの為さることは、アルジユナのためばかりではなくカルナを救うためでもあったと思います。

クリシュナ、ユディシュティラ王にシャリアを倒すように勧める

カルナを失い意気消沈しているカウラヴァ軍に突如、歓声が上がりました。その歓声を耳にしたユディシュティラ王は、クリシュナに尋ねました。

「ヴァースデーヴァ様、カウラヴァ軍から歓声が聞こえてきます。カルナ亡き後、シャリア王が司令官になった喜びの声に違いありません。シャリア王は私の母方の伯父にあたります。もともとは私達に味方してくれるはずでしたが、ドゥルヨーダナの策略により敵方についてしまいました。私は伯父と戦いたくないのです」

＊シャリア王は、パーンドゥ兄弟の伯父にあたります。今回の戦いでもパーンドゥ軍に味方するつもりで軍を率いて国を出ました。ドゥルヨーダナは一計を案じ、シャリア王の軍隊の宿営地に豪華な食事を用意し接待しました。接待の主がドゥルヨーダナと知った時はすでに遅く、やむなくドゥルヨーダナ軍につくことになりました。その苦衷をクリシュナに相談すると、クリシュナは「カルナの御者になり、アルジュナの武勇をカルナに何度も話してほしい。敵を褒められるとカルナも冷静ではいられないだろう。戦いにおいて冷静さを失えば敗れるのは必定」と策を授けました。クリシュナの指示通り、シャリア王はカルナにアルジュナの武勇を繰り返し、最終的にカルナは倒されることになりました。このようにシャリア王は、敵方でも心ではパーンドゥの味方だったのです。

クリシュナは、ユディシュティラに答えます。

「おお、ダルマの息子よ。私もシャリア王はよく知っている。彼は高潔で美徳に溢れ、戦いにおいてはビーシュマ、ドローナ、カルナにも劣らない。私としてもシャリア王とは戦いたくない。だがシャリア王は、クシャトリヤの義務を果たすことを何よりも大切にする勇士だ。一旦、カウラヴァ軍についたなら、最後までドゥルヨーダナのために戦うだろう。手を抜くことは決してしまい。彼の温情に報いる道は全力で彼と戦うことだ。

義務を果たし戦場で倒れることはクシャトリヤとしても最高の栄誉だ。あなたもこの戦いで多くのことを学んだであろう。あの勇猛なシャリア王を倒せるのは、ユディシュティラ王よ、あなたしかいない。さあ、シャリア王を倒すのだ」

クリシュナにこのように諭され、ユディシュティラ王は全力でシャリア王に向かい、ついにシャリア王を討ち取ったのでした。

水に潜ったドゥルヨーダナ

ビーシュマ、ドローナ、カルナ、シャリア王が倒れ、勢いにのったパーンドゥ軍は、カウラヴァ族に攻めかかります。

劣勢になったドゥルヨーダナ王は、自分の周りの味方が一人もいなくなったのを見て、ついに逃げ出しました。そして湖に着くと水の中に潜り幻術でどこにいるか分からなくしたのです。

パーンダヴァ軍は、ドゥルヨーダナを探し回りましたがどこにいるのか分かりません。その時、ビーマの食事用の肉を調達している猟師達が水を飲むために湖にやってきました。そこで猟師達は、生き残っているカウラヴァ族の勇士、アシュヴァッターマンとクリパが湖に向かって話しているのを聞いたのです。話の内容から湖にドゥルヨーダナが潜んでいると察した猟師達は、ビーマに報告しました。

ドゥルヨーダナが潜む場所を知った、パーンドゥ一族はアルジュナを先頭にすぐさま湖に到着しました。パーンドゥの大軍勢が到着するのを見て、クリパとアシュヴァッターマンはドゥルヨーダナに別れを告げ去って行きました。

ユディシュティラは、ドゥルヨーダナが湖を固め出てこないのを見て語りかけました。

「おお、偉大な一族の王よ。あなたは、味方の王や戦士達が全滅した後、何故湖の中に潜んでいるのですか？　さては臆病風に吹かれて、自分だけ助かろうとしているのですか？　あなたの誇りと名誉はどこにあるのでしょうか？　勇敢なクル族に生まれながら恐怖にかられ、湖の中に逃げ込み隠れている。あなたは英雄と呼ばれているが嘘であることを自ら証明している。クシャトリヤさえ放棄している弱虫だ。まだ少しでも誇りが残っているなら出てきて戦いなさい。それとも卑怯者、臆病者と呼ばれながら、これから生きていくつもりですか?」

　ユディシュティラの辛辣な言葉にドゥルヨーダナは答えました。

「王よ、私は恐怖から戦場から逃げ出したのではありません。私の車は破壊され、矢も尽き、戦車の御者も殺されました。私のために戦ってくれる戦士もいなくなり私は一人です。私はまた疲れ切っていたので、しばらく休憩し力を回復するためにこうして休んでいるのです。決して、命を長らえるためでも、恐れや悲しみからでもありません。休息したら、この湖から出てお前達と戦うつもりです。ただ一人で大勢と戦うのは、お前達も高潔なクシャトリヤとしては望ましくない。私は一対一で、順番に全員と戦いたいが、どうだ?」

　ユディシュティラは、ドゥルヨーダナの言葉を聞き、哀れみの心が湧いてきました。

「おお、あなたは一人ずつ我々兄弟全員と戦うというのか。それでこそクル族の王だ。よろしい、何でも好きな武器で我々兄弟と戦いなさい。一人でも倒すことができれば、あなたを国王と認め、王国を差し上げましょう」

　ユディシュティラの言葉にドゥルヨーダナは答えます。

「王よ、その言葉に嘘偽りはないか? よろしい、私は一度も負けたことのない棍棒で勝負したい。相手は誰でもよい。そちらで選んでくれ」

　こう言うとドゥルヨーダナは、長く重い溜息をつき、湖から出てくると、怒りに大きく息を吸い込みながら、黄金で飾られた棍棒を肩にかつぎ、戦いの準備を始めました。

クリシュナ、ユディシュティラに意見する

　ドゥルヨーダナが戦意を高め、戦いの準備をするのを見て、ヴァースデーヴァはユディシュティラに言いました。

「おお、クンティーの息子よ。あなたは何と軽はずみな約束をしたのだ。多くの犠牲を払い、勝利は目の前というのにパーンドゥ兄弟を一人でも倒したら王国を献上するなど信じがたい。それに王よ、ドゥルヨーダナはビーマセナを倒したいという願望から、これまでビーマの得意な棍棒を修練してきたのです。その技量はビーマに勝ります。ビーマには力があり、ドゥルヨーダナには技量があります。そして戦いで勝利するの

は常に技量に優れた者なのだ」

クリシュナの言葉を聞き、すかさずビーマが口をはさみます。

「おお、マドゥの殺戮者よ。何を嘆いておられるのですか？　私が棍棒でドゥルヨーダナと戦います。私の棍棒の重さは彼の一・五倍あります。私は棍棒で負けたことがない。みんなの見ている前でドゥルヨーダナを倒し、ユディシュティラの勝利を確実なものにします」

ビーマの言葉にヴァースデーヴァは笑って答えました。

「よく言った、ビーマよ。おお、強大な腕を持つ者よ。ユディシュティラもお前がいるから、あのような約束事をしたのだ。お前の手によって大勢の敵が殺された。さあ、いよいよ最後の戦いだ。勝って正義の王ユディシュティラに王国を渡してやろう」

ビーマは棍棒を手にドゥルヨーダナに言いました。

「おお、邪悪なドゥルヨーダナよ。お前の数々の悪行を思い出せ。お前のせいでビーシュマ様もドローナ先生もカルナもシャリア王も倒れ、お前の軍隊は全滅した。それなのにお前だけが生きている。さあ、さっさと敗れてお前のせいで死んだ者達に詫びるのだ」

ドゥルヨーダナが答えます。

「おお、ビーマよ。言葉が何の役に立つというのだ。私はお前を棍棒で倒すために血のにじむ訓練をしてきた。さあ、さっそく始めようではないか」

ビーマ、ドゥルヨーダナの太ももを打ち砕く

まさに、ビーマとドゥルヨーダナの戦いが始まろうとしている時、パーンドゥ、カウラヴァのどちらにも味方せず聖地巡礼の旅に出ていたバララーマが姿を現しました。バララーマが二人に棍棒を教えたのです。

バララーマの突然の訪問に、クンティーの息子達とマドリーの双子、ケーシャヴァも立ち上がり、英雄に相応しい儀式でバララーマ迎え、礼拝しました。

そしてユディシュティラ王は言いました。

「おお、バララーマ様。戦いもいよいよ大詰めです。あなたの二人の弟子の戦いをどうぞご覧ください」

こうしてビーマとドゥルヨーダナの戦いが始まりました。カルナとアルジュナの戦いと同じように一進一退で、一方が優勢かと思うと、次の瞬間には劣勢にな

り、手に汗を握りながら全員が見守っています。

たまりかねてアルジュナはクリシュナに語りかけました。

「おお、ジャナルダナ様。二人のうちいったいどちらが優勢なのでしょうか？」

クリシュナは答えます。

「そうだな。二人は兄バララーマから平等に教えを受けている。ビーマは力を持っているが、ドリタラーシュトラの息子は、より優れた技を持っている。今は互角でもビーマに疲れが出たら、技量に勝るドゥルヨーダナが勝つでしょう。ビーマが勝つには策が必要だ。ビーマはかつて、ドゥルヨーダナに向かって〝戦いになったら棍棒でお前の太ももを打ち砕いてやる〟と誓いました。その誓いを成就させましょう」

ケーシャヴァの言葉を聞き、アルジュナはビーマを見ながら自分の太ももを叩きました。アルジュナの意図を察したビーマは再びドゥルヨーダナに襲いかかります。二人の棍棒がぶつかり合い、火の粉が稲妻のように光ります。疲れては休み、また戦う。ついにビーマはドゥルヨーダナに向かってすさまじい勢いで突進しました。

怒りとエネルギーに満ち溢れたビーマが駆け寄ってくるのを見た、ドゥルヨーダナは、突進を避け、上から攻撃しようと飛び上がりました。ビーマはこの動きを予想しており、宙に浮いたドゥルヨーダナの太ももに棍棒を思いっきり打ちつけました。

太ももを折られたドゥルヨーダナは地面に落下し、大地は揺れ動き砂塵が巻き上がります。

倒れたドゥルヨーダナにビーマが近づき言いました。

「ああ、なんと哀れな。お前は、いかさま賭博の会場で、ドラウパディーの服を剝ぎ取ろうとした上、笑いながら我々を罵った。その侮辱の結果を今受け取れ」

とドゥルヨーダナの頭を足で蹴り、狂ったように踊り始めました。

たまらずユディシュティラがビーマを制します。

「ビーマ、あなたは手段はともかくとして、ドゥルヨーダナを倒したのだ。彼はもうすべてを失っているのだから倒れた勇士の頭を蹴るのは止めなさい。彼は王であり親族でもある。クシャトリヤとしてもその恥ずべき行為を止めるのだ」

そしてユディシュティラは涙を流しながら、ドゥルヨーダナに言いました。

「おお、王よ。あなたは怒ったり嘆いたりしてはいけません。あなたが過去に為した悪行の結果がこのように現れたのです。神の法則は公平平等です。戦いに敗れ脚を折られ、地面に横たわることで罪は償われたと思います。どうか自らを省みて、天国に旅立ってください」

このように告げるとダルマの息子は、悲しみに息を荒くし、嘆きました。

クリシュナ、バララーマを宥める

ビーマとドゥルヨーダナの戦いを見守り、脚を折られ地上に倒れたドゥルヨーダナをビーマが足蹴にするのを見た、バララーマは、ひどく怒りました。

「おお、ビーマセナ、お前は棍棒の戦いで臍から下を攻撃してはいけないのを知らないのか。お前は無知で野蛮だからこんな卑怯な手を使うのだ」

そして武器の鋤を振り上げ、ビーマに向かっていきました。それを見たケーシャヴァは、突進するバララーマを抱きしめるようにして止めました。

「兄さん、ちょっと待ってください。パーンダヴァ兄弟は私達の従兄弟であり、友人です。これまでドゥルヨーダナの邪悪な策略により、さんざん苦しんできたのはご存じの通りです。正義のために敵を倒すのはクシャトリヤの義務です。

また、ビーマは、以前大勢の前で〝棍棒でドゥルヨーダナの太ももを打ち砕いてやる〟と誓いました。また偉大なる聖仙マイトレーヤもドゥルヨーダナに〝ビーマが棍棒でお前の太ももを折るだろう〟と呪いました。苦行を積んだ者の誓いや呪いは、必ず結果を生みます。ビーマは誓いを成就したに過ぎません。どうか兄さん、怒りを収めてください」

クリシュナの言葉にバララーマは答えます。

「道徳と利益が伴えばいいが、ビーマは道徳の方を捨ててしまったのだ」

クリシュナは答えます。

「兄さんは、いつも怒ることなく平静、正義を遵守されています。どうか怒りを和らげてください。パーンドゥ兄弟は敵から受けた屈辱を晴らし、正義を守ったのだと思ってください。道徳的ではなかったかもしれませんが、許してあげてください」

クリシュナの説得に、バララーマは何とか怒りを収め言いました。

「戦いにおいて、一方がすべて正しく、一方がすべて悪いということはない。道徳に反して太ももを打ったことでビーマの名声は落ちるだろう。ドゥルヨーダナも少しは名誉を回復してもいいのではないか」

このように告げると、バラデーヴァは鋤を収め、馬車に乗るとドヴァーラカーに向けて出発しました。

バラデーヴァが去った後、パーンドゥ兄弟は元気がなくなり、頭を垂れ、不安と苦悩に満ちて、どうしたらいいか分からず立ち尽くしていました。

ヴァースデーヴァは、ユディシュティラ王に近づき、尋ねました。「正義の王ユディシュティラよ。あなたはどうして、ビーマが地面に伏したドゥルヨーダナの頭を蹴るのを黙認したのですか。兄が言うようにこれは道徳、騎士道に反しているのに」

ユディシュティラは苦しそうに答えました。

「おお、クリシュナ様。ビーマの行為は私も快く思っていません。またカウラヴァ族を全滅したいとも思っていません。ですが、私達の受けた屈辱、苦しみを思うと、どうしても止められなかったのです」

ユディシュティラの答を聞き、ヴァースデーヴァは溜息をつきながら言いました。

「仕方ない。それでよいことにしよう」

＊ここでも、騎士道と取るか主の命を取るか試されています。そして相手の言い分を聞いてやる度量も必要なのです。

クリシュナの勝利宣言

棍棒で脚を砕かれたもののドゥルヨーダナは生きています。必死で棍棒につかまり立ち上がるとヴァースデーヴァに向かって言いました。

「おお、カンサの奴隷の息子よ。お前がビーマに私の太ももを打つようにそそのかしたのを私が見なかったと思うか。お前は女性とは戦わないビーシュマ様をシカンディンを先頭に立て、後ろのアルジュナに矢を射かけさせた。ドローナにはアシュヴァッターマンが戦死したと嘘を言い、武器を捨てたところをドリシュタデュムナに殺させた。

アルジュナを倒すための矢をガトートカチャに使わせ、ガトートカチャを見殺しにした。カルナの戦車が地に沈んだ時に、アルジュナに今、射殺せと命じた。お前ほど罪深い者がいるだろうか。ビーシュマ、ドローナ、カルナが正々堂々と戦ったなら、お前達の勝利はなかっただろうに」

クリシュナは答えました。

「ドゥルヨーダナよ。あなたは私を責めるが、あなたの邪悪な欲望がすべての原因である。いかさま賭博でパーンドゥの王国を奪い、十三年間の追放期間、彼らは大変な苦労と苦しみを味わった。約束の期間が過ぎても、あなたは王国を返さなかった。私が使者となってせめてクシャトリヤの義務を果たすのに必要な五箇村でもいいから返してくれと言っても耳をかさなかった。それどころか使者の私を捕らえようとさえした。今回の戦争もすべてあなたの欲望が引き起こしたものだ。それを棚に上げて私を責めるのは、お門違いというものだ」

そしてクリシュナは、シュンとしてしまったパーンドゥ軍に大声で言いました。

「みんなよくやった。ビーシュマ、ドローナ、カルナ、ドゥルヨーダナなど偉大な戦士を揃えたカウラヴァ軍に対して、全力で戦っても勝利を得ることは難しかっただろう。

戦争に策略は必要であり、恥ずべきことではない。また、道徳に反するような策略は、すべて私が計画したものだ。みなは、私の計画を実行したに過ぎない。すべて私の責任である。そなた達はよくやった。ここは、勝利を祝おうではないか」

クリシュナの言葉にみなは喜び、大歓声を上げました。

＊主クリシュナは、パーンドゥのために汚名を着ることを厭われません。それに勝つための策略ではなく、原因があってその結果を成就させたに過ぎません。御自分が定めた法を自分で破るようなことはされないようです。また、この世的善悪を取るか、主の命を取るか信をみられています。また、バガヴァット・ギーターの主題でもあります。主クリシュナは、気持ちが沈んだ時に勇気づける。本当に人の心をご存じです。

クリシュナが離れたとたん灰になった戦車

クリシュナの勝利宣言で、パーンダヴァ軍は元気を取り戻しました。

ユディシュティラ王は、軍を率いて宿営地に戻ります。一同が到着し、それぞれ戦車を降りて天幕に帰って休もうとしています。

普段は、御者のクリシュナが先に降りて、アルジュナが降りてくるのを待つのですが、いつまでもクリシュナは降りようとしません。アルジュナが待っているとクリシュナが言いました。

「おお、ダナンジャヤ。ガーンディヴァと矢筒を持ってあなたが先に降りてください」

アルジュナが先に降りるのを待ち、続いてクリシュナが戦車を降りました。

すると大猿（ハヌマーン）を描いたアルジュナの軍旗が消えました。続いて戦車は燃え上がり、瞬く間に灰になってしまいました。

アルジュナは驚き、すぐにケーシャヴァが自分を救うために後から戦車を降りたのだと気が付きました。そして尋ねました。

「おお、ゴーヴィンダ様。おお、神聖なるお方よ。何故戦車は火に焼かれて灰になったのですか？　この驚くべきできごとは何故起こったのでしょうか？　差し支えなければ教えてください」

「おお、アルジュナよ。あの戦車は、さまざまな武器を浴びてすでに灰になっていたのだ。私が戦車に座っていたので、今まで灰にならずに済んでいた。今、あなたの目的が成就し、私が戦車を降りたので、役目を終えた戦車は灰になったのです」
＊この話は、魂と肉体の関係を示唆していると思います。肉体はもともと魂の乗り船に過ぎず、魂が離れた時（死）に肉体は役目を終えて死体となります。そして火に焼かれて灰になります。肉体を離れた魂は、肉体に宿っている間（この世）の想念・言葉・行為に応じた世界に往きます。そしてカルマに応じた姿形となり、カルマの償いに相応しい環境に生まれてきます。

ドリタラーシュトラとガンダリーを慰める

自軍の宿営地で鎧などを脱いだ後、続けてパーンドゥ軍は全滅したカウラヴァ軍の宿営地に入りました。そして多くの宝石、金、銀、真珠、高価な装飾品、毛布、革、男女の無数の奴隷、その他、多くの富を手に入れました。

無尽蔵とも言える宝を手に入れた戦士達は、喜びの大歓声を上げます。パーンドゥ軍はその夜は、敵の陣地で休息することとなりました。

ヴァースデーヴァは、パーンドゥ兄弟とサーティヤキーに話しかけました。

「大勢の戦士達は今晩、ここでゆっくりしてもらおう。ただ私達は戦勝に驕らず、不幸にして敗れ去った同じクル族の英雄達を弔おう。そのため、私達は快適な陣地を離れ、郊外で一晩を過ごそうと思うが、どうだ」

クリシュナの提案にパーンドゥ兄弟とサーティヤキーは、すぐに賛成し郊外に出て天幕を張りました。一段落した後、ユディシュティラ王が、ケーシャヴァにためらいながら話しかけました。

「ああ、クリシュナ様。この戦いで勝利したのもすべてあなたのおかげです。あなたは、汚名を着てまで私達を勝利に導いてくださいました。あなたは私達の友であり、親族であり、師であり主であられます。私達は、あなたの僕に過ぎません。

ところで、クリシュナ様。私は今、ひどく思い悩んでいることがあります。この戦いの経過をドリタラーシュトラ王、ガンダリー妃に報告しなければならないのです。ドゥルヨーダナを抑えることができず、不幸にして戦争になってしまいましたが、お二人とも幼少時に育ててくれた恩人です。その息子達を全員、殺してしまいました。私は、どうしてもこの戦争の経過をお二人に報告することができません。

こんなことをクリシュナ様にお願いするのは、あつかましいと承知していますが、頼めるのは、あなたしかいません。どうか、お願いです。ハスティナープラに行って、お二人に経過を報告していただけないでしょうか」

ユディシュティラ王の願いを聞き、快諾した主クリシュナは、体を休めることなく馬車に乗ると、息子全員を失ったドリタラーシュトラ王とガンダリー妃のもとに向かいました。

ユディシュティラ王がヴァースデーヴァをハスティナープラに派遣したのはもう一つ理由があります。百人の息子が全滅し、長男のドゥルヨーダナは奸計によって倒されました。百王子の母ガンダリーは厳しい禁欲と苦行を為し、その発する念は世界を破滅させると言われています。直接、ユディシュティラやビーマが会ったら、その怒りの一瞥でパーンドゥ兄弟を灰にしてしまうと予想されたからです。和平の使者としてカウラヴァ一族を説得し、戦争でも御者となって直接戦闘に参加しなかったマータヴァ（クリシュナ）にまず、ドリタラーシュトラ王とガンダリー妃に会ってもらい怒りを鎮めてもらおうと考えたのです。

ユディシュティラの苦衷を知るクリシュナは、忠実な御者ダルーカを呼ぶと馬車の準備をさせ、すぐに出発しました。

ドリタラーシュトラの宮殿に着くと、すでにヴィヤーサが到着しています。ジャナルダナは老王の前に進み出ると、ヴィヤーサと王の足を抱き、ガンダリーにも静かに敬礼しました。そしてドリタラーシュトラの手を握り泣き始めました。しばらく涙を流した後、作法に従って目と顔を水で洗い、静かにドリタラーシュトラに話しかけました。

「おお、偉大なバラタの子孫よ。あなたは過去と未来、時の流れをよくご存じです。

私もパーンドゥ兄弟もあなたを尊敬し、戦争を避けようと努力してきました。ユディシュティラは、いかさま賭博で敗れ王国を奪われ、十三年間、森で隠れた生活を送りました。約束の期間が過ぎて、せめて五箇村でもいいので返してほしいと私が使者となり提案しても、それさえ拒否されました。

ビーシュマ、ドローナ、クリパや賢明なヴィドラも戦争を避け、平和の道を歩むように忠告しましたが、息子への愛からあなたは戦いの道を選ぶことになりました。ドゥルヨーダナの愚挙を止めることができるのは、父であり王であるあなただけでしたが、結局、戦いの道を選ぶこととなりました。ですから、責任はあなたにもあるのです。どうかパーンダヴァを責めないでください」

続いて打ちひしがれたガンダリーに語りかけました。

「おお、吉祥なお方よ。この世にはあなた以上の淑女はいません。あなたが息子のドゥルヨーダナが欲望から戦争を選ぼうとした時に、懸命に説得されました。その時あなたはドゥルヨーダナを愚か者と叱り、〝正義のあるところに勝利がある〟とおっしゃいました。今、その言葉が成就したのです。ですから悲しみのあまり心を曇らせないでください。怒りの眼差しをパーンドゥに向けないでください」

クリシュナの言葉を聞き、ガンダリーは答えました。

「おお、ケーシャヴァ。あなたの言う通りです。悲しみから私の心は不安定だったようです。おお、ジャナルダナ、あなたの言葉で少し冷静になりました。息子と王国を失った今、盲目の老王はパーンドゥのお世話にならなければなりません。王をよろしくお願いします」

こう言うと、ガンダリーは、息子達の死を悲しみ、布で顔を覆って、声を出して泣き始めました。主クリシュナは、年老いた二人に寄り添い、言葉を尽くして慰めました。

その時、ふっとドローナの息子の邪悪な意思を感じ、クリシュナは立ち上がりました。そしてドリタラーシュトラとガンダリーに、「ああ、ドローナの息子アシュヴァッターマンが、何か良からぬことを企んでいるようです。パーンドゥの危機です。急なことですが、お暇しなくてはいけなくなりました」と告げました。

二人はすぐに答えました。

「おお、ケーシャヴァ。すぐに行ってパーンドゥを守ってあげてください。またお会いしましょう」

ケーシャヴァはダルーカに馬車の用意をさせると、すぐにユディシュティラの天幕に向かいました。

クリシュナが去った後、ドリタラーシュトラの父である偉大な大聖者ヴィヤーサが二人を慰めました。
＊息子全員を殺された老王夫妻に会って宥めるのは気の重い役割です。主クリシュナは、このような役割もすすんで果たされます。

アシュヴァッターマンとの戦い

主クリシュナはハスティナープラから、宿営地の郊外に張ったパーンドゥ兄弟の天幕に戻ると、ドリタラーシュトラ、ガンダリーとのやり取りを話しました。そして、アシュヴァッターマンが邪悪な企みを実行するかもしれないので警戒を怠らないように伝えました。

その頃、アシュヴァッターマンはまだ息のあるドゥルヨーダナのもとを密かに訪れました。ドゥルヨーダナは奸計によってビーマに太ももを打ち砕かれたこと、このまま死ぬのは無念であることをドローナの息子に伝えました。尊敬する父ドローナを卑怯な策略で殺されたアシュヴァッターマンは、ドゥルヨーダナの話を聞き、非常に怒り、パーンダヴァを根絶やしにすると、ドゥルヨーダナに誓ったのです。

そしてパーンドゥ陣営を訪れると、疲れと勝利を確信した安心から熟睡している戦士達を一人一人音も立てずに殺害していったのです。

翌日、眠っている間に行われた大虐殺のことがユディシュティラ王に知らされました。王はすぐに宿営地に行くと、そこにはドラウパディーの息子達、ドルパダの子孫を含め、全員が息絶えていました。

それを見たクンティーの息子ユディシュティラは、悲しみのあまり地面に倒れ伏しました。知らせを受けたドラウパディーがやってきて、あまりの惨状と息子達の死を見て、座ってヨーガにより肉体を捨てようとしました。

ユディシュティラは、あわてて止めようとします。

「おお、ドラウパディー。何をしようとしているのだ」

ドラウパディーは答えます。

「王よ、私は子供達や親族全員を殺され、生きる望みを失いました。ヨーガの力をもって肉体を捨て昇天しようと考えています。ところでこの邪悪な惨劇を行ったアシュヴァッターマンはどうしているのですか？アシュヴァッターマンは頭に宝石をつけて生まれてきたといいます。その宝石を取ってきてください。そうすれば、私は死ぬことを止めて生きるでしょう」

ドラウパディーの言葉を聞き、ビーマはナクラを御者にしてアシュヴァッターマンを追いかけました。

ケーシャヴァはそれを見て、ユディシュティラに言いました。

「おお、クンティーの息子よ。ビーマは怒りからアシュヴァッターマンを追いかけて行った。だが、アシュヴァッターマンはブラフマシラスという世界を滅ぼす兵器を持っている。ある時、ドローナはアルジュナの高潔な人柄と武勇をみて、ブラフマシラスの発し方、回収の仕方を伝授したのだ。ところが心が汚れたアシュヴァッターマンは、父に自分にもブラフマシラスを教えてほしいと願った。愛する子供の願いにドローナは仕方なく、ブラフマシラスの発し方を教えたが回収の仕方は教えなかった。心の穢れた者が回収しようとすると、ブラフマシラスはその者を滅ぼすからだ。そのブラフマシラスを使うとビーマが危ない。すぐに追いかけよう」

そう言うとケーシャヴァは、ユディシュティラとアルジュナを戦車に乗せ、すさまじい速さで後を追いました。

ビーマが川の土手に着くと、そこには大聖者ヴィヤーサが多くのリシ達と座っていました。よく見ると、ドローナの息子が、埃にまみれ、クシャ草で作った布をまとい、バターを塗ってリシ達に紛れているの見つけました。

アシュヴァッターマンは、ビーマが恐ろしい形相で弓に矢をつがえ迫ってくるのを見ました。その後ろにはジャナルダナの馬車に乗ったユディシュティラとアルジュナが追いついてきています。

それを見たドローナの息子は、ひどく動揺し、いよいよ最後が来たと覚悟を決めました。手に持ったクシャ草にマントラを吹き込み、パーンドゥ目がけて「パーンダヴァを破滅させよ」と念じました。するとクシャ草から火が生じ、やがて終末の劫火のように襲いかかります。

ドローナの息子の意図を察知したマドゥの殺戮者は、アルジュナに言いました。

「おお、アルジュナ、パーンドゥの息子よ。あなたと兄弟、そして世界を救え。あらゆる武器を無力化できる神器を放つのだ」

クリシュナの言葉にアルジュナは、神弓ガーンディヴァに矢をつがえ、クリシュナ、兄弟達、神々、すべての聖仙、そして自分自身とドローナの息子に一礼すると、「ドローナの息子の武器を無力化せよ」と念じ、矢を放ちました。

アシュヴァッターマンのブラフマシラスとアルジュナのブラフマシラスがぶつかり合い、巨大な炎の球体となり雷鳴が轟き、無数の隕石が落ち、大地が震えました。

その時、ヴィヤーサとナーラダの二人の大聖仙が炎の中に入り、すべてを灰燼に帰す巨大なエネルギーの炎を無力化しようと試みました。そして、炎の中でアルジュナとドローナの息子に語りかけました。

「おお、この戦いに参加した偉大な戦士達は、さまざまな武器の扱いを熟知していた。その破壊の大きさを知っており、彼らはそれらの武器を人間に放ったことはなかった。

二つのブラフマシラスがぶつかり合えば地上は焦土と化し、植物は長期間芽を出すことができない」

二人の大聖仙の言葉を聞き、ダナンジャヤ（アルジュナ）は答えました。

「おお、人々を導く聖なる方々よ。私はドローナの罪深い息子が放ったブラフマシラスを無力化するために同じ神器を放ちました。おっしゃる通り二つの武器のエネルギーは生物すべてを破滅させるでしょう。私は撤収しますが、ドローナの息子の放ったブラフマシラスがそのままだと私達全員が焼き尽くされてしまいます」

そう言うと、ファルグナ（アルジュナ）は、放ったブラフマシラスを回収しました。この回収は非常に困難で心が純粋な者でなければ為し得ないことでした。

一方、アシュヴァッターマンは二人に次のように言いました。

「おお、私はビーマやジャナルダナ、アルジュナが向かってくるのを見て、恐怖を感じ、万事休すとブラフマシラスを放ちました。パーンドゥ一族を根絶やしにするつもりで放ったのです。ですが、私はこの神器の収め方を知らないのです。地上を壊滅させないために、このブラフマシラスの方向を変えてパーンドゥの女性の胎に放つことにします。そうすればパーンドゥの子孫は絶え、一族を根絶やしにすることができます」

ドリタラーシュトラ王の父でもある大聖仙ヴィヤーサがドローナの息子に言いました。

「おお、アシュヴァッターマン。馬鹿なことは止めなさい。ダナンジャヤはお前を攻撃するためにブラフマシラスを放ったのではない。地上の生物を救うために放ったのだ。ユディシュティラは、人を殺めてまで王国を手に入れるつもりはない。お前の頭の宝石を渡せば、お前の命まで取ることはしないだろう」

ドローナの息子は答えます。

「おお、偉大なお方よ。この宝石を頭につけている限り、武器や飢え、病に苦しむことはありません。神々や魔族、蛇族を恐れることもありません。この宝石は美徳をもたらし、私の命そのものです。おお、聖なるお方よ。私はあなたの命に従い、この宝石を渡します。ですが、私は敬愛する父を卑劣な手段で殺されました。またパーンドゥへの恨みを晴らすことは、ドゥルヨーダナの願いでもあります。ブラフマシラスをパーンドゥの女性の子宮に放つのは止めません」

そう言うとドローナの息子は、アルジュナの息子アビマニユの妻で、アビマニユの子を身籠もったウッタラーの子宮にブラフマシラスを放ちました。

罪深いドローナの息子の行いを見て、フリーシケーシャは言いました。

「おお、罪深き者よ。かつて敬虔なブラーフマナがヴィーラタの娘（ウッタラー）を見て、〝この娘はパリークシットという偉大な王を産むだろう〟と予言した。確かに強力な念を込めたお前のブラフマシラスにより死産となろう。だが、私はその子を生き返らせてやる。お前の念は成就するが、すぐに否定される。

お前は、無抵抗で寝ているパーンドゥ軍を全滅させ、さらに子供殺しの罪まで犯した。その罪は死をもって償っても償いきれないものだ。お前は三千年の間、伴侶もなく、誰とも話すこともできず、この地上をさまよいなさい。お前は人々の中に住むことができない。膿と血の悪臭を放ち、誰もいない森と荒野がお前の住居となろう。おお、罪深い者よ。宝石を渡し、重荷を背負って地上をさまよいなさい」

　こうして、ドローナの息子は、髪を切られ、頭の宝石を取られ、放逐されたのでした。

＊バーガヴァタ・プラーナでは、アシュヴァッターマンはブラフマシラス（音を用いた核兵器のような破壊兵器）をウッタラーの胎に宿っていたパリークシットに放ちます。主クリシュナは指くらいの大きさになってウッタラーの胎に宿り、パリークシットをブラフマシラスから守ったと記述されています。この時の主クリシュナの肌色は赤い色だったとのことです。

＊その後のアシュヴァッターマンがどうなったか、ある書物に書かれていました。相川圭子氏の兄弟子であるパイロット・ババ（カピル）の自叙伝「ヒマラヤの扉」（日本語に翻訳され自費出版されている）の中でドローナの息子と会ったという記載がありました。

カピルがある寺院を訪れた時、若く長身で長い腕を持ち、眼にすばらしい輝きを持った修行者に会いました。彼は、ドローナの息子、アシュヴァッターマンと名乗り、額の宝石を取り去った後の傷を見せました。そして宝石を取られ非凡な力は失ったが、主クリシュナは私に死ぬことを許さず、今も地上をさまよっている。そして魂の輪廻転生を見守っている。クルクシェートラの大戦時代の魂が鳥や蛇、動物に宿るのを見て、無知の中にいる者は終わりのない輪廻転生の循環に陥ることを知ったと述べています。

　主クリシュナが大罪を犯したアシュヴァッターマンを生かして放逐した理由を考えてみます。

　一つは地球の重荷を軽くするという主の企画の中で極悪人の役割を演じたこと。もう一つは地上をさまようことで多くのことを学ぶという救いのためではなかったかと考えられます。

【大戦の後始末をなさる主クリシュナ】

クリシュナ、ユディシュティラを慰める

アシュヴァッターマンに、死より苦しい罰を与え追放した後、ユディシュティラは自分達兄弟の他、数名しか生き残っていない現実を見て、深い悲しみに沈みました。ドラウパディーとの間に生まれた子供達を含め一族郎党すべて死に絶えてしまったのです。

「ああ、戦いに勝利したがすべて失ってしまった。私は大罪人であり、地上の破壊者である。恩師も親族も殺し、私もすべてを失ってしまった。この上、王国を継いでも何ができるだろう。一族の絶滅者である私は生きる資格もない。ここで食と水を断ち、私はこの体を捨てるつもりだ」

ユディシュティラの苦しみを癒やすため、ビーマ、アルジュナ、ナクラ、サハデーヴァの兄弟達、共通の妻のドラウパディーが説得しますが、「すべてを捨てて、苦行者の道を選ぶ」と心は変わりません。

兄弟達の後、聖仙デーヴァスターナ、大聖仙ナーラダ、ヴィヤーサがさまざまな昔の王族や神々、苦行者たちの例を挙げて語りかけます。

「おお、王よ。あなたが苦しむのは当然です。だが、生まれた者が死ぬのは必然です。またどのような死に方をするかは、その者の為した原因の結果です。おお、クンティーの息子よ。あなたは創造主に創造され、自分の定められた役割を果たしたに過ぎません。義務を成し遂げたのです。嘆くのはよくありません」

聖者達が、さまざまな王族や苦行者の話を交えて繰り返し説得するうちにユディシュティラ王は、もっと昔話を聞きたいという想いが湧いてきました。ただ、それでも心は晴れず、言葉を失ったように佇んでいるのを見て、アルジュナはクリシュナに語りかけました。

「おお、クリシュナ様。ダルマの息子（ユディシュティラ）は、親族を失った悲しみに打ちひしがれています。おお、マータヴァ、おお、ジャナルダナよ。どうか王の悲しみを和らげてください」

アルジュナの頼みを聞き、ヴァースデーヴァはユディシュティラに優しく語りかけました。

「おお、クンティーの息子よ。あなたの体を弱らせるほど悲しみに耽ってはいけません。

この戦争で殺されたクシャトリヤは、みな己の義務を果たし、天国に旅立ったのです。彼らのこの世での目的は喜びの中で達成されたのです」

それから主クリシュナは、偉大な王も、供犠を為して功徳を得ても、みな死すべき運命には逆らえなかったことを詳しく語りました。

ユディシュティラ王は、神理・道理からの話より、物語に興味を覚え、もっと話してほしいと願った。

クリシュナは、聖仙ナーラダと甥の聖仙パルヴァタの争いの話をし、その話を引き継いで聖仙ナーラダが、排泄物でさえ黄金であったと言われるスヴァルナシュティーヴィンとその父シリンジャヤの物語を聞かせ、嘆きを捨て、父の後を継いで国を統治するように勧めました。

ヴァースデーヴァ、ナーラダの説得にもかかわらず苦悩の表情を浮かべ黙っているユディシュティラに聖仙ヴィヤーサが再び語りかけます。

「おお、ダルマの息子よ。臣民を守ることは王の義務である。常に義務を守る者は常に信頼される。あなたは苦行者になりたがっているが、苦行を為すのはブラーフマナの義務であり、クシャトリヤの義務は、すべての人が義務を果たせるように守ることだ。また王は、心を鬼にしてでも法や道徳に反する者は罰しなければならないし、法と道徳に従って人々を守らなければならない」

ユディシュティラは答えます。

「おお、偉大な功徳のお方よ。あなたのおっしゃることは真実です。しかし、私は王国のために、師や親族、お世話になった方々を含め、多くの人を殺しました。この呵責の想いは消えず、私を蝕み続けているのです」

ヴィヤーサは語ります。

「おお、バラタの子孫よ。行為をするのは人間であるあなただろうか、それとも主なる神であろうか? 善であって、あなたはその道具に過ぎないのだ。人が斧で樹を切ったとしよう。その斧に責任があるだろうか。斧はただの道具に過ぎない。今回のこの戦いは地球の重荷を取り除くため、それとカルマに応じて一人一人を救済するために至高者自らが計画されたものだ。あなたはその役者に過ぎない。たとえ、その役が非難されるものであっても、あなたはその義務を果たさなければならない。苦行者になって世を捨てるより、生き残った婦女子や子供、老人達を養い育てることが王であるあなたの義務だ。悲しみに自滅してはならない」

ヴィヤーサの言葉にユディシュティラは言いました。

「ああ、偉大なる祖父よ。私は多くの親族や友人、お世話になった方々を殺しました。親や夫、子を失った婦女子、親の悲しみを想うと私の心はどうしても晴れないのです」

ヴィヤーサはしばらく考え答えました。

「おお、クンティーの息子よ。あなたは主の計画に沿って己の義務を果たしただけで本来なら罪はない。だが、パラシュラーマが地球の重荷を軽くするため、クシャトリヤを一掃したことがある。パラシュラーマも己の役割を果たしただけだったが、亡くなったクシャトリヤのために壮大な供犠を行った。あなたも贖罪の壮大な馬供犠祭を行ってはどうだろう」

この後、ユディシュティラ王は、どのような罪に対してどのような贖罪を行えばよいか祖父ヴィヤーサに尋ね、ヴィヤーサは詳しく答えました。

ユディシュティラ王は、贖罪の供犠を行なうという言葉に動かされました。隠棲しても罪の想いは消えません。贖罪と亡くなったクシャトリヤ達への供犠を行い、人々の悲しみの心を和らげ、新しい一歩を踏み出す。そして国民の幸せのために身を捧げる。これが自分の為すべきことだ、とようやく心が定まりました。

ユディシュティラ王の心を見て、ヴァースデーヴァは話しかけました。

「王よ、聖なるヴィヤーサ様が、言われたことをなさい。人々の喜ぶこと、世界に有益なことをするのです」

＊深い悲しみに沈んだ時、神理・道理の言葉もなかなか届きません。その時、直接の話ではなく、故事やたとえ話などが有効なことがあります。そして、供犠を行なうという具体的な行動目標を示すことで罪の想いを軽くしています。主は、人の心の機微をよくご存じです。

クリシュナの機転、
ドリタラーシュトラとビーマを救う

パーンドゥには戦いに勝ったものの最も気の重くな

る仕事が待っていました。すべての息子を失ったドリタラーシュトラとガンダリーにどうやって謝罪し慰めるかです。

ユディシュティラ王は、ドリタラーシュトラ王がガンダリーや大勢の女性達を連れて王宮を出てガンジス河の畔に向かったと聞きました。自分の息子達を殺され悲嘆に暮れていたクンティーの息子は、それでもヴァースデーヴァ、パーンドゥ兄弟やドラウパディー達を連れて伯父に会いに行きました。

ガンジス河の畔に着くと、親や子、夫を亡くし、住む家を出てきた大勢の女性達が嘆いています。ユディシュティラ王を見て、大勢の女性達が彼を取り囲み口々に言います。

「おお、優れたクシャトリヤの王よ。恩あるビーシュマやドローナ、ジャヤドラタ達を殺して、あなたの心は平穏でしょうか？　おお、バラタの末裔よ。アビマニユやドラウパディーの息子達を殺され、王国を手に入れて満足ですか？」

女達の非難の声を浴びながら、パーンドゥ兄弟は何とかドリタラーシュトラ王のもとにたどり着きました。そして、恐る恐る盲目の王に挨拶し自分の名を名乗りました。

クル族の王は、ユディシュティラをしぶしぶ受け入れ抱きしめました。

しかし、王は卑怯な手段で長子ドゥルヨーダナを倒したビーマをどうしても許せなかったのです。ドリタラーシュトラの意図を察知したケーシャヴァ（クリシュナ）は、ビーマの鉄像を準備しておきました。そしてヴァースデーヴァは、ドリタラーシュトラ王に言いました。

「王よ、ビーマがあなたの許しと慈悲を求めて目の前にいます」

一万頭の象に匹敵する力を持つドリタラーシュトラ王は、鉄像の腕を持って引き寄せ、力一杯、ビーマの像を抱きしめました。王の怪力により鉄像は粉々になりました。王自身も胸に傷を負い、血を吐いて地面に倒れてしまいました。

サンジャヤが、王を立ち上がらせて、悲しそうに、

「王よ、そのようなことをしてはいけません」

と言いました。

怒りが消え、正気に戻った王は大声で泣き始めました。

「ああ、ビーマを殺してしまった。私は怒りに負けてビーマを殺してしまった」

ドリタラーシュトラ王の怒りが消え、心の底から後悔しているのを見たクリシュナが語りかけました。

「おお、ドリタラーシュトラ王よ。悲しまないでください。あなたが絞め殺したのはビーマではなく鉄の像です。あなたの力に匹敵する者はいません。あなたが怒りに満ちているのを見て、ビーマとあなた自身を救うために私が鉄の像を用意したのです。ビーマを殺しても、あなたの亡くなった息子達は生き返りません」

その後、侍女が血にまみれた王を洗って新しい衣服を身につけるのを待ち、ヴァースデーヴァが再び話しかけます。

「ああ、聖仙ヴィヤーサの息子よ。あなたはヴェーダやさまざまな経典に通じ、古い歴史や王としての務めやクシャトリヤの義務についてもよくご存じです。戦いの前に私は使者として、和平を説き、ビーシュマ様やドローナ、ヴィドラやサンジャヤも同じように和平を勧めました。ところがあなたの息子、ドゥルヨーダナは王国をすべて自分のものにしようと考え、パーンドゥ一族を亡き者にしようと、さまざまな策略を用いてきました。ドゥルヨーダナを説得できるのは父であり王であるあなたしかいないのに、あなたは息子への盲愛から止めようとはしませんでした。すべての息子を失い、今のこの状況はあなたの原因が結果として返ってきたと言えます。パーンドゥを責めてはいけません」

クリシュナの言葉にドリタラーシュトラ王は涙を流しながら答えました。

「おお、マータヴァよ。あなたの言うことは真実だ。私は子への愛着から、義から外れてしまいました。さらに大きな罪を犯すところをあなたに救われたのです。私の心は怒りが去り、後悔で一杯です。もう一度ビーマを抱きしめさせてください」

こう言うと老王は、ビーマとダナンジャヤ、そしてマドリーの二人の息子を抱きしめ、涙を流して慰め、祝福しました。

＊心の奥底にある激しい怒りは、吐き出さないとなかなか消えません。主クリシュナは、ビーマの鉄像を絞め殺させることでドリタラーシュトラの怒りを吐き出させます。怒りが消えて後悔の想いが出た時、ようやく神理・道理が心に入ってきます。主クリシュナは本当に智慧あるお方です。

続いて、パーンドゥ兄弟とケーシャヴァは、ガンダリー妃に挨拶に行きました。ガンダリーは偉大な苦行を為し、睨んだだけで人を灰にすることができます。しかも、自分の百人の息子を全員殺したユディシュティラ王を呪おうと考えていたのです。

クリシュナの想いを察したヴィヤーサがガンダリーの前に現れました。ヴィヤーサはドリタラーシュトラ王の実父で、ガンダリーの義父にあたります。戦争に参加していない義父からまず、ガンダリーを慰めてもらおうと主クリシュナは考えたのです。

ヴィヤーサはガンダリーに話しかけました。

「おお、娘よ。あなたはパーンドゥ兄弟を呪ってはいけません。怒りを和らげ、心を平穏に保つのです。あなたの息子ドゥルヨーダナは、戦争の間、毎日、あなたのもとを訪れ、〝母よ、私を祝福してください〟と懇願しました。それに対してあなたは、〝正義のあるところに勝利があります〟と答えました。苦行を為したあなたの言葉が成就しなかったことはありません。パーンドゥ兄弟が生き残ったということは彼らに正義があったということです。あなたは貞淑で赦しの美徳を持っている。怒りを抑え、パーンドゥ兄弟を赦して祝福してあげなさい」

義父ヴィヤーサの言葉にガンダリーは答えました。

「ああ、聖なるお方よ。私もパーンダヴァを恨んでいません。彼らが滅びることも望んでいません。ただ息子達の死を悲しみ、心がひどく動揺しているのです。私とて老王と一緒にパーンダヴァを祝福しなければならないことは承知しています。ただ、息子が優勢なのを知り、臍から下を攻撃したこと、倒れた息子の頭を足蹴にしたことは気になります」

ガンダリーの言葉を聞き、ビーマは怯えたように言いました。

「ああ、ガンダリー様、あなたの息子は強く、正々堂々とした勝負では誰にも負けなかったでしょう。あなたの息子が勝てば、王国をすべて譲ると兄ユディシュティラが約束したため、あのような卑怯な手段を用いなければならなくなりました。また、いかさま賭博で賭けの対象となったドラウパディーを、みなの前で生理中にもかかわらず衣を剝ぎ取ろうとした時、私は〝ドゥルヨーダナの臍から下を打ち砕いてやる〟と宣言しました。誓いを果たさなかったら、クシャトリヤの義務を果たさなかったと汚名を着ることになります。それであのような行動をしたのです」

ビーマの言葉にガンダリーは答えました。

「ああ、息子に非があることは私も分かっています。でも私と老王の百人の息子全員が殺されました。せめて王国を失った老夫婦のために一人だけでも息子を残すことはできなかったのですか。盲目の夫と年老いた私のために、一本の杖だけでも残そうという気持ちはなかったのですか」

話しているうちに怒りを覚え、「ユディシュティラはどこにいるのか?」と尋ねました。

ユディシュティラは震えながら、手を合わせ、ガンダリーに近づきながら話しかけました。

「ああ、叔母様。ユディシュティラはここにいます。私はあなたの息子達を残酷に殺し、あなたの一族郎党をことごとく滅亡させ、王国を奪いました。私の罪は十分、あなたの呪いに値します。私は恩ある方々、親族や友を殺した大罪人です。私は愚か者です。どうかあなたの呪いで私を葬り去ってください」

そう言いながら恐怖で打ちひしがれ、彼女の前に立ち尽くすユディシュティラを見て、ガンダリーは深い溜息をつきました。そして視線の先に、衣の襞の隙間からユディシュティラの足の爪が見えたので、注意を向けるとクンティーの息子は爪が熱くなりました。

熱さと痛みを感じたユディシュティラは、怯えてヴァースデーヴァの後ろに隠れました。他のパーンドゥ兄弟もそわそわと落ち着きがなくなっています。

その様子を見たガンダリーは怒りを捨てて、パーンドゥ兄弟を母親のように慰め、言いました。

「さあ、あなた達の母クンティーが会いたがっています。会ってやってください」

それからパーンドゥ兄弟と母クンティーは、互いに抱き合って泣き悲しみました。

そして、ガンダリーとクンティー、息子達すべてを失ったドラウパティーは泣きながら夜遅くまで慰め合いました。

クリシュナとガンダリーの会話

パーンドゥ兄弟を赦したガンダリーは続いてヴァースデーヴァに目を向けました。

ガンダリーは霊眼によって戦場の様子を見渡しました。そこにはカウラヴァ陣営、パーンドゥ陣営の大勢の英雄、勇士達が大地に横たわっています。親や子、夫の遺体を探してさまよう多くの女性達の姿が見えます。婦人達はみな、悲しみに泣きながら自分の愛する人がいないか遺体を見回し、見つけた婦人は大声で名前を呼び、泣きながら遺体を運ぼうとしています。

その悲惨なありさまを視て、ガンダリーは意識を失い地面に倒れました。そして、息子達を失った悲しみや怒り、婦人達の悲哀をケーシャヴァに向けたのです。

「おお、マータヴァよ。パーンドゥ一族、ドリタラーシュトラの一族すべてが大地に横たわり、婦人達がさまよっています。あなたは何とも思わないのですか？

あなたは多数の従者と大軍を持ち、高潔、雄弁、すべての聖典や故事に通じています。あなたはこの悲惨な戦争を止め平和をもたらすことができたはずです。それなのに、あなたはそうはされず、パーンドゥ兄弟を除き、みな死んでしまいました。ユディシュティラ王始めパーンドゥ兄弟は、残された婦人達を慰め保護し、王国を再び立て直すことで償いをしてくれるでしょう。私は、あなたもこの罪の償いをすべきと思います。

私は夫に忠実に仕えることで得た、ささやかな苦行の力があります。その力であなたを呪います。あなたは、これから三十六年目に、あなたの一族は荒野で忌まわしい手段で滅びるでしょう。そして夫や親、子を失ったあなたの一族の婦人は、今のクル族の婦人達のように泣き叫ぶことでしょう」

ガンダリーの言葉に聖なるクリシュナは答えました。

「おお、貞淑なる婦人よ。この世でヴリシュニ族を滅ぼすことができる者は私以外にいません。人間であれ、神々、魔族であれ不可能なことは私が一番知っています。私の役目は、地球の重荷を一掃し、もう一度やり直す下地を作ることです。地球の重荷は、争いの心を持った者全員です。カウラヴァ、パーンドゥ、ヴリシュニ、敵も味方もすべて含みます。

あなたの呪いは地球の重荷を軽くするという私の役割を、助けてくれるものです。あなたの呪いが成就するように努力しましょう。ヴリシュニ族の中心であるヤータヴァ族は互いに殺し合って滅びるでしょう」

クリシュナの言葉を聞き、パーンドゥ兄弟はみな不安になってしまいました。

＊ヤータヴァ族は、ガンダリーの呪いの通りの最後を迎えます。主クリシュナは、ガンダリーの呪い（原因）を利用して地球の重荷を軽くする（結果）ことにされたようです。

主クリシュナの物語（下）

[クリシュナを交えたビーシュマとの問答]

死の床にあるビーシュマへのクリシュナの恵み

パーンドゥ兄弟、聖者の方々、主クリシュナなどの励ましで、ようやく立ち上がったユディシュティラ王は、パスティナープラの都に入りました。

そして主人を失ったドリタラーシュトラやドゥルヨーダナ、その兄弟達の宮殿や豪華な屋敷にそれぞれ入り、疲れた体を休めました。

王位についたユディシュティラは、大勢のバラモンや伺候してくる者達に金貨、乳牛、財宝、豪華な衣装など惜しみなく与えました。

一方、主クリシュナは、一言も口を利かず、瞑想に耽っています。

ユディシュティラ王は、瞑想の邪魔をしないように静かに近づき、そっと話しかけました。

「おお、ヴァースデーヴァ様。みな悲しみを忘れるため、これからの王国の立て直しのため忙しく動いています。その中で、あなたは五感を鎮め、静謐を保ち、三昧に没入されているようです。何故、そのような瞑想されているのかお話しいただけないでしょうか」

ユディシュティラの言葉にクリシュナは瞑想をとき、微笑みながら答えました。

「おお、ユディシュティラ王。ビーシュマ様は無数の矢で地面に釘付けにされながら、まだ生きています。もうすぐ命の火が消えようとする中で、ガンガーの息子は心を私に集中しているのです。私も彼の求めに応じ、瞑想して彼に心を集中していたのです。

彼ほど武勇に優れ、高邁であらゆる聖典、故事、過去、現在、未来、人の道、義務について知る者はいません。またクシャトリヤは武術だけでなく、統治のため、敵に勝つためにさまざまな政略、政策、戦術、兵法に通じている必要があります。そのすべてを備えたビーシュマ様ほどのクシャトリヤを私は知りません。

おお、ダルマの息子よ。ビーシュマ様が昇天される前に、謙虚に教えを乞う必要があります。今が最後の機会です」

主クリシュナの言葉に、ユディシュティラ王の顔は輝き答えました。

「ああ、マータヴァ様。ビーシュマ様はあなたに最後に会えるのを待っておられると思います。きっと太陽が北に傾く吉兆な時を待って、ヨーガの力で昇天されるのでしょう。私達は大恩あるビーシュマ様にお詫びし、教えを乞い、さまざまな疑問に答えていただければこれに勝る喜びはありません。どうか、クリシュナ様、私達をビーシュマ様のもとにお導きください」

ユディシュティラ王の言葉に主クリシュナは喜ばれ、御者のダルーカに直ちに馬車の準備を命じました。


ヴァースデーヴァとユディシュティラを筆頭としたパーンドゥ兄弟が、無数の矢で地面に釘付けになっている（矢の床）ビーシュマ様のところに到着しました。ヴィヤーサを始め多くの聖仙達がガンガーの息子を取り囲んでいます。ビーシュマ様は消えようとしている火のようです。それを見てケーシャヴァは、ビーシュマ様に語りかけました。

「おお、ガンガーの息子よ。あなたの知覚は明瞭でしょうか。全身を貫く矢の傷の痛みに理性は曇っていないでしょうか。

おお、バラタの末裔よ。あなたは生物の起源と消滅について神々に教えることができます。偉大な知識を持ち、過去、現在、未来をすべてご存じです。あなたは、父の願いをかなえるため、生涯禁欲生活を送られました。その功徳によって死の床に横たわりながら、死を克服しています。あなたは苦行の力と恩恵により自分で死を選ぶことができます。このようなことは私も見たことも聞いたこともありません。

あなたは、真理、苦行、布施、犠牲、美徳、ヴェーダの知識、故事、保護を求める者に献身し、すべての生物の幸福に奉仕されています。また武器を取っては、神々、ガンダルヴァ、アスラ、ヤクシャ、ラクシャーサを征服することもできます。神々の中でも、人間の中でも、あなたは第一のお方です。

おお、ここに親族を殺した罪悪感と悲しみに苦しむパーンダヴァの長男が控えています。どうか、あなたの言葉で彼の苦悩を取り払ってください」

ヴァースデーヴァの言葉を聞き、偉大な知性を持つビーシュマは、合掌し次のように話しました。

「おお、聖なるお方よ。あなたに尊敬の念を捧げます。あなたは原初であり、中間であり、終わりであられます。あなたは創造主であり破壊者です。おお、フリーシケーシャよ。あなたに勝るものはなく、宇宙の創造もほんの手仕事に過ぎません。あなたは宇宙の魂であり、宇宙はあなたから生まれました。おお、ヨーガの主よ。万物の庇護所よ。このような矢の床に横たわり、ご挨拶できないことをお許しください。おお、ゴーヴィンダよ、蓮眼の主よ。私は、あなたの庇護を受け、終焉を迎えたいと願っています」

ヴァースデーヴァは答えました。

「おお、人の中の牡牛よ。あなたの私への献身は純粋で大きいものです。私は、あなたのためにも何でもしたいと思っています。ですが、ガンガーの息子よ。あなたが肉体を捨てる太陽が北の進路に入るまでもう少し時間が残っています。あなたには、その時、至福の世界が待っています。ただ、あなたの死とともにあなたの知識、智慧も地上から去っていきます。ここに控えているユディシュティラとその兄弟に、あなたの身につけた神理、道理、道徳、義務、人の生き方、政治学、帝王学、国の治め方、戦略、兵法などを伝えていただきたいのです。そして彼らの苦しみ、悲しみを和らげていただきたいのです」

ビーシュマはヴァースデーヴァの言葉を聞き、答えました。

「おお、神々の中の神、絶えることのない栄光のお方よ。あなたのお言葉は私に喜びをもたらしてくれます。しかし、至上なる主よ。私は、太陽と比べると火花のような存在です。太陽であるあなたの前で私は何を語ればよいのでしょうか。私は矢傷の痛みで、体は弱り理性も明瞭ではなくなっています。あなたが直接、彼らに教えを授けられた方がよいのではないでしょうか」

ヴァースデーヴァは答えました。

「おお、ガンガーの息子よ。パーンドゥ兄弟は、大恩あるあなたを敵にして、このような矢の床で苦しめていることをひどく悲しんでいます。どうか祖父とも慕うあなたから、彼らに教えてやってください。そして、私は私の純粋な献身者である、あなたの教え、生き方、美徳を後世に伝え、あなたを栄えある者としたいと願っているのです。

矢傷の痛みに関しては気にすることはありません。私が痛みを取り去り、エネルギーを与え、あなたの記憶、理性を明瞭なものとします。今日は一旦引き上げ、また明日戻ってまいります」

そう言うとクリシュナとパーンドゥ兄弟は、ビーシュマの周りを回り、礼拝しました。そして、その場にいた聖仙達に挨拶をすると、聖仙達も「では、私達も明日戻ってこよう」と告げ去って行きました。

それを見届け、ケーシャヴァとパーンドゥ兄弟は疲れた獅子が洞窟を探すように、それぞれの屋敷に戻っていきました。

クリシュナのビーシュマへの慈悲

翌朝、主クリシュナは朝早くに目覚め、瞑想を始めます。そしていつも通りの朝の儀式を済ませます。同じように朝の儀式を終え、正装したパーンドゥ兄弟と一緒に馬車でビーシュマ様のもとに向かいました。ビーシュマ様を煩わせないように、ヴァースデーヴァとパーンドゥ兄弟のごく少人数としました。

ガンガーの息子のもとに到着するとすでに、聖仙達がいてビーシュマを取り囲んでいます。

ユディシュティラは、おずおずとビーシュマ様に近づきました。ですが、慚愧のあまり言葉を出すことができず、フリーシケーシャにお願いしました。

「おお、デヴァーキーの息子よ。私達は、どうしてもビーシュマ様に話しかけることができません。どうか、あなたが最初に語りかけてください」

ユディシュティラの願いを受け、ヴァースデーヴァはビーシュマに語りかけました。

「おお、人の中の最高のお方よ。痛みはどうですか？あなたの知性は明瞭になりましたか。あなたの心は肉体の苦痛に曇らされてはいないでしょうか？」

ガンガーの息子は答えました。

「おお、至上なるお方よ。私の灼熱、昏迷、疲労、苦痛は、あなたの恩寵により一日で取り去られました。今は、過去、現在、未来、すべての知識、道徳、真理、法が手の中の果実のようにはっきりと見えます。しかし、昨日も尋ねましたが、どうしてあなたがパーンドゥ兄弟に教えないのですか？」

ヴァースデーヴァは答えました。

「おお、私の純粋なる献身者よ。確かに私は、すべての神理、道徳、法、善、栄光、名声の根源です。ですが、私は私自身の名声を高めるより、私の献身者の名声を高めたいと願っているのです。私の立ち会いのもと、あなたに教えを彼らに説いてほしいのです。その教えは、権威あるものとなり、悲しみに沈むパーンドゥ兄弟に慰めと勇気を与えるだけではなく、広く後世に伝わり、あなたの名声を高めることでしょう」

クリシュナの言葉にビーシュマは答えました。

「おお、ゴーヴィンダよ。あなたは永遠の魂、ブラフマンでありアートマンであられます。あなたの恩寵により私の心は安定しました。私の名声など望んでいませんが、あなたの望みなら、すべて従います。

何から話したらよいでしょうか。ユディシュティラが質問し、私が答え、あなたが承認または修正されるという形式がよいのではないかと思います。では、ユディシュティラ、何なりと質問するがよい」

ビーシュマにこのように促されても、ユディシュティラはなかなか話しかけることができません。

そこでビーシュマは、王の心を読み、自分から話しかけました。

「おお、ダルマの息子よ。ブラーフマナの義務が、慈善、学問、苦行の実践であるよう、クシャトリヤの義務は、法、正義を守り、戦いの中で肉体を捨てることである。時には祖父や兄弟、親族を敵としなければならない不当な戦いに従事しなければならない時もあるだろう。だが、真理、正義に基づき戦いに従事することがクシャトリヤの義務である。

マヌも正義の戦いこそが地上と天国の名声を得ると

述べている。どれが正義か迷った場合は、至上なる主を瞑想し祈ることだ。そうすれば自ずと心に判断が湧いてこよう。ましてこの戦いには、至上なる主その人が、御者として導いてくださっている。お前達は主の導きにより義務を果たしただけに過ぎない。早く立ち直って次の義務、残された国民の生活の安定と安らぎ、繁栄のために尽くすのだ」

このように諭され、ユディシュティラは謙虚にビーシュマに近づき礼拝しました。

ビーシュマは愛情のこもった言葉でユディシュティラに語りかけました。

「おお、クル族最高の者よ。おお、我が子よ。恐れることはない。何でも私に尋ねなさい」

＊主クリシュナは御自分の名声が高まるより、自分の献身者の名声が高まることを喜ばれるお方です。

この後、ユディシュティラの質問にビーシュマが答えるという形で問答は進んでいきます。この部分はシャーンティ・パルヴァン（寂静の巻）と呼ばれ、さまざまな話が盛り込まれています。内容は多岐にわたりますす。ただ、内容を見ると後世にいろいろな人が話を付け足したのではないかという箇所も見られます。

この中で主クリシュナが語った内容、教えを取り上げてみます。

ヌリガ王の話

ユディシュティラ王は、ビーシュマに尋ねました。

「おお、博学なるお方よ。ブラーフマナに寄進する時、どのようなことに注意すればよいのでしょうか？」

ビーシュマは答えます。

「ヴェーダでは、地上の富は、すべてブラーフマナが至上なる主から預かっていると言われている。そのため、いかなる状況においても、ブラーフマナに属するものを傷つけることは避けるべきである。これに関してはヌリガ王の話が参考になるので今からお話ししよう」

しばらく前にヤドゥ族の若者達が水を探していたところ、草と蔓に覆われた大きな井戸を見つけました。そこから水を汲もうと思って、若者達は苦労して蔓を取り除いて、底を見ると大きなトカゲが住んでいるのを発見しました。若者達はトカゲを助けようとしたが、大き過ぎて救い出すことができず、ジャナルダナのもとに向かい報告しました。

「クリシュナ様、井戸の底にとても大きなトカゲがいて、何とか助けようとしましたが無理でした」

若者達の言葉にクリシュナは、すぐに井戸に向かい、トカゲを助け出し何者か尋ねました。

トカゲは答えました。

「私は、多くの供犠と寄進をしたヌリガ王の魂です」

マータヴァは不思議に思って尋ねます。

「あなたは正しい行いをしました。罪も犯しませんでした。また多くのブラーフマナにたくさんの牝牛を寄進したと聞いています。その王がどうして、このような悲惨な境遇に陥ったのでしょうか？　よかったらお聞かせください」

ヌリガ王はクリシュナの問いに答えました。

「おお、神の中の最高の神よ。どうか、お聞きくださ い。ある時、あるブラーフマナの飼っている牝牛が逃げだし、私の牝牛の群れに紛れ込みました。私の飼育係は、そのことに気付かず、私はその牝牛を別のブラーフマナに寄進したのです。

もとの持ち主は、自分の牝牛がいなくなったので探し回ると別のブラーフマナのところに自分の牝牛がいるのを見つけました。二人は牝牛の所有権で争い、私のところにやってきました。元の持ち主は、〝お前は私から、この牝牛を奪った〟と責め、今の持ち主は〝この牝牛はお前がくれたのだ〟と主張します。

私は今の持ち主に百頭の牝牛を寄進するので、この牝牛を返してくれるように頼みましたが、ブラーフマナは、

〝この牝牛はおとなしくて、私達になついています。毎日たくさんのミルクを出してくれ、私の子供達を養ってくれています。今は大事な家族です。たとえ百頭の牝牛とでも交換するわけにはいきません〟

そこで私は、元の持ち主のブラーフマナに提案しました。

〝十万頭の牝牛を寄進するので、この牝牛を今の持ち主のブラーフマナに譲ってください〟

しかしブラーフマナは答えました。

〝私は生活には困っていませんので、たくさんの牝牛は不要です。それにクシャトリヤからの贈り物は受け取らないことにしています。ただ正当な主張をしているだけです。どうか、この牝牛を返してください〟

この問題が解決しないまま、私は年をとり寿命がき

てしまいました」

　死者の王ヤマのもとに行くと、ヤマは、

「あなたは生前、多くの善い行いをしました。ただ、無意識のうちに犯した小さな罪があるようですね。小さな罪でも、ブラーフマナのものを奪ったこと、二人のブラーフマナの心を乱したこと、の償いをしなければなりません。私は特別に、あなたに選ぶ権利を与えましょう。今、その罰を受け後から幸福になるか、先に幸福を享受し後から罰を受けるか、どちらか選びなさい」

　ヌリガ王は答えました。

「私は今、罰を受けます。罰が終わったら幸福を手にしたいと思います」

　こうして私は、この井戸にトカゲの姿で落とされましたが、落ちる時に〝千年の後にヴァースデーヴァの子ジャナルダナがお前を救ってくれるだろう〟とヤマの声が聞こえました。

　こうして千年の間、トカゲの姿でしたがヤマの慈悲により記憶はそのまま残っています。今にして思えば、これはヤマ王の慈悲であったと分かります。多くの供犠、寄進だけでは、至上主であるあなたに到達することはできません。私は千年の間、私を救ってくださるあなたのことばかり想っていました。そしてあなたの慈悲により、私に触れ、私に言葉をかけてくださいました。無意識に罪を犯しましたが、素直に受け入れ償いをすることで大いなる恵みを与えていただきました。それでは主よ、そろそろ私の往くべきところへ旅立ってよろしいでしょうか？

　ヌリガ王は、ヴァースデーヴァの許可を得て天界へと昇っていきました。


　ビーシュマはユディシュティラに言います。

「息子よ。人は無意識の言葉、思い、自覚しない行為により人を傷つけるものだ。たとえ自分に自覚がなくても多くの罪を犯し、それを許されて生かされていると思い、謙虚に生きることだ。原因のよく分からない悪いことが身に降りかかっても、〝いくら考えても原因が分からない。だが無意識のうちに犯した罪が今、こうして現れたに違いない〟と諦め抵抗しないことだ。そうすれば何倍もの主の恩寵が下るだろう」

クリシュナ、バラモンに仕える

　ユディシュティラ王は、今度はヴァースデーヴァ

（クリシュナ）に問いかけました。

「おお、マドゥの殺戮者よ。ブラーフマナを崇拝することでどのような功徳があるのでしょうか。あなたは、この問題に詳しいと思いますので、お教えください」

ヴァースデーヴァは答えました。

よろしい。バラタ族の長よ。よくお聞きなさい。ある時、私の息子のプラデュムナが、あるブラーフマナに激怒し私のところへやってきました。

〝おお、何でもご存じの父上。ブラーフマナを崇拝することでどんな功徳や報酬があるのでしょうか。崇拝に値しないブラーフマナがいて、私はこの問題に心を揺らしています〟

ヴァースデーヴァは答えました。

おお、ルクミニーの息子よ。よくお聞きなさい。人が、正義、富、快楽、解放、名声、繁栄、病の治癒など人生の目的を達成しようと願うなら、ブラーフマナを満足させなければなりません。彼らはそれぞれが王であり、主である私の代理人なのです。私に身も心も捧げるブラーフマナに地上のすべての富、名声、業績が属します。彼らは過去、現在、未来、宇宙すべての知識を有し、怒ればすべてを灰にすることができます。

息子よ。かつて、私の家にドゥルヴァーサというブラーフマナが住んでいました。彼は緑と黄褐色の肌をして、ぼろ布をまとい、棒だけを持ち、髪は長く、ひどくやせ、地上の誰よりも背が高かった。

彼は公共の広場や集会場でいつもこう歌っていた。

〝私、ドゥルヴァーサを自分の家に住まわせ、もてしてくれる者はいないかな。私は、ちょっとした違反をされたら、すぐに怒ります。私を住まわせてくれる者は、私を怒らせないように細心の注意を払いなさい。さあ、そんな私を家に住まわせてくれるものはいないかな〟

誰も彼を招待する者はいませんでした。それで私は、気まぐれで怒りっぽいドゥルヴァーサを家に住まわせることにしたのです。

彼は、ある日、何千人分の食事を食べたかと思うと、次の日は全く食べない。家を出ていくと、しばらく戻ってこない。わけもなく笑うこともあれば、わけもなく泣くこともある。ある日、自分の部屋に戻るとベッドや布団、彼に仕える侍女達を燃やして出て行ってしまったのです。私が追いかけると、彼は、〝おお、クリシュナ。私は麦粉でできた粥を食べたい〟と言います。彼の心を察知した私は、すぐに屋敷に戻り召し使い達に命じて、あらゆる種類の食べ物と飲み物をブラーフマナのために準備しました。

いくらか食べた後、〃おお、クリシュナ。この粥をあなたの体全部に塗りなさい〃と彼が言ったので、私はすぐに食べ残しの粥を全身に塗りました。

次に怒りっぽいブラーフマナは、お前の母ルクミニーにも粥を全身に塗るようにと言いました。ルクミニーは素直に私と同じように粥を全身に塗りました。すると、彼はルクミニーに馬車の軛をつけ、自分は馬車に乗って、ルクミニーに馬車を引かせたのです。私の心をよく知るルクミニーは、悪意や悲しみ、彼を害したいという想いは微塵ももたず、言われた通りにしました。

馬車をルクミニーに引かせ、ブラーフマナは外に出たいと言い出しました。お前の母は馬車を引き、ふらつきながらも馬車を引いて道路を進みました。

この光景を見て、国民は怒りました。

〃こんなことをするブラーフマナがいるだろうか。いっそ、この世はブラーフマナだけにしてしまえばいい。誰も仕える者がいなければ、彼らはどうするだろう〃

しかし、ブラーフマナの呪いを恐れ、誰も何も言いませんでした。ルクミニーは道路でよろめき、何度も転びました。これに怒った彼はルクミニーを鞭で叩きます。

とうとう激高したブラーフマナは馬車を飛び降り、南に向かって裸足で逃げ出しました。

私達は、急いで彼を追い呼びかけました。

〃おお、聖なるお方よ。私達に何か落ち度があったのでしょうか?〃

クリシュナの呼びかけにドゥルヴァーサは振り返り言いました。

〃おお、ゴーヴィンダよ。私は、あなたに大いに満足しています。私は気まぐれで非常識な要求をしましたが、あなたの中に少しの怒りも見出せませんでした。あなたと奥方の名声は永遠に残るでしょう。私が壊し燃やしたものはすべて元に戻ります。また私の食べ残しの粥を塗った部分から死が入り込むことはないでしょう。おお、ゴーヴィンダよ。あなたは足の裏に粥を塗りませんでしたが、何かわけがあるのでしょうね〃

続いて偉大なブラーフマナはルクミニーに言いました。

〃おお、美しいお方よ。あなたの名声、美徳は女性の第一人者として末永く語りつがれることでしょう。老衰や病気、容色が衰えることは決してありません。あなたは、これからもあの世この世に渡ってクリシュナとともにあるでしょう〃

ドゥルヴァーサが、このように言うと、ルクミニーの体は美しく輝き出しました。

最後にドゥルヴァーサは、言いました。

〝おお、ケーシャヴァよ。これからもブラーフマナを大切にしてください。あなたが、そうすることで秩序が保たれるのですから〟

そして、聖なるブラーフマナは忽然と姿を消したのです。


それから、私とルクミニーが宮殿に戻ると、侍女も生き返り、彼が壊したものすべてが再生し、しかも以前より美しくなっていました。それを見て私は、これからもますますブラーフマナを敬おうと心に決めたのです。

おお、息子よ。このように真のブラーフマナは崇拝に値します。よほどのことがなければ彼らを敬い、布施し、要求を満たしてあげなさい。それから、ユディシュティラ王よ。

ブラーフマナを敬い保護し布施することで、国の秩序は保たれ、富み、繁栄します。どうか忘れないようにしてください。

＊ここでいうブラーフマナは階級でなく、悟った方、至上主のアヴァータラ（化身）とも言うべき方々です。今日でも、相応しくない人を信じ、全財産を布施して、自分の人生、家庭を崩壊させる例は枚挙に暇がありません。堀田和成先生は狂信、盲信にならないためには、まず理性を働かせよ、と教えています。そして、その上で信じたなら、とことん信じてみることです。自分の都合である時は信じ、ある時は信じないでは何も得るものはないようです。

ビーシュマ、クリシュナに帰天の許しを乞う

ユディシュティラ王の質問に次々と答え、多くの時が過ぎていきました。いよいよビーシュマが肉体を捨てるに相応しい太陽が北行し、月が満ちてくる吉兆な時が来ました。

クンティーの息子は、パーンドゥ兄弟の他、ヴァースデーヴァ、多くの聖仙、親族を大勢引き連れてビーシュマのもとにやってきました。

ユディシュティラの呼びかけに目をあけたガンガーの息子は、パーンドゥの長兄の手を取り言いました。

「おお、クンティーの息子よ。幸運を祈る。あなたには人の姿をとった至上なる主クリシュナがそばについている。何も心配することはない。

それから、ドリタラーシュトラ王よ。悲しむのを止めなさい。定められたことが起こっただけなのです。あなたの息子達は、自分の欲によって滅びたのです。正義はユディシュティラにあり、彼らは、あなたを大切にするでしょう」

そしてヴァースデーヴァを見て語りかけました。

「おお、聖なるお方よ。神々の中の神よ。すべての生物に崇拝されるお方よ。三歩で三界を覆うお方よ。あなたは唯一のプルシャであり、宇宙の創造者、配置者であられます。あなたは至高の神であり永遠に存在するお方です。

パーンドゥ兄弟をこれからもお守りください。そして彼らの、いや、すべての生物の避難所であり続けてください。おお、主よ。どうか私が肉体を去ることをお許しください」

クリシュナは答えました。

「おお、ガンガーの息子よ。あなたは、一度も間違いを犯さず、私の純粋な献身者でした。あなたは神々の世界に旅立ってください。あなたは不死の大聖者マールカンディヤのようです。あなたのこの世の義務を成就しました。死はあなたの思いのまま。どうぞ心安らかに旅立ってください」

ヴァースデーヴァの言葉を聞き、ビーシュマは最後にパーンダヴァ、ドリタラーシュトラに話しかけました。

「あなた方は、神理を自分のものにするよう努力してください。正しい行い、言葉、想念を心がけ、至高の主と偉大なブラーフマナとともに生きてください」

このように言うと、ビーシュマ様はヨーガの秘術により肉体から魂を抜け出させる準備を始めました。

主クリシュナに看取られたビーシュマの最後

ビーシュマは言いました。

「ここにいらっしゃるシュリー・クリシュナこそ人知を超えた太古なる主に他なりません。主は、源初のナーラーヤナ、究極の享受者でいらっしゃいます。しかし、今は私達の一人のように、ヴリシュニ王の末裔として生きていらっしゃり、その神秘力で私達を惑わせていらっしゃるのです。

　至上なる神であると同時に、主は生きとし生ける者のハートの中に臨在されています。そして主は自他を区別する偽我から遠離していらっしゃいます。そのため主のなさることはすべて、物質的酩酊から離れ、主はすべてに公平でいらっしゃいます。


　主はすべての人に慈しみ深い方ですが、私が死を迎えようとする今、親切にも私のもとにおいでくださいました。何故なら、私が永遠の主の献身者であったからです。

　主は、心のこもった献身、瞑想や聖なる御名を唱えることによって、臨終の時に献身者の心の中に現れ、輪廻の輪から献身者を救い出してくださいます。

　四本の腕と美しく飾られたお顔、眼は朝日のように赤く、微笑まれている私の主よ、どうか臨終の時までそばにいていただけないでしょうか」


　ビーシュマがユディシュティラ達にいろいろ話をしているうち、太陽の軌道は北半球に入っていきました。この時期は、神秘家が自らの意志で死ぬべきと希望する時期に他なりません。


　さまざまな道義を説き、幾千の戦場を駆けめぐり、幾千もの人々を守ってきた老将は、話を止めました。そして、一切の束縛を完全に離れ、すべてのことから心を放ち、しっかりと眼を見開いて目の前に立つ、光り輝く黄色の衣装をまとった四本腕のお姿の最高神シュリー・クリシュナを見つめました。

　主シュリー・クリシュナを一心に見つめ深い瞑想に入ると、彼はたちまちすべての肉体的不幸から解き放たれ、矢傷の痛みも和らぎました。こうして感覚の働きが止み、彼は死期を迎えた今、すべての生物の維持者である主に祈りを捧げました。

「今こそ、長い間さまざまなものや四姓の義務に縛られていた私の想い、感覚や意志を至上主シュリー・クリシュナに託します。主は常に御自身の内に満ち足りておられます。しかし、時に、この地上は主が創造されたにもかかわらず、地上に降誕され献身者の長として歓喜を堪能されます。

　主シュリー・クリシュナは、アルジュナの最高の友人です。主は、タマーラ樹に似た青みがかった超越的肉体を持って降誕されました。主の肉体は三界に住むすべての人々を魅了します。主の輝く黄色の衣、白檀で文様の描かれた蓮華のお顔に我が心を集中させたまえ。カルマの果報を求めることのなきようにさせたまえ。

友情から主クリシュナはアルジュナの御者として戦場に参加しましたが、馬の蹄の立てる埃で主のたなびく髪が灰色になりました。そして主のお顔は汗に濡れてしまわれた。私の射た矢傷も加わり、主はこれらの遊戯をお楽しみになりました。願わくば我が心が主から逸れることなきように。

友の命に従い、主シュリー・クリシュナは、アルジュナとドゥルヨーダナの兵士の居並ぶクルクシェートラの戦場へ歩を進めました。そして慈悲深き一瞥によって敵軍の生命を短くされました。これはただ敵を一瞥しただけで為されたのです。願わくば我が心が主から逸れることなきように。

アルジュナが戦場で目の前の兵士や将を見て無知の想いにとらわれた時、主は神理（バガヴァット・ギーター）を伝え、彼の無知を根こそぎにしました。どうか我が心が主の蓮華の御足に愛着しますように。

主シュリー・クリシュナ、救いを与える最高神よ。どうかあなたが私の最終目的地でありますように。

死を迎える今、私の最高の愛を至上なる主、シュリー・クリシュナに捧げます。私は我が心を、右手に鞭を持ち左手に手綱を手にし、さまざまな意味でアルジュナの戦車を守る御者となった主を念想いたします。クルクシェートラの戦場で主を見た人々は、死後に自分本来の姿を手にすることでしょう。

どうか我が心が主シュリー・クリシュナに傾注せんことを。主の行いと愛に満ちた笑みは、ヴラジャダーマの乙女達（ゴピー）を魅了しました。

マハーラージャ・ユディシュティラによって催されたラージャスーヤ・ヤジュナは、世界中の選ばれた人々、王家や知識階級の人々が集った最高の供犠祭でした。その供犠祭で主シュリー・クリシュナは、最も高貴な至上なる主としてみなの崇拝を受けました。私もその場に居合わせ、主を心に留める祭事として記憶しています。

私は今、目の前にいらっしゃるただお一人の方、主シュリー・クリシュナのみを瞑想することができます。何故なら私は思索家を含めあらゆる人のハートに宿る主の御慈悲によってマーヤを超えたからです。太陽は人によって理解が異なるかもしれませんが、太陽は一つです。それと同じように主はすべての人のハートに臨在しておられます」

このようにビーシュマデヴァは、その心も言葉も視覚も活動もすべて内に臨在する主、至上なる主シュリー・クリシュナに没入しました。そして黙し、彼の呼吸は止まったのです。

ビーシュマデヴァが永遠なる絶対神理の中に溶け込んだのを知り、そこにいたすべての人々は、日没を迎えた鳥のように沈黙しました。

それから人々や神々は敬意を表してドラムを叩き、誠実なる王族階級の人々は尊敬と栄誉を讃え行進を始めました。空からは花々がシャワーのように降り注がれました。

ビーシュマの亡骸に別れを告げた後、ユディシュティラ王は、しばしの間、深い悲しみにつつまれました。すべての偉大な聖者方は、ヴェーダの賛歌を捧げ主シュリー・クリシュナを讃えました。そして心にいつも主クリシュナを思いながら三々五々帰路につきました。

ユディシュティラ王は、主クリシュナとともに居城に戻り、叔父や叔母、苦行者ガンダリーを慰めました。

この後、信仰深き王ユディシュティラは、叔父が示し主シュリー・クリシュナが認めた法に従って王国を威厳と威光をもって統治しました。

＊死の前に主クリシュナを念想する者は迷わず、善き世界にいくと教えていただいていますが、ビーシュマがよい例と思います。

クリシュナ、ガンガー女神を慰める

ビーシュマの魂が自らのヨーガによって肉体を離れ、天に昇ったのを観て聖仙達は、「すばらしい」「すばらしい」と感嘆しました。

ユディシュティラ王達は、ガンガーの息子の遺体を荼毘にふし、ガンガー河の畔に運びました。主クリシュナ、聖仙ヴィヤーサ、ナーラダ、パーンダヴァ、縁ある女性達、大勢の国民達の見守る中、ガンガーの水を注ぐと、悲しみに溢れたガンガー女神が現れました。「おお、罪なき者達よ。私の息子はクシャトリヤの気質を持ち、智慧と勇気に溢れ、歴史や神理・道理に通じていました。父王の願いを察し、跡目を巡る争いを避けるため王位を譲り、生涯独身を通しました。武器をとっては、あのパラシュラーマにさえ負けることはありませんでした。その愛する息子がシカンディンに殺されてしまったのです。それなのに悲しみに心が折れない私は、なんて薄情な母なのでしょう」

ガンガー女神の嘆きを聞き、ヴァースデーヴァは慰めました。

「おお、美しき女神よ。悲しまないでください。あなたの息子は至福の世界に旅立ったのです。彼はある呪いにより人々の中に生まれましたが、間違いなく神の一人でした。あなたの息子はシカンディンに殺されたのではない。私の意志によってダナンジャヤ（アルジュナ）が倒したのです。彼はクシャトリヤとしての義務を果たし、私心なき義務の遂行がどのようなものか、身をもって示してくれました。彼は私の純粋な献身者であり、彼の名声、生き方は永遠に人々の規範になります。私が保証いたします。ああ、麗しい母よ、どうか悲しまないでください」

クリシュナの言葉にガンガー女神は慰められ、嘆くのをやめました。

そして、ユディシュティラ始め、クリシュナ、聖仙、パーンダヴァ、その他の大勢の参列者達はガンガー河を後にして、それぞれの住まいに戻っていきました。

アヌ・ギーター

クルクシェートラの大戦が終わっても主クリシュナはハスティナープラに数カ月留まり、傷ついた人々の心を癒し、ユディシュティラの王国管理がうまく軌道にのるまで一緒にいたようです。本当に親切で思いやりのあるお方です。

さて、いよいよドヴァーラカーに戻ろうという時、アルジュナは何とバガヴァット・ギーターを忘れたのでもう一度説いてほしいと頼みます。これに対してあのギーターは、非常に高い境地で説いた教えであり、同じ内容をもう一度説くことはできない。だが、それに関連した話をしようと語られたのがアヌ・ギーターです。

アルジュナがバガヴァット・ギーターを忘れたのは本当のようで、忘れたことがバーガヴァタ・プラーナにも二カ所ほど出てきます。クリシュナが亡くなってからまたバガヴァット・ギーターを思い出したと記述されています。

これはどうしてでしょう。私見を述べさせていただければ、主クリシュナは地上にいる間は至上主であることを伏せておきたかったからではないかと思います。主であることを隠して黙々と役割を果たし、献身者との愛の交流を楽しみたかったのではないか、このように思えてなりません。

主御自身が地上にある間は、ギーターは必要なく、主が帰られて初めて神理として世に広まるように意図されたのではないかと思います。

アヌ・ギーターは意味不明の文章が多く困りました。そのため分かりにくい部分は削除し編集し直しました。元の長さの半分以下になっています。

・アヌ・ギーター　その（一）

アヌ・ギーターの始まり

クルクシェートラの大戦の後、プリターの息子（アルジュナ）は、天国のような宮殿で大いなる喜びに満たされ、クリシュナとの交際を楽しみました。

おお、王よ。ある時、彼らは取り巻きに囲まれ楽しそうに豪華な宮殿のある場所に行きました。パーンドゥの息子アルジュナは、クリシュナを伴い、その愛すべき宮殿を見渡し、次のように語りました。

「クリシュナ様！　クルクシェートラの戦争が始まろうとする時、私はあなたの偉大さ、あなたの神聖なお姿に気が付きました（クリシュナが至上主であること）。しかし、おお、ケーシャヴァよ。私は、あなたが私への好意故に語ってくださった神理（バガヴァット・ギーター）をすべて忘れてしまって思い出せないのです。私の愚かな心から神理が消えてしまったのです。私は何度も何度もあなたの述べた神理を思い出そうとしましたが思い出せず、またお聞きしたいと思っていました。

おお、マーダヴァよ！　ですがあなたは遠からずドヴァーラカーに立とうとしています」

アルジュナの話を聞き、偉大な栄光を持つ最高の語り手クリシュナは、微笑みながら、次のように言いました。

ヴァースデーヴァ（クリシュナ）曰く、
おお、プリターの息子よ。君は私から、神秘を聞き、永遠の神理、本当の信仰、そして永久不変の世界のすべてを学んだのだよ。君の知性が足らず、神理を会得できずに忘れてしまったとは非常に残念だ。

おお、パーンドゥの息子よ！　本当に君は信もなく、愚か者と言われても仕方ないぞ。

もう一度語ってほしいということだが、今、あの時述べた神理を同じように語るのは難しい。何故なら、あの神理はブラフマンの境地に立って初めて完全に語れる内容なのだからね。あの時、私は神秘力を使って、至高ブラフマンについて君に語ったのだよ。

あの時と同じようなやり方で再現するのは難しい。しかし、あの時述べた神理（バガヴァッド・ギータ－）に関連する昔の物語を語ろう。それを聞けば、君は最終ゴールに到達するだろう。今度は私の語ることをすべて注意深くお聞きなさい。

おお、敵の征服者アルジュナよ。昔、一人の偉大なブラーフマナがいて、彼はみなに敬われていた。ある時、ある優れたブラーフマナが天界の規則に従い彼に質問したことがある。私もその場に居合わせたのでよく覚えている。その質問に対して彼が語ったことを疑いの心を抱かずよくお聞きなさい。

大変な苦行を為し、真の信仰を最も理解したカーシャパというブラーフマナが聖典の定める義務に精通したあるブラーフマナを訪ねました。

その偉大なブラーフマナは、古今のあらゆる知識と歴史に通じ、全世界の性質に精通し、幸福と悲しみを知り、生と死の真実を知り、功績と罪について熟知し、肉体を持った魂の意識の高低とその活動を知り、解放された存在として至るところを訪れ、完成に至っており、感覚を抑制し穏やかで、ブラフマンの輝きを放ち、世界中を転々とし、隠れた動きを理解し、不可視のシッダ（完成者）や天界の歌い手とともに歩み、人の知らない場所で彼らと座談し、好きなように放浪し、風のように特定の場所に執着していません。

生まれながら禁欲と心の集中を身につけた聖者に近づき、その偉大さを悟り、再生族の最高の人物カーシャパは、真の信仰を得たいと願い、彼の足下に跪きました。

この驚くべき人物に驚嘆し、最高のブラーフマナ、カーシャパは全身全霊で献身し師を喜ばせました。それは、正しい行為と神聖な教えを授かるにすべて相応しいものでした。

おお、敵を恐れさせる者（アルジュナ）よ！　偉大なブラーフマナ（師）は、カーシャパの純粋さと師に対する適切な振る舞いにたいそう喜びました。弟子の心と献身に満足し、彼は最高の完成に関する次のような教えを説いたのです。

師曰く。

おお、愛する友よ。死すべき運命の者は、三グナの混じり合った活動の結果この世界に生まれ、善行によって神々の世界の住人となります。しかし、そこには永遠の幸せもなく不朽の住まいもありません。苦労して手にした高い境地から何度も何度も転落します。私は、貪欲と怒りに翻弄され、希望に欺かれ、犯した罪の結果として不快で悩み多い人生へと落ちていきました。

何度も何度も死に、何度も何度も生まれました。私は無数の種類の食べ物を食べ、多くの乳を吸い、さまざまな種類の父と母の間に生まれました。

おお、罪無き人よ！　私はそれぞれの人生で誤った歓びと悲しみを経験したのです。何度も愛する人々と別れ、嫌いな人々と一緒になりました。苦労して手に入れた富を失い、王族や親戚に苦しみ、不名誉を受け、精神的肉体的に大変な苦痛を経験しました。

私はまた驚くべき侮辱を受けたり、囚人になったり、すさまじい死も幾度も経験しました。私は地獄に落ち、ヤマの住居で苦痛を味わいました。私はまた老いの苦しみ、長い病、相反するものからくる無数の不幸を体験してきました。

そしてある時、悲惨な状況にたいそう苦しみ、神理を避難所とし、この世の対象に無執着になることで、この世の人生を放棄したのです。この世で神理を学び実修し、真我（アートマン）の導きを通して現在の完成を手にしたのです。私は再びこの世には生まれてこないでしょう。世界を見渡し、被造物（非実在）から完成（実在）へと移行したのです。

おお、再生族の最高の者よ！　こうして私はこの高い完成に至りました。これから私は次の世界へと移り、そこからさらに高い世界、不可視のブラフマンの世界へと移行します。これには疑いはありません。私はこの死ぬべき世界には戻ってきません。

私はあなたの訪問を喜んでいます。おお、偉大な知性を持つ者よ！

私はあなたに何ができるでしょうか？　言ってください。あなたは私のもとを訪れ、何を私に望んでいるのですか？　質問してください。私はあなたが私を訪ねた理由を知っています。しかし、私はもうじき旅立つでしょう。ですから今、私はあなたにヒントを与えたのです。

おお、賢者よ！　私はあなたの行為がとても嬉しいのです。心配しないで質問してください、あなたの望むことには何でも答えましょう。あなたは私のことを理解しており、私はあなたの知性を敬い、敬意を表します。おお、カーシャパよ！　あなたは才能豊かな人です。

霊子線の切れる時とその後

ヴァースデーヴァ（クリシュナ）曰く、

それから、カーシャパは師の御足に頂礼し難しい質問をしました。そして最高の信仰者はそれらのすべてに答えたのです。

カーシャパ曰く、

肉体はどのようにして死に、またどのように誕生するのでしょうか？　この悩ましい世界をさすらう者が、どのようにして解脱を得るのでしょうか？　解放された性質を持つ真我が、どのように肉体に宿るのでしょうか？　そして肉体を去り他の肉体をどのようにして手に入れるのでしょうか？　人は自分が為した善悪の活動をどのように楽しむのでしょうか？　そして肉体を離れた人の行為はどこに残るのでしょうか？

クリシュナ曰く、

おお、アルジュナよ！　このように質問され師はこれらの質問に一つ一つ答えました。彼の言ったことを私からお聞きください。

師曰く、

人がこの世の人生で為した活動は、彼が他の肉体を得た後、完全に忘れ去られます。そして彼は過去に自分が為した活動と反対の性質を持つ活動を為します（償いの人生を歩むこと）。しかし彼自身は今生の人生を消費しても残ります（魂は死んでも死なない）。まさに肉体を去ろうとする時、彼の知性は道に迷います。

本当の自己の性質や強さを知らず、季節感覚がないように自己をコントロールできない人は、さまざまな悩ましい活動に愛着し、自分にとって有害な活動を時を選ばず為していきます。

食べ過ぎたり全く食べなかったり、悪い食べ物、肉、飲み物、食べ合わせの悪い食べ物、体に良くない重い食べ物、前の食べ物が十分消化されていないのにまた食べたり、運動し過ぎたり、活動に執着して制御しなかったり、長く活動し過ぎたり、定期的排泄を止めたり、水っぽい食べ物を食べたり、昼まで寝たり、調理していない食べ物を食べたり、このような人は時至り、肉体のさまざまな障害に悩まされます。肉体の障害が増すことで死に至る病を患い、また自らを滅ぼすような不適当な活動に没頭するでしょう。このような原因によって、肉体は滅びます。

死の時、肉体に燃える熱は鋭い風によって体内を巡り肉体に充満し、生命エネルギーの流れ（五種の気流）のすべての動きを阻害します。そしてその非常に強い熱が体内で燃えると、魂の生命源（魂と肉体を結ぶ霊子線の接続部分）を焼き広げます。それから苦痛に満たされた魂は、すぐさま腐敗しやすい肉体から抜け出します。これは真実だと知りなさい。

おお、再生族最高の者よ！　生命源が焼き広げられた時＊、肉体の中の魂は苦痛に圧倒され肉体を捨てるのです。

＊この時、神の火花のようにスパークすると思われる。

おお、再生族の長よ！　すべての生物は生と死の輪廻に苦しみます。肉体を捨て、あの世でこの世のカルマを償った時に次の胎に宿るのです。そしてまた同じように苦しみ、関節はきしみ、寒さに震え、水に溶け込みます。五大元素の緻密な構造は壊れ、五大元素の間を上下に流れる生命エネルギー（気流）は乱れ、寒さは増し、鋭い風に煽られ、上方へ行き、痛みの中で肉体を捨てます。こうして息をしなくなった肉体を離れます。

冷たくなり、息をしなくなり、美しさを欠き、意識が破壊され、ブラフマンに捨てられた状態を死と呼びます。そして彼は、感覚の対象を知覚する電流が途絶え、知覚を消失します。

肉体は死体となっても、肉体の中の魂と生命エネルギーは保護されます。肉体のあらゆる部分が生命源に集まり使われていると聖典に述べられています。それらの傷ついた肉体から生命エネルギーが出てきて、魂の内に入り心臓を遮断します。そして意識の所有者（魂）は何も覚えていません。

彼の知識は闇に覆われ、生命も覆われ、魂は安定した座を持たず、熱風に揺り動かされます。そして彼は非常に深く恐ろしい喘ぎをして、彼が出て行く時、意識のない肉体を揺らします。

肉体を離れた魂は、彼自身の活動（純粋で賞賛に値する行為、罪深い行為の両方とも）に囲まれています。智慧あるブラーフマナは神理を学び、自分自身が為した善悪の行為によって自分は刻印されていると確信しています＊。

＊想念体にすべて記録されているということ。

眼を持つ者は蛍が闇のあちこちで明滅していると分かります。智慧の眼を持つ者もこれと同じです。聖なる眼を持つシッダは、魂が肉体を離れ、魂が胎に宿り、生まれると観ます。

この世は生物が住む活動の世界です。肉体を持った全生物は、この世で善悪の行為を為し、その結果を受け取ります。この世で自分自身の行為によって得られる高級低級の果報を手にするのです。そしてこの世で悪い行いを為した者は、その行いによって地獄に行きます。そして低い地（地獄）で苦しみます。地獄から抜け出すことは非常に困難であり、人は地獄に落ちないように注意すべきです。

私は生物が往くべき場所を正しくお話ししました。私の話からあなたは最高の知識と活動に関する結論を学ぶでしょう。すべての星々、自らの光でこの世を照らす月や太陽は、善い行いをした人々の住まいと知りなさい。しかしこれらの星に住んでも、徳が尽きた時は何度も何度も落ちていきます。そしてまた天国にも上中下があります。しかし、そこで壮麗な輝きを見たとしても満足はありません。

私はあなたにこれらの世界を明確にお話ししました。続いて胎児についてあなたにお話ししましょう。おお、再生者よ！　今からお話しすることを注意深くお聴きなさい。

人の誕生と輪廻からの解放

「善不善の活動（行為）は消え去ることは決してありません。他の肉体からある肉体に生まれ変わった時、それらの活動（カルマ）は、それぞれに応じて熟成、結実されます。果樹はたくさんの果実を実らせますが、同じように純粋な心で為された活動（行為）は結実します。同様に罪深い心で為された活動も結果として実を結びます。活動（行為）は避けて通れないため、心が重視されるのです。

次に活動（行為）を余儀なくされ欲望と怒りに覆われた人がどのように胎に入るのかお聴きなさい。

婦人の胎の中で、彼は過去の活動の結果として優劣な肉体を手に入れ、力強い精子と血液を造り出します。彼はブラフマンに帰属する肉体を得ますが、ブラフマンは精妙、不可視であり、何ものにも執着せず、永遠です。それは全生物の種であり、それによって生物は存在するのです。

魂は胎児の四肢、各部分に入り、生命エネルギーの中に居住し、心とともにそれらを支持します。

それから胎児は意識を持つようになり、四肢を動かします。溶けた鉄が鋳型の中に注がれるように、魂が胎児の中に入っていくことを知りなさい。火が鉄球の中に入り、鉄球を熱するように、魂が胎児の中に顕現することをあなたは理解しなければなりません。

炎の光が家の中を照らすように、意識が肉体を照らします。そして彼が前世で為したすべての行為、それが善であろうと悪であろうと何であれ、その結果を楽しんだり苦しんだりしなければなりません。そしてそれらの原因が果たされても、最終解脱のため心を集中する実践の中で信が不動とならない間は、他の活動（物質的活動、カルマ）が再び集まってきます。

おお、人の中で最高の者よ！　それに関連して、私はあなたに輪廻の渦に巻き込まれた人が幸せになる活動（行為）についてお話ししましょう。

喜捨、苦行、性欲をコントロールした生活、聖典の定めた規則の厳守、感覚の抑制、静謐、万物への憐み、自己抑制、害心の放棄、他人の富を盗むことを止めること、この世のあらゆる生物に対して想いにおいてさえ誠実に振る舞うこと、父と母を敬うこと、神々や客人を崇め、師を敬うこと、同情、清浄、常に器官を抑制すること、善い原因となることを為すこと。これらは善き行いと言われています。これらの行為によって、人を永遠に保護する信仰が生まれます。

こうして人は、善き行いの中に信仰を見出し、善き行いによって信仰は永続するのです。善を厳守する実修は信の何たるかを示してくれます。

善い行いの中に、永遠の信仰に至る道があるのです。永遠の信仰を手にしたものは悲惨な終末を迎えることは決してありません。善なる行いを為すことで、人は信仰の道からすべり落ちることを予防できるのです。

しかし、束縛から離れた献身者はこれより高い段階であると尊ばれます。敬虔で善き行いを為し解放に至る道は、長い時間を必要とします。こうして生物は過去世に為した活動の結果と常に遭遇します。そしてそのうちの一つの原因によってこの世に意識を下げた姿として生まれてくるのです。

では、この世に肉体を持ったもともとの原因は何なのだろうという疑問があります。

話を進めましょう。

全人類の父祖ブラフマンは、自分の肉体を創り、動不動、三界のすべてを創造しました。それからすべてに浸透しあらゆる具現化の物質的原因、物質世界で最高のものと知られるプラダーナ（グナの平衡状態）を創造しました。このプラダーナは可滅のものと呼ばれますが、ある人々は不滅で破壊できないものと説いています。

そして最初の創造神プラジャーパティが、動不動すべての生物を、それぞれ一対（雄雌）ずつ創造しました。これは太古の昔から言われていることです。さらに父祖ブラフマンは、それぞれの寿命と移住地、収入を定めました。

私の述べたことはアートマンを悟った聖者の言葉と同じようにすべて正しく適切です。

喜び悲しみは常ならず、肉体は不浄の集合体であり、物質的活動への執着は破滅を招き、ささいな幸福はすべて悲惨なものと知る者は、渡り難いこの世の恐ろしき大海を渡りきることでしょう。

プラダーナを理解する者は、生と死、病に襲われてもただ一つの意識（真我、アートマン）を観ます。そして、アートマンを見出し、すべてのものと一つになります。

おお、人の中で最高の者よ！　それに関して正確にあなたに伝えよう。おお、ブラーフマナよ！　私が今から話す永遠不滅のアートマンに関する知識を余すところなく学び取りなさい」

永遠不滅のアートマン

「静穏で余計なことは考えず、過去の要素（カルマ）を捨てている者は、唯一の避難所（至上主）に溶け込み、あらゆる束縛を超えていくでしょう。

万物の友であり、あらゆるものに耐え、静穏に努め、感覚を制御し、恐れから離れ、怒りを捨て、本当の自己を知る者は解放されています。

万物をあたかも自分自身のように観て行為し、自己制御し、純粋、自惚れと偽我から離れている者、彼はまさしく万物から解放されています。

また生と死に対して平等に観る者、同じように歓びと苦しみ、獲得と喪失、好ましいものと憎らしいものを平等に観る者は解放されています。

彼は何ものにも愛着せず、誰も軽蔑せず、相対観から離れ、愛着から自由な者、彼はまさしくあらゆる点で解放されています。

敵を持たず、親族もなく、子供もなく、現世利益信仰、富、欲望をともに捨て、望みを持たない者は解放されています。

過去の業績と罪を捨て去り、肉体の粗大元素の消耗に心動かさず、二元相対から離れている者は解放されています。

果報的活動を避け、この世的な望みを持たない者は、誕生、死、老化に満ちたこの宇宙をアシュヴァッタ樹のように一時的なものと観ます。

このように理解し常に感覚対象に無関心を保ち、自分の悪いところを修正する者、彼は遠からず束縛から自己を解放するでしょう。

自己（真我、アートマン）を、匂いなきもの、味なきもの、触なきもの、音なきもの、所有なきもの、色なきもの、認識し難きものと観る者は解脱しています。

自己（真我、アートマン）をグナの享受者、グナを持たず、五大元素から離れ、姿なく、原因なきものと観る者は解脱しています。

正智によって精神的肉体的愛好を捨て、燃料のなくなった火のように、彼は徐々に静穏を得ます。

あらゆる印象（想念体に刻まれたカルマ）を離れ、二元相対から自由で、所有せず、苦行によって感覚行為器官に束縛されない者はまさしく解脱しています。

すべての印象から解放され、彼は永遠、静穏、不動、常在、不滅の至上ブラフマンを悟ります。

これより、心の集中の科学＊と集中した献身者がどのように真我（アートマン）を知覚するか説明しましょう。正確に伝えるつもりです。自己の中の自己（アートマン）を知り、神理を知る道を私から学びなさい。

＊パタンジャリのヨガ・ストラのダラーナ（集中）に相当する。アートマン（主クリシュナ）を知るには、主に心を集中して逸れないこと。

感覚を制御し、人は真我（アートマン）に心を集中しなければなりません。最初に厳しい苦行を行い、最終解脱のため心を集中する実修をすべきです。苦行を為し常に心を集中させる訓練をしている才能豊かなブラーフマナは、精神集中（ダラーナ）の科学の教えに従い、心を用いて自己の中の自己（真我、アートマン）を観なければなりません。このような善き修行者は、自己の中の自己（アートマン）に集中できるようになり、この優れた瞑想が習慣となることでアートマンを知覚します。

自己抑制、自足円満、常に心を集中すること、感覚の抑制により、高度な心の集中に達した者は、アートマンを観ます。

夢の中である人を見て、後からその人物を見つけ『この人は彼（夢の中の人）だ』と言います。このようにある精神集中の段階に達した人はアートマンを知覚します。

ムンーガ（植物の名）を引っ張ると柔らかい繊維が引き抜かれてきます。同じように献身者は肉体から真我を引き出し観ます。ここではムンーガは肉体、柔らかい繊維が真我に当たります。これは精神集中を成し遂げた人々が述べる優れた比喩だと思います。

肉体を持つ者が真我を知覚した時、彼を支配する者は誰もいません。何故なら彼が三界の主になるからです。彼は彼の好みに応じてさまざまな肉体を手にし、老いと死を克服し、悲しみ過ぎることも喜び過ぎることもありません。精神集中と自己抑制を成し遂げた者は、必要とあれば神々さえ創造し、一時的な肉体を捨て、不滅のブラフマンに達します。

万物が破壊されても彼に恐れはなく、万物が苦しんでも彼は何物にも苦しめられることはありません。

アートマンに集中し、執着から離れ、静謐な心を持つ者は、苦痛と悲しみをもたらす執着と愛着の恐ろしい影響に揺り動かされることはありません。武器も彼を貫くことはできず、彼には死もありません。彼以上に幸せな者はこの世にはいないでしょう。

アートマンに精神集中し、アートマンに心を固定する者は老いと悲しみから離れ、平安で静寂です。この肉体を離れ、また随意に肉体を持ちます。精神集中（ダラーナ）を実修する者は決して落胆してはいけません。一心集中しアートマンを知覚した時、彼は直ちにインドラ神に対する執着さえ捨て去ります。

貯蔵室に何か宝物を置いた者は、心はその財産のことばかり思います。それと同じで心を真我に置き、その他の雑念を抑制する者は、逸れることなく真我を探求するでしょう。

このように辛抱強く自己に歓びを観る者は、プラダーナ（グナの平衡状態）を理解し知覚した後、そう遠からずブラフマンを手にするでしょう。彼は眼やその他の感覚器官にとらわれることはありません。灯りとしての心によってのみ、偉大な自己（真我）は知覚されるのです。真我は、この世のあらゆるものに浸透しています。

魂は肉体の中に真我を見出し、肉体を捨て、真我を知覚し、真我（アートマン）を完全なるブラフマン、あるがままの存在（内在する主）、精神的歓びとして保持します。そしてそれを拠り所として彼は主の内に最終解脱を手にするのです。

おお、ブラーフマナの最高の者よ！　この神秘のすべてを私はあなたにお話ししました。私はそろそろ立ち去ろうと思います。私は行きますが、あなたも好きなように行きなさい」

師はこのように語り、偉大な苦行を為す弟子、厳格な誓いを守るブラーフマナ（師）は、気の向くまま立ち去りました。

ヴァースデーヴァ（クリシュナ）曰く、

おお、プリターの息子よ！　最終解脱に至る信仰に関する優れた言葉を残し、その最高のブラーフマナは去りました。

愛するアルジュナよ！　君は一心集中してこの話を聞きましたか？　戦場で君は戦車に座り、私からこれと同じ教えを聞いたはずだよ。

おお、プリターの息子よ！　混乱している者、最奥の純粋なる自己についての知識を持たない者がこの教えを理解するのは困難だろう。

おお、アルジュナよ！　永遠のブラフマン（主クリシュナ）は最高のゴールであり、肉体に無執着となった者は、不死と永遠の至福に到達するでしょう。

この教えに従う者は、罪深き生まれ、女性、ヴァイシャ、シュードラであっても究極のゴールに到達するであろう。

・アヌ・ギーターその（二）

ブラフマンと聖者達の問答

アルジュナ曰く、

あなたのご好意により、私の心は神理に対してとても興味を覚えています。どうか、知識の最高の対象であるブラフマンについて説明していただけませんか。

ヴァースデーヴァ（クリシュナ）曰く、

これについても最終解脱について師と弟子の間でなされた古い話がある。忘れずに注意深くお聞きなさい。

おお、敵を恐れさせる者よ！　ある天稟の才を持つ弟子が、誓戒を厳格に守るブラーフマナの師が座している時に、最高の善とは何か尋ねました。

「私は最高の善を求め、尊敬すべきあなたのもとに参上しました。おお、最も優れたブラーフマナよ！　私の質問にお答えいただきますよう伏してお願い申し上げます」

おお、プリターの息子よ！　師は弟子に次のように答えました。

「おお、再生族の者よ！　私は、あなたの疑問のすべてに答えましょう」

クリシュナ曰く

おお、クル族の最高の者よ（アルジュナ）！　師に献身奉仕する弟子は、師にこのように言われ、自己を束縛していた質問をしたのです。

おお、偉大な知性を持つ者よ（アルジュナ）！　その質問をお聞きなさい。

弟子曰く、

私はどこから来たのでしょうか、そして師はどこからおいでになったのでしょうか？　至高の神理が何なのかどうかお教えください。動不動の生命体は何から生まれたのでしょうか？　おお、最高のブラーフマナよ！　何が神理で何が苦行なのでしょうか？　純質（サットヴァ）と呼ばれているものはどのようなものでしょうか？　幸せの道とは？　喜びとは、そして罪とは何でしょうか？

おお、誓戒を守る尊敬すべきブラーフマナよ！　私のこれらの疑問にどうか正確に厳密に快くお答えください。これらの質問に答えることができるのはあなたの他に誰もいません。

おお、信仰を理解する最上のお方よ！　どうかお話しください。私はこれらのことに非常に興味を覚えるのです。あなたは最終解脱に必要な信に関する世界中の有益な話に心を砕いておられます。そしてすべての疑問を破壊できるのはあなたの他にはいらっしゃいません。私はこの世の生活を恐れ、最終解脱を熱望しているのです。

ヴァースデーヴァ（クリシュナ）曰く、

おお、プリターの息子よ！　おお、クル家の長よ！　おお、敵を従える者よ！

その優れた師は、彼に教えを乞おうと近づき、適切な質問をなし、教えを受ける資格を有し、静謐で、礼儀正しく振る舞い、神の加護を受け、自己を鍛錬する苦行を為すブラフマチャーリンの弟子の質問すべてに正しく答えたのです。

師曰く、

あなたの質問に対する答えはすべてヴェーダの知識に関連し、実在の考察を含み、偉大な聖者方によって熟成され、ブラフマンによって明らかにされたものです。

私達は知識（神理）こそ最高のものであり、最良の苦行は放棄と考えます。そして彼は、知識の真の対象は征服できないもの、万物に留まる自己（アートマン）、そしてどこにでも行くことができ、最も高きもの、尊ばれるものと確信しています。万物に留まりかつ個別であり、おなじく唯一でありかつ多彩であるもの（ブラフマン）を知覚するものは悲惨から解放されます。

何も望まず何物に対しても執着を持たない者は、この世にいながらブラフマンに吸収される資格を持つようになります。自然の性質（グナ）についての真実を知り、万物の創造（創造者と被造物の違い）を理解し、あれこれは私のものという考えを持たず、自我を捨てた者は解放されます。このことに疑いはありません。

私はあなたに過去、現在、未来についての真理、さらに多数のシッダ（成就者、完成者、覚者）によって理解された信、望み、富について今から説きましょう。

その知識（神理）は古代から継承され、永遠であり、感得される『何か』であり、優れた人々を完成へと導いた知識です。

昔、ブリハスパティ、バラドヴァージャ、ガウタマ、そして同じくバールガヴァ、ヴァシシュタ、またカシャパ、ヴィシュバーミトラやアトリ等の聖者が神理を求め一同に会しました。彼らは神理を求めさまざまな道を歩み、自己の活動に疲れていたのです。

そしてこれらの再生族の聖者方は、アーンギラサを先導としてブラフマン（ここではヴィシュヌ神）の住まいに行き、すべての罪から解放されたブラフマンにまみえました。くつろいで座っている至高の魂に挨拶し、偉大な聖者達は、謙虚に彼に最高の善に関する重大な質問をしたのでした。

「人は善き活動をどのように為すべきでしょうか？　人は罪からどのように解放されますか？　私達にとって最も幸福な道はなんでしょうか？　何が真実で何が罪でしょうか？　どのような活動によって北行、南行の道を得るのでしょうか？　そして何が破壊で何が解放でしょうか？　生物にとって生と死とは何でしょうか？」

クリシュナ曰く、

聖者達にこのように尋ねられ、どのようにブラフマン（ヴィシュヌ神）は励まし、神理を述べたか、私はあなたに語りましょう。おお、アルジュナよ！　お聞きなさい。

ブラフマン曰く、

神理（至上主）から動不動の生命体が生まれます。彼らは苦行によって生きます。おお、優れた誓戒を守る者達よ！　そのように理解なさい。彼らは自らの（苦行）によって、自らの本性である超越性を保ちます。

ブラフマンは真理で、苦行も真理、プラジャーパティもまた真理、生命体は神理（主クリシュナ・ヴィシュヌ）から生まれ、万物からなる宇宙も真理です。

それ故怒りとイラツキから離れ、心を集中し、自分を信仰（主へのバクティ）に捧げるブラーフマナは神理に満たされています。

私は、互いに自制し合い、知識を有し、信を確立し、常に人々の創造者たるブラーフマナについて述べましょう。

私は知識の四つの枝、カースト制度と呼ばれる四つの階級についてお話しましょう。

また四住期についてもお話しします。四つ住期の第一は、ブラフマチャーリン（学生期）と呼ばれ、第二は家長期、その次は森住期、それから最も高い段階が次で、遊行期と呼ばれます。

おお、再生族の方々よ！　私はあなた方に、喜びに満ちた幸せの道、古代の聖者達がブラフマンとの合一を目指して歩んだ不変の道を説きましょう。おお、高貴なる方々よ！　私は理解し難き最高の道、最高の座を説くので、よく学びなさい。

三グナとタマス（翳質）

ブラフマン曰く、

公平中立で不可知、すべてに遍満し、不朽不変の原理（ブラフマン）は、九つの門を持つ街（肉体）、三つの性質（三グナ）と五つの構成原理（五大元素）、識別力としての心、統御者としての理性に展開していくと理解なさい。

翳質（タマス、暗質、翳質、無知）、激質（ラジャス）、純質（サットヴァ、善質）は三つの性質（三グナ）と呼ばれ、互いに対になり、一つの性質は他の性質に仕え、互いに依存し、互いに付き添い、互いに結びついています。

善質は翳質と対し、激質は善質と対し、善質は激質と対し、翳質は善質と対します。翳質が抑制された時、激質が優位になります。激質が抑制されると善質が優位になります。

翳質は無知（不分明）から成ると理解なさい。翳質は迷妄とも呼ばれます。その性質は不信心で罪深き活動を為します。それはまた他の性質（激質、純質）と混じって現れます。

激質は活動より成ると言われ、継続的活動の原因です。万物の間で激質が優位となると、その性質は生産となって現れます。

光、明るさ、信などは万物の間では純質の性質であり、その性質が優位になると善い人と受け入れられます。

三グナの性質をこれから述べましょう。

迷妄、無知、施しを求めること、優柔不断で行動しないこと、寝てばかりいること、傲慢、恐れ、貪欲、悲嘆、善い行いを見てはあら探しをすること、過去に執着すること、知性の未成熟、虚無主義、法を破ること、差別意識、無分別、程度の低い行為、正しい行為によらない業績への誇り、神理に無関係の知識への誇り、不親切、邪悪な性質、狂信盲信、偽の悔悟、思いやりのない率直さ、好奇心、罪深い行為、霊的なものに興味を持つこと、無感動、倦怠、自縛、堕落の道を歩むこと、おお、ブラーフマナよ！　これらの性質はみな翳質（タマス）と考えなさい。

また、この物質界の至るところで見られる迷妄に基づいた心の状態は何であれ、翳質とみてよいでしょう。

常に神やブラーフマナ、ヴェーダの悪口を言うこと、楽を求めること、自惚れ、迷妄、怒り、同じように人に大目に見てもらおうという思い、人々への悪意などは、翳質の産物です。また無分別に行動したり、贈り物をしたり、食べたりすることは何であれ翳質の産物と考えられています。

悪口、自己弁護、悪意、見栄、狂信盲信もまた翳質の産物と考えられています。この世界に住むこのような人は何であれ、罪深き活動の行為者です。そして法を破り、翳質にとらわれています。

私は、これからこのような罪深き活動を為す人々がどのような胎に生まれるか述べましょう。

彼らは地獄（獣に生まれること）、またはそれ以下の地獄に行きます。または不動の生物、動物、荷をかつぐ家畜、悪魔、蛇、蛆虫、昆虫、鳥、卵から生まれる生物、そしてすべての四つ足動物、白痴、聾唖者、罪から生じた病に罹患したその他すべてに生まれるでしょう。

これらの暗く、邪悪な人々は闇に沈み、自らの行為の足跡に従い、その意識の流れは落ちていき、暗黒に埋没します。

話しをすすめ、このような人々が、どのようにして価値ある行為を為す者となり、改心、向上し、善き行いを為す人々の世界に戻るかお話ししましょう。

逆の人生を辿ること（償いの人生）、善き行為を積み重ねること、身を捧げること、善意のブラーフマナが自己の義務として為す彼らのための供犠などを通してブラーフマナと同じ世界、天国、神々の世界に昇ります。これらはヴェーダに述べられています。

償いの人生、自らの義務を果たしていくことで、彼らはこの世に人として生まれ、同じ性質を取り戻します。チャーンダーラのような罪深き胎に宿り、聾唖者として生まれ、次第に高いカースト階級に昇り、シュードラの胎を越え、この世に潜む翳質をすべて越えていきます。

対象への執着と欲望は最大の迷妄であると主張されています。聖者や賢者、神々といえども喜び楽しみを望み、幻惑されるようになります。翳質、迷妄、最大の迷妄、怒りと呼ばれる強大な無知、神理に盲目であること、怒りは最大の無知と呼ばれています。

おお、ブラーフマナの方々よ！　私は、この翳質について、どのように波及していくのか、その性質、その源に関し充分かつ正確に述べました。　翳質の本質の定義は、無いものを有ると見ることです。翳質の性質をいろいろとあなた方に述べました。これらの翳質の性質を常に理解する者は、すべての翳質から解放されます。

ラジャス（激質）

ブラフマン曰く、

おお、人々の中で最高の方々よ！　私は、さらに話を進め、激質（ラジャス）についてお話ししましょう。おお、高貴なる方々よ！　激質の活動について学びなさい。

他を傷つけること、美、闘争、喜びと痛み、暑さ寒さ、力、戦争、平和、議論、不平、苦痛、力、剛勇、熱狂、激怒、訓練と喧嘩、復讐、熱望、陰口、戦い、これやあれは私の物という思い、保存、屠殺、束縛、売買、切ったり破ったり刺したりして他の人々の弱点に触れること、荒々しさと残酷、けなすこと、他人の弱さを指摘すること、この世のことを思うこと、魔的思いに心を砕くこと、悪意、嘘を言って悪用すること、悪い贈り物、疑い、自慢、非難、褒めること、賞賛、武勇、抵抗、他に随伴すること（ひと真似）、服従、サービス、欲を持つこと、経営、方針、不注意、傲慢、所有、そしてこの世で流行する男女、生物、物、家などに対するさまざまな装飾、イライラ、現世利益を求めた信、誓いと規則正しさ、期待を持った活動、スヴァーハー儀式（神々を祭る儀式）、スヴァドハー儀式（祖霊を祭る儀式）、ヴァシャット儀式（神々を祭る儀式）などさまざまな慈善活動、挨拶、供犠を執り行い（神理に則なさい）教えを伝えること、（この世的な）供犠や勉強、贈り物と贈り物を受け取ること、（果報を求めた）罪滅ぼし、吉兆な儀式、「これは私の物になるだろう、あれは私のものになるだろう」という願い、激質（ラジャス）から生まれる愛着、裏切りと欺き、無礼と尊敬、盗み、食べるため動物を殺すこと、むかつき、いらだち、不眠、見せびらかすこと、傲慢、そして横柄、愛着、傾倒、喜びと歓喜、賭け事、よくある醜聞、女性との交際、踊りや楽器を使った音楽や声楽に夢中になること。おお、ブラーフマナの方々よ！　これらの性質はみな激質と考えられています。

この世の過去、現在、未来を瞑想する人々（過去にとらわれ、未来に期待を持ち、今を無駄にする人々）、信仰、富、欲の三つに常に夢中になっている人、欲しい物が手に入るという欲の衝動に動かされて活動する人、これらの人々は激質に覆われ、下に落ちていきます。彼らは、何度も何度もこの世に生まれ、喜び、この世と死後の果報を求めます。彼らは与え受け取り（ギブアンドテイク）、苦行を為し、また儀式を行います。激質（ラジャス）に関して、そして激質から生まれる活動について詳細に述べました。これらの激質の性質を知る者は、激質のすべてから解放されます。

サットヴァ（純質）

ブラフマン曰く、

次に三番目の最も善き性質（グナ）について話を進めましょう。純質（サットヴァ）は、万物に有益であり、非難されることがなく、善き義務であり、楽しみ、喜び、高潔、啓発、幸福、苦しみが無く、無畏、安らぎ、信、許し、忍耐、非暴力、平等、真実、廉直、怒らず、中傷せず、純粋、智慧、勇気といった性質です。

善質の人は、神に心を集中し、知識だけでなく実践し、結果を求めず善き行為、奉仕、努力を為し、肉体を離れた後は最も高い世界に到達します。

〝これやあれは私のもの〟と言った想いを持たず、自我を持たず、結果を求めず、どこにいても心は平静で、小欲知足。これらは純質の永遠の義務とされます。

信、謙遜、許し、寛容、純粋、怠惰でなく、残酷さを持たず、迷妄から離れ、万物を憐れみ、陰口をたたかず、常に喜び満足し、快活で謙虚、善き行いを為し、静穏を得るためあらゆる活動を主に捧げ、正しく想い、執着なく、中立不偏、ブラフマチャーリンのように生活し、物質的欲望を放棄し、〝これやあれは私のもの〟という想いを捨て、結果を求めず、不動の信を持ち、果報を求めず布施、供犠、学修、誓戒を為し、贈り物を受け取っても心を動かさず、信や苦行に果報を求めない。

ここに述べたような行為を為し、純質を固守する優れたブラーフマナは、ブラフマンの座に留まり、すべてを正しく認識します。

すべての罪から解放され、悲しみから自由となった優れた人々は、天国に達し、さまざまな体を創造します。支配力、自己抑制、繊細さなどを備えた高い魂の人々は、自分の心を操作し、天国の神々のように自分のために自分の体を創造します。彼らは純質の上昇の流れにのり、神々となり、天国に行き、その性質によってさまざまな方法で変化します。彼らは望むものは何でも手に入れ分割します。

おお、再生族の長の方々よ！　私は、純質の行為についてあなた方に述べました。

三グナを常に理解する者は、グナを理解し、グナにとらわれることはありません。

三グナは常に一体

ブラフマン曰く、
激質、純質、翳質は互いに混じり合って見られます。三グナは互いにくっつき、互いに補い合っています。三グナは互いに依存し、同じように互いに追随します。
善質がある限り翳質もまた存在します。このことには疑いありません。善質と翳質がある限り、激質もまた存在します。三グナはともに旅し、一つで、ひとまとめで動き回ります。互いに関連しあった三グナの活動は、発展に相違があり、各グナの増大や減少についてこれからお話ししましょう。

翳質が増大する時、下等生物の中に留まり、激質はわずかで、同じように純質はより少なくなります。激質が発達してくると中流の生物に留まり、翳質は減少し、純質はやや増加します。純質が発達してくる時、上流の生物の中に留まり、翳質はほとんどなくなり、激質は少なくなります。

純質は感覚を修正する原因であり、人を啓発させます。純質を越える義務は他にありません。純質の道を歩む人々は向上し、激質は中間に留まり、最も悪しきグナである翳質優位の人々は下降します。

三グナは三つのカーストの中にも見られます。すなわち、翳質はシュードラ、激質はクシャトリヤ、最も高い純質はブラーフマナの中に見られます。

しかしながら、翳質、純質、激質はともに存在し一つになって動き回ります。私達は三グナが個別に存在するとは今まで聞いたことがありません。

そしてこの世に存在するあらゆる物は、すべてこの三グナより成ります。この純質、激質、翳質の三グナは常に知覚できないように活動しています。

これら知覚できない三グナとその作用をすべて正確に理解し、真実を識別し肉体の束縛から離れ、あらゆる悲惨さから自由になった者は、三グナから解放されています。

サットヴァ（純質）は実在を知る基礎

ブラフマン曰く、

彼は、臨終の最後の一呼気の短い時間においてさえ、平静で自己（真我）に到達し、不死に固定します。自己（真我）の中に自己を抑制し、瞬きの一瞬の間においてさえ、自己の静謐を通して無尽蔵の智慧を修得します。

認識はされませんが純質が優勢な時、人を不死に固定します。純質以上に賞賛されるべきものはありません。私達は、実在を獲得するには純質を基礎とすると理解します。

おお、再生族最高の方々よ！　純質をもとにせずに実在（ブラフマン）を獲得することはできません。許し、勇気、非暴力、平静、真実、廉直、智慧、放棄、また解放は純質の行為です。

偉大な自己を知る

ブラフマン曰く、

知覚できない存在（ブラフマン）から、偉大な自己（ここではアートマン）が創造されました。これは第一の創造と呼ばれます。

偉大な自己を知ることにより、博学のブラーフマナは迷妄（マーヤ）を去ります。それ（偉大な自己）はあらゆる方向に手と足を持ち、万処に眼と頭、顔を持ち、世界の万物に浸透しています。

偉大な力が万物の心臓に宿っています。微細、明るさ、万物を所有する力は彼（偉大な自己）のものです。彼は統治者であり、光、無限です。理性を理解し、常に善き心を持ち、瞑想を実践し、常に一心集中し、約束を守り、感覚を制御し、正しい知識を有し、欲深くなく、怒りを征服し、心は清浄で、才能豊か、これやあれは私の物という考えを持たず、偽我を離れた解放された人々は、この偉大な自己に到達します。

この高く聖なる目的である偉大な自己を理解する賢者は、人々の中にあっても迷妄に陥りません。

独存する主ヴィシュヌは、この第一の創造の主です。そして、超越的で、太古からの存在、宇宙の姿を持ち、黄金色に輝き、理性を有する人々の最高の目的地である（心臓の中の）洞穴に横たわる主を知る賢者は、理性を超越した境地に留まります。

ブラフマン曰く、

「私」という感覚が生まれた時、それは第二の創造と言われます。

主への献身奉仕と放棄

ブラフマンの永遠の座（自己を知ること）は、苦行と価値ある行為を通して手にすることができると理解しなさい。

価値ある行為とは、人々のために供犠を為すこと、供犠で供物を捧げること、神理学修などさまざま述べられています。これは古代からの教えです。

おお、再生族の長の方々よ！　これらは至高なる存在（主クリシュナ・ヴィシュヌ）への献身奉仕に集約されます。この点を正しく理解し、至上なる主に一心集中する者は、すべての罪から解放されます。

この真の知識を有する（神理を知る）賢者は、世俗から離れた喜びを尊びます。

今から私は、放棄について述べましょう。放棄によって世俗的なものから神理に執着するようになり自己を浄化します。

果報を求めない純粋な行為、執着から離れた行為、独立自存、途切れない行為、ブラフマンに満ちた行為はすべての喜びと呼ばれます。

亀が四肢を甲羅の中に納めるように四方から欲望を納めた賢者、激質から離れ、あらゆるものから解放された賢者は永遠の幸福を手にします。

自己の内に欲望の対象を制御し、渇望を破壊し、一心集中し、万物に親しみと慈愛を持つことで、彼はブラフマンに同化するようになります。

物質的環境を捨て、対象を追い求める感覚のすべてを抑制することにより、聖者の内に聖なる火が燃え上がります。

燃料を補給される炎が大いなる光で四方を照らすように、感覚の制御を通して偉大な自己は四方に輝きます。

静寂なる自己とともにある人は、自己の心の中に万物を知覚し、そして自ら輝き、精妙なもの以上に最も精妙で、それ以上高いもののない存在に至るのです。

欲望、憤怒、恐れ、貪欲、不実、嘘、これらはみな離れがたいものですが、感覚の制御により上手に免れます。そして、彼は、この世界に住みながら、三グナと五大元素を克服し、至高無限の天界の座を手にします。

人は欲望と憤怒を克服しなければなりません。そして彼は、すべての罪から解放され、至高の神理を知覚し、心の内で心を集中し、自己の内に自己（真我、アートマン）を観ます。すべてを理解し、彼は万物の中の内なる自己は一つであるが、多様であり、時とともにさまざまに変化すると観ます。

彼は常に一つの光源から無数の光が出るように無数の肉体があると認識します。彼（内なる主）はまさにヴィシュヌです。

主は維持者であり創造者です。彼は四方に顔を持つ主です。すべてのブラーフマナ階級、また神々、悪魔、ヤクシャ、ピサーカ、ピトリ、鳥やラクシャーサ達、ブータ等、そしてすべての偉大な聖者達も主を永久に賞賛します。

知田者

ブラフマン曰く、

そして被創造物は何であれ、偉大な主である私、ブラフマンに満たされています。私自身（主クリシュナ）またはヴィシュヌ以上に高きものは存在しません。

ブラフマンに満ちた偉大なヴィシュヌは、万物を超えた王の中の王です。彼を統御者、創造者、創造されることなき主と理解なさい。

心の特性は思考です。理性の特性は決断であることに疑いはありません。心の特性は瞑想、善人の特性は目立たず（謙虚に）生活することです。献身奉仕の特性は活動（善行）、そして知識の特性は放棄です。

そのため理性的な人は、知識を極め放棄を実践しなければなりません。知識を極めた放棄者は最高の境地を手にするでしょう。そして（物質世界の）暗闇を渡りきり、老死を超え、二度とこの世に生まれることはありません。

このように私はあなた方に正確に『正しい道』に関して述べました。

クシェトラジュナー（知田者、真我、アートマン）の精髄は、属性を持たず永遠で、あらゆる印象（シンボル）によっても認識できません。そのためシンボルが役に立たないクシェトラジュナーの特性は、純粋知と言えます。認識されるものはクシェトラ（田地、プラクリティ）と呼ばれ、生まれ吸収される属性を持ちます。

そして私（主クリシュナ・ヴィシュヌ）は常に隠れて見たり、聞いたり、知ったりしています。プルシャはそれを知っており、そのため彼（プルシャ）は、クシェトラジュナー（知田者）と呼ばれます。そしてクシェトラジュナーは、すべての特性（グナ）の作用を知覚します。

特性（グナ）は何度も何度も創造され、自分自身を知らず、知性を持たず、生まれ、始めと中間、終わりに縛られています。他の何者でもない、ただクシェトラジュナーのみが、偉大で超越的、特性を超えた神理を手にし、万物は特性（グナ）から創造されます。

それ故、信を理解する人は、この物質世界の特性（グナ）や創造を捨て、グナを超え、罪を破壊し、クシェトラジュナーの中に入りなさい。二元相対から自由となり、この世の儀礼やスヴァーハー儀式（神への儀式）から解放され、（心が）不動で一処不住となった者は、クシェトラジュナー（知田者）であり、クシェトラジュナーは至上なる主です。

＊主クリシュナ・ヴィシュヌ（ブラフマンの基底）を全知田者、アートマンを知田者、そして自己を悟った時、アートマン（知田者）はブラフマン（全知田者）と一つになることを意味していると考えられる。

ブラフマン曰く、
私はこれまで、グナの性質、知田者、田地について述べてきました。しかし、知識（神理）には終わりはありません。
それ故、静謐で感覚を制御し、これあれは私のものという所有感を持たないようになさい。偽我を離れた者は、純粋知識（神理）によってすべての罪から解放されます。

家長期（在家）のあり方

ブラフマン曰く、
次に四住期についてお話ししましょう。

学生期、家長期、森住期、托鉢者（遊行期）の四階級の中で、家長期（在家）がその基本であると述べられている。この世の法が何であれ、それを良きものと見なし従いなさい。

それは古い時代から考えられてきたものです。

まず儀式によって清められ、誓戒を正しく守り、高位カーストの性質を有し、ヴェーダを理解する者は、師の家から家庭に戻ります（学生期から家住期に入る）。

常に妻に献身し、善き人として振る舞い、感覚を制御し、信に満ち、人はこの世の供犠（義務を果たす）を為さねばなりません。

神々や客人に供えた残りものを食べ、ヴェーダの儀式を尊重し、財産に合った供犠や供え物を為し、手足で思慮を欠いた活動を為さず、眼や言葉、四肢で思慮を欠いた活動をしない者、このような者には「善」の言葉がよく似合う。

聖なる糸を身につけ、清潔な衣服を着て、純粋な誓いを守り、自己制御する者は、善き人達と常に交際し、供物を捧げ、外部器官を抑制し、欲望と飢えを抑制しなければなりません。また、親切であれ。竹の杖や水を満たした壺を保ちなさい（必要以上に持つなという意味）。

義務を尊重することで信を理解し、自己制御し、寛容で万物を平等に観る聖者は、不注意を避けるべきです。厳格に誓戒を守り、奉仕し、自分の力の限りこれらの義務を行う家長期のブラーフマナは天国を征します。

四住期全体のあり方

ブラフマン曰く、

力の限り学修し、ブラフマチャーリンのように生活し、自己の義務を果たすことと学修に一途であり、感覚のすべてを制御した聖者であり、自己を師のため有益で道理にかなったことに捧げ、純粋で、常に誠実で信深い者は、師の許しを得て、入ってくる食べ物に不満を持たず、神に捧げた残りものを食べ、布施し、正しく立ち、座り、運動し、きれいに清掃し、己の義務を果たしなさい。

彼は、常に神々や客人が満足した後に残り物を食べ、言葉を控え、妬みを持たず、少し食べ、神々に託しなさい。感覚を制御し、親切で、寛容、髪と髭を手入れし、供犠を為し、神理学修に熱心で、誠実で信に満ち、肉体を浄化し、常に賢く、森に常住し（世俗的交わりは控え）、主に一心集中する。このような生活を遵守し、感覚を制御し、賢者は世界を征服します。

万物に危害を加えず、聖者はすべての（果報的）活動に束縛されず、万物に友愛を持ち、親切で、そしてすべての感覚を制御しなければなりません。

彼は火を起こし、無理に求めたりせず、トラブルもなく自然に手に入る食べ物を、霧のない場所や人々がすでにそこで食べたことのある場所で食べ、身を養いなさい。

最終解脱を求める者は、調理用の容器をきれいにして托鉢し、食べ物が手に入ったからといって喜んだり、手に入らないからといってがっかりしてはなりません。また必要以上に多くの施しを求めてはなりません。ただ身を養う程度に求めなさい。

少量を食べ、托鉢の時は適切な時間を選び、主に心を集中しなさい。彼は他人のためといって多くため込もうとしてはなりません。また自分が褒め称えられた時に食べてもいけません。苦行者は、あらゆる貯蓄や賞賛を避けるべきです。

食べる時は、他人が食べた物を批評すること、刺激味のある物、渋みのある物、苦みのある物、また甘い飲み物は避けなさい。彼は、命を保ち生活するにちょうど必要な量だけを食べるべきです。

最終解脱を望む者は、他の生き物を妨害せず、生活に必要なだけ求めなさい。また托鉢に行く時は、他人と連れだって行ってはなりません。彼は自分の信を見せびらかしてはなりません。激質から離れ、万物に憐れみを持って慎重に大地を歩むのです。

そして最終解脱を望む者は、為すべきすべての義務を誠実に果たし、常に清潔な水とともにありなさい。人は常に清浄な水で沐浴すべきです。

感覚を制御し、彼は次に述べる八つの義務を遵守なさい。すなわち非暴力、禁欲、廉直、正直、怒りを持たないこと、愚痴を言わないこと、外的器官（九つの門）を制御すること、陰で悪口を言わないことの八つです。

彼は常に罪無き行為を実践し、人を騙したり不正直であってはなりません。執着を離れ、訪れる人にはなにがしかの食べ物を与えなさい。彼は命を養い生活するに必要最小限の食べ物を食べなさい。彼は信仰心から施された物だけを食べ、自分の欲望に従って食べてはなりません。

彼は食べ物と衣類以外のものは何であれ受け取るべきではありません。彼は食べるに必要な物だけを受け取りそれ以上受け取ってはなりません。また、他の托鉢行者から食べ物をもらったりしてはいません。与えることも控えなさい。

しかしながら救い難き衆生のため、賢者は常に人々とともにあるべきです。彼は他人の富を盗んだり、必要ないものを何であれ手に入れてはなりません。

まさに人はある対象を楽しんだ後に、それに執着するようになります。そのようなことは慎みなさい。為すべきこと（祭祀）を持つ人は、誰かが奪ったものではなく自然に手に入る土、水、小石、葉や花、果実を手に入れなさい。

人は憎んではならず、教えてはならず（高いところに立って）、あらゆる所有物を持ってはなりません（所有感を持たない）。人は信仰によって清められた物を食べ、論争を避け、果報を求めず行動すべきです。そして執着を離れ、人々との交流も必要最小限とすべきです。

人は結果を求めて行為したり、次の原因になるような行為、命を破壊する行為をすべきでありません。人々の群がる行為も避けた方がよいでしょう。

万物に執着せず、動不動全生物を平等視し、人は必要最小限の物しか持たない苦行者になりなさい。また何人の心もかき乱してはなりませんし、何人からも心をかき乱されてはなりません。最終解脱を得た人の中でも万物に信頼される人が最高と言われています。

人はまだ来ていないことを考えてはならないし、過去を思い起こすべきでもなく、今を無視し（今のことに心を煩わせない）、心を集中し、時間に依存（束縛されては）してはなりません。彼は何であれ眼や心、言葉で汚してはならず、人が見ていようがいまいが、間違った行為をしてはなりません。

亀が手足を甲羅の中に引っ込めるように感覚を抑制し、心と理性を吸収し、望みを持たず、すべての神理を理解し、二元相対を離れ、果報を求めた儀式を離れ、世俗的付き合いを離れ、これやあれは私の物といった考えを持たず、自我を捨て、新しい物が手に入るかどうか、持っている物を失わないかという不安を持たず、自己制御し、期待を持たない者、万物に執着を持たず、他人に依存せず、自己（真我）を友とし、神理を悟った人は解放されます。このことに疑いはありません。

手足や背、頭、胃を持たず、グナの作用を離れ、絶対、清浄、不動、匂い、味、触覚、色彩、音に束縛されず、理解されるべきもの、無執着、肉欲なく、不安なく、不滅、神聖、なおかつ家の中、万物の中に常に住まう真我（アートマン）を認識する者は決して死ぬことはないでしょう。

理性でも感覚、神々、ヴェーダ、供犠、世界、苦行、勇気でも到達し難きもの、そのアートマンに達することは、知識だけでは無理と述べられています。

そのため、アートマンを知る賢者は、敬虔な行為（主への献身奉仕）に没頭し、信を深めていきます。一見すると、彼は惑わされているように活動していますが（在家として生活している）、彼の信が間違っていると見てはなりません。

彼は他人が常に彼を軽視するように振る舞う（果報を離れた行為、結果を思わない）ことで、信を実践しており、その善き修行法（カルマ・ヨーガ）を誤りとみるべきではありません。このような行為を採用した聖者は最高の者と呼ばれます。

神理に基づいた識別（主と魂と心、肉体を識別する）によって、感覚と感覚対象、五大元素、心、理性、自我、認識できないもの、同様にプルシャ、これらすべてを理解した後、人は神の国を得て、すべての束縛から解放されます。

神理を知り実在を理解した者は、臨終の時に、主に一点集中し瞑想し、そして誰にも依存せず、解放を手にします。空の中の大気のように、すべての執着を離れ、カルマを焼き尽くし、悩みから解放され、彼は最高の座を獲得します。

放棄こそ最高の苦行

ブラフマン曰く、

神理を認識した古老は放棄を苦行と呼びます。そして、ブラフマンの座に住まうブラーフマナは、ブラフマンに関する知識を理解しています。それは二元相対、グナから解放され、永久不変、想像を絶し、至上の存在です。

才能豊かで、純粋で心清く、激質を超え、汚れなき者は、知識と苦行によって至上原理（神理）を認識します。

常に放棄とブラフマンを知ること、至上主（主クリシュナ・ヴィシュヌ）を求めることに没頭する者は、苦行により至福の道を辿ります。苦行は光と言われ、正しい行いは信、知識は最高のものと理解されるべきです。そして放棄こそ最高の苦行です。

自己（真我、アートマン）は静謐で、万物の中に宿り、知識の精髄であると結論した者は、どこでも自由に動き回れます（束縛されることはない）。

集合と離散、統一と分離を認識する者は悲惨から解放されます。彼は何も望まず、何も軽蔑せず、この世に住みながらブラフマンに吸収される資格を持つようになります。

万物を平等に見ることができる者は、『これやあれは私のもの』と言った思いから自由になり解放されています。この点に疑いはありません。

二元相対、世俗的付き合いから離れ、死者への供養（祖霊を祭る儀式）から自由となった者は、二元相対、三グナを超え静謐のみによって永遠不滅の原理（神理）を手にします。

賛成または反対される行為、グナに基づく行為、すべての行為を捨て、真実か嘘かも捨てることによって人は解放されます。このことに疑いはありません。

正しい知識の剣でこの無知の樹を切り細かくして、生老死の原因である執着を捨て、『これやあれは私のもの』という思いから自由となり、自我の全くない賢者は解放されています。この点に疑いはありません。

聖者達の新たな疑問

聖者方曰く、

おお、神々の中で最高のお方よ！　信仰には反対のものがたくさんあり混乱しています。私達も幻惑され、何の結論も出ません。人々は、これが良いあれが良いと言いながら活動しています。そしてある信仰様式に執着し、常にその信仰のあり方を尊びます。そのため私達の理性は破れ、心はちりぢりになっています。

おお、最高のお方よ！　何が良いのか教えてくださるよう望みます。何が神秘であり、クシェトラジュナー（知田者、アートマン）と自然（プラクリティ、田地）の連結の原因は何なのか話を進めていただくと幸いです。

このようにブラーフマナ達に質問され、崇拝されるべき聖なる宇宙の創造者は、彼らの質問に正確に答えました。

ジュニャーナ・ヨーガ

ブラフマン曰く、

よろしい。それではあなた方の質問にお答えしましょう。おお、人類最高の方々よ！　私が説くことをよくお聞きなさい。そしてすべて聞き終わった後に、よく吟味しなさい。

すべての生物に危害を加えないこと（非暴力）、それが最も偉大な義務と考えられます。これにより人は最高の境地に達し、悩みから解放され、聖なる人となりましょう。

古老は神理を認識し、智慧こそ最高の幸福であると述べます。ですから純粋なる知識（神理）によって、人はすべての罪から解放されます。

常に破壊に没頭している者、不信仰な行為を為す者、欲と妄想に耽る者は地獄に行くでしょう。果報を求めた行為に没頭し、この世を楽しむ者は何度も何度も生まれ変わります。しかしながら、信を持って行為する者、結果を動機とせず行為する賢者や智慧ある者は、正しく認識しており主の国に到達するでしょう。

私は今からクシェトラジュナー（アートマン、知田者）と自然（プラクリティ、田地）の集合と分離がどのようにして起こるのか話を進めましょう。おお、人類最高の方々よ！　この点をよく学びなさい。

その関係（アートマンとプラクリティの関係）は、主体と対象の違いと言われています。主体は実在であり、自然（プラクリティ）は対象と呼ばれています。自然（プラクリティ）は知性を持たず何も知りませんが、楽しみの対象です。

自然（プラクリティ）は二元相対に満ち、グナから構成されますが、クシェトラジュナー（アートマン）は二元相対を離れ、一部ではなく全体で、本質的にはグナから離れています。彼（アートマン）は万物に宿り、すべての知識と関連し、蓮の葉が水滴を楽しむように常に自然（プラクリティ）を楽しみます。三グナと接触するよう仕向けられても、智慧ある人は汚されません。

実在（ブラフマン）は、蓮の葉の上を水滴が揺れるように執着がなく、この点に疑いはありません。自然（プラクリティ）は、実在（ブラフマン）の所有物だということは確立されています。この二つは、作る人と作られた物という関係です。

人が暗闇の中に行く時、灯りを携えていきますが、至上主を望む者も自然（プラクリティ）という灯りとともに歩みます。油と灯芯があれば、光は輝きます。しかし油と灯芯が尽きれば炎も消えます（神理を学ぶには肉体が必要であるということ）。

このように自然（プラクリティ）は認識されますが、実在（ブラフマン）は認識されません。おお、ブラーフマナの方々よ！　この点をよく理解してください。

さらに話を進めましょう。理解の悪い人は、何度教えを聞いても智慧を得ることはありません。そして智慧ある者は、第四階級（シュードラ）であっても幸福を増します。このように人は適切な方法で信仰を完成しなければなりません。このような『正しい道』を知る賢者は至福に至ります。

旅の準備をせずに旅に出る人は、旅の途中で大いなる苦しみに遭い、挫折するかもしれません。自己の内に自分にとって何が良くて何が悪いかを観る人は優れています。そして神理を知らない人は、まだ行ったことのない遠い道のりを徒歩で無謀にも旅しようとします。しかし、他の人は同じ道のりを馬車で速やかに旅します。これは理性ある人のやり方です。

マーヤに幻惑され船を持たず体一つで泳いで大洋を渡ろうとする者は、間違いなく破滅します。しかし、識別を知る賢者は船とよいオールを持ち、疲れることなく池を渡り、向こう岸に到着して船を捨てます。そして、『これそれは私のもの』という想いを離れています。

＊ここに述べられている苦難や挫折は、正しい師に従うことによって乗り越えることができます。

この世にはさまざまな対象に関してさまざまな活動（行為）があります。そして、この世で行為するとその結果が返ってきます。

すべての活動の正しいあり方を知り、万物とともにある自己を知る者は、不滅の自己（真我、アートマン）を取り戻すでしょう。

カルマ・ヨーガとバクティ・ヨーガ

ブラフマン曰く、
瞑想（虚心の祈り）による純粋な集中を通して主に全託し、『これそれは私のもの』という想いのない者、自我を捨てた者は偉大で最高の世界を獲得します。

瞑想（虚心の祈り）による心の集中と常に心を静謐に保つことを通して真我を理解した最高の人は、至福に至るでしょう。

瞑想（虚心の祈り）による心の集中を通して、『これそれは私のもの』という思いから解放され、自我の束縛から自由となった者は、知覚できない偉大で至高の世界に入るでしょう。

神の法則によって生まれ、再び知識（神理）を得て、激質と翳質から解放され、純質に留まり、人はすべての罪から解放され、果報的活動のすべてを捨て去ります。そして彼は、クシェトラジュナー（知田者、アートマン）を理解するに違いありません。

知田者を理解すれば、ヴェーダを理解します。精神作用の対象を心から引き上げ、自己制御し主に専心なさい。常に心が主に一点集中した状態にならなければなりません。これが永遠なる神秘です。

「私のもの」は死ですが、「私のものでない」は永遠です。このような（正しい）知識は、人を向上させます。正しい知識（神理）を受け入れることが苦しみから離れる絶対条件になります。

理性の鈍い人々は、活動を賞揚します。しかし高い魂の古老は、活動（果報を求めた）を賞揚しません。果報を求めた活動によって生物は肉体を持って生まれます。そのため傍観者は、活動に執着しません。

このような人は智慧に満ちていると言われ、活動に満ちているとは言われません。このように不死、不変、無限、永久に不滅で無執着な神理を理解する自己制御した人は、死ぬことはありません。始めに存在し、創造されず、不変、不動、無限の真我（アートマン）を理解するものは、その結果として甘露を手にし、束縛されず、間違いなく不死となるでしょう。

印象（想念体に刻まれたカルマ）を駆逐し、真我の中に自己を留め、彼は、それ以上のものは存在しない聖なるブラフマン（至上主）を理解します。そして理性が清浄となった時、彼は寂静を手にします。これが智慧を求める人が到達する解放のゴールです。

そして彼らは、すべての動きは、グナの作用によって生まれると観ます。これがこの世を識別する人々のゴールです。これは永遠の信仰です。これが知識（神理）を求める人が手にするものです。この境地は、主に瞑想（虚心の祈り）を通してすべてを託し、主に献身奉仕する者、万物を平等に観る者、執着のない者、果報を求めない者、すべてのものを等しく観る者によって到達可能です。

私は、あなた方にすべてを説きました。おお、ブラーフマナ最高の方々よ、聖者方よ！　直ちに実践なさい。そうすれば完成を得るでしょう。

師曰く、

師であるブラフマンに教えを受け、高い魂の聖者方は、教えに従い実践し、世界を手にしました。おお、高貴なる人よ、純粋なる人よ！　あなたも私が述べたブラフマンの言葉に従って正しく修行し実践なさい。そうすればあなたは完成を得るでしょう。

クリシュナ曰く、
最高の信を持った弟子は、師によってこのように教えられました。
おお、クンティーの子（アルジュナ）よ！ 弟子はこの教えに従ってすべてを為し、そして最終解脱を手にしました。そして弟子は己の為すべきことを為し、慈悲の道を歩み、ブラフマンの座に至ったのです。

アルジュナ曰く、
おお、クリシュナ様！ そのブラーフマナ（師）とは誰で、弟子は誰なのでしょうか？ 差し支えなければ、どうかお教えください。

クリシュナ曰く、
愛するアルジュナよ。 師は私である。そして弟子は心である。
私は、あなたへの愛故にこの神秘を語りました。私を愛し信じるならば、この教えをよく思い出し、常に教えに従い正しく実践なさい。
そしてこの神理が正しく実践された時、あなたは最終解脱を得て、すべての罪から解放されるでしょう。

おお、アルジュナよ！ 今まで述べたことは、以前戦場で述べた神理（バカヴァット・ギーター）と同じ教えです。ですから、心を主である私とこの神理に固定なさい。

おお、我が友アルジュナよ！ 私が、父と最後にまみえて長い時が過ぎました。おお、あなたの同意を得て、私は父に会いたいと思います。

アルジュナ曰く、
おお、クリシュナ様、今日、出発しましょう。そこで敬虔な心を持つユディシュティラ王と会って喜び合い、彼に別れを告げて、あなた御自身の街に旅立ってください。
また、あなたの御慈悲でお会いできるのを楽しみにしています。

【主クリシュナ、ドヴァーラカーに帰還】

主クリシュナの旅立ち

最高神、世界の維持者、主シュリー・クリシュナは、ユディシュティラが王位を取り戻し、怒りの炎によって絶えかけたクル王朝が再興するのをご覧になってお悦びになりました。

ユディシュティラ王は、ビーシュマと過ちなき主シュリー・クリシュナの話に啓発され、すべての疑いは一掃され、正しい知識が確立しました。こうして王は大地と大洋とを統治し、弟達も王を補佐しました。

ユディシュティラ王の治世の間、雲は人々に必要な雨を降らせ、大地は食物を豊富に実らせました。牛達は乳房もはちきれんばかりで、牧草地をミルクで濡らすほどでした。

河川や大洋、丘陵、山々、森林、蔓草や薬草なども季節ごと豊かさに溢れていました。

王には敵がいなかったため国民や生き物は、精神的苦痛や病気、過度の暑さ寒さに煩わされることはありませんでした。

シュリー・ハリ、主シュリー・クリシュナは、主の親族を慰め、妹（スバドラー）を喜ばせるため、数カ月、ハスティナープラに滞在しました。

それから主は王に帰還の許しを請い、王はそれを許可しました。主は、敬意を表しユディシュティラ王の足下に平伏し、王は主を抱擁しました。この後、主は他の人達の抱擁と尊敬の言葉をお受けになり、戦車に乗り込まれました。

その時、スバドラー、ドラウパディー、クンティー、ウッタラー、ガンダリー、ドリタラーシュトラ、ユユツ、クリパーチャーリャ、ナクラ、サハデーヴァ、ビーマ、ダウミヤ、サティヤヴァティー等はみんな別離に耐えかね、ほとんど気を失っていました。

物質的束縛から離れ純粋な献身奉仕をもって主とつながった聡明な人々は、ただ一度でも主の栄光を聴聞しただけでさえ、そこから心を離すことは不可能です。ですからパーンダヴァ兄弟が、どうして主との別離に耐えることができるでしょうか？　何故なら彼らは、主と顔をつき合わせ、主に触れ、主と語らい、主とともに起居しともに食事をし、それほど親密に主と接してきたのですから。

彼らの心は主に魅了され溶けてしまっていました。瞬きもせず主を見つめ、当惑してあちらこちら歩き回っています。

女性の親族達は、クリシュナとの別れの不安から涙を溢れさせて宮殿から出てきました。そして最大限の努力でもって涙をおさえました。彼女らは別れの時、涙は不幸をもたらすと恐れたのです。

主がハスティナープラの宮殿を後にする時、ムリンガ、ドラ、ナグラ、ドウドウリー、ドゥンドゥビーなどのさまざまな太鼓が打ち鳴らされ、いろんな笛の音、ヴィーナー、ゴムカやベリーなどすべての音が調和して主の名声を讃えました。

主を見ていたいという願いから、クル王家の女性達は宮殿の頂上に登り愛と恥じらいの交じった微笑みを浮かべ、花々を主に降りかけました。

その時、偉大な戦士で眠りの征服者、最愛の主の最も親密な友人アルジュナは、宝石をちりばめた柄とレースや真珠で装飾された傘を主にさしかけました。

ウッダヴァとサーティヤキーは、美しい扇で主を扇ぎ始めます。そして道には花が撒かれマドウの主、クリシュナは花々の上にお座りになりました。

至るところからクリシュナへの感謝の祈りが聞かれ、そしてそれらは主に対する祈りとして相応しいかどうかは問題ではありませんでした。何故なら、それらはみな人として今振る舞われている絶対神理に対する祈りであったからです。

特別な賛歌の中で謳われる主の超越的性質を想って、ハスティナープラの家々の屋根に上った婦人方は、主のことを語りました。そしてその言葉はヴェーダの賛歌より魅力的でした。

彼女達は謳います。

太古なる最高神がここにいらっしゃり、私達は主をはっきり心に焼き付けます。三グナは主の中にあり、その展開の前から主のみが存在しておられました。何故なら主は至上なる神であり、あたかも眠りの時、活動が停止する如く、すべての生命体は主の中に溶け込んでいるからです。

最高神が再び御自身の一部に名と形態を与えようと望まれると、三グナに沿ってそれらは配置されます。

主自らの御力によって三グナは再創造されていくのです。

感覚と生命を完全にコントロールし、厳しい献身奉仕によって物質的想いを完全に浄化した偉大な献身者が観ることができた至上なる主の神々しいお姿、その主と同じお方がここにいらっしゃいます。そして自己を浄化するには、同じ一つの道しかありません。

おお、親しき友よ、偉大な献身者によって秘伝のヴェーダ文典の中で伝えられた魅力的で秘密の主のご遊戯、その主がまさにここにいらっしゃいます。主のみが何の影響も受けず、物質世界の創造、維持、帰滅を行います。

王や行政官が堕落し獣のような行いをする時はいつでも、主はその絶対善のお力を表し、忠実なる献身者に特別な慈悲をお与えくださり、すばらしい御業を為さいます。そしていろんな時代に必要に応じてさまざまなお姿で降誕されます。

おお、ヤドゥ王朝はいかにして最高の栄誉を受けたのでしょう、そしてマトゥラの地はどうして聖地となったのでしょう。それは、生命体の最高の主、幸運の女神の御主人がその地を誕生地に選ばれ、少年時代にその地で遊ばれたからです。

疑いようもなく、ドヴァーラカーは天界の惑星の栄光に勝り、地球の名声は高まりました。ドヴァーラカーの住人達は、すべての生命体の魂（クリシュナ）を、その愛すべきお姿を直接いつも見ているのです。主は私達をご覧になり、甘い微笑みで私達を愛してくださっています。

おお、友よ、主の妻となることを許された方々のことを考えてご覧なさい。どうして彼女らは誓約したり、沐浴や火の供犠、宇宙の主を完璧に崇拝する儀式が必要でしょうか。彼女達は今、口づけによって主の唇から甘露を味わっているのですから。ヴラジャブーミの乙女達も、主の愛を想ってしばしば気を失ったりしたことでしょう。

これらの奥方の子らは、プラデュムナ、サーンバ、アンバらです。ルクミニー、サチャバーマーやジャーンババヴァティーらの婦人方は、シシュパーラを頭とした多くの強力な王達を主が打ち負かした後、スヴァヤンヴァラ儀式から主が強引に連れ去ってきた方々です。また他の婦人方もまた、主がバウマースラとその眷属を滅ぼした後、連れてきた方々です。これらの婦人方はみんな栄光に包まれています。

これらの婦人方は中には純潔ではなく、また模範的生涯でなかった方もいらっしゃいます。それにもかかわらず、その生は祝福されました。彼女らの夫、蓮眼の主は、彼女らを決して一人にすることはありませんでした。主はさまざまなことで彼女らの心を悦ばされたのです。

ハスティナープラ宮殿の婦人方が主に挨拶をされると、主は微笑んで彼女らの心のこもった挨拶を受けられ、恩寵に満ちた眼差しを向けられて、主は街を去っていかれました。

ユディシュティラ王は、敵がいないにもかかわらず、悪魔の敵、主クリシュナと同行するため、馬、象、戦車や軍隊を引き連れ主を守備しました。王は敵のためというより主への愛からそうしたのです。

主クリシュナへの深い愛から、クル王家のパーンダヴァ達はかなりな距離を、主を見送るため従いました。彼らは別離の想いに気も狂わんばかりでした。しかし、主は彼らに家に戻るように説得し、主の従者とともにドヴァーラカーに向かわれました。

主は、クルジャーンガラ、パーンカーラー、シューラセナー、ヤムナ河の畔、ブラフマーヴァルタ、クルクシェートラ、マトシャ、サーラスヴァター、水の乏しい砂漠地方を通りました。これらの地方を通り、主はだんだんとサウヴィーラやアビーラ地方を過ぎ、それらの西方、ドヴァーラカーにようやく到着しました。

これらの土地を通る時、主は歓迎され、礼拝され、さまざまな催しをお受けになりました。どの土地でも主は夕刻になると儀式のために旅を中断されました。儀式は日没後に規則正しく行われました。

＊このクリシュナの旅立ちの話は、バーガヴァタ・プラーナに出てきます。マハーバーラタには簡単に書かれていますが、バーガヴァタ・プラーナでは情緒的に書かれています。

クリシュナ、ウンタカを祝福する

パーンドゥ兄弟に遠くまで見送ってもらいましたが、いよいよ別れる時がきました。主クリシュナを抱きしめ、涙を流しながらパーンドゥ兄弟は従者とともに戻っていきました。

さて、主クリシュナ一行は、ドヴァーラカーに向かいましたが、途中に水の乏しい砂漠があります。そこでゴーヴィンダ達は、ウンタカという大きな眼をし、苦行で偉大な力を得た聖仙に出会いました。ウンタカは主クリシュナに礼に適った挨拶をし、尋ねました。

「おお、ゴーヴィンダ。砂漠にいてもパーンドゥとカウラヴァの不仲は聞こえてきます。あなたは、きっと彼らを仲裁し平和をもたらしたのでしょうね。彼らはそれぞれの王国で幸せに暮らしているのでしょうか?」

ゴーヴィンダは答えました。

「おお、偉大なるリシよ。私は争いを避けるため最善を尽くしました。残念なことにカウラヴァは、私の提案、忠告を聞き入れず、大きな戦争になってしまいました。ドリタラーシュトラ王の息子達、その一族、またパーンダヴァもパーンドゥ兄弟を残し、子供や親族含め全滅しました」

これを聞き、ウンタカは怒りだしました。

「なんと、パーンドゥ兄弟五人を残し全員殺されたのですか? おお、マータヴァよ。あなたは争いを避け、彼らを救おうと思えば、救えたはずです。そうせずに多くの未亡人や不幸な子供達を残し、苦しみと悲しみをもたらした。私は、あなたを呪おう」

主クリシュナは答えました。

「おお、偉大な禁欲者よ。少し私の言うことを聞いてください。苦行の功徳をもたらしているのは私ですから、誰も苦行の力で私を呪うことはできません。私は、あなたの苦行を無駄にしたくないのです。

おお、ウンタカよ。ルドラや神々、ヤクシャ、ガンダルヴァ、ラクシャーサ、ナーガ、アプラス、人々、すべての被造物は私から生まれ、私の中にあり、私はすべての被造物の中に存在します。実在するもの非実在、宇宙を構成するすべてのもの、すべて私から出ています。オームで始まるすべてのヴェーダも私を知るためにあります。神々の中の最高神である私を超えるものはありません。

私はすべての生物の幸福のため、さまざまな種の中に生まれます。私がガンダルヴァとして生まれたならガンダルヴァの秩序に従い、ナーガ(蛇族)として生まれたならナーガの秩序に従って行動します。今回は人間として誕生したため、人の法、秩序に従って振る舞います。そうしないと私の定めた法、秩序を自ら破ってしまうことになります。

私は何とか、戦いを避けようと努力しましたが、カウラヴァは神理・道理を忘れ、理性を曇らせ、欲に動かされ私の言葉に従いませんでした。私は超法規的に戦いを避けようと思えばできますが、その場合、彼らの業（カルマ）は温存され、もっと悲惨なことになるでしょう。そのため人間の秩序に従い、戦いとなり、彼らはクシャトリヤの義務を果たすことで罪を償い、救いの道に入ったのです。これが今回の戦いの理由です」

主クリシュナの言葉を聞き、ウンタカは答えました。

「おお、ジャナルダナよ。あなたの恩寵によりあなたが、至上なる主と理解できました。永遠の栄光のお方よ。私の心は今、喜びに満ち、穏やかです。呪うと言ったことに恥じ入っています。おお、マータヴァよ。あなたはアルジュナに宇宙一切相を見せたと聞いています。願わくば私にも真実のあなたのお姿を見せていただきたく存じます」

ウンタカの願いに従い、主クリシュナはアルジュナが見た宇宙一切相を見せました。その姿の輝きは、千の太陽の燃える炎のようでした。そしてすべての空間を埋め尽くし、四方八方に顔がありました。

その主の普遍相をみたウンタカは驚愕し、言いました。

「おお、ほんの手遊びで宇宙を創造されるお方よ。私はあなたに平伏します。おお、宇宙の魂、万物の生みの親よ。あなたは足で全地を覆い、頭で空間を埋め尽くし、天と地の間を満たしています。おお、色褪せることのない永遠の栄光のお方よ。どうかこの不滅の姿を撤収してください。もとの人の姿のあなたを見せてください」

ヴァースデーヴァは元の姿に戻り、ウンタカに言いました。

「さあ、何か恩恵を求めなさい」

ウンタカは答えました。

「おお、大いなるお方よ。あなたの普遍相を見せていただいたのです。これ以上望むものはありません」

ヴァースデーヴァは、言いました。

「おお、偉大な苦行者よ。私の普遍相を観た者に何か恵まないわけにはいかない。何か望みを言ってください」

ウンタカは、しばらく考えて答えました。

「クリシュナ様、このような砂漠で苦労するのは水です。水が欲しい時に水が手に入るようにしてほしいのです」

ヴァースデーヴァは答えました。

「よろしい。では水が欲しくなったら私を想い浮かべなさい」

そう言うと、一行を連れて主クリシュナは、ドヴァーラカーに向かいました。

クリシュナ、ウンタカを試す

その後のことです。

砂漠を放浪し、ひどく喉が渇いたウンタカは、主クリシュナの言葉を思い出し、水を求めて主を想いました。

すると砂漠で、泥にまみれ、犬の群れに囲まれている狩り人（賤民）に出会いました。獰猛な顔立ちで、剣と弓矢で武装し、そして何と放尿しているのです。

ウンタカを見ると狩り人はにこやかに話しかけました。

「おお、ウンタカよ。ブリグの種族の者よ。喉の渇きに苦しむあなたを見て、私は哀れみを覚えました。どうかこの水を受け取ってください」

狩り人にこのように話しかけられましたが、さすがにブラーフマナのウンタカは、賤民の尿は飲めません。ウンタカと狩り人の間で何度か押し問答がありましたが、結局ウンタカは飲むことができませんでした。

ウンタカに拒まれ、狩り人と犬はその場から姿を消してしまいました。一瞬で目の前から狩り人の姿が消したのを見て、ウンタカは、神が狩り人が姿で自分を試したのだろうと考え、恥ずかしくなりました。

すると法螺貝と円盤、棍棒を持った主クリシュナが姿を現しました。

クリシュナを見て、ウンタカが言います。

「おお、恵み深き主よ。あなたが、狩り人の尿の形で私に水を与えようとされたことが分かりました。しかし、ブラーフマナの私に賤民の尿を飲めというのは、ちょっと無理です」

クリシュナは答えました。

「おお、苦行者の中の第一人者よ。私はあなたの願いを聞き、雲と稲妻を操るインドラに〝ウンタカが望めば甘露の水を与えよ〟と頼みました。しかし、インドラは〝おお、主よ。不死の甘露の水を人間に与えるのは好ましくありません〟と答えたのです。私は何度かインドラに頼むと、〝私は主の命に背くことはできません。では、狩り人の尿として甘露の水を与えようと思います。もし飲まなかったら不死の甘露の水は与えません〟という返事だったので、それでよしとしました。

さすがに賤民の尿は飲めなかったようですね。では、あなたが私を想えば、雨雲が出て普通の雨を降らすようにしましょう」

そう言うと、主クリシュナは姿を消しました。

主クリシュナのドヴァーラカーへの帰還

アナルタ国の最も繁栄した大都市ドヴァーラカー近くに着くと、主は吉兆なる法螺貝を吹き、主の到着を知らせ、住民の別離の悲しみを喜びにかえました。

白くふっくらとした法螺貝は、主の手によって握られ吹き鳴らされています。そして主の超越的唇に触れ赤く染まっているかのようです。その様は、あたかも赤い蓮華の茎で遊ぶ白鳥のようでした。

物質界の恐怖を吹き散らすかのような音色を聴き、ドヴァーラカーの民は、献身者の保護者主クリシュナに向かって一目散に駆け出しました。

主の前に参じた人々は、すべてに欠けることなく満ち足りたお方、御自身の神秘力により絶え間なく他を生かしておられるお方に各々贈り物を捧げました。それらの贈り物は太陽に捧げるランプのようです。そして人々は主を歓迎するため喜びに我を忘れたかのように語り始めました。その様はあたかも保護される者が保護するお方や父親を歓迎するかのようでした。

人々は語ります。

おお、主よ。あなた様はブラフマーや四人のサナスのようなすべての神々、また天界の王からさえ尊敬されるお方です。最高の人生を目指す者にとっての究極の安らぎであり、至上なる超越的主であらせられます。避け難き時間さえあなた様には何の影響も及ぼせません。

おお、宇宙の創造主よ。あなた様は私達の母であり、幸福を祈ってくださるお方、主であり父であり、精神の師、崇拝する神であられます。あなた様の足跡に従うことで初めて私達は成功することができるのです。それ故どうかあなた様の御慈悲により私達をいつも祝福してくださらんことを！

おお、主が戻られ主の保護のもとに入られる今日という日は何と幸運でしょう。何故なら天国の住人と言えども主が訪問してくださるのは稀なのですから。今、主の微笑みをたたえたお顔、優しげな眼差しを見ることができるのです。私達はすべてに吉兆な主のお姿を見ることができるのです。

おお、蓮の眼を持つ主よ。あなた様がマトゥラ、ヴァリンダーヴァンやハスティナープラの友人や親戚の方々に会いに行かれた時、その一瞬一瞬が私達には百万年のように思えました。おお、過つことなきお方よ、あなた様が不在の時、太陽を奪われたかのように私達の目は役立たないものになったのです。

おお、主よ。あなた様がいらっしゃらないと、私達はあなた様の魅惑的なお顔、苦しみを一掃する微笑みを見ることができないのです。あなた様なしで私達はいったいどうすればいいのでしょうか？

人々の讃辞を聴き、市民や献身者に優しい主はドヴァーラカーの街に入りました。そして人々の歓迎の言葉に超越的眼差しを投げかけお応えになりました。

ナーガロカの首都ボーガヴァティーは、ナーガによって守護されています。それと同じようにドヴァーラカーはヴリシュニの子孫であるボージャ、マドウ、ダシャーラ、アラ、ククラ、アンダカなど主クリシュナと同じくらい強い人々に守護されています。

ドヴァーラカープリの街は四季の恵みに満ち溢れています。庵や果樹園、花園や公園、蓮の花が咲き乱れた溜め池などが至るところに見られます。

街の入り口から続く道は、ドアやアーチはオオバコの樹やマンゴの葉などお祝いの花樹で美しく飾られ、主を歓迎しています。旗や花輪、歓迎の印やスローガンに溢れ、太陽の光さえ遮ってしまうばかりです。

大通りや地下道、横道も市場も広場もすべてきれいに掃除され、心地よい香りのする水を撒いて湿らせています。そして主を歓迎するため、果実や花々、きれいな種子が至るところに撒かれています。

すべての家のドアにはカードやもぎたての果実、さとうきびなどの吉兆な品々、また主を崇拝する品、香、キャンドルなどが飾られています。

最愛のクリシュナがドヴァーラカーダーマに到着したと聞き、気高きヴァースデーヴァ、アクルーラ、ウグラセナや力強きバララーマ、プラデュムナやチャルデシュナ、ジャンバヴァティーの息子サーンバらはみんな喜びに満たされ休息や瞑想、食事を中断しました。

彼らは花々を携えたブラーフマナとともに主のもとに急ぎました。彼らの前には象や幸運の象徴のさまざまなものが行進しています。法螺貝やラッパが吹き鳴らされ、ヴェーダの賛歌が詠唱されています。このようにして彼らは愛に満ちた尊敬の念を主に捧げたのです。

同時に、大勢の名の通った娼婦達もみなクリシュナに会いたい一心で種々の乗り物に乗って向かってきます。耳には目もくらむばかりのイヤリングが飾られ額の美しさが際だち、美しい容貌がさらに輝いています。

劇作家、芸術家、踊り子、歌い手、歴史家や系図学者、学識ある弁舌家達もみんな主の超越的な遊戯に感激し、尊敬の気持ちを表すため贈り物を携えています。このように彼らは次から次と押し寄せてきます。


最高神、主クリシュナは彼らの方へ歩み寄り、友人や親戚、街の人々や主を歓迎する人々一人一人に誇りと尊敬の気持ちを伝えました。

全能なる主は、お辞儀をしたり挨拶を交わしたり、手を振ったり、見つめたり微笑んだり励ましたりされて、最下層の人達にさえ祝福を与えました。

主は年老いた親戚の人々、妻を従えた病弱なブラーフマナ達と街に入りました。彼らはみな祝福し主を讃える賛歌を謳いながら街に入ります。他の人達もみんな主の栄光を讃えました。

クリシュナが公道を通り過ぎる時、ドヴァーラカーの由緒ある家系の婦人方はみんな主を一目見ようと屋敷の屋根に上りました。彼らはこれを最高の喜びと思ったのです。

ドヴァーラカーの人達は美の宝庫、過つことなき主を見ることに慣れていましたが、決して飽きることはありませんでした。

主の胸は幸運の女神の住まわれるところ、主の月のようなお顔は美への憧れを満たしてくださいます。主の腕は神々の憩いの場、そして御足は、主のこと以外は決して説いたり唱えたりしない純粋なる献身者の避難所です。


主は白い日傘で太陽から頭部を守り、ドヴァーラカーの大通りを行進されました。白い羽の扇が半円を描くように風を送り路には花々が降り注がれています。主は黄色い衣装と花輪を身につけられ、その様は、薄黒い雲が太陽や月、日光、虹に一度に囲まれたかのようでした。

父の館に入ると、主は母達に抱きしめられました。真の母であるデヴァーキーを頭とする母達の足下に平伏し、主は彼女等に敬意を払われたのです。

母等は彼女達の息子を抱きしめた後、主を膝の上に座らせました。純粋なる愛に満たされ、乳房からは乳が溢れています。彼女達は喜びに圧倒され目から溢れた涙が主を濡らしました。

その後、主は広大な御自身の宮殿に入られました。主の奥方達がそこに住まわれ、その数は一万六千人以上にもなります。

主の妃達は、長い間留守をしていた主に会えると思うと心は喜びに満たされていました。妃達はすぐに立ち上がり黙想しました。社会的慣習に従い、妃達は顔を伏せて、恥ずかしそうに主を見つめました。

どうしようもない歓喜があまりに強かったので、控えめな妃達はまず心の奥で主を抱きしめました。それから実際に主を抱擁し、彼女達の息子にも主を抱擁させました。しかし、おおブリグスの頭たちよ、彼らは必死で感情を抑えようとしましたが、不覚にも涙を流してしまいました。

主シュリー・クリシュナは、彼女達一人一人のいつも傍らにいらっしゃいます。しかし、休みなく動き回っている幸運の女神ですら主の御足から立ち去ることができません。まして、一度庇護所となった主の御足からどうして女性達が離れることができるでしょうか？

主は地球の重荷になっていた王達を滅ぼし平和な世界に戻されました。王達は、自分達の精強な軍隊、騎馬、象、戦車や歩兵を誇り自惚れていました。主御自身は戦いの部隊の中にはいらっしゃいませんでした。主は王達の敵意を煽り、彼らを自ら戦わせただけです。それはちょうど竹と竹を擦り合わせ摩擦で火を起こす風のようでした。

至上主シュリー・クリシュナは、謂れなき慈悲により地上に降誕され、あたかもありふれた恋愛のように振る舞いながら純粋なる献身者の女性達と楽しまれたのです。

妃達の美しい微笑みや密やかな流し目は非の打ち所がなく人を魅了し、キューピッドといえども降参し恋の弓矢を投げ捨てさせるほどです。また苦行者の主シヴァ神さえ犠牲になってしまうでしょう。しかし、彼女らの妙技や魅力をもってしても主の感覚を揺り動かすことはできませんでした。

　物質に縛られた魂を持つ人々は、主も彼らと同じ一人と考えるでしょう。主は無執着にもかかわらず、無知故に主も物質に愛着すると思ってしまうのです。物質に接触しているにもかかわらず物質に執着しないのが主なる神の性質です。同じように主を庇護所とする献身者も物質に影響されることはありません。

　単純で繊細な婦人達は、真実、愛する夫であるシュリー・クリシュナが自分達を保護し、また自分達に愛着してくれると思っていたのです。彼女達は自分達の夫の栄光の偉大さに気が付いていませんでした。それはちょうど無神論者が主を最高の維持者と気が付かないのと同じです。

＊この主クリシュナのドヴァーラカーへの帰還の様子もバーガヴァタ・プラーナの話をもとにしました。いかに主クリシュナがみなに敬愛されていたか分かります。

クリシュナ、アビマニユの死を両親に知らせることを躊躇する

　ドヴァーラカーの街で大歓迎を受けた主クリシュナは、久しぶりに御自身の美しい邸宅に入りました。ボージャ、ヴリシュニ、アンダカ族の主だった者達は自分達の主人に挨拶し、至上なる主も、彼らを敬い、留守中の安否を尋ねました。

　そして、すぐに父ヴァースデーヴァ、母デヴァーキーのもとを訪れ、挨拶をしました。両親は無事な息子を見て抱きしめ、涙を流します。

　両親が落ち着くのを待ち、主クリシュナは足を洗った後、豪華な椅子に座り、両親の求めに応じてクルクシェートラの戦いの模様を語り始めました。

「父上様、母上様。十八日間の戦いを詳しくお話しするのは困難です。要点だけをお話しするのをお許しください」

　そして、ビーシュマ、ドローナ、カルナ、シャリア王の戦いと最後、パーンドゥ兄弟の活躍、ビーマのドゥルヨーダナの戦い、アシュヴァッターマンがパーンダヴァが疲れて夜休んでいる時にパーンドゥ兄弟を残

し皆殺しにしたこと、アシュヴァッターマンとの戦い、両軍ともごく一部を除き全滅したことを伝えました。

一緒に話を聞いていた父ヴァースデーヴァの娘スバトラーは、兄クリシュナが、息子アビマニユの死を避けているのを知り、兄に言いました。

「兄さん、どうして私の息子アビマニユの死を話さないのですか?」

そう言うと悲しみのあまり床に倒れてしまいました。

娘の様子から孫のアビマニユの死を知った、父ヴァースデーヴァも床に倒れました。しばらくして起き上がり、クリシュナに話しかけました。

「おお、蓮花の眼の息子よ。あなたが正直であることは有名です。そのあなたが、孫アビマニユの死を告げなかったのは何故ですか? 彼は、いつも自分の腕前を私に見せてくれました。その愛する孫がどのような最期を迎えたのでしょうか。詳しく話してください」

老いた父ヴァースデーヴァが悲しみ嘆く様子を見て、ゴーヴィンダは苦しそうに答えました。

「尊敬する父よ。アビマニユの死を聞いた時の、あなたの悲しみ苦しみを思うと、どうしても言い出せなかったのです。どうかお許しください」

そして、アビマニユは勇敢に戦い、どうしても彼を倒せないカウラヴァ軍が大勢で取り囲み殺したこと、アルジュナが敵の首謀者であるジャヤドラタの首を取ったことなどを話しました。

「おお、父上。アビマニユはクシャトリヤの義務を立派に果たしたのです。クシャトリヤにとって床で最期を迎えるより、正義の戦いで命を落とすことが名誉なのです。義務を果たしたアビマニユは、今、至福の世界にいます」

クリシュナの言葉を聞き、父ヴァースデーヴァは、自分があまり悲しむと、クリシュナやスバトラーをかえって苦しめることになると思い、涙を拭いました。そして孫のアビマニユのため、盛大な葬儀を行いました。

クリシュナ、ウッタラーの子を生き返らせる

クルクシェートラの戦いが終わっても、主クリシュナはすぐに帰還せず、パーンドゥ兄弟や残った女性達、国民を慰めるため数カ月ハスティナープラに滞在しました。

しかし、ついにユディシュティラ王からアシュヴァメーダ（馬供犠祭）には戻ってきてほしいと頼まれ、主クリシュナは快諾して長らく留守にしていたドヴァーラカーの都に戻りました。国民の歓迎を受け、両親に挨拶し、戦いの様子、アビマニユが卑怯な手段で殺されたことなど報告し、戦死した勇士達の弔いを行いました。

それからしばらくして、アルジュナとスバトラーの息子アビマニユの妻、ウッタラーが男の子を産みました。市民は大喜びしましたが、すぐに悲しみに変わりました。生まれた子はじっと横たわって動かなかったからです。

クリシュナはすぐに産屋に駆けつけると、クンティー、ドラウパディー、スバトラー、そしてパーンドゥ兄弟の親戚の女性達が泣き叫んでいます。

クンティーがクリシュナを見つけると泣きながら話しかけました。

「ああ、ヴァースデーヴァよ。あなたは私達の栄光であり、避難所です。あなたの妹の子アビマニユの子が死んで生まれてきたのです。アシュヴァッターマンが草の葉を強大なブラフマシラスに変え、〝パーンドゥの子孫を根絶やしにしてやる〟と子供を宿したウッタラーの胎に放ちました。その時、あなたはブラフマシラスを防ぎ、〝ドローナの息子よ。お前の放ったブラフマシラスにより生まれてくる子は死産となろう。だが私がその子を生き返らせてやろう〟と言いました。おお、ケーシャヴァよ。今、その約束を果たしてください」

このように言うと、クンティーは、他の女性達と一緒に地面に倒れ、涙にむせびました。

スバトラーも兄クリシュナを見て泣きながら言いました。

「ああ、ケーシャヴァよ。私の心は悲しみに貫かれています。息子のアビマニユもいないし、その子も死んで生まれてきたのですもの。おお、愛する息子の子よ。お前は、至上なる主を目の前にして挨拶することも許されないのですか。

おお、マーダヴァよ。あなたは、アビマニユの子が死んで生まれてきても、必ず生き返らせてやると宣言しました。どうか、約束を守り、哀れな子を生き返らせ、あなたに挨拶をさせてやってください」

ジャナルダナは、クンティーを地面からそっと起こし、次のように慰めました。

「よろしい。約束を守りましょう」

それから、すぐにアビマニユの子が横たわる部屋に行きました。部屋は白い花の花輪、四方には水や木炭、聖木、輝く武器や灯り、貴婦人や熟練の医師が待機しています。適切な配置を見て、主クリシュナは満足され、「すばらしい、すばらしい」と喜ばれました。


産屋に横たわるヴィーラタ王の娘ウッタラーは、主クリシュナを見ると泣きながら言いました。

「おお、マータヴァよ。アシュヴァッターマンがブラフマシラスを私に向け、私が死んだらどれほど楽だったことでしょう。ところがドローナの息子は私のお腹の子に向けてしまいました。アビマニユが死んだ時、私も後を追うつもりでした。でもお腹の子のために生きることにしました。もしこの子がこのまま死んだら、私も二人の後を追うことでしょう。おお、ケーシャヴァよ。どうか約束通り、この子を生き返らせてください」

伏していたウッタラーは、何とか起き上がって座ると主クリシュナを礼拝しました。


主クリシュナは、子に水を振りかけ、ブラフマシラスを抜きながら言いました。

「おお、ウッタラーよ。私は冗談でも嘘を言ったことはない。私の言葉はすべて真実です。神理と正義は常に私とともにある。さあ、アビマニユの子よ。生き返りなさい」

このように主クリシュナが言葉を発すると、その子は生き生きと動き出したのです。

その時、天から「すばらしい、すばらしい」と讃歎の声が聞こえました。

女性達は喜び、ブラーフマナは祝福の言葉を繰り返します。力士、役者、占星術師、吟遊詩人達は一斉にジャナルダナを褒め称えます。

ウッタラーは、立ち上がり、歓喜に溢れて我が子を抱くと、主クリシュナに深々とお辞儀をします。

主クリシュナも大いに喜び、多くの貴重な宝石を授け、言いました。

「このアビマニユの子は、種族が絶えようとした時に生まれたのだから、パリークシッドと名付けよう」

と、名付け親になったのです。

このパリークシッドは、パーンドゥ兄弟の後を継いで王となり、善政をしいて国民に繁栄と喜びをもたらしました。そして、最後の一週間で主クリシュナの栄光の物語バーガヴァタ・プラーナを聴聞し、それが世に伝わることとなりました。

今回の『主クリシュナの物語』を出版するに当たり、もう一度『マハーバーラタ』を見直してみました。戦いの描写、さまざまな故事、歴史、人間関係、数多くの聖者達のお話などが盛り込まれていますが、『バガヴァット・ギーター』の実践編、応用編としてみると、自分の中で一つにつながりました。

『マハーバーラタ』の場面は戦場という、生きるか死ぬかの極限状態ですが、同じことは私達の日常生活の中でもあることばかりです。

好き嫌い、自分に都合がいいか悪いか、自分なりの善悪の物差し、野心、欲、人間関係の悩み、義務を果たすこと、愛する者との別れ、生活、生と死、神理とは何か、信仰、人生の目的とは、どう生きたらいいのか…

『マハーバーラタ』の中には、生きていく上でのさまざまな悩み、苦しみが描かれ、それに対して御者の主クリシュナが道を示してくれます。

拙著に興味を持たれましたら、堀田和成先生の『クリシュナ　バガヴァット・ギーター』、または読みやすいと思われる『バガヴァット・ギーター』の解説書を手に取っていただければ幸いです。

【ヤドゥ王家の最後とクリシュナの帰天】

聖者達の呪いとクリシュナの黙認

主クリシュナはクルクシェートラの大戦で、地球の重荷になっていた多くの悪魔や悪王達を成敗しました。しかし、クリシュナは思われました。

「これで地球の重荷はすべて消えたと言う者がいるかもしれない。しかし、私の考えは違う。まだ私自身の一族が残っている。強大となった軍隊はやがて傲慢となり地球の重荷になるだろう。

しかし、この一族は私を崇拝し私に身を捧げている。さらにその武勇、富は比較になるものがないほどだ。とても外敵に打ち破られることはない。しかし、私の計らいで内輪もめを起こすなら、その争いは竹の摩擦によって生じた火が森を焼き尽くすように一族を滅ぼしてしまうに違いない。そうして初めて私はこの地上での目的を果たし、私の永遠の住まいに帰れるというものだ」

全能の主が望まれたことは、必ずそうなります。こうして主御自身の一族は、ブラーフマナの呪いを口実にして滅びることになったのでした。

ある時、ヴィシュヴァーミトラ、アシタ、カンヴァ、ドゥルヴァーサー、ブリグ、アンギラー、カシャパ、ヴァーマデヴァ、アトリ、ヴァシシュタ、ナーラダなどの大聖者がカリ・ユガのすべての罪を取り除こうと供犠を行いました。聖者方は、この供犠を主クリシュナの父ヴァースデーヴァの屋敷で行いました。聖者方は供犠を終えると、ピンダーラカと呼ばれる聖地に行きました。

その聖地でヤドゥ家の少年達が、サーンバという少年を女装させ、聖者達のところへ連れて行きました。そして少年達は聖者方の足をつかむと、あつかましく言いました。

「おお、博学の聖者の方々よ。この黒い目をした妊婦がお尋ねしたいことがあるそうです。彼女は緊張して自分で言えませんが、実は男の子を欲しがっています。あなた方はみんな偉大な聖者で未来を見る眼をお持ちです。どうか生まれてくる子が男の子か女の子が教えてください」

嘘をつかれた上にあざ笑われ、聖者達は怒りました。そして少年達に、

「この愚か者めが！　この妊婦は鉄の棒を産むだろう。そしてその棒がお前達の一族を滅ぼすことになろう」

と呪いました。

聖者達の言葉を聞いて恐ろしくなった少年達はすぐにサーンバの腹の覆いを取ると、果たして鉄の棒がそこにありました。

少年達は、「ああ、僕達は何ということをしたんだろう。お父さんやお母さん達はなんと言うだろう」と心配になり、鉄の棒を持って家に帰りました。そして、このできごとをウグラセナ王や王族の方々に報告しました。

ドヴァーラカーの人々は、このブラーフマナの呪いと鉄の棒を見て、恐怖に心を取り乱します。そしてウグラセナ王は鉄の棒を小さく砕き、残った鉄の塊と一

緒に海に捨ててしまいました。

ところが海に捨てた鉄の塊をある魚が飲み込み、鉄の破片は岸まで運ばれ、岸の土に入り込んで、背が高く鋭いサトウキビに育ちました。そして鉄の塊を飲んだ魚は漁師につかまり、猟師ジャラーの手に渡りました。魚を解体し胃袋に鉄の塊を見つけたジャラーはそれを鏃にしたのです。


主クリシュナはこれら一連のできごとをすべてご存じでした。そして、ブラーフマナの呪いを消そうと思えばできるのに、そうはされませんでした。むしろ、主はこれらのできごとを喜んでいるようでした。


さて、ブラーフマナの呪いの後、空にも地にも至るところに不吉の予兆が現れました。

主クリシュナは、会議堂でヤドゥ家の人々に次のように言いました。

「ヤドゥ家の指導者達よ。一族の死を告げるような恐ろしい予兆がドヴァーラカーの街に現れている。もはや一刻もここに留まるべきではない。女性、子供と老人は街に残り、男達はサラスヴァティー河が西に流れる聖地プラバーサ・クシェトラに行こう。そこで清めの沐浴をし瞑想しよう。そして神像を沐浴させ、白檀膏を塗り、さまざまな供物を供えて神々を礼拝しましょう。

ブラーフマナの助けで、それらの償いの儀式を行った後、ブラーフマナに牛や土地、金、衣装、象、馬、馬車や住む場所を捧げるのです。これが差し迫った不幸を中和する最もよい方法と思います。きっとよい結果をもたらすでしょう」


クリシュナの言葉を聞き、ヤドゥ王家の長老達は「そういたします」と賛同しました。そして海を船で渡り、馬車で聖地プラバーサに向かいました。

この出発の間際に、主クリシュナ最後の教え、『ウッダヴァ・ギーター』が説かれます。そしてウッダヴァにバクティ・ヨガを説き、ドヴァーラカーとヤドゥ一族は滅ぶため、ウッタヴァに早く旅立つように勧めました。

ウッダヴァ・ギーター

ウッダヴァ・ギーター概略

バーガヴァタ・プラーナ第十一巻の六章から二十九章は、主クリシュナが地上を去ろうとする時、主の従兄弟で偉大な献身者ウッダヴァに神理を噛んで含めるように説き、特に「ウッダヴァ・ギーター」と呼ばれています。主が地上を去る間際の教えであるため、「主クリシュナ最後の教え」とも呼ばれ、「バカヴァット・ギーター」の姉妹編とも言うべきすばらしい内容です。

一千節を超え、「バカヴァット・ギーター」より少し長く、多くのたとえ話を織り込んで、ウッダヴァとの対話形式で書かれ、読みやすい内容になっています。

ウッダヴァは、主クリシュナが、「人の中でも最高の人」、「最高の私の献身者」と呼ぶほどの聖者ですが、人類のために主から多くの教えを引き出そうとさまざまな質問をします。

「心が感覚の満足を求める者にとって物質的楽しみを捨てるのは困難です。どうしたら実践できるのでしょうか？」

「縛られた魂と解放された魂はどう違うのですか？」

「どのような人を献身者というのですか？」

「偉大な献身者の行う献身はどんなものですか？」

「あなたの教えを聴きましたが、まだ迷妄が去らず混乱しています」

「物質的生活は不幸を招くと分かっていてもなお楽しもうとするのは何故ですか？」

「いろいろな聖者がそれぞれの道を説いていますが、すべて正しいのですか、一つだけが本当の道ですか？」

「どのようにあなたの姿を瞑想すればいいのですか？」

「神秘的ヨガの成就にはどんなものがあるのでしょうか？」

「あなたの無数の偉力、富を教えてください」

「カースト制度や四住期の人は各階級でどのように義務を果たし、あなたに奉仕すればいいのですか？」

「あなたの定める善悪の区別は？」

「創造元素（構成要素）は本当は幾つですか？」

「自然と生物は同じように見えますがどう違うのですか？」

「カルマによってどのように輪廻するのですか？」

「無知な人が自分に加える攻撃にどう耐えればいいの

ですか?」

「主や主の神像を崇拝するにはどうすればいいのですか?」

「この世で物質的生活を経験するのは誰?」


主はその質問に丁寧に答えていきます。最後に、ウッダヴァは、「あなたの教えは心をコントロールできない一般大衆には難しい。もっと簡単に実践できるように教えてほしい」と嘆願します。

主は微笑まれると、「よろしい。これからバクティ・ヨガの神髄を語りましょう」と主自らバクティ・ヨガを語ります。

その神髄は、想念、言葉、行為を正し主のために使うこと(三戒)、常に主を想うこと(虚心の祈り)、万物の中に主を観て崇拝すること、主への報恩と献身奉仕、非実在の物質的活動を主に捧げることで永遠の実在である主に到達する、と堀田和成先生の説かれる正道に他なりません。

最後に主クリシュナは、「愛するウッダヴァよ。あなたの混乱や悲しみは一掃されましたか?」と優しく語りかけます。


「バカヴァット・ギーター」は多くの国々で訳され読まれていますが、「ウッダヴァ・ギーター」はあまり知られておらず、英語でも数件の訳しか見あたりません。日本語になったものは調べた範囲ではないようです。

「ウッダヴァ・ギーター」を日本語訳してみましたが、英語からの直訳は分かりにくい点も多々あり、聖典の内容を変えない範囲で意訳したり、付け加えたところもあります。

神々、主クリシュナに帰天を願う

ブラフマー、シヴァを始めとした多くの神々が主クリシュナの住まわれる街ドヴァーラカーを訪れ、主に拝謁しました。神々は主に礼拝し賛美の言葉を捧げた後、ブラフマーが神々を代表して主クリシュナに語りかけました。

我が愛する主よ。私達は以前、あなたに地球の重荷を取り除いてくださるようにお願いしました。あなたは、その願いをお聞きとどけくださり、主クリシュナとしてヤドゥ王朝に降臨されました。そして、遊戯、冒険、恋愛、英雄的行為などさまざまな活動を為さり、あなたの栄光は地に満ち、誰もがあなたに親しみを持ち、人々があなたのことを耳にするだけで心は浄化されます。

さらに、クルクシェートラの戦いでは、地球の重荷になっていた多くの悪魔、クシャトリヤを滅ぼされました。その戦場であなたがアルジュナに語ったバガヴァット・ギーターは不滅の神理として人々を導くことでしょう。

主よ。あなたは私達がお願いしたことをすべて果たしてくださいました。願わくば主よ、精神界のお住まいにお戻りくださり、これまで通り私達を保護していただけないでしょうか。

主クリシュナは、ブラフマーの言葉に次のように答えました。

「ブラフマーよ。あなたの願い通り私は私の住居に戻ることにしましょう。しかし、クルクシェートラの戦いで多くのクシャトリヤは滅びましたが、まだ私の一族であるヤーダヴァ族が残り、その武力、富は強大になっています。私が去り、ヤドゥ王朝の人々がそのまま残ったら、彼らは自尊心の虜となり再び地球全土を脅かすことになるでしょう。私は、ブラーフマナの呪いという形で、ヤドゥ王朝の人々を天に連れて帰ることにします」

主クリシュナがこのように決めてから、ドヴァーラカーの街にはさまざまな不吉な前兆が現れ始めました。そこで主クリシュナは、街の長老達を集め、ドヴァーラカーの街を離れ、聖地プラバーサ・クシェトラで禊ぎをするように勧めました。

主の勧めに従い、ドヴァーラカーの人々は旅立ちの準備を慌ただしく始めました。（第十一巻第六章　第一～第三十九節のまとめ）

＊本文の（　）の番号はバーガヴァタ・プラーナの詩節の番号になります。

このような状況の中で主の従兄弟で最高に純粋なる献身者ウッダヴァと主クリシュナの対話（ウッダヴァ・ギーター）が始まります。

ウッダヴァ・ギーターの始まり

ウッダヴァは常に主クリシュナの信心深き従者でした。ヤーダヴァ族が旅立ちの準備を始め、恐ろしい前兆が次々を起こるのを見て、主と二人だけの時、主の

蓮華の御足に額ずき尋ねました。（第四十、四十一節）

シュリー・ウッダヴァ曰く、

我が主よ。神々の中の最高の神よ。私には、あなたがヤドゥ王朝を引き上げ、あなた御自身もこの地上での遊戯を終えようとしているように思われます。あなたは、あらゆる神秘力の源、もしブラーフマナの呪いを中和しようと思えば簡単におできになるのに、そうはならさず、あなたは今にも地上を去ろうとされているようです。（第四十二節）

おお、主ケーシャヴァよ（麗しき髪の主の意）、我が敬愛するご主人よ。たとえ一瞬でも私はあなたの蓮華の御足から離れることに耐えられません。どうか私もあなたのお住まいに連れて行ってください。（第四十三節）

我が主よ。あなたの遊戯は人類にとって最高に吉兆であり、このような遊戯を聴聞することで他の欲望を忘れます。（第四十四節）

我が敬愛する主よ。あなたは至高のアートマンであり、私達の心臓の内にお住まいです。そのため私達にとっては最も親しいお方です。私達が、どうして一瞬たりともあなたなしで生きることができるというのでしょう？　私達が横になったり、座り、歩き、立ち、沐浴し、娯楽に興じ、食べたり、他に何事をしたとしても、それはあなたへの奉仕に結びついているのです。（第四十五節）

ただ単に、あなたが楽しんだ花輪や香油、衣装や装飾品のお下がりを身につけるだけで、またあなたの食事の残り物をいただくだけで、あなたの召使いである私達は、あなたの幻力マーヤを克服することでしょう。（第四十六節）

放棄階級に属し、修行によって神秘力を得た聖者方はブラフマンと呼ばれる精神界に達しますが、直接あなたのもとに達することはできません（第四十七節）。

おお、最高の神秘者よ。私達は果報的活動に縛られた魂ですが、あなたの献身者の方々があなたのことを私達に語ってくださり、あなたのことを聴聞するだけでこの物質世界の闇を超えていくことができるでしょう。

私達はあなたの為さった御業、あなたの語られた言葉をいつも想い、賛美しています。あなたの恋の遊戯や若い時の遊戯を思い出しては恍惚となってしまいます。

ですが、主よ。あなたの為さった愛すべき遊戯は、この世界の若者や普通の人々と同じようで、そのためあなたが主であることを大衆は理解できません。(第四十八、四十九節)。

シュカデヴァ・ゴスヴァーミー曰く＊、パリークシット王よ。このようにウッダヴァに語りかけられ、デヴァキーの息子、主クリシュナは、この愛する純粋なる召使いウッダヴァに親しみを込めて語り始めました。(第五十節)

＊バーガヴァタ・プラーナは、シュカデヴァ・ゴスヴァーミーが、アルジュナ達の子孫であるパリークシット王に語り、それを多くの聖者方が聴聞する形で語られている。

ヤドゥ王とアヴァドゥータの問答(一)

主クリシュナ曰く、

幸運なるウッダヴァよ。あなたは、ヤドゥ王朝を地上から去らせ、ヴァイクンタ(主の至高の住まい)の住居に戻るという私の考えがよく分かりましたね。ブラフマー、シヴァを始めとした神々も、私にヴァイクンタに戻るように祈りを捧げにきました。(第一節)

ブラフマーらの願いにより、私は私の完全拡張体であるバララーマ(主クリシュナの兄)とともに地上に下り、さまざまな活動を行いました。今や私の地上での役割は終わりました。(第二節)

ブラーフマナの呪いにより、ヤドゥ王朝は互いに争い死に絶えるでしょう。そして今日から七日後、潮位が上がりこのドヴァーラカーの都は水没します。(第三節)

聖なるウッダヴァよ。遠からず私はこの地球を去るつもりです。そして、私が去るとカリ時代が始まり、

すべての信仰は地上から奪われてしまうでしょう。（第四節）

我が愛するウッダヴァよ。私が地上を去ったならば、あなたも長く地上に留まらない方がよい。あなたは罪無き人ですが、カリ時代になると人々はあらゆる罪深き行いに夢中になります。ですから、あなたもこの地に残ってはなりません。（第五節）

さあ、あなたの親しい友、親族への愛着を完全に断ち切り、心を私に集中なさい。そして、意識を私に固定し、すべての物事を平等に観て、地球を旅しなさい。（第六節）

愛するウッダヴァよ。心、言葉、眼や耳などの感覚で知覚するこの物質宇宙を、マーヤの影響により人々は本物と思っていますが、ただの幻想に過ぎません。すべての感覚の対象は一時的な幻想と知りなさい。（第七節）

マーヤに幻惑された人々は、物質的対象に対してさまざまな異なった価値や意味を感じるでしょう。このように人は、物質的善悪の狭間にいて、善悪にとらわれています。二元性（相対観念）に埋没し、義務を為そうか為すまいか、禁じられた行為を行うか行うまいかと常に考えています。（第八節）

そのため、すべての感覚を自己の支配下に置かなければなりません。そして心を征服し、自己の中に全世界を見、主である私の中に個々の自己を観るようになさい。（第九節）

正しい知識（神理）を学び、実践の中で神理を体得していく時、あなたは真我（アートマン）を知覚し、心は満足するでしょう。その時、あなたは万物を愛するようになり、人生において障りはなくなります。（第十節）

善悪を超えた人は、自ずと宗教的規範に従って行動し、禁じられた行為を避けます。自己を悟った人は、善悪を物差しとしないため無邪気な子供のように自然とそうするのです。（第十一節）

万物の幸福を願い、穏和で智慧に満ち悟った人は、

あらゆるものの中に主である私を観ます。このような人は、二度と輪廻の輪の中に落ちることはありません。（第十二節）

シュリー・シュカデヴァ・ゴスヴァーミー曰く、おお、王よ。至上なるお方、主クリシュナは、主から教えを授かろうと熱望する純粋なる献身者ウッダヴァにこのように説きました。そして、ウッダヴァは、主に尊敬の念を捧げ、次のように語りました。（第十三節）

シュリー・ウッダヴァ曰く、
敬愛する主よ。あなただけがヨガの果報を授けられます。そして、あなたはヨガの完成をあなたの献身者に与えてくださる親切なお方です。あなたは、ヨガを通して知覚されるアートマンで、すべての神秘力の根源です。あなたは、離欲を通して物質世界から離れる道を説いてくださり、私は最高の恵みをいただきました。（第十四節）

愛する主よ。おお、至高なるお方よ。しかし、あなたへの献身奉仕から逸れ、心が感覚の満足に執着する人にとって、この物質的楽しみを捨てるのは非常に困難と思います。（第十五節）

おお、我が主よ。私は愚か者で、私の心はあなたのマーヤが創造した肉体や肉体に関連したものに埋没しています。私は、「私はこの肉体である。これらのものはすべて私のものである」と考えてしまいます。ですから、我が主よ。どうしたら、あなたの教えを実践できるのか、この哀れなあなたの召使いにお教えください。（第十六節）

我が敬愛する主よ。あなたは絶対神理であり、最高の神。主であるあなたの他に神理を私に授けてくださる方を私は知りません。あなたのような完全な師は天界の神々の中にも見出すことはできません。事実、ブラフマーを筆頭とするすべての神々も、あなたのマーヤに幻惑されています。（第十七節）

我が主よ。私は今あなたにすべてをゆだねます。あなたは全知全能の無限の最高神、私の完全なる御主人なのですから。あなたは、すべての生物の真の友ナーラーヤナでいらっしゃいます。（第十八節）

主クリシュナ曰く、
この物質世界を正しく理解できる人は、物質的満足を求める不幸な人生を越え、自己を高めることができます。（第十九節）
自分の周りの世界の真実を知り、神理を適用できる人は、私の恩寵を得ることができます。そして真我（アートマン）を師として行動するようになるでしょう。（第二十節）
人として生まれ、自己を制御し、サーンキャ哲学に精通した人は、私の全エネルギーと私を直接観ることができます。（第二十一節）
この世界にはさまざまな生物がいます。あるものは一本足、また二本足、三本、四本足、そしてもっと多くの足を持った生物、中には足のない生物もいます。しかし、すべての生物の中で人間が私には最も愛しい姿です。（第二十二節）
主である私は感覚にとらわれることはありません。しかし、人は私を知るために知性と感覚を用いなければなりません。（第二十三節）
この点に関し、聖者達は偉大な王ヤドゥと聖者アヴァドゥータの対話をよく引用します。今からお話しするのでよくお聞きなさい。（第二十四節）
昔、ヤドゥ王は、若々しく博学のブラーフマナ、アヴァドゥータが気ままに放浪しているのに出会いました。王はヴェーダに精通しており、よい機会と次のように質問しました。（第二十五節）
ヤドゥ王曰く、
おお、ブラーフマナよ。あなたは宗教的活動を行っていないようですが、最高の智慧をお持ちだと私には分かります。どうか、師よ。その非凡なる智慧をどのようにして得られたのか、また何故、子供のように振る舞い自由に旅をされているのか教えていただけないでしょうか？（第二十六節）
人々は、信仰心を深めるため、経済的に豊かになるため、感覚満足のため、また魂の知識を得るため、目的は違っても一生懸命努力します。そして、その動機は長生きして名声を得て、物質的富を楽しもうというのがほとんどでしょう。(第二十七節)

しかし、あなたは有能で博学、人生の達人で眉目秀麗、最高の雄弁家であるのに何も為さっていない。それどころか何も望まずぼんやりしているように見えます。(第二十八節)

この世のすべての人々は貪欲の炎が燃えさかる森の中で焼き焦がされていますが、あなたは自由で炎に焼かれていません。あたかも燃えさかる森を避け、ガンジス河の水に立つ象のようです。(第二十九節)

おお、ブラーフマナよ。あなたは物質的歓びを全く持たず、従者や家族も連れず一人で旅しています。真心を込めてお尋ねいたします。あなたの内なる歓喜の源はなんでしょうか？　どうかお教えください。(第三十節)

主クリシュナ続けて曰く、

常にブラーフマナを敬い、知性豊かなヤドゥ王は頭を垂れ、ブラーフマナの返答を待ちました。そのような王の態度に喜び、ブラーフマナは話し始めました。(第三十一節)

ブラーフマナ曰く、

愛する王よ。私は道を求め、多くの師の教えをいただきました。彼らから智慧を授かった後、私は今、解放された境地で地球を旅しています。多くの師から授かった教えをあなたにお話ししますので、どうかお聞きください。(第三十二節)

王よ。私は二十四の師から学びました。彼らは次の通りです。地球、山、風、空、水、火、月、太陽、鳩、大蛇、海、蛾、蜜蜂、蜂蜜泥棒、鹿、魚、娼婦ピンガラー、鷹、そして子供、若い女性、矢作り屋、蛇、蜘蛛、スズメバチです。愛する王よ。私は彼らの行いを学び、自己を知る智慧を学んだのです。(第三十三～三十五節)

おお、マハーラージャ・ヤヤーティの息子よ。私がこれらの師から何を学んだのか、どうかお聞きください。(第三十六節)

智慧ある者は、他の生物から自分が苦しめられている時でさえ、加害者は神の差配でどうすることもできず、そのような行為を為していると理解しなければなりません。そして自分の道を決して踏み外してはなりません。これは私が地球から学んだ法です。（第三十七節）

聖なる人は、自分が生まれてきた唯一の理由は、人々への奉仕、人々の幸福のために自分のすべてを捧げることだということを山から学ばなければなりません。同じように山に生える木（師）の弟子として（木はさまざまな用途で人の役に立つため）、彼は他に自己を捧げることを学ばなければなりません。（第三十八節）

聖者は、自分の満足はただ肉体を維持するためだけに止め、感覚の満足を求めてはなりません。人はこのような考えで肉体を扱うべきです。そうすれば智慧は損なわれることなく、言葉や心も神理から外れないでしょう。（第三十九節）

聖者といえども、善悪の性質を持つ無数の対象に囲まれています。しかし、善悪を超えた人は、物質的対象と接触しても混乱せず、風のように行動しなければなりません。（第四十節）

自己を悟った魂も、この世ではさまざまな肉体に入り、肉体の性質や働きを経験するでしょう。しかし、悟った魂は、風がさまざまな芳香を運んでも、芳香と混じることがないように、決して混乱することはありません。（第四十一節）

思慮深き聖者は、肉体の中にある時でさえ、自分は純粋な魂であると知るべきです。同じように、動不動あらゆる生物の中に魂が入っていると知らなければなりません。個々の魂はこのように万物に宿っているのです。さらに聖者は、至上なる主、アートマンは同時に万物の中に存在していると観なければなりません。この点は空の性質を考えると理解しやすいでしょう。空はあらゆるところに広がり、万物は空の中に存在しますが、空は何ものにも混じることなく分割されることもありません。（第四十二節）

強風が雲を吹き払い、嵐が空を横切っても空は決して巻き込まれることも影響されることもありません。同じように、魂が地水火風空で造られた肉体に入っても、グナに強制されたとしても、不滅の魂は決して影響されません。（第四十三節）

おお、王よ。聖なる人は、あらゆる汚れから解放されているため水のようです。その性質は優しく、流れる水のようにその言葉は美しい音を奏でます。このように聖なる人を見たり触れたり聴いたりすることで、あたかも人がきれいな水で沐浴して清潔になるように生物は浄化されるのです。聖なる人は聖地と同じで、常に主の栄光を唱えているため、接する人を浄化します。（第四十四節）

聖なる人は苦行によって強くなります。彼らの意識は物質の中に何の楽しみも求めないため不動です。このような聖者方は、与えられた食べ物で満足します。偶然に汚れた食べ物が混じっていても、火が汚れたものを焼き尽くすように影響されることはありません。（第四十五節）

聖なる人は、火のように時に身を隠し、時に姿を現します。そして真の幸福を望む縛られた魂のために、師としての立場を受け入れ、慈悲深く弟子達の願いを聞き、彼らの過去や未来の罪を焼いて灰にします。（第四十六節）

火が木の大きさや種類によって異なってくるように、全能の主は、自ら創造した上等下等生物の中に入り、それぞれの個性を表します。（第四十七節）

生から死に至る間、肉体は変化していきますが、魂には何の影響もありません。ちょうど月の満ち欠けが月そのものに影響しないのと同じです。このような変化は不可視の時の流れがもたらす避けられない運命です。（第四十八節）

炎は一瞬一瞬現れては消えていきます。この創造と破壊（炎が現れては消えること）は、普通の観察者には気付かれることはありません。同じように時の流れは、強い河の流れのように途切れなく、無数の肉体の誕生、成長、死の原因になっています。魂でさえ時の働きを知覚できません。（第四十九節）

太陽は膨大な水を蒸発させ、雨として地上に還元します。同じように聖なる人は、感覚器官を用いてあらゆる物質的対象を受け入れますが、適当な時、相応しい人が現れ、その対象を求める時に返還します。このように聖者は感覚の対象を受け入れ手放しますが、混乱することはありません。（第五十節）

太陽は水や宝石など、さまざまなものに映し出されますが、太陽自体は分割されることもなく、また映った映像は太陽そのものではありません。そのように考えるのは愚かな人と言えるでしょう。同じように魂はさまざまな肉体を通して映し出されますが、魂は不可分で物質ではありません。（第五十一節）

また、人は何ものにも過度の愛着や関心を持ってはいけません。愛着を持つと今からお話しする愚かな鳩のように耐え難い苦しみを経験しなければならないでしょう。（第五十二節）

昔、一羽の鳩が奥さんと一緒に森に住んでいました。鳩の夫婦は木の上に巣を作りそこで何年か過ごしました。（第五十三節）

二羽の鳩は献身的に働きました。互いの心は強い愛情で結ばれ、眼を交わしたり、互いの姿を見ただけで喜び、心から愛し合っていたのです。（第五十四節）

未来に希望を持ち、彼らは休み、座り、歩き、立ち、話し、遊び、食べ、毎日を送りました。森の中の仲睦まじい夫婦として過ごしていたのです。（第五十五節）

雌鳩が何か欲しがる時はいつも夫をおだて甘え、一方雄鳩はたとえ困難なことであろうと彼女が望むことは何でも行い、彼女を満足させようとしました。このように彼は妻へ愛着し、感覚を制御できませんでした。（第五十六節）

やがて雌鳩は身籠もり、貞節な彼女は夫の見守る中、たくさんの卵を産みました。（第五十七節）

月満ち、主の偉大な力によって、柔らかな脚と羽を持つ赤ちゃん鳩が卵からかえりました。（第五十八節）

鳩の夫婦は子供達をとても可愛がり、チーチーとぎこちない鳴き声も甘く感じ、鳴き声を聞いては大喜びしました。愛に満たされ、両親は子供達の世話を一生懸命行いました。（第五十九節）

親鳩達は、子供らの柔らかな羽を見たり、鳴き声を聞いたり、巣の周りでの無邪気な動作、飛んだり跳ねたりしようとするのを見ては楽しみました。子供達が幸せなのを見て、自分達も幸せでした（第六十節）。

彼らの心は互いに愛着し、主のマーヤに幻惑され、子供達の世話を続けました。（第六十一節）

ある日、二羽の親鳩は子供達の餌を見つけにいきました。子供達の餌をたくさん見つけようと森中を探し回りました。（第六十二節）

その時、偶然、狩り人が小鳩達を見つけ、網で小鳩をみんな捕まえました。（第六十三節）

鳩の夫婦は子供達を養うことに心を砕き、餌を求めて森をさまよい、餌を確保して巣に戻りました。（第六十四節）

母鳩は小鳩達が狩り人の網に捕らえられているのを見て、苦しみに圧倒され泣き叫びました。子供達も母鳩を見て泣き叫びます。（第六十五節）

母鳩はいつも愛着に強く縛られていたので、小鳩を見て苦悩し錯乱しました。主のマーヤの虜になり、完全に我を忘れて子供達のもとに突進し、すぐに狩り人の網に捕らえられてしまいました。（第六十六節）

自分の命より大事な小鳩と自分の命に等しい最愛の妻が、狩り人の網に捕らわれ救いようがないのを見て、哀れな雄鳩は嘆き始めました。（第六十七節）

雄鳩曰く、

ああ、私は何故破滅したか今分かった！　私が神を信ずる行為をしなかったからだ。なんという大馬鹿者だ。私は本当の自己を知ることも、人生の真の目的も果たしていなかった。私の信仰の拠り所は、経済的豊かさ、感覚の満足だった。その感覚満足のもとであった愛する家族は、今救いようのない状況だ。（第六十

八節）

私と妻は理想的な夫婦だった。彼女はいつも心から私に仕え、私を崇拝する神とみなしてくれていた。しかし、子供達が捕らえられたのを見て、彼女は私のもとを離れ、子供達と一緒に天国に行こうとしている。（第六十九節）

私は哀れにも一人巣の中にいる。私の妻や子供達は死のうとしている。これ以上生きていて何になろうか？私の心は家族との別離に傷つき苦しんでいる。（第七十節）

雄鳩は網に捕らえられ、死の淵でもがいている可哀相な妻と子供達を見つめ、心は空白となり、狩り人の網の中に自ら身を投げ出しました。（第七十一節）

無慈悲な狩り人は、親鳩と小鳩をみんな捕獲して満足して帰路につきました。（第七十二節）

このように必要以上に家庭生活に愛着する者は、心に苦しみを覚えるようになります。そのような人は鳩のように性的愛着の中に幸福を見出そうとするでしょう。そして家族を養うことに一生懸命になり、神を忘れると、家族共々大いなる苦しみを受けるようになります。（第七十三節）

救いの扉は、人類に広く開け放たれています。しかし、人がこの話の鳩のように自分の家族のためだけに奉仕するなら、彼はただ、落ちるためだけに高い所に上る人と言えるでしょう。（第七十四節）

ヤドゥ王とアヴァドゥータの問答（二）

アヴァドゥータ曰く、

おお、王よ。肉体を持った魂は、天国や地獄で地上生活の結果を受け取ります。また求めていなくても幸福を手に入れることもあるでしょう。そのため識別智を得た人は、物質的幸福のために努力することはありません。（第一節）

続いて大蛇の話をしましょう。人は物質的幸福への執着を捨て、美味しくても不味くても、多くても少なくても、自然と入ってくる食べ物で満足しなければな

りません。(第二節)

食べ物が手に入らない時は、食べ物を探そうとせず、何日でも断食しなければなりません。食べ物が手に入らないのは、断食しなさいという神の御意志と理解なさい。

大蛇は獲物が来るまでじっと待ちます。このように大蛇を見習うことで、人は忍耐を養い、平和を保たなければなりません。(第三節)

聖なる人は穏和で物質的活動は弱まり、肉体維持のために多くの努力を費やすことはありません。性的、精神的、肉体的強さは十分保っているにもかかわらず、物質的喜びに興味はなく、真の自己の探求に心を傾けます。(第四節)

聖者は無執着で思慮深いのですが、時に物質世界の行為を楽しみ幸福を味わうこともあります。しかし、彼の知識は底知れず、苦しむことは決してありません。そしてあらゆる点で尊敬に値し、あたかも大洋の穏やかな水のようです。(第五節)

雨期には河の氾濫した水が海に流れ込み、乾期には河も浅くなり海に注ぐ水も著しく減少します。しかし、大洋は雨期に溢れることもなく、乾期に干上がることもありません。同じように、至上主を人生の目的と受け入れた献身者も、神の御意志によって、時には豊かになり、時には貧困を極めることもあるでしょう。しかし、主の献身者は隆盛の時も喜ばず、貧乏になっても落ち込むことはありません。(第六節)

感覚をコントロールできない人は、主のマーヤによって創造された女性の姿に愛着を感じるようになります。女性が誘うように話し、あだっぽく微笑み、魅惑的に動く時、彼の心はたちまちとらえられ、物質の闇に盲目的に落ちていきます。あたかも火に狂った蛾が炎に飛び込んでいくように。(第七節)

識別智のない愚かな人は、美しく装った好色な女性をみると、たちまち虜になります。感覚の満足に夢中になり、炎に飛び込む蛾のように、あらゆる知性を失い破滅します。(第八節)

聖なる人は、肉体と魂を保つに必要なだけの食べ物を受け取ります。各家庭からほんの少しの食べ物を受け取り、托鉢して回らなければなりません。こうして彼は、花から花へ蜜を少しずつ集める蜜蜂の修行をしているのです。（第九節）

蜜蜂が大きな花や小さな花、すべての花から蜜を取り出すように智慧ある人は、すべての聖典から精髄を学び取らなければなりません。（第十節）

聖なる人は、「この食べ物は今晩のため、これは明日のために取っておこう」と考えてはなりません。托鉢で受け取った食べ物を蓄えてはならないのです。自分の手を皿として使い、手に盛るに相応しいものは何でも食べなければなりません。食べ物を蓄える容器は、ただ自分のお腹だけで、お腹に良いものは選り好みせずに食べなさい。このように人は、欲張って蜜を集めてまわる蜜蜂の真似をしてはいけません。（第十一節）

聖なる人は、後で食べるため、明日食べるために托鉢してはなりません。この戒めを破り、蜜蜂のように美味しい食べ物を次から次へと集めるなら、その集めた食べ物は彼を破滅させるでしょう。（第十二節）

聖なる人は、女性に触れてはなりません。女性の人形に触れてもいけません。あたかも雄象が雌象に触れたいと望み、彼女にとらえられてしまうように、女性に触れるならば、彼は間違いなくマーヤにとらえられてしまうでしょう。（第十三節）

智慧が備わった人は、誘惑するように女性が美しく装う環境はどのようなところであれ、避けなければなりません。私が旅をしている時、雌象と楽しもうとしている象が別の強い雄象に殺されるのを見ました。同じように愛人と楽しもうとすると、自分より強い彼女の愛人にいつか殺されます。（第十四節）

欲深き人は、苦労して大金を手に入れます。しかし、その富をいつまでも持ち続けることはできません。欲深き人は、多くの蜜を集めようとする蜜蜂に似ています。苦労して集めた蜜も蜂蜜泥棒に盗まれてしまうでしょう。苦労して稼いだ富を隠し守ろうとしても、盗人が盗んでいってしまいます。（第十五節）

蜜蜂業者が、蜜蜂が苦労して集めた蜜を取っていくように、ブラフマチャーリーやサンニャーシーのような聖なる托鉢者は、主婦が家族のために心を込めて料理した食べ物を分けてもらうことを許されています。ですから、欲張らないように自戒しなければなりません。(第十六節)

放棄階級として森に住む聖なる人は、物質的快楽を鼓舞するような歌や音楽を聴いてはなりません。聖なる人は、狩り人の角笛の甘い音色に魅了され、捕獲、殺戮される鹿から教訓を汲み取らなければなりません。(第十七節)

美しい婦人達の歌や踊り、歌劇に誘惑され、ムリギーの息子で偉大な聖者リシャシュリンガでさえ、ペットの動物のように彼女らの虜になってしまいました。よくよく注意なさい。(第十八節)

魚が舌の楽しみに駆り立てられて釣り針にかかるように、愚かな人は舌の衝動に幻惑され破滅します。(第十九節)

優れた求道者は断食によって、舌以外のすべての感覚を支配下に置きます。しかし、このような人は、食べ物を断っても味覚を満足させたいという欲望が増してきて悩まされます。(第二十節)

舌以外のすべての感覚を制御したとしても、舌が制御できないなら感覚を支配下に置いたとは言えません。しかし、もし人が舌をコントロールできたなら、その人はすべての感覚を十分にコントロールしているとみなされます。(第二十一節)

おお、王よ。昔、ヴィデハの街にピンガラーという娼婦が住んでいました。私が、彼女から学んだことをお聴きください。(第二十二節)

ある日、その娼婦はお客を連れ込もうと美しく装って、戸口の外に立っていました。(第二十三節)

おお、人の中で最高のお方よ。この娼婦は、お金が入るかとても不安で、夜中に道に佇み、道行く男性をじっと見つめては、「ああ、この人はきっとお金を持っている。代金を払えるだろう。私のお客になって楽しんでくれるに違いない」と考えていました。彼女は

道行く男性すべてをこのように見ていたのです。（第二十四節）

戸口に立つ娼婦ピンガラーの前を多くの男が来ては去っていきました。彼女の生活手段は売春しかなく、生活の不安から、「今こちらに向かってくる男はお金持ちのようだ……ああ、でも立ち止まらない。誰か他の男が来た！　この男は私の愛を得るために、私を買ってくれるんじゃないかしら。そしてお金をたくさん払ってくれるわ」とあれこれ考えます。このようにむなしい希望を持ち、ドアに寄りかかって待ちましたが、お客になる男はいません。仕事を終えることも眠ることもできず、不安に駆られ、戸口と道の間を行ったり来たりして、いつしか真夜中になってしまいました。（第二十五、二十六節）

夜も更け、金銭欲の強いこの娼婦は、だんだん塞ぎ込み、顔にも疲れが出てきました。お金に対する不安と絶望で一杯になり、彼女は今の境遇から離れたいと思い始めました。そして、ふっと心に幸せな想いが湧いてきたのです。（第二十七節）

娼婦は今の物質的環境に愛想を尽かし、執着しなくなりました。無執着は物質的希望や欲望の絆を断ち切る剣のようなものです。どうか、その娼婦が歌う歌をお聴きください。（第二十八節）

おお、王よ。神理を知らない人は、多くの財産を持ちたいという思いを捨てることはありません。同じように放棄できない人は、肉体の絆を捨てようとは思いません。（第二十九節）

娼婦ピンガラー曰く、
私は何と愚かだったことでしょう！　自分の心がコントロールできず、つまらない男達に性的歓びを望んでいた愚か者だった。（第三十節）

愚かにも私は、私の心臓の中に永遠に宿っておられる、最も親しいお方への奉仕を忘れていた。その最も身近なお方は、真の愛と幸福を授けてくださり、すべての幸福の源である宇宙の主に他なりません。主は私の内におられるというのに、私は主を完全に否定していた。その代わりに私は取るに足らない男達に奉仕していた。何という無知であったことか。彼らは私に本

当の満足を与えてくれることは決してなく、ただ不幸と恐れ、不安、悲しみ、迷いを運んでくるだけなのに。(第三十一節)

おお、何と我が魂を苦しめてきたことか! 私はこれまで淫らで貪欲な男達に体を売ってきた。娼婦という最も忌まわしい仕事をしながら、お金と性的快楽を求めてきた。(第三十二節)

この肉体は、私という魂が住む家のようなものだ。背骨や肋骨、腕や脚の骨は家の柱や梁、桁、そして屋根や壁は皮膚や髪、爪と言えるでしょう。その肉体は糞尿に満ちている。肉体に通じる九つの門は、常に汚物を排泄している。私以外に、このような肉体に愛と歓びを見出そうと考え、肉体に奉仕しようとする愚かな女性がいるかしら?(第三十三節)

このヴィデハの街で私が一番の愚か者に違いない。私はすべてのすべてで、魂さえも与えてくださる至上なる主を否定していた。そして代わりに多くの男と感覚の満足を楽しみたいと望んできた。(第三十四節)

至上主は、万物の幸福を望み、すべての主であり全生物にとって最も身近な絶対的存在でいらっしゃいます。ですから私は私のすべてを主に捧げ、主を想い、ラクシュミーデヴィー(幸運の女神、主の妃)のように、主とともにいる歓びを見出そう。(第三十五節)

男性は女性に感覚の満足をもたらしますが、男性も含め天国の神々でさえも始まりと終わりがあります。彼らはみな時間によって去っていく一時的な被造物に過ぎません。そのような彼らがどうして真の歓びや幸せを婦人達に与えることができるというのでしょうか?(第三十六節)

私はこれまで物質界を楽しもうと望んできたが、どうしたことか今、放棄の心が湧いてきた。そして、この想いは私をとても幸せな気持ちにしてくれます。きっと主が祝福してくださっているに違いない。私はこれから、主の満足のために何かしなければなりません。(第三十七節)

放棄に目覚めた人は、物質社会、交友関係、愛のしがらみを断つことができます。大いなる苦しみに遭遇しても、少しずつ物質世界のとらわれから離れることができるでしょう。非常に苦しんだためか、私の心に放棄の想いが湧き上がってきました。もし私が本当に不幸なら、このような慈悲深い苦しみを経験するでしょうか？　今までの苦しみも主が与えてくださったものだったのでしょう。私は間違いなく幸せであり、主のご慈悲を受けています。主が私を祝福してくださっているに違いありません。（第三十八節）

主に献身奉仕することで、主は恩寵を授けてくださいます。私は感覚的満足への欲望を捨てることで、至上なる主を庇護所とさせていただきました。（第三十九節）

私は今、心から満足し、主のご慈悲に全幅の信を捧げます。私は自然に入ってくるもので肉体を維持しようと思います。主は愛と幸福の源なのですから、私は主のみを想い人生を楽しみましょう。（第四十節）

知性は感覚の満足を求めることによって奪い去られ、人は物質の暗い井戸の中に落ちていきます。その井戸の中では、時間という恐ろしい蛇に捕らえられます。そのような救いようのない状況から生物を救い出せるのは、主以外に誰がいるというのでしょうか。（第四十一節）

人が全宇宙は時間という蛇に捕らえられていると悟る時、酔いから覚めて正気となり、あらゆる感覚的満足から自己を引き離します。そうなった時に、人は主を庇護所とする資格を与えられるのです。（第四十二節）

アヴァドゥータ曰く、
このように彼女の心は完全に目覚め、愛人との性の歓びを望む罪深い欲望をすべて捨て去り、真の平安に至りました。（第四十三節）

物質的欲望は疑いもなく最大の不幸の原因です。そして、欲望から離れることは最高の幸せの原因です。こうして愛人との快楽の望みを完全に断ち、ピンガラーは安らかに眠りました。（第四十四節）

ヤドゥ王とアヴァドゥータの問答（三）

アヴァドゥータ曰く、

物質世界では誰もが、目に見えるものが最も身近な物と感じ執着します。しかし、このような物への執着によって人は悲惨な状態に陥ります。このことをよく理解している人は、所有権と執着を捨て至福に至るでしょう。（第一節）

昔、私が旅していると大きな鷹の群れが餌を探しているのを見かけました。群れは餌を見つけられないようでした。その時、一匹の弱い鷹が幾ばくかの餌を持って飛んでいるのを見つけたのです。弱い鷹は命の危険を感じ、餌を捨てました。欲を捨て命を得たのです。そうして本当の幸福を経験したのでした。（第二節）

家庭を持つと、両親は家庭や子供、評判などを心配します。しかし、私は心配しなければならないものは何も持っていません。家族のことで狼狽えることもなく、名誉不名誉で心を惑わせることもありません。私はただ魂の生活を楽しんでおり、主の愛を感じているのです。こうして私は地球を子供のようにさまよっています。（第三節）

この世界では二種の人がすべての不安から解放され至福に至ります。一つは無邪気で子供のような人です。もう一つは、三グナを超えて主に近づいた人です。（第四節）

昔、結婚適齢期の少女が、両親や親戚が外出し、一人で留守番をしていました。その時、少女と結婚を望む数人の男性が訪ねてきました。彼女は、彼らを親切にもてなすことにしました。（第五節）

少女は台所に行き、予期せぬ男性客達の食事の準備を始めました。まず、米の脱穀を始めましたが、腕輪の貝殻がぶつかって喧しい音を立てます。（第六節）

少女は、その音を聞いて男性客達が、娘が脱穀という召使いの仕事を一生懸命行っているのを知り、両親が貧しいのではないかと思うかもしれないと心配しました。よく考え、内気な少女はたくさんつけていた腕輪を外し、各手首に二つだけ残しました。（第七節）

それから妙齢の少女は脱穀を続けましたが、手首の二つの腕輪はやはりぶつかって音を立てます。そのため腕輪を一つずつ外し、手首には一つだけの腕輪にな

ると、ようやく音は立たなくなりました。（第八節）

おお、敵の征服者よ。私はこの世界の性質を学びながらいつも地上を旅しています。そうして、この少女から教訓を得たのです。（第九節）

多くの人が一緒に住むと間違いなく争います。たとえ二人が一緒に住んだとしても、つまらない会話や争いがあるでしょう。ですから、争いを避けるには、少女の腕輪の話から学んだように一人で住むべきです。（第十節）

ヨガの座法を極め、呼吸を克服し、離欲と怠りないヨガの実修によって、人は心を不動にしなければなりません。注意深く、ヨガの唯一の目的である主に心を集中すべきです。（第十一節）

心を至上主に固定した時、人は心を制御することができます。このような不動の境地に達することにより、心は欲望から自由となります。そして純質（サットヴァ、徳質、善質）が力を増し、完全に激質（ラジャス）と無知（タマス、翳質、暗質）を捨て、少しずつ純質さえ超えていくことができるでしょう。心が三グナから自由になると、欲望の炎は消えていきます。そして人は瞑想の対象である至上主と直接つながるという至福を味わうでしょう。（第十二節）

心が絶対神理、至上なる主に完全に固定した時、人はもはや二元性（相対）、内と外なる存在といったものは見なくなります。このことは、王がすぐ近くを通っても気が付かないほど、まっすぐな矢を作ることに没頭していた矢作り師の話を参考にすれば理解しやすいでしょう。（第十三節）

聖なる人は、一カ所に定住せず常に旅をし、一人でいるべきです（一所不住）。人に気付かれたり認められることのないように注意深く行動しなければなりません。一人で行動し、必要以上に話をしてはいけません。（第十四節）

一時的な肉体に宿った魂が、幸せな家庭を築こうとしても実ることなく、悲惨な結果に終わります。しかし、蛇は人の建てた家に侵入し、何の不安もなく繁殖していきます。悪しき想いは、この蛇のようなもので

す。(第十五節)

宇宙の主ナーラーヤナは、万物に崇拝されるべき神です。主は誰の助けもなく、御自身の偉力でこの宇宙を創造し、そして帰滅の時は、やはり主の偉力である時間を通じて全宇宙を御自身の内に引き上げます。無限なる主は全エネルギーの庇護所であり貯蔵庫でもあるのです。帰滅の時、あらゆる宇宙顕現の基礎である精妙なプラダーナ(グナの平衡状態)は主の内部で保護され、この点からはプラダーナは主御自身と違いはないと言えます。そして帰滅の後は、主御自身だけが存在しておられます。(第十六節)

主は時間という主御自身の偉力を展開し、グナを混合し平衡状態を創り出します。そして、主はこのプラダーナと呼ばれる平衡状態と万物の統御者として留まられます。主は、悟った魂、神々、縛られた魂も含め全存在から崇拝されるべきお方です。主は物質的要素から完全に遠離し、至福そのものです。主はこのように「解放」という言葉をすべて顕現されています。(第十七、十八節)

おお、敵の征服者よ。創造の時、主は時間という超越的偉力を展開し、三グナを構成するマーヤという物質エネルギーを鼓舞し、マハ・タットヴァ(物質、物質的性質の総和)を創造します。(第十九節)

偉大な聖者方によれば、三グナの基盤で多彩な宇宙を顕現するものは、スートラ(ヴェーダ韻律よりなる深遠な教え)またはマハ・タットヴァと呼ばれます。事実、この宇宙はマハ・タットヴァの内に存在しており、その偉力によって生物は物質的存在として活動しているのです。(第二十節)

今述べたことは蜘蛛から教わりました。蜘蛛が口から糸を出し、しばしの間、巣を作り、最後は糸を飲み込むように、至上主は御自身の内からエネルギーを展開します。そして顕現宇宙を創造し、主の目的に従って利用し、最後は御自身の内に完全に引き戻します。(第二十一節)

もしも肉体を持った魂が、愛憎、恐怖から離れ、知性と完全なる集中で心をある特定の姿に固定するならば、彼は瞑想したその姿を必ず手に入れるでしょう。

（第二十二節）

おお、王よ。私は昔、スズメバチが弱い昆虫を捕まえ、巣の中で殺さずにそのまま生かしているのを見ました。恐怖からその昆虫は常にスズメバチのことを想っていました。そうするうちに、その昆虫は自分の肉体はそのままで、スズメバチと同じ性質になってきたのです。このように人は、常に心を集中することにより、その集中した存在へと変わっていきます。ですから何を常に想うかが大事でしょう。（第二十三節）

おお、王よ。私はこのように多くの師から偉大な智慧を学びました。次に私が自分の肉体から学んだことをお聞きください。（第二十四節）

肉体も無執着を私に教えてくれたのですから、私の師です。肉体も創造、破壊の対象であり常に痛みを伴った最後を迎えます。私は肉体を神理を学ぶ道具として使っていますが、いつも肉体は滅ぶものと心に留め、肉体に執着せず世界を回っています。（第二十五節）

肉体に執着する人は、家族や子供、財産、家畜や召使い、家庭、親戚、友人やその他もろもろのために苦労し、お金を貯めようとします。これらの苦労は結局、自分の肉体の満足のために行っていると言えるでしょう。樹が枯れる時に未来のために種を実らせるように、死に行く肉体も自分のカルマに応じた次の肉体の種を実らせます。こうして物質的に存続するように段取りをして肉体は滅んでいきます。（第二十六節）

多くの奥さんを持つ男性は、常に彼女達に悩まされます。彼は彼女達を養う義務があり、奥さん達は、みな自分の興味のあるものを手に入れようと男をいろんな方向に連れて行こうとします。同じように物質的感覚は、すぐに人をさまざまな方向に連れ去り、縛られた魂を悩ませます。

舌は人を美味しい食べ物へと向かわせ、渇きは飲み物を求めさせます。生殖器官は満足を求めて騒ぎ立て、触覚は柔らかく心地よいものを求めさせます。腹は満たされるまで人を悩ませ、耳は心地よい音を要求し、臭覚は良い匂いを、気まぐれな眼は楽しい光景を求め騒ぎます。このように感覚は満足を求め、魂をいろんな方向に引きずり回します。（第二十七節）

至上主は、御自身のマーヤで、縛られた魂が宿る無数の種を創造しました。しかし、樹や爬虫類、動物、鳥、蛇、その他もろもろ創造しましたが満足されませんでした。そして絶対神理を理解できる知性を備えた人類を創造し満足されました。（第二十八節）

多くの生死を繰り返し、人は一時的であっても最高の完成の機会を与えてくれる千載一遇の人間として生まれます。知性ある人は、肉体が滅ぶまでの間に人生の究極の完成に向けて励むべきです。感覚の満足は下等な動物さえ求めますが、クリシュナ意識への到達は、ただ人間のみに可能なのです。（第二十九節）

このように多くの師から学んだ後、私は主とともにあり、神理に従い、完全に放棄して、無執着、無我の境地で地球を放浪しているのです。（第三十節）

絶対神理は唯一無二ですが、聖者方はいろんなやり方で主について述べています。そのため人は、一人の師からだけでは、確固とした完全な知識を得ることはできないでしょう。（第三十一節）

このようにヤドゥ王に語り終え、アヴァドゥータは王から崇拝と尊敬の礼を受け、心に満足を覚えました。そして、別れを惜しみ、来た時のように去っていきました。（第三十二節）

おお、ウッダヴァよ。アヴァドゥータの話を聞き、私達の先祖、聖王ヤドゥは、すべての物質的執着から自由となり、高い精神的境地に達したのです。（第三十三節）

果報的活動の性質

主クリシュナ曰く、

私を庇護所とし、私への献身奉仕に努め、人はヴァルナーシュラマ（四姓制度、四住期）制度の中で、それぞれの立場に従い、個人的欲望を捨て、己の義務を果たしなさい。（第一節）

賢者は、感覚の満足を求める人々は、感覚の対象を真実と誤認しており、彼らの努力は徒労に終わると理解しなければなりません。（第二節）

眠っている人は、夢の中で多くの感覚を満足させるものを見るかもしれませんが、それらは心が創造したものに過ぎず架空のものです。同じように無知な人も、多くの感覚の対象物を見ます。しかし、それらは一時的なもので、主のマーヤの産物であり永続性はありません。感覚の対象物を思い、感覚に動かされる人は、知性を無駄にしています。（第三節）

主である私を人生の目的と思い定めた人は、感覚満足の活動を捨て、私が心の向上のために定めた仕事を果たしなさい。しかし、真我の探求に没頭する者は、果報的活動にもつながる聖典の訓令を受け入れなくてもよいでしょう＊。（第四節）

＊ヴェーダにも現世利益を求めたり、呪術的色彩の強い儀式を勧めるものもある。

人生の究極目的と私を受け入れた人は、聖典の禁ずる罪深い活動を犯さないように注意なさい。そして聖典の定める戒めも可能な限り果たしなさい。しかし、人は独学で悟ることは難しく、主である私と同じくらい神理を理解し、私と同等な境地に達した真の師に教えを請わなければなりません。（第五節）

真の師の弟子や召使いは、偽りの名声から離れ、決して自分が行為者であると考えてはなりません。また活動的でありなさい。怠惰であってはいけません。そして、伴侶、子供、家庭や社会も含め、すべての感覚対象から離れ、自分は所有者であるという意識を捨てなさい。師への信愛を保ち、師から逸れたり迷ってはなりません。師の弟子や召使いは、常に心の向上を望み、人を妬んだりせず、無益なおしゃべりを避けなさい。（第六節）

いかなる環境であろうと、人生の真の目的を心に定め、伴侶や子供、家庭、土地、親戚、友人、富やその他のものに執着しないようになさい。（第七節）

火は燃えて周囲を照らしますが、燃える薪とは別のものです。同じように肉体の中の観る者、自ら輝く者は、肉体とは別です。このように魂と肉体は別と心に銘記なさい。（第八節）

火は、燃料によって消えたり現れたり、弱かったり輝いていたり、その他、いろいろ異なって見えるかもしれません。同じように魂は肉体に入り、肉体の性質を受け入れ、それによって異なって見えます。（第九節）

微細、粗雑な肉体は三グナをもとに創造されます。そして、この世に生まれるのは、生物が肉体を自分自身だと誤って認識するためです。しかし、この幻惑された状態は神理を知ることで破壊することができます。（第十節）

人は智慧を養うことによって、内なる主に近づかなければなりません。主を知ることによって、人は少しずつ拠り所のない迷妄のこの世を捨てていくでしょう。（第十一節）

師は下に置かれた薪、弟子は上の薪、師の教えは中間の薪にたとえることができます。師から弟子に伝えられる神理は、これらの薪から燃え上がる炎にあたります。その炎は無知の闇を焼いて灰にし、師と弟子双方に至福をもたらすでしょう。（第十二節）

真の師の教えを素直に聞き、優れた弟子はグナがもたらすマーヤの猛攻を追い払う純粋な智慧を育んでいきます。最後は燃料が切れて炎が消えるように、その純粋な知識も役目を終えます。（第十三節）

愛するウッダヴァよ。私はあなたに完全な知識を説きました。しかし、私の教えに反対する哲学者もいます。彼らは、生物は本来、果報を求めて活動し、その活動の結果である幸不幸を楽しむものと説きます。この説によれば、世界も時間も啓示教典も、そして自分さえも一切は多種多様、変化変滅する永遠なる存在とみなされます。

しかし、その知識は異なった対象や変化する姿から導かれるので、一つとか永遠というものではありません。知識自身が常に変化しているのです。

愛するウッダヴァよ。あなたがこのような哲学を信じたとしても、生物は肉体を受け入れなければならないので、誕生、死、老化や病気といった繰り返しを経験するでしょう。（第十四～十六節）

果報的活動に埋没した人は、永遠の幸福を望みますが、一時的な満足を得ることはあっても、不幸な時が大部分と分かるでしょう。このような人は拠り所もなく自分の運命を支配できないのは明らかです。自分より強い者の支配下にある時、どうして果報的活動の結果を期待することができるでしょうか？（第十七節）

この世では智慧ある者でも時に不幸になり、愚かな人でも幸せになることがあります。しかし、このような物質的活動を通して幸福になるという考えは、ただ単なる偽我の無意味な表れに過ぎません。

人がたとえ幸福になる方法、不幸を避ける方法を知っていたとしても、死を避けることはできません。（第十八、十九節）

死を喜ぶ人はいませんが、死は必然で、誰もが処刑場に送られる罪人のようなものです。死が必然なこの世で、物質や感覚満足が人を本当に幸せにするでしょうか？（第二十節）

天国の楽しみを求めても、その楽しみは私達がこの世で経験した物質的楽しみと大差ありません。この世や天国の楽しみは、妬み、嫉妬、衰弱や死に汚染されています。収穫を上げようとしても、作物の病気や昆虫禍、干魃など多くの問題があると実を結びません。同じように、この世や天国で果報を求めてもさまざまな障害が出て実を結ばないでしょう。（第二十一節）

もし人がヴェーダの定める儀式や祭祀を忠実に行えば、死後は天国に行けるでしょう。しかし時間がその報いを破壊します。これについてもう少しお話ししますので、よくお聞きなさい。（第二十二節）

地上で神々を満足させる供犠を行うなら、人は天国に行き、供犠の報酬として神々と同じように、天国のあらゆる歓びを楽しむでしょう。（第二十三節）

供犠を行った人は天国に昇り、飛行船に乗って旅をします。ガンダルヴァ（楽神）の歌う歌に讃えられ、美しい衣装をまとい、天国の女神達に囲まれて人生を楽しみます。（第二十四節）

天女に囲まれ、供犠の果報の享受者は、望むところにはどこへでも飛んでいける飛行船に乗り込みます。天国の歓喜の庭園で、ゆったりと快適に過ごし、幸せに満たされますが、生前の果報を使い果たしたら、すぐに地上に落ちていくとは考えもしないでしょう。（第

二十五節）

果報が尽きるまで、果報の享受者は天国で楽しみます。しかし、果報が尽きた時、永遠の時の力によって、望みに反し、天国の歓喜の庭から落とされます。（第二十六節）

もし人が悪友と付き合い、感覚の制御ができずに罪深い行いに耽るなら、その人は間違いなく欲望に満ちた性格になるでしょう。他人に施しをせず、欲深く、好色になるでしょう。心が汚染されると、暴力的で攻撃的、ヴェーダの教えを守らず、感覚満足のために無垢の生き物を殺します。幽霊や霊を崇拝し、悪しき行いに耽り地獄へ行くでしょう。

そして三グナの無知に汚染された肉体を手に入れます。このように堕落した人は、自分を不幸にする邪な行為を続けるでしょう。そしてまた似たような肉体を手に入れます。最終的には死で終わってしまう活動に熱中しても、人は幸福になれるというのでしょうか？（第二十七〜二十九節）

天国から地獄に至る全惑星系の生物、一千のユガの期間、長生きできる神々も私の一つの姿である時間を怖れています。ブラフマーは、三一一〇四〇〇〇〇〇〇〇〇〇〇年という寿命を持っていますが、やはり時輪を回す私を畏怖しています。（第三十節）

感覚は善悪両方の物質的活動を引き起こし、三グナは感覚を行為に駆り立てます。物質的感覚やグナに縛られている生物は、さまざまな果報的活動の結果を経験するでしょう。（第三十一節）

生物がグナの性質を理解できない間は、多くの異なった姿で生死を繰り返し、さまざまな物質世界を経験するでしょう。生物は三グナの支配下では、果報的活動に完全に縛られているのです。（第三十二節）

グナの支配下にあり、果報的活動に耽る人は、主である私が因果の結果を与えるため私を恐れます。三グナの多様性に埋没し、物質的概念に縛られて人生を送る者は、自己を物質的快楽に捧げ、常に苦しみ悲しみます。（第三十三節）

三グナの相互作用や衝動に動かされる時、人々は私

を、力強き時間、アートマン、ヴェーダの智慧、宇宙、真実の自己、宗教儀式などいろいろな呼び方をします。（第三十四節）

ウッダヴァ曰く、
おお、我が主よ。肉体に宿る魂は、三グナがもたらす幸不幸に囲まれています。どうすればこの物質的環境にとらわれなくなるでしょうか。
また、魂はすべてを超越しており、物質界には為すべきことは何もないと言われています。それならどうしてグナに縛られているのでしょうか？（第三十五節）

おお、我が敬愛する主よ。魂はある時は縛られていると言われ、別の時は永遠に解放されていると言われます。そのため、本当の魂の立場はどのようなものなのか私は理解に苦しみます。

我が主よ。あなたは質問に答えてくださる最上のお方。どうか永遠に縛られている魂と解放された魂の違いをお教えください。人生の楽しみ、食べること、排泄すること、寝ること、座り、動くことなどに何か違いはあるのでしょうか？（第三十六、三十七節）

縛られた魂と解放された魂の違い

主クリシュナ曰く、
我が愛するウッダヴァよ。私の支配下にある三グナの影響により、魂はある時は縛られ、ある時は解放されます。しかし、魂は本来、縛られることも解放されることもないのです。何故なら、私は三グナの元であるマーヤの最高の主人であり、私には解放されているとか縛られているとかの概念は当てはまらないからです。（第一節）

夢が真実ではないように、マーヤの影響下にあるこの世の悲しみ、幻想、幸福、苦しみ、肉体意識もすべて真実ではありません。言い換えれば、物質的存在というものは本来ないものです。（第二節）

おお、ウッダヴァよ。知識と無知はともに私の偉力から派生したものです。知識と無知は太古の昔から未来永劫、生物に解放と束縛を与えます。（第三節）

おお、賢きウッダヴァよ。ジーヴァ（個別魂）と呼ばれる生物は私の一部ですが、無知によって遠き昔より物質的束縛に苦しんできました。しかし、神理を知ることによって生物は解脱できるのです。（第四節）

我が愛するウッダヴァよ。このように同じ肉体の内に至福と悲しみという対立する性質をみることができます。そのわけは、永遠に解放された主である私と縛られた魂が同じ肉体の中に存在するからです。今からこの二つについて説明するのでお聞きなさい。（第五節）

ある時、二羽の鳥が同じ樹に一緒に巣を作りました。二羽の鳥は友人であり同じ性質を有しています。しかし、一羽の鳥は樹の果実を食べています。もう一羽は果実を食べず、主の偉力によって高い境地に達しています。（第六節）

果実を食べていない鳥は真我（アートマン）を熟知し、主である私ということができます。一方、果実を食べている鳥は縛られた魂に喩えることができ、本当の自己も主も理解していません。無知に覆われ永遠に束縛されていますが、智慧に満ちた真我は永遠に解放されています。（第七節）

真我を悟った者は、あたかも夢から覚めた人が夢の中の自分を本当の自分と思わないように、肉体の中にあっても自分は肉体を超えた存在であると観ます。しかし、愚かな人は夢の中の自分を自分とみるように、肉体を自分と見てしまいます。（第八節）

欲望を捨てた覚者は、自分を肉体活動の行為者とは考えません。肉体活動は、三グナがもたらす感覚が、同じ三グナである感覚の対象と接触して生じる活動であるとみなします。（第九節）

愚かな人は、過去の果報的活動（カルマ）によって与えられた肉体の中に在って、「私は行為者である」と考えます。そして偽我に幻惑され、グナのもたらす果報的活動に束縛されます。（第十節）

肉体の束縛を超えた覚者は、寝ても座っても、歩行、沐浴、見ても触れても嗅いでも、食べても聞いても、そのほか何をしても活動に巻き込まれることはありません。すべての肉体の働きを、感覚とその対象の相互作用に過ぎないと傍観するからです。そのため愚

かな人のように混乱することはありません。（第十一節）

空や空間には、あらゆる物が存在しますが、空は何物にも混合することも巻き込まれることもありません。太陽は無数の水たまりに映りますが、水と交わることはありません。風はあらゆるところに吹きますが、その場の環境や芳香と混じることはありません。同じように真我（アートマン）を悟った魂は、肉体や環境から完全に解放されています。彼は夢から覚めたような人です。離欲という視点から物事を識別し、神理を通してすべての疑いを切り裂き、物質的さまざまなものから意識を完全に引き上げます。（第十二、十三節）

生命力がもたらすすべての機能、感覚、心、知性を欲望から引き離した時、人は粗大精妙な肉体から解放されたと見られます。このような人は、肉体の中にあっても混乱することはありません。（第十四節）

時に何の理由もないのに、人は悪党や野獣に襲われます。別な時、別な場所では、大いなる尊敬と崇拝を受けることもあるでしょう。攻撃されても怒らず、尊敬されても満足しない人は真に知性的な人と言えます。（第十五節）

聖者は平等に物事を観るため、物質的善悪にとらわれることはありません。他者が良いこと悪いことを為したり語ったりしても、聖者は褒めたり批判したりすることはありません。（第十六節）

肉体維持のために、善悪にとらわれて想い、語り、行為してはいけません。むしろ物質的環境から離れ、アートマンに歓びを見出しなさい。他者には愚かに見えても、このような解放された生活を保持し、世の中で過ごしていきなさい。（第十七節）

ヴェーダの聖典を細かく専門的に学んでも、心に主を臆念する努力をしなければ、その努力は乳を出さない牛を一生懸命世話するようなものです。苦労してヴェーダの知識を学んでも苦労だけとなるでしょう。何の成果もありません。（第十八節）

愛するウッダヴァよ。乳を出さない乳牛、不貞な妻、他にすべて依存する怠け者、役に立たない子供を世話する人、正しい目的のために使われない富のため

に努力する人は最も悲惨です。同じように、私の栄光を欠いたヴェーダを学修する人もまた最高に悲惨です。(第十九節)

愛しきウッダヴァよ。賢者は全宇宙を浄化する私の活動について述べていない文典を決して読んではいけません。私はこの顕現宇宙を創造し、維持し、破壊します。私の化身の中でも、クリシュナとバララーマ(クリシュナの兄)は最も愛されるでしょう。主である私を認めない知識は何であれ不毛であり、真に賢い人には受け入れられません。(第二十節)

ヴェーダの結論として、人は魂の上に付着した物質的概念を捨て去り、物質的存在であること(この世に輪廻転生すること)を終えなければなりません。私はすべてに遍満しており、心をしっかりと私に固定なさい。(第二十一節)

我が愛するウッダヴァよ。あなたがもし心をすべての物質的苦しみから離せないならば、心を実相に溶け込ませ、果報や楽しみを求めず、為すことすべてを私に捧げなさい。(第二十二節)

愛するウッダヴァよ。主である私の遊戯や性質を語ることは、すべてに吉兆で全宇宙を浄化します。私の超越的活動を常に聴聞し讃え思い出す者、私の誕生や遊戯の演劇を見て私を思い出す者、私を庇護所とし全託する者、宗教的、感覚的、職業的活動を私の満足のために捧げる者は、間違いなく主である私への献身奉仕を不動なものにしています。(第二十三、二十四節)

私の献身者達と交際し、純粋な献身奉仕を手にした者は、常に私を崇拝することに夢中になります。そして彼は私の住居に容易に到達することができるでしょう。(第二十五節)

シュリー・ウッダヴァ曰く、

我が敬愛する主よ。至上なる神よ。あなたは、どのような人を献身者とお考えですか? また偉大な献身者が行う奉仕とはどのようなものですか? おお、神々の統治者よ。ヴァイクンタ(至高の主の住まい)の主よ。全能の神よ。私はあなたの献身者です。あなたを愛しており、あなただけを庇護所としています。あなたかどうか、私にこれらのことをお教えください。(第二

十六、二十七節）

愛する主よ。あなたはグナを超越しており、大空のように何物にも染まることはありません。ただ、あなたは献身者の愛に動かされ、献身者の願いに従って、さまざまな姿に化身されるのです。（第二十八節）

主クリシュナ曰く、

おお、ウッダヴァよ。

・聖なる人は、慈悲深く、決して他を害することはない。他が自分を攻撃している時でさえ、彼は耐えてすべての生物を許します。

・彼の強さと人生観は神理そのものからきており、嫉妬や妬みから離れ、この世の幸不幸を平等視しています。

・彼は自分の時間を他の幸福のために捧げています。

・彼の知性は欲望に惑わされることはなく、感覚を制御しています。

・彼の振る舞いは歓びに満ち、決して粗暴なことはなく、常に模範的で、所有感から離れています。

・彼は果報的活動に努力することはなく、厳格に食をコントロールしています。

・そのため彼はいつも柔和です。

・聖なる人は思慮深く、私を唯一の庇護所と受け入れています。

・このような人は、義務を履行する時も慎重で、困難な状況にある時でさえ、平静で高潔であり、表面的なものに決してとらわれません。

・彼は六つの物質的苦しみ、すなわち飢え、渇き、悲嘆、幻想、老いと死を克服しています。

・彼は名誉欲から離れ、他に敬意を払います。

・彼は、他人のクリシュナ意識を呼び覚ます専門家であり、決して人を騙すことはありません。

・彼は最高に慈悲深いため、すべての良き友です。

このような聖なる人は、最も優れた人とみなさなければなりません。彼は、ヴェーダに規定される通常の宗教的義務は、浄化の良き手段であると理解しています。このような義務を否定することは人生を否定することになるでしょう。

しかし、主である私の蓮華の御足を庇護所とすることで、聖なる人は、通常の宗教的義務を捨て私のみを崇拝します。このような人は、全生物の中で最高の人と言えるでしょう。（第二十九～三十二節）

私がどのような存在か知っても知らなくても、献身者が混じりけのない愛で私を崇拝するならば、私は彼らを最高の献身者と思います。（第三十三節）

我が愛するウッダヴァよ。人は次に述べる献身的活動を行うことによって、プライドや名声を捨てることができます。

・人は、神としての私の姿や私の純粋な献身者を、見たり、触れたり、崇拝したり、奉仕したり、私の栄光に祈りを捧げたり、私に服従することで自己を浄化するでしょう。

・人は手に入れたものは何であれ私に捧げ、自己を私の永遠の召使いと受け入れ、完全に自己を私に差し出しなさい。

・私の誕生や活動についていつも話し合い、私の遊戯を讃えるジャマーシュタミーのような祭りに参加し楽しみなさい。

・私を祭る寺院では、祭りや儀式に参加して歌い踊り、楽器を演奏し、私について他の献身者達と語り合いなさい。

・人は一年を通じてすべての祭りを祝い、儀式に参加し聖地を巡礼し、捧げ物をなさい。

・人はまたエカーダシーのような誓いを遵奉し、パンチャラートラやその他の聖典に述べられている手順に従い、イニシエーション（洗礼のような儀式）を受けるべきです。

・人は、信と愛を持って私の神像を守り、個人でも他と共同でも庭園や果樹園、私の遊戯を讃える特別な場所、私を祭る寺院や街の建築のために働きなさい。

・人は、二心なく自己を私の慎ましい召使いと思わなければなりません。そして私の家である寺院の清掃を手伝いましょう。清掃の仕方は、まず掃いて、徹底的に塵を払い、さらに水と牛の糞で磨きなさい。寺院はほどよく乾燥させ、香水を撒き、曼陀羅で寺院を飾りなさい。このように人は私の召使いのように行動なさい。

・また、献身者は自分の活動をひけらかさないため、彼の奉仕はプライドになることはありません。

・私に捧げた灯りを、灯りが必要だからといって他に使ってはなりません。またすでに捧げられた物や他人が使った物は何であれ、決して私に捧げてはいけません。自分が最も欲しい物、大事な物はすべて私に捧げなさい。

このように奉仕することによって人は永遠の命を授

かります。（第三十四〜四十一節）

おお、聖なるウッダヴァよ。太陽、火、ブラーフマナ、牛、ヴァイシュナヴァ（主の献身者）、空、風、水、地球、個の魂や全生物の中に私を観て、私を崇拝しなさい。（第四十二節）

我が愛するウッダヴァよ。

・人は特別なヴェーダのマントラを唱え、信を捧げ、太陽の中に私を観て崇拝なさい。
・人は火の中にギーを捧げ、火の中の私を崇めなさい。
・また招待していなくてもブラーフマナ達を大事な客として受け入れ、ブラーフマナを通して私を敬いなさい。
・牧草や穀物、牛の歓びと健康のためになるものを捧げることにより、牛の中の私を敬うことができます。
・人はヴァイシュナヴァに愛と友情、あらゆる敬意を捧げなさい。そうすることが私を崇拝することにつながります。
・心臓の中の秘密の空間を瞑想することで、私を敬うこともできます。
・そして空気の中で、最上の元素であるプラーナ（生命素）を知ることにより私を尊ぶことが可能です。
・また水に花とトゥラシーの葉を添えて水の中の私を崇拝することができます。
・そして人は適切な秘密のマントラを唱え、地球に遍在する私を尊びなさい。
・人は、個々の生物に食べ物や喜ばしい物を捧げ、個の中の私を尊敬なさい。
・また、人はあらゆる生物の中にアートマンとしての私を観て、平等観を保つことにより私を崇拝しなさい。（第四十三〜四十五節）

これまで述べた手順に従い、人は法螺貝、スダルシャナ輪、棍棒や蓮華を手にする四本腕を持つ、穏やかで超越的姿の私を瞑想しなさい。このように一心集中して私を崇拝なさい。（第四十六節）

私の満足のために供犠を行い敬虔な活動を行う者、一心集中し私を崇拝する者は、揺るぎない信を手に入れます。その奉仕の純粋さにより、このような献身者は私に至るでしょう。（第四十七節）

おお、愛するウッダヴァよ。私は究極の庇護所です。悟り解放された聖者は私そのものであり、このような献身者に奉仕することは私に奉仕することになります。もし人が献身者と交際せず、献身者に奉仕しなければ、すべての実修は目的を失い、物質から解放されることはありません。（第四十八節）

我が愛するウッダヴァよ。おお、ヤドゥ王朝の愛すべき人よ。あなたは私の召使い、崇拝者、友人であるため、これから最も内密な知識を伝えようと思います。心を傾けお聞きなさい。（第四十九節）

秘奥の神理

至上主クリシュナ曰く、

愛するウッダヴァよ。私の純粋なる献身者と交際することによって、人はすべての感覚満足と執着を捨てることができます。純粋な献身者との交際で純粋な献身者になることができます。私は、このような献身者のために喜んで召使いになりましょう＊。

人はアシュターンガ・ヨガの実修、自然界の哲学的分析、非暴力の誓いや他の宗教的義務の遂行、ヴェーダの唱名、苦行、放棄階級への帰属、供犠、井戸掘り、植林、公共の福祉活動、慈善活動、誓戒を固く守ること、神々の崇拝、内密のマントラを唱えること、聖地巡礼、ヴェーダの規範を守ることなどを実践しますが、このような活動を行ったとしても私を召使いにすることはできません。（第一、二節）

＊本来主は誰の召使いでもないが、純粋な献身者を愛でて、その献身者のために召使いのように、あらゆる便宜を図ってくださるという意味。

各ユガ期において、激質、無知のグナに混乱した多くの生物が、私の献身者と交際する機会を得て、至福を手にしました。

献身者との交際によって、ダイチャ、ラークシャサ、鳥、獣、ガンダルヴァ、アプサラー、ナーガ、シッダ、カーラナ、グヒャカ、ヴィドヤーダラなどの生物、低カーストのヴァイシャ、シュードラ、女性、その他の生物も私の至高の住居に到達することができました。

ヴリトラースラ、プララーダ・マハーラージャのような聖者達も献身者との交際を通して私に至ったのです。

ヴリシャパルヴァ、バリ・マハーラージャ、バーナースラ、ヤマ、ヴィビーサシャナ、スグリーヴァ、ハヌマーン、ジャーンバヴァーン、ガジェンドラ、ジャターユ、ツラーダーラ、ダルマ・ヴヤーダ、クブジャなどの人々、ヴァリンダーヴァンのゴピー達（牛飼いの乙女達）、供犠を為すブラーフマナの奥方達も同様です。（第三〜六節）

これらの人々は、ヴェーダ聖典を熱心に学んだわけでもなく、偉大な聖者を崇拝したり、厳しい誓いや苦行を実践したわけでもありません。

ただ、主である私と私の献身者との交際によって私に達したのです。（第七節）

ゴピーや牛、双子のアルジュナ樹などの動かない生物、動物、灌木、藪といった意識の低い生物、カーリヤのような蛇などヴァリンダーヴァンの生き物はすべて、私を純粋に愛し人生を完成しました。私を愛することで簡単に私に到達したのです。（第八節）

人は、神秘的ヨガ、哲学的思索、慈善、誓戒、苦行や供犠、ヴェーダのマントラ詠唱、ヴェーダの独学、放棄階級への帰属などを行ってもなお、私に到達することはできません。（第九節）

ゴピーを始めとしたヴァリンダーヴァンの住人達は、私に深い愛を抱き、私に完全に愛着していました。そのためアクルーラ叔父が、兄バララーマと私をマトゥラーの街に連れて行った時、彼らは私との別れに苦しみ、他に何の楽しみも見出すことができなかったのです。（第十節）

愛するウッダヴァよ。ヴァリンダーヴァンの地で、最愛の私と過ごした夜を、ゴピー達はみなあっという間に過ぎ去ったように思いました。しかし、私との交際を絶たれ、ゴピー達は同じ夜をブラフマーの夜に等しいくらい永遠の長さに感じるのです。（第十一節）

我が愛するウッダヴァよ。河が大洋に注ぎ込むように、アートマンに溶け込み恍惚となったヨギは、物質的姿や名称に気がつきません。同じように、ヴァリンダーヴァンのゴピー達は私に夢中で、自分の体やこの世界、自分の未来さえも考えることができませんでした。彼女達の意識はただ私にだけ結びついていたので

す。（第十二節）

私を最高に魅力的な愛人と思い、熱烈に私を求めるゴピー達も、主である私の本当の姿には気が付きません。しかし、私との親密な交際によって、ゴピー達は絶対神理である私を獲得したのです。（第十三節）

ですから愛するウッダヴァよ。ヴェーダのマントラや補遺文典が定める手順や訓令を捨てなさい。既聞、未聞のものも無視しなさい。そしてただ、私のみを庇護所としなさい。何故なら私は主であり、すべての魂の内に住まうアートマンであるからです。全身全霊で私を庇護所とし、私の恩寵によって、いかなる環境でも恐れから自由でありなさい。（第十四、十五節）

シュリー・ウッダヴァ曰く、
おお、すべての神秘家の主よ。あなたの教えは拝聴しました。しかし、私の迷妄は去らず、私の心は混乱しています。（第十六節）

主クリシュナ曰く、
我が愛するウッダヴァよ。主である私は、すべての生物に命を与え、プラーナ（生命素）と原始の振動音（オーム）とともに心臓に宿っています。主である私は、シヴァのような偉大な神々も含め全生物の心をコントロールしており、人は心を用いて心臓の中の精妙な私の姿を知覚できるでしょう。私はまた、短長母音、さまざまな音調の子音などよりなるヴェーダの音としての粗大な姿にも変じています。（第十七節）

棒を互いに勢いよく擦り合わせると、熱が生じ火花が生まれます。ひとたび火が燃えだし、それにギー（牛乳から作った油のようなもの）を加えると火は燃え上がります。同じようにして、私はヴェーダの音の振動として顕現します。（第十八節）

口、手、足、生殖器や肛門といった行為器官、鼻、舌、眼、皮膚や耳といった感覚器官は、心、知性、意識、偽我といった精妙な感覚と協働しており、精妙なプラダーナ（グナの平衡状態）や三グナの相互作用も含め、これらはすべて私の物質的表れと理解されるべきです。（第十九節）

農地に多くの種が播かれると、一つの土壌から、無数の灌木、野菜その他が芽を出してきます。同じように、すべてに命を与える至上主は、永遠であり、源初の存在で、顕現宇宙の範囲を超えています。時の流れとともに、三グナの均衡した宇宙蓮華の源である主は、宇宙を創造し、その偉力を分割して無数の姿を表しますが、主はただお一人です。（第二十節）

ちょうど織物が縦糸と横糸によって広がっていくように、全宇宙も主の内にあり、主の縦と横の糸によって拡張しています。縛られた魂は太古の昔から肉体に宿り、この肉体はたとえてみれば大樹のようなものといえます。樹が花を開き、実を結ぶように、人の肉体はこの世のさまざまな結果を生み出します。（第二十一節）

この樹は二つの種、数百の根、三つの根本の幹、五つの上の幹を持ちます。そして五つの味、十一の枝と二羽の鳥が造った巣を持ちます。樹は三種の樹皮に覆われ、二つの果実を結び、太陽に向かって伸びていきます。

物質的楽しみ、家庭生活に熱中すると二つの果実の一つを味わい、それを放棄した人はもう一つの果実を味わいます。優れた師の弟子は、この樹はヴェーダに述べられている多様な姿を持つ主のエネルギーの表れであると理解できるでしょう。（第二十二、二十三節）

正智と師に対する崇拝によって、人は主である私への純粋なる献身奉仕を磨きなさい。そして識別の斧で魂にまとわりつく複雑な物質的覆いを断ち切りなさい。そして主を悟った後は、その識別の斧も捨てなさい。（第二十四節）

ハンサの教え

主クリシュナ曰く、

純質（サットヴァ）、激質（ラジャス）、無知（タマス）の三グナは、物質的知性に属し、魂に属するものではありません。純質を育むことで、人は激質と無知を征服し、純質を極めることで、物質的純質からも自由になるでしょう。（第一節）

意識が純質に至ると、主である私への献身奉仕のための宗教的義務を優先するようになります。すでに身につけた純質の行為を修めることで、さらに純質を高

め、宗教的義務を果たそうという意識が目覚めてくるのです。（第二節）

純質の意識で為される宗教的義務は、激質と無知の影響を破壊します。激質と無知が克服されると、その根本原因である無信仰は、すぐさま取り去られます。（第三節）

聖典の理解、水、子供や大衆との交際、特別な場所、時間、活動、生まれ、瞑想、マントラ唱名、浄化の儀式などは、グナによって異なってきます。（第四節）

偉大な聖者は純質によってこれらの項目が為されることを推奨しています。激質によって為されることを批判し、無知の場合は無関心です。（第五節）

魂に関する知識が甦り、グナによってもたらされた肉体と魂は同一であるという幻想を駆逐するまで、純質によって宗教的義務を行わなければなりません。純質が増してくると、自ずと宗教的義務を理解し実践することができるようになります。そしてこのような実践によって正智が目覚めてきます。（第六節）

風によって竹林の竹同士が擦れ合うと、摩擦によって火が起こり、竹林そのものを焼き尽くします。そして火は自然に鎮火するでしょう。同じように、三グナと競争と相互作用によって、粗大精妙な肉体が生まれてきます。もし人が肉体と心を、神理を修めるために用いるならば、その神理は肉体を誕生させたグナの影響を破壊するでしょう。竹林の火のように、肉体と心は、輪廻の原因を破壊しようとする自らの活動によって静まってきます。（第七節）

シュリー・ウッダヴァ曰く、

敬愛する主よ。人々は、物質的生活は未来に大いなる不幸をもたらすと知っていても、なお物質的生活を楽しもうとします。愛する主よ。そのように知識を持っている人が、いったいどうして犬や頑固者、幽霊のようになってしまうのでしょうか？（第八節）

主クリシュナ曰く、

我が愛するウッダヴァよ。智慧を奪われた人はまず、肉体と魂は同一であると誤認します。この間違った考えが意識の中に芽生えると、苦しみの原因である激質が純質であった心の中に充満してきます。激質に汚染された心は、物質的利益のためあれこれ計画することに熱中するようになります。このように常にグナに駆り立てられ、愚かな人々は、耐えられないような物質的欲望に苦しめられるのです。（第九、十節）

感覚を制御できない人は、欲望の支配下にあり、激質の大波に翻弄されます。このような人は、将来は不幸になるとはっきり分かっていても、物質的活動を為していきます。（第十一節）

智者といえども激質と無知に当惑させられますが、彼は注意深く心を支配するでしょう。グナの汚染を識別することによって、智者は執着しなくなります。（第十二節）

人は注意深く厳粛であるべきで、決して怠惰や不機嫌であってはなりません。プラーナーヤーナ（調息）や座法のヨガを実修し、夜明け、昼、夕暮れに瞑想し心を私に集中しなさい。こうして少しずつ心は私に吸収されていかなければなりません。（第十三節）

サナカ・クマーラを頭とする私の献身者達が伝えた真のヨガは、このように「心を他のすべての対象物から引き離し、心を主である私に溶け込ませなさい」という単純なものです。（第十四節）

シュリー・ウッダヴァ曰く、

敬愛するケーシャヴァ（麗しき髪を持つ者）よ。いつ、どのような姿であなたはサナカとその兄弟に真のヨガを授けられたのでしょうか？　このことについて知りたく存じます。（第十五節）

主クリシュナ曰く、

ある時、サナカを頭とするブラフマーの息子達が、父にヨガにおける最大の問題について尋ねました。（第十六節）

サナカを頭とした聖者達曰く、

おお、主よ。人の心は自ずと感覚対象に惹きつけられ、同じように感覚対象は欲望に姿を変えて心に入り込んできます。そのため解脱を望む者、カルマを超えようと望む者は、どうすれば心と感覚対象の相互作用を破壊することができるのでしょうか？　どうか私達

にお教えください。（第十七節）

主クリシュナ曰く、

愛するウッダヴァよ。ブラフマーは主から直接生まれ、この物質世界すべての創造者であり、神々の中で最上の者です。ブラフマーは息子達の質問に考え込みました。しかし、創造活動に心がとらわれ、適切な答えが見つかりませんでした。（第十八節）

ブラフマーは、この問いの答えを得たいと望み、心を主である私に集中しました。その時、私はハンサ（白鳥の化身）という姿に化身し、ブラフマーに見えるようにしました。（第十九節）

私を見て、ブラフマーは息子達を率いて私に近づき、私の蓮華の御足に礼拝しました。そして彼らは率直に「あなたはどなたですか?」と私に尋ねたのです。（第二十節）

我が親愛なるウッダヴァよ。ヨガの究極真理を理解したいと願い、彼らは私にこのように尋ねました。これから私が、彼らに説いたことをお話ししますのでよくお聞きなさい。（第二十一節）

愛するブラーフマナ達よ。もしあなた方が、「私は誰ですか?」と尋ねるのなら、私もあなた方も同じ個別魂であり、私達は何の違いもないと信じていることになります。何故ならすべての魂は別々ではなく、究極的に一つだからです。ですから、「あなたはどなた?」というあなた方の質問は、私とあなた方を分けており、質問としては適切ではありません。（第二十二節）

また、「あなたはどなた?」という問いは、私のこの肉体のことを尋ねているのでしょう。それなら私は、すべての肉体は地水火風空の五大元素より成ることを指摘しましょう。そうするとあなた方は、「あなたは五大元素ですか?」と質問すべきですね。もしあなた方が、すべての肉体は本質的に同じ元素から成り、最終的には一つであると考えるならば、あなた方の質問は無意味でしょう。何故なら自他の肉体を区別することに深い意味はないからです。

このように私のことを尋ねたあなた方の言葉は、真の意味も目的もないただの言葉に過ぎないように思い

ます。（第二十三節）

この世界で、心や言葉、眼、その他の感覚器官で知覚するものはすべて私であり、私以外のものは何もありません。あなた方は、このことをよく理解してください。（第二十四節）

私の愛する息子達よ。心は感覚対象に入り込もうとする性質を有し、同じように感覚対象は心に入り込みます。しかし、心も感覚対象も私の一部である魂を被う単なる名称に過ぎません。（第二十五節）

自己と主である私は別ではないと理解し、私に到達した人は次のように考えます。「私は感覚的満足をずっと求めてきたため、心は感覚対象の中に宿り、感覚対象も心の中に存在している。ただそれだけだ」と。このように私の超越的性質を理解し、彼は物質的心とその対象物の両方を放棄します。（第二十六節）

覚醒、眠り、深い眠りは知性の三つの機能であり、グナによってもたらされます。肉体に宿る魂は、この三つの状態を持ち、その目撃者として留まります。（第二十七節）

魂はグナのもたらす幻想に執着する物質的知性の罠にとらえられています。しかし、私は覚醒、夢、深い眠りを超えた第四の意識です。この意識に達すると人は自然と感覚対象、物質的心を捨てていくでしょう。（第二十八節）

偽我は人を縛り、真の目的の反対方向に導くでしょう。このため智慧ある人は、物質的生活を楽しみたいという欲望を捨て、主の内に留まるようにしなければなりません。（第二十九節）

私の教えに従い、心を私にのみ固定しなさい。もし人が私を観ずに、異なった価値、目的を見続けるならば、あたかも夢から覚めるまで夢を見ているように、その人は起きていても本当は夢を見ているのです。（第三十節）

主なる私と離れた意識状態は、神理とは別の感覚を知覚しますが、それは真実ではありません。ちょうど夢の中でたくさんの活動や価値を認識するようなものです。主のために使わない感覚によって、生物は、果報的活動は人生の目的であり未来の幸福につながると思い込み、誤った活動に従事します。（第三十一節）

人は起きている時には儚い肉体と心の全感覚を楽しみ、夢見ている時は、心の中で同じように楽しみ、夢を見ない深い眠りの時は、無知の中に溶け込んでいます。この覚醒、夢、熟睡の三態を心にとめ熟考することで、自分は三態を通じて一つであり、三態を超えた存在であると理解できるでしょう。こうして彼は感覚を超え、感覚の主人になります。（第三十二節）

あなた方はマーヤがもたらす意識の三態を分析し、魂の真理を理解なさい。そして、内省、聖者やヴェーダの教えによって得られた智慧の剣を用いて、あらゆる疑問の土壌である偽我を断ち切りなさい。そして、自己の心臓の中に臨在する主である私を崇拝しなければなりません。（第三十三節）

物質的対象は、今日ここにあっても明日はないというように変化変滅するので、人は物質世界を心の中に現れる幻想と見なさなければなりません。ちょうど、火の棒を回転させた時にできる赤い外側の火の線のようなものです。魂はもともと純粋意識ですが、グナが意識を覚醒、夢、夢を見ない深い眠りに分けているのです。これらのすべての知覚はマーヤで夢の中の存在に過ぎません。（第三十四節）

物質は一時的幻想と理解し、ものを観る目をマーヤから引き離し、欲望を捨てなさい。そして魂の至福を経験し、物質的会話や活動を放棄なさい。この世で生活しなければならない時は、物質世界は実相ではないことを思いだし、執着を捨てましょう。死の時まで常に、仮相を捨て実相を想うことで、人はマーヤにとらわれることはないでしょう。（第三十五節）

酔っ払いは、自分がコートやシャツを着ていても意識しません。同じように、自己を悟った人、永遠の主との同一性に達した人は、肉体が立っているのか座っているのか気にしません。もし主が肉体の終焉を望まれ、新しい肉体に入ることを希望されれば、酔っ払いが自分の服に無頓着なように、気にかけません。（第三十六節）

肉体は神のコントロール下で活動し、カルマがあるうちは、感覚やプラーナとともに生き続けねばなりません。しかし、実在に目覚めた人、ヨガの高い境地に達した人、自己を悟った人は、夢の中の肉体を見ているようなものと悟っているため、肉体とそのさまざまな表れに屈服することはないでしょう。（第三十七節）

我が愛するブラーフマナ達よ。私は今、肉体と魂の識別、アシュターンガ・ヨガ、主とつながること、などサーンキャの最奥の知識を語りました。私は主ヴィシュヌであり、あなた方の疑問に答え、真の宗教的義務を説くために現れたと知りなさい。（第三十八節）

おお、ブラーフマナでも最上の方々よ。主である私がヨガ体系、哲学、徳行、真の宗教的義務、力、美、名声、自己制御の拠り所であると知ってください。（第三十九節）

三グナを超えた存在、無執着、幸福を願う存在、最愛なる者、アートマン、遍満する者、物質的網から自由なる存在。これらすべての性質を持ち、そして物質的性質が変幻したものから完全に離れた人々は、私の中に庇護所を見出し、私を崇拝します。（第四十節）

主クリシュナ続けて曰く、

我が愛するウッダヴァよ。サナカを長とする聖者方のすべての疑問は、私の言葉によって破壊されました。彼らは、愛と献身で私を崇拝し、私の栄光を美しい賛歌で讃えました。（第四十一節）

サナカ・リシ率いる最高の聖者方が、このように私を崇拝し栄光を讃え、ブラフマーに見送られ、私は私の住居に戻りました。（第四十二節）

主クリシュナ、ウッダヴァへヨガ体系を説く

ウッダヴァ曰く、

我が最愛のクリシュナ様。聖者方は、それぞれ人生を完成する道をいろいろと推奨しています。これらの多くの道のうちどの一つが最高の道なのでしょうか？　それともみな等しく重要なのでしょうか？　どうか、この点についてお教えください。（第一節）

愛する主よ。あなたは、心をあなたに固定するため

には、人生からすべての物質的執着を取り除くこと、そうすることによって純粋なる献身奉仕に至ると明確に説明くださいました。(第二節)

主クリシュナ曰く、
時の影響により、ヴェーダ知識の超越的音階は前の帰滅の時に失われました。そのため、次の創造が始まった時、私はヴェーダの知識をブラフマーに伝えました。(第三節)

ブラフマーはこのヴェーダの知識を長子マヌに伝え、ブリグ・ムニを長とする偉大な七人の聖者が、同じ知識をマヌから授かったのです。(第四節)

ブリグ・ムニを長とする父祖やブラフマーの息子達から、神々、悪魔、人類、グヒャカ、シッダ、ガンダルヴァ、ヴィドヤーダラ、カーラナ、キンデヴァ、キンナラ、ナーガ、キンプルサ、その他さまざまな姿を持つ多くの子供や子孫が誕生しました。宇宙のすべての種は、それぞれの指導者を持ち、三グナから生まれる異なった性質や欲望を持っています。

このように宇宙に住まう生物は多様でそれぞれ異なった性質を持っているため、それに合わせて非常に多くのヴェーダの儀式、マントラやその果報が存在します。(第五~七節)

人類にも多様な欲望、性質があるため、それに応じて伝統、慣習、師弟継承を通して受け継がれた多くの神や宗派が存在します。また他にも無神論と説く教師達もいます。(第八節)

おお、人の中でも最高の者よ。人々は私のマーヤに困惑され、衆生にとって何が本当に必要か、無数とも言える道を説きます。(第九節)

ある者は、人は敬虔な宗教活動を行うことによって幸せになれると説きます。他の人々は、幸福は、名声、感覚満足、真実、自己制御、平和、趣味、政治、富、放棄、消費、供犠、慈善、誓い、日常の義務や厳格な規則を通して手にすることができると説きます。そして、それぞれの道にその支持者がいます。(第十節)

私が今述べた信奉者達は、それぞれの道に従って活動し、その一時的な結果を手にします。しかし、彼らが手にした果報は、将来を不幸にし、無知を基礎にしているると言えるでしょう。このような人は自分の活動の結果を楽しんでいる時でさえ、悲嘆に満たされています。（第十一節）

おお、博学なるウッダヴァよ。意識を私に固定しているものは欲望を捨て、感覚満足とは比較にならない至福を私と共有します。（第十二節）

この世に何も望まぬ者、感覚を制御し寂静に至った者、いかなる状況でも平常心の者、心が完全に私で満たされている者は、どこにいてもただ幸福のみを見出します。（第十三節）

意識を私に固定した者は、ブラフマーやインドラの地位や住まい、地上の帝国、下位惑星系の統治者どころか、ヨガの完成や輪廻からの解放さえ望みません。このような人はただ私のみを望むのです。（第十四節）

我が愛するウッダヴァよ。私は、ブラフマー、シヴァ、サンカルシャナ、私の伴侶である幸運の女神、そして私自身よりも、私の純粋な献身者であるあなたが愛しいのです。（第十五節）

私は、私の献身者の蓮華の御足の埃で、私の内にあるこの物質界を浄化しようと望んでいます。私は個人的欲望をすべて捨て、私の遊戯を想って我を忘れ、平和で微塵も敵意を持たず、どこにいても不動の信を持つ私の純粋な献身者の足跡にいつも従っているのです＊。（第十六節）

＊主が献身者を愛でて、献身者に尽くしてくださるという意味。

個人的満足を求めず欲望を持たない者、心が常に私に愛着している者、柔和でプライドがなく、生きとし生けるものすべてに慈悲深い者、感覚満足の機会があっても心乱れない者、このような人は至福を私の内で享受するでしょう。（第十七節）

愛するウッダヴァよ。もし私の献身者が十分に感覚を制御していないなら、彼は欲望に苦しめられるかもしれません。しかし、断固とした私への献身奉仕により、感覚満足に屈服することはないでしょう。（第十

八節）

愛するウッダヴァよ。炎が薪を灰にするように、私への献身奉仕は、献身者達の罪を完全に焼き尽くします。（第十九節）

我が愛するウッダヴァよ。私に捧げられる純粋なる献身奉仕は、私をその献身者の支配下へと運んでいきます＊。私は神秘的ヨガ、サーンキャ哲学、信心深い行為、ヴェーダの学習、苦行や放棄などでは支配されることはありません。（第二十節）

＊前述の如く、主が献身者を愛し尽くしてくださること。

私に全幅の信を置いて為される純粋な献身奉仕によってのみ、至上主である私を手にすることができます。私は献身奉仕の目的が、ただ私だけと信じている献身者が最も愛しいのです。このような純粋な献身奉仕に従事することによって、犬喰い＊さえも自分の最下層の身分の汚れを浄化することができます。（第二十一節）

＊四姓制度外の不可触賤民の代表格。

もし私への献身奉仕がなければ、誠実と慈悲によって為される宗教的活動、偉大な苦行で手にする知識さえも、心を完全に浄化することはできません。（第二十二節）

もし髪の毛が逆立たなければ、どうして心が溶け込むことができるでしょうか？　心が溶け込まなければ、どうして愛の涙が流れ落ちるでしょうか？　至福の中で泣くことがなければ、どうして主への献身奉仕に身を捧げることができましょう＊？　そして、このような献身奉仕を抜きにして、どうして心を浄化できるというのでしょうか？（第二十三節）

＊主と一体感を味わう至福の状態で起こる肉体的特徴とされる。

時に歓びに言葉が途切れ、心は溶け、泣き続け、時に笑い、恥じ入り、大声で泣き叫び、そして踊る＊、このように私への献身奉仕に没頭している者は全宇宙を浄化します。（第二十四節）

＊これも主の愛に恍惚となった時の特徴とされる。一般には理解し難い状態。

あたかも黄金が火の中に溶け、不純物を捨て純粋な輝きを取り戻すように、バクティ・ヨーガの火の中に溶け込んだ魂は、過去の果報的活動による汚染をすべて浄化し、精神界で私に奉仕していた本来の姿を取り戻します。（第二十五節）

病んだ眼は軟膏によって徐々に視力を回復します。同じように、私の栄光の物語を敬虔に聴聞し唱えることによって、物質的汚れを浄化し、絶対神理である私の精妙な姿を再び観ることができるようになるでしょう。（第二十六節）

感覚満足の対象を思う心は、その対象にとらわれています。しかし、もし人が常に私を想うなら、その心は私に吸収されているのです。（第二十七節）

そのため、人は夢の実現といったすべてのこの世的な企図を捨てなさい。そして、心を主である私に完全に溶け込ませなさい。常に私を想うことによって人は純粋になっていくのです。（第二十八節）

永遠の自己に意識を置き、女性や女性と関わりのあるものから離れるようになさい。静かな場所で確固として座し、全神経を注いで心を私に集中しなさい。（第二十九節）

さまざまな執着がもたらす苦しみ、束縛の中でも、女性への執着と執着した女性との接触が引き起こす苦しみ、これ以上の束縛はありません。（第三十節）

ウッダヴァ曰く、
我が敬愛する蓮眼のクリシュナ様。解脱を望む者は、どのように瞑想し、どのようなあなたの姿を瞑想すればよいのでしょうか？　どうか私のこの疑問にお答えください。（第三十一節）

主クリシュナ曰く、
高過ぎず低過ぎない平坦な場所に座り、体をまっすぐに快適に保ち、両手を膝の上に置き、視力を鼻頭に置きなさい。そして、プラカ（吸息）、クンバカ（保息)、プーラカ(呼息)を行い、気道と気息を浄化しなさい。そして、このプラーナーヤーマ(調息)を逆に行いなさい。感覚を十分制御し、このプラーナーヤーマを少しずつ練習なさい。(第三十二、三十三節)

ムーラーラーダ・チャクラ(会陰部にあるチャクラ)から順次、蓮の茎の繊維のようにプラーナを心臓まで引き上げなさい。そこには聖なるオームの聖印がベルの音のように存在しています。そこからさらに十二アングラの高さまでオームの聖印を引き上げなさい。そこにはアヌスヴァーラから生まれる十五の振動音とともにオムカーラ(オームの聖印、聖音)が存在しています。(第三十四節)

オムカーラに意識を固定し、夜明け、昼、日没に各十回プラーナーヤーマを注意深く実践しなさい。こうして、一月後には人はプラーナを支配しているでしょう。(第三十五節)

半眼で視力を鼻頭に置き、生き生きと明瞭に心臓の内に蓮華を瞑想しなさい。その蓮華は八つの花弁を持ち、まっすぐな茎の上に位置しています。この蓮華の花弁の上に太陽、月、火を順次瞑想しなさい。

炎の内に私の超越的姿を描き、それをあまたの瞑想の最高の到達点として瞑想なさい。その瞑想の私の姿は完璧に均整がとれ、優雅で陽気です。四本の美しい腕、魅惑的で美麗な首、麗しい額、無垢な微笑み、煌めく鮫の形のイヤリングが二つの耳に飾られています。その霊体は雨雲の肌色で、黄金色の衣を纏っています。胸はシュリーヴァッサ(主の胸の聖印)と幸運の女神の憩いの場、手に法螺貝、光輪、棍棒、蓮華を持ち、首から花輪が飾られています。輝く二本の脚には鈴と腕輪のような飾りをつけ、頭にはカウスツバという宝石が飾られた宝冠を戴いています。腰は黄金のベルトで美しく装われ、腕にはさまざまな腕輪をつけています。すべての麗しい四肢は心をとらえ、顔は慈悲深い眼差しに満ちています。

感覚を感覚の対象から引き戻し、真摯に自己を制御し、この超越的姿の私の四肢に心を固定するためには知性を用いなければなりません。このように優雅で至高の私の姿を瞑想なさい。(第三十六~四十二節)

それから超越的姿の私の四肢から意識を引き戻し、すばらしい私の和顔だけを瞑想するようになさい。(第

四十三節）

私の和顔の瞑想が確固たるものになったら、意識を引き戻し、空に私の和顔を瞑想し不動のものとなさい。こうして瞑想を終えますが、最終的には瞑想のこのような手順を捨て、私の中に自己を確立しなければなりません。（第四十四節）

心が私に固定し確固不動となった者は、自己の魂の内に主である私を観て、私の内に個の魂を観なければなりません。こうして人は、あたかも太陽の光が太陽と完全に一つと観るように、私と個々の魂を一つと観るようになります。（第四十五節）

全神経を集中し、瞑想によって心を制御した時、物質的対象、知性、活動と一体となったマーヤは速やかに消滅します。（第四十六節）

＊これが昔からの瞑想法であるが、現代社会では困難と危険を伴い、限られた者しか実践できなくなっている。そのため主は万人の救いのため堀田先生を通して「正道の祈り」を与えてくださいました。

主クリシュナの神秘的ヨガの説明

主クリシュナ曰く、

我が愛するウッダヴァよ。ヨガの神秘的成就は、感覚を制御し、心を不動とし、プラーナーヤーマを完成し、心を私に固定することによってもたらされます。（第一節）

ウッダヴァ曰く、

我が敬愛する主よ。神秘的ヨガの成就はどのようにして為され、その成就はどのようなものでしょうか？どのくらいの成就があるのでしょうか？　あなたはすべての神秘的ヨガの成就を授けて下さるお方です。どうかお教えください。（第二節）

主クリシュナ曰く、

ヨガの導師達は十八種類の瞑想と神秘的ヨガの完成があると述べています。八つは私を庇護所とする基本的なもので、残りの十は純質のグナから導かれた副次的なものです。（第三節）

八つの基本的成就のうち、三つは肉体を変化させるもので、アニマーは肉体を最も小さい物より小さくすること、マヒマーは最も大きいものより大きくすること、ラギマーは最も軽い物より軽くすること。

プラープティの成就によって、人は望むものは何でも手に入れることができ、プラーカーミャ・シッディによって、この世でも来世でもどのような楽しみも経験することができる。イーシター・シッディの成就によって、マーヤの副力を操ることができ、ヴァシター・シッディによって三グナに影響されることはない。カーマーヴァサーイター・シッディを成就すると可能な限り、どのようなところからどのような物でも手に入れられる。

我が愛する穏和なウッダヴァよ。これら八つの神秘的成就は、それほど優れたものではない。人生の目的でもない。（第四、五節）

グナから生じる副次的な十の成就とは、飢えや渇き、その他の肉体的苦しみから自由になる力、遠くのものを見たり聞いたりすること、心と同じ速さで肉体を移動できること、どのような姿にでも変化できること、他の肉体に入ること、望む時に死ぬことができること、アプサラーと呼ばれる天女達と神々の遊びを見られること、決めたことを完全に実行し、命じられたことを成就できることである。（第六、七節）

過去、現在、未来を知る力、熱や冷たさその他に耐える力、火や太陽、水、毒の影響を阻止し、他に征服されないこと、これらはヨガと瞑想の神秘的成就の五つの項目である。以上はただ成就の名称と質を並べたに過ぎません。今から、特別な瞑想とその成就、その特殊な行法について述べるのでよくお聴きなさい。（第八、九節）

すべての微細な元素に浸透する私の原子体を崇拝し、心をその姿のみに集中する者は、アニマーと呼ばれる神秘力を手にします。（第十節）

マハ・タットヴァの姿に心を没入し、すべてのアートマンである私を瞑想する者は、マヒマーと呼ばれる神秘的成就を手にします。さらに空、空気、火などといった個々の物質元素に心を集中するならば、各物質元素の偉大さを獲得するでしょう。（第十一節）

私は万物の中に存在し、物質元素の原子を構成する精髄です。この姿の私に心を集中することにより、ヨギはラギマーと呼ばれる成就を手にし、時間の精妙な原子的要素を理解するでしょう。(第十二節)

純質に由来する偽我の内に私を瞑想することにより、ヨギは全生物の感覚の所有者になるという神秘力を獲得します。ヨギの心は私に吸収されているので、このような完成を手にするのです。(第十三節)

因果律を顕現するマハ・タットヴァの至高アートマンとして、すべての精神活動を私の内に瞑想する者は、主である私から、プラーカーミャと呼ばれる最上の神秘的成就を与えられるでしょう。(第十四節)

三グナより成る外的エネルギーの主、最高の支配者、至高のアートマンであるヴィシュヌに意識を集中する者は、他の縛られた魂、彼らの肉体、肉体の作用をコントロールする神秘的成就を手にするでしょう。(第十五節)

心を四本腕のナーラーヤナの姿の私に集中するヨギは、私の性質とすべての富を授けられ、ヴァシターと呼ばれる神秘力を与えられます。(第十六節)

非人格的ブラフマンとしての私を純粋な心で瞑想する者は、望むものはどこにいても何でも手に入れることができるという最高の幸せを手にします。(第十七節)

私を宗教的義務の呈示者、純粋の権化、シュヴェタドヴィーパ*の主として瞑想する人は、飢え、渇き、病、死、悲嘆、幻想の六つの物質的苦しみから解放されるでしょう。(第十八節)

*乳海にある主ヴィシュヌの白く輝く住まい。

虚空とすべてのプラーナ(生命素)の人格化として私の内から発する振動音を瞑想する純粋なる人は、あらゆる生物の会話を包含する虚空の内に浸透することができます。(第十九節)

視力を太陽に、それから太陽を視力に溶け込ませ、太陽と視力の融合の中に私の存在を瞑想なさい。そうすれば人はどのような遠くのものでも観る力を手にす

ることができます。(第二十節)

心を私に完全に没入し、さらに肉体も私の中に溶け込ませ、その心に従う風を使いこなすヨギは、私への瞑想の偉力によって、肉体は心の行くところにどこへでもすぐさま従うでしょう。(第二十一節)

心を用いる方法で、ヨギがある姿を望むなら、たちまちその姿に変身するでしょう。このような力は、万物に身を変える私の想像を絶する神秘力に庇護を求め、心を私に溶け込ませることによって可能となります。(第二十二節)

完全なヨギが他の肉体に入ろうと望むなら、他の肉体の中に居る自分を瞑想し、粗大な自分の肉体を捨てます。そうすると空の道を通り、蜜蜂が花から花へ飛ぶように、他の肉体に入ることができます。(第二十三節)

スヴァチャンドラ・ムリチュと呼ばれる神秘力を身につけたヨギは、踵で肛門を塞ぎ、魂を心臓から胸、首、そして頭部に引き上げます。そしてブラフマ・ランドラに到達し、ヨギは肉体を捨て、望む目的地に魂を導きます。(第二十四節)

神々の歓びの庭園で楽しもうと望むヨギは、私の内にある純粋な純質を瞑想すれば、純質が生んだ天女が飛行船に乗って現れるでしょう。(第二十五節)

私を信じ、私に心を没入し、私の目的は常に成就していると知っているヨギは、自分の目的は成就していると念ずることにより、自分の目的を常に成就させるでしょう。(第二十六節)

私を完璧に瞑想する人は、最高の支配者、制御者としての私の性質を手にします。彼の命令は、私の命令と同じように、どのような方法でも邪魔されることはありません。(第二十七節)

私への献身によって浄化され、瞑想を熟知するヨギは、過去、現在、未来を知ることができます。そのため彼は自分や他人の生と死を観ることができます。(第二十八節)

水中の生き物が水に害されないように、私への献身によって心が静まり、ヨガの科学に熟練したヨギは、火や水、毒その他のものに害されることはありません。（第二十九節）

私の献身者は、旗や煌びやかな傘や団扇に囲まれ、シュリーヴァリ（主の胸に描かれた聖印）やさまざまな武器を身に纏った富の化身である私を瞑想することにより、征服されない者となります。（第三十節）

ヨガ瞑想を通して私を崇拝する練達の献身者は、私が述べた神秘的成就をすべて手にするでしょう。（第三十一節）

感覚、呼吸、心を征服し自己を制御し、常に私を瞑想する聖者が、このような神秘的成就に困難を感じることがありましょうか?。（第三十二節）

私は今、神秘的ヨガについて述べました。しかし、献身奉仕に徹した人にとって、私が述べたヨガの神秘力は障害であり、私から直接人生の目的のすべてを授かるという至高のヨガを実践する者には時間の浪費に過ぎません。（第三十三節）

生まれや薬草、苦行やマントラなどによって得られる神秘的成就は何であれ、私への献身奉仕によって手にすることができます。しかし、ヨガの真の完成はこれらの方法では到達することができません。（第三十四節）

我が愛するウッダヴァよ。私は原因の原因であり、保護者、すべての神秘力、ヨガ体系、哲学、純粋なる活動、ヴェーダの導師達の主です。（第三十五節）

同じ物質元素が肉体の内と外に存在するように、私は何物にも覆われることはありません。私はすべてのものの内にアートマンとして存在し、内と外に遍満しています。（第三十六節）

主の富

ウッダヴァ曰く、

我が敬愛する主よ。あなたは無始無終、絶対神理であり、他の何物にも制限されることはありません。一

切万物の創造者であり破壊者、保護者であり生命を与えるお方です。（第一節）

我が敬愛する主よ。不信心な者には、あなたが万物の中に臨在していると理解するのは難しいでしょう。しかし、神理を知るブラーフマナは心からあなたを崇拝します。（第二節）

偉大な聖者方は、献身を通してあなたを崇拝しますが、彼らが手にする成就はどのようなものなのでしょうか？　また、聖者方は、どの姿のあなたを崇拝するのでしょうか？。（第三節）

おお、我が主よ。あなたは、すべての維持者、生きとし生けるもののアートマンですが、隠れていらっしゃいます。あなたは生物を観ていますが、あなたに幻惑され、生物はあなたを見ることはできません。（第四節）

おお、最高の偉力をお持ちの主よ。地球や天界、地獄やあらゆる所に表れるあなたの無数の偉力についてどうかお教えください。あらゆる聖地の庇護所であるあなたの蓮華の御足に私の慎ましい敬意を捧げます。（第五節）

主クリシュナ曰く、

おお、質問者の中でも最高の者よ。クルクシェートラの戦いで、アルジュナも今あなたが質問したのと同じことを私に尋ねました。（第六節）

アルジュナは天国に行きたいという望みから、親戚と戦い殺し合うことは忌まわしく宗教に反する行為と考えました。戦いをやめ、「私は親族の殺人者になるだろう。彼らは破滅してしまうだろう」と考えたのです。このようにアルジュナは世俗的意識で悩みました。（第七節）

その時、私は人の中の虎ともいえるアルジュナに神理を説きました。戦場の真ん中で、アルジュナは、あなたが今、尋ねたことと同じ質問を私にしたのです。（第八節）

我が愛するウッダヴァよ。私は万物のアートマン、私は万物の幸福を願う者であり、至高の制御者です。

万物の創造者、維持者、破壊者、それは私に他なりません。（第九節）

私はすべての求道の最終目標であり、一切を制御する時間です。私は三グナの均衡であり、信仰の中の純粋な美徳です。（第十節）

質を有するものの中では自然であり、偉大なものの中では全物質の創造です。精妙なものの中では霊魂。そして征服され難きものの中では心です。（第十一節）

ヴェーダの中では最初の師ブラフマー。マントラの中では三文字のオムカーラ。文字の中では第一音「あ」。そして秘密の韻律の中ではガーヤトリー・マントラです。（第十二節）

神々の中では、私はインドラ。ヴァスの中では火の神アグニ。アディティの息子の中ではヴィシュヌ。ルドラの中では私はシヴァです。（第十三節）

聖なるブラーフマナの中では私はブリグ・ムニ。聖王の中ではマヌ。神聖なる神々の中ではナーラダ・ムニ。そして牛の中ではカーマデヌです。（第十四節）

私は完成された者の中では主カピラ。鳥の中ではガルダ。人類の祖の中ではダクシャ。祖先の中ではアリヤマーです。（第十五節）

我が愛するウッダヴァよ。ディティの悪魔のような息子の中では、アスラの聖なる主プララーダ・マハーラージャとして私は知られています。星や薬草の中では、彼らの主チャンダ（月）。ヤクシャとラークシャの中では私は富の神クベラです。（第十六節）

聖象の中では私はアイラーヴァタ。水性動物の中では海神ヴァルナ。熱と光のあらゆるものの中では太陽。人の中では王です。（第十七節）

馬の中では、私はウッカイシュラヴァー。鉱物の中では金。監督、裁判官の中ではヤマラージャ。大蛇の中ではヴァースキです。（第十八節）

おお、罪無きウッダヴァよ。蛇の中では私はアナンタデヴァ。鋭い角や牙を持つ動物の中ではライオン。

四住期の中では第四番目の放棄階級。カーストの中では第一番目のブラーフマナです。（第十九節）

神聖で流れるものの中では私は聖なるガンジス河。水の姿としては大洋。武器の中では弓。武人の中ではシヴァです。（第二十節）

居住地の中では、私はスメル山。不可侵の地としてはヒマラヤです。樹木の中ではバニアン樹。食物の中では穀物です。（第二十一節）

聖職者の中ではヴァシシュタ・ムニ。ヴェーダ文明の頂点に立つ者の中ではブリハスパティ。偉大な司令官の中ではカールチケヤ。正道を極めた者の中では偉大なブラフマーです。（第二十二節）

供犠の中ではヴェーダの学習。誓戒の中では非暴力。すべての浄化物の中では、私は風、火、太陽、水そして言葉です。（第二十三節）

ヨガの八支道（アシュターンガ・ヨガ）の中では、最後のマーヤから完全に遠理した魂の状態、サマーディ。望ましい勝利者の中では、私は賢明なる政治的顧問。識別の中では、私は物事と魂を区別する魂の科学。すべての思索、哲学の中では認知の多様性です。（第二十四節）

女性の中では、私はシュタルーパ。男性の中では私は彼女の夫スヴァーヤンブヴァ・ムニです。聖者の中ではナーラーヤナ。ブラフマチャーリーの中ではサナト・クマーラです。（第二十五節）

宗教原理の中では放棄。防衛の中では私は内なる永遠の魂意識。秘密の中では楽しい会話と沈黙。伴侶の中では私はブラフマー。（第二十六節）

時の流れの中では私は年。季節の中では春。月の中ではマールガシィールシャ（十一月から十二月）。星座の中では吉兆なアブヒジット。（第二十七節）

ユガの中では、私は真実の時代サチャ・ユガ（クリタ・ユガ）。不変の聖者の中ではデヴァラとアシタ。ヴェーダを編纂した者の中では、クリシュナ・ドウァイパーヤナ・ヴェダヴィヤーサ、そして博学の学者の

中では、魂の科学を知るシュクラーカーリャ。（第二十八節）

バガヴァーンの称号を与えられた者の中ではヴァースデーヴァ。私の代理者となる献身者の中では、あなた、ウッダヴァ。キンプルシャの中ではハヌマーン。そしてヴィドヤーダラの中ではスダルシャナ。（第二十九節）

宝石の中ではルビー。美しいものの中では蓮の杯。植物の中では聖なるクシャ草。供物の中ではギーや乳牛から造られるもの。
冒険の中では幸運。詐欺師の中では賭博。純質の寛容で良き性質としては許しです。

強さの中では体力と精神力。そして私は私の献身者達の献身的活動です。私の献身者は九つの姿の私を崇拝しますが、その中では源初本来のヴァースデーヴァです。（第三十～三十二節）

ガンダルヴァの中ではヴィシュヴァーヴァス。天界のアプサラーの中ではプールヴァシティ。私は山の不動、大地の芳香です。（第三十三節）

私は水の甘露。輝くものの中では太陽。太陽、月、星々の光輝。そして私は空の超越的振動音です。（第三十四節）

ブラーフマナ文明に奉仕する人の中ではヴィロカナの息子バリ・マハーラージャ。英雄の中ではアルジュナです。私は全生物の創造、維持、帰滅です。（第三十五節）

私は五つの行為器官、足、口、肛門、手、生殖器官の機能であり、同じように五つの感覚器官、触覚、視覚、味覚、聴覚、臭覚の働きです。そしてまた、私は各感覚器官がそれぞれの感覚対象を知覚する力です。（第三十六節）

私は、姿であり味、芳香、触覚、音、偽我、マハ・タットヴァ、大地、水、火、空気、空、生物、純質、激質、翳質（無知）の三グナ。そしてすべてを超越した主です。これまで述べてきた項目は、その特徴とともに、すべて私の表れであると正智を悟り不動の信を持ちなさい。（第三十七節）

至上なる主として私は全生物の根源であり、グナ、マハ・タットヴァです。このように私はすべてのすべて、何物も私なしには存在しえません。（第三十八節）

時間の枠を超え、私は宇宙のすべての原子を数えることができます。しかし私は、無数の宇宙の内に顕現する私の富を数えることができません。（第三十九節）

力、美、名声、富、調和、放棄、精神的歓び、幸運、強さ、忍耐、魂の知識などすべてのものは私の富の拡張に過ぎません。

私はあなたに、私の富と私の創造の驚くべき様相を簡単に述べました。これらのことは心によって、また環境に従っていろいろな方法で知覚されるでしょう。（第四十～四十一節）

それ故、言葉を制御し、心を支配し、プラーナを征服し、感覚を制御し純粋なる知識を通して理性を支配下に置きなさい。そのようにすることで、あなたは輪廻の中に再び落ちることはないでしょう。（第四十二節）

正智を通して言葉と心を完全に制御できない者は、誓戒や苦行、慈善を為しても、焼かれていない土の鉢から水が漏れるように、それらが流れ出ていくことを知るでしょう。（第四十三節）

私にすべてを投げ出すことによって、人は言葉、心、プラーナを制御し、私への献身奉仕を通して人生を完全に全うすることができるのです。（第四十四節）

主クリシュナのヴァルナーシュラマ制度の説明

シュリー・ウッダヴァ曰く、

我が敬愛する主よ。あなたは以前、ヴァルナーシュラマ制度＊やその各階級、規定外の人々が実践すべき献身奉仕について説かれました。我が愛する蓮眼の主よ。あなたが定めた義務を行うことにより、どのようにあなたへの献身奉仕を成就することができるのでしょうか？　どうか私にお教えください。（第一、二節）

＊ヴァルナは四姓制度（カースト制度）、ブラーフマナ、クシャトリヤ、ヴァイシャ、シュードラの四階級。これと別にカースト外の賤民も定められてい

る。アシュラマ（四住期）は人生を四つに分けた制度、すなわちブラフマチャーリー（学生期）、グリハスタ（家住期）、ヴァーナプラスタ（森住期）、サンニャーサ（遊行期、放棄階級）の四つ。

我が愛する主よ。強き腕をお持ちのお方よ。あなたは以前、主ハンサの姿でブラフマーに、実践者に最高の幸福をもたらすこれらの宗教原理を説かれました。我が愛するマータヴァよ。敵の征服者よ。それから多くの時が過ぎ、あなたの説かれた教えは途絶えようとしています。（第三、四節）

我が愛する主よ。地球からヴェーダの化身ブラフマーの住む天界に至るまで探しても、主であるあなたの他に至高の宗教原理の語り手、創造者、保護者は見あたりません。我が愛する主マドゥスーダナ（悪魔を倒す者）よ。そのあなたが地上を去られようとしている今、どうかこの失われた知識を再度お説きくださいませんか？。（第五、六節）

我が主よ。あなたはあらゆる宗教原理を知るお方。どうか、あなたへの献身奉仕を行うべき私達にこの宗教原理をお説きください。どのように奉仕すればよいのか、お教えください。（第七節）

シュリー・シュカデヴァ・ゴスヴァーミー曰く、
最高の献身者シュリー・ウッダヴァがこのように質問し、それをお聴きになった最高神シュリー・クリシュナは喜ばれ、すべての縛られた魂の幸福のため永遠の宗教原理を説かれました。（第八節）

主クリシュナ曰く、
我が愛するウッダヴァよ。あなたの質問は宗教原理に信を置いていますね。この宗教原理は、四姓制度（カースト制度）や四住期に属する人々に、純粋なる献身奉仕を通し人生の最も高い完成をもたらします。今から この究極の宗教原理をあなたに説きましょう。よくお聴きなさい。（第九節）

始まりの時、サチャ・ユガ期では、ハンサと呼ばれるただ一つの階級しかなく、すべての人々がその階級に属していました。その時代の人々は生まれながら、みな主の純粋な献身者でした。そのため博学な学者はこの第一の時代を、あらゆる宗教的義務が完全に満た

された時代、クリタ・ユガ期と呼びます。（第十節）

サチャ・ユガ期では、ヴェーダは分割されずオームの聖印によって統一され、人々は私のことだけを想っていました。宗教原理は四本足の雄牛として顕現し、サチャ・ユガ期の住民は禁欲しすべての罪に染まらず、主ハンサとして私を崇拝していました。（第十一節）

おお、非常に幸運なる者よ。トレター・ユガの始め、ヴェーダの知識がプラーナの住居である私の心臓から現れ、リグ、サーマ、ヤジュルの三つに分かれました。その知識から私は三重の供犠として現れました。（第十二節）

トレター・ユガでは主の宇宙体から四つの社会階級が生まれました。その力強き姿の主の顔からブラーフマナ、主の腕からはクシャトリヤ、主の腿からヴァイシャ、脚からはシュードラが誕生したのです。それぞれの階級にはそれぞれの義務や行為が与えられ区別されました。（第十三節）

家住期は私の宇宙体の臀部から、そして学生期は心臓から現れました。引退した森住期は私の胸から、放棄階級は私の宇宙体の頭部の中に位置します。（第十四節）

人間社会は、個人の輪廻を生み出すグナに従い、職業的社会的に細分化していったのです。（第十五節）

穏和、自己制御、苦行、清浄、知足、忍耐、実直、私への献身、慈悲そして正直はブラーフマナに備わった性質です。（第十六節）

行動力、体力、決断、英雄的行為、忍耐、寛容、不屈の努力、堅実、ブラーフマナや指導者への献身はクシャトリヤの性質です。（第十七節）

ヴェーダ文明への信、慈善に努めること、偽善からの遠離、ブラーフマナへの奉仕、常により多くの金銭を集めたいという望み、これらはヴァイシャに備わった性質です。（第十八節）

ブラーフマナ、牛、神々やその他の尊敬すべき人々への二心無き奉仕、奉仕によって入ってくる収入に完

全に満足すること、これらはシュードラの性質です。（第十九節）

不潔、不正直、不誠実、不信心、意味のない争い、欲、怒り、貪欲などは、ヴァルナーシュラマ制度外の低い階級の性質になります。（第二十節）

非暴力、正直、誠実、他のすべての生物の喜びと幸福を願うこと、欲と怒り、貪欲から離れること、これらはすべての階級に属する人々の義務です。（第二十一節）

上位階級は、ガーヤトリー・イニシエーションを頂点とする浄めの儀式を通して、第二の人生を迎えます。師の命令によって師のアーシュラマに住み、自己を制御した心で注意深くヴェーダ文典を学習しなければなりません。（第二十二節）

ブラフマチャーリーは、鹿革の衣服と藁のベルトをいつも着ていなければなりません。髪は手入れせず、棒と水を入れる容器を持ち、アクシャの数珠と神聖な糸を身につけなさい。汚れなきクシャ草を手に持ち、決して贅沢や感覚的なものを受け入れてはなりません。また必要以上に歯を磨いたり、服を洗ったり手入れしたりしてはいけません。（第二十三節）

ブラフマチャーリーは、沐浴する時、食べる時、供犠に出席する時、ジャパを唱える時も排尿排便の時も常に沈黙を守らなければなりません。（第二十四節）

独身の誓いを遵守するブラフマチャーリーは、精液を漏らしてはなりません。もし偶然に精液が漏れたならば、ブラフマチャーリーは、すぐに沐浴してプラーナーヤーマで呼吸を制御しガーヤトリー・マントラを唱え、心身を浄めなさい。（第二十五節）

純粋かつ不動の意識で、ブラフマチャーリーは火神、太陽、アーチャーリャ（偉大な師）、牛、ブラーフマナ、師、年上の尊敬すべき人々、神々を崇拝しなければなりません。日の出と日没、話を止め沈黙の中で、またはささやくようにマントラを唱え、このような崇拝を為しなさい。（第二十六節）

師は私自身と知り、いかなる場合でも軽視してはな

りません。彼は神々の代表者なのですから、決して彼を妬んだり、普通の人と思ったりしてはなりません。(第二十七節)

朝と夕、ブラフマチャーリーは、集めてきた食べ物や他の品物を師に差し出さなければなりません。そして自らを律し、師が分けてくれるものを受け取るべきです。(第二十八節)

師に奉仕する時、弟子は謙虚な召使いの立場を保ち、師が歩く時、召使いである弟子は控えめに後ろに従いなさい。師が床につく時、弟子もまた師の近くに横になり、師が目を覚ませば、弟子は師の近くに座し、師の蓮華の御足をマッサージし、他にもさまざまな奉仕を為しなさい。師がアサナを組み座ると、弟子は合掌して起立し、師の命令を待つべきです。このように弟子はいつも師を崇拝しなければなりません。(第二十九節)

弟子はヴェーダの学修を完全に終えるまで、師のアシュラマに留まらなければなりません。そして、感覚の満足から完全に離れ、禁欲の誓いを破ってはいけません。(第三十節)

もしブラフマチャーリーの弟子が、マハルロカやブラフマロカ星に昇ろうと望むならば、彼は自分の活動を完全に師に捧げ、終身の禁欲の誓いを遵守し、奥深きヴェーダの学修に身を捧げなければなりません。(第三十一節)

このように師に奉仕することでヴェーダの智慧の光を受け、すべての罪や二元性(相対)から自由となり、人はアートマン、火の中の光、師の中の師、真なる自己、あらゆる生物である私を崇拝しなければなりません。(第三十二節)

サンニャーシー、ヴァーナプラスタ、ブラフマチャーリーなど結婚していない人々は、決して女性を見たり、触れたり、話をしたり、冗談を言ったり遊んだり、交際してはいけません。彼らは性的活動をするいかなる生き物とも交際してはなりません。(第三十三節)

我が愛するウッダヴァよ。日の出、正午、日没に体を清潔に保ち、手を洗い、沐浴、宗教的義務を為し、私を崇拝し、聖地を巡礼し、ジャパを唱え、触れてはならないもの、食べてはいけないもの、話してはいけないものを避け、万物の中にアートマンとして存在する私を常に想うこと（虚心の祈りを通して）。このように心、言葉、体を正すこと（三戒）は、すべての階級の人々が従わなければなりません。（第三十四、三十五節）

禁欲の誓いを厳しく守るブラーフマナは、火のように輝くようになり、厳しい苦行によって物質的活動を為そうとする性癖を燃やし灰にします。物質的欲望の汚染から自由となり、彼は私の献身者になります。（第三十六節）

ヴェーダの学修を完全に終え、家庭生活を望むブラフマチャーリーは、師にお礼を捧げ、沐浴して断髪し、相応しい衣服やその他のものを身につけなさい。そして師の許しを得て、家庭に戻りなさい。（第三十七節）

物質的欲望を満たしたいと望むブラフマチャーリーは家族と家庭に留まるべきです。そして純粋なブラーフマナは放棄階級を受け入れるべきですが、意識を浄化したいと熱望する家長は森に入らなければなりません。私に自己を捧げきっていない人は、一つのアーシュラマから他のアーシュラマへと常に移動し、他のことを為してはならないのです。（第三十八節）

家族生活を望む者は、同じカーストから非の打ち所のない自分より若い女性と結婚しなければなりません。多くの妻を持ちたいと望むなら、まず同じ階級の女性と最初の結婚をし、そしてすぐ下のカーストの中から次の女性達を娶るべきです。（第三十九節）

ブラーフマナ、クシャトリヤ、ヴァイシャなどイニシエーション＊を受ける人々は、供犠やヴェーダ聖典の学習、布施を為さなければなりません。しかし、ブラーフマナだけが布施を受け、ヴェーダの知識を授け、他の幸せのため供犠を行うことができます。（第四十節）

＊神に仕える決意をして再生する宗教的儀式、二度生まれるとも言われる。

他人からの布施を受けることは苦行、精神的向上、名声を破壊してしまうと考えるブラーフマナは、ヴェーダの教授、供犠を行うことの二つの方法で生計を立てなさい。もし、ブラーフマナがこの二つの方法さえ精神的向上の妨げになると考えるなら、彼は農地で実を結ばない穀粒を集め、誰にも依存せず生きるべきです。(第四十一節)

ブラーフマナは、取るに足らない物質的感覚の満足を楽しもうとはしません。ブラーフマナは、今生の人生で困難な苦行を受け入れ、死後、限りなき歓びを楽しむことでしょう。(第四十二節)

ブラーフマナの家長は、農地や市場で実を結ばない穀粒を拾い集め、心に不平不満を持たず、与えられたもので満足すべきです。個人的欲望を離れ、心を私に集中し宗教的義務を実践なさい。(第四十三節)

船が海に落ちた人々を救済するように、私は貧困に苦しむブラーフマナや私の献身者に尽くす人々のすべての苦難をすぐに取り除き救済します。(第四十四節)

雄象の頭は自分と同じように群れの他の象を守ろうとします。同じように、恐れなき王は父親のように、すべての市民を困難から救わなければなりません。(第四十五節)

王国のあらゆる罪を取り除き、自己と全国民を守る地上の王は、太陽のように輝く飛行船に乗り主インドラと歓びをともにするでしょう。(第四十六節)

もしブラーフマナが通常の義務を通して身を養うことができず、貧困に苦しむなら、商人としての職業を受け入れ、持ち物を売って極貧の状態に打ち勝ちなさい。もし、それでも貧困の苦しみから抜け出せない時は、手に剣を持ちクシャトリヤとしての職業を受け入れなさい。しかし、どのような環境にあっても、世俗の師としての立場を受け入れ犬のようになってはなりません。(第四十七節)

王や王族の人々が自分の義務のみで生活できないなら、ヴァイシャとして活動したり、狩りやブラーフマナと同じようにヴェーダを教授して生活してもよいでしょう。しかし、どのような環境でもシュードラとな

ってはなりません。(第四十八節)

ヴァイシャまたは商人は生活が維持できない時、シュードラとして働いてもよい。また、主人を見つけられないシュードラは籠や藁の敷物を編むなどの単純な仕事に従事してもよいでしょう。しかし、緊急時に下位の職業を受け入れたすべてのカースト階級の人々は、困難が去った後は、仮の職業を捨てなければなりません。(第四十九節)

人生のグリハスタ期の人は、日々ヴェーダの学修を通して聖者方を敬い、スヴァダー・マントラを唱え先祖を、スヴァーハーを唱えて神々を、食物を供えて万物を、穀物と水を供えて人類を敬いなさい。神々、聖者、万物、人類は私の現れと考え、人はこの五つの供犠を日々行わなければなりません。(第五十節)

家長は自然に入ってくる収入や正直に義務を履行することによって得た収入で家族を快適に養わなければなりません。そして財産に応じて供犠や宗教的儀式を行いなさい。(第五十一節)

多くの家族の世話をする家長は、彼らに愛着したり、自分を彼らの主人だと思って精神的に不調和にならないようにしなさい。賢い家長は、すべての未来の幸せは、今まですでに経験してきたように、一時的なものに過ぎないと見なすでしょう。(第五十二節)

子供達や妻、親族、友人達との付き合いは、旅人の一時的邂逅のようなものです。夢から覚めると、夢の中で所有していたものを失うように、肉体の変化とともに、このようなすべての交際は失われてしまいます。(第五十三節)

自己の本来の立場を熟考し、解放された魂は、偽我や所有者という感覚から離れ、客のように家庭で生活しなさい。このようにすることで、彼は家庭の営みに拘束されることも混乱することもないでしょう。(第五十四節)

家長としての義務を果たすことによって私に献身する献身者は、もし後を託すに足る息子がいるならば、家庭に留まっても、聖地を巡礼しても、サンニャーサとなってもよいでしょう。(第五十五節)

しかし、心が家庭に愛着し、お金や子供達と楽しみたいという欲望、女性への愛欲、乏しい知性の持ち主、無知にも「すべて私のもの、私はすべてである」と考える者、このような家長はマーヤにしっかりとつながれています。（第五十六節）

おお、貧しき我が両親よ。幼子を手に抱く我が妻よ。そして小さき子供達よ。私がいなければ彼らを保護する者は誰もいないし、耐えられないような苦しみを受けるだろう。私なしにどうして私の貧しい家族が生きていけるというのか？（第五十七節）

このように愚かな知性故に、心が家族への愛着に混乱している家長は、決して満足することはありません。家族のことを常に思い、死んだ後は無知の暗闇の中に入るのです。（第五十八節）

ヴァルナーシュラマ・ダルマの説明

主クリシュナ曰く、
もし人生の第三期であるヴァーナプラスタ（森住期）を迎えたいと望む者は、成人した息子と妻を残し、または妻だけを連れて平和な心で森の中に入りなさい。（第一節）

ヴァーナプラスタの生活では、人は森に生えている自然の球根、根菜類、果物などを食べて身を養わなければなりません。そして、着る物は、樹皮、草、葉や毛皮などがよいでしょう。（第二節）

ヴァーナプラスタは、髪や体毛、髭の手入れをしたり、爪を切ったりしてはなりません。また決められた時間以外の排便排尿は避け、歯の衛生に特別努力すべきではありません。彼は一日三回の沐浴で満足し、地の上で眠らなければなりません。（第三節）

このようにヴァーナプラスタとしての生活を守り、猛暑の夏は四方に火を焚き頭上には燃え立つ太陽のある場に身を置き、雨期には外に出て土砂降りの雨に身をさらし、凍える冬には首まで水に浸かり、厳しい苦行を実践しなければなりません。（第四節）

また、火を通した穀物や旬の果物を食べるようにし

なさい。食べ物はすり鉢や石、また自分の歯でよくすりつぶした方が良いでしょう。（第五節）

ヴァーナプラスタは、身を養うに必要なものは、時と場所、必要量を注意深く考え、自分で食べ物を集めなければなりません。決して先のことを考えて集めてはいけません。（第六節）

ヴァーナプラスタを受け入れた人は、米や森で見つかる穀類で作ったカルや供犠用のお菓子を供え、季節毎の供犠を行わなければなりません。しかし、ヴァーナプラスタは、たとえヴェーダに述べられていたとしても、決して私に動物を捧げてはいけません。（第七節）

ヴァーナプラスタは、彼がグリハスタ・アーシュラマの時行ったように、アグニホトラ、ダルシャ、パウルナーマサの供犠は行うべきです。また、誓戒やカーツルマーシャの供犠も実践しなければなりません。なぜなら、これらの儀式は、ヴェーダに精通した聖者によってヴァーナプラスタ・アーシュラマに規定されているからです。（第八節）

厳しい苦行と必要最小限のものだけを受け入れている聖なるヴァーナプラスタは、骨と皮だけのようにやせ衰えていきます。このように厳しい苦行を通して私を崇拝し、彼はマハルロカに行き、そして直接私に到達するでしょう。（第九節）

究極の解放を与える苦行を長い間行じる者は、取るに足らない感覚の満足を求めることは、最も愚かなことと考えるでしょう。（第十節）

もし、ヴァーナプラスタが年老い、体が震えて規定の義務をもはや果たせないならば、瞑想し心に供犠の火を燃やしなさい。そして、心を私に集中し、（心の）火の中に入り肉体を捨てなさい。（第十一節）

もしヴァーナプラスタが、ブラフマロカに登っても究極の救いにはならないと悟り、果報的活動の結果に完全に執着しなくなったら、彼はサンニャーサに入るべきでしょう。（第十二節）

聖典に従って私を崇拝し、全財産を祭司に与え、人は自己の心の中で火の供犠を行いなさい。こうして、

心は完全に無執着となって、人はサンニャーサに入らなければなりません。（第十三節）

このサンニャーサに入った者は、我々を凌ぎ、本来の住むべき住居である至上主のもとに行こうとしている、と神々は考え、彼の前に前の妻、他の女性、魅惑的なものを現し、サンニャーサをつまずかせようとします。しかし、サンニャーサは神々を懲らしめ、彼らの姿に心を向けてはなりません。（第十四節）

もしサンニャーサがカウピーナ（腰布）の他に何か身につけるものが欲しいと望むなら、カウピーナを覆うため尻や腰のまわりに他の布をまとってもよいでしょう。しかし、緊急の事態でなければ、杖や水差し以外は何も受け入れるべきではありません。（第十五節）

聖なる人は、昆虫などの生物を傷つけないように、眼で確かめて歩いたり足を置いたりしなければなりません。水を飲む時は衣服の一部で濾過したものだけを飲み、嘘のない清浄な言葉だけを語りなさい。同じように、自分の心を浄化する行為のみを為さなければなりません。（第十六節）

無用な会話を避けること、無用な行為を避けること、プラーナの制御、この三つの内的訓練を受け入れていない人は、ただ中が空洞の竹を運んでいるに過ぎず、サンニャーシーとは決してみなされません。（第十七節）

サンニャーシーは、汚れた家、不可触賤民の家は避け、期待を捨てて七軒の家を訪れ、そこで与えられたもので満足しなさい。必要に応じてカーストの四階級の家庭を托鉢に回ってもよいでしょう。（第十八節）

托鉢で集めた食べ物を持ち、サンニャーシーは人混みを離れ、外界から隔離された水の畔に行きなさい。そこで沐浴し手をきれいに洗い、他の人が求めれば食べ物を分け与えなさい。これらは無言で行いなさい。そして、皿にのったものは何でも残さず食べなさい。次の食事を心配して残してはいけません。（第十九節）

物質的執着をすべて捨て、感覚を十分制御し、熱心に怠らず、至上主と真我の悟りに満足し、聖なる人は一人地球を旅します。どこにいても平等な眼でものを見て、霊的に高い境地に達して揺るぎません。（第二

十節）

安全で一人の場所に住み、心は私を想って浄化され、魂は私に異ならないと悟り、魂のみに集中すべきです。（第二十一節）

聖者は、不動の智慧で魂の束縛と解放を明確にしなければなりません。束縛は感覚が感覚の満足に向いた時に生じ、感覚を完全に制御すれば解放を得ます。（第二十二節）

そのため五つの感覚と心をクリシュナ意識で完全に制御し、内に霊的至福を経験する聖者は、取るに足らない感覚の満足から離れて生活しなければなりません。（第二十三節）

聖者は、供犠を行う場所、流れる河の畔、山や森の静かな場所などを旅しなさい。街や村、牧場に入り、普通の働く人々と接するのは必要最小限の食べ物を乞う時だけにすべきです。（第二十四節）

ヴァーナプラスタ期の人は、常に他からの施しで生活する行を実践しなければなりません。そうすることによってマーヤから解放され、直ちに霊的生活の完成に至ります。このような控えめな方法で食べ物を得て生計をたてる者は、自分を浄化していくでしょう。（第二十五節）

決して明らかに滅びる物質を真実と見てはいけません。物質的執着を完全に捨て、今生と来世の輪廻の原因となるあらゆる活動に無執着となりなさい。（第二十六節）

人は、主の中に存在する物質宇宙、心と言葉とプラーナよりなる個々の肉体は最終的に主のマーヤの産物をみなさなければなりません。真我（アートマン）に安住し、人はこれらマーヤの産物への信を捨て、瞑想の対象としてはなりません。（第二十七節）

主である私の献身者は神理の普及に身を捧げ、外の対象に無執着となります。また私の献身者は解脱の希望さえ捨て去ります。このような献身者には形式的な儀式や祭具による義務も不要になります。こうして彼らの行いは、規則や規範の範囲を超えていきます。（第

二十八節）

最高に智慧に満ちていてもパラマハンサ（白鳥のような人、解脱した人）は、名誉不名誉を気にもせず子供のように人生を楽しみます。最も熟練者であっても彼は無邪気で無能な人のように振る舞い、最も博学でも正気の人でないように話し、ヴェーダの規範を学んだ学者であっても不作法に振る舞います。（第二十九節）

献身者はヴェーダのカルマ・カーンダの項で述べられている果報を求めた儀式を決して行ってはいけません。また無信仰やヴェーダの法規に反する行為や話をしてはなりません。同じように、単なる論理学者や懐疑論者のように話をしたり、無用な論争をしては絶対にいけません。（第三十節）

聖なる人は、他人が自分と争ったり迷惑をかけさせるようなことは絶対に避け、同じように自分も他の人々と争ったり迷惑をかけてはなりません。他の攻撃に耐え、誰も見下してはいけません。肉体の安全のために誰に対しても敵意を抱いてはなりません。もし敵意を持つなら彼は動物以下になるでしょう。（第三十一節）

至上なる主が万物の肉体の中に、そして魂の内に臨在しているのです。あたかも月が無数の水たまりに映るように、至上主も一人ですが、誰の内にも臨在しています。このように万物の肉体は唯一最高の主のエネルギーから成っています。（第三十二節）

時に食べ物が手に入らなくても落ち込んではならず、また豪華な食べ物を手にしても喜んではなりません。意志を強固に保ち、両方とも主の思し召しと理解しなければなりません。（第三十三節）

もし必要なら、必要な食べ物を手に入れる努力はすべきです。何故なら、適当な食べ物は健康を維持するのに必要なのですから。感覚と心、プラーナが整うと、人は霊的神理に集中することができ、神理を理解することで解脱できます。（第三十四節）

聖者は高級なもの低級なものであっても自然と入ってくる食べ物、衣服、寝床を受け入れなければなりません。（第三十五節）

ちょうど主である私が自らの自由意志で規定の義務を果たしているように、神理を悟った人は、強制ではなく自分の意志で、体を清潔に保ち、水で手を洗い、沐浴し規定の義務を果たさなければなりません。（第三十六節）

悟った魂は、私に関する知識を用いてマーヤを破壊しており、万物は私と別のものという見方はもはやしません。しかしながら肉体や心は長いことマーヤに慣れ親しんできたため、時々以前の思いが出てくるかもしれません。しかし、死後、自己を悟った魂は、私と同じ富を手にするでしょう。（第三十七節）

感覚の満足は悲惨と知り、感覚の満足から離れ霊的完成を望む者で、まだ私に至る道を十分に理解していない人は、本物の聖者や師を求めなければなりません。（第三十八節）

献身者は神理を明らかに悟るまで、妬まず絶大な信と尊敬と奉仕を、私と異なることのない師に捧げ続けなければなりません。（第三十九節）

マーヤの六つの姿である性欲、怒り、欲望、興奮、自尊心、酩酊を制御しておらず、感覚の頭である知性が物質に極度に愛着し、知性と放棄を奪われ、生活のためにサンニャーシーとなる者、崇拝すべき神々、真我、内なる至上主を否定し、宗教的規範を無視し、物質的汚染にいまだに染まっている人は、道から逸れており今生来世を失います。（第四十、四十一節）

サンニャーシーの主な宗教的義務は平静と非暴力であり、ヴァーナプラスタは苦行と肉体と魂の別を哲学的に理解することです。家長の義務は万物に庇護を与え供犠を行うこと、ブラフマチャーリーは師への献身奉仕に身を捧げることです。（第四十二節）

家長は定められた時に子供をつくる目的に限って妻と性交渉を持ちます。しかし、家長は禁欲、苦行、心と体を清浄に保ち、今の環境で満足し、万物に友愛の心を持つ行を実践しなければなりません。そして、主である私への崇拝は、カーストや四住期に関係なくすべての人々が為すべきです。（第四十三節）

唯一私のみを定められた義務を通して崇拝し、万物

の中に存在する私に意識を留める者は、揺るぎなき私への献身奉仕に到達します。（第四十四節）

我が愛するウッダヴァよ。私は究極の原因であり、この宇宙を創造破壊する全宇宙の至上なる主です。私は絶対神理であり、常に変わりない献身奉仕で私を崇拝する者は私に至るでしょう。（第四十五節）

かく、規定の義務を果たし自己を浄化した者、私の至高の立場を充分理解した者、聖典の道理や神理を授かった者は、すぐに私に至るでしょう。（第四十六節）

ヴァルナーアシュラマ制度に従う人々は、それぞれに適した行為を規定した権威ある伝統に従い宗教的義務を受け入れます。このヴァルナーアシュラマの義務が献身奉仕をもって私に捧げられる時、彼らは人生の最高の完成を与えられます。（第四十七節）

我が愛する聖なるウッダヴァよ。あなたの求めに応じて、今あなたの質問に応えました。私の献身者は、定められた義務を完全に果たすことによって、至上主である私のもとに至ることができるでしょう。（第四十八節）

霊的知識の完成

主クリシュナ曰く、

聖典の説く知識を修め、非人格的空論から離れ、物質宇宙はただマーヤに過ぎないと理解した覚者は、その知識や悟りに至った方法もすべて主である私に捧げなさい。（第一節）

智慧に満ち、自己を悟った聖者にとって私は崇拝すべき唯一の対象、望むべき人生のゴール、ゴールに至る手段、そしてすべての知識の揺るぎない結論です。私は彼らの幸せと不幸からの解放の原因であり、悟った魂は、私の他に何の目的も取り組むべき人生の対象も持ちません。（第二節）

哲学的知識、神理を通して最高の完成に至った者は、私の蓮華の御足が究極の目的と認識します。このような献身者が私には最も愛しい存在であり、その完全なる知識によって彼は歓びの中に私を念想します。（第三節）

知識が不完全だと、苦行の実践、聖地巡礼、祈りの黙唱、布施や他の敬虔な活動を行ったとしても真の完成に至りません。（第四節）

ですから、我が愛するウッダヴァよ。知識を通してあなたは本当の自分を理解すべきです。ヴェーダの知識（道理、神理）を明確に自分のものとすることで向上し、献身奉仕の心で私を崇拝なさい。（第五節）

昔の偉大な聖者達は、私がすべての供犠の主で万物の心に宿るアートマンと知り、ヴェーダの供犠と霊的啓示を通して私を崇拝しました。（第六節）

我が愛するウッダヴァよ。三グナより成る肉体、心はあなたに付与されていますが、それらは幻想に過ぎません。何故なら肉体も心も今だけのもので根源でも究極の存在ではないからです。ですから、誕生、成長、繁殖、維持、老化、死といった肉体の変化が、どうしてあなたの永遠の自己と関連を持つことができるでしょうか？　肉体の変化は昔存在せず未来にも存在しない、今の肉体だけに関係したものです。肉体は今という瞬間にただ存在するのです。（第七節）

シュリー・ウッダヴァ曰く、

おお、宇宙の主よ！　宇宙の姿よ！　偉大な聖者達に受け継がれてきた知識、無執着と神理の完成へと導いてくれる知識の道をどうかお教えください。先達によって探求されたこの知識は、主であるあなたへの献身奉仕について述べています。（第八節）

我が愛する主よ。恐ろしい輪廻に苦しみ、常に三重の苦悩に圧倒されている人にとって、甘露のシャワーを注ぐあなたの蓮華の御足以外に庇護所を見つけることはできません。（第九節）

おお、全能の主よ。時間の蛇に噛まれ、物質的存在という暗い穴に転げ落ちた望みなき生物をどうか引き上げてください。慈悲深くあってください。忌まわしい状態にもかかわらず、この生物は最も取るに足らない物質的幸福を楽しみたいという強い欲望を持っています。人を解脱へと目覚めさせるあなたの教えの甘露を注ぎ、どうか私をお救いください。（第十節）

主クリシュナ曰く、

我が愛するウッダヴァよ。今あなたが私にした質問を、かつてその人柄から敵がいないと考えられていたユディシュティラ王が、宗教原理の最も偉大な保持者であるビーシュマに尋ね、私達は全員、注意深くビーシュマの答えを拝聴しました。（第十一節）

クルクシェートラの大戦が終わった時、ユディシュティラ王は多くの愛する善人達の死に圧倒され、ビーシュマから多くの宗教原理に関する教えを聴いた後、最後に解脱への道について尋ねました。（第十二節）

私は今あなたに、ビーシュマデヴァの口から直接聞いた、ヴェーダの宗教原理、放棄、自己を知ること、信と献身奉仕についてお話しましょう。（第十三節）

あらゆる生物は九つ、十一、五つ、三つの元素の合わさったもので、この二十八元素は、最終的には一つの元素であるという知識を私はよしとします。（第十四節）

人が一つの原因から分かれた二十八の物質元素を見なくなり、その一つの原因すなわち主である私を見るようになり、私の存在を直接体験した時、ヴィジュナーナまたは自己を悟ったと呼ばれます。（第十五節）

始まり、終わり、中間は物質的因果律の三つの段階です。一つの創造から次の創造へとこれらの段階は一貫して流れ、そしてすべての段階が帰滅して残るものは、一つの永遠です。（第十六節）

ヴェーダの知識、直接体験、伝統的智慧、論理的帰結の四種の証拠によって、人はこの世界の二元性（相対観念）から離れるようになります。そして、この物質世界は一時的で空虚な存在であると理解できるでしょう。（第十七節）

智慧ある人は、どんな物質的活動も常に変滅するものを対象としていると知らなければなりません。ブラフマーの惑星においても、このような単純な不幸は存在するのです。そのため賢者は見ているすべてのものは一時的であり、万物には始まりと終わりがあると理解しなければなりません。（第十八節）

おお、罪なきウッダヴァよ。あなたが私を愛している故、かつて私はあなたに献身奉仕の道を説明しました。今、再び私への献身奉仕に至る最高の道を説きましょう。（第十九節）

確固たる信を持って祝福に満ちた私の遊戯の話を聴くこと。私の栄光を絶えず唱えること。私への儀式上の崇拝に強い愛着を持つこと。美しい詩で私を賞賛すること。私の献身奉仕への偉大な敬意。全身をもって尊敬の念を捧げること。体を使った私への献身奉仕。私の性質を語ること。心を私に捧げること。すべての物質的欲望を捨てること。私への献身奉仕のために富を捨てること。感覚の満足と幸福を放棄すること。布施、供犠、唱名、誓戒、苦行といった私に近づくことを目的としたすべての望ましい行為を為すこと。

これらはすべて本当の宗教原理です。自分を私に捧げることにより、人は自然と私への愛を育みます。私の献身者にとって、他に目的やゴールがあるでしょうか？（第二十～二十四節）

純質によって強まった平和な心が主である私に固定した時、人は信仰と知識、無執着そして富を手にするでしょう。（第二十五節）

心が肉体や家庭、他の同じような感覚満足の対象に執着する時、人は感覚の助けを借りて物質的対象を追い求め、人生を浪費します。このように激質に強く動かされた心は永続しないものにとらわれるようになり、こうして無信仰、無知、執着、不幸が起こってきます。（第二十六節）

本当の宗教原理は、人を主である私への献身奉仕へと導くものです。本当の知識は、すべてに遍満した私の存在に気が付くこと。無執着は感覚満足の対象に完全に無頓着となること。そして富は、アニマ・シッディのような八つの神秘的完成です。（第二十七節）

シュリー・ウッダヴァ曰く、

我が敬愛する主クリシュナよ。おお、敵の懲罰者よ。修行の上での規則、日々の義務にはどのようなものがあるのかどうかお教えください。また心の平静とは、自己制御とは、本当の忍耐と不動心とはどのようなものなのかお教えください。何が布施で苦行、英雄的行為なのでしょうか？　実在と神理はどのように説明するのでしょうか？　放棄とは何で、何が富なのでしょうか？　何が望ましく、何が供犠で、何が宗教的報いなのでしょうか？

我が愛するケーシャヴァよ。おお、最も吉兆なるお方よ。個々の人の強さ、富、利益を私はどのように理解すればよいのでしょうか？　何が真の教育で、本当の謙虚さとは、真の美しさとはどのようなものなのでしょうか？　何が幸福で何か不幸なのでしょうか？　誰が賢く誰が愚かなのでしょうか？　人生の正しい道、誤った道とは、天国と地獄はどんなものなのでしょうか？　真の友人とは、本当の家庭とは？　誰が金持ちで誰が貧乏なのでしょうか？　誰が悲惨で誰が本当の制御者なのでしょうか？　おお、献身者の主よ。これらのことについて、その逆も含めてどうか私にお説きください。（第二十八～三十二節）

主クリシュナ曰く、

非暴力、正直、人の財産を欲しがったり盗んだりしないこと、無執着、謙虚、所有感からの遠離、宗教原理への信頼、禁欲、沈黙、堅実、許し、恐れなきことは、修行上の十二の第一原則です。

心の清浄、肉体の清潔、主の聖なる御名を唱えること、苦行、供犠、信、親切、主の崇拝、聖地巡礼、主の歓び、満足のためだけを願い活動すること、師への奉仕は定められた十二の規範です。これら二十四の規範は、一心に努める者にあらゆる望ましい祝福を授けます。（第三十三～三十五節）

知性を私に溶け込ませることが心の平静。完全な感覚の訓練は自己制御です。寛容は根気よく不幸に耐えること。そして不動は舌と生殖器を支配下に置いた時に起こります。最高の布施とは他へのすべての攻撃を止めること。欲望の放棄が本当の苦行であると理解されるでしょう。本当の英雄的行為とは人生を楽しみたいという性向を征服すること。実在とは至るところに至上なる主を観ることです。正直は偉大な聖者が明言したように、好ましい方法で真実を語ること。放棄はサンニャーサーを意味しますが、清浄は果報的活動に無執着になることです。人類にとって本当の富は宗教。そして、主である私は供犠。宗教的報酬とは、真理を教えてもらう目的で師に奉仕すること。そして本当の強さとは呼吸を制御するプラーナーヤーマ体系です。（第三十六～三十九節）

真の富は六つの無限の富として示される私の至上主としての性質。人生における最高の利益は私への献身奉仕。真の教育とは魂の内の二元性という誤った認識(相対観念)を無効にすること。真の謙遜とは不適当な活動を嫌悪すること。美とは無執着のような善き性質を所有すること。真の幸福とは物質的幸不幸を超越すること。真の悲惨さとは性的歓びを探し求めること。賢き人とは束縛から解放される道を知っている人。そして愚かな人とは肉体と心を同一視する人。真の人生の道とは私に導くこと。誤った道とは意識が混乱し感覚の満足を求めること。真の天国は純質が優位であり、地獄は無知が優位です。私は全宇宙の師として活動しますが、私はみんなの真の友、そして人の家庭とは肉体です。

我が愛するウッダヴァよ。善き性質を持った人が本当に豊かな人で、人生に満足しないものが真に貧しい人です。不幸な人とは感覚を制御できない人。感覚の満足に愛着しない人が真の制御者です。反対に感覚の満足に執着する人は奴隷です。

ウッダヴァよ。私はあなたの質問にすべて答えました。これ以上善悪を詳しく述べることは必要ないでしょう。何故なら善悪を常に見ることは、それ自体悪だからです。最も善い性質とは、物質的善悪を超えることです。(第四十~四十五節)。

純粋な献身奉仕は知識や放棄に優る

シュリー・ウッダヴァ曰く、

我が愛する蓮眼の主よ。あなたは至上なる主でいらっしゃいます。実践すべき法規、戒めるべき法規より成るヴェーダ聖典もあなたの命令より成っています。このような聖典は仕事の良き性質と悪しき性質を述べています。(第一節)

ヴェーダ聖典によれば人間社会には高級低級さまざまなものが見られ、ヴァルナーシュラマ制度は、家族制度の良き性質、罪深き性質故に存在します。このような善と悪は、物質要素、場所、年齢、時などにより異なってくるとヴェーダは解釈しています。実際、ヴェーダは善と悪を基礎として、天国と地獄が存在すると述べています。(第二節)

善と悪の違いを理解せずに、信仰深き活動を勧め、罪深き活動を禁ずるヴェーダ聖典の教えを人は理解することができるでしょうか？　また究極的解放を与える権威あるヴェーダ聖典なしで、人はどのようにして人生の完成へと到達できるのでしょうか？（第三節）

我が主よ。精神的解放、天国、私達の現在の能力を超えた物質的快楽を得ること、一切万物の中間と終わりを理解すること、など経験を超えたことを知るには、先祖や人類ばかりでなく神々さえも、最高の証明と啓示よりなる主御自身の法ヴェーダに解答を求めなければなりません。（第四節）

我が愛する主よ。私が考えますに、善と悪の区別はあなた御自身が示されたヴェーダからきたもので、もとからあるものではないと思います。もし、その後に同じヴェーダ聖典が善と悪の違いを無効にしたならば、混乱が生じるでしょう。（第五節）

主クリシュナ曰く、

我が愛するウッダヴァよ。私は人類が完成してほしいと願う故、三つの向上の道、すなわち知識の道（ジュニャーナ・ヨーガ）、行為の道（カルマ・ヨーガ）、献身の道（バクティ・ヨーガ）を示しました。この三つの他に、向上の手段はありません。（第六節）

三つの道の中で、哲学的思索の道であるジュニャーナ・ヨーガは、物質的生活が嫌になり果報的活動から離れたい人々に勧められます。物質的人生に愛着し多くの欲望を持つ人は、カルマ・ヨーガを通して完成を求めるべきです。（第七節）

もし幸運にも私の栄光を真摯に聴聞し唱えるならば、このような人は、物質生活に少々未練があったとしても、私への献身奉仕の道（バクティ・ヨーガ）を通して完成に至ります。（第八節）

人が果報的活動に未練を持ち、主である私への献身奉仕の甘露に気が付かないならば、ヴェーダの法規に従って行動しなければなりません。（第九節）

我が愛するウッダヴァよ。果報を求めず主である私を礼拝し、ヴェーダの義務に従う者は天国の惑星を越え、私の住居に至るでしょう。同じように禁じられた活動を為さない者も地獄には行かないでしょう。（第十節）

定められた義務に従い、罪深き活動を離れ、物質的汚染を浄化する者は、今生において神理を手にし、私への献身奉仕へと至るでしょう。（第十一節）

天国や地獄の住人は地上に生まれることを望みます。何故なら天界や地獄界の肉体は神理を知る機会や私への愛を得る機会がないからです。人として生まれることで初めてこのような機会が与えられるのです。（第十二節）

賢者は天界の惑星に昇ろうとか地獄に住もうとか決して望みません。また地球に永久に住もうと望んでも絶対にいけません。何故なら肉体に埋没すると、愚かにも自己の探求に無関心になるからです。（第十三節）

肉体は滅ぶべきものであるがまた人生の完成も与えてくれると知る賢者は、死が来る前に、この機会を生かすよう努力なさい。（第十四節）

無慈悲な男が巣のある木を切り倒した時、鳥は執着を捨てその木を諦めます。そうして別の場所で幸福を手にするでしょう。（第十五節）

同じように、自分の生存期間が過ぎゆく昼と夜という時間によって切り倒されていると知り、人は恐怖に揺り動かされるでしょう。このような恐怖から神理を求め、すべての物質的執着と欲望を捨て、人は主である私に到達し完全な平和に至るのです。（第十六節）

人として生まれることは非常に難しく、この機会を逃してはなりません。肉体は人生を渡る上ですべての便宜を与えてくれますが、自然法則に従っています。人の肉体は完璧な船、魂は船長、そして主の教えは航路を推進させてくれる好ましい風にたとえることができるでしょう。これらすべての利点を考え、人生を物質の海を渡るために使わない人は、自分の魂の殺戮者といっても過言ではありません。（第十七節）

ヨギは、物質的歓びが嫌になり欲望を持たなくなった後、完全に感覚を支配し、無執着に至ります。そして、精神的訓練を続け、人は逸れることなく実相に心を固定しなければなりません。（第十八節）

実相に心を集中しても、突然に心が逸れてしまうことがあります。その時いつでも、次に述べる手段によって心を注意深く自己の支配下に置くようにしなさい。(第十九節)

精神活動の本当の目的を見失わないこと。そして、プラーナと感覚を征服し、純質によって高められた知性を用い、心を自己の支配下に置くようになさい。(第二十節)

熟練した騎手が強情な馬を飼い慣らそうと思う時、最初にしばらく馬を好きなように歩かせ、そして手綱を引いて少しずつ望む道に導きます。同じように、最高のヨガ体系は、注意深く心の動きと欲望を観察し、少しずつ心を支配下に置くようにします。(第二十一節)

真の満足を得て不動となるまで、人は宇宙、地球、原子を含めすべての物質的対象の一時的な性質を分析的に学びなさい。自然の中でみる成長を通して創造の過程を、退行を通して帰滅の過程を常に観察するとよいでしょう。(第二十二節)

人は、この世界の一時的で幻想的性質を厭い、心がそれに執着しなくなり、師の教えに従って繰り返しこの世界の性質を熟考し、ついにはこの世の事象と自己との偽の同一視を捨てます。(第二十三節)

さまざまな訓練、ヨガ体系の浄化法、哲学的、精神的教育、そして主である私への崇拝敬愛などを通して、人は常にヨガの最終目的である主を臆念することに心を傾けなければなりません。これ以外に何の目的もありません。(第二十四節)

もし一瞬の油断で忌まわしい行為を犯したならば、ヨギは今述べたようなヨガの実践で罪深き行為を焼き尽くし灰にしなさい。どんな時でも他のやり方で行ってはいけません。(第二十五節)

ヨギがそれぞれの精神的向上のため前述の定められた義務を厳守する時は本当の善に至り、義務を否定する時は罪が生じると明記されています。この善と悪の区分けを理解し、感覚を求めた活動のすべてを捨てたいと望む者は、本来不純である物質的活動を征服することができます。(第二十六節)

私の栄光の物語に信を芽生えさせ、すべての物的活動を厭い、すべての感覚の満足は悲惨に至ると理解しながら、まだすべての感覚の歓びを放棄できない私の献身者もいるでしょう。しかし、それでも偉大な信と信念を持って私を崇拝し幸福を保ちなさい。彼は時に感覚の歓びに耽るかもしれないが、私の献身者はすべての感覚の満足は悲惨な結果に至ると理解し、このような活動を心から悔い改めるでしょう。（第二十七、二十八節）

賢き人が、私が述べた献身奉仕を通して私を常に崇拝する時、彼の心は主である私の中に確固として住するようになります。こうして心の中のすべての物質的欲望は破壊されます。（第二十九節）

私の至上主としての姿にまみえた時、心の結び目に穴があき、すべての疑いは粉々になり、果報的活動の連鎖は終わります。（第三十節）

そのため私に心を固定し、私への献身奉仕に没頭する献身者は、知識と放棄が少しずつ養成され、この世にいながら高い完成へと到達するでしょう。（第三十一節）

果報的活動、苦行、知識、無執着、神秘的ヨガ、布施、宗教的義務、そして他の人生を完成に導くすべての手段によって到達するものは、私への献身奉仕により、簡単に手にすることができます。もし私の献身者が、天国に昇ること、解放、私の世界に来ることを望むなら、彼はこのような恩恵を容易に与えられるでしょう。（第三十二、三十三節）

私の献身者達は深い知性と気高い振る舞いを持し、自己を完全に私に捧げ、私の他には何も望みません。たとえ私が彼らに生と死の輪廻から解放してあげようと言っても、彼らはそれを受け入れないでしょう＊。（第三十四節）

＊主の純粋な献身者は輪廻からの解放よりも、何度輪廻してもよいからその都度、主に献身奉仕できますようにと望む。

完全な無執着は自由の究極と言われています。それ

故、個人的な望みを持たず、個人的果報を求めない者は、私への献身奉仕に至ることができます。(第三十五節)

この世の性質、無知から起こる物質的信仰も罪も、物質的渇望から解放されている私の純粋な献身者の中には存在することができません。そして彼らはどのような環境でもこの不動の信を保っています。このような献身者は、物質的知性で想像できるあらゆるものを超越した主である私に到達しています。(第三十六節)

私が述べた私に至るこれらの道を厳格に辿る者は、マーヤから自由となり絶対神理を完全に理解し、私の住居に達するでしょう。(第三十七節)

善悪の区別

主クリシュナ曰く、

献身奉仕、道理神理の学修、定められた義務の規則的実践などの私に至る修行を怠り、代わりに物質感覚に動かされ、取るに足らない感覚の満足に励む者は、間違いなく輪廻に巻き込まれます。(第一節)

自分の本来の立場を理解し不動になることは本当の信、本来の自分から逸れることは不信と聖典に明記されています。このように信不信は明確に区別されます。(第二節)

おお、罪無きウッダヴァよ。人生において何が相応しいか理解するためには智慧が必要です。宗教原理をよく分析し、純と不純を人は熟考しなければなりません。同じように人は日常生活の中で善と悪を識別し、何が吉兆で何が不吉なのか認識すべきです。(第三節)

私は日常の宗教的義務の重荷に耐えている人々のために、この人生の道標を明らかにしましょう。(第四節)

地水火風、そして空(エーテル)は、ブラフマーから不動の創造物に至るすべての縛られた魂の肉体を構成します。そしてこれらの元素はすべて主である私から発しています。(第五節)

我が愛するウッダヴァよ。あらゆる肉体は五大元素より成り、この意味で万物は等しいと言えます。しかし、ヴェーダ聖典は、それぞれの肉体によって異なった名前と姿を持つとみなし便宜的に区別しています。そして生物はそれぞれの人生の目標を持っているとみなしています。（第六節）

気高きウッダヴァよ。物質的活動を制限するために、私は時、場所、自然を含めすべての事象の中で何が相応しく何が相応しくないか定義しましょう。（第七節）

土地の中では、斑点のついたアンテロープ（羚羊）の住まない土地、ブラーフマナへの尊敬を欠いた土地、斑点のついたアンテロープは住んでいても尊敬すべき人のいない土地、キーカタのような州（非文明人が住んでいた）や清浄さや浄化の儀式を否定する土地、肉食者が多く住む土地、不毛の土地はすべて汚染された土地とみなされます。（第八節）

定められた義務を為すために、その時間帯の性質、その他もろもろの条件から適切と思われる時間は純粋とみなされます。義務の遂行に障る時間は不純とみなされます。（第九節）

対象が純粋か不純かは、他の対象の作用や、言葉、儀式、時間や相対的強度の影響などによって決められます。（第十節）

不純なものは、人の強さ弱さ、知性、富、環境や肉体的条件などによって、人に罪深い活動を起こさせたり起こさせなかったりします。（第十一節）

穀類や木工器具、骨や糸、液体で作られた物、火や革に由来する物、その他の地球の物は、時間や風、火、大地や水が個別にまたは互いに作用し合って浄化されています。（第十二節）

特別な浄化具は、汚染されたものの悪臭や汚い覆いを取り除き、そのものの本来の性質を回復させるなら、浄化具として適当と考えられます。（第十三節）

自己は、沐浴、布施、苦行、加齢、個人的強さ、浄化の儀式、定められた義務、そして何よりも主である私を臆念することで浄化できます。ブラーフマナや他のイニシエーションを受ける人達は、特別な活動を為

す前に適切に清めなければなりません。（第十四節）

マントラは、相応しい知識で唱えられるなら浄化され、仕事も私に捧げられるなら浄化されます。場所、時、物、行為者、マントラそして労働の浄化により人は信心深くなり、これら六つの項目を怠るならば、無信心とみなされます。（第十五節）

ヴェーダ規範に従えば時に、敬虔な行為が罪になり、一般的に罪に値する行為が敬虔な行為になることがあります。これらの違いを識別できるようになれば、善と悪の区別は根絶されるでしょう。（第十六節）

高い境地にある人の意識を落とす行為が、すでに落ちている人にとってはさらに落ちる原因にはならないでしょう。地に横たわっている人はそれ以上落ちようがないのです。ヴェーダでは、執着しない限り、真我（アートマン）と物質との関わりは、悪いことではないと考えられています。（第十七節）

特殊な罪深き活動、物質的活動を捨てることにより、人はその束縛から自由になります。このような放棄は、人にとって信仰やより良き人生の基礎となり、あらゆる苦しみや幻想、恐怖を取り去ります。（第十八節）

物質的感覚の対象を受け入れ、それを求める者は、間違いなくその対象に執着します。執着は欲望を生み、欲望は争いを引き起こします。（第十九節）

争いから不寛容、怒りが生まれ無知の闇へと続きます。無知は、すぐさま人の知性を奪い去ってしまうでしょう。（第二十節）

おお、聖なるウッダヴァよ。正智を奪われた人は、すべてを失っているとみなされます。人生の本当の目的から逸れ、死人のような愚者になります。（第二十一節）

感覚の満足に埋没し、人は真我や他人の本当の姿を認識できません。樹のように無知の中で無益に生き、雄牛の鳴き声のように単に呼吸しているだけです。（第二十二節）

聖典は、果報的活動の報酬は人に究極の善をもたらすことはなく、ちょうどキャンディが、子供の健康によいと偽るように、宗教的義務の遂行に対する誘惑に過ぎないと述べています。（第二十三節）

肉体を持って生まれることで、人の心は個人的感覚の満足、長生き、感覚活動、肉体的強さ、精力、そして友人や家族に愛着するようになります。彼らの心は、このように神理を惑わすものの中に埋没しています。（第二十四節）

自己の探求へ無知な人々は、物質的存在の道をさまよい、暗黒へと向かいます。もし、彼らが愚かでもヴェーダ規範に注意を払うなら、どうしてヴェーダが彼らにさらに感覚の満足を求めるように勧めることがあるでしょうか?。（第二十五節）

邪な知性を持つ者は、ヴェーダの本当の目的を理解できず、その代わり物質的果報を約束するヴェーダの花のような言葉を真実とみなします＊。しかし、ヴェーダの真の知識は、物質的果報を説くことは決してありません。（第二十六節）

＊アタルヴァ・ヴェーダなどは、現世利益を求めたり呪術的な要素を含んでいる。

欲望、貪欲、熱望に満ちた人々は、単に花に過ぎないものを人生の果実と誤って見ます。火の光に当惑し煙にむせて、彼らは火と光と煙は一つとは認識できないのです。（第二十七節）

我が愛するウッダヴァよ。ヴェーダの儀式を通して感覚の満足を得る人々は、私が人々の心臓の中に臨在することを知りません。また全宇宙は私から生じ、私と異ならないことも理解できません。彼らはちょうど霧で目が見えなくなった人々のようです。（第二十八節）

感覚満足の虜になった者は、私の説くヴェーダ知識の最高真理を理解しようとしません。暴力に歓びを感じ、感覚満足のため供犠で無垢の動物を残酷に殺し、神々、先祖、幽鬼達の頭を崇拝します。しかし、このような暴力への激情は、ヴェーダの供犠の中では決して勧められていません。（第二十九、三十節）

愚かな商人が役に立たない投機に本当の富を捨てて

しまうように、愚者は、人生で本当に価値あるものを捨て、代わりに物質的天国へ昇ることを願います。しかし、そこはこの世と同じで、夢を見ているように実在でないものに歓びを感じる世界です。このように迷妄に陥った人は、天国に行けば、あらゆる物質的祝福を手に入れることができるだろうと心に幻想を抱きます。（第三十一節）

激質、純質、無知にとらわれた人々は、三グナが等質に表れたインドラを始めとする特別な神々やその他の神を崇拝します。しかし、彼らは主である私を敬いません。（第三十二節）

神々の崇拝者は、「この人生では私は神々を崇拝しよう。そして供犠を行い天国に昇って、そこで楽しもう。楽しみ終わったらまたこの世に戻り、高貴な一族の偉大な家長に生まれよう」と考えます。過度のプライドと欲望のため、このような人々はヴェーダの花のような言葉に幻惑されます。彼らは、至上主である私の物語に魅力を感じません。（第三十三、三十四節）

三つに編纂されたヴェーダ（リグ、サーマ、ヤジュル・ヴェーダ）は、最終的に生物は純粋な霊魂であると説いています。しかしながら、ヴェーダの探求者は、マントラは深遠な言葉で表現されていると考え、私もヴェーダの深遠な言葉に歓びを感じています。（第三十五節）

ヴェーダの超越的音階は、プラーナ、感覚、心など異なったレベルで理解することも表現することも難しいのです。このヴェーダの音階は、無限で非常に深く、底知れず、ちょうど大洋のようなものです。（第三十六節）

無限、不変、全能の主が万物の中に宿る際、私は万物の中にオームカーラの姿でヴェーダの振動音を吹き込みました。これは、蓮華の茎の一本の繊維のように精妙に知覚することができます。（第三十七節）

ちょうど蜘蛛が口を通して心臓から巣を放つように、至上主も自身を、あらゆる神聖なヴェーダの韻律、超越的歓びに満ちた原始の振動する生命素として表します。このように主は、主の心臓の霊妙な空間から、主の心の働きによって、スパリシャなどの多様な音律と理解される偉大で無限のヴェーダ音律を創造したのです。ヴェーダ音律は、聖印オームから拡張したさまざまな文字に修飾され、子音、母音、歯擦音、半母音など無数に枝分かれしていきました。

ヴェーダは、その前の文字の四倍かそれ以上の印章を持つ異なった文字によって表現され、多くの多様な言葉によって精密に編纂されました。最終的に主は、ヴェーダ音律の主の顕現を御自身の中に再び引き上げました。(第三十八~四十節)

ヴェーダの韻律は、ガーヤトリー、ウシュニク、アヌスツプ、ブリハティー、パンクティ、トリシュツプ、ジャガティー、アチチャンダ、アチャシュティ、アチジャガティー、アチヴィラートです。(第四十一節)

全世界で私を除いて、ヴェーダ知識の最奥の目的を本当に知る者はいません。人々はヴェーダの各分野で、カルマ・カーンダの儀式規定で本当に命じているのが何か、ウパーサナー・カーンダの中の祭文で真に取り上げられている対象は何か、ジュナーバ・カーンダでさまざまな説を通して細かに議論されているものは何か知りません。(第四十二節)

私はヴェーダの命ずる供犠であり、崇拝されるべき神です。さまざまな哲学的仮説として存在するものは私であり、また哲学的分析でとらえられない者も私です。超越的ヴェーダの韻律は、私をヴェーダの精髄であると証明しています。ヴェーダは物質の二元性(相対性)を私のマーヤ以外の何ものでもないと細かに分析し、最終的に完全にこの二元性を無効にし、真の満足に到達すると述べています。(第四十三節)

創造元素と輪廻について

ウッダヴァ曰く、

我が愛する主よ、おお、宇宙の主よ。偉大な聖者方によって列挙されている創造元素は幾つあるのでしょうか?　私はあなたが、神、ジーヴァ魂、マハ・タットヴァ、偽我、粗大五大元素、十の感覚、心、五つの精妙な知覚対象そして三グナの二十八と述べられたと聞いています*。

しかし、ある聖者は二十六元素、他の聖者は二十四と述べ、その他七つ、九つ、六つ、四つ、十一、また他にも十七、十六、十三などいろいろです。どうしてこのように聖者方が創造元素を数える時に違いが出てくるのでしょうか？　おお、永遠至上なるお方よ。どうかこの点について私にお教えください。（第一～三節）

＊堀田先生は、二十四の構成要素をあげておられる。地水火風空の五粗大原素、偽我、理性、未顕現（純質、激質、翳質の三グナを一つと数える）、五知根（眼、耳、鼻、舌、皮膚）、五作根（声、足、手、肛門、生殖器）、思考器官（心）、五感による活動の対象（香、味、姿、触、音）の二十四（クリシュナ第十三章五節の解説）。さらに九六年の例大祭では、これに魂と主なる神を加えて二十六要素とされている。

主クリシュナ曰く、

物質元素は遍満しているため、ブラーフマナによって分析の仕方に違いがあっても不思議ではありません。このような哲学者は全員、私の神秘力の影響下にあり、真実を否定しない範囲で何でも言うことができます。（第四節）

哲学者が、「私は違う意見です」と主張する時、それは私自身のエネルギーの為せる業であり、彼らにはどうにもならないでしょう。（第五節）

私のエネルギーの相互作用によって、さまざまな意見が生じます。しかし、心を私に固定し感覚を制御する者は、認識の相違は消失し、論争の原因は取り除かれます。（第六節）

おお、人の中でも最高の者よ。精妙かつ粗大元素は互いの内に相互に入り込むため、哲学者は基礎的物質元素を個人的見解に従って、異なった方法で数えます。（第七節）

物質の創造は、精妙から粗大へと徐々に元素が進展することによって生じます。そのため、すべての精妙な物質元素は粗大元素の内にあり、同様にすべての粗大元素は精妙元素の内に存在します。このように私達は、すべての物質元素を一つの元素の内に見出すことができます。（第八節）

それ故、これらの哲学者の語ることに問題はなく、粗大元素をその精妙な原因の内に加えるか、または精

妙元素をその産物である粗大元素に加えるかどうかは問題とせず、私は彼らの結論を権威あるものと受け取ります。（第九節）

太古の昔より無知に覆われた人は、自分の力で真我（アートマン）を悟ることができません。そのため道理神理を知り、彼にその知識を伝えることのできる人がいなければなりません。（第十節）

純質に至れば、主である私との間には質的な違いはありません。両者の間に質的相違があるとすれば、純質者はまだ役に立たない思索を行っているということでしょう。（第十一節）

自然は通常、三グナの均衡であり、そこにはアートマンは存在せず、ただ自然として存在します。これらの純質、激質、無知のグナはこの宇宙の創造、維持、破壊の原因となります。（第十二節）

この世では、純質は知識、激質は果報的活動、翳質は無知として認識されます。時間は三グナの動的相互作用として知覚され、そして作用する性質（グナ）の総和は、太古のスートラまたはマハ・タットヴァとして具現化されます。（第十三節）

私は、享受する魂、自然、マハ・タットヴァ、偽我、エーテル、空気、火、水、地の九つを基礎的元素と述べました。（第十四節）

聴覚、触覚、視覚、臭覚、味覚は五つの後天的感覚であり、口、手、生殖器、肛門、脚は五つの行為感覚を為します。心はこの両者の範疇に属します。（第十五節）

音、色、味、臭い、形は後天的感覚の対象、動き、会話、排泄、制作は行為感覚の機能です。（第十六節）

創造の始め、自然は純質、激質、無知の三グナに従い、宇宙の内のすべての精妙な原因と粗大な表れの具現化した姿として表れました。しかし、主である私は物質顕現の相互作用の中には入らず、単に自然を眺めるだけでした。（第十七節）

マハ・タットヴァを始めとする物質元素は姿を変

え、主の一瞥によって特別な偉力を受け取り、自然の力により融合し、宇宙の殻を創造しました。(第十八節)

ある哲学者によれば、地、水、火、空気(風)、エーテル、魂意識、そして物質元素と普通の霊魂の基礎であるアートマンの七つの元素が存在しました。この説によれば、肉体、感覚、プラーナ、そして森羅万象はこれら七つの元素によって生じるとされています。(第十九説)

他の哲学者達は、地、水、火、風、エーテルの五大元素と第六番目の元素である至上主の六つの元素が存在したと述べています。至上主は自身から外に元素を放ち、この宇宙を創造して、それからその中に入ったと説いています。(第二十節)

ある哲学者は四番目の主自身と主から生じた火、水、地の三つの元素の計四つの元素の存在を提唱しています。これら四つの元素は宇宙顕現を促し、すべての物質創造が生じたと述べています。(第二十一節)

ある哲学者は五大元素、五つの感覚の対象、五つの感覚器官、心、そして十七番目の元素として魂をあげ、十七の基本的元素の存在を説いています。(第二十二節)

十六元素説によれば、先述の十七元素説との違いは、ただ魂と心を一つとみなしている点だけです。もし私達が、五つの粗大元素、五つの感覚、心、個別魂、そして至上主という範囲で受け取れば、十三の元素が存在することになります。(第二十三節)

十一元素説では、魂と粗大元素、感覚となり、八つの粗大元素、精妙元素に至上主を加えれば九つの元素となります。(第二十四節)

このように偉大な哲学者達はさまざまな方法で物質元素を分析しています。彼らの説は論理的条件を充分満たしており、筋の通ったものです。これらの説は真実だと考えてよいでしょう。(第二十五節)

シュリー・ウッダヴァ曰く、

おお、主クリシュナ様。自然と生物は構造上異なっています。しかし、自然と生物は互いの中に存在するのですから、そこには区別がないように思います。魂は自然の内に、自然は魂の内に存在するように思われるのですがいかがでしょうか？（第二十六節）。

おお、蓮眼のクリシュナ様。全能の主よ。あなたの叡智に満ちたお言葉で私の心の中のこの大きな疑問を断ち切ってください。（第二十七節）

あなたのみが生物に知識を授け、あなたの偉力によって知識は取り去られます。あなた以外の誰も、あなたのマーヤ・エネルギーの本当の性質を理解することはできません。（第二十八節）

主クリシュナ曰く、

おお、人の中で最上の者よ。物質的性質とその享受者（魂）は明らかに異なります。被創造物は、グナに揺り動かされ常に姿を変えています。（第二十九節）

我が愛するウッダヴァよ。三グナとグナを通した活動から成る私の物質エネルギーは、意識活動に従いさまざまなものを創造します。物質的変態の結果は、アドヒアートミック、アドヒダイヴィック、そしてアドヒバウチックの三つの相として理解されます。（第三十節）

太陽を見た場合、視覚、見える姿、眼の中の映像、これらすべてが相互作用しお互いを表します。しかし、空にある太陽には何の変化もありません。同じように、すべての生命体の第一原因であり、すべての生命体に入り込むアートマンは、相互作用する対象物の不変の原因として、主の超越的マーヤに従って活動します。（第三十一節）

同じように、皮膚、耳、眼、舌、鼻の感覚器官、縛られた魂、心、知性、偽我の精妙体の機能は、すべて感覚、感覚の対象、主体の三つの言葉で区別することができます。（第三十二節）

三グナが揺り動かされ、その結果としての変態は、純質、激質、無知の偽我によって表れてきます。非顕現のプラダーナ（グナの平衡状態）から生じたマハ・タットヴァより生まれた偽我は、すべての物質的幻想と二元性（相対観念）の原因になります。（第三十三節）

「この世界は真実である」、「いや、この世界は真実ではない」といった哲学者達の論争は、主である私への不完全な知識からきています。これらの論争は、ただこの世の二元性を理解する目的以外は役に立たないものですが、私や本当の自己を忘れた人々は、論争を捨てることができません。(第三十四節)

シュリー・ウッダヴァ曰く、

おお、最高の師よ。果報的活動に夢中になる人々の知性は、確かにあなたから逸れています。このような人々は、自らの果報的活動によって、どのようにして上位下位の肉体を受け、そして肉体を捨てるのか、どうかお教えください。おお、ゴーヴィンダ(牛の友)よ。この疑問は愚かな人々には非常に理解し難いものです。この世でマーヤに幻惑され、彼らはこの事実に気付かなくなっています。(第三十五、三十六節)

主クリシュナ曰く、

人の物質的心は果報的活動によって形作られています。五つの感覚とともに心は一つの肉体から他の肉体へと旅をします。魂はこの心とは異なりますが、心に従っていきます。(第三十七節)

果報的活動に縛られた心は、感覚の対象を常に思います。その結果として、心は知覚の対象とともに現れたり消えたりするようになり、こうして過去と未来を識別する能力は失われます。(第三十八節)

生命体が現在の肉体から自己のカルマによって与えられた次の肉体へと移る時、新しい肉体の苦楽の感覚に埋没し、前の肉体での経験を完全に忘れてしまいます。幾つかの原因によって引き起こされる以前の肉体の記憶をすべて忘れてしまうことは、死と呼ばれます。(第三十九節)

おお、最も寛容なるウッダヴァよ。生と呼ばれるものは、新しい肉体と生命体の単なる同一化に過ぎません。人は夢の中の経験、真実のような夢を受け取るように、新しい肉体を受け取ります。(第四十節)

夢や白昼夢の中にいる人は、前の夢や白昼夢を覚えていないとの同じように、現在の肉体の中の人は、前世があるにもかかわらず、自分は現世のみに存在していると考えます。(第四十一節)

感覚の館である心は新しい肉体と自分は同一と考えるため、この世の上中下の三つの区分が、現実に存在するかのように思ってしまいます。こうして自己は悪い息子を生むかのように、外と内の二元性（相対観念）を創り出してしまいます。（第四十二節）

我が愛するウッダヴァよ。肉体は感知できない時の力で常に創造と破壊を行っています。この時間の精妙さは、誰も見ることはできません。（第四十三節）

すべての肉体の段階的変化は、蠟燭の炎、河の流れ、果実が実るように精妙な時間の力で起こります。（第四十四節）

ランプの輝きは常に現れては変化し消え去る無数の光線から成っていますが、幻惑された知性を持つ人は少しの間、光を見て、「これはランプの光だ」と言います。河の流れを見る時、常に新しい水が流れ来て去っていくのですが、愚かな人は河の一点を見て、「これは河の水だ」と誤って言うでしょう。同じように肉体も常に変化していますが、生命を浪費している人々は、人生の肉体的段階は、その人そのものだと考えるでしょう。（第四十五節）

人は本来不死であり、過去のカルマによって生まれたり死んだりするわけではありません。ちょうど薪の火が燃え始めて消えるように、マーヤによって生まれたり死んだりするように見えるのです。（第四十六節）

受胎、妊娠、誕生、幼年期、少年期、青年期、中年期、老年期そして死は、肉体の九つの段階です。（第四十七節）

肉体は自己とは異なりますが、物質にとらわれた無知によって、肉体的優劣と自己を誤って同じとみてしまいます。幸運な人のみが、このような精神的混同を捨てることができます。（第四十八節）

父親や祖父の死によって人は自分の死を予見でき、息子の誕生によって自分の誕生の状態を理解できます。このように肉体の生と死を現実的に理解できる人は、もはやこれらの二元性にとらわれません。（第四十九節）

樹が芽生え盛りを過ぎて枯れるのを観察する人は、

観察者であり樹とは別の存在です。同じように肉体の生と死の目撃者は、肉体とは別の存在です。（第五十節）

物質的性質と本当の自己を識別できない愚かな人は、物質的性質が真実と考えます。そして物質との接触によって完全に幻惑されるようになり、輪廻転生のサイクルの中に入ってしまいます。（第五十一節）

果報的活動の連鎖をさまよい歩き、縛られた魂が純質と接触すると聖者や神々の中に生まれます。激質と接触すると悪魔か人間に、そして無知と接触すると幽鬼か動物に生まれます。（第五十二節）

人が歌ったり踊ったりする人を真似するように、魂は決して物質的活動の行為者ではないのですが、物質的知識に魅了され、物質的性質を真似るように強制されます。（五十三節）

おお、ダシャールハの末裔よ。魂の物質的生活、感覚の満足の経験は、揺れる水面に映る樹が揺れるように、目が回って地球が回って見えるように、幻想や夢の世界のように本当は偽りなのです。（第五十四、五十五節）

夢の中のつらい経験を覚えていることがあるでしょう。同じように感覚の満足や物質的生活に夢中になっている人は、それらの経験は真実ではないのに去っていかないのです。（第五十六節）

ですから、おお、ウッダヴァよ。物質的感覚を用い、感覚の満足を楽しもうとしてはいけません。そして物質的二元性の基礎であるマーヤが、どのように本当の自己を知る妨げとなるか見極めなさい。（第五十七節）

悪い人々に無視され、侮辱され、あざ笑われたり妬まれても、打たれたり、縛られたり、仕事を奪われ、無知な人々に平手打ちされても尿をかけられても、どのような困難に遭っても、魂の向上を望む者は、心を動かしてはなりません。（第五十八、五十九節）

シュリー・ウッダヴァ曰く、

おお、語り手の中でも最高のお方よ。私は今のお話をどのように理解すべきでしょうか。（第六十節）

おお、宇宙の魂よ。物質的生活への魂の束縛は非常に強く、修行を積んだ人でも無知な人々が犯してくる罪に耐えることは困難です。ただ、あなたへの献身奉仕に没頭し、あなたの蓮華の御足を住まいとする不動の献身者のみが、このような罪に対して耐えることができるでしょう。（第六十一節）

あるブラーフマナの歌

シュカデヴァ・ゴスヴァーミー曰く、

最高の献身者シュリー・ウッダヴァに礼儀正しく質問されたダーシャルハ（ヴリシュニ族）の頭である主ムクンダ（救済、解放の主）は、最初にウッダヴァの召使いとしての質問が適切であると認めました。栄光に満ちた主が語ることは、最も尊いものです。その主クリシュナが、ウッダヴァに話を始めました。（第一節）

主シュリー・クリシュナ曰く、

おお、ブリハスパティの弟子よ。野蛮な人々に侮蔑の言葉をかけられ苦しんでも、すぐに心を平静に戻すことのできる聖者はこの世にはいないでしょう。（第二節）

胸を貫き心臓に刺さる鋭い矢でも、野蛮な人が発し心に残る残酷で侮蔑に満ちた言葉の矢ほどの苦しみはもたらさないでしょう。（第三節）

我が愛するウッダヴァよ。この点に関し、良い話があります。今からあなたにその話をしますので、注意深くお聞きなさい。（第四節）

昔、あるサンニャーシーが不信仰な人々にいろんな方法で侮辱されました。しかし、最終的に彼は、以前の彼自身のカルマの結果としてそうなったのだと気付いたのです。私はあなたにその話と彼が話した内容を伝えましょう。（第五節）

昔、アヴァンティーという田舎に、あらゆる富を持つ大金持ちのブラーフマナが住んでいて、商いを営んでいました。しかし、彼は好色で欲深く怒りっぽい惨めな男でした。（第六節）

彼の家庭は、信仰に欠け、正当な感覚の満足（お腹が空いた時、食事をするなど）さえ得られません。家族や客は、言葉でさえも正当に敬われることはありませんでした。彼は自分の肉体にさえ、適切な時間に十分な満足を与えることを許しませんでした。（第七節）

彼はそれほど冷酷で欲深であったため、彼の息子達、義理の息子、奥さん、娘達、召使い達も彼に敵意を抱き始めました。愛想を尽かし、彼らは好意を持って彼に接することはありませんでした。（第八節）

こうして、五つの家族供犠の主宰神は、けちでヤクシャのように守銭奴で今生も来世にも何の善き目的を持たず、信仰心と感覚の楽しみの全く欠けたこのブラーフマナに怒り始めました。（第九節）

おお、寛大なるウッダヴァよ。これらの神々を軽視したため、彼は信心とすべての富を枯渇させました。努力を重ねて集めたものをすべて失ったのです。（第十節）

我が愛するウッダヴァよ。このブラーフマナの富の幾らかは家族に奪われ、幾らかは盗賊に盗まれ、あるものは神の気まぐれに、時の作用に、普通の人に、そして役人によって取り去られました。（第十一節）

ついに無一文になり、信仰と感覚を満たすことに無頓着だった彼は家族に無視されました。こうして彼は耐えられないような不安を感じ始めたのです。（第十二節）

富をすべて失い、非常な苦痛と悲しみを感じ、涙でむせび、自分の将来を長い間考えました。そして彼の心に強い離欲の思いが湧いてきたのです。（第十三節）

ブラーフマナは次のように語りました

ああ、私は信仰にも物質的楽しみのためにも使うつもりのないお金のためにただ激しく苦闘し、無用に自分自身を苦しめてきた。ああ、何という不幸か！（第十四節）

一般的に言っても、守銭奴の富が守銭奴を幸せにすることは決してない。今生では自分自身を苦しめ、死しては、地獄へと導いていく。（第十五節）

声望も有徳者の褒めるべき性質も、あたかも人の肉体的美しさが癩病の痕跡によって損なわれるように、わずかな欲望によって壊れてしまいます。（第十六節）

収益、達成、富の増加、維持、出費、喪失、楽しみの中で、すべての人は、大変な努力、恐れ、不安、迷いを経験します。（第十七節）

盗み、暴力、嘘、二枚舌、欲、怒り、混乱、プライド、争い、憎しみ、不実、嫉妬と女性や賭け事、酩酊は、富への欲望故に人を汚染する十五の望ましくない性質です。これらの性質は不純にもかかわらず、人は誤って引き寄せてしまいます。そのため人生の本当の富を得たいと望む者は、物質的富から遠ざかっていなければなりません。（第十八、十九節）

たとえ愛し合う兄弟、妻、両親や友であっても、一個のコインによってたちまち親しい関係は壊れ、敵になるでしょう。（第二十節）

わずかなお金のためにこれらの親族や友人は、心を揺らし怒りの思いが燃え上がります。競争相手のように振る舞い、善意の感情をすぐさま捨て、一瞬で相手を拒否し殺意さえ覚えるでしょう。（第二十一節）

神々さえ羨む人間として生まれ、しかも最上のブラーフマナとして生まれることは、これ以上ない幸運です。もし人がこの貴重な機会を無視するならば、本来の自己を殺していることであり、間違いなく最も不幸な結果に終わるでしょう。（第二十二節）

天国と解脱の門である人間として生まれた死ぬべき運命の人は、どのような価値のないものに愛着するのでしょうか、物質的富でしょうか？（第二十三節）

もし自分の富を、自分自身や自分の家族や義理の家族と同じように、神々、聖者、先祖や通常の生物達に分け与えない者は、ヤクシャのようにただ富を守っているだけで、意識は落ちていくでしょう。（第二十四節）

良識ある人達は、自分のお金、若さ、強さを完成のために使うことができる。しかし、私はさらに金儲けしようと無駄な努力の中でこれらを消費してしまった。私は今や年寄りだ。私に何ができるだろうか？（第二

十五節）

なぜ知性ある人が、富を得ようと無駄な努力を続け苦しまなければならないのだろう？　この世は誰かの幻力によって混迷に陥っているようだ。（第二十六節）

死に捕らえられている人、感覚の満足に富を捧げる人々、輪廻の原因であるあまたの果報的活動に富を捧げる人々にとって、富を使うとはどういう意味があるのでしょう？（第二十七節）

御自身の内にすべての神々を包含する至上なる神、主ハリを私は満足させなければならない。主はこの苦しい環境を私に与え、物質的生活を乗り切る船である離欲の経験を強いているに違いない。（第二十八節）

私の人生に残された時間があるならば、私は苦行を為し、必要最小限のもので体を養おう。迷うことなく自己を探求し自己の内に満足を見出すようにしよう。（第二十九節）

三界を統括する神々よ、慈悲を私にお示しください。マハーラージャ・カトヴァーンガは、少しの間に霊界に到達することができました。私にも時間をください。（第三十節）

主クリシュナ曰く、

このように決心し、最も優れたアヴァンティー・ブラーフマナは、心の中の欲望の結び目を解くことができたのです。それから彼は平和で寡黙なサンニャーシーの物乞いとなりました。（第三十一節）

彼は知性を保ち、感覚とプラーナを制御し地球をさまよい歩きました。布施を乞うため、一人でさまざまな街や村を旅しました。彼は自分の高い心境を宣伝しなかったため、人から認められませんでした。（第三十二節）

おお、ウッダヴァよ。彼を年老いた汚い物乞《こつじき》とみて、罪深き人々は、多くの侮辱を与え彼を辱めました。（第三十三節）

ある者は、彼のサンニャーシーの杖を奪い、ある者は托鉢用の鉢として使っていた水入れを奪いました。

ある者は彼の鹿革の敷物を、ある者は唱名の数珠を、ある者は破れぼろぼろになった彼の衣服を盗もうとしました。これらの物を彼に見せびらかし、返すふりをしてまた隠すのです。（第三十四節）

彼が河の畔に座り物乞いで得たものを食べようとすると、これらの悪者達が来て小便をかけ、彼の頭につばを吐きかけます。（第三十五節）

彼は沈黙の誓いを立てているのに、しゃべらせようとしたり、彼がしゃべらないと棒で叩きました。他の者は、「やつは盗人だ」と言って辱めます。またある者は彼を紐で縛ろうとして、「やつを縛れ！　やつを縛れ！」と叫びます。（第三十六節）

彼らは、「この男は偽善者で詐欺師だ。富をすべて失い家族もやつを放り出したので、ただ宗教を仕事にしているだけだ」と言って彼を非難し侮辱します。（第三十七節）

ある者は、「この偉大で強き聖者を見てご覧。ヒマラヤ山のように不動だよ。まるでアヒルのように、沈黙の誓いを守り、一大決心して目的に向かって努力しているんだよ」と言って彼を嘲ります。また他の人は、おならをふりかけ、ブラーフマナを鎖で縛り、ペットの動物のように捕虜にします。（第三十八、三十九節）

ブラーフマナは、他の生物から受ける苦しみは、法則と自身の肉体からきており、神の摂理によって彼に与えられたもので避けることのできないものと理解しました。（第四十節）

彼を挫折させようと試みるこれらの下層階級の人々に侮辱されても、彼は宗教的義務を堅持しました。純質の心で決意を強固にし、次のような歌を唱え始めました。（第四十一節）

ブラーフマナ曰く、

これらの人々は私の幸不幸の原因ではない。神々や私自身の肉体、惑星、過去に為したこと、時間さえも原因ではない。ただ心のみが幸不幸の原因となり、輪廻転生を続けさせるのです。（第四十二節）

純質、激質、無知の三グナからさまざまな物質的活動が展開しますが、強い心はこのグナの作用を動かします。各々のグナの活動は、それに相応しい人生環境を与えていきます。（第四十三節）

肉体の内で心がもがいていても、アートマンはすでに超越的悟りを授かっているため動くことはありません。友として振る舞い、アートマンはその超越的立場から傍観するだけです。一方、微小な霊魂でもある私は、物質世界を映す鏡である心を甘受します。こうして私は欲望の対象に夢中になり、グナとの接触によって絡め取られます。（第四十四節）

布施、定められた義務、大小の規則の順守、聖典聴聞、敬虔な活動、浄化の誓いなどはみな、その最終目的は心を支配することです。そして心を至上主に集中することは、最高のヨガになります。（第四十五節）

もし人の心が完全に不動で平安であれば、儀式的布施や他の信仰上の儀式が何の必要があるでしょうか？また、もし人の心が制御されず、無知にとらわれていたら、このような規則が役に立つでしょうか？（第四十六節）

太古の昔から、すべての感覚は心の支配下にあり、心は決して心以外のものに動揺させられることはありません。心は最も強き者より強く、その神の如き力は恐ろしいほどです。そのため心を支配する者は、すべての感覚の主人になります。（第四十七節）

心の衝動は耐え難く、その抑制し難き敵である心の制御に失敗し、心を苦しめ、多くの人が迷妄に陥り他人と無益に争います。こうして彼らは、他の人々を自分達の友か敵か無関心かと分けていきます。（第四十八節）

単に心の産物に過ぎない肉体と本当の自己を同一視する者は、知性は閉ざされ、「私」、「私のもの」と考えます。「これは私、あれは他人」という幻想によって、彼らは終わりのない闇をさまよいます。（第四十九節）

もしこれらの人々が、私の幸福や苦しみの原因だとすれば、魂を思い出してみましょう。この幸福や苦しみは魂には無関係でグナの相互作用によりもたらされ

ます。もし誰かが自分の歯で舌を噛んだなら、この災難に対して怒れるでしょうか？（第五十節）

感覚を統御する神々が苦痛を引き起こすと言うならば、このような苦痛を霊魂に当てはめることができるでしょうか？　この活動と活動されるものは、単に変化しうる感覚とそれを支配する神々の相互作用に過ぎないのです。四肢の一つが他の四肢を攻撃した時、肉体の中の人は誰を怒ることができるでしょうか？（第五十一節）

もし魂自身が幸福や苦しみの原因としたらならば、幸不幸はただ魂の性質なのですから、私達は他を非難することはできません。この説に従えば、魂以外は何も存在しないことになり、もし私達が魂のそばに何かを知覚するとするならば、それは幻想に違いありません。そのため、この考えによれば、幸福や苦しみは存在しないことになり、何故自分自身や他人に怒るのでしょうか？（第五十二節）

もし星の配列が、苦しみや幸福の直接の原因であるならば、永遠の魂と惑星の関係はどこにあるのでしょうか？　結局、星の影響は誕生の際にのみ当てはまると思う。熟練した占星術師はさらに星の影響の範囲を説いています。そのため、生命体はこれらの星々や肉体とは別の存在であり、怒りを誰に発すればいいというのでしょうか？（第五十三節）

もし私達が果報的活動こそ幸福や苦しみの原因だと考えるならば、魂を考慮していないことになります。意識を持つ霊的俳優がいて、肉体は役柄によって幸せになったり苦しんだりすると考える時、役柄が演じる物質的仕事（カルマ）という概念が出てきます。肉体には生命はないので、本当の幸不幸の受け手にはなり得ません。魂も完全に霊的であり肉体とはかけ離れているので幸不幸の享受者にはなれません。このようにカルマは肉体も魂も基礎に持っておらず、人はいったい誰に怒ればいいのでしょうか？（第五十四節）

もし時間が幸不幸の原因だと受け取るなら、時は主の霊的偉力の顕現であり、生命体もまた時を通して顕現する主の霊的偉力の拡張体なのですから、時による苦楽の経験を霊魂に適用することはできません。火は炎や火花を燃やすのはなく、冷害は雪や霰を冷やすわけではありません。実際、霊魂は物質的幸福、苦しみの経験を越え超越しています。そうすると、人は何に怒ればいいのでしょうか？（第五十五節）

偽我はマーヤである物質的存在に形を与え、物質的幸不幸を経験します。しかし、霊魂はグナを超越し、どのような場所、状況、どのような人の作用であっても物質的幸福や苦しみに影響されることは決してありません。（第五十六節）

このようにみてくると、苦楽は魂にも心の外にも無関係で、ただ心が苦楽を感じるだけに過ぎない。そうすると誰に対しても何に対しても怒るべき対象はないではないか。心を制御することが平安への道ということになる。私は主クリシュナの蓮華の御足への奉仕に心を強固につなぎ、克服し難き無知の大海を渡ろう。これは主、パラマートマー、至上なる神への揺るぎなき献身に没頭した古の導師達によって証明されている道だ。（第五十七節）

主シュリー・クリシュナ曰く、

こうして富の喪失に執着しなくなり、この聖者は不機嫌さと決別しました。彼は家を離れ、サンニャーシーとなり、地球を旅しました。愚かな人々に侮辱されても義務から逸れることなく、この歌を唱えました。（第五十八節）

精神的混迷と無関係に、何かの力が魂に幸不幸を経験させるのではありません。友、中立、敵という認知、この認知で築き上げる物質的人生のすべては、ただ無知から生じるものです。（第五十九節）

我が愛するウッダヴァよ。知性を私に固定することにより、あなたは完全に心を制御できるでしょう。これがヨガの精髄です。（第六十節）

この智慧に満ちたサンニャーシーの歌を聴き、人に伝える者、この歌を注意深く瞑想する人は誰でも、物質的幸不幸の二元性に当惑させられることはないでしょう。（第六十一節）

サーンキャ哲学

主クリシュナ曰く、

今から、古の権威によって確立されたサーンキャ哲学についてあなたにお話ししましょう。この哲学を理解することによって、人はすぐさま物質的二元性の幻想を捨てることができます。（第一節）

もともと、クリタ・ユガの時代、すべての人々は霊的識別（神理から物事を観る）の練達者でした。そして、その前の帰滅の期間もまた、観る者のみが存在し、観られる対象と一体でした。（第二節）

物質的二元性（相対観念）から離れ、通常の言葉や心では到達できない絶対神理は、御自身を物質的性質（プラクリティ、グナ）とその性質を楽しもうとする生命体（プルシャ）の二つの範疇に分けました。（第三節）

この二つのうち、一つは物事の原因と結果を具象化した物質自然であるグナ。もう一つは享受者としての意識を持った生命体です。（第四節）

グナが私の一瞥によって揺り動かされ、純質、激質、無知の三グナが、縛られた魂の未成就の願望を満たすために顕現しました。（第五節）

これらのグナからマハ・タットヴァが生じ、それと共に原初のスートラ（ヴェーダの韻律を含む深遠な教え）が表れました。マハ・タットヴァが変転し、生命体の迷妄の原因である偽我が生じました。（第六節）

感情、感覚、心の原因である偽我は魂と物の両者を包み、純質、激質、無知の三グナの中でさまざまなものに顕現しました。（第七節）

無知より生じた偽我からは、粗大元素から生じる微細な肉体的知覚が生じました。激質のグナからは感覚が、そして純質の偽我からは、十一の神々が生じました。（第八節）

私に促され、これらすべての元素は秩序に従って相互に作用し、私の住居である宇宙卵が生まれました。（第九節）

私は自身を、原因海の上に漂う宇宙卵の内に顕現し、私の臍からブラフマーの誕生地である宇宙蓮華が生じ

ました。（第十節）

宇宙の魂であるブラフマーは、激質に属していると考えられていますが、私の慈悲により偉大な苦行を為し、ブール、ブヴァル、スヴァルと呼ばれる三つの惑星系とその統治神を創造しました。（第十一節）

天界は神々の住居、ブヴァルロカは幽鬼、そして地球系は人類と他の死すべき運命にある生物の住まいに定められました。解脱に励む者は、これら三界を越えた世界へ上げられました。（第十二節）

ブラフマーは、悪魔やナーガ（蛇）のために地球より低位の領域を創りました。このように、三グナによって為されるさまざまな活動の結果に相応しい三つの世界が用意されたのです。（第十三節）

神秘的ヨガ、偉大な苦行、放棄などにより、マハルロカ、ジャノロカ、タポロカ、サチャロカに達します。しかし、献身奉仕のヨガ（バクティ・ヨーガ）によって、人は私の超越的住居に到達します。（第十四節）

すべての果報的活動の結果は、時の力として作用する至高創造者の私によって、この世界の内に配置されました。こうして人は時にグナの強力な流れの川の表面に上がったり、時には再び沈んだりするのです。（第十五節）

大小、強弱などこの世界でもみられるあらゆる特徴は、グナとその享受者である魂の両者から生まれます。（第十六節）

金と土は本来、材料として存在しています。金から人は腕輪や耳飾りといった金の装飾品を作り、土からは陶器の壺や皿を作ります。もとの金や土やその産物ができる前から存在し、またその産物が最終的に壊されても、残っているでしょう。

このように材料は始めと終わりに存在し、便宜的に腕輪、耳飾り、壺や皿といった名称で呼ばれる産物を形作る中間の段階でも同じように存在しています。人に当てはめてみると、材料としての原因は産物の創造の前（生前）から存在し破壊の後（死後）も存在します。同じ材料としての原因は、産物（肉体）を支え、顕現の期間（生存期間）も存在するに違いありません。

（第十七節）

それ自身根本的質料（プラクリティ）より成る物質的対象物は、変転を通して他の物質を創造します。被造物は他の被造物の原因であり基礎になるのです。またある物は、最初から最後まで存在し、本物と呼ばれます。（第十八節）

物質宇宙はその始源の質料因（プラクリティ）と終末を有する本物と考えられています。主マハー・ヴィシュヌは時の力によって顕現するグナの休憩所であり、全能のヴィシュヌと時間は、絶対神理である私と異なりません。（第十九節）

至上主がグナを見つめ続ける間、宇宙の森羅万象は絶え間なく顕現し、物質世界は存続します。（第二十節）

主である私は、惑星系の創造、維持、破壊を繰り返し、終わりなき多様性を表す宇宙の根源です。もとは休眠状態の全惑星を内に包含し、私の宇宙体は五大元素を組み合わせ配置することで創造の多様性を顕現しています。（第二十一節）

帰滅の時、生物の死すべき肉体は食物の中に溶け込みます。食物は穀物の中に溶け込み、穀物は地の中に戻ります。地はその微細感覚である芳香の中に溶け込みます。芳香は水の中に、そして水は水自身の性質である味の中に溶け込みます。味は火の中に、火は姿の中に溶け込み、姿は触に、触はエーテルの中に入り込みます。エーテルは最終的に音の中に溶け込みます。すべての感覚はそれ自身の源、感覚を支配する神々に溶け込みます。

おお、優しきウッダヴァよ。

そしてその神々は制御された心に溶け込み、その心は純質の偽我に溶け込みます。音は無知のグナの属する偽我と一つになり、そしてすべての物質元素の第一である強き偽我は全物質的性質（マハ・タットヴァ）の中に溶け込みます。三グナの最初の器である全物質的性質は、グナに溶け込みます。これらのグナは非顕現のグナに溶け込み、非顕現のグナは時の中に溶け込みます。時はすべての生命体の第一の動因である全知のマハー・プルシャである至上主の中に溶け込みます。すべての生物の源は、唯一存在し、自己の内に存在し、不生不滅の主である私の中に溶け込みます。このよう

に、あらゆる創造、破壊は私から顕現するのです。(第二十二～二十七節)

日の出が闇を追い払うように、この宇宙帰滅の科学的知識は、まじめな学徒の心からすべての幻想的二元性を追い払います。時にマーヤが心に入るとしても、そこに留まることはできません。(第二十八節)

このように、物質と精神のすべてを観る者である私は、創造と帰滅の科学的分析によって幻想を破壊するサーンキャ哲学をあなたに伝えました。(第二十九節)

グナを超えて

主クリシュナ曰く、

おお、人の中の最上者よ。生命体が個々のグナとの関連で、どのようにして性質を得ていくのかあなたに述べるのでお聴きなさい。(第一節)

心と感覚の制御、識別、定められた義務の履行、正直、慈悲、過去と未来を注意深く学ぶこと、どのような状態でも満足すること、寛容、感覚の満足から離れること、師への信、不道徳な活動を避けること、布施、実直、謙虚、自足円満などは純質の性質です。

物質的欲望、偉大な努力、勇敢、利益を得ても満足しないこと、偽のプライド、物質的進歩を願うこと、自分は他人と別で優れていると考えること、感覚の満足、すぐに怒ること、他人が自分を褒めることに対する歓び、他人を嘲る傾向、自分の武勇を宣伝し、強さで人の活動を計ること、などは激質の性質です。

狭量な怒り、ケチ、真実のない話、暴力的憎悪、寄生虫のような生活、偽善、慢性の疲労、争い、悲嘆、妄想、不幸、鬱、過度の睡眠、偽りの予想、恐怖、怠惰などは無知の性質になります。これら三グナの組み合わせについてお聴きなさい。(第二～五節)

我が愛するウッダヴァよ。「私」、「私のもの」という考えには、三グナが混じって存在しています。心の働きを通して為されるこの世の通常業務、知覚の対象、肉体の感覚、プラーナもまた三グナの混合を基礎としています。(第六節)

信仰、経済的発展、感覚満足に自分を捧げること、また努力によって得られる信、富、感覚の歓びは、三グナの相互作用を示しています。

人が家庭生活に執着し感覚の満足を望む時、そして常に宗教的、社会的義務を遂行する時、三グナの混合が表れています。

自己制御のような性質を示す人は、純質が優位だと理解なさい。同じように激質の人は欲望、無知の人は怒りやすいという性質によって知ることができます。

男でも女でも物質的が執着なく、定められた義務を私に捧げ、献身奉仕し、私を崇拝する者は、誰でも純質の意識と理解されます。

物質的利益を得ようとして義務を行い、私を崇拝する者は激質と理解されるべきです。他を害したいと望んで私を崇拝する者は無知にいます。

純質、激質、無知の三グナは生命体には影響しますが、主である私には影響しません。心の内にグナが現れ、生命体を肉体と他の被造物に執着させようと導きます。このようにして生命体は縛られるのです。

輝き、純粋で吉兆な純質が激質や無知より優位な時、幸福と美徳、知識と他の良き性質を授かるようになります。

執着、分離、活動の原因である激質が無知や純質に勝る時、人は評価と富を得るために一生懸命働き始めます。こうして激質のグナの中で人は不安と苦闘を経験します。

無知が純質と激質に勝り意識を覆うと、人は愚かで鈍くなってきます。悲嘆と迷妄に落ち、無知のグナに支配された人は、過度に眠り、偽の希望に耽り、他へ暴力を振るおうとします。

意識が清明で物事から感覚が離れた時、人は肉体の内にいても無畏と物質的性質への無執着を経験するでしょう。この状態は純質が優位で、主である私を知るチャンスです。

あなたは、過度の活動による知性の歪み、つまらない物から感覚を解き放そうと思わないこと、行動器官が不健康な状態、心が揺れ動き当惑していること、などの兆候から激質を見分けなさい。

人のより高い意識が落ちていき、注意を集中できなくなった時、彼の心は荒廃し無知、抑鬱を表します。この状態は無知が優位と理解なさい。

純質が増してくると神々の強さも増し、同じように激質が増してくると悪魔が強くなります。無知が起こってくると、おお、ウッダヴァよ、最悪のものの強さが増してきます。（第七〜十九節）

清明な意識は純質に由来し、夢を見る眠りは激質から、夢を見ない深い眠りは無知からくると知りなさい。第四の意識状態は、この三つに浸透し、そして超越したものです。(第二十節)

ヴェーダに身を捧げる賢人は純質によってより高い境地に引き上げられます。一方で無知は人を真っ逆さまにより低い生まれへと落とします。激質によって人は、人として転生を続けます。(第二十一節)

純質でこの世を去った人は、天界の惑星に行き、激質で死ぬ人は人の世界に留まり、無知で死ぬ者は地獄へ行かなければなりません。しかし、三グナの影響を超えた者は私の下に来ます。(第二十二節)

結果を考えずに私に捧げられた仕事は、純質のグナと考えられます。結果を楽しもうと願って為される仕事は激質です。そして暴力や嫉妬に駆られて為される仕事は無知のグナです。(第二十三節)

真理は純質、二元性を基にした知識は激質、愚かで物質的知識は無知です。しかし、私を基にした神理は超越的と理解されます。(第二十四節)

森に住むことは純質、街に住むのは激質、賭博場に住むのは無知の性質であり、私の住居に住むことは超越的です。(第二十五節)

執着を離れた行為者は純質、個人的欲望で盲目になっている行為者は激質、正邪の判断を完全に忘却した行為者は無知です。しかし、私を庇護所とした行為者はグナを超越していると知りなさい。(第二十六節)

精神的生活に向かう信は純質、果報を求めた活動を基とする信は激質、無信仰な活動に属する信は無知、しかし、私への献身奉仕への信は純粋に超越的です。(第二十七節)

衛生的で純粋で無理なく手に入る食べ物は純質、感覚の喜びをもたらす食べ物は激質、不潔で苦しみの原因になる食べ物は無知です。(第二十八節)

真我(アートマン)に由来する幸福は純質、感覚の満足を基礎とする幸福は激質、妄想や堕落を基礎とする幸福は無知です。（第二十九節）しかし、私の内に見出す幸福は超越的です。

このように物質、場所、活動の結果、時、知識、仕事、行為者、信、意識状態、生活の種類、死後の到達地は、すべて三グナを基にしています。（第三十節）

おお、人の中で最高の者よ。物質的存在のすべての状態は、享受者である魂とグナの相互作用によります。見たり聴いたり心で思うだけであっても、それらは例外なくグナによって構成されています。（第三十一節）

おお、優しきウッダヴァよ。縛られた魂の異なった状態は、グナから生じる行為によって起こっています。心から現れるこれらのグナを征服した生命体は、献身奉仕の道（バクティ・ヨーガ）を通して自己を私に捧げることができるようになり、私への純粋な愛を育みます。（第三十二節）

それ故、知識を得ることを許された人間として生まれ、知性ある人はグナの汚染から自由になるように努め、私への献身奉仕に専心しなければなりません。（第三十三節）

物質的関わりから自由で不惑の賢人は、自分の感覚を征服し私を崇拝しなければなりません。純質に自己をつなげ、激質と無知を征服なさい。（第三十四節）

そして、献身奉仕に専念し、聖者はグナを忘れることで純質のグナもまた征服すべきです。こうして心、魂の内で平安に至り、グナを離れ、縛られた生活の原因そのものを捨て去り、私に至りなさい。（第三十五節）

微細な縛られた心と物質的意識から生じるグナから自由となり、生命体は私の超越的姿に接することで完全に満足します。彼はもはや外に楽しみを求めず、このような物質的楽しみを思い出すこともありません。（第三十六節）

アイラ王の歌

主クリシュナ曰く、
主である私を知る機会を持つ人間として生まれ、人は私への献身奉仕に身を捧げることにより、すべての

喜びの源であり、全生物の心臓に宿るアートマンである私に到達することができます。（第一節）

神理に生きる人はグナの産物と自己を同一とみる誤った概念を捨て、縛られた人生から自由となります。グナの産物は単なる幻想に過ぎないと観て、グナの中にいてもグナのもつれを避けます。グナとグナの産物は実在ではないため、彼はそれらを受け入れません。（第二節）

人は性器と腹の満足（性欲と食欲）に身を捧げる物質主義者と交際してはなりません。盲人が盲人の手を引くように、闇の深い穴に落ちるでしょう。（第三節）

次の歌は有名な皇帝プルーラヴァーによって歌われました。妃ウルヴァシーが去った時、最初彼は錯乱しましたが、悲しみをコントロールすることにより、執着を捨て始めました。（第四節）

妃が彼のもとを去ろうとした時、彼は裸でしたが狂人のように彼女の後を追い、苦しみに駆られ叫びました、「おお、我が妻よ。おお、ひどい女よ。止まっておくれ！」。（第五節）

長い年月、プルーラヴァーは、夕方から性の歓びを楽しんでいました。彼の心はウルヴァシーに愛着し、夜がどのように来て去っていくのかさえ気が付きませんでした。（第六節）

アイラ王曰く、

私の迷妄の大きさを見よ。この女神は私を抱擁し私の首をその手に握っていた。私の心は欲望に汚れ、私の人生がどう過ぎ去ったか考えも及ばない。（第七節）

女神は、日の出、日の入りさえ分からないほど私を虜にした。ああ、何と多くの年月を無駄に過ごしたことか！

ああ、私はこの地球の王の中の王、強き皇帝と思っていた。しかし、私の迷妄が私を婦人のペットに変えてしまっていた！

私は膨大な富を持つ強き王であるが、妃は無用の草の葉のように私を捨てた。そして裸で恥もなく彼女の後を追い、狂人のように彼女に叫んでいる。

私の偉大な影響力、力、主権はどこにいったのか？

雌ロバに顔を蹴られた雄ロバのように、私を捨てた女性の後を追っている。

高度な教育、苦行の実践、離欲、聖典の学修、独居し神理に生きたとしても、女性に心を奪われたら、それらが何の役に立つというのだろう？

地獄に落ちろ！ 私は傲慢にも自分が高い知性を持つと思っていたが、何が自分にとって善なのかさえ分からない愚か者だ。私は皇帝という身分を手に入れたが、去勢牛やロバのように女性が私を支配するのを許してしまった。

私は長年、ウルヴァシーの唇の甘露に仕えてきたが、ギーを炎に注ぐことで火が決して消えないように、私の心に欲望が次から次へと湧いてきて欲望が満足することは決してない。

物質的感覚を超えた至上なる主、自足円満の聖者達が崇める主以外に、女性に奪われた私の意識を救うことができようか？

私は私の知性が愚鈍になることを許し、感覚の制御に失敗したため、ウルヴァシーが理の通った相談をしてきても、私の心の中の大いなる迷妄は去らなかった。

私は本当の自己、魂の性質について無知であった。これは私の問題であり、彼女をどうして非難することができようか。私は自分の感覚を制御できず、無害な縄を蛇と見誤る人のようだ。

醜悪で悪臭を放つこの汚れた肉体はなんだろう？ 私は女性の肉体の美しさ、芳香に愛着したが、その愛着する容姿は何だろう？ それらはマーヤによって創造された偽の覆いに過ぎない。

人は肉体からその人の性質を判断することはできない。肉体は肉体を生んだ両親、歓びを与える妻、肉体に命令を出す雇い主に属するのだろうか？ 肉体は葬式の火や最後は肉体を貪り食らう犬やジャッカルの性質を持っているのではないか？ 肉体は苦楽をともにする内なる魂と同じ性質だろうか？ また肉体を励まし助ける親友のものだろうか？

人は肉体の持ち主を明確にすることができないのに、肉体に最も愛着するようになる。肉体は魂を束縛するのに、女性の顔を見つめ、「何と見目良き女性だろう！何と美しい鼻を持ち、魅力的に微笑むのだろう！」と思ってしまう。（第八～二十節）

皮膚、血液、筋肉、脂肪、骨髄、骨、便、尿や膿からできた肉体を楽しもうとする人とミミズとはいったいどのような違いがあるのだろうか？（第二十一節）

肉体の本当の姿を理解する人は、女性や女性に愛着した男性と交際すべきではない。何故なら感覚とその対象の接触は、必然的に心を揺り動かすのだから。（第二十二節）

見るもの聞くものに惑わされず、感覚を制御する人の心は、自ずと物質的活動を識別し、平穏になってくるだろう。（第二十三節）

ですから女性と女性に愛着する男性との交際は避けるようにしよう。修行が進んでも、心の敵に心を許さないようにしよう。（第二十四節）

主クリシュナ曰く、

このように歌を唱え、高名なマハーラージャ・プルーラヴァーは、ウルヴァシーへの愛着を捨てました。彼の迷妄は神理によって浄化され、私を心臓の内に宿るアートマンと理解し、平安に至りました。（第二十五節）

人は、悪い交際を避け、心の愛着を断ち切る言葉を語る聖なる献身者と交際しなければなりません。（第二十六節）

私の献身者は心を私に固定し、物質的などんなものにも依存しません。彼らは常に平和で公平、所有感、偽我、二元性、貪欲から離れています。（第二十七節）

おお、幸運なるウッダヴァよ。このような聖なる献身者との交際の中で、常に私について語り、私の栄光を唱え聴聞する者は、間違いなくあらゆる罪を浄化されます。（第二十八節）

私に関することを聴聞し唱え敬意を払う者は、私に信仰を捧げるようになり、私への献身奉仕に至るでしょう。（第二十九節）

絶対神理、無限の質、あらゆる甘露の具現化である私への献身奉仕に達した完全な献身者にとって、何かさらに成就するものが残っているでしょうか？（第三十節）

寒さ、恐怖、闇が供犠の火によって取りさられるよ

うに、怠惰、恐れ、無知は主への献身奉仕に夢中になる人の中から除去されます。(第三十一節)

絶対神理に心を定め平安に至った主の献身者は、恐ろしい物質生活の大洋で浮き沈みを繰り返す人々の最高の庇護所です。このような献身者は、溺れた人を救済するためにやってくる堅固な船のような存在です。(第三十二節)

食べ物が生物の命であるように、この世を過ぎゆく人々にとって宗教が富であるように、私は苦しむ者にとって究極の庇護所です。そして私の献身者は、悲惨な人生に落ち、恐怖に駆られた人々の唯一の保護所です。(第三十三節)

太陽が空に昇った時だけ、外の光景を見ることができますが、私の献身者は正しい眼を授かります。私の献身者は真の尊敬すべき神格であり、真の家族、真我であり、究極的に私と異なりません。(第三十四節)

こうしてウルヴァシーへの愛着を捨て、マハーラージャ・プルーラヴァーはすべての物質的交際を離れ地球を放浪し、完全に円満自足に至りました。(第三十五節)

主クリシュナの崇拝

シュリー・ウッダヴァ曰く、

おお、我が敬愛する主よ。献身者の主よ。主神としてのあなたを崇拝する方法について私にどうかご説明ください。主神を崇拝する献身者の資格はどのようなものか、そのような崇拝は何を基にしているのか、崇拝の特別な方法はどのようなものか、どうかお教えください。(第一節)

偉大な聖者達はみな、あなたへの崇拝は人生に最高の恩恵をもたらすと繰り返し明言しています。これはナーラダ・ムニ、偉大なヴィヤーサデヴァ、そして私の師ブリハスパティの見解です。(第二節)

おお、最も寛大なる主よ。この主神崇拝の方法は最初に主の蓮華の口から発せられました。それから、その教えは偉大なブラフマーからブリグを頭とする彼の息子達に語られ、シヴァから彼の妃パールヴァティーに伝えられました。この教えは社会のすべての職業的階級、意識階級の人々に受け入れられ適用されました。そのため主神としてのあなたを崇拝することは、婦人やシュードラにとっても、あらゆる宗教的実践の中でも最高の恩恵を授けるものと考えられます。（第三、四節）

おお、蓮眼の主よ。至上の主よ。あなたの献身的召使いに、あなたを敬い、仕事の束縛から解放される極意をご説明ください。（第五節）

主クリシュナ曰く、

我が愛するウッダヴァよ。ヴェーダには主神を崇拝するための無数の規定があり混乱を招くでしょう。そのため、簡単に要点をあなたに説明しましょう。（第六節）

私は供犠的、ヴェーダ的、タントラ的、またはそれらの混じった崇拝法を受け入れますが、人はこの三つの方法の一つを選び注意深く私を崇拝しなければなりません。（第七節）

主である私に献身し、私を崇拝するよう定めたヴェーダ規定を通して、人はどのように生まれ変わるか正確に述べるので、誠実にお聞きなさい。（第八節）

生まれ変わった人（真の信仰者となる儀式を受けた人）は、二元性を捨て、私の主神としての姿や私の現れである土、火、太陽、水や崇拝者の心に臨在する姿を、献身奉仕の心で適切な供え物を捧げ崇拝しなければなりません。（第九節）

まず歯を磨き沐浴して体を浄めなさい。それから体に土を塗り、ヴェーダやタントラのマントラを唱え、身を浄めましょう。（第十節）

心を私に固定し、一日の三回の変わり目（日の出、昼、日没）にガーヤトリー・マントラを唱えるなど、種々の定められた義務を遂行することで私を崇拝しなさい。このような実践はヴェーダで規定されたもので、崇拝者の果報的活動の反応を浄化します。（第十一節）

主の神格は、石、木、金属、地、塗料、砂、心、宝石の八つに現れると言われています。（第十二節）

全生命体の庇護所としての神の姿は、一時的なもの永遠のものの二つに分けることができます。我が愛するウッダヴァよ。永遠と呼ばれる神の姿は動かすことは決してできません。（第十三節）

一時的な神の姿は、随意に祭ったり取り除いたりできますが、しかし礼拝したり止めたりする儀式は、その神の姿が土に由来する（土で造られた神像の意味）時に、行われるべきです。神像の沐浴は水で行いますが、その神像が粘土、塗料、木で作られている場合は、水以外で浄めるように命ぜられています。（第十四節）

人は神像の姿の私に最高の供え物をして崇拝しなければなりません。しかし、物質的欲望を完全に捨てた献身者は、手に入るものなら何を供えてもよいでしょう。何もない時は、心の中で精神的供え物をして私を崇拝してもよいのです。（第十五節）

我が愛するウッダヴァよ。寺院の神像を崇める時は、沐浴と装飾が最も好ましい供え物です。神聖な土からできた神像には、タットヴァ・ヴィニャーサの祭式が最もよいでしょう。ギーに護摩と大麦を浸した捧げ物は供犠の火への供え物に適しており、太陽の崇拝にはウパスターナとアリギャの祭式が良いでしょう。水の姿の私には水そのものを供えなさい。私の純粋な献身者が信を持って私に供えたものなら何でも、たとえわずかな水であっても、私には最も喜ばしいものです。（第十六、十七節）

もし豪華な供物であっても、非献身者が供えたならば私を満足させることはできません。しかし、私の愛する献身者が供えたものはどんなつまらないものでも、私を喜ばせます。そして、私は特に献身者が愛を持って、香油や香、花や好ましい食べ物を捧げた時、最も喜びます。（第十八節）

身を浄め、供え物の準備し、崇拝者は東に向くようにクシャ草の葉でできた自分の座をしつらえなさい。そして東か北か、神像が動かせないなら方位に関係なく神像に直接向かって座りなさい。（第十九節）

献身者は自分の体に触れ、マントラを唱え、自分の体の各部分を浄化しなさい。そして、神像にも同じようにして、手を使って古い花や前の供物の残りを片づけなさい。そして献身者は、浄化のための水を入れた神聖な壷や容器を準備しなさい。(第二十節)

それから、献身者は浄化の水を神像が崇拝される場所、これから供える供え物、そして自分自身の体に振りかけます。次に水を満たした三つの容器をさまざまな吉兆なもので飾りなさい。(第二十一節)

崇拝者はこれら三つの容器を浄めなければなりません。彼は主の御足を洗うための水を満たした容器にフリダヤーヤ・ナモを唱え、アルグヤ(主の手)を洗うための水を満たした容器にシィラセ・スヴァーハーを唱え、そして主の口を洗うための水を入れた容器にシィクハーヤイ・ヴァサトを唱えて神聖化しなければなりません。そしてまた、ガーヤトリー・マントラを三つの容器すべてのために唱えなさい。(第二十二節)

崇拝者は、自己の内に宿る、すべての生命体の源、主である私の精妙な姿を瞑想しなければなりません。この主の姿は、聖音オームの振動の最後の部分の中で自己を悟った聖者によって体験される姿です。(第二十三節)

献身者は、自分の肉体に充満する主を、自分の理解する姿で想像します。このように献身者は自分の能力をすべて使って主を崇拝し、主に吸収されるようになります。神像の四肢に触れ、相応しいマントラを唱え、献身者は主を神像に招来し、私を崇拝しなければなりません。(第二十四節)

崇拝者は、最初に私の御座を宗教、知識、離欲、富、そして主である私の九つの霊的エネルギーの神格化したものと考えなさい。私の御座を花輪の内に無数の光り輝く繊維を有する八つの花弁を持つ蓮華と想像するのです。そして、ヴェーダとタントラの規定に従い、崇拝者は私の足と手と口に水を注ぎ、他の崇拝の品を捧げなさい。このような方法により、彼は物質的楽しみと解放の両方を手にするでしょう。(第二十五、二十六節)

崇拝者は順に、主のスダルシャナ輪、パーンカジャニャ法螺貝、棍棒、剣、弓、矢、鋤、ムサラ兵器、カウスツバ宝石、胸の花輪とシュリーヴァッサ(主の胸

の聖印）を崇拝しなさい。（第二十七節）

崇拝者は、主の交際者であるナンダ、スナンダ、ガルダ、プラチカンダ、そしてカンダ、マハーバラ、バラ、クムダとクムデクシャナを崇拝しなさい。（第二十八節）

プロクシャナなどを供え、崇拝者はドゥルガー、ヴィナーヤカ、ヴィヤーサ、ヴィシュヴァクセナ、そして自分の師とさまざまな神々を崇拝しなさい。これらの人格は、主神と面した場所に置くのがよいでしょう。（第二十九節）

崇拝者は富に応じ財産の許す限り白檀やウシィーラ根、樟脳、クンクマやアグルなどで芳香をつけた水を用いて神像を毎日沐浴させなさい。彼はまたスヴァルナ・ガルマとして知られるアヌヴァーカ、マハープルシャ・ヴィドヤー、プルシャ・スークタなどの各ヴェーダの賛歌、そしてラージャナやロヒンヴァなどのサーマ・ヴェーダーのさまざまな歌を唱えなければなりません。（第三十、三十一節）

それから、愛情を込めて衣装やブラーフマナの糸、種々の装飾品、チラカの印と花輪で私を飾りなさい。そして、定められた手順で私の体に輝く香油を塗り私を神聖化なさい。（第三十二節）

崇拝者は信仰深く私の足や口を洗うための水、香油、花や崩れない穀物、香や灯り、そして他の供え物を私に捧げなさい。（第三十三節）

できる範囲で、献身者は砂糖菓子、味良い米、ギー、シャシュクリー（米と小麦粉のケーキ）、アープーパ（さまざまな美味しいケーキ）、モダカ（甘いココナッツと砂糖を包んだ蒸し団子）、サンヤーヴァ（ギーとミルクで作られ砂糖と薬味で包んだ小麦ケーキ）、ヨーグルト、野菜スープやその他の好ましい食べ物を私に供えなさい。（第三十四節）

特別な時、できれば毎日、神像を香油でマッサージし、鏡に映し、歯を磨くためのユーカリの木の棒を捧げ、五種の甘露の水で沐浴させ、あらゆる種類の豊富な食べ物を供え、歌ったり踊ったりして楽しませなさい。（第三十五節）

聖典の規定に従って祭儀場を設け、献身者は神聖なベルトを使い、供犠のための穴、祭壇を用いて火の供犠を行いなさい。供犠の火に点火し、献身者は、自らの手で積み上げた材木に供犠の火を付け火して燃やしなさい。（第三十六節）

地にクシャ草を敷き、そこに水を撒いて定められた手順で、アンヴァーダーナの儀式を行いなさい。そして献身者は捧げ物を並べ、聖水をまいてそれらを浄めなさい。次に崇拝者は、火の中の私を瞑想なさい。（第三十七節）

知性ある献身者は、溶けた金のような色をして、法螺貝、光輪、棍棒、蓮華を手にした輝く四本の腕を持ち、常に柔和で蓮華の繊維のような衣装を身につけた主の姿を瞑想しなさい。主の王冠、腕輪、ベルトとすばらしい腕の飾りは眩しく輝いています。シュリーヴァッサの聖印、輝くカウスツバ宝石、森の花で作られた花輪が主の胸に飾られています。

それから献身者は、ギーに浸した木片を手に取り、火の中に投げ込んで主を崇拝なさい。彼はさまざまな供物をギーの中に浸し祭火の中に投げ入れるアーグハーラの儀式を行わなければなりません。それから献身者は、ヤマラージャを頭とする十六人の神々にスヴィシュティ・クリトと呼ばれる供物を捧げ、各神の基礎マントラと十六行のプルシャ・スークタ賛歌を唱えて崇拝しなければなりません。プルシャ・スークタの各行の後、供物を捧げ各神の名前を読み上げる特別なマントラを唱えなければなりません。（第三十八〜四十一節）

火の供犠で主を崇拝した後、献身者は主の交際者達に平伏して敬意を表し、供物を捧げなければなりません。それから、至上なる神ナーラーヤナとしての絶対神理を念想し、主神のムーラ・マントラを静かに唱えなさい。（第四十二節）

再び神像に口を注ぐ水を供えたならば、主に捧げた食べ物の残りをヴィシュヴァクセナに与えなさい。それから神像によい香りのする香を捧げキンマの実を供えなさい。（第四十三節）

ともに歌ったり、声高く唱名したり私の超越的遊戯を演じたり、私についての物語を聴聞したり語ったりしながら、献身者はしばらくの間、このような祭りに没頭なさい。（第四十四節）

献身者はプラーナと他の古代の聖典に示された賛歌や祝詞、そしてまた普通の伝統に由来するすべての種類の賛歌や祈りを唱えて私に敬意を表しなさい。「おお、主よ。私にご慈悲を賜りますように！」と祈りながら、尊敬の念を捧げるために五体投地なさい。（第四十五節）

神像の足に頭をつけ、それから合掌して主の前に立ち、そして、「おお、我が主よ。あなたに身を捧げる私をどうかお守りください。私は死の口の中に立ち、物質的存在の大洋がひどく恐ろしいのです」と祈りなさい。（第四十六節）

このように祈り、献身者は私が彼のために残した供物の残りを恭しく頭に戴きなさい。そしてもし神像を崇拝の終わりに取り除かなければならない時、献身者は神像の輝きを自分の心臓の内の蓮華の上に輝かせ、神像をしまいなさい。（第四十七節）

神像としての私、または他の姿の私を通して私への信を深めようとする時、人はその姿の私を崇拝すべきです。私は万物のアートマンであり、すべての被造物の内に宿り、また源初の姿としても別に存在します。（第四十八節）

ヴェーダやタントラに定められたさまざまな方法を通して私を崇拝することにより、今生と来世の両方で望みを成就する恩恵を私から授かるでしょう。（第四十九節）

献身者は、美しい庭園を持つ堅固な寺院を建て、私の神像を安置し礼拝すべきです。その庭園では、日々の崇拝や、神像の行進、祭日の遵奉のための花を栽培なさい。（第五十節）

日々の崇拝や神像の特別なお祭りのために神像に土地や市場、街や村を寄付する人は、私自身と同じ富を手にするでしょう。（第五十一節）

主の神像を設置することで人は地球の王になり、主のために寺院を建てる者は三界の支配者となり、神像を崇拝し奉仕することで、人はブラフマーの惑星に行き、これら三つの活動をすべて為すことで、人は私自身のような超越的姿を手にするでしょう。（第五十二節）

しかし、果報の結果を考えずに単に献身奉仕に没頭する者は私を得ます。私の述べた方法に従って私を崇拝する者は誰でも、最終的に私への純粋な献身奉仕を手に入れます。（第五十三節）

神々やブラーフマナの財産を盗む者は誰でも、それが元は自分が彼らに与えたものであっても、人が与えたものであっても、一億年の間、便の中の蛆虫として生きなければなりません。（第五十四節）

盗みの実践者だけでなく、彼を助ける者、犯罪をそそのかす者、単に盗みを肯定する者も、来世でその罰を受けなければなりません。悪事への参加の程度に従って、彼らは自分に相応しい結果をこうむらなければならないのです。（第五十五節）

ジュニャーナ・ヨーガ

主クリシュナ曰く、

人は他人の性質や活動を褒めたり批判してはいけません。この世はグナと享受者である魂の混合に過ぎず、すべては一つの絶対神理が基礎になっていると観なさい。（第一節）

他人の性質や行為を賞賛したり批判ばかりする人は、マーヤの二元性（相対観念）によって、本来の道からすぐに逸れてしまうでしょう。（第二節）

夢の中の幻想や死んだような深い眠りによって、感覚が埋没している時、肉体に宿る霊魂は外の意識を失っています。そのように物質の二元性に埋没している人は、マーヤと死から逃れることはできません。（第三節）

物質的言葉で表現され物質的心で思考されるものは、真実ではありません。ですから、架空の二元性の世界で、何が本当の善、本当の悪なのか、またこのような

善悪の程度はどのように計ればいいのでしょうか？（第四節）

影や反響、蜃気楼は本物の幻影、写しに過ぎません。しかし、このような幻影を本物のように思ってしまいます。同じように、縛られた魂と肉体、心と偽我を同一とみるのはマーヤですが、この同一視は死の瞬間まで心の内で恐怖を生み出すのです。（第五節）

主である私のみがこの世界の究極の維持者で創造者です。そして私のみが実在です。同じように、すべての魂は維持し維持され、退出し退出させられます。何ものも私から分かれた存在はないのですが、それにも関わらず私は、すべてのもの、すべての人とは別の存在です。私の内に知覚される三グナは、本当の基礎を持ちません。ウッダヴァよ。三グナからなるこの物質自然は、主のマーヤの産物に過ぎないと理解なさい。（第六、七節）

私が述べた知識を理論的、直感的にしっかりと理解する人は、他人の批判や賞賛をすることはありません。太陽のように、この世界を自由に旅します。（第八節）

直覚や理論的推論、聖典の証明、個人的悟りなどによって、人はこの世には始まりと終わりがあり、実在ではないと知るべきです。そして、執着なくこの世で生活しなければなりません。（第九節）

シュリー・ウッダヴァ曰く、

我が愛する主よ。肉体を持つ身にとって、観るものである魂が、見られる対象である肉体を体験することは困難です。霊魂は生来完全な知識を授かっており、一方、肉体は意識、生命体ではありません。では、この物質的存在を体験するのは魂でしょうか、肉体でしょうか？（第十節）

魂は無限で、超越的、純粋で自ら輝き、決して物質的何ものにも覆われることはありません。ちょうど火のようなものです。しかし、生命のない肉体は、薪のように鈍く意識はありません。それでは、この世で物質的生活を経験するのは誰なのでしょうか？（第十一節）

主クリシュナ曰く、

縛られた愚かな魂が、肉体、感覚、生命力に愛着する限り、彼の物質的体験は、究極的に意味はないのですが、栄え続きます。（第十二節）

本来、生命体は物質的存在を超越しています。しかし、彼の知性が物質自然にとらわれているため、ちょうど夢の中で、あらゆる不利益に襲われているように、彼の物質的存在の状態は終わりません。（第十三節）

人は夢見ている時、多くの嫌なことを経験しますが、夢から覚めれば、もはや夢の経験に惑わされることはありません。（第十四節）

生と死、悲嘆、高揚、恐怖、怒り、貪欲、困惑、そして渇望は偽我の経験であり、純粋な魂の経験ではありません。（第十五節）

肉体、感覚、プラーナそして心を誤って自己と同一視し、その迷妄の中に住まう者は、彼自身の性質と活動（カルマ）に相応しい姿をとります。全物質エネルギーとの関係の中で喜怒哀楽を経験し、至上の時間の厳格な支配のもとで、彼は物質的存在の中をあちこちと走り回されます。（第十六節）

偽我は事実上何の基礎も持ちませんが、心の作用、会話、プラーナ（生命素）、肉体能力など多くの形で知覚されます。しかし、真の師を崇拝することで磨かれた智慧の剣を用いて、覚者はこの誤った同一視を切り裂き、すべての物質的執着から自由となってこの世に住むでしょう。（第十七節）

本当の知識は物事と魂の識別を基礎としており、聖典の証明、苦行、直覚、プラーナ（神話）の歴史的記述を受け入れること、そして論理的推論などによって高められます。宇宙創造の前から、そして宇宙の帰滅の後も唯一存在するのは、絶対神理または時間であり、究極の原因です。創造の中間でも絶対神理のみが実在です。（第十八節）

金工芸品が製造される前から金は金として存在し、工芸品が壊された後も金として残ります。さまざまに加工されても、金のみが本質的存在です。同じように、この宇宙の創造前、破壊後、そして維持期においても私のみが存在します。（第十九節）

物質的心は、覚醒、眠り、深い眠りの三つの意識相を表し、これらは三グナの産物です。心はさらに、知覚者、知覚されるもの、知覚を規制するものの三つの姿で表れます。このように心は三つの機能を通してさまざまに表れます。しかし、これらとは別に四番目の要素があり、これが絶対神理を構成します。（第二十節）

過去に存在せず、未来にも存在しないであろうものは、ただ表面的名称のみで現在も実在しているわけではありません。私の見解では、他のものから創造されたり表現されるものは、本質的には、その基礎となっているものに他なりません。（第二十一節）

本当は存在しないけれど、激質のグナから創造された産物は存在するように見えます。何故なら、実在し自ら輝く絶対神理（主）が、感覚や感覚の対象、心や粗大元素など物質的多様性の中に自身を顕現しているからです。（第二十二節）

絶対神理の特別な立場を識別し明確に理解することで、人は事象と自己との同一視についてのすべての疑いを切り裂きます。そして、魂生来の歓喜の内に満足し、人はすべての物質的感覚との強固なつながりから離れなければなりません。（第二十三節）

地から創造された肉体だけでなく、感覚や感覚を司る神々、プラーナ（生命素）、空気、水、火、人の心も真実ではありません。これらは単なる物に過ぎません。同じように、人の知性、物質的意識、自我、エーテルや地の元素、知覚の対象、太古のグナの均衡状態でさえも、魂と同一と考えることはできません。（第二十四節）

自己が主と同一であると悟った人にとって、もし瞑想中にグナの産物である感覚に心が向いたとしても、そこに何の問題があるというのでしょうか？　一方、彼の感覚がたまたま揺り動かされたとしても、非難を受けるでしょうか？　雲が行き来しても太陽には何の影響もありません。悟った人にとって感覚が感覚の対象に反応したからといって何の問題もありません。（第二十五節）

空は、空気、火、水そして大地と空を通りゆくものによってさまざまな性質を示します。暑さ寒さといった性質は季節とともに常に行き来します。しかし、空はこれらのどんな性質にも巻き込まれることはありません。（第二十六節）

同じように絶対神理は、偽我の原因である純質、激質、無知の汚染に巻き込まれることは決してありません。（第二十六節）

そうは言っても、私への揺るぎない献身奉仕によって、心から物質的愛着の汚染を取り除くまで、私のマーヤが作り出す三グナとの関わりを注意深く避けた方がよいでしょう。（第二十七節）

不適切に治療された病気が再発し、繰り返し患者を苦しめるように、正道から外れようとする性向を完全に浄化していない心は、物質に執着し続け、不完全なヨギを何度も苦しめるでしょう。（第二十八節）

時々、不完全なヨギの進歩を、家族や弟子への愛着といった問題で妬み深い神々が試すことがあります。しかし、蓄えた精進により、このような不完全なヨギは、来世においてヨガの実践を再開するでしょう。そして、彼らは再び果報的活動の網に絡め取られることはありません。（第二十九節）

普通の生命体は物質的仕事を行い、その仕事の反作用（カルマ）によって変質します。このように彼は、死の瞬間まで果報的活動を続けたいという熱情に動かされます。しかし、真の歓びを経験している賢人は、すべての物質的欲望を捨て、果報を求めた活動には従事しません。（第三十節）

意識がアートマンに固定している賢人は、自分の肉体の活動さえ注意しないでしょう。立ち、座り、横になり、排泄し、食べ、その他の肉体の働きを為しても、彼は肉体がその性質に従って行為していると理解しています。（第三十一節）

自己を悟った魂は、不純な対象や活動を見ても、それを本物とは受け取りません。不純な感覚の対象はマーヤの物質的二元性に基礎を置いていると理解し、知性ある人は、眠りから覚めた人が消えていく夢を見るように、それらは真実とは別のものとみます。（第三

十二節）

グナの活動により多彩に広がる物質的無知は、自己と肉体は同一であると間違って受け取らせます。我が愛するウッダヴァよ。しかし神理を養うことで、無知は消え去ります。一方、永遠の自己は集めることも捨てることも決してできません。

太陽が昇ると闇を破壊します。しかし、見えるようになった物を創造したのではなく、それらは始めから存在していたのです。同じように、私をしっかりと悟ることは、人の本当の意識を覆っていた闇を破壊するでしょう。（第三十三、三十四節）

主である私は自ら輝き、不生不滅、無限です。主は純粋な超越意識ですべてに遍満します。一にして二なく、通常の言葉が終焉した後にのみ悟られます。主によって言葉の力とプラーナ（生命素）が活動の中に組み込まれたのです。（第三十五節）

自己の内に知覚する見かけの二元性は心の混乱に過ぎません。自己の魂とは無関係で、何の拠り所もありません。（第三十六節）

五大元素の二元性は、名前と姿という言葉で知覚されます。この二元性を真実と言う人は、真実ではない架空の説を唱える偽学者です。（第三十七節）

修行に励むヨギの肉体は、時にさまざまな困難に打ち負かされるかもしれません。そのため次のような手順を勧めます。（第三十八節）

このような障害のいくらかは、ヨガの瞑想や座法、調息（プラーナーヤナ）と集中を実修することなどで和らげられるでしょう。他の障害は特別な苦行、マントラ、薬草などで中和されるでしょう。（第三十九節）

これらの障害は、私を常に臆念すること、集会で私の聖なる御名を聴き唱えること、偉大なヨガの師の足跡を辿ることなどにより、少しずつ取り除かれます。（第四十節）

さまざまな方法により、あるヨギ達は肉体を病気や加齢から解き放ち、永遠の若さを保ちます。彼らは物質的神秘的完成を達成する目的でヨガに励みます。（第

四十一節）

しかし、肉体の神秘的完成は神理を知る者からは、それほど高くは評価されません。事実、覚者はこのような完成への努力は無益なものと考えています。魂を樹とすると、肉体は木の実のようなもので壊れるものであるからです。（第四十二節）

肉体はさまざまなヨガの行法で改良されますが、私に人生を捧げている知性ある人は、ヨガを通して肉体を完成しようとは思わず、このような行法を捨て去ります。（第四十三節）

私を庇護所とするヨギは、内に魂の歓びを経験しているので、離欲を保ちます。このようにこのヨガの道を実行する限り、彼は障害物に打ち負かされることは決してありません。（第四十四節）

カルマ・ヨーガ、バクティ・ヨーガ

シュリー・ウッダヴァ曰く、

我が愛する主クリシュナ様。あなたの説かれたヨガは、心を制御できない者には非常に難しいと思います。どうすれば誰でもより簡単にそのヨガを実践できるのか、優しい言葉で私にお教えください。（第一節）

おお、蓮眼の主よ。心を不動にしようと修行するヨギ達は、ほとんどが至福を成就できず落胆を経験します。こうして彼らは心を制御しようとする試みに疲れます。（第二節）

おお蓮眼の主よ。白鳥のような人達が、幸運にもすべての超越的歓びの源である、あなたの蓮華の御足を庇護所とします。しかし、ヨガの修行の成果に執着しカルマに翻弄され、プライドを捨てきれない人は、あなたを庇護所とすることに失敗し、あなたのマーヤに打ち負かされます。（第三節）

我が愛する過つことなき主よ。私はあなたが、あなたを唯一の庇護所とする御自分の召使いに親密に近づかれると聞いても、それほど驚きません。あなたが、主ラーマチャンドラとして降臨された時、ブラフマーのような偉大な神々さえ、燦然と輝く王冠を主の蓮華の御足の前に競って額ずいたものでした。しかし、あ

なたは、ハヌマーンのような猿達があなたを唯一の庇護所としていたため、彼らに特別の愛情を示されました。(第四節)

魂そのもの、崇拝すべき最も親しいお方、献身者に限りなき恩寵を授ける万物の至上主、そのあなたを拒否できる者がおりましょうか？　あなたの授けてくださる恩恵を知りながら、感謝しない者がおりましょうか？　誰があなたを拒絶し、ただあなたを忘れさせるだけの物質的楽しみを受け入れるというのでしょうか？そして、あなたの蓮華の御足の塵への奉仕に没頭する私達に、何か不足しているものがありましょうか？不足しているものは何もありません。(第五節)

おお、我が主よ。超越的詩人や霊的科学の達人が、ブラフマーと同じ長寿を授かったとしても、あなたの恩義を表現することはできません。何故なら、あなたは、肉体を持った生命体があなたのもとに来るように、外には師として、内にはアートマンとして二つのお姿で顕現されるからです。(第六節)

シュカデヴァ・ゴスヴァーミー曰く、

このように最愛のウッダヴァから質問され、統御者の中の至高の統御者、全宇宙を玩具のように扱い、ブラフマー、ヴィシュヌ、シヴァの三つの姿を装う、主クリシュナは、すべてを魅了する愛に満ちた微笑みを浮かべ答え始めました。(第七節)

主クリシュナ曰く、

よろしい。これから私への献身奉仕の神髄をあなたへ述べましょう。これを実践することによって、死ぬべき人類は、克服し難き死を克服することでしょう。(第八節)

常に私を想い、あせらずに私に対するすべての義務を実践なさい。心と知性を私に捧げ、私への献身奉仕に愛着し心を不動としなさい。(第九節)

人は私の聖なる献身者の住む聖地を避難所となし、神々、悪魔、人類の中に現れる私の献身者の模範的な活動を見習いなさい。(第十節)

聖なる日は、一人で、またはみなと歌ったり踊ったりして私を賛美し、公的な祭りにも参加なさい。それ

らの聖日、儀式やお祭りを私の崇拝のために特別なものとみなしなさい。（第十一節）

純粋な心で、人は主である私を、万物また自己の中に臨在し、空のように何の物質的汚れなく、内と外どこにでも遍満するブラフマンとみなければなりません。（第十二節）

おお、光り輝くウッダヴァよ。万物は内に私を宿していると観る者、神理を庇護所として他人に敬意を払う者は真の賢者と考えられます。このような人は、ブラーフマナと不可触賤民、泥棒とブラーフマナ文化の慈悲深き保護者、太陽と小さな火花、柔和な人と冷酷な人を公平に観ます。（第十三、十四節）

常にすべての人の内に私の存在を観る者にとって、偽我に属する競争、妬み、悪口などの悪い傾向はたちまち破壊されます。（第十五節）

仲間の嘲りを無視し、人は肉体的概念とそれに伴う迷妄を捨てなければなりません。そして、犬や不可触賤民、牛、ロバなども含めすべての生物に、地に平伏（五体投地）して敬意を捧げなければなりません。（第十六節）

人は万物の中に私を観ることができるようになるまで、言葉、心、体を正し、私を崇拝し続けなさい。（第十七節）

このようなすべてに遍満する神理によって、人は至る所に主である私を観ることができるようになります。こうして、すべての疑いから自由となり、人は果報的活動を捨て去ります。（第十八節）

万物の内なる主を悟るために、心と言葉と体（行為）を正し（三戒）、これらを主のために使う修行は、霊的悟りを得るために最高の方法と私は考えます。（第十九節）

我が愛するウッダヴァよ。私が定めたこの修行法は、超越的であり、物質的欲望とは無縁のものです。この方法を採用することで、献身者は、何一つ失うものはありません。（第二十節）

おお、ウッダヴァよ。聖人の中で最も偉大な者よ。危険な目に遭うと、普通の人は恐れ悲しみますが、そのような感情は事態を打開するためには何の役にも立ちません。しかし、個人的欲望なしに私に捧げられた活動は、一見して役に立たないようなものであっても、本物の宗教になります。（第二十一節）

取るに足らないような活動でも自分を捨て、私に捧げることで私に近づくことができるのです。これは、最も賢い人の知性、賢さの中でも最高の智慧であり、この道に従う者は、まさにこの人生において、一時的で非実在のものを利用して、永遠の実在である私に到達することができます。（第二十二節）

私は絶対神理の神髄を簡潔かつ詳細にあなたに伝えました。神々にとってさえ、この神理は理解するに困難です。（第二十三節）

私は繰り返しこの神理をあなたに伝えました。この神理を適切に理解する人は誰でも、すべての疑いが晴れ、解脱を得ることができるでしょう。（第二十四節）

あなたの質問に対する私の答えに心を集中する者は誰でも、ヴェーダの永遠で最奥の目的、絶対神理を手にすることでしょう。（第二十五節）

この神理を私の献身者に惜しげもなく広める者（伝道者）は、絶対神理を授ける者で、私は私自身を彼に与えます。（第二十六節）

この輝く純粋な至高の神理を声高に詠唱する者は、日に日に浄化されます。何故なら、彼は神理の光とともに私を他人に表すのですから。（第二十七節）

信を持ち、集中してこの神理を規則正しく聴聞する人、私への純粋な献身奉仕に身を捧げる人は誰でも、物質的活動の反作用に縛られることはないでしょう。（第二十八節）

我が愛する友ウッダヴァよ。あなたはこの神理を完全に理解しましたか？　心に湧き起こった混乱や悲嘆は一掃されましたか？（第二十九節）

あなたは、この教えを偽善者、無神論者、不正直な

者、信仰心を持って聴聞しないと思われる者、献身者でない者、謙虚でない者に伝えてはなりません。（第三十節）

この神理は、これらの悪い性質を持たず、ブラーフマナの幸福のために尽くす者、親切で聖なる性質を有した純粋な者に伝えられるべきです。そして、もし一般労働者や婦人で至上主への献身奉仕を行っていると見られる者も、聴聞する資格があると受け入れてよいでしょう。（第三十一節）

知識欲の強い人が、この神理を理解するようになると、彼はそれ以上知るべきものはありません。最も好ましい甘露を飲んだ人は、それ以上喉が渇くことはないのです。（第三十二節）

分析的知識、儀式、神秘的ヨガ、日常の仕事、法律などを通して、人々は信仰や経済発展、感覚の満足、解脱などを探し求めます。しかし、あなたは私の献身者ですから、このようにいろんな道で人が成し遂げるものは何であれ、私の内に容易に見出すことができるでしょう。（第三十三節）

あらゆる果報的活動を捨て、自己をすべて私に捧げ、私への報恩、献身奉仕を熱望する者は生と死から解放され、私自身の富を分け与えられるようになるでしょう。（第三十四節）

シュカデヴァ・ゴスヴァーミー曰く、

主クリシュナの語る言葉を聴き、ヨガ成就の道を示され、ウッダヴァは尊敬の念を捧げるため手を掲げました。しかし、彼の喉は愛にむせび、眼は涙に溢れ、彼は何も言うことができませんでした。（第三十五節）

愛に圧倒された心を落ち着け、ウッダヴァは、ヤドゥ王朝の偉大な英雄、主クリシュナへの感謝の思いに圧倒されました。我が愛するパリークシット王よ。ウッダヴァは主の蓮華の御足に平伏して自分の頭をつけ、合掌して話し始めました。（第三十六節）

シュリー・ウッダヴァ曰く、

おお、生まれることなき、源初の主よ。私はマーヤの大いなる闇に落ちていましたが、私の無知はあなたとの慈悲深き交際によって今、一掃されました。寒冷

や闇、恐怖も輝く太陽の前では無害になってしまいますが、私も今そのような心境です。（第三十七節）

私のわずかばかりの忠誠に対して、あなたは、私に神理の光を授けてくださいました。あなたの大いなる慈悲を受け、あなたに感謝の想いを持つ献身者が、あなたの蓮華の御足から離れたり、他の師の保護を求めることができるでしょうか？（第三十八節）

ダーサーリハ、ヴリシュニ、アンダカ、サートヴァタなど私の家族への固く結ばれた愛着のロープ、そのロープは子孫繁栄のために、もともとあなたが私に投げたマーヤです。そして今、本当の自己を知り、私は愛着のロープから抜け出すことができました。（第三十九節）

あなたに心から尊敬の念を捧げます。おお、最も偉大なお方よ。どうすればあなたの蓮華の御足に不断の愛着を持ち続けることができるのでしょうか？　あなたに身を捧げる私に、どうかお教えください。（第四十節）

主クリシュナ曰く、

我が愛するウッダヴァよ。私の教えに従い、バダリカーと呼ばれるアーシュラマに行きなさい。そこで、私の蓮華の御足から流れる聖水に触れ、沐浴し自分を浄めなさい。聖なるアラカナンダー河を眺め、あなたのすべての罪深い因果を取り除きなさい。木の皮を身につけ、森から取れる好ましい食べ物を食べなさい。

その生活に満足し、欲望を離れ、すべての二元性に耐え、善き性質、自己制御、平和に過ごし、神理と悟りを授かりなさい。心を集中し、私があなたに与えた教えを常に瞑想し、その神髄を理解しなさい。言葉と想念を私に固定し、常に私の超越的性質をより理解するように努力なさい。こうしてあなたは三グナを越え、私のもとに帰ってくるでしょう。（第四十一～四十四節）

シュカデヴァ・ゴスヴァーミー曰く、

すべての物質的生活の苦しみを破壊する主クリシュナにこのように語りかけられ、シュリー・ウッダヴァは、主の周りを回り、それから地に伏して頭を主の御足につけ尊敬の念を捧げました。ウッダヴァは、あらゆる物質的二元性から離れていましたが、彼の心は別離の悲しみに破れ、出発の時、彼は主の御足を涙で濡

らしました。(第四十五節)

このように最愛の主との別離を恐れ、ウッダヴァは取り乱し、主と同行することを諦め切れませんでした。しかし、ついに、大いなる痛みを感じながら何度も何度も主にお辞儀をして、頭を主の履き物につけるように平伏した後、ついに旅立ちました。(第四十六節)

その後、心に主を深く刻み、偉大な献身者ウッダヴァは、バダリカーシュラマに行きました。そこで苦行に没頭し、宇宙で唯一の友、主クリシュナ御自身が述べられた主の個人的住居に到達しました。(第四十七節)

このように、その蓮華の御足がすべての偉大なヨガの師に奉仕される主クリシュナは、至福の大洋であるこの甘露の神理を献身者に語りました。この宇宙でこの話を大いなる信を持って受け入れる者は誰でも、確実に解脱します。(第四十八節)

私は万物の始源、最も偉大な至上主、シュリー・クリシュナに尊敬の念を捧げます。主はヴェーダの作者であり、自己を知るためのあらゆる知識の甘露の神髄を蜜蜂のように集め、物質的存在の恐怖を主の献身者から取り除きます。このように主は至福の海からこの甘露を多くの献身者に授け、主の慈悲により彼らは、その甘露を飲むことができたのでした。(第四十九節)

ヤドゥ王朝の最後とクリシュナの帰天

プラバーサの聖地でヤドゥ家の人々は、主クリシュナの教えに従い無事に儀式を終えました。儀式の後、主クリシュナがヨーガマーヤーを用いて、彼らの知性を鈍らせます。するとヤドゥ家の人々は全員、強い酒を飲み完全に酔っ払ってしまいました。酔っ払って彼らはだんだんと傲慢になってきます。そしてクリシュナのマーヤに幻惑され、ささいなことから争いが始まりました。

激高した人々は弓矢、剣、棍棒、槍、投げ槍を手に取ると、岸辺でお互い激しく争いました。象や戦車、馬、ラクダ、雄牛、ラバなどに乗り、象が牙で闘うように激しい戦闘が起こっています。

弓矢や武器がなくなると、彼らは岸辺に生えていたサトウキビの茎を手に持って争いました。彼らがサトウキビの茎を手にすると、そのサトウキビはブラーフマナの呪いで生まれた鉄の棒の破片を含んでおり、すぐに鉄の棒に変わりました。その武器でまた一族が激しく争います。

これらのブラーフマナの呪いとクリシュナのマーヤに操られた人々は互いに闘い、竹の摩擦で燃えた火が森を焼き尽くすように、全滅してしまいました。

御自分の一族が全滅したのをご覧になった主クリシュナは、「これで地球の重荷がすべて取り除かれた」と思われました。

主バララーマは一族が滅んだのをご覧になると、岸辺に座り心に至上主を瞑想し、主の中に自分を溶け込ませ肉体を捨てて、この世界を去りました。

デヴァキーの息子主クリシュナは、兄バララーマがこの世を去ったのをご覧になると、バニヤン樹の下にお座りになりました。左足を右の太ももに乗せ、赤い左足の足底が見えています。

その時、猟師ジャラーがその場所に近づいてきて、主の赤い足底を鹿の顔と見誤りました。ジャラーは、ブラーフマナの呪いの鉄の棒を鏃にした矢で主の足底を射ました。

獲物を見に行って自分の誤りに気が付いたジャラーは、大きな罪を犯したことに気付き、地面に身を投げ出し、頭を主の御足につけて必死で言いました。

「おお、主マドゥスーダナよ。私は最も罪深き人間です。無知故に大きな罪を犯しました。おお、主ウッタマシュロカよ。どうか私の罪をお許しください。

おお、主よ。いつもあなたを思うだけで、無知の闇は破壊されると聞きます。ああ、私はあなたを鹿と間違って矢を射てしまいました。それ故、どうか主よ。二度と過ちを犯さないように、この罪深き動物殺しの猟師を殺してください」

主クリシュナは答えました。

「愛するジャラーよ。恐れることはない。さあ、立ちなさい。何が起ころうとそれは私の意志なのだ。私が許可するので、信心深い人の住む精神界に行きなさい」

主にこのように優しく言われ、猟師は主の周りを三度回り、主に平伏しました。そして主クリシュナが準備してくれた飛行船に乗り込むと、飛行船は彼を精神界に連れて行きました。

その時、クリシュナの御者ダールカが主人のクリシュナを探しに来ました。主の座っている場所に近づくと芳香が漂ってきます。そしてバニヤン樹の下に座っている主クリシュナを見つけると、主への愛に溢れ、涙にむせびながら馬車から降りました。

「ああ、クリシュナ様。月のない暗闇の中では人は道を見つけることができません。道を失い闇の中をさまようばかりです。あなたが天にお帰りになると私はどうすればいいのでしょうか？」

その時、ガルダの紋章のついた主の馬車は空に浮かび、クリシュナの聖なる武器はその馬車に乗り込み天に昇っていきました。

これを見て驚いているダールカに主クリシュナは言いました。

「ダールカよ。今までよく仕えてくれた。最後に一つお願いしよう。ドヴァーラカーに行って、私の家族に会い、一族が滅んだこと、主サンカルシャナが地上を去ったこと、そして私の今の状況を伝えてほしい。あなたとあなたの家族はドヴァーラカーに残ってはいけない。都はもうじき水没するからね。あなたは家族と私の両親を連れて、アルジュナの保護のもとインドラプラスタに行きなさい。

ダールカよ。最後に私への献身奉仕をしっかり心に刻み、神理を心に留め、物質的考えに無執着となりなさい。私の行った遊戯をいつも思い出しなさい。そうすれば心は平安になるだろう」

こうして、主に命じられたダールカは主の周りを三度回り、平伏して頭を主の御足につけ崇拝しました。そして悲しみをこらえてドヴァーラカーに戻りました。

そこに主ブラフマー、主シヴァ始め多くの神々や聖者、天界の住人達が聖地プラバーサに集まってきました。そして主クリシュナの誕生、活動、栄光を唱え讃えます。空は彼らの乗ってきた飛行船で隙間がないほどです。そして、愛に溢れ花々が降り注がれます。

神々が見守る中、クリシュナは静かに目を閉じられると、御自分の永遠の住居に帰っていかれました。

主シュリー・クリシュナが地上を離れると、真実、宗教、誠実、栄光、美といったものもすぐに主に従っていきました。太鼓が打ち鳴らされ、空からは花が舞っています。神々は主クリシュナが地上を離れ、またもとの住まいにお戻りになられたことを喜びました。

ダールカはドヴァーラカーに着くと、ヴァースデーヴァとウグラセナ王の御足に身を投げ出しました。主クリシュナを失った悲しみに涙で二人の足を濡らしています。

ダールカは一部始終を話すと人々は取り乱し、気を失う者もいました。クリシュナとの別離の悲しみに打ちひしがれ、彼らは自分達の親族が死んだ場所に急ぎました。

デヴァキー、ロヒニー、ヴァースデーヴァはクリシュナとバララーマの遺体を見つけることができず、苦しみのあまり気を失いました。そしてクリシュナを失った苦しみから、両親はバララーマと同じように身を捨てました。そして残ったヤーダヴァの妃や愛する人を失った奥方達は遺体を抱いて、葬式の火の中に入っていきました。主クリシュナの主立った八人の妃達、ヴァースデーヴァの妃達もみんな火の中に入ってこの世を去りました。

主のマーヤによって全滅した男達も、火の中に入った女性達も肉体を去った後、それぞれの天界の惑星にみんな帰っていきました。

アルジュナは主クリシュナとの別れに悲しみながらも、残った人々を自分の都インドラプラスタに連れて行きました。

すると間もなく、ドヴァーラカーの都は海に沈んでしまいました。宮殿だけが何とか残り、そこを訪れる人はすべての罪を清められたといいます。

これがバーガヴァタ・プラーナに述べられているクリシュナが地上での仕事を終え、クリシュナローカ（ヴァイクンタ）に帰る時の様子です。

ブラフマーの頼みで、地球の重荷になっていた悪魔達を征伐すること、献身者を保護し、神理を再興することを目的として主クリシュナは降臨されました。その際、主の遊戯を助けるため、多くの神々や聖者、意識の高い人々が前後して地上に生まれてきました。クリシュナの地上での役割りが終わったため、ちょうど舞台の幕を閉じるように、役者を引き上げもとの住居に帰したわけです。

しかし、ヤドゥ家を主の神理を伝える一族として残さなかったのは何故だろうという疑問が残ります。その理由をバーガヴァタ・プラーナでは『傲慢になって、地球の重荷になるから』と述べています。この点に教訓を読みとることができるように思います。

ヤドゥ一族は全員がクリシュナを主と崇拝し奉仕し

ていました。ヤドゥ一族をサットヴァータ族と呼ぶこともあったようでサットヴァ（純質）の人々が数多かったことが推測されます。そのような人々でも、主がいなくなったら傲慢になるというのです。

自分達は主クリシュナの一族であるというプライド、そうして他を見下すようになり、これに強大無敵の軍事力を持っているといつかは傲慢になり地球の重荷になっていくと主クリシュナはみたわけです。

信仰に傲慢（プライド）は最大の敵であり、信仰は神と個人と言われる堀田先生の言葉と重なっているように思います。

ムクンダ・マーラー・ストラ

主クリシュナの物語の最後にムクンダ・マーラー・ストラを紹介します。九世紀頃の作とされ、主クリシュナを賛美した美しい文章です。

おお、ムクンダ（主クリシュナ）、我が主よ。シュリー・ヴァラッバ（ラクシュミーの最も愛する人）、ヴァラダ（祝福を授ける者）、ダヤーパラ（謂われなき慈悲の主）、バクタ・プリヤ（献身者を最も愛する主）、バヴァ・ルンタナ・コヴィダ（生と死の輪廻から救い出す練達者）、ナータ（至上の主）、ジャガン・ニヴァーサ（宇宙の頼りにする人）、ナーガ・シャヤナ（蛇のベッドに横たわる主）としてのあなた、どうかあなたの御名を常に唱える者に私をなさしめたまえ。（第一節）

シュリーマティー・デヴァキーの息子と知られる至上なる主、その主にすべての栄光あれ！　ヴリシュニ王朝の輝く光、主シュリー・クリシュナにすべての栄光あれ！　新しい雨雲の柔らかい肌合いの至上なる主にすべての栄光あれ！　地球の重荷を取り除く、主ムクンダにすべての栄光あれ！（第二節）

おお、主ムクンダ様！　主であるあなたに平伏し、私のただ一つの願いをお聞きください。これから何度生まれ変わろうとも、主であるあなたの慈悲により、いつもあなたを思い出し、決してあなたの蓮華の御足を忘れることがありませんように！（第三節）

おお、主ハリ。あなたの蓮華の御足に祈ることなく、物質存在の二元性、クンビーパーカ地獄の恐ろしい艱苦から救われることはありません。私の願いは天国の庭園に住む柔肌の美しき乙女と楽しむことではありません。何度生まれ変わろうと、心臓の核に住まうあなただけを思い出しますように、あなたの蓮華の御足にお祈りいたします。（第四節）

おお、我が主よ！　私は宗教や富、感覚の満足を楽しむことに興味はありません。これらは私の過去の行いによって、必然的にやってくればよいのです。しかし、私はあなたの恩恵を求め私のただ一つの願いをお祈りいたします。何度生まれ変わっても、あなたの蓮華の御足に不動の献身奉仕を捧げさせたまえ。（第五節）

おお、主よ。悪魔ナラカの殺戮者よ！　私を神々の王国であろうと、人類社会であろうと、地獄であろうと御心の如く住まわせたまえ。私はただ一つのことだけをお祈りいたします。死の時、シャラト季に咲き誇る蓮を凌ぐ美しさのあなたの蓮華の御足を思い出しますように。（第六節）

私はいつも優しい微笑みをたたえた楽しそうな蓮顔の主ハリを思います。主は牛飼いナンダの息子ですが、主はナーラダのような偉大な聖者から崇拝される絶対神理でもあられます。（第七節）

物質世界の功罪は私を疲れさせました。しかし、私は今日、主ハリの湖に飛び込み、主の光に満ち溢れた水を思う存分飲み、すべての問題を投げ捨てましょう。湖の蓮は主の手と足、そして泳ぐ魚は主の光り輝く眼。湖の水はすべての疲れを癒やし、主の腕によって起こされる波に揺れています。湖の水は底が分からないほど深く流れています。（第八節）。

おお、心よ。蓮眼で法螺貝と光輪を持たれる悪魔ムラの殺戮者を想う喜びを決して中断することなかれ。本当に、私は主ハリの聖なる御足を想う最高の喜び、これ以上の喜びを与えてくれるものを他に知らないのです。（第九節）

おお、愚かな心よ。ヤマラージャがもたらす恐ろしい苦悩に乱されるのを止めよ。お前が為した罪深き活動であるお前の敵も、どうしてお前に触れることができようか？　なんであれ、お前の主人は女神シュリーの夫、至上なる主クリシュナではないか？　すべてのためらいを投げ捨て、お前の想いを献身奉仕を通して容易に近づくことを許される主ナーラーヤナに集中せよ。全宇宙のトラブルを霧消させる主が、御自身の召使いをどうして救われないことがあろうか？（第十節）

生と死の広大な海を漂う人々は物質的二元相対の風に吹き流されています。感覚の満足という危険に満ちた水の中でもがき、彼らを助けるボートもない。彼らは息子や娘、妻を守りたいと痛ましいほど苦しんでいる。主ヴィシュヌのボートだけが彼らを救うことができるのです。（第十一節）

我が心よ。不安な想いに駆られ狼狽えることなかれ。計り知れないほど深く、渡ることのできない物質存在の海をどうして私が渡ることができるだろうか？　私を救うことができるものはただ一つ、主への献身奉仕のみ。お前が、ナラカースラの殺戮者、蓮眼の主に献身奉仕を捧げるなら、献身奉仕は誤ることなくこの海を渡らせてくれるだろう。（第十二節）

おお、三界の主よ。私達は、欲望の風に煽られた幻想の絶え間ない波、妻という渦巻き、危険な鮫に満ちた社会、その他の海の怪物は私達の息子や兄弟といった、物質的欲望の水に満ちたサンサーラ（生と死の輪廻）という広大な海に溺れています。おお、すべての祝福を与えるお方よ。どうか、あなたの蓮華の御足への献身奉仕というボートに私達を拾い上げてください。（第十三節）

ひとたび救い主にまみえたなら、すべての地も埃以上のものではなくなり、すべての水も単なる水滴となり、すべての火も一瞬のスパークに過ぎず、風もかすかな溜め息となり、空の広がりも小さな穴となってしまいます。ルドラや父祖ブラフマーのような偉大な主も重要でなくなり、すべての神々も小さな虫のようです。本当に、主の御足の一片の埃でさえ、すべてを征服するのです。（第十四節）

おお、人々よ、どうか生と死の病を癒やすこの治療法をお聴きなさい！　それはクリシュナという御名です。ヤージュナヴァルキヤや他の智慧に満ちたヨギー達が推奨する、この無限、永遠の内なる光こそが最高の妙薬です。クリシュナという妙薬を飲んだ時、完全

究極の解脱が授かるでしょう。さあ、飲みなさい！（第十五節）

おお、死すべき者達よ。そなた等は、不幸の波が絶え間なく打ち寄せる物質的存在の海に自らを深く沈めている。あなた方が最高の恩恵を受けるにはどうしたらいいか、これから簡潔に述べるのでどうかお聴きなさい。さあ、あなたの知識を得ようとするさまざまな試みを脇に置き、その代わり、マントラ「オーム　ナモ　ナーラーヤナーヤ（主ナーラーヤナに帰依します）」と常に唱え、主の御前に平伏しなさい。（第十六節）

私達の主人、唯一三界を統べる者、人が瞑想で奉仕できる者、御自身の王国を喜んで分けてくださるお方、至高主ナーラーヤナが私達の前に降臨されたのです。それなのにまだ小さな村落の小領主、私達にわずかな報酬しか与えることのできない下級の人に奉仕しようと願う。ああ、私達は何と哀れな者でしょうか！（第十七節）

おお、蓮眼の主よ。私達が、祈りに手を合わせ、頭を垂れ、体毛は歓喜に逆立ち、声は感動にむせび、眼には涙を流しながら常に主の蓮華の御足を瞑想する甘露を味わえるよう、命をお守りください。（第十八節）

頭は、主クリシュナに額ずいた埃で白く高くなりますように。眼は主ハリを観た後、闇が取り払われ最高に美しくなりますように。主マーダヴァを瞑想する知性は、月の白光や法螺貝のように汚れなきように。そして舌は常に主ナーラーヤナを讃える甘露の雨を降らせますように。（第十九節）

おお、舌よ。主ケーシャヴァの栄光を讃えよ。おお、心よ。ムラの敵（クリシュナ）を崇拝せよ。おお、手よ。シュリーの主に奉仕せよ。おお、耳よ。主アチュタ（クリシュナ）の物語を聴け。おお、眼よ。シュリー・クリシュナを見よ。おお、足よ。主ハリの寺院に行け。おお、鼻よ。主ムクンダの足の上のツラシーの蕾を臭いなさい。おお、頭よ、主アドクシャジャ（クリシュナ）の御前に垂れよ。（第二十節）

主ナーラーヤナにすべての栄光あれ。主の蓮華の御足を思い出さなければ、聖典読誦も荒野の風の鳴き声に過ぎず、ヴェーダに定められた厳しい苦行を守ることも、ただ痩せる以上のものではない。また定められた信仰上の義務の実践も供物を灰に注ぐようなものとなり、さまざまな聖地での沐浴も象の沐浴以上ではない。(第二十一節)

おお、キューピッドよ。今や主ムクンダの御足の住まいとなった私の心から出て行きなさい。あなたはすでに主シヴァの炎の眼差しで焼かれたではないか。それなのに、どうして主ムラーリ(クリシュナ)の光輪の偉力を忘れるのか?(第二十二節)

あなたの主人で維持者、ナーラーヤナそして大蛇アナンタの体の上に横たわるマーダヴァとして知られる至上なる主だけを想いなさい。主はデヴァキーの最愛の息子、神々の英雄、そして牛の主であり、主は手に法螺貝とシャリンガという名の弓をお持ちです。主は幸運の女神の夫であり、遊戯で主のお腹から芽生えた全宇宙の統御者の祖父です。他のことを想うことであなたは何を得るというのですか?(第二十三節)

おお、マーダヴァ様。信心の徳が尽き、あなたの蓮華の御足に献身しなくなった人々をどうか私に見せないでください。あなたの遊戯の栄光の物語から心を逸らし、他のことに興味を持つことがないようにお守りください。おお、宇宙の主よ。あなたのことを想わない人々に私が興味を持つことがありませんように。そして何度生まれ変わっても、あなたの召使いとしてあなたに献身できないことが決してありませんように。(第二十四節)

おお、マドゥとカイタバの敵(クリシュナ)よ。おお、宇宙の主よ。私の人生の完成とあなたが私にお示しくださる最高の慈悲は、私があなたの召使いの召使いの召使いの召使いの召使いの召使いであると想ってくださることです。(第二十五節)

我が愛する舌よ。そなたの前に手を合わせて立ち、主ナーラーヤナの御名を唱えるように請おう。絶対神理を述べたこれらの御名は、蜜が滲みだしてくるように大いなる至福をもたらしてくれる。(第二十六節)

一瞬一瞬、私はナーラーヤナの蓮華の御足に頭を垂れよう。私はナーラーヤナを崇拝し、ナーラーヤナの

純粋な御名を唱名し、ナーラーヤナの過ち無き神理を反映させよう。（第二十七節）

おお、シュリーナータ、ナーラーヤナ、ヴァースデーヴァ、聖クリシュナ、おお、献身者の親切なる友よ！　おお、チャクラパーニ、パドマナーバ、アチュタ、カイタバーリ、ラーマ、パドマークシャ、ハリ、ムラーリ！　おお、アナンタ、ヴァイクンタ、ムクンダ、クリシュナ、ゴーヴィンダ、ダモダラ、マーダヴァよ！　すべての人々があなたを呼べるにもかかわらず、彼らはまだ沈黙しているままである。自身に非常な危険が迫ってくるのにいかにこの世のことに熱心であることか！（第二十八、二十九節）

主は主の献身者を羽に乗せたガルダの背に跨る宝石。主は三界を保護する魔法の宝石、ゴピーのチャータカ鳥のような目を魅了する宝石のような雲、優雅な身振りの人々の中の宝石。主は、ルクミニー妃の豊満な胸の上の宝石をちりばめた装飾品、その妃御自身が愛する宝石なのです。すべての神々の宝冠、牛飼い最高のお方、どうか私達に最高の祝福を授けたまえ。（第三十節）

おお、舌よ。どうか、シュリー・クリシュナの御名を含むマントラを常に唱えたまえ。このマントラは、すべての敵を滅ぼすただ一つのマントラ、ウパニシャッドのすべての言葉が崇拝するマントラ、サンサーラ（生と死の輪廻）を根絶するマントラ、無知のすべての闇を駆逐するマントラ、無限の富を手にするマントラ、この世の苦しみという毒蛇に咬まれた人々を治すマントラ、この世に恙なく誕生するマントラなのです。（第三十一節）

おお、心よ。どうかシュリー・クリシュナの栄光という最高の薬を飲んでください。それは幻惑という病を癒す完全な薬、霊感を得た聖者達が瞑想に没頭する薬、強力なダイトヤ悪魔に苦しめられる人々への薬。それは三界を生命へと回復させる唯一の薬、至上主の献身者に無限の祝福を授ける薬。本当に、それは物質存在の恐怖を破壊し、人を至高善へと導くことのできる唯一の薬です。（第三十二節）

おお、主クリシュナ様、今この瞬間に、私の心の白鳥スワンがあなたの御足の蓮華の絡まった茎の中に入りますように。喉が粘液や胆汁、空気でむせぶ死の時に、私はどうすればあなたを思い出すことができるのでしょうか？（第三十三節）

おお、心よ、山のような大蛇アナンタにもたれる蓮眼の主を想え。おお、舌よ、主を讃えよ。おお、頭よ、主の御前に垂れよ。おお、手よ、主に哀願し合わせよ。おお、体よ、延びて主を礼拝せよ。おお、心臓よ、主に全託し庇護所とせよ。至上主は最高の神。主のみがすべてに吉兆で最高に浄化されています。主のみが永遠の完成を授けられるのです。（第三十四節）

主ジャナールダナ（クリシュナ）の遊戯と栄光に満ちた性質を聴きながら、恍惚に体毛が逆立たず、眼は純粋な愛に涙を溢れさせることのない者、このような（主のことを聴いても喜びを感じない）者は、本当に最低のならず者。なんと非難されるべき人生を送っていることでしょう！（第三十五節）

おお、主よ。私の感覚を盗む強き盗人は、私の最も大切な持ち物、識別を盗み私を盲目としました。そして彼らは私をマーヤの暗く深き井戸に投げ入れたのです。おお、主の中の主よ。どうか手を差し伸べ、この哀れな魂をお救いください。（第三十六節）

この肉体の美しさは移ろいやすく、ついには年を取ってたくさんの関節は拘縮し、最後は死に屈服してしまいます。困惑した愚か者よ、どうしてお前は妙薬を求めないのか？　さあ、間違いなく人を癒やすクリシュナという霊薬を飲むのです。（第三十七節）

人社会で最高の驚きは、人々が、生命の甘露を与える主ナーラーヤナの御名を拒否し、代わりに主以外のことを話すという毒を飲むほど救いがたいということです。（第三十八節）

私の親族すべてが私を見捨て、私より優れた人々が私を非難しても、なお、最高に祝福されたゴーヴィンダが私の命と魂に留まってくださる。（第三十九節）

おお、人よ。手を高く掲げ真実を宣誓しよう！　死を避けることのできない者達が、戦場や死に直面した時でさえ、日々ムクンダ、ヌリシンハ、ジャナールダナ（いずれもクリシュナの呼び名）の御名を唱えるな

ら、誰であっても、それまで最も大事にしていた大望が石や木片のような価値しかないように思えてくるだろう。（第四十節）

手を掲げ、大声で私はこの憐れみに満ちた助言を宣言します。もし放棄階級の人々が恐ろしい毒に満ちた物質的生活の状態から解放されたいと願うなら、常に「オーム　ナモ　ナーラーヤナーヤ＊」マントラを聴きたいという善き感覚を身につけなさい。（第四十一節）

＊主ナーラーヤナ（クリシュナ）に帰依します、の意味。

私の心は、一瞬たりともシュリー・クリシュナの蓮華の御足から逸れることができません。私の愛する人や他の親戚達が私を批評してもよい、私より優れた者達が好きなように私を受け入れても拒否してもよい、世間の人々が私の悪い噂話を広めてもよい、私の家族の評判が汚されてもよい。私の主に対するこの甘い感情と魅惑をもたらしてくださる主、その主へのこのような愛の洪水を感じるだけで、私のような気の狂った者にとって、十分なる恩寵なのです。（第四十二節）

クリシュナ様、三界の霊的御主人様、どうか私達をお守りください。いつもクリシュナに頭を垂れよ、クリシュナは私達の敵すべてを滅ぼしてくださる。クリシュナを礼拝せよ。クリシュナただお一人からこの世界は存在するようになったのです。私はクリシュナの召使い。この全宇宙はクリシュナの内に憩う。おお、クリシュナ様、どうか私をお守りください。（第四十三節）

おお、若い牛飼いの少年よ！　おお、慈悲の大海よ！　おお、海の娘ラクシュミーの夫よ！　おお、カンサの殺戮者よ！　おお、ガジェンドラの慈悲深き保護者よ！　おお、マーダヴァ！　おお、ラーマの弟よ！　三界の霊的師よ！　ゴピーの蓮眼の主よ！　私はあなたより偉大な者を知らない。どうか私をお守りください。（第四十四節）

あなたの妃は麗しき海の娘、あなたの息子は主ブラフマー。ヴェーダはあなたの賛美者、神々はあなたの召使いの群れ、解脱はあなたの祝福、全宇宙はあなたの魔力の表れ。シュリーマティー・デヴァキーはあな

たの母、インドラの息子アルジュナはあなたの友。これらのことから、私はあなた以外の誰にも興味を持ちません。（第四十五節）

天界の賢き住人達は知っています。頭の完成は至上主を平伏して礼拝すること、生命の息の完成は主を崇拝すること、心の完成は主の超越的性質を熟慮すること、言葉の完成は主の栄光を唱えることであると。（第四十六節）

たとえ最も罪深き者であっても、主の祝福された御名ナーラーヤナを声高く唱えた者で、望みがかなわなかった者があろうか？　ああ、しかし、私達は言葉の力をそのように使うこと（果報を求めて使うこと）は決してない。再び胎に生まれこのような物質存在の不幸を味わわなければならないのだから。（第四十七節）

常に心臓の蓮華の内におわす無限、無謬のヴィシュヌよ、知性を主に固定する者に無畏を授けたまえ。主を瞑想する献身者達は、ヴァイシュナヴァ（主の献身者）の最高の完成に至るであろう。（第四十八節）

おお、至上主、おお、ヴィシュヌよ。あなたは最高に慈悲深いお方。どうかこの救いようのない魂にあなたの好意とご慈悲をお授けください。おお、無限の主よ、物質存在の海に溺れるこの哀れな私を救い上げてください。おお、主ハリよ、あなたは至上なる主であられます。（第四十九節）

悪魔マドゥの敵、主マーダヴァを礼拝いたします。大蛇アナンタの寝椅子に横たわれる主の美しいお姿は、乳海の波のしずくが降りかかっています。（第五十節）

心の底からクリシュナ、クリシュナと唱える言葉は、すべての生物の罪を駆逐するに十分です。歓喜に満ちて主ムクンダに献身する者は誰であれ、解放、世界の有力者、富といった贈り物を手にします。（第五十一節）

あとがき

本書の中に出てくる用語を考察してみました。いずれも難解でさまざまな解釈があるかと思います。堀田和成先生のご著書や講演、その他の文献をもとに私見を交えて書いてみましたが、インド哲学を専門とした方、実体験された方からみるとおかしな部分も多々あると思います。あくまで私見として読んでいただければ幸いです。

（一）ブラフマン、プラクリティ、グナ

ブラフマンは主クリシュナから発している光。すべてここから生まれ、大梵、光以前の光と言われる。その性質は公平、中立、平等。

プラクリティは、説明が難しいが、太陽の光が水滴に当たるときれいな虹色となる。もともとのプラクリティは光以前の光（ブラフマン）が、水滴を通して虹色を発するように神性を帯びたものと考えられる。ここから現象世界（名称と姿形と色のある世界）が展開しているため質料因、根本原質とも呼ばれる。

神性を帯びたプラクリティは物質を構成する「三つのグナ（性質、特質、特性）に展開する。ミグナとはサットヴァ（純質、徳性、善質）、ラジャス（動性、動質）、タマス（暗性、翳質）。それぞれのグナがどのような性質かは本書や堀田和成先生のご著書、他の解説書をお読みいただきたい。

この三グナの配合により、個人の性質、人柄、人間性、運命、またさまざまな動物、植物、鉱物、森羅万象が現れてくる。光の三原色（赤、緑、青）、色の三原色（青緑・シアン、赤紫・マゼンタ、黄・イエロー）の配合であらゆる色が表現できるのと同じようなものと考えると分かりやすいと思われる。

そうすると、すべてはブラフマンが大元になっている。堀田和成先生の「クリシュナ　バガヴァット・ギーター」V巻十八章で、「被造物は如何なる生物といえども、それはブラフマンである。また、ブラフマンは、永遠に実在する神の光であり、存在するものはすべてこの中に入る。換言すれば、世界はブラフマンの神の光の海の中にあって、そこから漏れた被造物は一つもないということである」と解説され、主クリシュナは、このブラフマンの基底と述べられている。

(二) 主と魂と心と肉体の別

ウパニシャッドは、ブラフマンとアートマンは同じであると結論している。花瓶や土器をあげ、花瓶の中の空間と花瓶の外の空間は同じであるが、ただ花瓶があるため別のように思ってしまうだけ、花瓶が壊れれば一つになるとたとえている。花瓶の中がアートマン、外がブラフマンに相当する。このアートマンは一人一人、人間だけでなくあらゆる生物の中に宿っている。

人を含めた生物の中には、アートマンの他に個別の魂(ジーヴァ)が宿っている。この個別の魂はアートマンと同様で主の光からなるが、心と肉体、感覚によって縛られてしまっている。ヴェーダでは、アートマンを見ている鳥、縛られ魂を見られている鳥と表現している。

心は自分そのものと考えてしまうが、ヴェーダでは別としている。魂と心は通常は一体となっており区別は難しいが、パソコンやスマホを例にとると何となく理解できる。スマホでさまざまな情報(主に映像=視覚、音声=聴覚)を検索し入力できる。その情報はハードディスクやSSDなどの記憶媒体に記録される。またSNSやワープロ、さまざまなアプリで自分を表現、発信し、さまざまな電気製品を動かすことができる。つまりスマホやパソコンは、入力(感覚器官)、記録(堀田和成先生は想念体と呼ばれている、仏教では唯識などで説かれている)、出力(行為器官)を行っている。ある事柄を検索すると、それまで記録されてきた同じような内容のものが画面に現れ(心に浮かび)、さらにさまざまな情報がヒットしてくる。その情報をみているうちに、その人がどのようなことに興味を持っているかをAIが瞬時に分析して、興味ありそうなものを提示してくる。

これを繰り返すうちに、いつしかスマホやパソコンがその人そのもののように見えてくる。心は、これより精密なスマホやパソコンととらえると分かりやすい。本当の自分(個別の魂)は、スマホやパソコンをみている人であるのに、いつしかスマホ、パソコンが自分そのもののようになってしまっている。個別の魂と心の関係は、このようなものではないかと推察される。

そのため本当の自分(個別の魂)を知覚し、心の平安、より神理を深く理解するためには心を浄化する必要がある。パタンジャリのヨーガ・スートラは、最初に「ヨーガとは心を止滅することである」とこの点を簡潔に述べている。心が浄化された時に個別の魂はアートマンと同質となり、見ているアートマンと一つとなり、ブラフマンと一つになる（梵我一如）のではないかと推察される。

肉体と魂の別は、魂と心の別より理解しやすいと思われる。臨終の時、呼吸が止まり、心臓が止まると急に生者が死体に変わってしまうのは、経験された方は実感できると思う。肉体は魂の乗り物と説かれているが、肉体を自分そのものだと思い込んでしまう。それがすべての迷いの大本だと、特に東洋思想では考えられている。

肉体からくる迷い、煩悩を減らすためさまざまな苦行が行われているが、ヴェーダや堀田和成先生の説かれる正道では、肉体は神理を学び、カルマを修正し、献身奉仕をするために必要で神様と両親から与えられたもの、生きている間は大切にすることと説かれている。感覚も迷いの元凶として敵視するのではなく、主のため、人のため、学びのため、奉仕のために使うようにと説いていただいている。

通常、人が死ぬと（魂が離れる、肉体と魂を結ぶ霊子線が切れる）と肉体は地上に残るが、心は魂と一緒にくっついていき、生きている間に記録された想念・言葉・行為が業（カルマ）となって死後の往き先を決め、次に生まれて来る時の環境や人間関係となって現れてくると説かれている。

(三) 原因結果の法則と輪廻転生

長い過去世と現世に為した想念・言葉・行為が原因（業、カルマ）となり、あの世と次にこの世に生まれる時の環境、運命となってくる（結果）。悪因には悪い結果が、善因には善い結果が返ってくる。そのため生まれてくる環境は自分に原因があり誰のせいでもない。かつての原因の償いと善因をつくること、神理を学び実践するのに最適の環境が設定されて生まれてきたのが今の環境と説かれている。

ところが生まれたとたんに、そのようなことは忘れてしまい、何で自分はこんな環境に生まれてきたんだ、と被害者意識を持ってしまう。そのため何とか今の環境を脱しよう、嫌な人を避けようと試行錯誤し、さらに悪い原因を積んで、どんどん意識を落とし、悪い運命を自ら作り出していく。

このため多くの聖者、賢者達は宗派を超えて、まず今の環境を受け入れること、与えられた環境の中で誠実に生きることを推奨している。

自らの原因が今の環境を決めているとすると、運命は決まってしまっていると悲観するかもしれないが、運命には枠があって、その枠の中で努力していくと枠の中で最高の運命となっていく。いつしかその環境を越えて心は平安となっていくと、悪い原因を償ったと神様が判断され、新しい運命が開けていく、と堀田先生は説かれている。

渡辺和子氏の「置かれた場所で咲きなさい」、最澄大師の「一隅を照らす」はこのことを簡潔な言葉で述べている。また輪廻転生はカルマの循環であり、永遠の生命とは異なる。カルマの循環から離れることを解脱という。

(四) ヴァルナ・アーシュラマ制度

本書の中にもヴァルナ（四姓制度）とアシュラマ（四住期）について述べられ、それぞれの役割、規定、生き方が詳しく述べられている。

ヴァルナ制度は、ブラーフマナ（司祭階級）、クシャトリア（王族）、ヴァイシャ（庶民、商人階級）、シュードラ（奴隷階級）の四つ。これにパーリア（不可触民）がある。今日のカースト制度の原型であり、マヌ法典に詳細に記載されている。

もともとは、それぞれのカルマ、グナに応じて最もカルマを償いやすく、神理を学び実践しやすいように主クリシュナが設定された制度。知識を求める人に肉体労働をやらせるとかえってカルマを積んでいく。逆に肉体労働が向いている人に知識が必要な労働は苦しみとなりカルマを積むので、それぞれに適した職業に配置することが主のお考えのようである。それが今のインドでは差別階級となり、主の意図とは異なってしまっている。また何でも自由に仕事を選べる環境だと、かえって迷いを深めることは今の世の中を見渡すと理解できると思う。

今日の日本ではヴァルナ制度は分からなくなっているが、まず自分の生まれた環境の中で役割、義務を果たしていくことが重要だということは変わりない。

アーシュラマ制度（四住期）は人生を四つに分けている。ブラフマチャーリン（学生期）、グリハスタ（家住期）、ヴァーナプラスタ（森住期）、サンニャーサ（遊行期）の四期で本書でもそれぞれの住期での生活、生き方、規定が詳しく述べられている。どれも実践困難な内容が含まれている。

今の世の中に当てはめていると学生期は、学校で生きるに必要な知識を身につける時期。家住期は仕事について家庭を持ち、子供を養育する、社会的義務が優先される時期。森住期は、定年退職し育児も一段落し、再雇用などで社会と関わりを持ちながら少し離れて過ごす時期。遊行期は本来、家庭を離れて独り旅をしながら神と向き合い、自己を浄化しながら最後を迎える時期であるが、今日では、老衰し人の世話になりながら自宅や施設で最期を迎える時期となるだろうか。

それぞれの住期をどのように生きたらよいか本書やヴェーダには述べられているので参考にしていただければと思う。堀田和成先生は人生の目的は、カルマの修正（環境を受け入れ義務を誠実に果たす、自分の思い癖を修正する）と主と人への献身奉仕の二つと教えてくださっている。それぞれの環境で、それぞれの住期で、この二つの人生の目的に沿ってどう生きるか考えてみるのが重要な課題と言える。

(五) インドの時間

本書の中にもクリタ・ユガ、トレーター・ユガ、ドヴァーパラ・ユガ、カリ・ユガが述べられている。インドの時間は、西洋と全く異なっている。定方晟氏の「インド宇宙論大全、マヌ法典、堀田和成先生の「クリシュナ　バガヴァット・ギーター」のあとがきに詳しく述べられているので興味のある方は参照いただきたい。

クリタ・ユガは神々の時間（一年が人間の三六〇年）で、黎明期四〇〇年、本期四〇〇〇年、黄昏期四〇〇年の計四八〇〇年（人間の時間で一七二万八千年）。

トレーター・ユガは、黎明期三〇〇年、本期三〇〇〇年、黄昏期三〇〇年の計三六〇〇年（人間の時間で一二九万六千年）。

ドヴァーパラ・ユガは、薄明期二〇〇年、本期二〇〇〇年、黄昏期二〇〇年の計二四〇〇年（人間の時間で八六万四千年）。

カリ・ユガは薄明期一〇〇年、本期一〇〇〇年、黄昏期一〇〇年の計一二〇〇年（人間の時間で四三万二千年）。

この四つの合計がマハーユガと呼ばれ神々の時間で一二〇〇〇年（人間の時間で四三二万年）。この四つのユガは循環し、一〇〇〇マハーユガが一カルパ、ブラフマーの昼（人の時間で四三億二千万年）と呼ばれる。ブラフマーの夜は同じ時間でブラフマーの一日（昼夜）は神々の時間で二カルパ、二四〇〇万年（人の時間で八六億四千年）となる。ヴィシュヌ神の一日はブラフマーの一〇〇年とされ、永遠といってよい時間と言える。

クリタ・ユガ期は黄金の時代、トレーター・ユガは悪が四分の一入り込む時代。ドヴァーパラ・ユガは悪が二分の一、カリ・ユガは悪が四分の三入り込み、正義は四分の一となり最も悪い時代で、仏教でいうと末法の時代。今は最後のカリ時代で現代の世相を見ると納得できると思われる。

何とも気が遠くなるような時間であるが、今生きている自分にとっては、今という時間が、時間の流れに沿って流れているに過ぎない。そのため今という時間しかなく、今をどう生きるか、今の想念・言葉・行為をどう正していくかがすべてである。

これも多くの聖者、賢者が「今という瞬間を生きよ」と説かれているが、神理は宗派を超えて流れているのだと感じている。

(六) 主クリシュナとヴィシュヌ神

インドでは、創造をブラフマー神、維持をヴィシュヌ神、破壊をシヴァ神の三神が司っていると言われている。ヴィシュヌ神はさまざまに化身し、主な化身は十。一番目がマツヤ(魚)、二番目がクールマ(亀)、三番目がヴァーラハ(野猪)、四番目はヌリシンハ(人獅子)、五番目がヴァーマナ(倭人)、六番目がパラシュラーマ(斧を持つラーマ)、七番目がラーマ(ラーマヤナの英雄)、八番目がクリシュナ、九番目がブッダ、十番目がカルキ(未来に出てくる化身)。こうみると主クリシュナはヴィシュヌ神の第八番目の化身となってしまう。

堀田和成先生は、主クリシュナとヴィシュヌ神は表裏一体として、しばしばクリシュナ・ヴィシュヌと表現され、主クリシュナは実在界(霊的・精神界)の主であり、ヴィシュヌ神は主クリシュナの完全拡張体で物質界の一切を創造維持する神と述べられている。

主クリシュナとヴィシュヌ神の関係など到底理解できないが、英語版のヴィシュヌ・プラーナを日本語訳したことがある。その印象では、ヴィシュヌ神は宇宙の創造、維持、破壊(ブラフマー神、シヴァ神も元はヴィシュヌ神から出ている)を司りながら、表に出て目立つことはされず、静かに役割を果たされているという感じを受けた。

一方、主クリシュナは、本書にも出てくるように、地上に生まれてから、多くの献身者達と自由闊達に遊び戯れられている(主のクリシュナの遊戯とも呼ばれる)。これは主クリシュナが至上主であるからこそできるのではないか、ヴィシュヌ神はその点、黒子の役割を果たされている、とそのような印象を感じた。

こうみると、主クリシュナがエネルギーを与えられ、ヴィシュヌ神はそれを管理されている感じがする。いずれにしろ主クリシュナとヴィシュヌ神は表裏一体としか表現できないと思う。

(七) マーヤ

マーヤとは幻力、幻術。堀田和成先生は主の不可思議な創造力とも書かれている。精神エネルギーを物質エネルギーに変換する主以外は不可能な力とも表現され、プラクリティもマーヤであると用語説明に記載されていた。

こうなるとマーヤとはどういうものか理解に苦しむ。あえて言わせてもらえば、神理、実在から人を遠ざけるすべての働きがマーヤではないかと思われる。

ブラフマン、プラクリティ、グナのところで私見を述べたが、ブラフマンからプラクリティが展開し、神性を帯びたプラクリティもグナへと展開し、万物万象が創造されていく。この展開の過程で人や生物は神理、実在が不明になってくる。マーヤとは、これらの力、エネルギー、過程であり、それを幻力、幻術、不可思議な創造力と表現しているのではないかと思われる。

このマーヤは自力では超えることは不可能で、マーヤの根源である主クリシュナに信愛を捧げ（バクティ・ヨーガ）、献身奉仕（カルマ・ヨーガ）することで主の恩寵により超えさせていただくというのが、人のあり方のようである。

インドの大聖ラーマクリシュナは、「水汲み場に多くの人が水を汲みに来たとしよう。ヒンドゥー教徒はジャルと呼び、キリスト教徒はウォーター、イスラム教徒はパニー、日本人なら水と呼ぶだろう。本質は同じなのに」と説いています。

主クリシュナのお人柄から考えると、一貫した神理をつかんだなら、後はそれぞれの環境や宗派でおやりなさい、と言われるのではないかと思います。一貫した神理とは何か、のヒントとしてバガヴァッド・ギーターや堀田和成先生のご著書をご一読いただければ幸いです。

【参考文献】

・Srimad Bhagavatam 一～十二 Canto （全十八巻） A.C.B,Swami Prabhupada Bhaktivadanta Book Trust 1987
・Bhagavata Purana Remesh Meron Rupa Publication India Pvt Ltd 2007
・The complete Mahabharata translated by Kisari Mohan Ganguli Digirads.com 2013
・The Mahabharata Bibek Debroy Penguin 2015
・Vishnu Purana H.H.Wilson Parimal Publications 2005
・The Essence of Self-Realization （The Wisdom of Paramhansa Yogananda） Swami Kriyananda Crystal Clarity Publishers 2009
・The Eternal Companion:Brahmananda-His Life and Teac Teachings hings. Swami Prabhavananda Vedanta Press 1970
・『クリシュナI～V』（堀田和成／偕和會出版部／二〇〇六）
・『クリシュナ第一～四巻』（A.C.バクティヴェーダンタ・スワミ・プラブパーダ／クリシュナ意識国際協会日本支部／一九九四）
・『全訳 バーガヴァタ・プラーナ（上）（中）（下）クリシュナ神の物語』（美莉亜／星雲社／二〇〇九）
・『ミラバイ訳詩集〈クリシュナ讃美歌集〉』（美莉亜／星雲社／二〇〇五）
・『マハーバーラタ 一～九巻』（山際素男／三一書房／一九九八）
・『マハバーラト 一～四巻』（池田運／講談社出版サービスセンター／二〇〇九）
・『原典訳 マハーバーラタ一～八巻』（上村勝彦訳／ちくま学芸文庫／二〇〇五）
・『永遠の伴侶 スワミ・ブラマーナンダの生涯と教え』（宗教法人日本ヴェーダーンダ協会／一九七六）
・『パラマハンサ・ヨガナンダとの対話』スワミ・クリヤナンダ／星雲社／二〇〇九）
・『インド宇宙論大全』（定方晟／春秋社／二〇一一）
・『ヒマラヤへの扉』

(Pilot Baba／本の風景社／二〇〇六)
・『マヌ法典』（渡瀬信之／中公文庫／一九九一）
・ブラフマ・サンヒター
・ムクンダ・マーラー・ストラ
※クリシュナに関するいろいろな聖典の英訳があります。
http://www.krishna.com

堀田和成先生のご著書に関してはこちら
Kaiwakai.org

ウラヴァ(クル)、パーンダヴァ(パンドゥ)家の系図

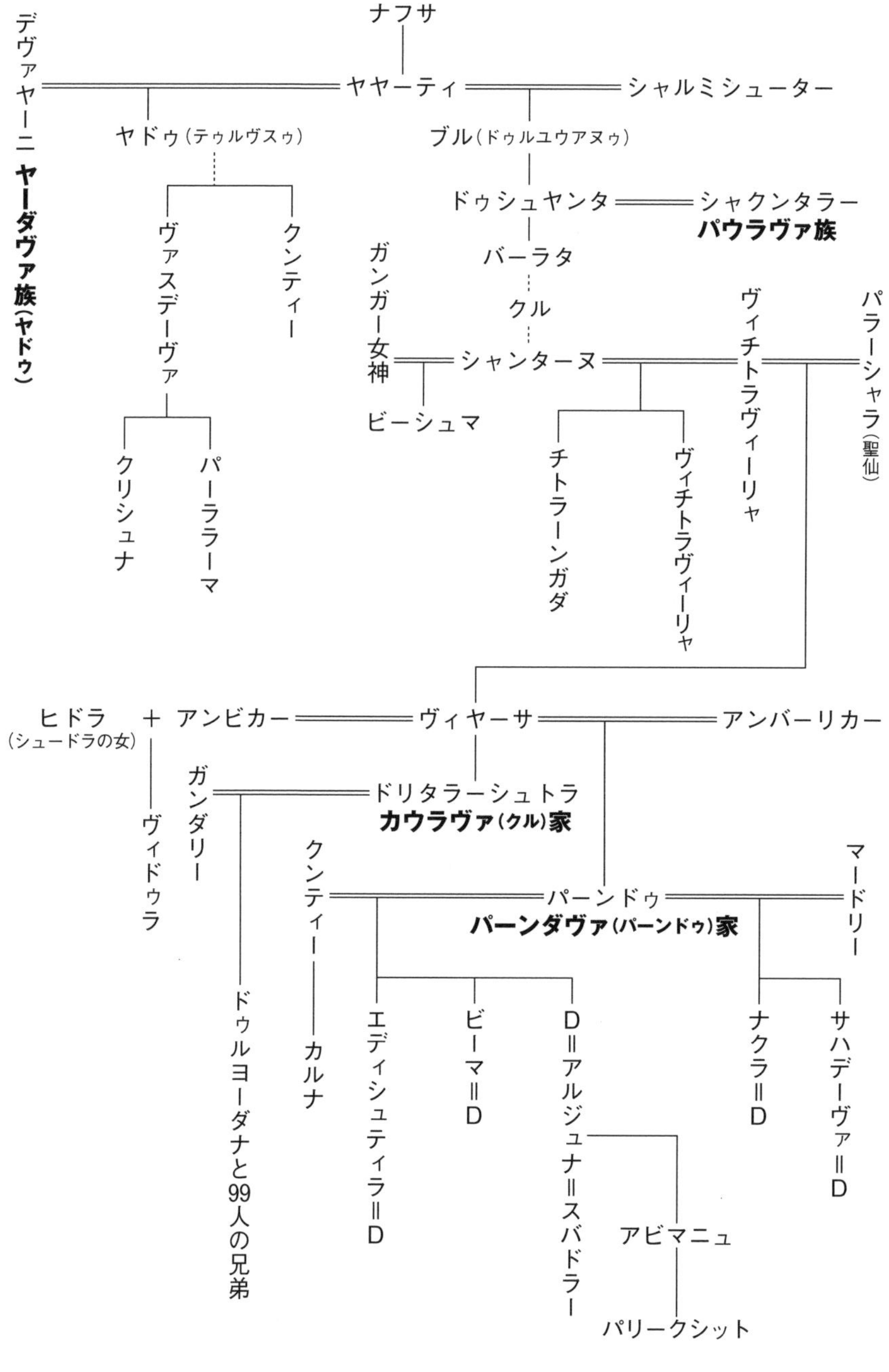

著者プロフィール
田原 大悟（たはら だいご）
1957年、長崎県五島市岐宿町松山生まれ
長崎北高等学校、鹿児島大学医学部を卒業後、
長崎大学医学部第一内科入局
浜松医療センターを定年退職後、
現在、西山病院グループの介護医療院西山ナーシング勤務
静岡県湖西市在住
医学博士

主クリシュナの物語

2024年11月15日　初版第１刷発行

著　者　田原 大悟
発行者　瓜谷 綱延
発行所　株式会社文芸社
〒160-0022　東京都新宿区新宿1－10－1
電話　03-5369-3060（代表）
03-5369-2299（販売）

印刷所　TOPPANクロレ株式会社

ISBN978-4-286-25603-0